国家社会科学基金重大项目结题成果

项目批准号：18VSJ066

首 席 专 家：赵新峰

团队核心成员：王　鑫　袁宗威　马金易　李水金　程世勇
　　　　　　　王洛忠　陶　健　吴　芸　锁利铭　姜秀敏
　　　　　　　李德国　王　洁　韩学丽　于秀琴　张丽娜
　　　　　　　刘亚娜　李　春　彭　岩　蔡天健　等

京津冀协同发展背景下
雄安新区整体性治理架构研究

赵新峰 著

人民出版社

责任编辑:郭星儿
封面设计:源　源

图书在版编目(CIP)数据

京津冀协同发展背景下雄安新区整体性治理架构研究/赵新峰 著. —北京:
　人民出版社,2021.12
　ISBN 978-7-01-024377-1

Ⅰ.①京…　Ⅱ.①赵…　Ⅲ.①现代化城市-城市建设-研究-雄安新区
　Ⅳ.①F299.272.23

中国版本图书馆 CIP 数据核字(2021)第 278516 号

京津冀协同发展背景下雄安新区整体性治理架构研究
JINGJINJI XIETONG FAZHAN BEIJING XIE XIONG'AN XINQU ZHENGTIXING ZHILI JIAGOU YANJIU

赵新峰　著

人民出版社 出版发行
(100706　北京市东城区隆福寺街 99 号)

北京盛通印刷股份有限公司印刷　新华书店经销

2021 年 12 月第 1 版　2021 年 12 月北京第 1 次印刷
开本:710 毫米×1000 毫米 1/16　印张:39.25　字数:620 千字

ISBN 978-7-01-024377-1　定价:118.00 元

邮购地址 100706　北京市东城区隆福寺街 99 号
人民东方图书销售中心　电话 (010)65250042　65289539

作 者 简 介

赵新峰，首都师范大学燕京学者，教授，博士生导师，社会科学处处长。国家社会科学基金重大项目首席专家。北京大学管理学博士，北京大学国家治理研究院研究员，哈佛大学费正清中心协作研究员，华盛顿大学埃文斯公共政策和治理学院访问学者。担任北京市政治学与行政学学会副会长、常务理事，中国行政管理学会理事。荣获第八届高等学校科学研究优秀成果奖二等奖，第五届高等学校科学研究优秀成果奖三等奖，省级哲学社会科学优秀成果一等奖。荣获财政部许毅财经奖励基金优秀成果二等奖，财政部第五届优秀财经理论优秀成果三等奖，中国行政管理学会优秀成果一等奖等。

主要研究领域集中在区域整体性治理、环境协同治理、公共政策与公共财政、气候变化与全球治理等方面。先后在人民出版社、中国财政经济出版社出版5部学术专著。作为项目主持人主持了包括国家社会科学基金重大项目和一般项目、中国低碳发展战略全国招标重点项目、意大利环境领土和海洋部国际合作项目、CDM基金全国招标项目、亚洲开发银行招标项目、能源基金会项目、国家发改委、人力资源和社会保障部委托项目等22项。在 *Environmental Management*、*Journal of Environmental Policy and Planning*、《中国行政管理》《财政研究》《公共行政评论》《公共事务评论》等国内外权威期刊发表学术论文近百篇，多篇论文被《新华文摘》《中国社会科学文摘》《人民大学复印报刊资料》全文转载。

目　录

机 理 篇

制　度　篇

政　策　篇

路 径 篇

序

在雄安新区设立 5 周年前夕，赵新峰教授作为首席专家和他的国家社科基金重大项目团队 60 余万字的力作即将面世。本人目睹了该项目刻苦认真踏实严谨的研究历程，对这部著作问世谨表衷心祝贺。

赵新峰是北京大学政府管理学院毕业生，现兼任北京大学国家治理研究院研究员。多年来，他扎根燕赵大地，聚焦京津冀地区，用学术表达的方式与这片土地同频共振。《京津冀协同发展背景下雄安新区整体性治理架构研究》是其学术发展的标志性成果，也是他的团队倾心之作。

2017 年 4 月 1 日，中共中央、国务院决定在河北设立国家级新区——雄安新区，这一顶层设计的面世成为全球瞩目的国之大者。这是京津冀协同发展进程中至关重要的一步，是医治北京"大城市病"的一剂良药，也是京津冀区域携手打造世界级城市群的发端。这一破题之作致力于全新发展空间的结构调整、整体布局与深度拓展，力求在区域协同发展进程中培养新的增长极，探索绿色城市、智慧城市、人文城市、开放城市、创新城市发展模式。

习近平总书记指出：雄安新区将是我们留给子孙后代的历史遗产，必须坚持世界眼光、国际标准、中国特色、高点定位，努力打造贯彻新发展理念的创新发展示范区，要坚持用最先进的理念和国际一流水准规划设计建设，经得起历史检验。十九大报告对区域协调发展进行了系统部署，突出各区域全方位发展，适应城市经济一体化新趋势，突出城市群的发展，以疏解北京非首都功能牵动京津冀协同发展，强调"高起点规划、高标准建设雄安新区"。

那么，如何具体定位雄安新区的顶层设计和发展理念？如何在新发展理念引领下，充分尊重区域多元主体固有价值和独立性，并且在此基础上达成共识？如何在协同发展理念引领下，依托聚合性共同体，达成整体性治理方略？如何在新发展理念引领下，促进雄安新区体制机制创新，建构雄安新区的新型治理架构？新峰教授团队的这部作品，围绕协同体系、实现机制和路径选择的独到研究，对于这些复杂问题给出了自己的研究回答。

雄安新区治理架构是我国治理体系现代化进程中的重大问题。作品将制度分析与政策分析结合起来，确定制度安排是公共治理创新的核心，是公共治理创新体系的基础构件，与此同时，需要有机结合政策工具，方能形成全面系统的治理思维。为此，作者在雄安新区治理架构研究中引入制度分析思路，比较单个制度和整体制度优劣，把制度安排和绩效评估相结合，在制度安排和政策工具间寻找契合点，实现了制度分析和政策分析的协同考量，构建了京津冀协同发展背景下雄安新区治理体系。

作品基于大规模实证研究，从经济发展、社会支撑、自然环境、低碳能耗、低碳排放和低碳技术等方面着手，构建了雄安新区低碳发展评价指标体系、雄安新区绿色发展指标体系和绿色 GDP 评价指标体系，提出了未来城市的发展定位；作品遵循习近平生态文明思想，基于生态资源价值认知，构建了雄安新区生态资源价值认知及核算体系；按照区域财政治理的逻辑机理，构建了雄安新区财政治理体系；作品选取合作网络视角，对雄安新区高质量公共服务体系进行了协同构建，并且运用科学方法，确定了评价指标权重，在此基础上，建构了雄安新区整体性治理绩效评价指标体系。

作品还聚焦京津冀和雄安新区所处白洋淀流域环境治理领域，基于强制程度、协同程度和整合程度三维视角，建构起一套切实可行的协同型环境治理政策工具体系；依托教育整体性治理分析框架的设定，从京津冀区域和雄安新区两个层面提出和论证了聚合性教育共同体的治理方略；针对雄安新区建设发展进程中的协同创新困境，提出了雄安新区创新共同体治理体系的建构方略。

作品设计的整体性治理图式，着力于国家价值、区域价值和地方价值的深度融合，强调治理主体间的协同行动，主张核心功能的相互整合与构成要件的相互嵌入，提倡依托内生动力联结公共价值与共享价值，融通价值理性与技术理性，协同价值生产和价值共创，努力实现公共价值、顶层设计、制度安排、政策工具、组织架构间的有机结合与协同共生，致力于"立治有体、施治有序、统分结合、协同发力"的整体性治理格局的达成。这些构想贯彻了雄安新区治理架构的大格局、大思路和高境界，突出了系统、协同和整体发展的价值取向，对区域发展问题作出了战略性回应，具有独到性和开拓性。

历经四年精心打磨的项目成果，凝结了赵新峰教授团队的心血和智慧，倾注了作者的思想和情感，浸润了学者的责任和担当，融汇了学术研究的积累与厚重。期待赵新峰教授团队再接再厉，为推进国家治理体系和治理能力现代化贡献更多的才智。

北京大学国家治理研究院院长

教育部长江学者特聘教授

王浦劬

第一章 绪 论

2017年4月1日，中共中央、国务院决定在河北设立国家级新区——雄安新区，这一顶层设计的面世成为全球瞩目的"千年大计，国家大事"。这是京津冀协同发展进程中至关重要的一步。这一举措对于疏解北京非首都功能意义非凡，是医治北京"大城市病"的一剂良药，也是京津冀区域携手打造世界级城市群的发端。相对于浦东新区、深圳特区对长江三角洲和珠江三角洲区域的拉动作用，雄安新区旨在克服京津冀协同治理理念缺失、合作治理主体碎片化、整合合作机制匮乏等区域发展短板，秉承"创新、协同、绿色、开放、共享"的五大发展理念，致力于全新发展空间的结构调整、整体布局与深度拓展。这一破题之作也是在区域协同发展过程中，培养新的增长极，探索绿色城市、智慧城市、人文城市、开放城市、创新城市发展模式的重要实践。党的十九大报告对区域协调发展进行了系统部署：突出各区域全方位发展，适应城市经济一体化新趋势，突出城市群的发展，以疏解北京非首都功能为"牛鼻子"推动京津冀协同发展，强调"高起点规划、高标准建设雄安新区"。在何种语境下定位雄安新区的顶层设计和发展理念，如何在理念引领下，充分尊重多元主体固有价值和独立性的基础上凝聚共识，如何在理念引领下，依托聚合性共同体谋求整体性治理方略的达成，如何在理念引领下，促进雄安新区体制机制的创新，达成雄安新区的新型治理架构，是本研究着力探讨的核心问题。

第一节　问题的提出

当前京津冀区域治理制度安排和政策工具"棘手化"问题主要表征有哪些？区域治理制度安排和政策工具"碎片化"问题深层利益藩篱何在，扭转这一局面的逻辑起点、发展理念和战略方向是怎样的？如何从体制机制创新、制度安排、政策工具整合优化，以及政府、市场、社会、公众协同这一拓展的视野重新审视推动京津冀区域整体性治理体系构建与完善？针对京津冀区域合作治理能力偏弱、政府治理主体多元、区域合作治理政策工具乏力等诸多问题，着力探讨协同共生语境下，雄安新区以什么样的姿态和创意落地并产生持久价值的核心问题，从发展理念、功能定位、实现机制、政策支撑体系及体制机制创新维度，对雄安新区新型合作治理模式加以建构。本研究围绕这些核心议题，在定量与定性相结合、理论分析和历史分析相结合、制度分析和政策分析相结合、制度建构和绩效分析相结合的研究方法指导下，对雄安新区区域治理现状进行大规模实地调查研究，并以典型案例为重点调查对象展开分析，基于国家利益的最高价值、区域公共利益的现实价值和地方利益的基础价值视角，通过具有协同意蕴雄安新区治理理念的设定，打破传统思维定式，破解合作治理困境，优化治理架构，进而推进京津冀区域整体性治理体系的建立。

本研究着力解决的关键性问题概括为以下五个方面：

一、着力解析京津冀协同发展进程中治理体系建构的体制障碍与利益博弈成因，探索雄安新区推进整体性治理的动力机制与达成路径。

从 1976 年到 2017 年决定建设雄安新区，京津冀发展经历了五个发展阶段长达 40 余年的发展历程，从合作发端时的画地为牢到发展过程中的各自为政，从合作深化阶段协同发展理念觉醒到雄安新区设立后协同发展理念升华，京津冀协同发展的历程也是合作文化、协同意识不断深化和提升的过程。本研究在系统梳理京津冀协同发展历史进程中理念变迁的基础上，针对区域协同治理的思维障碍和理念发展困境，基于国家、区域和地方三重利益价值视角，论证具有整合、协同、相互介入功能的整体性治理方略，才是打破公地悲剧，破解协同治理瓶颈，创新雄安新区治理架构的理论前提，也是雄安新区新型治理模式建构的逻辑起点。研究力图明确整体性治理体系构建的基本原则与战略目标，分析协同治理所遇到的阻滞因素及成因，重点从利益博弈角度展开，探究通过理论创新引导突破不同层级政府间"一亩三分地"思维定式，推动整体性治理，并通过制度安排和政策工具的协同创新来推动和落实治理体系的创新，推动符合国家治理体系和治理能力现代化的区域协同治理体系形成，探寻新旧体系转换的动力机制与转换路径。

二、基于制度分析和政策分析相结合的分析框架，致力于雄安新区治理架构中制度创新和政策协同方略的达成。

沿循"问题提出—价值理念—制度安排—组织架构—政策工具—目标达成—结果评价"的制度分析框架，致力于从源头上探寻问题产生、变化、发展的制度根源，探究区域政府间协同治理层面的制度逻辑，分析中国区域和国家级新区已有的制度基础，剖析什么样的制度安排既契合当前中国整体治理的制度逻辑，同时又切实可行。致力于研究整体性治理内在逻辑的演进，探讨如何通过内生化制度变迁实现政策工具的优化与协同。本研究把制度的理论分析和历史分析相结合，把单个制度和整体制度分析相结合，把制度建构和绩效分析相结合加以研究。以制度安排和政策工具的协同整合为着力点，这是一个全新的富有挑战性的理论视角。这一制度分析框架的建构和视角也是本研究的一大重点和难点。

三、创新雄安新区治理政策工具的协同优化，构建政策工具协同发展体系。

如何推动政策工具创新和政策工具协同，达成雄安新区整体性治理的"千年大计"，是本研究的重点和难点。从中国区域治理政策工具的实践中，可以看出：工具的优化选择是一个逐步适应环境，不断改进的建构过程，这就决定了工具优化选择的第一步即是分析并掌握政策工具选择的环境，在此基础上，完善组合治理政策工具体系，并在协同理念下加以协调、整合，形成全新的政策工具组合体系，以有效应对和破解碎片化的治理困境问题，实现区域内政治、经济、文化、社会、生态的统筹协调发展。研究的理论指向虽然清晰，但是基于"效率""公平"和"有效性"的普遍性政策工具选择标准依然存在难度，这也是本课题需要重点突破的难题。此外，关于管制型、市场型、自愿型等政策工具类型的整合协同问题，政策工具的细化优化问题也是本研究力图着力研究的一大重点。

四、归纳提炼区域、城市群及国家级新区协同治理方面的典型做法与经验，推动局部经验的政策扩散和制度化推广。

中国改革开放的历史证明，先行先试、全面推广的"摸着石头过河"的地方创新试验是促进中国制度创新的重要路径之一。在协同治理实践领域，长三角、珠三角、京津冀等区域均进行了有益尝试。一方面，必须肯定地方探索及经验的首创精神与历史贡献；另一方面也需要看到地方层面存在属地化、部门化、碎片化治理困境，存在可复制、可推广的价值不足等问题，亟须学术界予以提炼归纳的基础上加以整合创新并作出理论回应，将植根中国国情的地方治理经验提升归纳到国家政策设计和制度安排层面。有鉴于此，本研究将借鉴政策扩散的理论分析框架，着力探索区域和地方典型案例等做法，尝试将其归纳提炼为国家层面可以推广复制的制度设计和政策设定。

五、致力于雄安新区整体性治理体系构建、实现机制创新和发展路径的探究。

整体性治理体系构建、体制机制的创新、发展路径的选择是本研究的关键和落脚点，既是当前学术界研究亟待突破的重点和难点，也是当前国家治理体系和治理能力现代化建构中面临的一大挑战。本研究通过对雄安新区这一具有代表性麻雀的解剖，契合了学术界的研究重点和难点，也是对国家治理体系和治理能力现代化建构策略的战略回应。

1.雄安新区整体性治理的协同体系建构。雄安新区建设过程中应该致力于区域内多元主体治理格局的形成，致力于互动合作治理网络的建构。这一治理模式不是以往深圳、浦东模式的复制和延展，而是由价值理念、组织架构、制度安排、政策工具、利益分配等结构要素相互嵌入、融合生成共生体的基础上，通过协同共生价值理念的引导和整体性治理机制的达成，最终形成的新型治理体系。本研究着力建构雄安新区整体性治理的协同体系：

一是政策制定、政策执行、政策评估之间的协同体系；二是政府、社会、企业、公众相互合作的协同体系；三是政策工具间的协同创新体系；四是体制机制、制度安排和政策工具相匹配的协同体系等。

2. 雄安新区整体性治理的实现机制建构与完善。雄安新区治理跨层级、跨区划和跨职能的特征，需要一套整体系统的机制设计加以保障。本研究按照"统筹规划、协同发展、成果共享、责任共担"的区域政府治理逻辑加以建构，雄安新区治理机制可细化分解为网络化多元合作机制、协商机制、决策机制、执行机制、绿色治理发展机制、信息共享与传播机制、利益补偿机制、绩效评价机制等。实现雄安新区治理机制良性发展的关键在于这八大治理机制之间的相互联系、相互作用、相互制约、相互促进。

3. 雄安新区整体性治理的路径选择。雄安新区整体性治理的路径选择应秉承"渐进调适"的原则，坚持走制度创新、政策组合、协同发展、整体治理的道路，积极探索新的制度安排，发展新型政策工具，注重制度安排和政策工具之间的协同效应，以低碳发展、循环发展、绿色发展理念引领生态宜居新城区的建设，通过协同创新、集成创新、原始创新推进创新驱动引领区的发展，以共生共享共荣的理念建设协调发展示范区，站在国际视野的制高点上打造开放发展的先行区，遵循"价值层面—组织架构层面—制度安排层面—政策工具层面—技术层面—执行层面—绩效评价层面"的研究路径，创新雄安新区整体性治理模式。

第二节 研究的价值意义

本研究立足协同治理和整体性理论视角，基于制度分析框架，致力于京津冀协同发展背景下雄安新区体制机制创新和整体性治理架构的研究，探索制度创新和政策工具的优化组合，旨在促进整体性制度安排和政策协同模式的达成。课题将在搜集区域既定治理方略资料及数据基础上，以问题为导向，采用实证分析和案例分析方法探究体制机制障碍、制度缺失、政策失灵方面的内在机理，创新协同治理的制度安排和政策方略，并从行政体制、协调机制、价值选择、组织架构、路径选择和利益平衡等方面，探寻雄安新区的整体治理之道。本研究所追求的目的，是在明晰京津冀区域政府间协同治理的重要性和迫切性的基础上，具体结合区域重大发展战略，探寻适合中国国情的区域合作治理模式。这一模式的架构对雄安新区战略目标的实现具有重要的学术意义和应用价值。

一、学术意义。本研究的学术价值在于基于"协同治理"和"整体性治理"理论，研究京津冀协同发展理念下雄安新区整体性治理架构的制度安排、政策工具与路径选择，对于雄安新区体制机制的创新具有一定的科学性、可行性和指导性，全新的理论视角丰富了学术界对跨区域、跨行政区划、跨部门、跨层级协同发展问题的研究，深化和拓展了对治理理论的理解，对"千年大计、未来之城"雄安新区的理论架构形成强有力的支撑，对中国区域协同治理的理论体系进行了大胆的充实、完善和创新。

二、应用价值。本研究的应用价值在于为中国区域协同治理和整体治理提供制度架构策略、政策协调路径和治理模式设计。这一策略、路径和设计致力于具体治理方略的大胆建构，对于打破我国区域内碎片化治理格局、公共政策协调不力的治理困境、突破公地悲剧、破解孤岛效应，摆脱地方保护主义和行政区行政的束缚具有重要应用价值。最终，协同理念下雄安新区整体性治理模式的构建，对于破解京津冀合作困境、疏解北京非首都功能，打造世界级城市群的战略目标具有重要现实意义。具体价值体现在如下方面：

一是基于"整体性治理"的理论视角，把整体价值作为基本价值诉求。研究力图打通整体性治理理论和政府间治理协调的沟通渠道。强调雄安新区整体治理的效果最优和公共利益的整体最佳，以此协同理念为出发点，研究雄安新区整体性治理模式达成方略和可行性，致力于形成治理理念、治理结构、运作方式与过程、治理绩效等要素构成的一体化治理框架。这一视角具有理论上的前瞻性和开创性。对于丰富学术界对区域协同治理问题的研究，形成关于治理模式的完整理论体系具有积极意义。

二是基于科学的制度分析框架，注重制度分析和政策分析的结合。本研究以"问题提出—价值理念—制度安排—组织架构—政策工具—目标达成—结果评价"的制度分析框架，致力于从源头上寻找问题、分析问题、解决问题，探寻问题产生、变化、发展的制度根源。力图探究京津冀区域协同治理层面的制度逻辑，分析我国区域已有的制度设计如何通过整体性治理方略实现创新和超越，致力于研究整体性治理与京津冀区域和雄安新区治理架构内在逻辑的契合，推进这一理论的落地、生成、演进和实施，探讨如何通过内生化的制度安排实现该区划政策工具的协同和优化。本研究力求把制度的理论分析和历史分析相结合，把单个制度和整体制度分析相结合，把制度建构和绩效分析相结合，以制度安排和政策工具的应用为着力点，打破传统的政策工具选择惯性思维，实现制度分析和政策分析的有机结合。对于学术界而言，这一富有挑战性的制度分析框架对于破解区域协同治理困境具有重要价值。

三是致力于体制机制创新和政策协同方略达成。研究的基本假设是以往的制度安排和政策工具在推动区域协同发展方面取得重要进展，但政策工具间缺乏协同，制度和政策间协同不够，京津冀区域协同发展遭遇瓶颈，雄安新区的整体治理面临困境。体制机制变革和治理模式建构过程中，不能简单采取非理性的手段，用新政策工具替代管制型政策工具。区域内政策工具的选择并不是管控型政策工具与新政策工具之间非此即彼的关系，良好治理绩效的达成需要政策工具的综合运用，需要政策工具发挥协同效应。这一体制机制的创新和政策工具协同方略的达成对于克服部门主义和各自为政的弊病，打破组织和行政壁垒，形成主动协调合作的体制机制具有积极意义；对于解决公共问题，克服"搭便车"和"公地悲剧"，破解"孤岛效应"现象，解决区域政府间因利益分割导致的冲突对抗问题，超越行政区界限和部门功能设定进行合作治理具有重要价值。雄安新区整体治理的制度优化、政策协同和政策工具选择及体制机制的创新对未来中国治理实践具有重要的应用前景。

第三节　相关文献研究述评

一、关于协同治理理论的研究综述

（一）国外协同治理理论的研究综述

1. 基于协同治理理论分析视角。协同治理是随着社会发展进步而出现的新的治理理念，从历史观的角度，是在统治型及管理型治理模式的基础上，随着社会越来越关注合作发展起来。事实上，区域协同治理问题一直是国内外学术界关注的热点议题，并形成了一系列的成果。在区域治理模式方面，新区域主义试图在"政府干预"为主的传统区域主义和"市场主导"为主的公共选择理论之间找到平衡点。它以跨部门（公共部门、私营部门、非营利组织）的协同合作为核心，主要通过协商和谈判的方式，形成跨区域的不同层级间的公共部门、私营部门和非营利组织的合作网络，形成共同体共同解决区域公共事务（Savitch, H. V. and R. Vogel，2000）。在协同治理方面，安斯尔（Ansell）和加什（Gash）认为协同治理是由一个或多个公共部门直接与利益相关的非政府组织一起做集体决策过程中的一种治理安排，这种治理安排通常是正式的、基于共识的和审议的，其目标是为了制定和执行公共政策或开展公共事务管理活动；[①] 艾默生（Emerson）、耐贝奇（Nabatchi）和巴洛格（Balogh）认为协同治理是将跨部门、跨层级、跨公私部门和公民空间的机构或个人有建设性参与到公共政策制定和管理过程与结构中，以实现那些由他们其中任意一方无法单独完成的公共目的。[②] 康尼克和英尼将协同治理定义为"所有相关利益的代表"（Connick and Inners，2013）。莱利将协同描述为解决问题的一种方式，涉及"政府机构和相关公民的共同追求"（Reilly，1998）。Bingham 对协同治理的理解归结为以下一个重要的内容：从协同主体的角度，主要是包含一切可以合作的主体，如联邦政府、公众、

[①] Chris Ansell, Alison Gash: Collaborative Governance in Theory and Practice, *Journal of Public Administration Research and Theory* 2008 (4).

[②] Emerson, K., Nabatchi, T., & Balogh, S.: An Integrative Framework for Collaborative Governance, *Journal of Public Administration Research and Theory* 2012 (1).

地方政府、非政府组织、企业等；从协同客体的角度，包含了在治理过程中遇到的所有的问题；最后从外延上看，包含了所有协商共识的方式方法，如公民参与、协商民主等。

2. 区别于对抗主义和管理主义的协同治理表述。同治理有别于对抗主义和管理主义的决策模式，早期的对抗性或管理性模式的失败催生了协同治理的实践。当然，协同中依然存在困境和矛盾，如协同主体不同的目标和行动方式，对于未来不同的思考等。当协同主体在身份地位诸方面不平等时，冲突问题愈发加剧。在伙伴关系中，对抗和冲突很常见。当参与协同的主体能运用资源和策略去平衡主体之间的权力差异，有效管理冲突时，跨部门（多主体）协同治理更容易成功。① 与通过对抗进行决策相反，协同治理不是"赢家通吃"的利益协调模式。在协同治理中，利益攸关方之间往往存在彼此对抗关系，但目标是要将对抗关系转化为更具合作性的关系。在对抗性政治中，全体间可以进行非零和博弈，发展合作联盟。② 对公共问题的关注使得协同治理区别于其他形式的共识决策，如非诉讼解决机制或转化调解。虽然公共机构可以通过调节或解决纠纷来减少社会或政治冲突，但这些方法通常仅被用于处理严格意义上的私人冲突。此外，公共调节或解决纠纷可能仅仅是为解决私人纠纷而设计的。虽然外面承认公共和私人之间界限模糊，但协同治理仅被限于公共事务治理中使用；③ 在管理主义中，公共机构单方面或通过封闭的过程进行决策，通常依靠机构专家进行决策（Futrell，2003；William and Matheny，1995），虽然管理机构在决策中可能会考虑利益攸关方的诉求，甚至直接与之商讨，但是协同治理要求利益攸关方直接参与到决策的过程。

3. 协同治理中的回应性及影响因素探讨。协同过程中治理主体的回应

---

① John M. Bryso，Barbara C.Crosby.The Design and Implementation of Cross-Sector Collaborations：Propositions from the Literature，*Public Administration Review* 2006.

② Chris Ansell and Alison Gash：Collaborative Governance in Theory and Practice，*Journal of Public Administration Research and Theory* 2008（4）.

③ Chris Ansell and Alison Gash：Collaborative Governance in Theory and Practice，*Journal of Public Administration Research and Theory* 2008（4）.

性研究也是学界重点探讨的问题。Thomas A. Bryer 识别了协同过程中官僚回应的六种类型：命令式、强迫式、企业家式、目的导向式、协作式和谈判式。协同过程中公众层面影响回应性的主要因素包括：对选举官员的支持、媒体及公众的影响、决策过程中的授权。① 此外，影响官僚回应性的重要因素还包括：组织文化、领导力、规则与结构、管制强度等。② Yang Kaifeng 的研究认为：协同过程中官员与公民相互协同的意愿以及协同的结果是影响协同回应性的关键因素（Yang Kaifeng，2007）。Alter 和 Catherine 的研究认为：单一主体在解决公共问题上的困境和失败也是影响跨部门协同治理的重要因素。当制定政策一方认为与利益相关者相互独立无法有效解决问题，他们会更加趋向于跨域间协同治理。③

4. 基于情境理论的协同治理分析框架。安斯尔（Ansell）和加什（Gash）就协作的起始条件设置了两个不同的出发点：第一，利益攸关方在带有感情色彩的地方问题上存在历史纠葛，将彼此视为不道德的敌手；第二，各利益攸关方对于协作所要达成的成果有共同愿景，并且有过合作和相互尊重的历史。在这两种情况下，协作可能都是困难的。但第一种情况下，必须要克服不信任、不尊重和直接对抗的问题。④ 以此为起始条件，研究者基于情境理论建构了如下协同治理模型：

该模型设定了四个变量：初始条件、制度设计、领导力和协作过程。强调的是协同之前发生的情况有可能促进协同的发生，也可能阻碍协同的发生。这些条件包括权力、资源、知识的不对称。协同的动机是实施跨部门协同的重要的主观原因，这种主观原因有部门自身愿意参与协同，也有被迫参与协同，对协同的实施效果能发生很大的影响力。合作纠纷历史则强调了部

① Thomas A. BRYER：Explaining Responsiveness in Collaboration：Administrator and Citizen Role Perceptions，*Public administration review*：PAR 2009（2）.

② John M. Bryso，Barbara C.Crosby：The Design and Implementation of Cross-Sector Collaborations：Propositions from the Literature，*Public Administration Review* 2006.

③ Alter，Catherine：An Exploratory Study of Conflict and Coordination in Interorganizational Service Delivery Systems，*Academy of Management Journal* 1990（3）.

④ Chris Ansell and Alison Gash：Collaborative Governance in Theory and Practice，*Journal of Public Administration Research and Theory* 2008（4）.

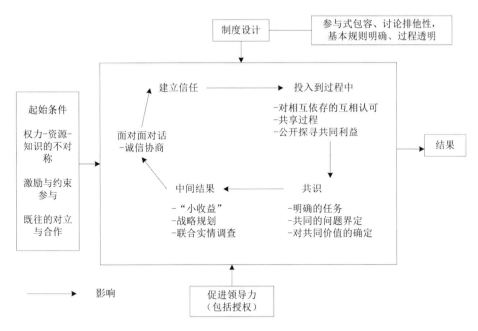

图 1–1 基于情境理论的协同治理模型

门与部门之间的过往对下一次合作的影响。制度设计形成了协作产生的基本规则。制度设计把协同过程中一些行之有效的方法等通过制度的形式明确下来，使得协同更为明确，每个参与者对自己的责任分工也很明确。领导力在协作过程中起到重要的调解和促进作用。模型把这些宽泛的变量分解成更为精细的变量并一一加以详细描述，指出了它们在协同治理情境中的表现及存在意义。模型关于协作过程进行了周期性的简化表述：利益相关方之间面对面对话是协同治理的基础，当面对话不仅是谈判的媒介，也是打破刻板偏见和沟通障碍的关键，防止对共同利益追求的阻碍。（Bentrup，2001）。协同治理基于利益攸关方间的信任，协作过程既关乎谈判对话，也与信任的建立高度相关。决策者有责任对利益攸关方之间的冲突对抗以信任的方略加以补救，信任建立的过程需要对协作结果实现的长期承诺。利益攸关方协作承诺的质量和程度是对协作成败做出解释的关键变量。承诺与原协同动机高度相关，对进程的承诺意味着一种信念，以共同受益为目的的诚信谈判是实现理想政策结果的最佳方式。（Burger et.，2001）协作进程中共同发现事实产生的一些"小收益"可以视为中间成果，这些协作进程中的阶段性成果既是对协作进程的有效反馈，也是协同治理达成的关键。共识的达成需要利益攸关方有清晰明确的共同目标设定，需要对达成的目标有共同的理解认同，对问题的定义达成一致，理想状态是达成核心价值联盟，形成共同体，对共同价值做出一致性的确认和追寻。关于协同治理的情境理论，该研究得出如下结论：如果利益攸关方之间的权力与资源严重不均衡，使得重要的利益攸关方不能以有意义的方式进行参与，那么有效的协同治理就需要采用积极的策略，以代表弱势的利益攸关方和对其授权。①

5. 协同治理实践研究。国外学者对协同治理理论的应用主要集中在行政执法、退伍老兵健康管理、国土安全、儿童和家庭服务提供、政府购买服务等方面，对危机管理、资源管理、环境管理、流域管理和公共服务供给领域中协作治理实践的探讨最为集中。理论发展进程中，协同治理在不同的规模和领域实施运作，跨越了管辖区的边界，并涉及多级政府以及非政府利益相关者（Frederickson，1999；Jun，2002；Kettl，2002；Agranoff and McGuire，2003；Weber，2003；Koontz，2004；Heikkila and Gerlak，2005；Gerlak，2013）。这些新的跨界领域逐渐发展成为合作治理不断深入研究的试验场。协同方略有望更好地协调和整合当局（Bingham and O'Leary，2008），并与通常包括利益相关者参与和公共审议的参与式治理形式相联系（Leach and Sabatier，2005；Cooper，2006；Fung，2006）。

无论是公共、私人营利和非营利领域，还是涉及不同的公共政策领域，跨界协同系统的概念、挑战和机会都是相似的。各种各样的治理框架和实践运作已经发展起来，为这一新兴现象描绘出不同的方法和策略，从强调组织间关系结构的网络分析（Brass et al.，2004；Koppenjan and Klijn，2004），到关注人际动态和能力建设的过程模型（Bardach，1998），到强调讨价还价和冲突管理的谈判方法（Daniels and Walker，2001；Wood and Gray，1991），再到纳入生产性合作结果的前因条件和基本投入的分析框架模型（Ansell and Gash，2008；Emerson et al.，2012）。

---

① Chris Ansell and Alison Gash：Collaborative Governance in Theory and Practice，*Journal of Public Administration Research and Theory* 2008（4）.

在区域治理领域、环境和自然资源治理领域、公共卫生治理等领域，西方学者建立起多种多样的伙伴治理安排，代表国家、市场和社区系统的混合组合，包括共同管理、公共—私营伙伴关系和私营—社会伙伴关系（Agrawal and Lemos，2007）。在广泛的环境变化和适应性研究中，人们越来越关注与环境变化相关的发展动态和不确定性带来的治理挑战（Armitage，2007；Dietz and Stern，2008；Juhola and Westerhoff，2011）。在这些实践探索的过程中，协同治理被广泛运用。随着时间推移，机构必须在不断变化的外部条件下保持其相关性和有效性（Dietz，2003；Scholz and Stiftel，2005；Brunner，2005；Steinberg，2009；Gupta，2010）。适应也是复杂的社会生态系统研究的主要关注点（Anderies et al.，2004；Ostrom，2009；Garmestani and Benson，2013）。制度适应被视为强大的社会和生态系统的必要条件（Janssen，2007；Gupta，2010）。探讨人类环境互动的新研究也强调了适应的重要性（Harden，2013；Gerlak，2013）。

鉴于公共服务等领域中的协同治理趋势，在这种跨边界、多组织的背景下研究适应性并阐明如何改善合作治理是非常重要的。协同治理制度是一种制度，也是动态的实体，可以改变和发展。他们在组织层面不是静态的，他们所处的环境也不是静态的（Emerson and Nabatchi，2015；Imperial et al.，2016；Newig et al.，2019）。因此，协同治理在不同时期需要不同的资源、便利和支持（Genskow and Born，2006；Imperial et al.，2016）。同样，他们的产出和结果也可能根据他们的时间发展而变化（Emerson and Nabatchi，2015；Imperial，2016）。为了解 CGRs 系统中利益相关者和他们的互动如何随时间演变，以便通过协同治理在一段时间内维持协同，协助他们适应，或在时机到来时终止协同（Imperial，2016；Newig，2019），西方学者进行了大量的实践探索和实证研究。这些协同治理的探索始于鲜活的实践情境，而不是囿于实验室。大部分的经验教训和理论提升都来自于实践者和管理者的前沿探索与总结提炼。

二、国内研究综述

协同治理理论是发达国家多元合作治理中进行现代化建构的重要工具。

中国学者借鉴引入并结合现实国情发展了这一理论，将协同治理与国家治理体系与治理能力现代化、区域协同发展、行政体制改革等议题结合起来，力图建构起中国特色的协同治理理论体系。总体而言，国内关于协同治理的研究可以概括为以下几个方面：

1. 协同治理内涵方面的研究。国内学者将协同治理理论与国家治理体系建构和国家治理能力现代化建设相结合，丰富了中国特色的协同治理内涵，并在理论探究中发展成为制度特色。在概念界定方面，国内学者沿用联合国全球治理委员会给出的定义，认为协同治理通过主体间资源和要素的良好匹配，达到国家与社会合作关系的最佳状态，是实现从治理到善治的途径，提出协同治理的内涵为主体间合作的匹配性、一致性、动态性、有序性和有效性（李辉和任晓春，2010）。郑巧和肖文涛（2008）认为，协同治理是指政府、非政府组织、企业、公民个体等子系统构成开放的整体系统，最终达到最大限度维护增进公共利益之目的。蔡延东（2011）提出，协同治理理论是指在公共生活过程中，政府、非政府组织、企业、公民个人共同参与到公共管理的实践中，发挥各自的独特作用，组成和谐有序高效的公共治理网络。孙萍（2013）认为协同治理就是通过借鉴协同科学的基本原理，力图实现协同科学与治理理论的对接，从而创新治理理论。这些学者认为：协同治理理论是协同学和治理理论的有机组合。基于协同学理论，杨华锋（2011）认为协同治理是在后工业社会合作治理的视域下，基于对权力公共性的追求，通过将协同核心思想引介到治理领域中，致力于推动合作结构生成的一种解释性话语结构。张乾友（2009）则将想象引入治理对话，认为后工业社会将能够抵制理性对想象的驱逐，从而进入一种非竞争、非对抗、非控制性的治理对话中，展开一个关于合作社会的治理想象。认为通过想象一个价值多元的世界，摆脱竞争与基于竞争的权力控制将成为可能。

2. 协同治理中的多元合作治理与政府治道变革方面的研究。协同治理理论摒弃单一中心治理模式，主张多元主体参与合作治理，在协同过程每个阶段发挥作用并且贯穿于治理的全过程。协同主体的多元性和治理过程中主体间的"协同"问题成为研究的重点领域。范如国（2014）指出，在协同治理中，政府应该从"国家或政府中心论"的思维困局中走出去，把优化社会治理资源、创新社会管理体制、创造社会良性资本、发展基层民主政治等，作为实现服务型政府协同治理的现实选择；叶大凤（2015）强调协同治理是走出政府管理政策冲突困境的新思路和新路径，主张政府、社会组织、企业、公民等多元主体共同参与到政策实践中，可以发挥不同的作用，分担区域公共治理的责任，有助于实现国家与社会良性互动，形成新的治理格局。就单一主体系统内部的协同问题，刘伟忠（2012）主张政府通过对各部门的功能整合以及政府间的协同合作，来达到政府系统内部的协同合作，把这一政府形态称为协同型政府。① 孙涛（2015）研究探讨了非政府组织内部协同问题。对非政府组织系统内部表现出的缺陷，主张从系统内部治理困局着手，通过政府、公民、媒体等多元主体对非政府组织系统进行协同治理。一些学者认为协同治理是中国治道变革的一种战略选择。郑巧、肖文涛（2008）从服务型政府构建的角度出发，指出协同治理的价值理念以一种内化的方式渗透到政府治理模式的选择中，引领着政府治理模式的变革和创新。姬兆亮（2013）等立足于中国权力结构的传统现实，认为将本土化的协同治理引入区域协调发展中来是一条行之有效的路径。政府应明确自己"协同治理型政府"的角色定位，从而确保政府在公共事务管理中与其他治理主体共同承担责任、合作提供公共服务的职责定位。

3. 协同治理的应用研究。纵观学术界理论成果，协同治理理论主要应用于区域合作治理、环境治理、公共危机管理、社会治理等相关领域。首先，合作治理方面的困境一直是制约区域协调发展的一大障碍。当管制型等传统治理模式陷入困境时，就需要在规避传统模式风险、打破固有模式瓶颈的基础上创新更为有效的协同发展模式。

在雄安新区顶层设计、发展理念及治理架构应用研究方面，赵新峰（2017）在系统梳理京津冀协同发展历史进程的基础上，针对雄安新区规划建设过程中，所处京津冀区域面临的政府合作治理能力偏弱、政府治理主体碎片化、政府协同治理政策工具乏力等诸多问题和挑战，探讨了协同共生语境下，雄安新区以什么样的姿态和创意落地并产生持久价值的核心问题，并

---

① 刘伟忠：《我国协同治理理论研究的现状与趋向》，《城市问题》2012 年第 5 期。

从发展理念、功能定位、实现机制、政策支撑体系及创新维度，提出了雄安新区的整体性合作治理架构；① 林峰（2017）认为雄安新区建设应该重点促进区域协调发展，经济社会协调发展，新型工业化、信息化、城镇化、农业现代化的同步发展。如何从单一发展模式、单纯企业发展的简单增长模型到综合协调开发，是需要重点考虑的问题；张可云（2014）指出，雄安新区设立的现实逻辑是解决京津冀区域差距过大，多种区域病并存，区域内部不同行政区划间利益矛盾与冲突不断，要素流动不合理等协同发展问题，进而实现构建京津冀世界级城市群和促进京津冀协同发展的目标。② 实现雄安新区战略目标需要处理好十个关键问题：设立意图、主要定位、建设规模、承接功能、建设速度、建设模式、人地协调、行政建制、政策支持，以及对雄安新区未来的影响评价。

黄春蕾（2011）在生态保护的协同治理领域提出了协议保护的创新治理机制。赵新峰（2016）等以正处在政策迸发期的京津冀区域大气污染治理为例，依据"问题界定—政策制定—操作层面—政策协调结果"的分析框架，对京津冀区域政府间大气治理政策协调中存在的问题进行详细分析，并从经济基础、行政体制和协调机制三个方面探究政策不协调的原因。③ 魏娜、赵成根运用协同治理的分析工具和理念，对京津冀跨区域的空气污染问题进行了探讨，包括协同立法、协同机构、平衡"利益差"、实现协同的运行机制。④ 罗冬林（2015）以江西省为例研究区域地方政府合作网络治理机制，提出区域治理是"带有目的性的利益链接"，必须采取地方政府联合治理，在讨论区域间政府合作网络信任如何构建时，提出要通过互惠的利益交换机制、网络关系机制、声誉博弈机制以及制度机制来实现。国内学者把协同治

---

① 赵新峰：《京津冀协同发展背景下雄安新区新型合作治理架构探析》，《中国行政管理》2017 年第 10 期。

② 张可云、蔡之兵：《京津冀协同发展历程、制约因素及未来方向》，《河北学刊》2014 年第 6 期。

③ 赵新峰、袁宗威：《区域大气污染治理中的政策工具：我国的实践历程与优化选择》，《中国行政管理》2016 年第 7 期。

④ 魏娜、赵成根：《跨区域大气污染协同治理研究——以京津冀地区为例》，《河北学刊》2016 年第 1 期。

理的理论应用于生态环境治理、区域合作治理、突发性公共危机应对、社区治理等公共实践领域，聚焦空气、水、土壤污染等环境治理、食品安全、教育共同体和集团化办学、邻避设施选址、老旧社区改造、区域交通一体化、区域低碳合作治理、城市群发展等治理难题。这些研究着力于探讨如何突破行政区行政的思维束缚并摆脱地方政府行政体系刚性分割模式的限制，通过多元化参与主体，设立协作委员会等协作治理的组织载体，设计新式协作模式，建立包括府际协调、利益表达和整合、冲突解决保障机制、合作网络等新的制度与政策安排，为"棘手性"复杂社会问题的解决寻找到一条政府与社会协作治理的新道路。

三、将整体性治理理论纳入区域政府协同治理实践中来的研究综述

（一）国外研究

西方国家通过多年的发展实践，经历了新公共管理运动的探索，逐渐发展产生了整体性治理理念。尤其在新公共管理过程中出现的碎片化的治理效果，各自为政现象的出现，更加激发了整体性治理理论的出现。整体性治理强调用"整合"化组织形式，通过正式组织管理关系和伙伴关系、网络化结构等方式，实现对资源有效利用、对公共问题协商解决和对公共服务的供给。[①] 这一理论是在反思新公共管理理论导致的碎片化基础上形成的，在区域合作协调整合等方面具有一定的科学性和可行性。作为理论的首倡者，Perri.6确立了整体性治理理论的研究范围和理论框架，但没有完全确定整体性治理的具体内涵，并认为政府组织机构之间的合作、协调和整合，不管被叫作"协同性的、整体性的还是整合性的或者协调性的，所有这些一直都被政府组织看作是要追求的目标"[②]；Patrick. Dunleavy 发展了这一理论产生的背景以及可资利用的工具—信息技术。[③] 在他看来，西方发达国家的公共治

---

① 胡象明、唐波勇：《整体性治理：公共管理的新范式》，《华中师范大学学报》（人文社会科学版）2010 年第 1 期。

② Perri 6，Diana Leat，Kimberly Seltzer and Gerry Stoker：*Towards Holistic Governance*：*The New Reform Agenda*，Palgrave 2002，29、24.

③ Patrick Dunleavy：*Digital Era Governance*：*IT Corporations*，*the State and E-Government*，Oxford University Press 2006.

理体系和理念已经发生了巨大的变革，尤其在过去的二三十年中，无论是学术理论研究还是政府治理的实践中，新公共管理运动已经终止。英国学者汤姆·林认为，整体性治理这一概念不是一组协调一致的理念和方法，最好把它看作是一个伞概念，是能够解决在公共治理领域出现的日益严重碎片化的重要内容；① Tom Christensen 等梳理了关于整体性治理的理论，对整体性政府产生的根源、运作模式和体系结构及文化基础等角度进行了全面阐释。②"整体性治理是通过全面协调的思想与行动以实现预期目标的一种政府改革模式，主要包含了相互对抗破坏的政策情境、协同整合稀有资源、促进不同的利益方和主体能够团结协作，为公民提供更加整体性的完善的公共服务。"③

（二）国内研究

运用"整体性治理"理论研究跨区域政府组织间协调的文献国内还相对较少。高建华认为，在区域政府合作治理中，应在整体性政府构建、整体性治理模式、整体性治理协调机制、信任机制和承诺机制以及监控机制等方面加强努力。④ 王建平（2011）强调，尽管区域整体性治理模式是在我国现有体制下，推动地方政府加强合作的有效途径，但要以建立科学的利益协调机制为前提条件。任维德和乔德中（2011）则以"整体性治理"理论为基点，深入研究了城市群内府际关系协调的治理逻辑。在整体性治理视角下，崔晶、王洁（2011）和赵宇（2010）等人分别结合京津冀、长三角和西三角等区域实例，进行了区域政府间协调体制和机制的创新研究。⑤ 近年来，将整体性治理理论引入到区域环境治理领域的研究成果逐步开始出现。国内学者果佳（2016）通过梳理北京市 2011—2014 年的大气治理政策，构建了基

---

① 　Ling T：Delivering joined-up government in the UK：Dimensions，issues and problems，*Public Administration* 2002（4）.

② 　Tom Christensen，Per Laegreid：《后新公共管理改革——作为一种新趋势的整体政府》，张丽娜等译，《中国行政管理》2006 年第 9 期。

③ 　Christopher Pollit：Joined-up Government：a Survey，*Political Studies Review* 2003（1）.

④ 　高建华：《区域公共管理视域下的整体性治理：跨界治理的一个分析框架》，《中国行政管理》2010 年第 11 期。

⑤ 　崔晶：《区域地方政府跨界公共事务整体性治理模式研究：以京津冀都市圈为例》，《政治学研究》2012 年第 2 期。

于政策群的大气污染治理政策群评估体系；韩兆柱（2017）提出基于整体性治理理论，完善京津冀雾霾治理的府际合作机制。学者们对整体性治理的理念、内涵、维度等进行了较为详细全面的论述，但是对于整体性治理内在的运行机制、具体的协调方式等研究相对还不够充分。

四、关于整体性治理中制度安排和政策工具方面的研究综述

（一）国外研究

西方学者侧重政策工具的分析运用，因为制度较为健全，很少从制度分析的视角研究治理问题。发展中国家则存在制度缺失问题，因而制度安排和政策工具的协同作用难以充分发挥出来。

罗纳德·科斯（Ronald H. Coase，1960）认为：一是要从政策效果的整体上进行分析，避免角度偏颇。科斯不认可通过政府补贴的方式进行调节，他认为这种方式可能会产生新的问题。二是提出了比较政策分析，他认为经济分析的主要目的是更加深入地理解生产制度结构，尤其是不同的主体在协调经济活动中所扮演角色的不同。他认为制度安排影响生产和交易成本。脱离交易赖以发生的制度安排研究交换过程，意义不大。三是科斯提出了成本—收益分析方法，认为负外部性有三个方面的行动方案可供选择：一是减少既定污染水平的得与失；二是行动方案的受益者和被否决行动方案的受损者是谁；三是行动方案达成既定目标时导致什么样的实际结果发生。科斯提出的观点同样适用于中国整体性治理的政策分析。道格拉斯·诺斯（Douglass C. North 2005）系统提出"现实—信念—制度—组织—政策—结果—改变了的现实"的制度分析框架，深入分析了从"现实"到"改变了的现实"中的关键性因素，强调了制度安排和政策协同的重要性。值得重视的是，诺斯认为意识形态是一种行为方式，这种方式通过提供给人们一种世界观而使行为决策更为经济，使人的经济行为受到习惯、准则和规范的约束而更加符合公正的评价。当人们的信念存在冲突时，制度会反映那些有能力实现他们目标的人们的信念。他把经济变迁理解为如下变化结果：主要是人口的总体数量质量和人口结构，还有人口拥有知识和信息的总量以及人能够与大自然沟通协调的能力储备，再来进一步能够明确整个社会激励方式的理论

框架。诺斯的制度分析框架对于区域协同治理目标达成具有重要参考价值和借鉴意义。

（二）国内研究

国内区域协同治理方面综合运用政策工具与制度安排的相关研究，重点集中在环境治理领域。罗敏、朱雪忠（2014）提出政策工具可细分为规制型、经济激励型和社会型三大类，他们采用内容分析法，对22年中国低碳政策工具进行计量分析发现：规制型政策工具缺乏灵活性且数量太多，容易导致政策失灵。陈健鹏（2012）认为继续运用好标准和管制为代表的"传统"政策工具，充分考虑政策工具应用条件，稳步推进"高级"政策工具；加强温室气体减排政策工具之间的协调，以提高能源效率作为温室气体政策工具的核心目标；卢现祥等通过系统分析制度安排、政策工具和低碳经济关系，在制度—行为—绩效的框架下研究了不同主体的低碳行为；[1] 赵新峰、袁宗威在研究中尝试探索区域协同治理失衡问题产生、变化、发展的制度根源。[2] 在充分考虑区域整体性、流动性的基础上，综合现有法律法规和具体协作机制两个层面的制度基础，依据区域产权与责任明确统一以及协同治理交易成本最优化两大原则，将分散于各地的使用权进行集中统一，变革组织架构、健全法律法规体系，改善激励—约束机制等制度，以实现区域稀缺资源的优化配置、科学利用及协同治理；此外，赵新峰、袁宗威（2016）在深入研究区域协同治理政策工具的理论、概念和分析框架基础上，结合中国区域大气污染防治实践，梳理总结其中政策工具发展历程及其演进特点，依据工具选择的环境和目标，提出了完善区域大气污染治理政策工具体系，推进区域协同治理政策工具整合创新的优化建议，尤其是强调摆脱对管制型政策工具的依赖，逐步转向激励型政策工具、自愿型政策工具等多种政策工具的综合运用，进而形成整体性的治理政策工具。[3]

---

[1]　卢现祥、张翼等：《低碳经济与制度安排》，北京大学出版社2015年版。

[2]　赵新峰、袁宗威：《我国区域政府间大气污染协同治理的制度基础与安排》，《阅江学刊》2017年第2期。

[3]　赵新峰、袁宗威：《区域大气污染治理中的政策工具：我国的实践历程与优化选择》，《中国行政管理》2016年第7期。

五、理论述评

（一）关于协同治理理论研究的分析评价及进一步探讨、发展或突破的空间

一是关于协同治理理论的内涵。对于协同治理的学理性研究存在盲点，有待深化。当协同治理作为一种体制机制创新模式运用到实践中时，必须对其独有内涵界定清楚，以突出其特有的理论价值。前人研究成果尤其是国内学者对协同治理内涵理解较为模糊，这些缺憾也为本研究留出了进一步探讨、发展的空间。对协同治理内涵和观念体系独特性、异质性的挖掘是本研究力求突破的地方。

二是协同治理推进中的对抗冲突、利益博弈等问题研究有待深化。利益结构治理方面，当前学术界的研究集中在央地政府之间的关系、政企关系、政社关系、政府与公民之间的关系，以及不同主体之间交错复杂的互动关系，然而对这些不同互动关系引起的利益博弈的原理和机制分析还不够充分。利益问题是导致治理主体对抗冲突的关键因素。本研究力求在雄安新区顶层设计出台的有利形势下，着力探讨京津冀跨区域协调组织协调主体之间，雄安新区规划范围内不同行政主体之间，雄安新区所处白洋淀流域不同行政主体之间，中央政府、地方政府与区域协调组织之间的利益关系问题，并力求有所创新和突破。

三是协同治理中的回应性及影响因素方面的研究有待拓展。就协同治理中的回应性而言，虽然一些研究探讨了协同治理过程中政府与公众之间不同的回应方式，或回应态度对彼此协同行为的影响，但是协同治理的最终目标是实现整体效应的增进，因此，还应针对回应方式的不同，对协同绩效是否发生变化、产生什么变化、变化的驱动力等问题进行深入探讨。此外以往研究重点关注的是协同过程中影响官员和公民的主要因素，认为协同过程中官员与公民相互协同的意愿以及协同的结果是影响协同回应性的关键因素。本研究力求独辟蹊径，深入探讨区域内地方政府官员协同动机和协同意愿对回应性的影响。

四是协同治理理论的应用研究方面需要深层次探讨和细化研究。以行政区行政为特征的属地管理模式下，区域内不同行政主体条块分割、各自为

政、壁垒森严。从属地控制模式过渡到跨区域协同是我国治理的发展与变革方向，也是学术界致力研究的方向。本研究力求把协同治理运用在京津冀一体化发展以及雄安新区建设实践中，拟重点关注以下几个核心问题：协同治理理论在解决区域发展瓶颈问题上的适用性或可行性；当协同治理与中国特色治理体制机制相结合时所衍生出的独特性；实施跨域协同治理的效度和限度及治理绩效的评价；影响治理绩效的体制性或结构性因素。这些问题都需要在本研究中进一步理清和探究。

（二）整体性治理理论研究的分析评价及进一步探讨、发展或突破的空间

一是理论研究的系统化、整体化和本土化亟待加强。学术界围绕整体治理的代表性成果：针对跨域治理，认为要克服政治、经济和文化差异，加强多个行政管辖区之间的合作；跨境治理需要国际法支撑；从国家治理层面建构协同治理体系；研究治理政策协调的变迁历程。这些成果为本研究提供了理论支撑，具有重要借鉴价值。但国内关于整体性治理方面的研究或宏观宽泛，或片面零碎，缺乏基于整体性视角的理论实践成果。本研究拟基于中西方整体性治理理论基础上，力求实现该理论本土化改进和提升，从问题界定、目标确定、方案讨论、方案选择、方案可行性等方面全方位入手寻求突破。

二是应用研究、研究视角、研究范式需要进一步整合提升。首先，整体性治理理论已得到国内外公共管理学界高度关注，国内逐步被应用于区域政府组织协调合作领域，但在应用和实践层面还相对薄弱；其次，相关研究大多集中于环境保护中的单一领域，研究成果较少关注不同领域融合交叉；再次，整体性治理研究在国外成果丰硕，取得良好效果，在国内相关研究还处于初级阶段，整体治理研究限于国外理论的借鉴，实证研究相对薄弱。基于此，从整体治理的视角分析京津冀协同发展背景下雄安新区治理架构，挖掘其影响因素和达成模式，创新体制机制，将是一个全新的研究视角。

三是综合来看，国内研究内容需要进一步扩展深化。国内研究内容主要归纳为以下几方面：一是基于区域整体性治理理论的基础上，探讨实施区域联防联控的技术方法；二是基于地方和区域现状，研究京津冀、长三角、珠三角等区域的合作协调问题，概括总结了现有的区域协同治理模式；三是

研究协同治理视角下的府际事权划分，倡导以公共物品属性来划分中央政府和地方政府之间的事权；四是集中探讨整体治理中的法律制度问题，强调制定区域治理的法律法规；五是对京津冀等区域治理进行了探索，但其研究成果更多侧重区域经济治理。本研究力求在以往研究内容的基础上，聚焦于体制机制的创新，制度和政策的协同，在雄安新区整体性治理的架构方面寻求突破。

（三）区域治理中制度安排和政策工具研究的分析评价及进一步探讨、发展或突破的空间

首先，运用整体性治理理论研究区域政府组织间政策工具运用、政策协同和制度安排的文献相对匮乏。研究多集中在以下几方面：一是区域政府合作治理应在整体性政府构建、治理模式、协调机制、信任机制以及监控机制方面努力；二是强调以利益协调机制为前提推动地方政府合作治理；三是以整体性治理为切入点，深入挖掘城市群内府际关系协调的治理逻辑；四是在整体性视角下，结合京津冀、长三角等区域实践，进行区域政府协调机制研究。如何在制度分析基础上，综合运用多种政策工具，把特定政策领域的利益相关者聚合起来产生协同效应，向公众提供无缝隙而不是碎片化的公共服务方面，尚需深入探究。

其次，把制度创新和政策工具结合起来的研究较为薄弱。现行的制度安排和政策工具的滞后成为制约区域整体治理的主要瓶颈。具体表现在：一是整体治理的制度安排和政策工具供给不足；二是整体治理的制度安排和政策工具还难以替代原有的制度与工具；三是整体治理的制度安排和政策工具实施建构还缺乏互补性条件；四是制度的执行力还处于较低的水平层次。制度的洞察力可以用来建构政策协同和执行的各种力量，整体治理需要制度创新加以保障，需要政策工具加以推进。如何建构完善，如何克服存在的羁绊障碍，如何把制度创新和政策工具有机结合起来，国内学术界亟待系统和深入的研究。这也是本研究力求发展、探讨和突破的地方。

第四节　研究的主要内容和总体框架

一、主要内容

一是区域协同发展治理的利益博弈与体制障碍。重点对京津冀区域、雄安新区所处及周边区域治理现状的实证分析。京津冀区域在协同治理方面已经有了一定的探索和实践，本研究拟从纵切面、横切面双重维度来剖析其特点，从政策协调的内驱力、初创组织结构、法规标准、区域政府间治理政策信息碎片化几方面入手，探究治理中的行政区行政刚性切割、压力型体制和损益补偿机制等突出问题，分析其在区域协同治理过程中体制机制创新的必要性和可行性。在此基础之上，针对雄安新区所在京津冀区域政府合作治理能力偏弱、政府治理主体分散化、政府治理政策工具乏力、制度安排不到位等问题，探讨整体性治理对传统碎片化治理困境的破解、对属地管理模式的超越以及在雄安新区体制机制创新中的应用。区域协同发展和行政管理的区划分割是治理中的一对矛盾，京津冀区域治理困境从根本上来说源于区域治理缺乏一体化实施方略。要试图找到区域协同治理、整体性治理的路径，必然先要探索区域治理碎片化的问题，深入探究制度安排供给不足以及政策工具乏力等问题，坚持问题导向，并力求从制度和政策两个领域寻求突破。本课题研究的首要内容就是区域协同治理过程中的利益博弈、体制机制障碍问题，包括中央政府与地方政府间利益关系，财权事权层级配置问题，区域内省级地方政府之间的利益博弈，"诸侯经济"等发展状况及其对协同治理的阻碍，省级政府以下不同政府主体间利益诉求与差异。通过分析不同地方政府之间"利益差"，揭示破解协同治理的困局。为进一步实现整体治理奠定坚实基础，除了分析"利益差"导向下，不同政府之间因"锦标赛竞争"产生的碎片化治理问题外，还需要探讨多元治理主体之间协同不足问题，探讨如何把整体治理与社会治理制度完善结合起来，进而促进多元主体间的集体行动和良好伙伴关系。

二是雄安新区整体性治理的制度创新研究。围绕理念、制度、组织和政策等核心要素加以制度设计与战略整合，把整体治理的制度安排、组织架构和政策协同作为研究的主线。研究力求基于制度性激励的不完美特征和整体性制度安排及政策工具供给不足的状况，聚焦于制度性激励体系建构的难点和障碍分析，将制度变迁、利益结构、形成机理与原因纳入分析框架。制度从本质上而言是一套协调行动的规则系统，制度问题也是集体行动问题的核心问题。雄安新区治理架构需要建构在集体行动协同的基础之上。因此，全面深刻解析雄安新区治理的制度安排与制度创新显得极为关键。一方面，需要分析借鉴欧盟、美国、日韩等先发国家在整体性治理过程中的制度创新举措，借鉴其协同发展的经验，探讨在国际制度的构建过程中，如何进行沟通合作，更好地协调环境和公平的矛盾，为发展中国家争取更多发展空间；另一方面，着力探讨中国整体性治理的行为特征、制度逻辑与制度设计。首先从演进分析、博弈分析和历史分析的三维视角探究治理的制度变迁，包括管制性制度变迁和竞争性制度变迁。在此基础上，在制度设计与制度安排的研究方面，进一步深入分析带有基础性特征的根本性制度安排和直接性制度安排。

三是雄安新区整体性治理的政策工具创新与协同。研究如何正确处理新政策工具应用与传统治理模式的关系，充分发挥多种政策工具的协同作用，完善管制型、激励型、自愿型相互协同的政策工具体系。政策工具是实现政策目标的基本途径，政策工具的选择是政策成败的关键，政策工具的优化也是良好治理实现的重要手段。本研究把政策工具大致可以分为四类：以管制型工具为主，兼有激励型工具、自愿型工具、混合型工具等。本研究追求的理想效果是，治理主体能够根据具体情境分别或组合运用这些治理工具，以期实现政策目标和政策结果的联通互动。在评估和推进协同治理政策工具创新方面，首先需要确立政策工具创新的评价标准以及治理政策工具及协同效果的测量指标体系，分析政策工具对协同效果的影响。在政策工具协同方面，重点分析整体性治理中的政策工具的类别协同、央地协同、整合创新协同。最后，基于上述分析，探索雄安新区整体性治理中政策工具的整合创新，具体内容包括组织架构、信息系统、利益补偿与资金管理等方面。

四是雄安新区整体性治理体系构建的协同体系、实现机制和路径选择。协同体系方面主要研究治理中政府、企业、社会、公众、智库、媒体等多元主体之间的协同，政策制定、执行和评估之间的协同，区域内不同行政单元之间的协同，体制机制和制度之间的协同；实现机制方面主要研究网络化合作机制、协同机制、决策机制、执行机制、信息传播与共享机制、绿色治理机制、利益补偿机制、绩效评价机制等合作机制的达成；路径选择致力于价值层面、制度规范、组织架构、技术平台以及法律法规体系的建构。

二、总体框架

本研究力求重点突破四个核心议题：一是治理过程中"碎片化"问题的深层利益格局如何破解？二是制度安排匮乏和政策工具协同不够的深层次原因何在？三是改变传统治理格局的战略方向如何定位？四是如何在制度分析和政策工具分析有机结合的基础上，基于体制机制创新维度，从多元、多维度、多层次协同治理这一拓展的视角来建构和完善整体性治理体系。四个核心议题彼此之间相互依赖、互相支撑、相互衔接、逐步递进。利益是协同主体首要考虑的问题，对京津冀协同发展背景下雄安新区整体性治理推进的利益博弈与体制障碍加以探究，这是本研究的出发点，也是较好的切入点；制度分析与政策分析相结合是核心，这是本研究的着力点。将选取新的学术视角，站在理论前沿，从整体性治理的制度安排与创新、政策工具创新与协同入手，结合雄安新区典型个案，整体性治理的各个层面、各个领域展开细致研究。本研究在整体治理的制度安排和政策工具的关系上，不仅重视制度的设计与创新，政策工具的优化与整合，而且高度重视治理绩效的研究；基于协同治理理论和整体性治理理论，立足制度和政策分析的视角，探索雄安新区整体性治理的价值整合、制度安排、政策工具协同的实现机制与发展路径，这是本研究的落脚点。围绕以上核心议题，形成本研究的总体框架见图 1–2。

第五节　研究策略

一、总体思路

基于协同治理理念和整体性治理的理论视角，围绕构建雄安新区整体

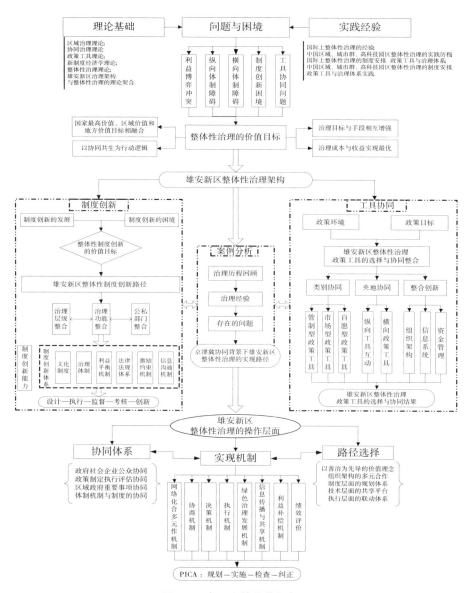

图 1-2　本研究的总体框架图

性治理体系这一主题，形成"碎片化治理到协同治理、整体性治理的历史演变——聚焦与解决当前京津冀区域内雄安新区整体性治理面临的重点问题和挑战——借鉴国际上重点区域、城市群、科技园区治理经验——提炼探索创新实践经验——建构京津冀协同发展背景下雄安新区整体性治理体系"的总体研究路径。总体研究思路、研究视角和研究路径如图 1-3 所示。

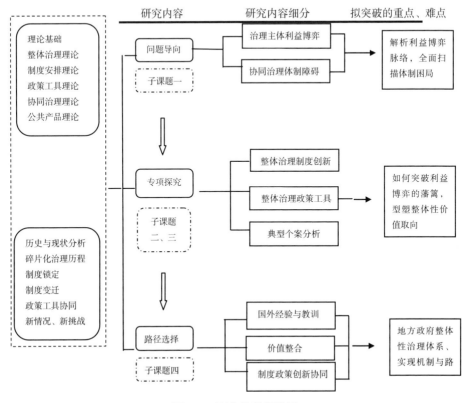

图1-3　研究总体思路图

二、研究方法

1. 规范分析与实证分析相结合的方法。运用规范分析的方法探究整体性治理理论的产生背景和具体构成，并从"制度规范""治理主体""政策工具""信息技术"和"价值理念"五个方面，对雄安新区运行的体制机制加以建构。基于制度缺失和工具乏力的研究假设，通过文本分析、深度访谈和调查问卷等，掌握大量第一手资料的基础上，分析雄安新区治理现状，解析现有制度和政策工具，探究各方面问题的深层次原因，进而从整体性治理视角提出整体治理的实现机制和路径选择。

2. 比较分析方法。运用比较分析方法对比几种不同治理模式运行的路径，即"科层式治理模式""市场式治理模式""网络式治理模式"和"整体政策治理模式"。对国内外的现行治理模式加以对比分析的基础上，论证协同发展理念下整体性治理模式的科学性和可行性；关于政策工具的优化方面，比较分析管制型、市场型、自愿型政策工具类型的优劣，进而对雄安新区治理政策工具做出选择。

3. 制度分析和政策分析相结合的方法。本研究注重把制度的理论分析和政策分析相结合，来解决制度安排随外部条件变化而不断调试和改进的问题；力求通过把单个制度和整体制度分析相结合，透视制度安排在整体治理中的成效问题；本研究把制度建构和绩效分析相结合，对制度绩效进行深入的计量分析。以制度安排和政策工具的应用作为着力点，实现制度分析和政策分析的有机结合，是本研究的重要特色。

三、研究手段

1. 数据收集

一是文本内容分析。以首都图书馆和电子数据库等专题资料库为基础，梳理和搜集国内外政府相关法律条文、政策文件，中央和地方层面关于重点区域、城市群和高新技术园区治理领域的法律法规、政策文件以及基础数据。广泛搜集以下文本资料：国内外研究协同治理的体制机制障碍问题；区域治理中的财政协同、利益补偿机制问题；协同立法与联合执法问题；政府、社会、企业、公众多元主体参与机制构建等问题。以这些参考文本中已知的分类架构为依据，以文本中的主要关键词（如整体性治理、协调发展）出现的频率排序作为统计计算的基础，分析整体性治理领域的研究变化与趋势。

二是访谈基础上的问卷调查。访谈本课题研究领域的专家学者，智库成员、地方政府相关政策的制定者、执行者以及企业代表、NGO 成员、公民等利益相关者，设计具有代表性的样本，开展随机抽样问卷调查，解析雄安新区协同治理体制机制运行现状、治理效果的公众满意度以及对未来发展走向的期许。通过问卷测试和问卷调查，收集调查项目，通过因果关系分析，探究多变量如何影响协同治理的行为，企业组织、社会组织、公民参与协同治理的影响变量等。通过深度访谈，解析协同治理过程中内在的深层利益博弈状况，思考打破这种固化的利益藩篱的方法，进而探讨整体治理的科学性和可行性。

　　三是案例研究。本课题将借鉴政策扩散的理论分析框架，国内着力探讨京津冀、长江三角洲、珠江三角洲区域内城市群和科技园区典型案例的经验与做法，国外系统分析美国的硅谷、波士顿128公路、日本的驻波科技城等经典案例，尝试将其归纳提炼为国家层面的制度设计。重点探究整体性治理方面的案例经验在雄安新区治理架构中的运用，思考在差异显著的区域，如何形成协同治理格局。

　　四是深度访谈法、专题小组访谈法、参与行动研究法，贯穿于本项研究的始终。这些定性实地研究方法，主要用于各类案例的相关基础数据采集，开展协同治理的实证研究。通过深度访谈、专题小组访谈，关注地方政府在公共事务协同治理、信息共享、激励约束等方面的举措，探究地方政府官员的合作思维、协同动机、协同取向、协同意愿以及权威依赖等。

　　2. 数据分析

　　一是统计分析。通过回归分析、相关分析、结构方程模型、层次分析等进行数据挖掘和数据内在关系的探寻，统计分析方法主要运用于分析政府间体制结构、政策工具运用状况等子课题的研究。在治理绩效现状及评估指标体系的构建方面，通过客观测量收集相关数据之后，验证指标体系的效度；计算各个指标的内容效度比值CVR。通过量表进行验证性因子分析，并筛选出区分度好的项目进一步修正和完善量表，具体到雄安新区治理绩效因素分析汇总，为了深入探寻治理协同效果的评价维度对涉及到的绩效指标和影响因素进行一个全面的因素分析。

　　二是变量导向分析与案例导向分析。运用质性研究软件ATLAS.ti6.0和MAXQDA10软件对前期资料进行编码、分析，运用于"雄安新区整体性治理制度创新""雄安新区整体性治理政策工具创新""整体性治理典型案例研究"等子课题。课题拟基于整体性治理构建的理念障碍、利益与体制障碍、实现机制、路径选择等解释性研究的基础上，对国内外重点地区模式加以典型个案分析，力求揭示影响整体性治理的体制机制因素，提炼概括地方经验，力求上升到国家制度层面。

四、技术路线

见下图 1-4：

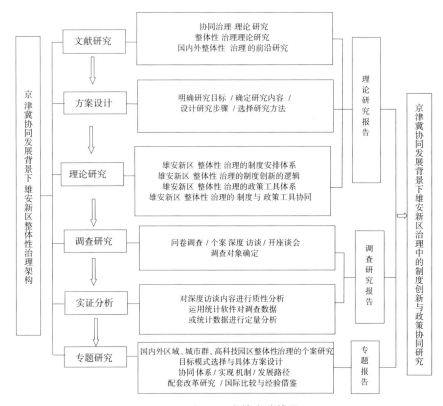

图 1-4 课题研究技术路线图

第六节 可能的创新和突破

一、问题选择方面

一是选择的问题是国家治理体系现代化进程中的核心问题。习近平总书记在河北省安新县召开座谈会时指出：雄安新区将是我们留给子孙后代的历史遗产，必须坚持"世界眼光、国际标准、中国特色、高点定位"理念，努力打造贯彻新发展理念的创新发展示范区。十九大报告对区域协调发展进行了系统部署：突出各区域全方位发展，适应城市经济一体化新趋势，突出城市群的发展，以疏解北京非首都功能为"牛鼻子"推动京津冀协同发展，强调"高起点规划、高标准建设雄安新区"。本课题以"问题导向、国家和公益需求"为出发点和着力点，将研究重心聚焦于关键议题，即京津冀区域内雄安新区的整体性价值目标是怎样的？整体性治理推进过程中的利益与制度障碍有哪些？如何从多元协同、整体治理这一拓展的范畴来重新审视和推动雄安新区的治理架构？京津冀协同发展背景下雄安新区整体性治理体系构建，既是学术界已有研究的薄弱环节，也是当前国家治理体系和治理能力现代化进程中的重要一环。

二是选取的制度创新和政策协调问题是实现整体性治理的核心问题。近年来，以"区域性"和"复合型"为主要特征的治理问题日益突出，既直接关系到人民群众幸福指数的提高，也影响着中国经济社会发展模式的变革。区域治理中的"碎片化"和"孤岛效应"使得制度创新和政策协调迫在眉睫。由于区域公共问题的外部性，属地治理模式面临挑战，单靠一省一市一部门的力量无法解决根本问题。加之，不同行政区划间的森严壁垒，导致一体化的政策方略从来不是区域内的中心议题，立足共同合作发展、植根于整体性治理的有预见性的政治程序出现缺失，与协同治理方略相匹配的战略规划、政策联动成为盲点。本研究以正处在政策迸发期的雄安新区治理架构为核心问题，基于制度缺失和政策工具乏力的研究假设，力图对京津冀区域、雄安新区规划区域政府间治理过程中存在的"碎片化"现状进行深入分析，力求从价值层面、制度供给、组织架构、实现机制、利益平衡和政策工具等方面，提出实现雄安新区治理架构的整体之道。

二、学术观点方面

一是整体治理体系的建构对于打破区域地方政府和部门间在公共政策协调方面不力的现状格局，突破公地悲剧，破解孤岛效应，摆脱地方保护主义和行政区行政的羁绊束缚具有重要应用价值，对于破解困扰区域协同发展的行政区行政和属地化管理等复杂性、棘手性问题具有重要现实意义。

二是以京津冀为代表的中国现行区域协同治理制度安排供给不足，政策工具缺乏细化优化，表现乏力，缺乏整合、创新与协同，制度创新完善和政策工具优化整合基础上的体制机制创新是破解瓶颈问题的关键之所在。

三是适合中国国情的雄安新区治理模式既不是官僚主义下的"科层式治理模式"，也不是自由主义下的"市场式治理模式"，更不是多元主义下的"网络式治理模式"，而是追求共同价值，实现共同利益的"整体性治理模式"。在协同共生价值理念引领下，雄安新区建设过程中应该谋求整体性、系统性、协同性治理体系的建构，这一治理体系有别于"国家中心主义"和"单一主体"的治理模式，不是既定模式的翻版和延伸，而是建立在包容性增长基础之上的整体协同治理。这一模式力求实现价值、理念、使命和责任的有机统一，实现组织架构、制度安排、政策网络、资源配置等构成要件的相互嵌入，最终达成协同共生的整体性合作治理格局。

四是在协同治理理念引领下，尊重多元主体固有价值和独立性的基础上凝聚共识，依托聚合性共同体谋求集体行动目标的达成，是雄安新区整体性治理方略达成的关键。基于国家利益最高价值、区域公共利益现实价值和地方利益基础价值视角，提出具有协同意蕴雄安新区整体性治理理念的设定，才是打破传统思维定式，破解合作治理困境，优化治理架构的价值前提，也是雄安新区新型治理模式建构的逻辑起点。

五是中国区域政策工具体系的建构需要正确处理新政策工具应用与传统治理模式的关系。整体协同治理过程中，不能简单采取非理性的手段，用一种新的政策工具替代传统管制型政策工具。区域协同治理中政策工具的选择并不是管控型政策工具与新政策工具之间非此即彼的关系，良好治理绩效的达成需要政策工具的整体优化和综合运用，需要政策工具间发挥聚合效应和协同效应。

三、研究方法和分析工具方面

一是制度分析和政策分析协同考量。本研究引入制度分析思路，比较分析单个制度和整体制度优劣，把制度安排和绩效评估结合起来，力求在制度安排和政策工具之间找到契合点，实现制度分析和政策分析的有机结合。本研究注重把制度的理论分析和历史分析相结合，有利于解决制度安排随外部条件变化而不断调试和改进的问题；通过把单个制度和整体制度分析相结合，有利于透视制度安排在整体治理中的成效问题；把制度建构和绩效分析相结合，有利于对制度绩效进行深入的计量分析。以制度安排和政策工具的应用为着力点，实现制度分析和政策分析的有机结合，是研究方法上的重要特色。

二是多种前沿分析工具的综合运用。本研究从京津冀协同发展背景下雄安新区治理的制度安排和政策工具方面入手，基于治理制度缺失和政策工具乏力的研究假设，通过大量深度访谈和调查问卷，结合案例分析，综合运用 Nvivo 等文本内容分析、因素分析、回归分析、结构方程模型、地球大数据、多层次分析工具以及 ATLAS.ti6.0 和 MAXQDA10 等软件，分析京津冀区域以及雄安新区所处白洋淀流域治理政策失调的表现及碎片化问题，探究各方面协同不力问题的深层次原因，进而从整体性治理视角提出雄安新区整体治理的实现机制和路径选择，这是一个独特的研究视角，其间将综合运用多种先进的分析工具。

第二章 中国整体性治理研究知识图谱分析

第一节 引 言

整体性治理作为西方国家公共管理研究中的前沿课题，在数字化时代即将来临的 21 世纪，正产生着越来越大的影响力。作为解决问题的方式之一，这一理论是对新公共管理中产生的严重"碎片化"的战略回应。[①] 英国学者 Perri Hicks 将整体性治理定义为以公民需求为治理导向，不断从分散走向集中、从部分走向整体、从破碎走向整合，为公民提供无缝隙且非分离的整体型服务的政府治理图式。[②] Christopher Pollitt 在汲取前人观点的基础上，认为整体性治理本质上是一种政府治理模式，其强调共同利益的实现和相应责任的共担，涵盖政府内部的纵向关系和功能部门横向关系，以及政府与其他部门的关系。其内涵具体概括为："促使某一政策领域中不同利益主体团结协作；更好地使用稀缺资源；排除相互拆台与腐蚀的政策环境；向公众提供无缝隙而非分离的服务"[③] 等四个方面的内容。

"整体性治理"理论产生的背景和主要动因主要源于以下几个方面：一是重塑传统治理理论的实践动因，二是风险社会冲突和矛盾加剧催生治理方

---

① 胡象明、唐波勇：《整体性治理：公共管理的新范式》，《华中师范大学学报》（人文社会科学版）2010 年第 1 期。

② 曾凡军、定明捷：《迈向整体治理的我国公共服务型财政研究》，《经济研究参考》2010 年第 65 期。

③ Christopher Pollitt：Joined-up Government：a Survey，*Political Studies Review* 2003（1）.

略变革的社会动因，三是依托整体化破解属地化、部门化、孤岛化等复杂现实问题的理论困境动因，四是顺应数字化、信息化、智能化时代来临的技术动因。

整体性治理理论和行动继在英国兴起之后，美国、加拿大、澳大利亚、新西兰、新加坡，以及欧洲诸多国家纷纷对整体性治理模式的探索和实践方兴未艾。整体性治理在西方政府改革的进程中始终扮演重要理论角色，成为 21 世纪继新公共管理理论、新公共服务理论后的一种崭新治理范式。建立"整体性治理"的公共服务模式业已发展成为一种带有全局性、普遍性和全球性的政府治理趋势。该治理范式对于中国政府治理体系和治理能力的现代化具有重要理论价值和现实意义。近十年来，整体性治理理论被引进国内学术界以后，中国共计发表相关文献一千余篇，这些文献涉及公共管理理论研究、治理模式探究与政府改革研究等诸多方面。由于国内研究起步较晚，且较之国外方面的较大差异，目前来看，国内对于整体性治理的研究尚有不足，本土化问题、理论与实践的契合性问题以及理论挖掘的深度和广度都有待于进一步的探究。

基于整体性治理理论在中国的研究现状，本研究结合计量化分析与科学知识图谱分析等研究方法，利用 Citespace 可视化分析软件等研究工具，在对 2008—2018 年国内中国知网 CNKI 数据库整体性治理研究相关文献进行分析的基础上，对国内整体性治理研究的时空分布、研究热点与研究趋势等方面进行了阐释，旨在为国内相关领域研究者把握研究现状和后续发展提供一定的借鉴和参考。

第二节　研究设计

一、研究方法与工具

本研究主要采用科学知识图谱分析与文献计量分析相结合的研究方法。知识图谱是以知识域为对象，显示科学知识的发展进程与结构关系的一种图像，其展示的知识单元或知识群之间网络、结构、互动、交叉、演化或衍生等复杂关系孕育了新知识的产生。① 本研究主要利用合作和共现等图谱对样本进行可视化的分析。其中合作图谱主要用于揭示该领域内机构与学者间的合作等社会关系；共现图谱则通过共现关键词呈现某一领域的研究热点，分析该领域的热点主题与前沿趋势。②

本研究采用的工具是美国得雷塞尔大学陈超美博士开发的文献分析工具 CiteSpace。该软件是一款应用 Java 语言开发的信息可视化软件，它对特定领域文献进行计量，以探寻出学科领域演化的关键路径及其知识拐点，并通过一系列可视化图谱的绘制形成对学科演化潜在动力机制的分析和学科发展前沿的探测。本研究使用最新开发的 CiteSpace5.2.R2 版本，绘制了研究机构、作者合作图谱、关键词共现网络图谱与研究前沿关键时序图谱等，分析整体性治理研究的热点主题及其发展趋势。

二、数据来源

本研究数据样本来自中国知网知识发现网络平台，为保证搜集到的文献完整覆盖所研究内容，使用该平台专业检索功能，梳理并考察国内关于整体性治理的研究，设定检索条件为 SU =（"整体性治理"）OR SU =（"整体政府"）OR SU =（"整体性政府"）OR SU =（"协同治理" + "协同政府"）* "整体性"，将时间限定为 2008—2018 年，并选择中国知网的期刊、硕士、博士等 8 个数据库，选择全部文献分类目录，共检索得到文献 1201 条，经人工筛选剔除目录、会议、征稿通知等与主题相关度不高的数据，最终获取数据 1178 条，作为本研究的数据样本。将样本从网站以 CiteSpace 要求的格式分批导出成文本格式，并按照其相应要求进行命名，经 CiteSpace 自带数据转换器转换成可用该软件进行研究的数据。

---

① 吴祥恩、陈晓慧：《国际在线临场感研究的现状、热点及趋势——基于 2000—2017 年 WOS 核心数据库相关文献的知识图谱分析》，《中国电化教育》2018 年第 2 期。

② 陈悦、陈超美、刘则渊、胡志刚、王贤文：《CiteSpace 知识图谱的方法论功能》，《科学学研究》2015 年第 2 期。

第三节　时空知识图谱处理结果及分析

一、研究时间趋势分析

通过对文献年发文量的研究可反映出国内该领域发展的历史趋势和现状。国内最早关于整体性治理的文献是 2002 年，陈玲在《"合作政府"：英国行政改革的新走向》一文中，阐释了英国行政改革的整体化倾向并据此指出其对中国未来行政公共管理发展轨迹的借鉴意义。① 由于 2002—2007 年国内尚未系统引进整体性治理的概念，且发文量过少，故不予展示。

国内正式使用"整体性治理"这个概念的文献出现在 2008 年，竺乾威在《从新公共管理到整体性治理》一文中系统介绍和评价了整体性治理这一新思想②，时间相较国外研究较晚。经过对2008—2018年文献数量变化趋势的考察发现，随着 2008 年整体性治理理论的引进，近十年来整体性治理相关文献年度发文量稳步上升。将 2008—2018 年整体性治理研究领域文献年产量统计后绘制出组合图 2—1 如下：

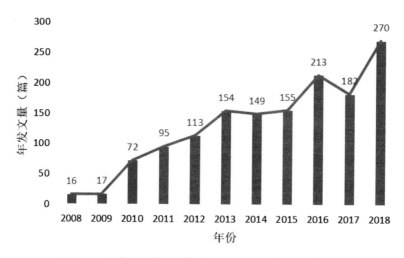

图 2–1　国内整体性治理研究 2008—2018 年时间趋势图

① 陈玲：《"合作政府"：英国行政改革的新走向》，《东南学术》2002 年第 5 期。

② 竺乾威：《从新公共管理到整体性治理》，《中国行政管理》2008 年第 10 期。

由图 2-1 可看出，2008—2009 年，国内整体性治理研究尚处于起步阶段，该时期年度产文量较少；2010—2013 年文献数量开始稳步增长，国内整体性治理研究开始发展提升，这一时期研究的广度不断拓宽，整体性治理在许多学科领域的创新应用等研究内容层出不穷，涌现出一批基础奠基性的研究文献。同时这一时期文献的平均被引用频次较之前大大提升，整体性治理理念在学界开始受到重视；2014 年以后，该领域年发文量进一步提高，呈现波动上升的趋势，2016 年达到 213 篇。根据该领域目前文献发表趋势预测，2018 年年发文量将达到 270 篇左右。由于发表时间较短，其平均被引频次不大，但随着研究的进一步深入，该时期的文献会对后续国内整体性治理研究有一定的影响。

二、研究空间分布图谱

1. 机构分析

利用 Citespace 对目前该领域的研究机构进行可视化分析，设定分析时间为 2008—2018 年，按一年时间切片，选取每年切片发 top50 的文献，生成机构合作图谱后设定 Threshold 值为 5，调节节点和标签的各项参数得到研究机构合作知识图谱如图 2-2。其中节点大小表示机构发文数量的多少，节点间连线的粗细则表明机构间合作关系的强弱。

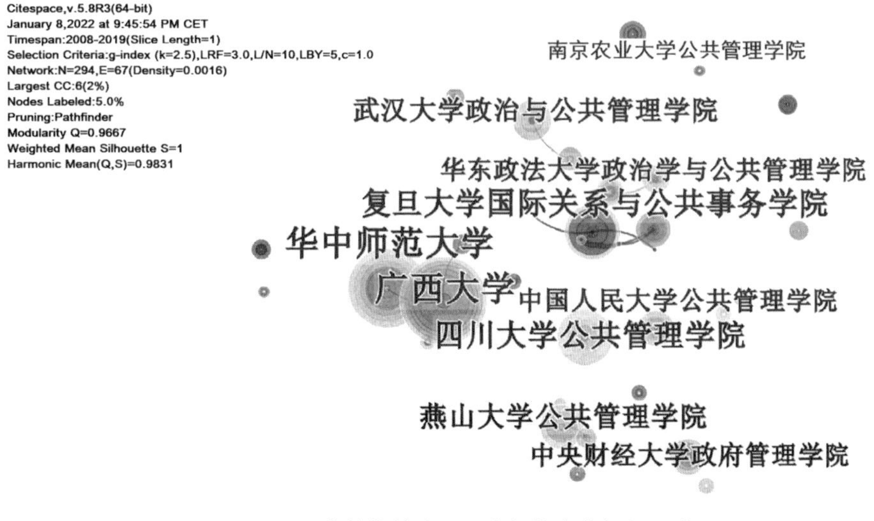

图 2-2　国内整体性治理研究机构合作知识图谱

由图 2-2 机构合作知识图谱聚类结果显示：该网络共有节点 82 个，连线 11 条，网络整体密度 0.0033，这证明国内研究机构在整体性治理领域合作较少，机构较分散；从节点与其连线分布来看，目前国内整体性治理研究的主要机构是高校，不仅包括广西大学、华中师范大学、中国人民大学、复旦大学等综合性研究型院校，也包括国家行政学院、华东政法大学等以行政管理与政策研究为特色的专业型高校和机构。其中广西大学与华中师范大学发布的文献数量较多，也是该图谱中的重要节点，这表明两所高校对整体性治理的研究在国内学术界得到认可，在该领域较具有代表性。从地域分布来看，国内西部地区的研究机构对于整体性治理的研究相较其他地区数量更少，研究力量整体分布来看呈现不均衡状态。

2. 作者分析

作者分析可以探测某一研究主题的核心作者与科学研究共同体的形成状况，核心作者及其团队会作为该领域的引导者直接或间接影响后来的学者。[①] 在 CiteSpace 中设定分析时间为 2008—2018 年，按一年时间切片，选取阈值为 top50。生成作者合作图谱后设定 Threshold 值为 4，调节节点和标签的各项参数得到研究机构合作知识图谱如图 2-3。

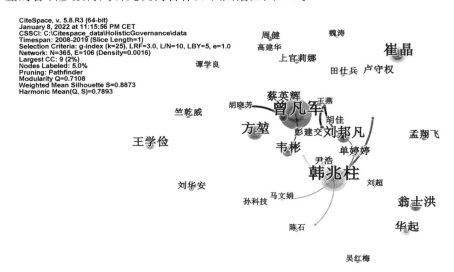

图 2-3　国内整体性治理研究作者合作知识图谱

---

① 刘敏、李兴保：《移动学习领域的可视化引文分析》，《电化教育研究》2012 年第 11 期。

本节利用普赖斯定理判断某一领域的核心作者及是否形成核心团队，其公式记作 $N = 0.749\,(\eta_{max})^{\frac{1}{2}}$，其中 N 为核心作者发文数量，η_{max} 为发文量最多作者的文献数量。如果某一作者发文量不少于 N，则可认定其为该领域核心作者；如果该领域核心作者发文总量超过总文献数的 50%，则证明该领域已形成核心团队。[①] 分析图 2–3 并通过文献数据计算可得 η_{max}，$N \approx 3.43$，故本节将发文 4 篇及以上作者纳入核心作者群体。经统计得到核心作者数 = 11，核心作者发文比例 = 33.1% < 50%，这证明国内的整体性治理研究尚未形成严格意义上的核心作者团队。根据图 2–3 显示，曾凡军与韩兆柱分别为图中的重要节点，他们与该领域其他作者已形成较小的研究团体，是该领域研究的中坚力量。同时其平均文献被引频次较高，可推测该作者的相关文献在国内整体性治理研究内有较大影响力。

第四节　研究热点与趋势分析

一、高被引文献分析

高被引文献通常指被引用周期相对较长，被引用频次相对较高的学术论文，而论文被引频次的高低一定程度上可以解释论文的影响程度和情报价值。[②] 整理中国知网平台的整体性治理研究文献被引数据得到表 2–1：

表 2–1　国内整体性治理高被引文献 Top10

排名	文献名称	发表时间 / 年	被引频次	来源期刊
1	从新公共管理到整体性治理	2008	684	《中国行政管理》
2	后新公共管理改革——作为一种新趋势的整体政府	2006	371	《中国行政管理》
3	整体性治理：公共管理的新范式	2010	235	《华中师范大学学报》（人文社会科学版）

① ［美］普赖斯·D.：《小科学　大科学》，宋剑耕、戴振飞译，世界科学出版社 1982 年版。
② 黄晓斌、张欢庆：《我国情报学高被引论文分析》，《情报科学》2018 年第 1 期。

续表

排名	文献名称	发表时间／年	被引频次	来源期刊
4	当代西方"整体政府"公共服务模式及其借鉴	2008	188	《中国行政管理》
5	我国食品安全监管体制改革——基于整体政府理论的分析	2010	173	《学术研究》
6	整体政府：分割模式的一场管理革命	2010	131	《学术研究》
7	整体政府下的政策协同：理论与发达国家的当代实践	2010	124	《国家行政学院学报》
8	西方"整体政府"改革：理论、实践及启示	2008	113	《公共管理学报》
9	整体性政府与大部门体制：行政改革的理念辨析	2010	109	《中国行政管理》
10	整体性治理模式的兴起——整体性治理在英国政府治理中的理论与实践	2010	94	《上海行政学院学报》

分析表 2-1 可发现，被引频次最高的是《从新公共管理到整体性治理》一文，作者为复旦大学竺乾威教授。文章对整体性治理理论进行了阐释和评价，指出这一理论的实现有赖于一种恰当的组织载体，尤其是信息技术的发展。被引频次排在第二的是《后新公共管理改革——作为一种新趋势的整体政府》，文章指出整体政府构建的趋势不仅在英国、澳大利亚和新西兰这些被称为新公共管理改革先锋的盎格鲁—撒克逊国家非常明显，而且在其它并没有致力于推行新公共管理改革的国家也日益显现。被引频次排在第三的是北京航空航天大学胡象明教授等人的《整体性治理：公共管理的新范式》，文章指出在数字化时代即将来临的 21 世纪，以协调、整合和信任机制为关键性功能要素的整体性治理的思想正在产生越来越大的影响力，公共管理的整体性治理范式日益凸显。从发表时间来看，最早的高被引文献是《后新公共管理改革——作为一种新趋势的整体政府》，此文在 2006 年发表，与第二篇高被引文献发表时间相差 2 年左右。其余 9 篇高被引文献均发表于 2008年与 2010 年，包括被引频次最高文献也诞生于 2008 年，由此证明这两年整体性治理研究正处于基础奠基与快速发展的阶段。而 2010 年以后，由于引

文累积效应的影响，文献被引数量要少于 2008—2010 年这一时期；从来源期刊分析，前 10 篇高被引文献 4 篇来自《中国行政管理》、2 篇来自《学术研究》等社会科学类核心期刊，其余 4 篇分别来自《公共管理学报》《国家行政学院学报》《上海行政学院学报》和《华中师范大学学报》，这也间接印证了高被引文献的高质量；从研究主题来看，高被引文献主要包括整体性治理理论阐释与实践、整体政府改革、基于整体性治理的体制改革等内容。这些文献学科来源相对集中，大多属于对整体性治理理论有着独特的阐释和创新应用，故在该领域被引用频次较高。总体来看，这些高被引文献对整体性治理理论的研究逐步深入，从最初的西方理论阐释阶段开始转向将理论作为分析工具解决中国本土化的实践问题，为中国政府治理体系的变革提供了理论依据。

二、研究热点分析

研究热点是在某一时期内，数量相对较多的，有内在联系的一组文献共同探讨的科学问题或专题。[①] 关键词是一篇文献的核心与精髓的体现，也是对文章主题的提炼，关键词分析是研究热点分析的重要方法之一。本研究将导出的统一形式的文献数据导入 Citespac 进行关键词共现分析，设定分析时间为 2008—2018 年，按一年时间切片，选取阈值为 top50。运行程序后设定 Threshold 值为 22，调节节点和标签的各项参数得到国内整体性治理研究关键词共现聚类图谱如图 2–4 所示。

节点与标签大小表示关键词在文献中出现频次的高低，连线粗细则表示关键词共现程度高低。该图谱共有 887 个网络节点，1996 条连线，网络整体密度为 0.0051，这表明关键词间具有一定的相关性。图 2–4 结果显示，节点较大的关键词除了"整体性治理""整体政府"等搜索时使用的主题词，还包括"碎片化""整合""公共服务""食品安全""地方政府""电子政务""跨部门协同""大部制改革"等关键词，可推知这是目前中国整体性治

---

① 庄诗梦、王东波：《深度学习领域研究热点与前沿分析——基于 CiteSpace 的信息可视化分析》，《河北科技图苑》2018 年第 1 期。

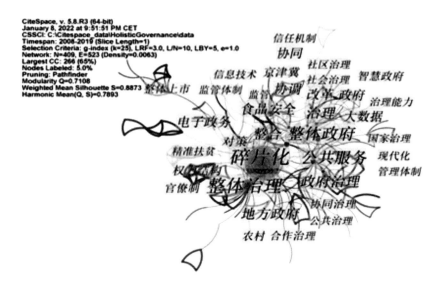

图 2–4　国内整体性治理研究关键词共现图谱

理主要研究的方面。在图 2–4 基础上手动合并删减图中意义相近或重复的节点，如"整体政府"与"整体性政府"，并按照关键词出现频次对节点进行排序，得到国内整体性治理节点高频词 Top20，如表 2–2。

表 2–2　国内整体性治理高频关键词 Top20

排名	关键词	中心性	频次	首次出现时间（年）
1	整体性治理	0.67	1048	2008
2	整体政府	0.32	254	2008
3	碎片化	0.19	230	2009
4	整合	0.15	93	2008
5	公共服务	0.06	58	2010
6	食品安全	0.07	53	2011
7	地方政府	0.10	51	2011
8	协调	0.10	46	2010
9	新公共管理	0.08	45	2009
10	电子政务	0.03	41	2010
11	政府治理	0.03	33	2009

续表

排名	关键词	中心性	频次	首次出现时间（年）
12	跨部门协同	0.09	32	2008
13	大部制改革	0.07	32	2011
14	服务型政府	0.02	29	2008
15	协同治理	0.06	22	2012
16	合作治理	0.02	21	2010
17	网络治理	0.05	20	2010
18	政府改革	0.01	20	2008
19	公共治理	0.03	18	2011
20	府际关系	0.02	18	2011

基于对图 2-4 与表 2-2 分析得到初步的研究结论：

1. 国内整体性治理的理论研究

国内整体性治理理论研究的相关高频词主要集中在 2008 年至 2012 年这一时段，包括新公共管理、协同治理、合作治理、网络治理、公共治理等关键词。作为整体性治理理论的相关理论，其中既包括整体性治理研究的对立理论研究，也包括其相似理论的研究，对这些理论的研究一定程度上说明整体性治理理论在中国不同时期的发展进程。"协同治理""合作治理"常被国内外学者指代政府与其他组织之间跨部门的合作与共治，但缺乏严格的概念与关系考辨导致概念混用。① 如李红松在《当代中国环境协同治理能力提升的内在逻辑》一文中，将"协同治理"与"整体性治理"视为同源的分支理论进行研究，而何炜在《论跨界治理的理论模式、现实意义及其实现路径》中则将其定义为完全不同的两种理论，并分别对二者做出探究。事实上，希克斯曾经专门通过目标与手段之间的关系对整体性治理与协同治理进行过对比，他认为整体性政府是目标和手段相互增强，而协同型政府的目标和组织关系不冲突亦不相互增强，协同型政府间致力于"我们能够一起做什么"，而整体性政府间则致力于"需要谁参与，并在什么基础上来达成我们真正想

---

① 颜佳华、吕炜：《协商治理、协作治理、协同治理与合作治理概念及其关系辨析》，《湘潭大学学报》（哲学社会科学版）2015 年第 2 期。

达成的使命"。作为整体性治理研究的延伸，"网络治理"大多数的研究都基于整体性治理视角，运作特征表现为个性化和松散化，整体性治理运作特征则表现为多元化、协同化和整体化。① 国内在理论研究方面，"整体性治理"研究主要与被作为被批判和反思的理论成果"新公共管理"进行对比研究，"新公共管理"相较于"整体性治理"来说主要表现为市场化、民营化和分权化的运行特征。总之，"整体性治理"是"公共治理"中的重要分支理论，国内主要将整体性治理作为理论工具分析中国公共治理中的属地化管理、区域治理、跨部门改革等问题并探究其解决方案。

2. 国内整体性治理的应用研究

国内关于整体性治理应用研究的相关高频词有府际关系、跨部门协同、政府治理、公共服务、食品安全、大部制改革、电子政务、政府改革等。通过对该部分高频词的整理分析，得到国内整体性治理应用主要集中在以整体性治理作为理论工具对政府改革、政府管理以及府际关系等方面进行研究。

政府改革方面，大部制改革是重点研究的部分。李荣娟从整体性治理视角探析目前大部制改革存在的现实问题并探析相应机制的构建；② 罗重谱以整体性治理理论作为理论基础对大部制改革进行政策演进、实验探索与走向判断。③ 除大部制改革外，胡佳参考西方国家政府整体性治理的理论解释框架和制度化策略，与中国政府改革的本土实际结合，型构中国特色的整体性治理政府改革框架。④ 政府管理方面，政府治理的主要内容包括公共服务、食品安全与电子政务的开展与运用等。霍小军运用整体性治理范式，提出地方政府治理架构模型，论证了电子政务对推进政府治理水平现代化建设模式的有效性；⑤ 谭学良以整体性治理为研究视角从不同角度对鲁鄂两省县级地

---

① Perri 6，Diana Leat，Kimberly Seltzer and Gerry Stoker：*Towards Holistic Governance：The New Reform Agenda*，Palgrave Press 2002，34.

② 李荣娟、田仕兵：《整体性治理视角下的大部制改革完善探析》，《社会主义研究》2011年第3期。

③ 罗重谱：《我国大部制改革的政策演进、实践探索与走向判断》，《改革》2013年第3期。

④ 胡佳：《迈向整体性治理：政府改革的整体性策略及在中国的适用性》，《南京社会科学》2010年第5期。

⑤ 霍小军、朱琳、袁飙：《新形势下基于电子政务的地方政府整体治理模式初探》，《电子政务》2016年第3期。

区公共就业服务现状进行分析，并据此提出相应对策以促进中国县域就业服务体系的改革和完善；① 张志勋运用整体性治理理论分析和完善中国食品安全治理体系。②

府际关系研究方面，整体性治理研究热点集中于府际关系建构与模式研究以及跨部门协同机制研究。韦彬在其文献中提到，解决目前国内府际关系冲突与竞争的现状，需充分运用整体性治理理论构建整体性府际关系，实现府际整体性治理。③ 另外，谭学良阐述了整体性治理对于中国政府协同运作机制的重要借鉴意义，并探究政府组织总体改革路径。④

3. 国内整体性治理的指向问题及策略研究

国内整体性治理指向问题及策略研究的相关高频词是碎片化、整合、协调等。碎片化是新公共管理理论的副产物，也是整体性治理的指向问题，整体性治理理论正是为了应对新公共管理运动导致的碎片化治理困境应运而生的。目前对于新公共管理模式下产生的功能碎片化问题的研究，学界倾向于采用整合和协调两种基本治理策略。何植民针对农村扶贫工作中存在的主体与资源配置"碎片化"等困境，利用强调协调、整合等策略的整体性治理理论为中国农村精准扶贫提供新的分析思路。⑤ 这三个关键词节点较大且中心性较高，证明指向问题及策略研究在国内整体性治理研究中占重要地位。

4. 国内整体性治理的研究主体

国内整体性治理的研究主体的相关高频词是地方政府、服务型政府、区域、都市区等。文献大多结合国内整体性治理的应用对某一主体进行研究，如崔晶在《整体性治理视角下的京津冀大都市区地方政府协作模式研究》一文中基于整体性治理理论对京津冀大都市区地区政府协作模式进行研究。区域整体性治理研究方面，长江三角洲、珠江三角洲和京津冀区域作为

①　谭学良：《我国县域公共就业服务的碎片化及其整体性治理——基于系统权变模型的理论与实证研究》，华中师范大学硕士论文，2014 年。

②　张志勋、叶萍：《论我国食品安全的整体性治理》，《江西社会科学》2013 年第 10 期。

③　韦彬：《整体性治理分析框架下的府际关系建构研究》，《学术论坛》2013 年第 6 期。

④　谭学良：《整体性治理视角下的政府协同治理机制》，《学习与实践》2014 年第 4 期。

⑤　何植民、陈齐铭：《精准扶贫的"碎片化"及其整合：整体性治理的视角》，《中国行政管理》2017 年第 10 期。

主体逐渐成为研究热点。另外也有一些文献结合整体性治理相关理论研究其主体，如曾凡军将整体性治理作为服务型政府的治理逻辑，在阐释理论的基础上探究其合理性并提出服务型政府治理途径。[①]

三、研究趋势分析

关键词共现图谱只能展现该领域研究的热点主题与内容，但是无法突出研究热点与时间的关联性。关键词突发性检测则能提供在不同时间研究热点的热度及其变化规律，也就是指在短时间内突现关键词能反映研究前沿与热点趋势。突现词是指在某一个时间节点使用频次出现爆发式增长的关键词，探测突现词的演进路径可以在一定程度上反映该领域的发展趋势，从而挖掘出潜在的研究热点。利用 CiteSpace 的 Burstness 功能对关键词进行突发性检测，设定得到 35 个突现词信息，如图 2–5。

剔除重复与研究领域关联不大的关键词，由图 2–5 的突现词起止时间变化归纳国内整体性治理阶段性研究热点如下：

2002—2009 年为中国整体性治理起步阶段，主要关键词包括"公共政策""整体政府""政府改革"等。2002 年整体性治理理念引进国内，直到2007 年出现第一个突现词"公共政策"，在基础奠基初期，学界研究重点主要围绕理论的引进与阐释，以及结合西方经验与制度对比本国国情讨论整体性治理在中国的适用性。故该时期关键词中既有"整体政府"这样理论性的词汇，也有"公共政策""政府改革"这样的应用性的词语。

2010—2013 年是国内整体性治理探索发展阶段，主要关键词包括"网络治理""行政改革""机构改革""海关""食品安全"等。该段时期对于理论的研究减少，突现词主要围绕在各领域对整体性治理的探索性应用上，该时期开始涌现出整体性治理在各个机构的应用。由于互联网在 2010 年以后的爆炸式发展，"网络治理"成为该段时期的研究热点之一。同时由于整体性治理作为公共管理理论之一，其应用主要围绕管理领域。该时期对于大部

[①]　曾凡军、韦彬：《整体性治理：服务型政府的治理逻辑》，《广东行政学院学报》2010 年第 1 期。

关键词	年份	强度	起始年份	结束年份	2002-2018
公共政策	2002	3.3262	2007	2010	
整体政府	2002	3.0452	2008	2010	
启示	2002	2.9282	2008	2011	
政府改革	2002	9.0632	2008	2010	
组织创新	2002	3.8899	2008	2010	
"整体政府"	2002	4.8297	2008	2011	
大部制	2002	3.3483	2009	2010	
政府治理	2002	3.1149	2009	2010	
大部门体制	2002	5.9610	2010	2011	
网络治理	2002	3.7779	2010	2013	
行政改革	2002	3.8507	2010	2011	
海关	2002	4.9642	2011	2013	
合作	2002	3.8973	2011	2013	
机构改革	2002	3.5596	2011	2012	
食品安全	2002	9.8066	2012	2013	
社会管理	2002	4.0878	2013	2014	
社会治理	2002	3.1919	2014	2018	
社区治理	2002	3.5452	2015	2016	
行政审批制度改革	2002	5.5254	2015	2016	
府际关系	2002	4.3478	2015	2018	
改革	2002	5.7909	2015	2016	
整体性	2002	5.6206	2015	2016	
协同治理	2002	5.2423	2015	2018	
跨部门合作	2002	3.0358	2015	2016	
碎片化	2002	23.2246	2015	2018	
政府	2002	2.9275	2015	2016	
国家治理	2002	4.0398	2015	2016	
管理体制	2002	5.4201	2015	2016	
大数据	2002	3.5585	2015	2018	
互联网+	2002	6.7773	2016	2018	
合作治理	2002	6.6995	2016	2018	
电子政务	2002	3.1681	2016	2018	
对策	2002	5.3856	2016	2018	
公共服务	2002	3.7620	2016	2018	
监管	2002	3.5721	2016	2018	

图 2-5　国内整体性治理突现词 Top35

制改革的热度进一步上升，部分机构部门通过对整体性治理理论的研究探寻大部门体制的建构，比如海关与食品安全监管部门。因此，该阶段关键词中由"行政改革""机构改革"等应用和"海关"等机构词汇共同构成。

　　2014—2018 年国内整体性治理研究处于快速发展阶段，该阶段涌现出大量的突现词。随着时间的推移，对整体性治理的研究深度和广度逐渐增加。对整体性治理的研究不仅停留在理论阐释与探索性应用上，其作为理论框架与工具更多地被应用到多个领域。除了体制的构建探索，还包括治理方式途径等方面的研究。其中，大数据时代的到来使得互联网与整体性治理研究的关联愈加密切，2015 年左右"大数据""互联网＋"与"电子政务"等突现词印证了这一观点。可以预测在未来一段时间，整体性治理理论与互联网及大数据等领域结合研究可能会是国内整体性治理研究的热点。

自京津冀"首都经济圈"形成以来，国家对京津冀的协同发展给予越来越广泛的关注。近年来，学界对京津冀整体性治理领域的研究随着京津冀一体化发展的进程逐渐深入，普遍认为京津冀区域都是一个整体，区域协同发展十分必要。崔晶对京津冀大都市区地方政府协作模式与区域地方政府跨界公共事务整体性治理模式进行探究与构建；① 韩兆柱等主张通过京津冀府际关系协调模式的构建推进京津冀协同发展长效机制的建立；② 冯布泽等学者则对京津冀大气、生态、河流等环境协同治理问题与机制进行了研究；③ 杨志安等结合京津冀协同发展中存在的公共危机与公共服务均等化等公共治理问题进行了探析并给出了相应的对策。④2017 年 4 月 1 日，中共中央、国务院决定在河北建立雄安新区。对于雄安新区的治理架构问题，已有部分学者从区域协同角度出发，利用整体性治理理念进行了探究，如赵新峰针对京津冀协同发展历史进程中存在的问题，在系统梳理京津冀协同发展历史进程的基础上，阐释雄安新区以什么样的姿态和创意落地并产生持久价值的核心问题，并从发展理念、功能定位、实现机制、政策支撑体系及创新维度，提出了雄安新区的新型合作治理架构。⑤ 本节预测 2018 年之后，对京津冀区域尤其是雄安新区治理架构问题的研究将成为国内整体性治理研究的热点之一。

---

① 崔晶：《京津冀都市圈地方政府协作治理的社会网络分析》，《公共管理与政策评论》2015
　　年第 3 期。
② 韩兆柱、卢冰：《京津冀雾霾治理中的府际合作机制研究——以整体性治理为视角》，《天
　　津行政学院学报》2017 年第 4 期。
③ 冯布泽：《基于整体性治理的京津冀地区生态环境协同治理研究》，燕山大学硕士学位论
　　文，2015 年。
④ 杨志安、李国龙、杨植淞：《我国城市跨界公共危机与整体性治理——以京津冀地区为
　　例》，《辽宁大学学报》（哲学社会科学版）2017 年第 6 期。
⑤ 赵新峰：《京津冀协同发展背景下雄安新区新型合作治理架构探析》，《中国行政管理》
　　2017 年第 10 期。

第五节 结论与讨论

本研究利用 CiteSpace 软件对 CNKI 数据库中整体性治理研究相关文献进行文献计量及可视化分析，得到如下结论。

第一，从研究时空分布来看，国内整体性治理研究虽始于 2002 年，但真正受到学界关注是在 2008 年以后。该理论大致经过三个阶段的发展，文献数量逐年稳步上升，研究的广度与深度不断扩大。从机构层面来看，主要研究机构是高校，较具有代表性的机构是广西大学与华中师范大学。各个机构间在该领域合作较少，各自为营，机构分布较分散，且研究力量分布较不均衡，西部研究机构分布远少于其他地区。从作者层面来看，国内目前整体性治理研究尚未形成严格意义上的核心作者群，但已经具有一定数量在该领域有较大影响力的核心作者。

第二，从被引文献分析，高被引文献产生时间主要分布在 2008—2010 年，主要来源于高质量社会科学类核心期刊，学科来源相对集中，大多对整体性治理理论有独特阐释与创新应用。

第三，从研究热点来看，国内整体性治理研究对象主要围绕区域、地方政府及各级部门，主要指向问题是碎片化和属地化管理，基本策略是协调与整合。理论研究热点主要包括对整体性理论本身的阐释，与新公共管理理论的对比，以及对协同治理、合作治理、网络治理等相关理论的研究；应用研究主要以整体性治理作为理论工具对政府改革、政府管理以及府际关系等方面进行的研究，其中大部制改革、公共服务、食品安全、跨部门协同是应用研究中的热点，基本覆盖了整体性治理领域的大部分研究方向。

第四，从研究趋势来看，随着时间的推移，国内整体性研究的热点不断变迁。从早期起步阶段的公共政策、政府改革与整体政府，到探索发展阶段的行政改革、食品安全、网络治理，再到快速发展时期的大数据、互联网＋、电子政务，热点围绕着整体性治理理论研究的深度与广度的拓展而逐步发展，预计整体性治理理论与大数据、互联网＋、电子政务等领域的交叉研究将成为未来一段时间的热点。同时，随着京津冀一体化发展的逐渐深入，京津冀区域尤其是雄安新区治理架构以及跨区域协同的研究也将成为国内整体性治理研究的热点之一。

综上所述，国内整体性治理正处于快速发展阶段，高等学校、科研院所等智库机构应注重对该领域人才的培养，同时加强机构间的合作，注重研究理论的协同整合，从而进一步推动国内整体性治理的研究。同时，学界应充分了解目前国内外整体性治理的研究热点与发展趋势，对整体性治理理论进行本土化改造和创新应用，基于国情特点、区域特征、不同管理单元和外在情势的发展需要构建中国风格的整体性治理理论体系、研究范式和研究内容，争取形成该研究领域独特的核心概念、专有命题和逻辑体系。

第三章 整体性治理理论阐释

第一节 整体性治理的产生背景

19世纪的英国，伴随着第一次工业革命的率先完成，以及第二次工业革命的持续深入，其生产力得到巨大发展，城市化水平也不断提高。为应对这一变化，英国政府的职能开始增多，并且产生了一些至今仍有深远影响的政府组织形式，例如，文官制度、慈善基金和股份公司等。到了20世纪，为了应对全球化和区域一体化，以及更好地进行社会管理，向人民提供更优质的公共服务和公共产品，英国政府组织进行了持续的改进和调整，也经历了相对起伏的协调过程。1918年，哈丁委员会提出了"按'功能性组织'原则来进行观点合并的要求"[1]。接下来，在第二次世界大战以后，面对民众对更好的社会福利的需求和呼声，阿德礼政府开始大力推进社会福利制度，由于社会福利涉及领域较多，在一定程度上促进了协调工作的开展。并且，以往由地方政府负责的活动的增加被认为最好被合并成几个功能，由一个能够进行更好协调的机构来加以执行。到了19世纪60、70年代，英国政府为应对社会服务中缺少协调的问题，针对个人的社会服务，为解决"交叉问题"，专门成立了中央政策评审小组。而到了80年代，英国政府进行了一些解决功能部门碎片化的改革。

到80年代末和90年代，由于政府部门的碎片化趋势，政府面对复杂多变的公共问题感到束手无策。所以，到新工党上台后，英国政府开始全面推

---

[1] Perri 6，Diana Leat，Kimberly Seltzer and Gerry Stoke：*Towards Holistic Governance：The New Reform Agenda*，Palgrave 2002，11.

行整体性治理行动策略。并于 1999 年，基于希克斯整体性治理理念的引领，发布了旨在进行改革的十年规划文件——《现代化政府白皮书》，推出了联合性政府（Joined-up-Goverment）改革行动，开启了全球整体性治理改革的先河。鉴于英国政府在整体性治理方面的成功，包括新西兰等在内的西方国家纷纷效仿，甚至区域组织——欧盟也提出了进行整体性治理，即"整个欧盟、各成员国以及各区域和地区性机构之间的合作、协调，注重通过协调一致的行动，采用协商策略对欧盟各地区产生的影响力等多重机制，来保障各级政府机构共同参与欧盟的政策制定和立法。"① 整体性治理理论和实践在英国推行之后，欧美诸多发达国家相继加入这一行列对整体性治理范式加以探索和实践。整体性治理深刻影响了西方政府治道变革的历史进程，这一崭新治理范式继新公共管理理论、新公共服务理论后对包括亚洲国家在内的全球治理变革产生了深远影响。

整体性治理理论针对新公共管理运动造成的政府运行过程中出现的碎片化困境，解决各自为战的割裂局面，尤其为应对全球化和信息化给政府管理带来的冲击，从整体性的视角提升政府治理效能的理念。② 整体性治理理论力求在"政策、规章、服务、监督"几个方面实现"治理层级的整合、治理功能的整合，以及公私部门的整合"。③

"整体性治理"理论产生的背景和主要动因主要体现在以下几个方面：

一是实践动因：应对全球化带来的影响。对于全球化产生的具体时间，学界没有统一的认识。但可以明确的是，到了 20 世纪末期，全球化对各区域、各国政府、部门以及个体已经产生了极为深远的影响。政府组织面临着前所未有的复杂环境和接踵而来的挑战，公共事务的治理层级不断增加，在处理诸如跨界等棘手问题时，以强调专业化、分工、等级制并擅长解决静态公共事务的传统科层制，日益显现出其固有的缺陷和局限性。因而，各国政府急需寻找一种站在整体利益之上的合作治理模式，以应对全球化带来的冲击与挑战。希克斯关于治理层级整合的架构中，不仅强调国内各个部门、各

---

① 陈群民：《打造有效政府——政府流程改进研究》，上海财经大学出版社 2012 年版。
② 黄滔：《整体性治理制度化策略研究》，《行政与法》2010 年第 2 期。
③ 竺乾威：《从新公共管理到整体性治理》，《中国行政管理》2008 年第 10 期。

个层级之间的整合，还重点提到国际事务的整合，这是整体性治理理论对于信息化时代所带来治理全球化的一种战略性回应。反映了全球化时代，一些公共事务的影响范围已经超越了国家领土和疆界，公共事务的治理内容中国际事务部分不可或缺并日趋重要，这就要求政府在治理公共事务时要有国际化的视野，不仅要综合考量影响国内政治、经济、文化、社会、生态等方面的各项因素，还要对国际战略层面的诸多因素进行全方位的思考。具有代表性的如包括公共健康、恐怖主义、气候变化、金融危机、贸易保护等国际公共事务，都需要超越狭隘的零和思维观念，站在人类命运共同体的高度，对原有的治理理念和模式进行整体性的架构和重塑。

二是社会动因：社会风险的涌现和社会矛盾的不断加剧。一是全球化背景下的社会风险具有扩散性，经济危机、生态危机乃至政治危机都可能从一个国家传递到另一个国家；二是风险的突发性使得损失难以预计和把握，许多社会风险和矛盾已经超出了政府能够解决的范围；三是风险和矛盾的快速变异性使得常规的解决办法难以适应；四是由制度造成的风险越来越多。① 可以说风险结果的影响面扩展到全球范围和每个人的日常生活领域，风险的应对使人们认识到自身专业知识的局限性。②

政府治理模式面对现代化风险和矛盾的冲击，需要做出必要的变革以适应这种变化的需要。首先，风险的跨界性使得政府治理边界趋向模糊，以属地治理为特征的行政区行政和以局部利益为代表的部门治理模式难以应对诸多"跨界"问题。跨部门协调、跨地区整合以及跨国家合作，统筹配置有限资源成为问题有效解决的关键。其次，政府单一主体的治理模式难以有效应对风险和危机。再次，社会风险的加剧导致政府失灵，政府失灵暴露出治理模式背后的"制度性风险"。最后，社会冲突和矛盾的日益尖锐，导致公众对政府的"信任危机"。③ 社会问题导致了公众对政府的信任度、认同度

---

① 刘毅：《整体性治理视角下的县级政府社会管理体制创新研究》，华中师范大学博士学位论文，2014年。

② ［英］吉登斯：《现代性的后果》，田禾译，译林出版社2011年版，第109—114页。

③ D. Gordon, L. Adelman, K. Ashworth, al：Poverty and Social Exclusion in Britain York：Joseph Rowntree Foundation, *Joseph Rowntree Foundation* 2010.

和满意度不断下降，而这些复杂的社会问题的解决，不能单纯依靠政府孤家寡人的力量，整合与协同才是未来变革的方向。

三是理论困境动因：对新公共管理运动下碎片化的反思与回应。鉴于传统公共行政对于 20 世纪 70 年代西方社会经济低迷的无力应对，西方各国政府纷纷开展了注重效率和顾客导向，以市场化、分权化和专业化为主要特征的新公共管理运动（New Public Management）。"新公共管理运动"以"市场化、分权化、专业化"政府组织模式的建构为导向，力求解决传统官僚制所导致的效率低、成本高等弊病。导致了较为严重的碎片化问题，层级式政府模式成为政府改革难以突破的魔咒。其减少国家福利负担、降低政府运行成本等做法不仅没有使政府运行效率得到本质性的提升，反而使社会面临更为严峻的公平正义等问题。①②

新公共管理运动所倡导的"专业化"的发展使得政府职能部门分工越分越细，部门夸张，机构膨胀，人浮于事，这一结果背离了新公共管理主义的变革初衷，也导致了部门壁垒、职能交叉和各自为政。③ 此外，减轻政府的负担，但在实际运作过程中，人们在寻求获取某种公共服务的过程中，往往不得不疲于奔命于五花八门的机构和部门，政出多门、权责模糊、互相推诿、壁垒森严成为这一时期政府管理的典型特征。由此可见，新公共管理运动在实践进程中滋生出了属地行政、部门主义，该运动导致的效率低下、推卸责任、部门机构间相互扯皮现象，推动了理论界和实务界对政府治理模式的进一步反思。然而，正是由于新公共管理运动以上的特征，导致了政府管理的碎片化，无法有效解决一体化态势下复杂多变的公共或社会问题，区域间、政府间和部门间的森严壁垒最终导致政府治理的失败。为走出这一碎片化的困境，希克斯认为需要借助碎片化的对立面——整体主义，利用整体性治理来协调整合各种碎片化。④

---

① ［美］珍妮特·V. 登哈特、［美］罗伯特·B. 登哈特：《新公共服务——服务而不是掌舵》，丁煌译，中国人民大学出版社 2010 年版，第 74 页。

② ［美］拉塞尔·M. 林登：《无缝隙政府》，汪大海等译，中国人民大学出版社 2002 年版。

③ ［法］皮埃尔·卡默蓝：《破碎的民主·试论治理的革命》，高凌瀚译，三联书店 2005 年版。

　　四是技术动因：顺应数字化、信息化时代的来临。可以将信息技术用于政府组织设计，以建立一个更加可以接触的组织记忆，以及极度提高做决定的能力。① 首先，信息时代的到来催生了治理理念和方式的变革。以上个世纪 90 年代为分界线，在此之前，信息技术对公共行政改革的影响相对有限；90 年代之后，信息系统对政府变得至关重要，尤其对韦伯式官僚制的冲击无疑是巨大的。顺应数字化和信息化时代潮流成为公共行政改革的必然趋势，而在数字化时代的冲击下，信息沟通更为便捷，事物之间的相互影响更加密切，公民需求多种多样，政府所处环境也是瞬息万变。伴随着信息传播方式的便捷，人们"用脚投票"和"表达意愿"的途径越来越廉价，对政府提供公共服务的要求也越来越高。政府若仍采用传统的层级式治理模式，则难以适应现代信息快速传播、危机快速传递的现实。此外，公民公共服务意愿和对政府态度在网络冲击下呈现出更多的"分散化"状态，如何在短时间内将民众诉求和意愿汇集起来，是政府不得不面对的一个问题。② 这种情势需要政府转变治理理念，调整逻辑行动路线，从"单一"走向"整体"，从"分散"走向"集中"，从"破碎"走向"整合"，以公民需求为导向，充分利用信息技术，采取整体性的策略和行动对公共事务加以治理。其次，公共事务的跨域性、复杂性不断增加。信息化时代网络技术的突飞猛进，人类社会进入了一个比以往任何时期更加相互依存，沟通交流更加紧密的时代。一些社会冲突和矛盾问题、公共危机事件的频发逐步暴露出来隐藏在背后的错综复杂的社会关系和利益博弈，传统的公共事务管理模式对于这些新涌现出来的复杂的公共事务应对起来显得无能为力。大量跨行政区划、跨部门、跨领域、跨区域甚至跨国界的公共事务对于公共事务管理者提出了更高的要求，冲突的公共管理理论也面临着变革的迫切需求。再次，公共事务的综合性、全局性、频发性以及对公共事务的预防和应对的复杂性不断提升。在全球化的大趋势下，信息化、数字化、城市化的发展日新月异，在人工智能以

---

① Perri 6，Diana Leat，Kimberly Seltzer and Gerry Stoker：*Towards Holistic Governance*：*The New Reform Agenda*，Palgrave 2002，22.

② 刘毅：《整体性治理视角下的县级政府社会管理体制创新研究》，华中师范大学博士学位论文，2014 年。

及网络技术的支撑下，公共事务的技术性、复杂性和整体性对治理模式提出更高要求。与此同时，由于数字化时代人们的成本意识、全局意识、效率观念以及对信息传递及时性的诉求，使得公共事务治理过程中更加富有预见性、整体性和及时回应性。在这一大背景下对于急剧增加的复杂公共事务的处理提出了更高要求，整体性治理理论的付诸实践恰好迎合了这一时代潮流，它对于信息化时代公共事务的跨域性、复杂性、碎片化等均做出了战略性的回应。

第二节　整体性治理的主要内容

一、整体性治理的内涵

希克斯的著作认为整体性治理（Holistic Governance）并非什么新的观点。政府组织机构之间的合作、协调和整合，不管被叫作"协同性的、整体性的还是整合性的或者协调性的，所有这些一直都是被政府组织看作是要追求的目标"[1]。同样，针对整体性治理的说法和翻译方法，国内也有多种表述，例如"全局治理""全观型治理""整体型治理"和"水平化管理"等。探究其共同之处，就是以跨越边界的协调与合作来实现公共价值和公共利益。

而对于整体性治理的具体解析，多位学者给出了自己的看法。2002 年英国学者汤姆·林（Tom ling）认为：整体性治理作为一个伞概念（umbrella team），它并不是一组协调一致的理念或方法，而是解决公共部门和公共服务中日益严重的碎片化问题以及加强协调的一系列相关措施的组合。[2]Peter Shergold 认为整体性治理意味着"公共服务机构可以综合正式与非正式的方法，合理配置资源，工作跨越职能机构的界限，以实现共有的目标，并能

---

① 　Perri 6，Diana Leat，Kimberly Seltzer and Gerry Stoker：*Towards Holistic Governance*：*The New Reform Agenda*，Palgrave 2002，9.

② 　Ling T：Delivering joined-up government in the UK：Dimensions，issues and problems，*Public Administration* 2002（4）.

够在面临特定事件时，采取统一的政府回应。"① 学者 Adreti Di Maio（2004）具体指出了"整体性治理"在公共服务中的四个作用，即"整合"的目标、措施、含义及纽带；② 穆甘则总结了整体性治理的 12 种基本范式，包括成立"联合供给小组"、培植"新的政策制定小组"以及"交叉职责和明确分工"等。

Christopher Pollitt 在汲取前人观点的基础上，认为整体性治理本质上是一种政府治理模式，其强调共同利益的实现和相应责任的共担，涵盖政府内部的纵向关系和功能部门间横向关系，以及政府与其他部门的关系。其内涵具体概括为："促使某一政策领域中不同利益主体团结协作；更好地使用稀缺资源；排除相互拆台与腐蚀的政策环境；向公众提供无缝隙而非分离的服务"③ 等四个方面的内容。

整体性治理的内涵可以概括为以下几个方面：

1. 逆碎片化问题

整体性治理首先应对和解决的是碎片化日趋严重的问题。碎片化是指功能和职责不同的部门与组织之间缺乏协调、沟通，使得办事效率低下，无法形成层级清楚、分工合理的、办事有效的整体性政府机构。④ 新公共管理运动所倡导的市场导向、企业家精神、专业化管理、竞争机制、顾客为中心、绩效管理等加剧了传统官僚制政府组织功能与关系的碎片化。在自身利益最大化目标的驱动下，政府职能部门面对公共问题和事务时，缺乏合作协调、信息沟通，难以采取集体行动，对于稀缺的资源缺乏共享意识，一味顾及部门和眼前利益，从而导致了政府在组织架构、组织文化、信息系统、公私伙伴关系方面的碎片化问题。部门政策或项目有可能相互冲突、组织业务流程不一致、信息系统不兼容。佩里·希克斯认为导致碎片化问题的根源主

---

① Shergold P：Connecting Government：Whole of government responses to Australia's priority challenges，*Institute of Public Administration Australia* 2004.

② 叶璇：《整体性治理国内外研究综述》，《当代经济》2012 年第 6 期。

③ Christopher Pollitt：Joined-up Government：a Survey，*Political Studies Review* 2003（1）.

④ 董聪娜：《基于整体性治理的京津冀大气环境治理机制研究》，燕山大学硕士学位论文，2016 年。

要有两个原因：无心的碎片化和有意的碎片化。①

　　为破除碎片化各自为政的分散治理模式，整体性治理理论基于实际问题有针对性地提出了针对碎片化问题的战略性回应：一是确立了整体主义理念的价值先导。倡导公共部门以整体主义的组织文化取代部门利益至上的组织文化，对公共部门绩效考核的依据、标准和内容加以修正，集体事务的有效解决，整体价值的实现，公共目标的达成，公民诉求的回应成为绩效考核新的定位和着力点。二是把整合作为破除碎片化的利器，为公众提供整体性的而不是零碎残缺的服务。整合涵盖了组织机构间的整合，也包括了利益相关者之间功能和资源的整合。通过整合对政府之间、部门之间以及政府与社会组织之间关系、功能和资源进行整体性架构。三是整体性并不排斥专业化。治理过程中的专业化方向是正确的，但在实践进程中组织和部门为了局部和个人利益，缺乏横向沟通协调、彼此之间各自为政，形成信息孤岛，因而扭曲了专业化的方向，导致了碎片化问题的产生。由此可见，整体性治理和专业化并不对立，破除碎片化问题才是关键出发点。

　　2. 整体性对公共价值的倡导

　　整体性治理理论所倡导的信任是指各个部门、不同机构彼此之间要有以诚相待，互相理解、支持和信任，这是利益相关者互相协商、沟通进而合作的前提。② 新公共管理运动倡导企业管理模式、推崇市场化改革的理念背离了政府组织解决公共事务的使命，对内部绩效的过分追求导致公众内在需求被忽视，公共价值难以彰显。整体性治理植根民本价值理念，同时公共部门积极把公民纳入到治理体系中来，并以此最大化地整合社会资源，赋予公民参与权、选择权和决策权，促进公民自身公共价值的体现。此外，公共责任是整体性治理追求的价值内核。希克斯认为，整体性治理的责任主要关注把有效性或项目责任提升到最高地位。③ 其推崇的责任主要包含三个方面和

① Perri 6，Diana Leat，Kimberly Seltzer and Gerry Stoker：*Towards Holistic Governance*：*The New Reform Agenda*，Palgrave Press 2002，40-43.

② 徐文江：《整体性治理视角下的城中湖污染治理问题研究》，华中师范大学硕士学位，2015 年。

③ Perri Hicks：*Toward Holistic Governance*：*The New Reform Agenda*，Palgrave 2002，241.

三个层面。三个方面是诚实、效率和有效性。① 由此可见，整体性治理所推崇并践行的公共价值，在理念引领、制度安排、政策协调和具体运作上都彰显出了其努力实现公共利益的诉求，有助于良好政府形象的塑造和政府公信力的提升。

3. 整体性治理和协同治理的关系

希克斯以目标和手段的各自相互关系，在政府层级、功能部门和公私部门等三个方面上，划定了包括"整体性政府"的四种政府类型。详见图3–1。②

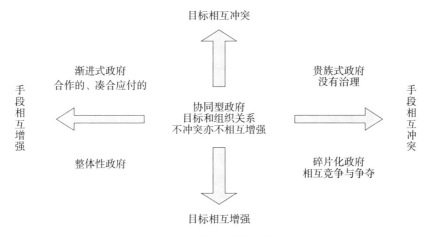

图 3–1　目标和手段的关系

资料来源：Perri 6. Towards Holistic Governance：the New Reform Agenda. New York：Palgrave，p.31.

由于渐进式政府和贵族式政府在目标上是相互冲突，并且贵族式政府在运用手段上也是相互冲突的，因而，希克斯认为，这两种政府类型是令人失望的和无法接受的。在手段上相互冲突，而在目标上相互增强的碎片化政府类型，就像医疗保障和社会保障之间的情形一样，尽管两个部门都关注提高老年人的自立性，希望他们尽快离开医院，到一个更好的环境中去。但

① 赵茜：《论我国地方政府部门间关系的协调与整合——整体性治理理论视角》，首都经济贸易大学硕士学位论文，2013 年。

② Perri 6，Diana Leat，Kimberly Seltzer and Gerry Stoker：*Towards Holistic Governance*：*The New Reform Agenda*，Palgrave 2002，31.

是，财务安排和不合理的激励、专业上的竞争、地方资源的匮乏都与这样的希望背道而驰，其根本原因在于专业之间关系的糟糕设计。而将目标和手段同等看中的整体性政府，则是我们可以期待的政府类型。

在此基础上，希克斯还专门对整体性治理与协同治理进行了对比，通过目标与手段之间的关系对两者进行了区分，认为整体性政府是目标和手段相互增强，而协同型政府的目标和组织关系不冲突亦不相互增强，协同型政府（joined-up）间致力于"我们能够一起做什么"，而整体性政府间则致力于"需要谁参与，并在什么基础上来达成我们真正想达成的使命。"希克斯进一步通过协调和整合两个概念对二者进行了区分（详见下表 3–1）：①

表 3–1　整体性治理与协同治理的对比

活动 手段和目标之间的关系	协调 信息、认知、决定	整合 执行、贯彻、实际行动
协同型政府	协同型协调	协同型整合
一致的目标，一致的手段，手段一致支持目标	两个机构能够根据协议在各自领域运作，彼此知道如何限制负外部性	合作运作，但主要强调防止负外部性，防止对一些项目来说至关重要的使命之间的冲突
整体性政府	整体性协调	整体性整合
手段互相增强，目标互相增强，手段以互相强的方式支持目标	知道互相介入的必要性，但对要采取的行动未做界定	整体性政府的最高层次，建立无缝隙的项目

研究者认为整体性治理与协同治理两者共通之处在于都致力于追求治理进程中利益相关者之间、治理主体之间的沟通、协调与合作，因而学术界很多学者基于二者之间的共性将整体性治理和协同治理混为一谈。但相比较而言，二者表现为以下几个方面的区别：一是治理主体方面。协同治理过程中更加强调参与主体的自发性、主体性和自组织性，协同治理表现为强劲的内生性，治理主体具有强烈的意识、动机和内驱力。与协同治理相比较而言，整体性治理表现出更强的外生性，其更多的是依靠整合之后的协调机制

① Perri 6，Diana Leat，Kimberly Seltzer and Gerry Stoker：*Towards Holistic Governance*：*The New Reform Agenda*，Palgrave Press 2002，40-43.

或者组织去推动。二是治理结构方面。和协同治理比较而言，在治理结构方面，整体性治理在治理过程中表现出更强的稳定性、融合性，协调整合区域常态化和制度化。三是治理活动方面。整体性治理相较于协同治理，更加注重整体性系统性和有序性，趋向于形成最佳化结构，达成整体大于部分之和的效果；四是治理问责方面。同时相比于协同治理，对于政府权责、问责主体、问责程序、问责范围等复杂具体的问题，整体性治理的问责困境相对较小一些。

4. 从协调到整合到相互介入

目前为止，对于协调的概念并没有统一的说法。有学者认为，协调的本质在于将不同事物调整到某种必要的关系中，从而实现不同事物的和谐相处。新标准英语辞典将协调定义为创造和谐与互惠的关系。《辞海》中的协调有"和谐"之意。希克斯对于"协调"概念的探究则经历了三个重要的发展阶段：

在《圆桌中的治理——整体性政府的策略》中，希克斯认为"整合所针对的就是碎片化的问题，它是一种策略性工作，而非新的技巧"[1]。在另一本专著《迈向整体性治理：新的改革议程》中，希克斯将整体性治理的过程分为了协调和整合两个阶段，其中协调处于整个进程的前期。

在 2004 年，希克斯又将所经历的阶段划分为协调、整合与逐渐紧密及相互涉入三个阶段，其中协调是指政策的形成和规划；整合是指"共同工作与分配权利义务；逐渐紧密及相互涉入则是指整体性治理正式发挥作用时，各政府组织逐渐走向同盟与合并"[2]。并且，希克斯认为作为棘手问题和碎片化问题的解决之道，协调所采取的手段是"化异"和"求同"，协调的功能也体现在政府组织关系层面和过程层面。三个阶段之间关系密切，并具有较强的逻辑性。

协调与整合历来就是公共行政关注的焦点。希克斯之所以将协调与整合作为整体性治理的核心思想，是因为在他看来，协调是作为政府应对碎片

---

① Perri 6，Diana Leat，Kimberly Seltzer and Gerry Stoker：*Governing in the round：Strategies for Holistic Government*，Demos 1999，24.

② 曾凡军：《基于整体性治理的政府组织协调机制研究》，武汉大学出版社 2013 年版。

化问题的解决手段而存在的，整合则是破解碎片化问题的利器，一种有效的策略性工具。

阶段一"协调"：协调可以从过程层面和组织关系层面加以理解。一是过程层面的协调。① 协调是将多个分离领域中的个体相连接，并朝签订协议或一致同意的方向发展。② 二是组织关系层面的协调。这一层面的协同面对的是组织在思想文化、价值理念方面差异及潜在冲突。③ 求同寻求各种社会团结体间内在相近性，也就是创造彼此乐于沟通或合作的互惠性诱因，使彼此内在动机得以整合。④ 由此可见，协调阶段侧重于解决过度碎片化以及负面外部性问题，这与希克斯分析的协同政府所要采取的协调目标基本一致。而不同之处在于协调主体之间知道相互介入的必要性，这也为下一阶段的整合奠定了基础。

阶段二"整合"：整体性治理语境下的整合是指"通过为公众提供满足其需要的、无缝隙的公共服务，从而达致整体性治理的最高水平"⑤。起初，整合可以划分为两个阶段：第一阶段是作为目标状态的整合，第二阶段是作为组织间关系协调方式的整合。作为目标状态的整合阶段，整体性治理的目标旨在促使政府在"政策、管制、服务、监督"几个关键活动中，实现相关组织层面协调一致基础上的架构与整合；作为一种组织间关系协调方式的整合阶段侧重于执行、完成及采取实际行动，将政策规划中目标与手段冲突缓解的结果加以实践，并建构无缝隙项目。⑥ 整合阶段旨在创立共同的组织结

---

① 胡象明、唐波勇：《整体性治理：公共管理的新范式》，《华中师范大学学报》（人文社会科学版）2010 年第 1 期。

② Perri 6，Diana Leat，Kimberly Seltzer and Gerry Stoker：*Towards Holistic Governance：The New Reform Agenda*，Palgrave 2002.

③ 曾凡军：《论整体性治理的深层内核与碎片化问题的解决之道》，《学术论坛》2010 年第 10 期。

④ Perri 6：*Viable institutions and scope for incoherence*，The Value of Inconsistency，*Villa Margheritanr，nr Venice* 2004（17）.

⑤ Perri 6，Diana Leat，Kimberly Seltzer and Gerry Stoker：*Towards Holistic Governance：The New Reform Agenda*，Palgrave 2002，47.

⑥ Perri 6，Diana Leat，Kimberly Seltzer and Gerry Stoker：*Towards Holistic Governance：The New Reform Agenda*，Palgrave 2002，34.

构、专业业务的合并和之后的实际执行行动。① 希克斯提出了包括层级整合、功能整合和公私部门整合在内的立体整合机制，见下图模型 3-2。② 该模型长宽高分别代表功能整合、公私部门整合、层级整合，旨在彰显政府治理境界的立体性、多元化、延展性及整体性。这一阶段的合作也是暂时性的，但为更深入的合作奠定了基础。

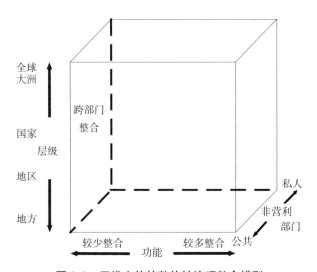

图 3-2　三维立体的整体性治理整合模型

阶段三"逐渐紧密及相互涉入"：2004 年，希克斯在协调与整合的基础上，发展了整体性治理中组织间关系的第三阶段：紧密化的实现以及相互介入。这是一种关系更为紧密与高度一致化的合作治理方式，在整合阶段的达成信任与合作的基础上，各个组织努力发展更紧密、更稳固、更持久的合作，并力求朝着结成共同体与合并的方向发展。希克斯把整体性治理对于组织间关系调整经历的三个阶段做了如下概括：（见表 3-2）③

① Perri 6：Joined-up government in the western world in comparative perspective：A preliminary literature review and exploration，*Journal of public Administration Research and Theory* 2004（1）.

② Perri 6，Diana Leat，Kimberly Seltzer and Gerry Stoker：*Towards Holistic Governance：The New Reform Agenda*，Palgrave 2002，29.

③ Perri 6：Joined-up government in the western world in comparative perspective：A preliminary literature review and exploration，*Journal of public Administration Research and Theory* 2004（1）.

表 3–2　整体性治理对于组织间关系调整经历的三个阶段

关系范畴	主体间关系形态	界定
协调	纳入考虑，政策对话，联合性政策规划，政策制定	考虑到策略发展对他人及他人对自身的影响，信息交换，暂时性联合规划或联合运作
整合	联合运作，联合及共同开发，卫星化	暂时性合作，在重要计划上，予以长期共同规划与运作，并与至少一个以上参与主题的任务有关，独立个体间创造出达成整合与共有机制
逐渐紧密及相互介入	策略联盟，同盟，合并	对某些议题进行长期共同规划与运作，并与至少一个以上参与主体的任务有关，形式性的行政统一，仍维持明确的自主性和身份，相互溶解并创造单一主体及身份的全新结构

5. 倡导跨组织功能界限的协作，主张一站式服务提供

整体性治理理论与传统的公共行政理论相比较，并且与新公共管理理论相比较，最大的优势在于能够对跨区域、跨机构、跨部门的复杂动态的公共问题和社会矛盾进行最大程度的有效治理，然而整体性治理也不否认分工的存在，是在原有分工基础上，根据需求进行更深一步的协同和资源整合。① 整体性治理主张一站式的公共服务提供。传统官僚制及新公共管理主张放权和分权，导致政府部门和组织机构间彼此割裂，缺乏有效的横向沟通及纵向交流，造成公共服务供给流程不通畅，缺乏相互融通，公民往往未来一件事情需要在诸多部门间奔波穿梭，公民对政府部门的认同度和满意度越来越低。为了破除这一治理困境，整体性治理基于商业模式中一条龙服务的理念，提出建立一站式服务。一站式服务主张把非政府组织、企业以及社会公众的多方主体纳入到供给体系中来，通过有效协商沟通，建立起跨边界、跨部门的合作机制。

6. 整体性治理倡导建立以数字治理为依托的电子化政府

"数字治理广义上讲是指在电子技术的支持下，整个社会运行和组织

---

① 罗曼：《我国食品安全监管体制的碎片化困境与对策研究》，华中师范大学硕士学位论文，2012 年。

的形式，包括对经济和社会资源的综合治理；狭义上讲是指政府与市民社会、政府与以企业为代表的经济社会的互动和政府内部的运行中运用信息技术，简化政府行政，简化公共事务的处理程序，并提高民主化程度的治理模式。"① "当代生产力的进步越来越依赖信息技术和相关的组织变革，因此需要紧紧抓住向完全数字化运作的转型所带来的巨大机遇。"② 数字化变革包括电子服务递送、以网络为基础的公共事业估算、集中的国家指导的信息技术采购、自动化流程的新形式、根本性的非居间化、积极的渠道分流和分割、受控制渠道的减少、加速自我管理、走向敞开书卷式的政府。③ 希克斯认为整体性治理方略的达成离不开信息技术的支持，通过信息资源共享系统、共享平台的建立，借助信息化手段将公私部门多元主体拥有的信息资源进行筛选、归纳、整合，实现信息和数据的充分共享流动，进而建立电子化政府，形成一体化的治理格局。

二、整体性治理的目标

整体性治理旨在更有效地解决与公民社会生活密切相关的问题，进而产生"整体性效益"。整体性治理的最终目标是实现政府的四种职能：政策，管制，服务和监督，对政策、管制和服务提供的审计以及绩效评估。而实现政府以上关键活动的理想组织模式是实现组织在三个层面的整合：组织层级、组织间或内部功能整合及公私部门的整合。④

希克斯从政策执行角度出发，聚焦于实际问题领域，设定了四个关键层面的目标。并设定了与目标实现相对应的政策工具，对政策实现机制加以系统建构，工具和机制与每一层次目标的运转流程相匹配。从目标设定，到"输入——转换——输出——结果"的整合流程及运行机制，构成了"整体

---

① Backus M：e-Governance and developing countries，*International Institute for Communication & Development* 2001.

② 陈水生：《新公共管理的终结与数字时代治理的兴起》，《理论导刊》2009 年第 4 期。

③ Patrick Dunleavy：*Digital Era Governance：IT Corporations，the State and E-Government*，*Oxford University Press* 2006.

④ Perri 6，Diana Leat，Kimberly Seltzer and Gerry Stoker：*Towards Holistic Governance：The New Reform Agenda*，Palgrave 2002，28-29.

性政府"治理的基本架构。如表 3–3：①

表 3–3 "整体性政府"治理的基本架构

重点	输入	转换	输出	结果
政策目标	政策的可持续性	更为有效的政策管理	高质量公共服务的供给与输出	有效治理、缓和与预防，更好地满足顾客和公众诉求
政策机制	政府或部门间政策小组；资金筹措资助跨部门支出审查；免除管制；立法授权；技术支撑；资金政策协调小组再分类	政府间论坛；政策数据的整合；管理的整合	政府或部门间的审计；绩效监督	政策协调小组；跨学科的研究
顾客目标	鼓励公民或消费者发表主张，倡导公众参与	顾客更多接受服务程序	提供全方位更加便捷的公共服务	公共合法性；注重社区建设；环境的改善和福利增进；对问题的预见性
顾客机制	共同磋商，联合调查	共同的公民宪章；共同的信息反馈系统	一站式服务；个案讨论会；个案管理；顾客信息的集成；弹性分散的投资	
组织目标	避免重复浪费，弥合冲突，风险分担，知识最大化	成本—效益	对输出结果有效控制	
组织机制	组织间信息系统；交互培训；联合计划设定；组织架构重塑；计划的透明公开	新的主导协调机构的建立；联合预算；人力资源的联合配置；信息系统的整合；组合的重塑	整合的审计；基本标准和绩效；监督；联合人事管理	
机构目标	平和资源配置，必变重读建设，减少冲突分歧，共同风险承担，知识最大化	行政控制的转移	更严格地控制相关机构的输出	

---

① Perri 6，Diana Leat，Kimberly Seltzer and Gerry Stoker：*Towards Holistic Governance*：*The New Reform Agenda*，Palgrave 2002，50-52.

续表

重点	输入	转换	输出	结果
机构机制	共同的服务场所；跨组织信息系统；共同计划；共同的人事调配；共同培训；共同的承诺；共同的预算	参谋机构	联合监察；联合监督；机构间协议；联合计划；联合人员配备；联合培训	

三、整体性治理的功能要素

希克斯在阐述整体性治理时，认为其主要包括信任、信息系统、责任感和预算等四个功能性要素。

1. 信任

相当于个体之间而言，信任是一种十分宝贵的社会资本；对于个体与组织之间而言，信任是委托——代理持续的底线；而就组织之间而言，信任是协调合作的润滑剂，这种组织间的信任，建立在相互之间信息透明和对称的基础上。信任既是"任何社会前进的不可或缺的因素，也是整体性治理所需的一种关键性整合要素"[1]。

在整体性治理的网络化结构中，单纯运用自由主义下的市场化手段以及官僚主义下的管制化手段，有违政府合作共治的目标和初衷，在目标和使命驱使下，促使多元主体之间凝聚共识、建立信任才是实现善治的良方。

信任在整体性治理体系中是不可或缺的构成要件，且组织间的信任关系受诸多不确定因素的影响，存在着较大的风险性和脆弱性。由于信任危机导致的碎片化问题比比皆是，因而，在整体性治理方略推进的进程中，组织间信任关系的建构和确立尤为重要。希克斯针对组织间的信任关系提出了以下几方面的主张：通过与其他组织的沟通交流，了解其运作方式；产生"新领导人和英雄"，管理者需要对跨边界运作中存在的风险有较强的容忍性；较少控制跨边界人员的活动，增强其自主性；建立彼此之间的承诺；采用分散化的组织机构以及激励机制来推行整体性方略的运作；通过培训等手段，

---

[1]　竺乾威：《公共行政理论》，复旦大学出版社 2008 年版，第 463 页。

强化各级人员对整体性治理的认识。①

2. 信息系统支撑下的数字治理

英国学者邓力维的实证研究表明：信息系统数十年来一直是促成公共行政变革的重要因素。信息技术成为政府治理现代化和公共服务体系理性化的核心要件。信息技术在这一变革中不仅起到了重要的推动作用，更为重要的是它日趋确立了自身在公共管理中的核心地位。② 在邓力维看来：数字时代治理的核心在于注重服务的再整合，倡导整体的、协同的决策方式，强调电子政务的数字化运作。邓力维把数字化变革概括为九大要素：电子服务递送、以网络为基础的公共事业估算、集中的国家指导的信息技术、采购、自动化流程的新形式、根本性的非居间化、积极的化渠道分流和分割、受控制渠道的减少、加速自我管理、走向敞开书卷式的政府。③ 数字时代的治理注重需求导向，以技术层面的政府流程再造为依托，致力于整体主义的架构，推崇数字化手段的变革。其使命在于通过对专业化、碎片化组织的优化重组，将数字政府与网络服务有机结合起来，实现政府公共服务的流程再造，为服务对象提供更为高效、便捷、一体化的服务。

数字治理利用一站式商店、一站式窗口、网络集成技术等进行一站式的服务提供，终端对终端的服务流程再造促使政府部门在改革过程中更加关注公民需求。根本性的非居间化即以公民需求为基础，利用网络技术及其自动化使得公民、企业和其他公民社会等角色直接进行联系，跳过政府机构作为中间层级所提供的看门人式的民事服务和代理人员，当然，根本性的非居间化的实现需要自动化办公和政府上网的技术支撑，也需要政府和公民共同改变自身的行为方式。敞开书卷式的政府则更加重视公民需求，强调在信息公开、数据和隐私保护的前提下公民的自我监督和自我管理，方便公民和企

---

① Perri 6，Diana Leat，Kimberly Seltzer and Gerry Stoker：*Towards Holistic Governance*：*The New Reform Agenda*，Palgrave 2002，170.

② Patrick Dunleavy：New Public Management is Dead-Long Live the Digital Era Governance，*Journal of Public Administration Research and Theory* 2006（3）.

③ Patrick Dunleavy：*Digital Era Governance*：*IT Corporations*，*the State and E-Government*，Oxford University Press 2006，233.

业自我监控自身应用程序或情况的处理，使满足公民诉求的实现途径更加多样和灵活。①

由此可见，数字治理基于公民为本的理念，以满足公民诉求为导向，更加注重服务提供的方式的选择性和多样化，强调服务的便捷、高效和质量，注重公民参与以及和公民之间的互动，推行合作共治，强调政府的回应性，对社会诉求予以积极、有效、及时回应，进而提升政府的公信力。

希克斯强调指出，由于大部分的信息系统是在 80 年代和 90 年代"重塑"活动盛行时发展起来的，因而，现今政府信息系统还相当程度保留着当初的痕迹，也就是服务是按照功能组织而不是整合式提供的。为了克服这一困境，可以通过信息系统平台，建立一个统一的涵盖个人和企业的中央数据库。相应地，信息系统对政府治理具有潜在的影响，希克斯认为这种影响是"接受决策中更多的控制、质量和理性的可能性，但这要付出代价"，他指出"技术本身不会对决策的技术理性或政治理性产生实质性的影响"。两种理论的有机结合，表明存在着这样一个空间，即可以更聪明地利用电子治理工具来支持整体性政策制定所要求的"整体系统"思考。同时希克斯还认为，只要做好发展道德实践并将其制度化，整体性治理在利用信息系统时与隐私的保护不会发生矛盾。②

3. 责任

在整体性治理理论的倡导者们看来，责任感在整个理论构架中具有非常重要的价值。其中，责任感包括诚实、效率和有效性（或项目责任），并强调把有效性或项目责任提升到最高地位，有助于实现整体性的责任。而证明政府组织管理者对整体性的结果负责，可从以下几个方面的努力中窥见一斑：一是他们的努力旨在理解他们自己现在和过去具有因果关系的贡献；二是积极衡量他们的行动、他们与其他机构的共同努力对优先考虑结果的影响；三是主动在能影响公民福利的所有方面确立优先次序；四是他们努力的

---

① 韩兆柱、单婷婷：《网络化治理、整体性治理和数字治理理论的比较研究》，《学习论坛》2015 年第 7 期。

② 竺乾威：《公共行政理论》，复旦大学出版社 2008 年版，第 466 页。

程度旨在积极地影响结果；五是积极与他人合作；六是为了影响一些优先的结果，他们设计、选择一些与他人谈判的跨组织关系。①

4. 预算

近代预算制度发端于英国，快速发展于美国。政府预算不仅仅是财政问题，更主要的是它体现了政府的选择，是政府治理中最为重要的手段。希克斯认为，整体性预算的协调和整合功能极为重要，其根本在于预算的整体性运作，进而带来的整体效益。而这需要对处在不同治理层次和功能的管理者和专业人员培育一种共同的文化及共享的知识和经历②，而不再仅仅是把政府官员的精力投放到对预算的设计和运作的负责任上。

其中，90 年代初，以美国、澳大利亚和新西兰为首的西方国家进行了一些"以绩效为基础"的预算改革。虽较之前"重塑"时期的碎片化预算有较大改进，但鉴于对以结果为基础的预算的信息集约和研究集约耗费了太多的时间和精力，这种预算并不是真正的整体性预算。而对预算输入的有效管理，则有助于改善这一局限。

威尔达夫斯基认为"预算是以货币形式表现的政府活动"，指出"预算就是贴有标签的一系列的政府组织目标，它可以是为了实现某种特定结果的一项计划或一个合同，是某种监督和控制的工具，也可以是一种惯例。"③ 整体性政府预算治理就是为实现政府组织的整体目标，基于整体性治理理论，以公民诉求为导向，以数字化手段为支撑，以解决碎片化、棘手性、裂解性为目的，而对公共资金由谁进行分配、如何分配、分配依据及具体分配方法，制定一个整体性预算计划，实现跨部门的预算合作机制。以问题的解决为导向和预算单位，通过收入和支出的统一管理，建构起部门之间、政府组织之间、利益相关者之间、公私部门之间共治预算模式。

---

① 　竺乾威：《公共行政理论》，复旦大学出版社 2008 年版，第 467—468 页。
② 　Perri 6，Diana Leat，Kimberly Seltzer and Gerry Stoker：*Towards Holistic Governance*：*The New Reform Agenda*，Palgrave 2002，203.
③ 　Wildavsky A，Dirsmith M W：*The new politics of the budgetary process*，Peking University Press 2006，5.

四、整体性治理的制度化

制度是人类为需要而创造的一个社会游戏规则，在社会经济生活中，制度能够在交换的过程中有效降低其中的摩擦成本。而理论的价值在于通过制度化途径加以指导实践。

整体性治理范式如果要持续有效地发挥作用，就必须走制度化的道路，就需要科学的制度化策略来保障整体性治理理论贯穿于政府治理的全过程。希克斯认为整体性治理的制度化主要体现在以下几个方面：1. 整体性运作必须适应当时的社会经济发展状况；2. 确定好整体性治理所需的知识、协调和整合及合作等概念；3. 形成整体利益；4. 整体性治理制度化应明确正式组织以及正式组织之间的关系；5. 作为整体性治理制度化的激励基础，情感以及恰当的可观察的实践行为应当予以关注。①

希克斯构想的整体性治理，就是通过"制度化"（institutionalization）的渠道，来达成全面整合的境界。就如同理论如果缺乏有效的制度化策略就很难在实践中得到应用，就难以彰显其现实意义和应用价值。台湾地区学者彭锦鹏提出整体性治理制度化的达成，需要采用"线上治理—科技基础、整合型组织—组织基础、主动型文官体系—人员基础"三项制度化途径对现有政府进行改革。②

学者黄滔基于希克斯的理论构想，借鉴彭锦鹏等人观点的基础上，以地方政府为参照系从内部、外部、纵向、横向四个静态维度及文化价值一个动态维度，探讨了整体性治理在中国地方政府制度化的策略途径。并把制度化策略划分为五个维度：一是内部构建大部门体制；二是外部加强理性的公私合作；三是构筑部省合作的新型关系；四是横向上构建电子化无缝隙政府；五是动态上建构主动型公务员体系。③

诸多学者在研究中试图尝试解析希克斯整体性治理的制度化策略，但大多只是停留在策略的探讨和未来发展走向的展望方面，具体方略的实现需

---

① Perri 6，Diana Leat，Kimberly Seltzer and Gerry Stoker：*Towards Holistic Governance*：*The New Reform Agenda*，Palgrave 2002，203.

② 彭锦鹏：《全观型治理理论与制度化策略》，《台湾政治科学论丛》2006 年第 23 期。

③ 黄滔：《整体性治理制度化策略研究》，《行政与法》2010 年第 2 期。

要放在区域、政府组织与部门的实践中，以理论创新和实践的勇气不断探索并加以丰富和完善。

第三节 整体性治理的实践探索

20 世纪 90 年代中后期，西方各国继新公共管理改革之后，又进行了以"整体政府"（Whole of Government，WOG）为内容的第二轮政府改革运动。

英国是"整体政府"改革的首创国家。1997 年 3 月，新一届工党上台，首相布莱尔在《公民服务会议》上将整体性治理理论作为政府改革纲领，提出了"协同政府"的施政理念。英国的"整体政府"改革既是对保守党过去那种全面的、严厉的、无磋商的强制变革所造成的政府失败后果的一种教训汲取，也是对英国当时部门主义（Departmentalism）极端扩张的一种强有力的应对。部门主义导致了政府在处理社会排斥、犯罪、环境保护、家庭和竞争等跨部门问题过程中反应过于迟钝、各自为政、效率低下，整体政府则是针对部门主义、各自为政和视野狭隘等弊病而提出来的一种富有创新性的政府治理的改革理论。

英国整体政府改革的具体措施包括四个方面的内容：以首相（内阁）办公室、财政部作为核心行政部门，围绕核心行政部门设立综合性决策机构（如政策中心、绩效与创新小组等），并以此为基础建立跨部门间合作关系；在协商共识的基础上制定国家各个部门优先发展策略，在推进工程中设立"公共服务协议"；创设"框架文件"制度，明确各主管部门之间的责任以及与其他部门间的合作关系，辅之以"保证人"制度、独立委员会制度，改善部门间沟通关系；提高公务员队伍文化水平和耐受力，使其在改革过程中可以经受住文化融合的考验。① 21 世纪以来，新西兰加快推进整体政府建设的步伐，力求实现从新公共管理向整体性治理方略的转变。1999 年，新西兰工党在选举宣言中把解决公共部门合作治理问题作为重要施政目标之一，重点强调，把政府部门日趋严重的"碎片化"问题提上日程。美国通过资金

---

① 崔会敏：《整体性治理对我国行政体制改革的启示》，《四川行政学院学报》2011 年第 1 期。

刺激和立法体系实现横向绩效目标，州政府在诸多领域中享有独立权力和分担责任，整合联邦政府与州政府之间以及公共部门与志愿组织之间的关系，建立协同合作模式，有效克服了以往公共服务体系分散割裂所带来的弊端，在提高公共服务质量和效率的同时提升了政府的公众形象。① 加拿大通过横向绩效目标协调工作，被授权的、自愿的和私人组织参与服务供给，建立联邦政府与州政府间、跨部门间的协同模式。荷兰通过绩效目标加强合作与协调，进而改善中央和地方政府间、政府部门间、社会团体间的关系。② 瑞典通过协商、让步、横向预算、机构整合推进合作，促成了内阁间、区域间和地方政府间的协同。

第四节　整体性治理的分析框架

对于整体性治理的分析框架，多位学者及组织机构纷纷从理论和实践的角度提出了相应的主张。希克斯从两个方面界定和阐述了整体性治理：一方面从政策、管制、服务提供以及监督等关键活动来论述整体性治理理论；另一方面从以上关键活动涉及三个层面进行论述，这三个层面，上文中已有提到，即层级、功能以及部门。挪威学者 Tom Christensen 等从"结构""文化"和"迷思"三个角度对整体政府进行探讨，其中迷思的角度是指从迷思、象征和时尚等方面来看待改革及其主要概念。③ 彭锦鹏从科技基础（运用资讯科技而形成的线上治理模式）、组织基础（整合型政府组织）和人员基础（主动型文官体系）等三个方面阐释整体性治理。④ 胡象明教授认为整体性治理必须充分利用包括政府在内的各利益相关者的专有资源和比较优势，自发生成多变的网络治理结构。⑤ 刘俊月等认为西方国家的整体政府主

① 寇丹：《整体性治理：政府治理的新趋向》，《东北大学学报》2012 年第 3 期。
② 胡佳：《整体性治理：地方公共服务改革的新趋向》，《国家行政学院学报》2009 年第 3 期。
③ Tom Christensen，Per Laegreid：《后新公共管理改革——作为一种新趋势的整体政府》，张丽娜等译，《中国行政管理》2006 年第 9 期。
④ 彭锦鹏：《全观型治理理论与制度化策略》，《台湾政治科学论丛》2006 年第 23 期。
⑤ 胡象明、唐波勇：《整体性治理：公共管理的新范式》，《华中师范大学学报》（人文社会科学版）2010 年第 1 期。

要通过"组织结构整合""信息资源整合""公民整体需求导向的流程再造"及"重构新型责任制度"等方式来构建，并且这可以为我国行政管理体制的改革提供一定的借鉴。① 澳大利亚在对各国"整体政府"改革实践与经验进行理论提升的基础上，总结出了一种最佳实践的"整体政府"模式。这一模式包括：新的文化和哲学、新的工作方式、新的责任和激励机制、制定政策、新的设计方案和提供服务的方式。②

从以上理论观点和实践总结中可以看出，尽管整体性治理可以从多角度进行分析，但是它们都体现了整体性治理的本质内涵，即适应信息化时代的要求，注重预防，公民为本，反对碎片化，从文化、主体、制度和技术等层面进行协调和整合，主张以结果为导向。强调整体性的整合、技术整合、目标与手段相互增强，强化信任、责任感和制度化推进策略。从内容上看，整体性治理致力于在"求同"和"化异"之间寻找问题解决之道，采用分析主义和综合主义的策略，蕴含了整体主义的思想；从思维方式上来看，整体性治理延续了系统思考的方法，不回避矛盾、冲突和多样化，致力于寻求公共利益最大化，这种思维有利于对碎片化和棘手问题作出反应，其系统取向在政府治理领域得到彰显；从目标和手段互动关系来看，整体性治理所倡导的整体型政府在真正意义上实现了协作，全方位实现了整体性合作，通过协调整合、互惠互利达成了紧密性关系。

结合上文中整体性治理理论与区域政府间政策协调机制的逻辑契合点，笔者认为整体性治理的分析框架可以简释为公共价值和理念、组织结构、制度安排与政策工具、信息系统四个层面。如图 3–3。后续的研究会对此框架进行深入阐释。

---

① 刘俊月、邓集文：《西方整体政府的构建路径及其借鉴》，《行政论坛》2011 年第 2 期。

② ARCHIVE：Connecting Government：Whole of government responses to Australia's priority challenges，*Australian Public Service Commission*，http：//www.apse.gov.au/mac/connecting government.Pdf：13.

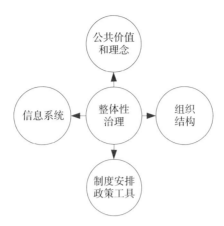

图 3-3　整体性治理的分析框架

第五节　公共治理模式的整体主义发展趋势——几种模式的比较

公共管理的两个核心议题是：政策问题以及公共产品和服务的提供问题。传统公共管理运用行政统治模式来应对以上两个问题，然而，由于行政统治模式过度强调专业分工，致使公共服务和公共产品提供的碎片化现象凸显，甚至出现了公共选择理论提及的"理性经济人"式的政府，追求所得租金的最大化。因而，这一模式不能有效解决20世纪90年代以来的"分合论"哲学困境。具体到全球政治的发展进程而言，就是指全球化下的分散化以及区域化下的一体化的现实困境。

为了应对和解决这一困境，需要引入新的公共治理模式，倡导多元参与，注重集体行动，共同协商决策，为公民提供优质的公共产品和服务。这一时期，由于行政环境和历史需求的不同，公共治理模式呈现多样化特征，比较经典的有"市场式政府""参与式政府""弹性化政府"和"解制式政府"等四种公共治理模式。①

---

① ［美］R. 盖伊·彼得斯：《政府未来的治理模式》（中文修订版），中国人民大学出版社2012年版，第16页。

　　本研究对几种有代表性的公共治理模式加以比较论证——主要包括传统科层制、新公共管理、网络治理、协同治理和整体性治理模式。在马克斯·韦伯看来，传统官僚制即科层制是指一种以分部—分层、集权—统一、指挥—服从等为特征的组织形态，是社会进行合法统治的行政组织制度；新公共管理（new public management，NPM）是西方发达国家行政改革的重要理论支撑。以植根于现代经济学的理论基础，主张用企业家精神和私营部门的管理方法来改造公营部门，注重结果导向，强调政府对公民的回应性，主张人事行政各个环节上实行更加灵活、富有成效的管理方略；网络化治理渊源于公司治理，后引用于公共管理领域。网络治理具体可概述为：国家、私营企业和公民社会各自按照相应的角色，制定和应用网络发展以及使用过程中的规范、标准、决策步骤和共同规划；Ansell 和 Gash 认为狭义的协同治理是一种制度安排。即单一或多个公共机构与国家部门以达成共识为目的、通过协商的集体决策过程实现正式的直接对话，以期达成共同制定或执行公共政策、合作管理公共项目或财产的目的。① Bingham 则从广义视角、四个方面对协同治理加以界定：第一，从协同主体来看，涵盖联邦政府以外、美国境内所有的可能成为协同伙伴的行动人，具体包括公众、州和地方政府机构、部落、非政府组织、商业组织和其他非营利组织；第二，从协同客体上看，包括联邦机构在政策运行过程中的所有工作，政府作为政策发展、落实和实施所有相关行为的执行机构；第三，从外延上看，包括所有建立在协商与共识基础上的方式、方法和过程：公民参与、对话、公众协商、协商民主、公众咨询、多元协同、协同式公共管理、冲突解决以及沟通；第四，从沟通方式上看，既包括面对面的沟通，也包括借助网络的沟通。② 从公共行政学科发展的脉络来看，整体性治理是在传统科层制、新公共管理、协同治理、网络化治理等模式基础上发展起来的，是政府治理模式变革过程中的一个重要节点。

---

① Chris Ansell，Alison Gash：Collaborative Governance in Theory and Practice，*Journal of Public Administration Research and Theory* 2008（4）.

② Bingham，Lisa Blomgren：The Next Generation of Administrative Law：Building the Legal Infrastructure for Collaborative Governance，*Wisconsin Low Review* 2010（10）.

就以上几种代表性治理模式，本研究借鉴彭锦鹏、曾凡军等学者比较研究的基础上，基于历史沿革、价值理念、遵循原则、理论来源、组织架构、运行机制、目标使命、绩效评价、权力运行、财政预算、治理工具、资源配置、服务方式、运作特征等方面，进行了比较分析，具体差异见下表3-4：

表 3-4　几种代表性治理模式的具体差异

历史沿革	传统科层制	新公共管理	网络化治理	协同治理	整体性治理
	1980 年前	1980—2000 年	1990 年后	1970 年后	2000 年后
价值理念	合理性、合法性	顾客导向、效率至上	公共价值理念，满足利益相关者需求	互信、互惠、互利、互动	整合、协调、预防、公民需求导向和结果导向
遵循原则	分工、等级、服从	政府功能部分整合	市场化为导向	自愿、平等、协作、共赢	协调、整合、责任
理论来源	传统管理主义	交易成本理论、公共选择理论、制度经济学、新泰罗主义	信息技术理论、企业网络理论	系统论、信息论、控制论、突变论	新涂尔干主义、组织社会学、信息技术论
组织架构	层级节制	专业化分工管理	网络合作治理	起始条件、制度设计、协作过程、领导力	治理层级、治理功能、公司部门的整合治理
运行机制	分部—分层、集权—统一、指挥—服从、依照规程办事	市场竞争机制的引入	相对松散的契约	诚信协商、建立信任、投入到过程、共识、结果	整合机制、协调机制、信任机制、责任机制和监督机制
目标使命	灵活性、适应性、效率提升	以竞争、效率、使命、预防、顾客至上等理念重塑政府	通过互惠互利、相互协作、相互信任支持实现合作	集体行动方略的达成，政府治道变革的实现	消除冲突、弥合矛盾、资源共享、无缝隙服务

续表

历史沿革	传统科层制	新公共管理	网络化治理	协同治理	整体性治理
	1980 年前	1980—2000 年	1990 年后	1970 年后	2000 年后
绩效评价	注重输入	产出控制	利益最大化	公共利益的增进	结果导向
权力运行	权力集中统一	分权	松散、放松管制	平等、合作、多中心、网络化	加大授权力度
财政预算	公务预算	竞争机制引入	契约主义	规模效益和成本分摊	整合预算
治理工具	管制型工具	市场型工具	契约型工具	协同型管理	整体型工具
资源配置	人力资源主导	市场化配置	网络资源	多元主体互动合作	信息技术
服务方式	政府提供	政府掌舵而不是划桨	合作供给	提供部分的良好匹配形成新的、有序机构	政策整合提供
运作特征	非人格化	市场化民营化分权化	个性化、松散化	匹配性、一致性、动态性、有序性	多元化、协同化、整体化

通过表 3-4 中的比较分析可以看出：每一种政府治理模式的变革都是在对以往治理模式继承、批判和反思的基础上发展起来的，这五种治理模式之间有着天然的联系和差异。传统科层治理模式遵循分工、等级、服从的原则，强调合理性、合法化、专门化、规则化运行机制和层级节制的组织架构，主张运用权威的管制型工具对公共事务加以治理。整体性治理对科层制加以批判和继承的基础上实现了超越，主要表现在整体性的运行框架的架构：对层级、功能、公私部门进行了整合；新公共管理的治理模式强调通过专业化分工管理、市场竞争机制的引入达到有效的政府治理，市场化、民营化、分权化、预防性和顾客至上是其主要特征。整体性治理则是强调公民需求导向的基础上，对公共部门的"企业化运作"进行了反思和修正，"着眼于政府内部机构和部门的整体性运作，主张管理从分散走向集中，从部分走

向整体，从破碎走向整合"。① 但是，值得一提的是，整体型治理也对新公共管理所倡导的效率取向加以了扬弃，并将其纳入到"公民权"的框架之下；网络治理也是对科层治理的一种反思，是为了摒弃那种在复杂社会环境中寻找"一方包治百病"的治理思维，强调不同的部门在一个相互依赖的政策网络中共同合作以完成公共目标。② 尽管网络治理可满足利益相关者利益最大化的需求，但由于它是建立在相关利益主体共同分享权力和承担责任的基础上的，缺乏共同一致的目标，所以会产生因责任不明确而相互推诿扯皮的情况，容易产生责任问题、可治理问题和合法性问题，再加之相互间关系的松散性，最终导致网络治理的失败。再者，在参与治理的多元主体中，政府拥有其它主体无法企及的公共资源和权力，因而对政府的重视尤为重要。整体性治理则从整体维度对政府组织进行有机的协调和整合，进而有利于解决治理主体间责任不清，关系松散的弊病；协同治理和整体性治理关系在前文有所论及，此处不再赘述。

第六节　整体性治理与雄安新区治理模式建构的理论契合性

　　了解了公共治理模式的整体主义发展趋势趋向后，本研究将进一步从公共价值和理念、协调主体及其相互关系、制度安排与政策工具、信息系统、碎片化问题应对等五个方面，解释整体性理论工具与雄安新区治理模式建构的逻辑契合性。

一、公共价值和理念上的契合性

　　公共价值和理念不仅是整体性治理理论和政府公共治理模式共同的逻辑起点，也是它们共同追求的目标。主要体现在：一是以公共利益为目标价值导向。整体性治理"以满足公民的需求作为主导理念，以解决人民的生活

---

① 　竺乾威：《从新公共管理到整体性治理》，《中国行政管理》2008 年第 10 期。
② 　鄞益奋：《网络治理：公共管理的新框架》，《公共管理学报》2007 年第 1 期。

问题作为政府运作的核心",其最终目的在于向公众提供无缝隙而非分离的公共服务。这一目标导向极大地契合了雄安新区治理模式的构建,因为这一模式本身的目标就是解决京津冀区域内、白洋淀流域诸如功能疏解、人口流动、资源分配和环境治理等关乎人民利益并且棘手化的问题,为模式构建提供制度安排和政策制定的方式和方法。二是对责任感的共同追求。希克斯在论述整体性治理时,反复强调了责任感的重要性,注重组织间合作贡献以及共同努力对结果的影响,通过跨组织关系的优化达成理想结果,强调把有效性或项目责任提升到最高地位以有助于实现整体性的责任。在这一点上,整体性治理理论为京津冀区域治理瓶颈开启了新的思路,为雄安新区新型治理体系的构建提供了一种全新的责任界定模式,打破了以往区域政府组织间制度安排和政策协调责任模糊不清的困境。三是同样注重强调协调、整合的理念。协调是强调引导多元主体基于共同的目标和使命采取行动。整合注重组织机构的合作和政策之间的相互配合与衔接,突破组织壁垒和行政界限。京津冀区域协同发展背景下雄安新区治理架构中需要共同目标引领下的协调、整合与责任。

二、协调主体及其协同策略上的契合性

整体性治理的核心内涵是"协调与整合",从结构和形态上进行层级、功能和公私部门合作关系的协调与整合,同时强化政府组织间关系的紧密性,进而建立整体性政府组织部门间关系。希克斯在 2004 年将整体性治理中的协调划分为协调、整合与逐渐紧密及相互涉入几个阶段,其中"协调是指政策的形成和规划;整合是指共同工作与分配权利义务;逐渐紧密及相互涉入则是指整体性治理正式发挥作用时,各政府组织逐渐走向同盟与合并等。"① 殊途同归的是,京津冀协同发展亟待破解的是区域政府间合作问题,雄安新区建设初期同样面临不同行政区域间碎片化的治理格局,都在积极探寻区域地方政府之间、多元主体间、不同部门机构间在政策制定、规划设计、资源整合、布局调整时需要遵循的方法和模式,并力求排除不同治理主

---

① 曾凡军:《基于整体性治理的政府组织协调机制研究》,武汉大学出版社 2013 年版。

体间彼此互不协作、恶性竞争、相互对立冲突的治理环境，通过制度创新、政策协调、权利整合实现资源共同配置、利益均衡配置、价值共同创造，促使各治理主体和行政单元协作起来达成集体行动策略，最终破解"公地悲剧"，走出合作治理的困境。

在区域和地方政府组织间的关系协调问题上，京津冀区域和雄安新区所处白洋淀流域可以充分借鉴整体性政府的治理内容，通过"伙伴关系"的建立、治理体系的再造加以运行和推进。伙伴关系是指"两个或两个以上的组织或机构分享共同议程协同工作，同时保持自身的目标及其活动的独立性"①。而维系伙伴关系的两个核心因素是政策和资源，因此，雄安新区建设初期，依托整体规划范围内不同行政单元、不同组织机构间有效的协调整合方式实现政策与资源整合，就成为整体治理达成的关键。由此可见，整体性治理理论与区域政府间政策协调模式之间是高度契合的，区域政府间政策协调模式应该建构在整体性治理理论的基础之上，在治理理念、机构再造、机制融合、策略整合等方面对京津冀区域政府间、雄安新区所处白洋淀流域政府间政策协调模式加以建构。

三、制度规范及制度化策略上的契合性

希克斯认为，作为公共管理的一种重要范式，整体性治理要想持续有效地发挥作用，就必须走"制度化"的道路。作为"制度化"的重要前提条件之一，法律法规提供了制度保障，是整体性治理实现制度化的必备条件。同样，在区域政府间政策协调模式运行中，政策协调主体，即地方政府组织必然是在一定法律制度监管下进行的。没有规矩，不成方圆，没有约束的自由不是真正的自由。如果地方政府组织在政策协调中，没有约束和规范，没有相应的奖惩措施，缺乏法律法规的制约，最终的政策协调模式随意运行或变化无常，其协调的结果必然是难以执行，并可能会损害区域内其它组织和个体的利益。因而，区域政府间政策协调模式是包含制度规范的，并且需要被制度化。整体性治理理论的价值需要在区域政府间政策协调的实践中加以

---

① 曾维和：《西方"整体政府"改革：理论、实践及启示》，《公共管理学报》2008年第4期。

检验，而科学的理论能否真正付诸实践，取决于该理论制度化的程度和水平。京津冀区域和雄安新区所在白洋淀区域恰逢其时成为整体性价值理念的检验场，也为区域治理理论的创新发展创设了试验场。

整体性治理制度化的途径主要包括以下策略主张：倡导内部部门的整合，主张外部公私合作关系的建立，强化纵向不同层级合作关系建立，主张横向上无缝隙、数字化政府建立，强调动态文化融合的公务员体系的建立。而这些制度化策略恰好可以充分运用到京津冀协同发展背景下雄安新区整体性治理架构的进程中来。

四、信息系统建构上的契合性

伴随着信息技术的飞速发展，社会各个领域层次联系日益紧密，各种公共问题的"跨界性"特征日趋突出，倒逼政府必须整体性地去思考和统筹区域内公共事务，以信息技术为手段、信息系统为平台成为协调、整合、相互介入的重要途径，也成为整体性制度安排和政策制定的重要策略。信息技术的发展给区域整体性治理带来了前所未有的机遇，在强化区域政府协同治理的语境下，需要"将信息技术作为其支撑技术，并对信息技术进行协调和整合，形成统一的整体性的信息系统"①。信息系统在整体性治理中主张把信息技术和网络技术作为治理的重要工具，对网络支撑技术、网络基础设施和人力资源进行有效整合，简化网络程序和步骤，简化政府治理程序，搭建一个一体化、标准化、系统化的信息化平台，使治理环节更加紧凑，治理流程更加便捷，让资源共享的在线治理模式成为常态。这些策略主张也是京津冀协同发展背景下雄安新区新型治理体系建构所急需解决的问题。例如在雄安新区所处白洋淀流域生态修复治理过程中，应该致力于搭建区域内、流域内环境治理信息公开、共建和共享的平台，实时公开领域内企业的能耗与排污情况、污染布局以及环境评价的相关信息，形成环境治理的数据信息网络。这一信息系统平台有助于统一整合碎片化的信息，实现信息的共享、无缝隙的对接和无阻碍的对话，支持和支撑整体性治理策略思维考量，从而为区域

---

① 曾凡军：《基于整体性治理的政府组织协调机制研究》，武汉大学出版社 2013 年版。

内多主体提供充分优质便捷的信息服务。这一系统平台实现了整体性理论和区域协同治理创新实践的有机衔接。

五、应对碎片化问题方面的逻辑契合性

整体性治理理论的主旨契合了破解属地化、部门化、孤岛化等棘手性问题的理论和现实诉求，旨在对区域政府间、部门间、层级间、多元主体间普遍存在的碎片化问题做出战略回应。整体性治理产生的动机源于解决新公共管理带来的碎片化和裂解化问题，旨在通过彼此信任、协调沟通、机制整合来破解区域内治理中的公地悲剧和割裂困境。无论是京津冀区域还是雄安新区所处白洋淀区域，均涵盖若干行政单元，涉及多个部门，关涉多元主体。协同治理困境表现为缺乏一体化统筹规划，地方保护主义盛行，政策间壁垒森严导致彼此缺乏衔接，重复建设层出不穷。碎片化的治理模式导致区域内协同治理方略严重失灵，根深蒂固的属地化思维和治理模式成为京津冀协同发展的瓶颈。"大城市病"问题、生态环境治理等问题迫切需要打破碎片化的治理格局，从国家顶层设计的战略高度，依托雄安新区的谋篇布局克服以往京津冀发展的路径依赖和思维窠臼。整体性治理理论顺应这一诉求成为破解碎片化困局的良方，应对碎片化治理使思路和对策为破解区域治理困境指出了明确的方向。登力维提出要通过逆碎片化、精简网络、压缩行政成本等措施实现整体性治理。希克斯则强调治理理念的转变、公共责任感的增强、彼此间信任的建构，这些思路与方略为解决京津冀区域长期以来的属地化、部门化等碎片化问题奠定了理论基础，开启了新的理论视角。

机　理　篇

第四章 京津冀协同发展中的
政府合作治理研究

2014年2月26日，习近平总书记在参加京津冀协同发展专题汇报会议时，指出实现京津冀协同发展意义重大，对这个问题的认识要上升到国家战略层面，并提出了京津冀发展的"七点要求"，强调实现京津冀协同发展，是面向未来打造新的首都经济圈、推进区域发展体制机制创新的需要，是探索完善城市群布局和形态、为优化开发区域发展提供示范和样板的需要，是探索生态文明建设有效路径、促进人口经济资源环境相协调的需要，是实现京津冀优势互补、促进环渤海经济区发展、带动北方腹地发展的需要，是一个重大国家战略，要坚持优势互补、互利共赢、扎实推进，加快走出一条科学持续的协同发展路子来。这次会议明确了京津冀协同发展的国家战略地位，开启了国家战略层面推动京津冀协同发展的新阶段。2015年4月30日，中共中央政治局召开会议，审议通过了《京津冀协同发展规划纲要》。确定了"功能互补、区域联动、轴向集聚、节点支撑"的布局思路，明确了以"一核、双城、三轴、四区、多节点"为骨架，设定了区域功能整体定位和三地功能定位。这一阶段发展理念的变化表明，京津冀协同发展的瓶颈得到突破，合作意识、统筹观念、协同理念和发展动力问题基本得到解决，从中央到地方形成了推动京津冀发展的一股合力，京津冀协同发展的国家战略地位已经明确，顶层设计取得重大突破，京津冀协同发展进入全面深化阶段。

《人民日报》2019年1月18日报道，中共中央总书记、国家主席、中央军委主席习近平在京津冀考察，主持召开京津冀协同发展座谈会并发表重要讲话。习近平对推动京津冀协同发展提出了6个方面的要求：第一，紧紧抓住"牛鼻子"不放松，积极稳妥有序疏解北京非首都功能。第二，保持历史耐心和战略定力，高质量高标准推动雄安新区规划建设。第三，以北京市级机关搬迁为契机，高质量推动北京城市副中心规划建设。第四，向改革创新要动力，发挥引领高质量发展的重要动力源作用。第五，坚持绿水青山就是金山银山的理念，强化生态环境联建联防联治。第六，坚持以人民为中心，促进基本公共服务共建共享。要着力解决百姓关心、涉及切身利益的热点难点问题，优化教育医疗资源布局。要加大力度推进河北省贫困地区脱贫攻坚工作，发挥好京津对口帮扶机制的作用，确保2020年京津冀地区贫困县全部摘帽。要坚持就业优先，做好当地百姓就业这篇文章。

实际上，京津冀协同发展并不是一个全新的概念。[①] 自古以来，京津冀区域内部之间在地理空间上相互连接，长期的社会交往和经济活动使得该区域客观上形成了一个统一的经济体。在明清时期，京津冀区域在行政上基本是一体化管理。如明清时期的顺天府，除了管辖北京市部分地区外，也包括今天津市和河北省的部分地区。[②] 现在的京津冀区域，包括北京、天津两个直辖市和一个河北省，面积为2167.6万公顷，是中国沿海地区经济最具活力、开放程度最高、创新能力最强、吸纳外来人口最多的三大核心经济区之一。据北京市统计局发布的京津冀研究报告显示，2014年京津冀地区常住人口1.11亿人，占全国的8.1%；GDP总量达到66474.5亿元，占全国的10.4%。[③]

相较于长三角和珠三角这两大经济区，京津冀经济区发展较为缓慢，存在较多问题。一方面，京津冀经济区发展尚未释放出最大活力。2013年，京津冀经济总量仅相当于长三角的52.7%，人均GDP是长三角的77.5%、珠三角的63.6%；另一方面，区域内经济发展不平衡，政府间合作不足，常常在一些领域和项目上存在竞争和冲突，造成大量公共资源和设施的浪费与

①　张可云、蔡之兵：《京津冀协同发展历程、制约因素及未来方向》，《河北学刊》2014年第6期。

②　肖立军：《明清京津冀协同发展探略》，《人民论坛》2015年第3期。

③　薄文广、陈飞：《京津冀协同发展：挑战与困境》，《南开学报》（哲学社会科学版）2015年第1期。

重置。① 京津冀区域资源禀赋差异导致的"虹吸效应"进一步加剧了地区间的不平衡。近年来，京津冀区域的发展遭遇瓶颈，如北京市难以疏解的"大城市病"、京津冀共同面临的生态环境治理等困境。这些问题制约了区域的整体协同发展。长期的发展实践表明，单纯依靠京津冀区域地方政府自身的力量，很难打破合作发展的僵局，迫切需要从国家战略的高度，进一步深化京津冀区域的协同发展。

第一节　京津冀协同发展的历史进程

京津冀地区是我国较早开展区域合作试点的地区之一。自 20 世纪 70 年代末以来，京津冀区域大致经历五个阶段的合作尝试。

第一阶段，合作发端阶段（1976—1993）。在中央最早决定开展国土规划工作时，京津冀三地的区域规划就被提出。当时的提法并不是"京津冀"，而是"京津唐"，但三地当初协作意识不够强，严格依照行政区划自成体系形成的发展模式，导致京津唐三地的竞争远远大于协作，北京利用首都在资源配置多方面的优势，先后兴办了几千家工业企业，涵盖钢铁、机械、石油化工、电子、建材、医药、纺织、轻工、食品等几乎所有行业，导致区域内产业重构、重复建设和恶性竞争，使得原本按照区域发展规律和城市功能定位应配置到津冀两地的资源和项目都投向北京。这也为如今北京日趋严重的"大城市病"埋下了伏笔。1976 年，国家计划委员会组织京津唐国土规划课题研究，开启了京津冀协同发展的篇章。1981 年 10 月，北京、天津、河北、陕西、内蒙古等 5 省（市、区）率先打破行政区划界线，成立华北地区经济技术协作会。这一协作组织的主要功能是通过高层间的协商合作，解决地区间的物资配置调剂问题，并且成为全国最早的区域协作组织。1986 年，时任天津市长李瑞环提出环渤海区域合作问题，在其倡导推动下，环渤海地区 15 个城市共同发起成立了环渤海地区市长联席会，建立环渤海经济区，开

---

① 张可云、蔡之兵：《京津冀协同发展历程、制约因素及未来方向》，《河北学刊》2014 年第 6 期。

展多方面、多层次、多种形式的经济联合，这一联系组织的成立被看作京津冀地区最正式的区域合作机制。联席会定期召开联席会议，共商区域政府间的合作事宜。不过，当初的合作停留在观念上，缺乏实质性的合作行动。1988 年，北京与河北环京地区的保定、廊坊、唐山、秦皇岛、张家口、承德等 6 地市组建环京经济协作区，建立市长、专员联席会制度，设立日常工作机构。由于行政区行政思维和地方保护主义，导致利益相关方合作动力不足，尽管愿望良好，但并未取得实质性进展。其中，华北地区经济技术协作区初衷是促进区域内的协同发展，但在实际运作过程中困难重重，难以承担区域规划和政策协调的职责，解决不了深层次合作问题。因此，其功能逐步削弱。自成立初至 1990 年共集中举办了七次会议，1994 年之后工作打打停停，步入低潮，最后被撤销。①

第二阶段，盲目竞争、各自为战阶段（1994—2003）。华北经济技术协作区撤销后，由于缺少统一规划和统筹协调，各地方政府以 GDP 为导向，基于自己的"一亩三分地"，专注于自身的经济建设，在招商引资、基础设施建设、产业发展等方面展开激烈的竞争。由于缺少统一规划和统筹协调，合作意识和协同发展理念淡漠，区域内地区政府之间、企业之间的盲目竞争、重复建设愈演愈烈。以京唐港为例，由于北京和天津之间在发展上的分歧导致关系协调不好，最终北京只好舍近求远，转而到唐山和秦皇岛寻找出海口。协作意识的淡薄和整体观念的匮乏导致京津冀区域协调发展的步伐逐步放缓，协作的力度逐步弱化，"孤岛效应"日趋凸显，有形的疆界无形之中在区域政府之间也形成一道难以破解的屏障，这道令思维理念隔绝的屏障横亘在区域内地方政府官员的头脑中根深蒂固，一直延续了十几年，时至今日，地方保护主义的观念还如同笼罩在京津冀上空的雾霾一样挥之不去。1999 年，清华大学吴良镛院士主持的《京津冀地区城乡空间发展规划研究》立项，在其报告中提出"大北京"概念，"大北京"包括京津和冀北地区，包括京津唐、京津保两个三角形地带，雄安新区就位于当时提出的京津保地

---

① 张可云、蔡之兵：《京津冀协同发展历程、制约因素及未来方向》，《河北学刊》2014 年第 11 期。

区。2001 年 10 月，《京津冀北城乡地区空间发展规划研究》通过建设部审定，被称为"大北京规划"。

第三阶段，合作积极推进阶段（2004—2012）。2004 年，由国家发展和改革委员会主持的京津冀地区经济发展战略研讨会在河北廊坊召开，会上达成加强京津冀经济交流与合作的《廊坊共识》。2005 年，北京市在《2005 年国民经济和社会发展计划》中提出要创新京津冀区域合作机制，推动区域合作发展的战略构想。在随后召开的京津塘科技新干线论坛上，北京和天津通过磋商，达成 8 条战略合作举措。2006 年，北京市与河北省正式签署《北京市人民政府、河北省人民政府关于加强经济与社会发展合作备忘录》。双方商定，"十一五"时期要在经济、文化和社会建设领域进一步加强沟通和协作。合作将在交通基础设施建设、水资源和生态环境保护、能源开发、产业调整、产业园区、农业、旅游、劳务市场、卫生事业等 9 个方面展开。2006 年，《中华人民共和国国民经济和社会发展第十一个五年规划纲要》指出，已形成城市群发展格局的京津冀、长江三角洲和珠江三角洲等区域，要继续发挥带动和辐射作用，加强城市群内各城市的分工协作和优势互补，增强城市群的整体竞争力。2006 年，国家发展和改革委员会提出"京津冀都市圈（2＋7）"，即以京津为核心，包括河北省的唐山、秦皇岛、承德、张家口、保定、廊坊和沧州等 7 个市，后来又加上石家庄，形成"2＋8"的格局。然而，就具体协作进程来看，缺乏强有力统筹协调下的三地合作，在自身利益最大化的驱使下，很难放弃各自的利益而达成妥协。如在区域合作各自的定位上，北京认为自己是三地规模最大、最重要的城市，理所应当成为核心，一切合作以推进"首都经济圈"建设为定位，天津则定位为"北方经济中心"，而河北提出打造"环首都绿色经济圈"。因此，即使三方高层彼此签订多份合作协议，却没有推动务实的基于利益的共赢协调机制，区域合作缺乏成效。[①]2011 年，"首都经济圈"的定位写入国家"十二五"规划。2012 年，建设"首都经济圈"、河北省"沿海发展战略""太行山、燕山集

---

① 薄文广、陈飞：《京津冀协同发展：挑战与困境》，《南开学报》（哲学社会科学版）2015 年第 1 期。

中连片贫困区开发战略"同时纳入了国家的"十二五"发展规划。

第四阶段，合作深化阶段（2013—2017）。党的十八大以来，以习近平同志为核心的党中央高度重视和强力推进京津冀协同发展。2013年5月，习近平在天津调研时提出，要谱写新时期社会主义现代化的京津"双城记"。2013年8月，习近平在北戴河主持研究河北发展问题时，指出要推动京津冀协同发展。在此背景下，2013年成为京津冀三地关系实现重大突破的重要一年：3月24日，京津合作协议签订；5月20日和5月22日，河北省分别与天津和北京签署了合作框架协议。2014年2月26日，习近平在主持京津冀协同发展专题汇报会议时，提出京津冀协同发展的"七点要求"。2014年3月5日，李克强总理在政府工作报告中指出，加强环渤海及京津冀地区经济协作。随后，国务院成立了京津冀协同发展领导小组及办公室，由时任国务院副总理张高丽任组长，同时成立京津冀协同发展专家咨询委员会。京津冀协同发展领导小组的一项重要任务就是编制《京津冀协同发展规划纲要》，2015年4月30日，中共中央政治局召开会议，审议并通过了《京津冀协同发展规划纲要》，确定了"功能互补、区域联动、轴向集聚、节点支撑"的布局思路，明确了以"一核、双城、三轴、四区、多节点"为骨架，设定了区域功能整体定位和三地功能定位。这一阶段发展理念的变化表明，京津冀协同发展的瓶颈得到突破，合作意识、统筹观念、协同理念和发展动力问题基本得到解决，从中央到地方形成推动京津冀发展的一股合力，京津冀协同发展的国家战略地位已经明确，顶层设计取得重大突破，京津冀协同发展进入全面深化阶段。

第五阶段，实质性推进阶段（2017年4月1日至今）。2017年4月1日，中共中央、国务院决定设立雄安新区。之前习近平总书记曾明确指示，要着力打造北京非首都功能疏解的集中承载地，在河北规划建设一座以新发展理念引领的现代化新型城区。2017年2月23日，习近平总书记在保定安新县进行实地考察。在座谈会上，他赋予雄安新区高标准和高起点的发展使命；提出"坚持世界眼光、国际标准、中国特色、高点定位"的发展要求；确立"绿色生态宜居新城区、创新驱动发展引领区、协调发展示范区、开放发展先行区"的发展定位；明确了建设绿色智慧新城、打造优美生态城市、发展高端高新产业、创建城市管理样板、构建快捷高效交通为网络,打造绿色交通体系、推进体制机制改革、打造扩大开放新高地和对外合作新平台的主要任务。党的十九大报告又进一步提出从区域协调发展的战略高度推进雄安新区的建设。这一重大战略部署的出台成为破解京津冀区域合作治理困境的一剂良方,在京津冀协同发展的历史进程中迈出了具有关键性、实质性、具有重要历史意义的一步。

第二节　京津冀协同发展中政府合作 治理现状与存在的问题

在30余年的区域合作发展历程中,中央、京津冀三地四方逐渐建构了纵向统筹协调(见图4-1)、横向沟通协商的区域合作治理体系。这一体系对于破解区域合作困境起到重要作用,也还存在短板和不足。

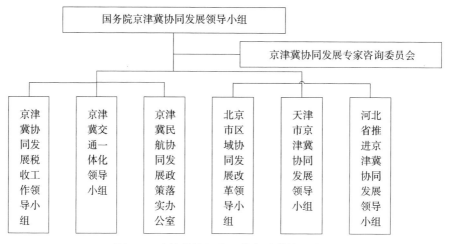

图4-1　京津冀协同发展纵向统筹协调体系

一、政府合作治理现状

1.纵向统筹协调机制

(1)中央层面

国务院成立了京津冀协同发展领导小组与专家咨询委员会,相关部委牵头成立了领域内京津冀协同发展工作小组。

国务院牵头成立京津冀协同发展领导小组与专家咨询委员会。2014 年习近平同志"2·26 讲话"之后，国务院着手成立了京津冀协同发展领导小组及办公室。领导小组主要负责京津冀协同发展的战略制定、规划编制工作和统筹协调等工作。组长由国务院副总理担任，成员包括相关部委及两市一省的主要领导。办公人员由北京市、天津市和河北省的发改委副主任，以及交通部、环保部、民航总局等相关部门人员组成。2015 年其编制的《京津冀协同发展规划纲要》已被中共中央政治局会议审议通过。该小组体现了中央层面打破"一亩三分地"利益格局，推动京津冀一体化的决心。同年，京津冀协同发展专家咨询委员会成立，负责京津冀协同发展的战略研究与政策咨询任务。委员会由中国工程院院士、全国政协副主席徐匡迪任组长，共有 16 名相关领域的专家入选。委员会分为规划和交通小组、能源环境小组、首都功能定位与适当疏解小组和产业小组四个小组。

相关部委牵头成立领域内京津冀协同发展工作小组。2014 年 7 月，京津冀协同发展税收工作领导小组成立，税务总局副局长任组长，相关司局和京津冀三省市国税局、地税局为成员单位，成员单位负责人任小组成员。2014 年，交通部"京津冀交通一体化领导小组"成立，统筹推进京津冀交通一体化，组长由交通运输部部长担任。目前，在该小组领导推动下，三省市政府成立了京津冀交通一体化协作领导小组，并建立了由三省市的交通运输部门组成的京津冀交通一体化联席会议机制。2015 年，该小组牵头制定的《京津冀交通协同方案》已获国务院通过，预计年内可以出台。2014 年，国家民航局成立"京津冀民航协同发展政策落实办公室"，并于 12 月发布《民航局关于推进京津冀协同发展的意见》。

中央层面组织架构的设置，推动了京津冀区域协同发展的制度安排和顶层设计的落地，《京津冀协同发展规划纲要》的颁布，为地方政府在操作层面提供了实施细则。

（2）地方层面

京津冀三地成立了区域协同发展领导小组，负责各地区域协同发展的组织领导和统筹协调工作。2014 年，北京市区域协同发展改革领导小组成立，组长由北京市常务副市长担任。办公室设在北京市发展改革委。同年，天津市京津冀协同发展领导小组成立，组长由天津市委书记担任，河北省也在当年设立了"推进京津冀协同发展工作领导小组办公室"。京津冀三地地方层面的组织架构在协同发展项目的推进方面承担着激励保障、协调整合的作用。

2. 横向沟通协商机制

（1）环渤海区域合作市长联席会。前身为环渤海地区经济联合市长联席会，成立于 1986 年，由时任天津市市长李瑞环牵头倡议，环渤海 14 个沿海城市和地区共同发起成立，是中国最早成立的地方政府间区域性合作组织。到 2013 年第十六次联席会议召开，该组织成员市已发展至 45 个，是现有的唯一囊括京津冀地区城市的协调机制，每两年举办一次，成员城市轮流举办，常设机构设在天津市经济协作办公室。经过各成员市的共同努力，联席会不断发展壮大，合作的内容和层次不断提升，合作领域逐渐拓展，业已发展成为全国规模较大的区域经济合作组织，在区域协同发展中发挥了积极推动作用。

（2）京津冀发改委区域工作联席会。2008 年 2 月，"第一次京津冀发改委区域工作联席会"召开。京津冀发改委共同签署了《北京市、天津市、河北省发改委建立"促进京津冀都市圈发展协调沟通机制"的意见》，主要内容为：一是京津冀发改委为实施好《京津冀都市圈区域规划》，促进区域发展，建立联席会和联络员制度；二是明确会议议题，主要是交流区域合作发展情况，沟通规划、产业、政策等信息，研究区域合作中亟待解决的共同问题，提出工作建议，督促落实省市政府议定的区域合作任务；三是建立发改委系统区域工作信息发布制度，搭建发改委区域工作信息系统平台，向国家、三省市有关部门发布区域经济社会发展、合作和工作进展状况；四是议定下次会议的主要议题，为建立京津冀三省市省市长联席会制度做好前期工作。

（3）部门协同工作联席会。例如在交通运输部推动下建立的由京津冀交通运输部门组成的京津冀交通一体化联席会。2013 年启动的由六省区（北京、天津、河北、山西、内蒙古、山东）七部委（国务院办公厅、国家发展改革委、工业和信息化部、财政部、环境保护部、住房城乡建设部、中国气象局、国家能源局）协作联动的京津冀及周边地区大气污染防治协作机制，通过主要领导参与的正式会议制度，协商区域内大气污染防治问题。其下在北京设有办公室，由北京市政府和原环境保护部负责。办公室委托隶属于北京市原环境保护局的"大气污染综合治理协调处"，负责京津冀及周边地区大气污染防治协作小组办公室文电、会务、信息等日常运转工作。

3. 法制建设

京津冀协同发展的法制建设也迈出重要步伐。2014 年，河北省人大常委会向京津两市人大常委会书面递交了《关于加强京津冀人大协同立法的若干意见》征求意见稿，得到两地人大积极响应。2014 年 5 月至 8 月，京津冀三地人大常委会和法制工作机构分别进行了交流和磋商。9 月，京津冀三地人大常委会商定，先由天津市人大常委会法工委负责起草一个文件讨论稿，研究修改后召开三地人大常委会负责同志会议具体商定。2014 年底，京津冀人大常委会法制工作机构在天津市对意见讨论稿进行共同讨论和修改。2015 年 3 月 31 日，在天津市召开的京津冀人大协同立法工作座谈会上，三地达成一致认识，形成意见草案。5 月，由北京市人大常委会、天津市人大常委会、河北省人大常委会联合出台《关于加强京津冀人大协同立法的若干意见》，明确表示，构建与协同发展相互适应、相互支撑、相互促进的协同立法机制，加强重大立法项目联合攻关，建立三地轮流负责的京津冀协同立法组织保障机制。①

自 2014 年以来，京津冀三地合力出台了一系列协同立法制度性文件，依托科学的制度安排确立了协商沟通、顶层设计协同、立法保障、信息共享、法规清理常态化和学习交流借鉴等协作机制，建立了由三地常委会领导、法制工作机构负责人、立法项目小组参加的联席会议制度。联席会议在商讨年度立法计划、确立协同立法项目、协调区域政府间立法利益、解决协同立法困境和焦点问题等方面发挥了重要的协调、组织、推动作用。迄今京津冀三地已就 50 多部法规开展了协同立法工作，在区域交通一体化、生态

---

① 王涵：《区域协同立法的"京津冀"尝试》，《民主与法制时报》2015 年 5 月 20 日。

环境治理、产业转型升级等重点领域实现了突破，催生出了我国第一部污染防治领域的区域性协同立法。京津冀协同立法从破题、拓展再到深化的发展历程，实现了由最初的松散化协同向聚合型协同的转变。

二、政府合作治理存在的问题

1."一亩三分地"的思维定式和"碎片化"的治理理念

目前，京津冀区域的合作主体没有形成平等关系。[①] 京津冀协同发展上升到国家战略高度，与中央政府的强力推动密不可分。《京津冀协同发展规划纲要》的审议通过，更是从顶层设计层面，明确了京津冀协同发展的目标和各地的发展功能定位，有利于打破三方政府的"一亩三分地"思维。然而，中央的推动，实际上使得京津冀协同发展变为三地四方关系，中央虽然不作为独立的一方参与到京津冀的协同发展中，但三地都要服从中央政府的要求和命令。在某些方面，由于中央利益和作为首都的北京利益之间未有严格界限的划分，因此，一些从中央视角出发的制度设计和政策规定有可能维护北京的利益，而牺牲津冀的利益。[②] 京津冀协同发展中河北更多扮演服务的角色，利益相关者之间的合作基于不平等的合作，以牺牲一方利益而成就另一方的利益为代价并不是协同发展的本质内涵，背离了协同治理的要义。此外，由于长期行政区划体制下的政府属地化惯性思维，区域内各地方政府在跨域合作时从地方自身利益最大化出发，各自为政，各行其道的现象难以在短时间内有根本的改善，需要一个较长的自我革新和调适的过程。

2.横向的政府间沟通协商机制不完善

目前，已有的横向沟通协商机制还不完善，尤其缺乏省级层面的沟通协商机制。已有的协商机制在权威性、协调性和可持续性方面均显不足。如京津冀发改委区域工作联席会，很难进行省级层面的决策协调。环渤海区域合作市长联席会，多是务虚的合作会议，关乎地方利益的相关领域难以达成

---

① 丛屹、王焱：《协同发展、合作治理、困境摆脱与京津冀体制机制创新》，《改革》2014 年第 6 期。

② 顾梦琳：《去年京津冀 GDP 达 66474.5 亿元占全国 10.4%》2015 年 7 月 9 日，新浪网（http：//news：sina：com：cn/c/2015-07-09/083532089304：shtml？from＝wap）。

实质性合作，实际合作效果大打折扣。专项领域的协商合作机制也存在诸多问题。如京津冀及周边地区大气污染防治协作机制的建立健全不仅是改善区域空气质量的要求，也是以生态环境整体优化倒逼产业升级发展的要求。然而，合作初期具体协调联络由原北京市环保局下设的一个处室来负责，协调的力度和权威性的缺失，其具体运行必然存在困难。京津冀及周边地区大气污染防治协作机制主要以自上而下的纵向调控为主，管制性工具占据主导地位，区域内政府间横向协作相对较弱，协作机制的落实推进缺乏监测和评估，属地化思维也成为区域横向协作达成的屏障。一体化区域重点产业发展规划，一体化重点行业污染物排放标准，一体化区域环评会商制度及区域大气监测统一布点等举措亟待落地和突破。

3. 区域合作法规体系建设不足

京津冀协同发展的法制建设取得了一定的进展，但从协同发展历程可以看出，京津冀区域间政府合作多靠政府政策文件而非法律法规来协调各个方面利益关系。政策文件的权威性不足和约束力不强，不利于区域合作向深层拓展和建立长效机制。目前，全国性的区域合作法规体系建设还比较薄弱，全国性的区域合作法律法规较为匮乏。中国宪法和地方组织法中关于政府合作的具体规定和条例几乎是空白，法律只明确了各级政府对其辖区内事务的管理，及上级机关在跨辖区事务中的角色，没有涉及地方政府间合作的问题。[①] 此外，京津冀的地方协同立法工作也面临挑战。一方面，京津冀在立法上没有形成固定的交流机制，缺乏实践经验。区域内几个相关政府部门牵头以论坛或者座谈会的形式，探讨各自立法的优劣，研究区域内政府间的立法冲突，讨论立法协同的实现途径，但政府部门间的立法冲突难以达成实质性磋商或协调。共同磋商后的合作协议是一种亡羊补牢的事后冲突矛盾解决机制，缺乏立法前避免规章冲突的事前合作，未雨绸缪的立法合作程序缺失，事后冲突解决机制和事前的协调与磋商机制缺乏协同考量。另一方面，中国新的《立法法》赋予设区的市地方立法权。这种地方政府立法模式满足了地方主体的特殊性和多样化需求，但是从区域一体化的角度而言，这种地

---

① 刘亚平、刘琳琳：《中国区域政府合作的困境与展望》，《学术研究》2010 年第 12 期。

方立法的多样化和差异性造成了地方中心主义的负面效应，从而导致法治的推进形成了属地化的有界分割现象。京津冀区域内享受立法权的城市多达十几个，如果每个地方都制定各自的法律，必然会加剧多头立法和重复立法。

4. 区域内地方合作的市场功能弱化和社会力量参与不足

相对于市场化程度和发展水平较高的珠江三角洲以及长江三角洲地区，京津冀区域的市场化发展程度较低，市场力量发展较为滞后，国有经济仍然占据主导力量，经济行为带有明显的政府行为特征，政府对企业的控制力较强，对产业发展首先考虑的是本行政区的利益最大化。相对于国企的强势，京津冀特别是天津和河北省的民营经济发展较为迟缓，知名的大型民营企业较少，其市场力量还不足以打破区域之间利益分割的限制，资金、技术、信息等生产要素难以形成自由流动的区域市场，使得自下而上的京津冀协同发展进展迟缓。另外，在社会组织力量发展方面，京津冀区域由于地处首都及周边，具有特殊的区位，政府力量比较强大且对政治敏锐性较强，对于非政府组织的发育和公民社会的参与，政府的态度比较谨慎，因而缺乏扶持其发育的积极性和动力，导致区域内各种社会组织的发育和发展也相对滞后，难以和政府及企业形成三方互动，进而承担推进区域协同发展的职能。[①] 区域内社会组织发展面临协同乏力、人才匮乏、能力不足、资金短缺的现实局限，社会组织力量的培养和公民参与意识的提升亟待思维观念、体制机制、制度安排和政策工具方面的创新与突破。

第三节　国内外区域间政府合作治理的实践与启示

一、国外区域间政府合作治理的实践

1. 松散性的政府间协议模式

这是一种结构化程度较低的自愿合作模式。区域内城市政府间地位平等，并没有一个统一的政府机构来统筹区域内公共事务，主要通过区域间政

---

① 丛屹、王焱：《协同发展、合作治理、困境摆脱与京津冀体制机制创新》，《改革》2014 年第 6 期。

府相互协商、签订政府间协议来完成都市区内公共事务的治理。政府间协议规定双方或多方协作的主要领域、相互的权利义务等。但其执行主要依靠区域间政府的自觉力，不会单独设立机构来监督协议的执行，彼此间协议并没有实质性的问责效力。例如美国的纽约大都市区，整个大都市区域内并没有一个主导的政府机构来统辖区域所有公共事务，无论是中心城市、区县，还是特区，彼此间地位平等，各自独立，相互之间通过协商来完成大都市区域内公共事务的治理。城市间协议在实现和提供某些服务上是有效率的，但并不适合实现区域范围的协调。①

2. 整体性的区域委员会模式

委员会一般由都市区内不同层级的政府（县、自治市以及特区）通过自愿协商组成，主要目的是加强地方政府之间的交流、合作与协调，统筹管理大都市区范围内的大小公共事务，包括制定区域发展规划、解决都市区共同棘手性问题、提供公共服务等。区域委员会名称多样，有区域规划委员会、区域联合会、发展特区等。

德国的鲁尔地区联合会成立于1970年，是由鲁尔大都市群的53个自治城市联合建立的。虽然这个组织并不是联邦政府、州政府的派出机构或者下属机构，但是对于促进鲁尔区区域化发展发挥了巨大作用。②

在美国，共有大大小小的区域委员会450多个，并成立了全国性的区域委员会协会。如华盛顿大都市区的华盛顿大都市委员会，明尼阿波利斯—圣保罗大都市区的政府联席会等。委员会设日常管理机构，其人员主要由地方政府的重要官员组成，机构运行资金部分依赖于成员政府。美国区域委员会的发展，一定程度上与联邦政府的诱导和刺激相关。联邦政府的法令授予区域委员会制定大都市区发展规划、审查地方政府拨款申请的权利。对那些与大都市区整体规划不符的发展规划，区域委员会可以予以拒绝，这在一定程度上促进了大都市区的有序发展，消除了地方政府相互竞争所产生的负面影响。

---

① 尹来盛、冯邦彦：《中美大都市区治理的比较研究》，《城市发展研究》2014年第1期。
② 祁梦竹、刘菲菲：《区域协同发展的内部协调机制不可或缺》，《北京日报》2014年7月4日。

　　美国的区域委员会在协调大都市区发展方面，也存在权威性不够和效用不足的问题。首先，区域委员会属于成员政府可以自主决定加入或退出的自愿性组织性质，加之财政资金不独立，缺乏执行权，导致区域委员会对成员政府有较大的依赖性，甚至受制于成员政府；其次，成员间的平等协商决策达成机制，使得区域委员会一般只关注自然开发和土地使用规划等问题，对诸如低收入住房分配和少数民族歧视等社会问题则尽可能回避。原因在于：区域委员会成员间尽管规模、层级大小不一，但在决策达成方面，大部分委员会采取成员代表制，赋予成员政府一律平等的投票权利和地位。这就要求，区域委员会的工作推进，必须取得各成员政府的支持。而一些成员政府往往基于自身利益，在一些敏感性问题上投反对票或申请退出，致使区域协调工作无法推进。①

　　3.网络性的协商治理模式

　　协商治理强调政府与社会的广泛合作，寻求建立区域内互惠、合作和共同发展的网络体系。参与区域治理的主体力量来源于大都市区不同层次政府间、地方公民团体间或各地方政府与私营组织间形成的社会网络。它们组建成区域治理的协作性或合作性组织，采取多种形式来解决区域性公共问题。② 其中，最为典型的是美国匹兹堡大都市区的治理模式。匹兹堡是美国的钢都，在美国城市发展中曾经辉煌一时，但高度的资源依赖和严重的环境污染很快让匹兹堡城市发展陷入困境，中心城市逐渐衰败，环境污染问题愈发严重。1943 年，在匹兹堡 150 余位企业精英的努力推动下，旨在集中城市内企业领袖的力量、获得广泛社会支持、推进城市长远规划与发展的社会组织——阿勒根尼社区发展联盟诞生。该组织很快与匹兹堡政府达成协议，建立了公私合作关系，通过项目化形式，促进区域内环境治理、基础服务设施建设等问题的改善。同年，来自匹兹堡市及阿勒根尼县的 80 个社会团体组成烟雾控制理事会，旨在加强对公众进行治理烟雾的教育。该理事会成立了一个委员会，专门研究新的除烟设备以及无烟燃料的供应情况，并组

---

① 刘彩虹：《区域委员会：美国大都市区治理体制研究》，《中国行政管理》2005 年第 5 期。
② 张紧跟：《新区域主义：美国大都市区治理的新思路》，《中山大学学报》2010 年第 1 期。

建了一个执行局，帮助匹兹堡防烟局，致力于推动全县范围内的防烟法令的通过。后来，烟雾控制理事会与阿勒根尼社区发展联盟合并。[1] 网络性协商治理模式最大的特点是，强调治理而非管理，强调跨部门而非单一部门，强调协作而非协调，强调过程而非结构，强调网络化结构而非正式结构。[2] 然而，区域协商治理的成功需要依赖于多种因素，如地方政府人员与社会组织自身的能力，因此，协商治理也面临合作不充分、合作执行不力等尴尬境遇。

二、中国区域间政府的合作治理实践

1. 中央统筹的区域协作领导小组

由中央出面设立区域发展领导小组，负责确定合作的原则、方针以及重大问题决策。如国务院西部地区开发领导小组、振兴东北老工业基地领导小组等，都是中央统筹的高层次、跨部门跨区域的工作机制。两个领导小组的层级都比较高，由国务院总理担任组长，副总理担任副组长，领导小组成员包括各部委的主要负责人。领导小组下设办公室，目前都是在国家发展和改革委员会单设机构，具体承担领导小组的日常工作。[3] 例如国务院西部地区开发领导小组的主要任务是：组织贯彻落实中共中央、国务院关于西部地区开发的方针、政策和指示；审议西部地区的开发战略、发展规划重大问题和有关法规；研究审议西部地区开发的重大政策建议，协调西部地区经济开发和科教文化事业的全面发展，推进两个文明建设。

2. 基于地方的行政首长联席会议

行政首长联席会主要负责协调、沟通情况、商定具体问题处理。如我国的长江三角洲、珠江三角洲地区不同层次行政首长的联席会议等。

（1）长三角经济区的政府间合作实践

长江三角洲地区已经基本形成了层次分明、分工合理的四级区域合作

---

① 姜立杰：《匹兹堡——成功的转型城市》，《前沿》2005 年第 6 期；郭斌、雷晓康：《美国大都市区治理：演进、经验与启示》，《山西大学学报》2013 年第 5 期。

② 张紧跟：《新区域主义：美国大都市区治理的新思路》，《中山大学学报》2010 年第 1 期。

③ 连玉明：《试论京津冀协同发展的顶层设计》，《中国特色社会主义研究》2014 年第 4 期。

与协调机制。①

　　第一层是沪苏浙（现在包括安徽）等省市主要领导出席的定期会商机制，主要决定长三角区域合作方向、原则、目标与重点等重大问题。该机制于 2004 年启动。近年来，一市三省协同行动，提升经济聚合度、区域融合性和政策协同度，共绘"一幅图"、共下"一盘棋"、共治"一江水"、共建"一张网"、共推"一卡通"，合理推进空间布局一体化、科技创新一体化、产业发展一体化、市场开放一体化、生态环保一体化、公共服务一体化方面取得丰硕合作成果。

　　第二层是常务副省（市）长主持的每年一次的"沪苏浙经济合作与发展座谈会"机制，主要任务是落实主要领导座谈会的部署，协调推进区域重大合作事项。该机制于 2001 年启动，是顺应区域经济一体化发展趋势并积极推动这一进程的重要举措。从 2002 年启动以来定期举办会议，该座谈会不仅在完善区域组织和协调机制、达成一体化共识方面取得了显著成效，而且在旅游交通、生态治理、信息共享、基础设施建设、人才资源等多个领域开展了富有成效的合作，推进了长三角地区经济一体化进程。

　　第三层是每年举办一次的长三角 16 城市市长参加的"长江三角洲城市经济协调会"机制，协调会于 1992 年诞生，首批参加的城市有上海、南京、苏州、杭州、嘉兴、湖州、宁波等 14 个，现在已经扩大到 22 个城市。经济协调会制订了章程，设立了常任主席方和执行主席方，常任主席方由龙头城市上海担任，执行主席方由各城市按城市排名轮流担任，常设联络处设在上海市政府合作交流办。

　　第四层是部门间及行业间的合作机制，长三角城市政府相关职能部门间也建立了联席会议、论坛、合作专题等合作机制。如"长三角道路运输一体化联席会议""长三角创新体系建设联席会议"，根据协作发展需要，部门与行业间不定期举行联席会议。长三角道路运输一体化联席会议协同相关城市共同推进了省际客运网、货运物流网和汽车维修服务网"三张网"的

---

① 薄文广、周立群：《长三角区域一体化的经验借鉴及对京津冀协同发展的启示》，《城市》2014 年第 5 期。

构建。

（2）珠三角经济区的政府间合作实践

2014 年泛珠三角区域合作行政首长联席会议签署《泛珠三角区域深化合作共同宣言（2015 年—2025 年)》，明确了该地区经济合作的主要协商体制，包括：行政首长联席会议制度、政府秘书长会议制度、设立泛珠三角区域合作行政首长联席会议秘书处并建立部门衔接落实制度。

从国内外实践来看，我国区域政府间合作表现出自上而下较为浓厚的行政色彩，上级政府的统筹和同级政府的积极推动是区域政府间合作的主要推动力，非政府组织、企业、个人等在其中的作用还不显著，表达途径还不顺畅。而国外区域间政府合作更多体现的是一种自下而上的发展路径，尽管政府也表现出了积极介入的努力和行动，但比较重视政府间的平等协商合作，也特别重视与公民、非政府组织等的合作。[1]

第四节　结论和对策建议

凝聚共识致力达成共同愿景使命是合作的前提。京津冀协同发展的前提是三地就协同发展的内涵及目标取得积极共识。目前，随着《京津冀协同发展规划纲要》的通过，京津冀协同发展的顶层设计工作已经打开局面，明确了协同发展的目标和各地的功能定位。在纲要指导下，各地应本着"统一筹划、共同发展、成果共享、责任分担"的思路展开合作，积极构建科学有效的区域协同发展协调机制，打破多年来制约合作的体制机制性障碍，为协同发展提供制度保障。

一、明确中央层面纵向统筹协调作用和角色

中央层面成立京津冀协同发展领导小组，打破了京津冀协同发展的困境，有效助力京津冀协同发展的全面深化。但中央层面在京津冀协同发展中的作用和角色要清晰和有效地界定，不能单纯依靠中央指令、财政投资的短

---

[1]　张紧跟：《新区域主义：美国大都市区治理的新思路》，《中山大学学报》2010 年第 1 期。

期方式解决问题，而应通过相关制度和政策调整，来激发市场化力量发挥决定性作用解决京津冀区域发展问题。因此，京津冀协同发展领导小组及各相关部委的京津冀协同发展领导小组，其主要功能应放在制度设计和规划的顶层设计上，放在凭借三地各自发展力量无法解决的一些制度性政策壁垒和规定上。如横向转移支付、央地之间的财税制度安排、GDP 绩效考核标准、跨区域 GDP 分计和税收分成机制等。①

二、尽快完善横向沟通协商机制

不同于中央政府的纵向等级协调，横向沟通协商强调区域地方政府之间自行进行协商，主要表现形式为各级地方政府联席会议。联席会议成员间通过平等谈判和协商，共谋发展大计，协调各自利益，促进区域协同发展。② 联席会议形式主要包括：

第一，建立京津冀协同发展省市长联席会议。负责三地协同发展的战略方向、重大政策、重大举措、重大项目的协商，出台协同发展的有关政策，编制共同规划，制定有关法律法规制度等，每年举行一次。联席会领导可由北京市市长、天津市市长和河北省省长轮流担任。主要成员包括各省（市）省（市）长和副（市）省长（各 1—2 名）。联席会下设办公室，由各省市派工作人员组成，以在省市长联席会闭会期间，做好事务的处理和协调、出台共同的政策、督促各地工作的落实、沟通协同发展信息等工作。办公地点设在北京，可以方便与中央层面保持沟通联络。省市长联席会下可成立京津冀协同发展专家委员会和顾问委员会，由三省市共同决定人选，包括一定比例有经验的官员、专家学者（聘用）等，主要为促进京津冀协同发展的科学决策提供咨询建议。

第二，完善京津冀省级发改委区域工作联席会。虽然这一沟通协调机制在 2008 年就已启动，但其已开展的工作主要集中在区域工作信息发布、区域经济社会发展、合作和工作进度的信息统计与发布方面。下一步，除承

---

① 张紧跟：《新区域主义：美国大都市区治理的新思路》，《中山大学学报》2010 年第 1 期。
② 祝尔娟：《推进京津冀区域协同发展的思路与重点》，《经济与管理》2014 年第 3 期。

担已有的工作外，省级发改委区域工作联席会应承担起落实省市长联席会工作部署、协调推进区域重大合作事项等任务。每半年举行一次。

第三，建立区、市（县）长层次的联席会议，负责对重点项目进行专项落实。由北京、天津各区（县）和河北主要市（县）的主要负责人组成，任务是将宏观的合作目标变成合作专题，就需要协调的产业政策、产业转移、大型基础设施建设、公共服务问题以及环境污染治理等问题进行协商，并达成有实际约束力和实际操作性的行政协议。联席会每年举行一次。

第四，建立部门、行业层次部门和行业联席会议。如已经建立的京津冀及周边地区大气污染防治协作机制，正在积极筹建的京津冀国土部门联席会、京津冀民政部门联席会议、京津冀交通部门联席会议、京津冀消协联席会议等。部门或行业联席会的成员主要由部门负责人组成，主要工作是完善领域内京津冀协同发展的对口联络及工作联动机制，推动领域内与推动协同发展相配套的政策制度、规范标准和实务流程的完善和制定。联席会可根据工作需要不定期举行。

三、搭建社会组织参与的沟通交流平台

行业协会、中介机构、研发机构等各种社会组织在区域合作中的作用越来越重要，能够有效弥补看得见的政府之手和看不见的市场之手的不足，在市场失灵和政府失灵同时存在的领域，各种社会组织具有不可替代的作用。[1] 因此，要积极搭建有利于社会组织参与京津冀协同发展的沟通交流平台，为社会组织参与京津冀协同发展提供制度化的参与渠道。一些研究机构组织主导的合作论坛在这方面进行了成功的尝试。如由河北省社会科学联合会发起，北京市和天津市社科联共同支持的"京津冀协同发展论坛"，首都经济贸易大学主办的"京津冀首都发展高层论坛"等。不过这些论坛多限于学术交流领域，其影响力有限。

---

[1]　薄文广、陈飞：《京津冀协同发展：挑战与困境》，《南开学报》（哲学社会科学版）2015 年第 1 期。

四、完善区域合作法制建设

在国家立法层面，要在清理和废除现有不利于区域合作的政策法规的基础上，从顶层设计和专项立规两方面着手，加快推进区域合作法制建设。在顶层设计方面，要加快促进区域协调法、推进区域合作法等法规的研究制定，从战略和全局层面对深化区域合作做出法律约束和安排。在专项法规建设方面，要在妨碍区域合作的各个环节方面形成法律管控：如地区垄断、行政封锁、限制要素流动、实施不正当竞争等领域。同时，对有利于深化区域合作的环节如发挥比较优势、实行合理分工、建立合作信用、理顺区际利益关系等建立法律保障。① 在地方立法层面，尽快完善地方协同立法机制。一是在宪法和法律规定范围内构建区域政府主体间行政协议机制。以协议形式建构起立法协作框架，协调地方法规中的冲突条款，依托行政协议机制推进区域政府间联合立法；二是通过定期会商、立法动态通报、交叉备案等制度完善区域政府间立法信息公开和交流机制；三是成立由区域地方政府法制部门负责人以及法学专家学者组成的区域行政立法协调委员会。

---

① 范恒山：《关于深化区域合作的若干思考》，《经济社会体制比较》2013 年第 4 期。

第五章　提升京津冀区域府际协同的联席会机制分析

第一节　研究背景与问题提出

区域协调发展是我国社会经济发展的重大问题，自 20 世纪 90 年代中期以来，国家和地方相继出台了多个重大的区域战略规划，涉及全国各个区域层级。其中既有面向国家整体区域布局的《全国主体功能区规划》与《国家新型城镇化规划（2014—2020 年)》，面向局部区域的《西部大开发"十三五"规划》与《长江经济带发展规划纲要》，面向省际城市群的《京津冀都市圈区域规划》《长江三角洲城市群发展规划》和《成渝城市群发展规划》，更有面向省内城市群的《成都平原城市群发展规划》等。习近平总书记在中国共产党第十九次全国代表大会上的报告中进一步明确了"实施区域协调发展战略"；2018 年 11 月发布的《中共中央、国务院关于建立更加有效的区域协调发展新机制的意见》（下文简称为《新机制的意见》）指出"实施区域协调发展战略是新时代国家重大战略之一，是贯彻新发展理念、建设现代化经济体系的重要组成部分"。基于国家层面的战略指导，区域协调发展战略各项任务的落实对区域协调发展新机制提出了新要求，区域合作机制也成为了重中之重。

促进区域协调发展向更高水平和更高质量迈进，首先需要不断地推动国家重大区域的战略融合发展。京津冀城市群作为我国区域战略中的重要一环，其协调发展不仅是"京、津、冀"三地自身发展的需要，更是我国大力推进并有意在区域发展中形成引领示范作用的国家战略之一。目前"京津冀协同发展战略"正稳步实施，但城市间关系不合理、经济发展不平衡、"大城市病"与生态环境污染等问题都制约着京津冀城市群的健康发展，具体表现为区域合作治理能力偏低、政府治理主体碎片化、政策治理工作乏力等（赵新峰，2017）。①

目前，城市群发展的内生动力已经从原有依托市场与区位优势，逐渐走向依托地方政府协作互动构建起来的新结构、新机制与新制度②，城市群内部形成了多种协作方式，如联席会、府际协议、异地互访等。自20世纪80年代京津冀最初的区域合作机制"环渤海区域市长联席会"的出现，到《中华人民共和国国民经济和社会发展第十三个五年规划纲要》将京津冀协同发展列入国家级区域战略，京津冀城市群的区域协调发展机制得到了有效发展，包括中央层面的协调机制如国务院成立的京津冀协同发展领导小组与区域性规划，地方层面的协调机制如三地各自成立的京津冀协同发展领导小组、府际联席会、府际协议、互访、共同声明等。

从网络的角度来看，区域协调发展机制可以分为三类，外部行政主体为主导的行政型网络（NAO）、区域内部领头者牵头的领导型网络（NLO）以及各区域自主协调的共享型网络（SG）（锁利铭等，2015）。③ 但无论何种网络结构，其共同之处都在于存在区域内各行动者之间的横向协作问题。《新机制的意见》提出了关于区域协调发展新的十六字方针，即"统筹有力、竞争有序、绿色协调、共赢共享"，在治理结构上特别强调了两点：一是突出了央地的功能分层，指出中央和地方在区域协调发展中都要起到相应的重要功能，明确了中央政府的统筹功能，并进行了一系列的战略规划，同时也明确了地方政府的实施主体责任，尤其是在区域合作、区域互助和区际利益补偿方面的作用；二是突出了利益格局，强调了协调发展要有

---

① 赵新峰：《京津冀协同发展背景下雄安新区新型合作治理架构探析》，《中国行政管理》2017年第10期。

② 锁利铭：《面向府际协作的城市群治理：趋势、特征与未来取向》，《经济社会体制比较》2016年第6期。

③ 锁利铭、马捷、陈斌：《在区域层面构建有效的网络治理体系》，《中国社会科学报》2015年7月10日。

共赢共享，不能简单地单边输入或输出，对于参与协调发展的各地方政府既要有外在激励又要有内在动力，构建完整的收益体系来充分调动地方政府推动本地区协调发展的主动性和积极性。因此，中央统筹下的纵向协调机制与地方政府间的横向协调机制都应成为京津冀区域发展中的重要组成部分。

自从京津冀协同发展上升为国家战略之后，学术界对其的关注与日俱增，涉及到京津冀协同发展的多个方面和多个领域。作为我国唯一包含国家首都的特别区域，中央政府对其的影响作用巨大，在"三地四政府"①的格局下形成了复杂性和特殊性区域。在这一背景下，研究者把注意力更多放在对纵向关系协调上，尤其注重中央政府引领调控方面发挥的功能，形成了以纵向机制为核心议题的京津冀区域协调发展机制研究倾向，并形成了中央政府与京津冀协同发展的三种政策主张：一是中央应发挥主导作用，中央政府应全面干预京津冀的区域事务；②二是中央应主要发挥推动作用，不仅限于倡导地方政府间的自主合作，还应当作为第三方嵌入京津冀的区域合作网络，直接介入地区合作；③④三是中央应主要发挥协调作用，不应该直接介入京津冀区域合作，而是发挥统筹的功能。⑤可以看出，这三种政策主张的差异在于中央政府干预力度和方向。然而，随着区域经济社会特征以及协同政策的推进，地方政府在区域合作中的动力、意愿也会随之改变，进而导致区域治理工具、方式与结构的变化。此后，京津冀地方政府间的横向关系也引起了学者关注，卢文超⑥将地方政府间的合作意愿分为纵向促动和横向协同两种模式，纵向促动的作用会在不同历史时期发挥不同程度的作用，而京

---

① 杨龙、胡世文：《大都市区治理背景下的京津冀协同发展》，《中国行政管理》2015 年第 9 期。

② 杨龙、胡世文：《大都市区治理背景下的京津冀协同发展》，《中国行政管理》2015 年第 9 期。

③ 孙兵：《京津冀协同发展区域管理创新研究》，《管理世界》2016 年第 7 期。

④ 李勇军：《京津冀协同发展政策网络形成机制与结构研究》，《经济经纬》2018 年第 6 期。

⑤ 曹海军、刘少博：《京津冀城市群治理中的协调机制与服务体系构建的关系研究》，《中国行政管理》2015 年第 9 期。

⑥ 戴宏伟：《新型首都城市群建设与京津冀协同发展》，《前线》2018 年第 8 期。

津冀横向协同将随之发挥更大的作用。新时期以来，北京的发展模式逐渐转变，首先是将非首都功能向外转移，缓解首都的"大城市病"；同时促使京津冀城市群中的其他城市获得更多发展机会。"多中心"也将成为京津冀城市群的未来发展格局①，地方城市政府间的横向协调必将成为新时期京津冀区域发展的要点。

对于地方政府横向协同而言，府际联席会作为地方政府采用最广的议事协调机构，也是有效的地方政府间横向协调机制，既推动了区域范围问题的沟通与协调，又实现了地方官员之间经常性、常态化的交流，能有效解决区域合作治理的困境，促进城市群内部横向府际关系的协调。② 同时，府际联席会在推动京津冀一体化、促进地区协同发展方面的作用不容小觑。2004年2月，国家发改委汇聚了京津冀三个地区的发改委部门与权责主体，在河北省廊坊市召开了一次区域经济发展战略分析会，三地针对"建立京津冀发展改革部门的定期协商制度、尽快组建京津冀省市长高层定期联席会议制度"等10项内容达成共识，称为"廊坊共识"。③2008年2月，京津冀发改委区域工作联席会在天津召开，三地共同签署了《北京市、天津市、河北省发改委建立"促进京津冀都市圈发展协调沟通机制"的意见》，确立了建立联席会和联络员制度，建立发改委区域工作信息发布制度等等，京津冀府际联席会由此迈入深化发展阶段。自此京津冀城市群涌现出了多个整体或局部、长效性或临时性的多个领域的府际联席会，如执行多年的"京津冀三省市政府副秘书长联合治超工作联席会"，包含平谷区、蓟县、三河市、兴隆县的"京津冀四县市联席会"等。

这些联席会的发展是府际协同的缩影，也是协同发展的产物。相较于此前对京津冀协同发展的较为宏观的研究而言，从某一个具体的协调机制入手，运用国际上区域治理前沿分析框架——制度性集体行动（ICA），系统梳理京津冀的协同发展，一是能够较为微观地反映出京津冀地方政府之间的

---

①　卢文超：《区域协同发展下地方政府的有效合作意愿——以京津冀协同发展为例》，《甘肃社会科学》2018年第2期。

②　锁利铭：《府际联席会：城市群建设的有效协调机制》，《学习时报》2017年9月18日。

③　中国经济周刊编辑部：《京津冀协同发展大事记》，《中国经济周刊》2014年第13期。

协同状态的演变，二是能够审视这一协调机制在协同发展中的现实表现与地方政府的采纳程度，三是能够提供针对具体协同机制的分析框架。

第二节　制度性集体行动机制中的府际联席会

制度性集体行动（Institutional Collective Action）①②③④ 是目前府际协作的基础理论中影响较大的一个框架，它从区域治理中地方政府遇到的集体行动困境出发，揭示了地方政府间的协同机理和结构。崔晶⑤、锁利铭⑥、卢文超⑦ 利用 ICA 框架分析了京津冀区域的府际合作，笔者也对该框架作出了引介⑧⑨。下文试图使用制度性集体行动框架中的分析维度，描述并解释京津冀府际联席会的形态与结构。

一、ICA 框架下的区域协作机制

制度性集体行动（ICA）是基于奥尔森的个人层面集体行动理论⑩、奥斯

---

① Feiock，R.C：Rational choice and regional governance，*Journal of Urban Affairs* 2007（1）.

② Feiock R.C：Metropolitan governance and institutional collective action，*Urban Affairs Review* 2009（3）.

③ Feiock R.C，Steinacker A，Park H J：Institutional Collective Action and Economic Development Joint Ventures，*Public Administration Review* 2009（2）.

④ Feiock R.C：The Institutional Collective Action Framework，*The Policy Studies Journal* 2013（3）.

⑤ 崔晶：《生态治理中的地方政府协作：自京津冀都市圈观察》，《改革》2013 年第 9 期。

⑥ 锁利铭：《跨省域城市群环境协作治理的行为与结构——基于"京津冀"与"长三角"的比较研究》，《学海》2017 年第 4 期。

⑦ 卢文超：《区域协同发展下地方政府的有效合作意愿——以京津冀协同发展为例》，《甘肃社会科学》2018 年第 2 期。

⑧ Hongtao Yi，Liming Suo，Ruowen Shen，Jiasheng Zhang，Anu Ramaswami and Feiock R C：Regional Governance and Institutional Collective Action for Environmental Sustainability，*Public Administration Review* 2018（4）.

⑨ 锁利铭、阚艳秋、涂易梅：《从"府际合作"走向"制度性集体行动"：协作性区域治理的研究述评》，《公共管理与政策评论》2018 年第 3 期。

⑩ Olsen，M.L：The Logic of Collective Action：Public Goods and the Theory of Groups，*Harvard University Press* 1965.

特罗姆的制度发展框架①、科斯的交易成本理论（Coase，1937；1960）的进一步融合、深化与升级。②③ 首先，ICA 框架提出了地方政府的理性选择自愿行为逻辑。ICA 认为地方政府作为理性行动者，需要自己评估在参与过程中共同解决公共议题时产生的成本和利益，一旦收益超过成本，潜在的自愿区域协作就会产生。第二，ICA 提出了协作困境产生的原因。ICA 提出影响地方政府合作的交易成本包括谈判成本、信息成本、实施成本和监督成本（Feiock，2013），社会嵌入理论、政策工具理论和政治市场理论也为提出缓解 ICA 困境的多样性协作治理机制安排提供了理论支撑。对于实现机制的选择，地方政府往往根据合作需求，在不同领域构建不同类型的合作网络结构，运用府际协议、联席会等具体机制实现区域协作治理。

　　针对破解区域合作的现实困境，Feiock（2013）提出了解决 ICA 困境的 12 种协作治理机制安排。如图 5-1 所示，机制从两个维度进行定位，水平方向根据机制的"自主性"的强弱程度从左到右进行排列，其中"嵌入"的

图 5-1　缓解 ICA 困境框架中的制度安排

资料来源：根据"Richard C. Feiock. The institutional collective action framework，The Policy Studies Journal，2013，41（3）：397-425"整理而成。

①　Ostrom，Elinor，Ahn，T.K：*Foundations of Social Capital*：*Cheltenham*，Edward Elgar 2003.

②　Coase，R.H：The Nature of Firm，*Economica* 1937（4）.

③　Coase，R.H：The Problem Of Social Coat，*Journal of Law and Economics* 1960.

自主性最强,"强制权力"最弱;垂直方向根据机制关注议题的"复杂性"的强弱程度由上及下进行排列,其中最"复杂"的是由众多行动者集体参与的多元政策方案,最"简单"的是单一政策层面下的双边协议,并以此构成了1—9共9个单元格,它们反映的是面临困境的单个政府部门的自愿参与机制,在图中向右向上方向表示合作挑战的程度增强。最右侧的10、11和12三个单元格反映的是上级机构强加给当地行动者的机制,因此不一定是合作的产物。

二、府际联席会:缓解制度性集体行动困境的机制

在一系列制度安排中,"工作小组"(Working groups)具有与府际联席会相似的表现形式,比如通过定期举行非正式会议,以分享信息和协调服务活动。就复杂性而言,"工作小组"多边多领域的合作结构处于双边单一领域和多元合作组织之间,"联席会"则是面向多议题的地方政府横向协作的自组织机制。"工作小组"具有嵌入性特征,其行动及其后果会受到行动者间的关系及整个网络性质的影响,同时嵌入性也为工作小组巩固持续的合作关系和获取、分享信息起到增强的作用,联席会与整个协作网络之间形成了相互加强的关系。因此,当面临 ICA 困境时,工作小组可以为地方政府行动者们提供合作交流的平台,构建起多边的协作网络,并与拥有关键信息或形成"弱关系"的关键行为者联系起来,从而带来更紧密的府际关系。因此,参与工作小组的地方政府成员能够更有效地获取信息,增强彼此信任,达到意愿的对等,降低交易成本与交易风险,从而促进协作水平的提升。

根据 ICA 理论框架的假设,府际联席会作为地方政府间的自组织集体行动,是一种"合作收益大于合作成本"的理性选择。这里的合作收益指集体性收益和选择性收益,集体性收益(Collective Benefit)通常是可量化的协作收益,是所有参与方共享的公共产品;选择性收益(Selective Benefit)往往难以测量,具体表现为声誉、信任、地位、社会资本等(Feiock,2013),并不均等,选择性收益往往是地方政府参与协作网络的关键因素。府际联席会为地方政府行动者所带来的合作收益往往难以衡量,但根据地方政府参与意愿的程度则能反向推论出联席会是否具有有效性。

府际联席会作为地方政府间交流、对话与合作的平台，通常构成了一个合作网络（图5–2），这是多个地方政府为增进了解、加强信任、构建合作关系、进而促进区域整体发展所形成的关系网络。地方政府行动者的性质与关系往往决定了合作网络结构性质与强度，而当一个行动者加入某个现有的网络，或者是改变现有网络的性质与强度后，整个网络的结构将发生改变，同时其中原有的行动者在网络中的地位和收益也将随之改变。

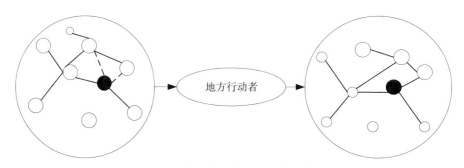

图5–2   区域合作网络中地方政府的集体行动逻辑

资料来源：锁利铭、阚艳秋、涂易梅：《从"府际合作"走向"制度性集体行动"：协作性区域治理的研究述评》，《公共管理与政策评论》2018年第3期。

第三节   联席会与区域府际协同机制

一、中国情境下的府际联席会

"联席会"是中国情境下的一种议事协调机制，指在政府职能部门专业分工的基础上，为完成某项特殊性或临时性任务而设立的跨部门的协调机构。① 同时，也是为了解决行政辖区间公共治理中的问题，或为了进一步推动政府间区域合作的发展，通过自愿会谈、协商而产生发展起来的一项自组织协调合作机制。② 各地方政府通过联席会，互通信息，交流观点，协商问题解决方案，总结合作经验，研究合作思路和方法，制定合作发展规划，最

---

① 谢延会、陈瑞莲：《中国地方政府议事协调机构设立和运作逻辑研究》，《学术研究》2014年第10期。

② 锁利铭、阚艳秋、涂易梅：《从"府际合作"走向"制度性集体行动"：协作性区域治理的研究述评》，《公共管理与政策评论》2018年第3期。

终达成思想与实践上的共识。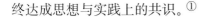

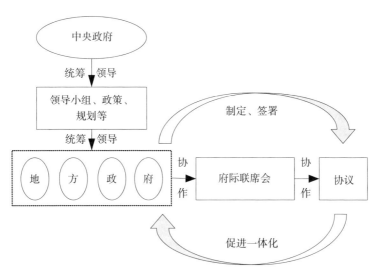

图 5–3 京津冀府际联席会机制示意图

当前中国的区域协同治理，主要存在着两大治理主体——中央政府与地方政府，两套行动逻辑——纵向统筹与横向协作。如图 5–3 所示，出于我国央地关系的特殊性，中央权威在区域协同治理中处于最高地位，负责统筹国家整体的区域布局与重点区域的建设发展。"中央政府—地方政府"的行动逻辑主要体现为中央政府通过纵向协调机制如领导小组、政策、规划等自上而下地嵌入区域合作网络中。

二、府际联席会：京津冀协同发展中的横向协调机制

1. 京津冀城市群的范围界定

表 5–1 京津冀城市群的具体范围

省市名称	所含城市	城市数量
北京市	北京	1
天津市	天津	1

---

① 锁利铭：《跨省域城市群环境协作治理的行为与结构——基于"京津冀"与"长三角"的比较研究》，《学海》2017 年第 4 期。

续表

省市名称	所含城市	城市数量
河北省	张家口、秦皇岛、承德、沧州、廊坊、唐山、邢台、石家庄、保定、邯郸、衡水	11

自京津冀区域的规划编制项目启动以来，专家针对该区域的发展应当采取"2+5"① 模式、"2+7"② 模式、"2+8"③ 模式或是"2+8+4"④ 模式进行了激烈讨论，直至京津冀区域顶层设计《京津冀协同发展规划纲要》的发布及后续政策的逐步完善，京津冀城市群的范围得到了进一步确立，形成了囊括北京、天津、河北共 13 个城市的庞大城市群，"2+11"也成为了当前的京津冀区域发展模式。

2017 年 9 月发布的《北京城市总体规划（2016 年—2035 年）》明确提出"深入推进京津冀协同发展，建设以首都为核心的世界级城市群"，伴随通州、雄安新区的规划与建设，京津冀城市群已初步形成了"以首都为核心，两翼三轴四区"的格局。京津冀城市群发源于首都经济圈，凭借人口优势、交通优势、政治优势、工业基础，位列我国三大城市群之一，但京津冀城市群相较珠三角、长三角城市群而言，总体发展相对不足、区域内部发展极不均衡，为促进京津冀城市群的区域协调发展，府际联席会成为了研究重点。

京津冀地区的府际联席会萌芽于 20 世纪 80 年代，15 个环渤海区域的城市一同构建了环渤海区域市长联席会，该组织的设立标志着京津冀三地区域合作协议机制的初步建立，但之后便陷入了徘徊停滞阶段。直至 2004 年"廊坊共识"的达成及 2008 年《北京市、天津市、河北省发改委建立"促进京津冀都市圈发展协调沟通机制"的意见》的签署使得京津冀府际联席会迈

---

① 参见《北京城市建设总体规划方案》，1982 年。

② 《北京市经济发展战略研究报告》中提及"首都经济圈"的概念，其范围是"2+7"模式，以京津为核心，包括河北省的唐山、秦皇岛、承德、张家口、保定、廊坊和沧州 7 个市，1996 年。

③ 参见《京津冀都市圈区域规划》，2001 年。

④ 参见中国社会科学院和社会科学文献出版社发布的中国区域发展蓝皮书《2006—2007 年：中国区域经济发展报告》。

入深化发展阶段。由于2004年与2005年京津冀府际联席会尚处于萌芽阶段，本节利用 ICA 框架对"2006 年 1 月—2018 年 10 月"期间京津冀地区主要的联席会议情况进行了讨论与分析。

2. 府际联席会在京津冀协同发展中的定位与功能

纵观京津冀城市群的府际联席会机制，如图 5-4 所示主要分为"京津冀协同发展领导小组—府际联席会—府际协议"三个层次。

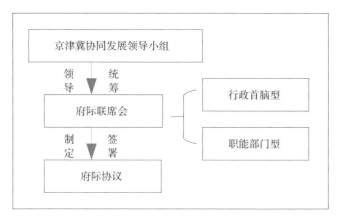

图 5-4　京津冀府际联席会机制示意图

事实上，领导小组与府际联席会都是一种议事协调机构，议事协调机构是中国政府过程中的特有名词和特有话语①，同时也是我国区域发展的重要工具，当区域合作利益关系比较复杂或者议题众多时，议事协调机构能够有效推动合作各方沟通协调②，降低交易成本，从而促进地方政府间的府际协作。议事协调机构的实际运行呈现出借力与自立的双重逻辑，表现为建设初期，需要借力权威影响和常设机构，但随着实际工作的展开，议事协调机构在继续借助常设组织体系中相关要素"为我所用"的同时，逐步构建起自身相对独立的一套运行机制。③

---

① 周望：《议事协调机构改革之管见》，《中国机构改革与管理》2016 年第 2 期。

② 邢华：《我国区域合作治理困境与纵向嵌入式治理机制选择》，《政治学研究》2014 年第 5 期。

③ 周望：《借力与自立：议事协调机构运行的双重逻辑》，《河南师范大学学报》（哲学社会科学版）2017 年第 5 期。

为有效解决京津冀地区政府治理主体碎片化的困境，国务院于 2014 年创办了"京津冀协同发展领导小组"，该领导小组也负责编制了《京津冀协同发展规划纲要》及《"十三五"时期京津冀国民经济和社会发展规划》，为京津冀地区协调发展顶层设计出谋划策。府际联席会议为各政府主体之间提供了一种相互协作的高效"沟通渠道"，推进地方政府各部门间的"跨区域、跨层级、跨部门"协作的有效开展。行政首脑型的府际联席会如"京津冀政协主席联席会"与"京津冀常务副省市长联席会"主要负责区域整体性事务的对话与交流，职能部门型的府际联席会如"京津冀工信系统联席会"与"京津冀商务部门第三次联席工作会议"则为解决地区间具体问题提供了有效途径。数据统计显示，京津冀城市群各政府主体大都通过府际联席会做出了一体化的制度性安排，基本上都形成了正式的府际协议，包括各类宣言、合作协议、共识等，为京津冀城市群的府际协作提供了制度保障。

三、府际联席会的 ICA 分析维度

在现实情境下，府际联席会是统称，起到这种沟通协调作用的机制有多种表现形式，例如泛珠三角区域合作行政首长联席会议、2014 年我国修订的《环境保护法》中提及的跨行政区域联合防治协调机制、长三角城市经济协调会等。① 如果按分类标准进行划分，其叫法也会存在差异，比如有些被直接称为"联席会议"②或者"行政首长联席会议"③，有些亦被称为"领导小组会议"④、"主要领导定期会晤机制"⑤、"协调委员会"⑥或"城市论坛"⑦等。

在我国，府际联席会种类丰富，其召开形式和会议内容等可以根据当

---

① 锁利铭、许露萍：《基于地方政府联席会的中国城市群协作治理》，《复旦城市治理评论》2017 年第 1 期。

② 参见《沪苏浙共同推进长三角创新体系建设协议书》第 9 条。

③ 参见《泛珠三角区域合作框架协议》第 5 条规定："建立内地省长、自治区主席和港澳行政首长联席会议制度"。

④ 参见《关于加强沪苏浙科技合作　联手共建长三角创新体系的建议》第 3 条第 2 款。

⑤ 参见《沪苏浙二省市工商局合作会议纪要》第 4 条。

⑥ 参见《长三角地区道路运输一体化发展议定书》第 2 条第 1 款。

⑦ 参见《长三角旅游城市合作宣言》第 9 条。

前交流与合作的需要而灵活确定。出于研究需要，本节结合 ICA 框架中的分析维度与府际联席会的属性特征进行了分类讨论，并建立了如表 5-2 所示的府际联席会的 ICA 分析框架。

表 5-2 府际联席会的 ICA 分析维度

分析维度	分类	特征
召开形式	一事一议磋商型、长期交流会晤型	一事一议型：根据具体需要随时召开；临时性 长期交流型：实现约定长期开展，延续性
行政等级	行政首脑型、职能部门型	行政首脑型：行政首脑（市长）参与 职能部门型：相关职能部门派代表参与
议题范围	政治类、经济类、公共服务类、文化类、生态环境类、综合类	政治类：政治、政党等 经济类：经济、生产、财政等 公共服务类：公共产品、公共服务等 文化类：文化事业管理与服务等 生态环境类：污染防治、灾害防治 综合类：包含多种领域
成员构成	行政区域分布、政治属性构成	行政区域分布：跨区域、跨省、省内 政治属性构成：同部门同层级、同部门跨层级、跨部门同层级、跨部门跨层级
网络形态	正式、非正式	正式：有签署府际协议 权威介入：中央权威的保障 非正式：未签署府际协议
网络结构	双边、多边、全体	双边：有且仅有两个城市参与 多边：两个以上、区域城市总数以下城市参与 全体：区域所有城市都参与

资料来源：根据锁利铭、许露萍《基于地方政府联席会的中国城市群协作治理》（《复旦城市治理评论》2017 年第 1 期）第 34—49 页整理而成。

首先，"召开形式"聚焦于府际联席会的延续性，"行政等级"则由府际联席会参与者的行政职务所决定，"议题范围"由府际联席会所关注的公共产品或服务的性质决定。这三类分析维度均围绕着府际联席会的整体功能所展开，对府际联席会的"召开形式""行政等级"与"议题范围"进行观测，能将城市群中地方政府对联席会的参与所形成的合作网络划分为治理网络和协作网络两种主要的形式，也能一定程度了解府际联席会的整体发展状况。

　　其次，对府际联席会"领域范围"的观测或许能验证"商品（服务）特征"的假设，即地方政府间契约关系的形成也与特定商品或服务固有的交易风险相关。公共商品（服务）的资产专用性往往会影响地方政府的机制选择，此处的资产专用性是指是否需要专业的投资来生产该公共产品或公共服务，因为它可能具有特定的用途或特定的合作伙伴。通常而言，地区间的合作可能性或水平会随着资产专用性的增加而增加，但当资产专用性提高到某一点后，地区间合作的可能性与水平开始降低，总体趋势呈"倒 U 型"。①

　　最后，"成员构成"主要分为行政区划分布与政治属性构成，"网络形态"根据是否签订正式的府际协议进行划分，"网络结构"则由地方政府参与者的数量决定。"双边、多边关系""府际协议"均是 ICA 框架中的重要分析单元，通常而言，双边关系是一种低成本高风险的协作形式，而多边关系则表现为高成本低风险，府际协议作为地方政府二元或多元关系的体现，是协议双方的自愿行为，能有效刻画区域合作关系与网络连接。② 对这三个分析维度展开研究，能够有效了解府际联席会的网络结构，网络结构的三种模型分别为行政型网络（NAO）、领导型网络（NLO）及共享型网络（SG）。③ 在区域合作实践中，地方政府在不同领域采取不同方式形成了不同的网络结构，通过对府际联席会的成员及其关系的观测能判断出它的网络结构。

第四节　京津冀府际联席会的发展趋势与机制特征

　　本节以京津冀府际联席会为研究对象，以京津冀内 13 个城市为范围，用"城市名称＋联席会"为关键词，利用爬虫工具对 2006 年 1 月—2018 年 10 月期间国务院、发改委及各地方政府官网进行关键词文本抓取，并通过人工识别，对符合条件的府际联席会进行筛选，整理出各类府际联席会共

---

① 锁利铭、李雪：《区域治理研究中"商品（服务）特征"的应用与影响》，《天津社会科学》2018 年第 6 期。
② 卢现祥、张翼等：《低碳经济与制度安排》，北京大学出版社 2015 年版。
③ 卢现祥、张翼等：《低碳经济与制度安排》，北京大学出版社 2015 年版。

98 个，召开府际联席会频次共计 145 次。利用"府际联席会的 ICA 分析维度"对京津冀府际联席会进行动静态分析，为评估京津冀府际联席会的形态与结构的有效性与科学性提供数据支撑。

一、整体发展态势良好

"十一五"到"十三五"期间，京津冀府际联席会的召开频次大体呈正向增长趋势。如图 5–5 所示，"十一五"时期处于起步阶段，总量较少，波动幅度不大；"十二五"时期处于快速增长阶段；尽管"十三五"时期仅仅过半，但仍能看出期间京津冀地区的府际联席会处于蓬勃发展阶段。中共十八大以来，习近平总书记多次深入北京、天津、河北考察调研，研究决定和部署实施京津冀协同发展战略。2014 年 2 月，习近平总书记主持召开京津冀三地协同发展座谈会，要求三地打破"一亩三分地"的思维定式，并将京津冀协同发展上升为国家战略。中央政府随后开始在京津冀区域投入大量铁路、公路、航空与港口建设等专用性资产，地方政府的自主合作意愿也相应提升，因此将 2014 年作为下文比较分析的时间节点。

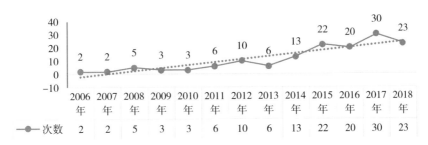

图 5–5　京津冀府际联席会数量年度趋势

注：2018 年的数据为"2018 年 1—10 月"。

1. 展开形式：一事一议磋商型为主

京津冀地区就社会公共议题在多个领域开展常规与非常规、长效性与临时性的各类府际联席会共计 98 个，其中 21 个为召开 2 年及其以上的长期交流会晤型联席会，形成了京津冀交通运输工作联席会议、京津冀交通一体化法制和执法协作联席会议、京津冀联合治超联席会等多个延续性的联席会，实现了区域间长期良好的沟通与交流。

2.行政等级：职能部门领导类为主

在98个府际联席会中，仅有4个是行政首脑间的府际联席会，表现为京津冀三省市的常务副省（市）长、协同办主任、政协主席与政府副秘书长的沟通与交流，尽管数量不够突出，但均形成了长效性的协调机制。

3.议题范围：专门性议题为主

京津冀城市群的联席会关注的公共议题，大致可分为政治、经济、公共服务、文化、生态环境等5个专门性领域，综合性则指涵盖2个及其以上议题。将145次府际联席会的主要议题进行分类统计可得到表5-3。2006—2013年期间，专门性的联席会数量大于综合性；2014年以后，专门性府际联席会数量急剧增长，远远超过综合性府际联席会，专门性成为了京津冀城市群府际联席会的表现形式。

公共服务始终是京津冀府际联席会中关注度最高的公共议题，其中不乏中央政府的全力推动。交通运输是京津冀地区的发展基础，促进京津冀一体化必须有效保障各地间的交通畅达，京津冀地区围绕着总体规划、联合治超、联合执法等多个具体方面开展了多个省市级、地方间的府际联席会，有效推动了京津冀地区的互联互通。值得一提的是，在公共服务类中还出现了"京津冀人才开发一体化联席会""京津冀引智合作首次联席会"等人才引进类府际联席会，为促进地区内人才要素的流动与有效整合做出了卓越贡献。

表5-3 京津冀府际联席会公共议题情况

议题类别	政治	经济	公共服务	文化	生态环境	专门性	综合性
2006—2013年	5	3	17	2	0	27	10
2014—2018年	24	12	36	3	5	80	28
总计	29	15	53	5	5	107	38

二、网络结构有待优化

1.成员构成的跨界特征

根据分析维度，我们首先关注京津冀"2+11"成员所组成的沟通单元，体现出跨行政区边界在协作沟通中的交易成本状况，跨省协作越频繁说明省级边界的交易成本障碍越小，而如果一个城市倾向于与其同属一个省份的城市合作而不倾向于与外省城市合作，则说明省际边界构成了较大的障碍。

存在两个非常明显的问题，一是缺乏京津间的直接对话，京津之间的对话往往都有河北的参与，在联席会的工具上属于间接对话；二是作为"2+11"的11个河北省内城市作为独立个体与北京市或天津市的联席会对话也极少，由于行政层级不对等，出现河北省的城市只能被河北省政府代表后才能与京津展开联席会，不然只能与其下属区县进行沟通协作，这说明不仅仅行政边界的影响大，行政层级的困境更是巨大的。

同时，通过数据梳理我们也注意到，在持续性的京津冀府际联席会中，其成员范围伴随联席会的发展不断扩张，不仅将京津冀区域外的城市成员纳入机制，甚至与学界、企业代表建立了联系，大大增强了该府际联席会的包容性。2016年11月在京召开的"节能监察一体化联席会议"仅包括京津冀三地节能监察机构，发展至2017年，联席会参与者范围不断扩大，不仅有中央相关部门领导人出席，如国家节能中心领导、国家工信部节能司节能处领导、国家发改委环资司节能处领导，更邀请了山东省、山西省、内蒙古自治区节能监察机构有关负责同志出席会议。2016年12月，首届"京津冀渔业协同联席会议"在北京召开，参与成员仅为京津冀三地的相关部门，2017年与2018年分别召开的第二、三届京津冀渔业协同发展联席会议则将相关专家与企业代表纳入参与成员范围。

表5-4　京津冀府际联席会协作的区域划分

参与者省份		数量（比例）	举例
跨京津冀区域外		5（3%）	2017年京津冀节能监察一体化工作联席会议（北京市、天津市、河北省、山东省、山西省、内蒙古自治区）
跨省	京、津、冀	110（76%）	京津冀渔业协同发展联席会议（北京市、天津市、河北省）
	京、津	0（0）	—
	京、冀	19（13%）	北京房山区—保定治超对接联席会（北京市房山区、河北省保定市）

参与者省份		数量（比例）	举例
	津、冀	11（8%）	津冀间高速公路收费稽查工作合作联席会议（河北省、天津市）
省内（河北）		0（0）	—

京津冀府际联席会作为京津冀协同发展中的工具，被视为"跨部门、跨层级"的跨界横向协调机制。但根据区域合作实践的数据显示，京津冀府际联席会仍以同部门同层级的协作为主，同部门跨层级与跨部门同层级次之，跨部门跨层级的府际协作则为空白，没有真正实现多类型主体的共同参与。

同部门同层级主要体现为京津冀省级部门的合作及北京、天津的区县部门和河北省 11 个市级相关部门的合作，如 2017 年度京津冀认证认可联席会议与 2016 年开展的北京房山区—保定治超对接联席会。2015 年召开的"通武廊"第一次人才工作联席会的参与方为北京通州、天津武清、廊坊的相关部门，是同部门同层级的联席会。随着联席会自身影响的扩大，至 2017 年的第三次会议，北京市委组织部、天津市委组织部、河北省委组织部相关领导也参与其中，转化为同部门跨层级的府际联席会。跨部门同层级主要发生在综合性议题的讨论过程中，如 2015 年 12 月，北京市平谷区、天津市蓟县、河北省三河市和兴隆县召开联席会议，四地党政部门领导及相关部门主管共同座谈，在生态环境、交通设施、旅游休闲等领域达成了合作协议。

表 5–5　京津冀府际联席会成员的行政等级划分

参与者 行政等级划分	数量 （比例）	举例
同部门同层级	122 （84%）	2017 年度京津冀认证认可联席会议（北京市质监局、河北省质监局、天津市市场监管委认证认可监管部门）
同部门跨层级	13 （9%）	2017 年"通武廊"第三次人才工作联席会（北京市委、天津市委、河北省委组织部，廊坊市委书记、副书记、组织部长，武清区委常委、组织部长，通州区委常委、组织部长等）

续表

参与者 行政等级划分	数量 （比例）	举例
跨部门同层级	10 （7%）	2015 年京津冀四县市联席会（北京市平谷区、天津市蓟县、河北省三河市和兴隆县四地党政部门领导与其他相关部门主管）
跨部门跨层级	0 （0%）	—

2. 网络形态：半数联席会伴有协议产生

针对府际联席会是否达成正式的府际协议进行观察，目前有49%的京津冀府际联席会签订了正式的府际协议，保证了府际协作的正式性与有效性。权威介入指中央或相关部委列席的京津冀府际联席会，占到34%，此类的府际联席会即使没有签订相关协议，也具有一定的约束性，保障了协调的有效性。除此之外，以信息分享和对话沟通为核心内容的联席会，形成了非正式合作，这类合作虽然未能直接产出合作效果，但是对减少合作的交易成本，提升城市之间的信任，都有着不可替代的作用，这类联席会占17%。

3. 网络结构：以"全体参与"为主

京津冀府际联席会的网络结构包括了全体参与、多边与双边三种类型，这三种类型在协调上具有不同的特点。"全体参与"指京津冀整个区域内全部成员的参与，比如"京津冀政府副秘书长级治超联席会议""京津冀三地审计机关联席会议"等，这种形式往往由上级政府从区域整体利益角度出发，形成带有组织形式的联席会机制，它的自愿性最低。根据 ICA 的框架，成员之间异质性程度越高其协同意愿的对等性就越低，可能产生协作失败的风险也增高。与全体参与的非自愿方式不同，"多边"和"双边"是基于自愿方式，更多体现出行动者根据自身区域发展要求，自主寻找合作伙伴，确定议题内容的联席会，多边联席会如 2018 年度"通武廊"食品药品安全工作联席会议，双边联席会如北京房山区—保定治超对接联席会。

从京津冀府际联席会十多年的历史来看，目前全体参与的结构占据主导，145 次联席会中有 97 个均是全体参与，占比达到 67%，一方面说明了

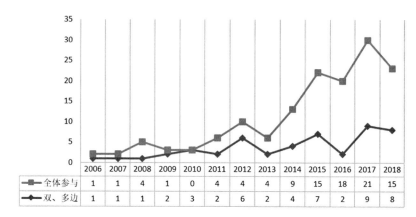

图 5-6　京津冀府际联席会网络结构数量的年度趋势

注：2018 年的数据为"2018 年 1—10 月"。

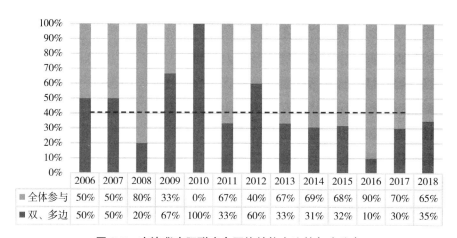

图 5-7　京津冀府际联席会网络结构占比的年度分布

注：2018 年的数据为"2018 年 1—10 月"。

京津冀协同是纵向机制的成果，同时也隐含着较高的合作风险，双边与多边的自愿性联席会比重较低。从京津冀府际联席会自愿参与和非自愿参与的年度占比分布来看，全体参与的比重一向超过当年的 50%，不过我们也发现在 2009—2012 年 4 年期间，有 3 年出现自愿组织的活动比例过半的情况。从具体的实践来看，主要是由于 2009 年和 2010 年全体参与的联席会次数达到最低值，而 2012 年的双边多边联席会频次达到了 2014 年的最大值。2012

年的自愿性联席会主要表现为京津下属区县同河北省 11 个城市之间的多边联席会，比如津冀相邻 4 县市治超联席会（天津静海县和大港区、沧州青县、黄骅市）等。目前看来，全体参与的联席会虽然能够较大地推动各地方政府之间采取沟通的方式解决问题，但是在一定程度上，并没有解决行政级别较低的城市的个体参与问题。因此，在具体的府际联席会实践中，自愿组织的双边多边活动的行政层次较低，这是急需在制度层面解决的问题之一。

第五节　结论及展望

《新机制的意见》已将府际联席会视为加强省际交界地区合作的重要工具，并将其纳入"深化区域合作机制"的措施之中。京津冀城市群若要实现地区的协调发展，需要不断提升府际联席会的可行性与科学性。

一、结论

一是京津冀府际联席会取得了一定的协作成效。随着京津冀协同战略上升为国家战略，中央在京津冀区域投入巨大，有效地促进了府际横向协同机制的发展，从数据上来看京津冀府际联席会在 2014 年后得到了迅速增加。同时，京津冀的地方政府通过府际联席会进行自主协作的意愿不断提升，积极推动各种类型的府际联席会在多领域展开。

二是"京津双核"表现不明显。"以北京、天津为中心引领京津冀城市群发展"一向是京津冀城市群发展的重要战略，但回顾京津冀地区府际联席会的历程，尚未观测到京津间的双边府际联席会。北京与天津作为京津冀城市群的双核，由于城市的"同质性"，并未形成合力，目前两地间的竞争大于合作，造成了京津冀城市群的外部竞争力较低。作为京津冀城市群核心的北京，强势的资源禀赋使其在发展过程中对天津和河北产生"虹吸效应"，天津、河北的优质资源源源不断涌入北京，而北京对两地的辐射带动作用有限[1]，从

---

① 　赵新峰：《京津冀协同发展背景下雄安新区新型合作治理架构探析》，《中国行政管理》2017 年第 10 期。

而导致了北京"大城市病"与河北"环首都贫困带"的出现。因此，京津冀城市群内各城市之间经济与社会发展存在较大差异，河北各城市与京津两市发展水平差距较大，并且由于缺乏具有"桥联"作用的中等城市，京、津更加难以发挥好对周边较小城市的辐射带动作用。

三是"双核"外的城市发展空间不足。从京津冀一体化进程来看，京津冀府际协作的发展主要源自中央和省级政府的大力促进，继而形成了一种"自上而下"的协作运行机制。同时，由于中央政府意志的强制性渗透，"三地四方"的府际协作关系使得三省市之间的区域地位不完全对等。在京津冀府际联席会网络中，行政等级依然是巨大的障碍。府际联席会的机制特征使其成为京津冀协同发展中的重要工具，被视为"跨区域、跨部门、跨层级"的横向协调机制。但在区域合作实践中可以发现，根据京津冀府际联席会参与者前仍以同部门同层级的协作为主，同部门跨层级与跨部门同层级则次之，而跨部门跨层级的府际协作为空白，没有真正实现多类型主体的共同参与。在具体实践中，河北省内的11个城市由于行政级别较低，在联席会这种强调平等对话、互联互通的平台上，很难以独立的行动者出现，要么以河北省政府的名义进行，要么与行政等级对等的京津下属区县对话。正是由于没有真正打破边界限制、实现主体间的地位平等，导致京津之外的其他城市发展空间不足，就算有极强的合作意愿也难以达成有效协作。

二、展望

一是联席会不应成为一种独立的区域协调机制，尽管它在促进地方政府的横向协作方面发挥了独一无二的特殊作用，但正如要坚持中央统筹与地方负责相结合，京津冀地区不仅要大力推动京津冀府际联席会的建设，更要坚持"京津冀协同发展领导小组"的配套发展。

二是维护京津冀府际联席会的持续性应是重要举措，作为"交流渠道""对话平台"与"合作途径"，联席会的建设应以成为被地方政府行动者信任的制度性习惯为发展目标，同时应重点培育发展良好的府际联席会并保证其延续性。

三是府际联席会呈现出动态演变的过程，要有一个科学的培育成长过程。通常来说，联席会开始是在全体行动者面向上级规划或要求的议题而组成，以后面临区域自身的问题形成由利益相关方构成的治理网络形态的联席会，在此基础上交换信息，达成共识，并形成共同问题的政策网络；在政策网络的基础上，彼此合作的交易成本进一步下降，合作风险也进一步降低，面向未来目标的协作网络型的联席会逐渐形成。

四是保障京津冀府际联席会的多样化应是关键之处，府际联席会事实上是在中国情境下破解行政壁垒与部门壁垒的有效工具，因此应鼓励多类型联席会的开展、多类型主体的松散参与以及各种创新措施的出现，从而使府际联席会实现"机制—平台—网络"的真正转变。

第六章　行为科学视角下雄安新区整体性治理建构的微观基础

第一节　引　言

在二战以后的大半个世纪中，国家和国家的差距并没有像新古典增长理论所预测的那样随着时间的推移而减小，反而出现了抱团收敛、分层分化的现象。有学者将之归因于包容性制度和汲取性制度之间的差异。① 但是，这显然无法解释一个更加严峻的现实——国家内部的差距比国家之间的差距有过之而无不及。② 越来越多的事实表明，在区域先发优势或者所谓的"俱乐部收敛"已经形成的情况下，要减小区域之间的平衡将更加艰难。在这个意义上，我国于 2017 年设立的河北雄安新区，要成为京津冀城市群协调发展、平衡发展的支点，需要在整体性治理的制度创新上付出比经济特区建设更加艰苦卓绝的工作。我们认为，要达成整体性治理的美好愿景，决策者"要有实现'自我超越'（personal mastery）的能力，要改变传统的心智模式"。③ 在这方面，近年来逐渐在公共政策、区域治理领域拓展应用的行为科学，能够给我们带来诸多有益启示。

---

① ［美］德隆·阿西莫格鲁、［美］詹姆斯·A.罗宾逊：《国家为什么会失败》，李增刚译，湖南科学技术出版社 2005 年版，第 87—88 页。

② OECD：OECD Regions at a Glance 2016，（2016-6-16）［2019-1-17］，http：//dx.doi. org/10.1787/reg_glance-2016-en.

③ 张成福：《走向发展和繁荣的制度基础：雄安新区政府治理的愿景》，《国家行政学院学报》2017 年第 6 期。

第二节　重思区域发展政策：为何要引入行为科学的视角

英国著名的地方治理专家格里·斯托克（Gerry Stoker）曾提出一个令人深思的问题：治理的微观基础是心理学，还是经济学？他在对 1997—2005 年英国的中央—地方关系进行一系列个案研究的基础上指出：来自心理学视角的微观基础假设，能够为政府间关系策略提供一个也许更正确的指导。[①]

在这个问题上，我国学者的研究并不多见。已有的研究主要是把身份认同[②]或官僚制[③]视为微观基础。严格地说，所谓的微观基础主要是指社会活动中个体层次行为的假设。在经济学帝国主义滥觞的时代，决策的微观基础被简化为理性主义，治理被视为一种通过理性地使用信息，并依赖可以预测的计算来实现目标的行动。理性主义亦成为现代主流经济学理论构建与学科发展的基石，甚至一度成为西方世界政策建构与制度设计的主导思维。

二战以后，理性主义不仅左右了一系列波及全球的政府改革运动——如私有化、新公共管理运动，还扩及城市规划、政府间关系重构、全球化等宏观发展议题。在此过程中，理性主义的限度也逐渐显现出来，这在区域与国际发展领域尤其明显。

例如，简·雅各布斯发现，试图把权力、人口、用途和资金"冻结"到一个整齐结构的理性规划正在扼杀城市的活力、多样性和复杂性；[④] 格里·斯托克指出，英国政府间关系的委托—代理模型削弱了公务员的道德动机，忽视了沟通的复杂性，耗散了更大的成本却没有起到改善公共服务的作

---

① ［英］格里·斯托克：《治理的微观基础：改进政府间关系的关键为何是心理学而不是经济学》，谭锐译，《公共行政评论》2010 年第 2 期。

② 袁年兴、姚建秀：《国家治理的微观基础：元身份的线索》，《河南社会科学》2017 年第 12 期。

③ 张璋：《复合官僚制：中国政府治理的微观基础》，《公共管理与政策评论》2015 年第 4 期。

④ ［美］简·雅各布斯：《美国大城市的死与生》，金衡山译，译林出版社 2006 年版，第 227—228 页。

用；① 威廉·伊斯特利阐明，基于哈罗德—多马模型（Harrod-Domar model）的国际发展政策大多脱离实际，且无一例外的没有形成对被援助国政府、私人企业及援助方的有效激励。②

综观国内外的区域发展规划，我们在看到一系列引人瞩目的成就（如深圳、新加坡的崛起）同时，也不要忽视了众多不太成功甚至失败的项目。2003 年，沙特迪拜启动了雄心勃勃的"世界岛"项目，开工 15 年耗资 800 亿却成为全球最大的烂尾工程；巴西利亚、昌迪加尔等城市的极端现代主义设计，创造出了正规的秩序和功能的分割，但是代价却是所造成的感觉贫乏和单调的环境。③

众多事实表明，区域发展计划从蓝图到现实之间的距离不容易消除，同一张蓝图在不同的区域之间的实现程度亦有差距。个中的关键，就在于不同区域的政府治理能力——包括自主能力、责任能力、工作能力和制度能力等——具有较大差异，以至于它们在使用各种区域发展政策工具时同样呈现出较大的效果差异。一个庞大、战略性的区域发展计划，不仅牵涉复杂的政策工具，还需要引导、协调和聚合不同层面的行动者，这就对政府的治理能力提出了更高的挑战。

以公共投入为关键线索，我们可以发现区域发展中的政府治理能力体系中涵盖了规划和项目选择能力、财政和预算能力、执行能力、评估能力等（如图 6—1 所示）。任何一个环节的能力缺失，都将可能导致公共投入的低效率，进而导致区域发展政策的失效。

为了提升区域的治理能力，各国政府已经开发了众多机制，这包括规划引导、咨询和技术支持、对良好实践的财政奖励、政府间合作平台建构、电子政府工具、人力资源开发等。这些机制固然重要，但往往缺失了一个微

---

① ［英］格里·斯托克：《治理的微观基础：改进政府间关系的关键为何是心理学而不是经济学》，谭锐译，《公共行政评论》2010 年第 2 期。

② ［美］威廉·伊斯特利：《经济增长的迷雾：经济学家的发展政策为何失败》，姜世明译，中信出版社 2016 年版，第 109—111 页。

③ ［美］詹姆斯·C.斯科特：《国家的视角——那些试图改善人类状况的项目是如何失败的》，王晓毅译，上海三联书店 2016 年版，第 169 页。

			● 有效的战略规划
			● 跨部门 / 区域协调
● 事后评估			● 整合利益相关
● 使用绩效信	评估	规划与项目选择	● 事前评估者
● 竞争性采购	执行	融资和预算	● 多年期预算
● 稳健的监控系统			● 传统 / 创新融
			● 私人部门融资

图 6-1　区域发展中的政府治理能力

资料来源：Lee Mizell. Which sub-national capacities for public investment in a multi-level context.www. oecd.org/gov/regional-policy/Which-sub-national-capacities-ppt.pdf. 2012-06-21.

观维度——行为。我们轻易地把参与治理的行动者视为理性的个体，认为只要设定了目标和关键绩效，行动者就会以一种可以预测的方式对激励和约束做出正确的反应，按照预设的目标去行事。实际上，这种微观假设存在着显著的缺陷：

第一，忽视了行动者在现实中存在各种偏差（bias）。在政府治理的能力框架中，行动者需要更多地涉入规划、预算、执行与评估的治理过程，需要更加准确地设置合约、绩效框架和政策条件。但在现实过程中，行动者几乎无法做到"完全理性"，治理过程中总会受到各种偏差的影响。这包括：损失规避（loss aversion）——与参照点相比，损失比等量获益产生的心理效用更大；认知偏差（cognitive bias）——在政策或组织评估过程依赖经验法则来调整判断结果；过度自信或盲目乐观——过度相信自己判断的正确性，扩大了自己对治理的控制能力等等。

第二，容易设置一个低效或不可持续的激励模式。"区域发展模式在很大程度上是中央地方关系和地方激励制度下的产物，要促进区域发展模式的转型，就需要推进中央地方关系和地方激励制度的调整。"[①] 在区域治理的框架中，所有的行为主体——包括政府官员、企业和普通群众等——都会对激励做出反应，只有正确地激发各类主体的积极性，才能给区域建立新的、持续的增长动力。已有的理性主义模型往往把区域治理的行动者视为一个理性

---

① 　宣晓伟：《地区分化持续，区域发展模式转型任重道远》，《中国经济时报》217 年 1 月 24 日。

的机会主义者，认为只有在一级政府、下属相关部门和执行层次的公务员之间建立线性的委托—代理关系，建立监督、指导和激励机制，行政目标就会被分割、"传达"并实现。在这种思路下，个别决策者认为只要采用"大产业、大项目、大投资"的激励模式，提供足够低的要素成本，各类行动者就会纷至沓来。实际上，这种模式很容易忽视或排挤各类行动者的内在动机、自我价值和美德，无法在区域"内生"出创新导向的文化氛围和"择天下英才而用之"的开放思维。

第三，容易低估个体行为的复杂性和外部性。在区域发展过程中，理性的策略受到个体行为外部性的影响有时候会产生非预期的结果。这是因为，受区域发展政策影响的个体经常会以某种方式调整自己的行为，从而使公共政策失灵。例如，我国各类试验区、自贸区成立的过程中经常会出现一些民间炒房行为，急速地推高了区域的房价，给区域的未来发展带来严重的负面影响。又如，在贫困地区脱贫攻坚过程中，"如果对扶贫对象不加区分地盲目'输血'，相当于变相鼓励'等靠要'的心理状态，客观上削弱贫困群众主动脱贫的内在动力"[1]。这意味着，区域发展过程并不能完全适合理性的政策制定——即使社会问题的解决通常意味着需要建立一个理性模型，但是政府不能以理性的方式制定政策，它必须要综合平衡利益集团的利益、政治精英的偏好和社会大众的诉求。[2]

正是基于区域发展政策牵涉到各种非理性的因素和环境，过度依赖于理性模型的发展模式在实践中难免水土不服。在这个意义上，行为科学建立了以有限理性为基础的决策模型，将人类的认知偏差、本能性以及由人文背景、物理背景所激发的社会偏好、序贯行为等因素纳入到决策的考虑范围中。依赖于这种理论构架，我们可以在区域发展过程中设计更好的机制去减少偏差，改善沟通，建立动机，形成新的激励体系，使区域发展获得更加持续的内生动力。

---

[1] 胡鞍钢、杭承政：《用"精准激励"激发"我要脱贫"》，《光明日报》2017年8月29日。

[2] ［美］托马斯·R.戴伊：《理解公共政策》，谢明译，中国人民大学出版社2011年版，第298页。

第三节　从行为科学视角探索区域整体性治理的微观基础

将区域发展纳入整体性治理的框架，主要是对现行制度环境下地区本位主义严重，协调合作机制缺乏，机构日益"碎片化"等问题的战略性回应。当然，整体性治理并不是新鲜事物，在任何的公共部门体系中，不同层级之间的政府、公私部门之间的行动者一直都存在不同形式的协调行动和机制。和以往所不同的是，已有的研究和实践着重强调了现代信息技术在实现组织结构关系整合和提供无缝隙公共服务时的关键作用。例如，在我国整体性治理的实践——"最多跑一次"改革中，互联网、大数据等信息技术就是重要的推动和支撑力量。

但是，我们认为仅从组织、机制、技术等宏观或中观视角去建立整体性治理的框架是不足的。从更加本质的角度看，整体性治理所要问诊的不仅仅是组织、机制或技术上的缺陷，还包含理性的缺陷。与整体性治理背道而驰的"各自为政"式治理，很大程度上在于"单主体对'个体理性'的过度追求，导致'集体理性'难以实现"。① 如上文所述，建立在理性主义模型基础上的区域发展策略，可能会简化了行动者的心智模式，设置错误的激励机制。这些问题在区域整体性治理的构架中更容易出现。这是因为：

第一，区域整体性治理不是单边主义的行动，而是涉及多个层面的复杂行动者，它们之间的关系不是利益导向的竞争性关系，而是协商平等关系。政治家或决策者角色"是和平的护航者，也是进步的倡导者，就像外交官一样，在利益冲突的各方之间通过协商寻求一致，让人类本能的攻击性在相对文明的环境下爆发"。②

第二，区域整体性治理涉及的往往是复杂性问题，尤其是那些所谓的"难缠问题"（wicked problem）③，这些问题在定义和解决方法上都存在着多

---

① 曾凡军：《整体性治理：一种压力型治理的超越与替代图式》，《江汉论坛》2013 年第 2 期。
② ［美］罗伯特·希勒：《金融与好的社会》，束宇译，中信出版社 2012 年版，第 69 页。
③ Ling T：Delivering joined-up government in the UK：Dimensions，issues and problems，*Public Administration* 2002（4）.

重且相互冲突的标准，需要利益相关者在比较长时间内进行"适应性治理"（adaptive governance），亦无法用简单的科学、理性的模型去评估治理绩效。

第三，区域整体性治理不仅仅是经济发展层面的，还是社会信心、信任层面的。有效的整体性治理不仅依赖于国家行动者在产权、契约等方面的制度建设，还需要嵌入到良好的社会结构、道德秩序。区域崛起的过程，并不是物质上的膨胀，还有精神层面的升华。深圳经济特区的飞速发展，离不开以"时间就是金钱，效率就是生命"为核心的深圳精神的支持。

从更深的角度看，区域整体性治理是一个复杂的发展议题：从管理的层面看，它是新型组织不断诞生的过程，是跨部门合作不断推进的过程，是无缝隙服务创新供给的过程，更是责任和诱因机制不断创新的过程；从政策的层面看，它需要促进财政预算工具、合约治理机制、创新发展、人力资本、绩效框架等层面的政策融合，构架一个更加适合区域特殊性需要的公共服务整合框架；从发展领域的层面看，它是一个经济、环境、社会治理和公共服务综合发展的过程。

对于这些复杂的发展议题，行为科学或者说所谓的"行为透视"（behavioral insights）——一种综合使用行为经济学、心理学和认知科学等相关领域的政策工具的实践路径——提供了富有潜力的解决模式。①"行为透视"途径建立在人类本身的有限理性或者说认知缺陷基础上，如前文所述的损失厌恶、认知偏差、拖延症等，利用这些缺陷"反向"地设计干预工具。

例如，针对安于现状、不愿改变、参照点依赖的特点，可以设计"默认"（defaults）选项机制，让个体在尚未形成价值或偏好时，在预设框架的影响或引导下进行行动，典型的应用就是默认每个人都是器官捐赠者；针对容易使用经验法则、"拇指"规则、注意力短暂的特点，可以设计信息简化机制，帮助个体在最短时间内获得有效信息，从而提高政策的配合度；又如，针对情景依赖、受群体影响的特点，可以设计社会规范（social norms）

---

① Carter，Becky：Using behavioral insights to address complex development challenges，（2017-11-10）［2019-1-17］，https：//www.gov.uk/dfid-research-outputs/using-behavioural-insights-to-address-complex-development-challenges.

机制，使人们更好地遵从社会价值，把规则和标准内化为个体意识。

近年来世界各地的决策者都在尝试利用这种低成本甚至无成本的"助推"（nudge）机制去精细化地干预微观层面的个体行为，使个体按照更加优化的方式去决策，改善自身的福利。2010 年，英国在全球率先邀请行为经济学家组成了 nudge 特别小组，将行为科学的洞见应用于公共政策与公共服务，例如，通过设计主动承诺机制去提升就业率，等等。美国在 2013 年亦成立了"行为洞见"（behavioral insights）小组，在能源、养老保障、健康、教育等领域开展了全方位的探索。2017 年，行为经济学家理查德·泰勒正是因其"助推"理论获得了诺贝尔奖经济学奖，这也再次提醒我们行为经济学在公共政策领域中的巨大应用潜力。

当然，此前来自行为科学的洞见主要是应用在微观层面的个体决策领域，帮助人们在短期成本与长期效益的平衡之间做出更好的选择。最近，社会科学家发现，在区域发展、整体治理等复杂的宏观发展议题方面，行为科学依然具有广阔的潜力。如前所述，区域发展、整体性治理并不是纯粹技术、组织或制度层面的，还是心理、信心和预期方面的，对个体和组织行为的激励与约束同样重要。具体地说，从行为科学角度构建区域整体性治理的微观基础，其逻辑架构可以如下图 6-2 所示：

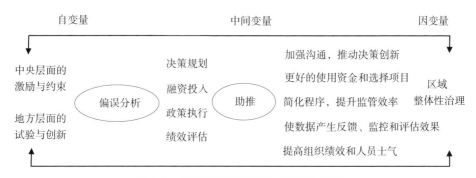

图 6-2　区域整体性治理的"助推"框架

上述逻辑构架的机理如下：

第一，"中央层面的激励与约束"以及"地方层面的试验与创新"是区域整体性治理的先导条件。在我国，经济特区、国家级新区等区域承担着国家重大发展和改革开放的战略任务，扮演着多重的创新角色，包括"制度改革试验田""对外开放排头兵""创新集聚示范区""区域辐射的策源地"等。这意味着，区域整体性治理是在中央层面的宏观制度激励与约束下推进的，其首要任务是实现国家的战略使命。不过，区域发展既是国家层面的战略性制度创新问题，在实际发展过程中又具有个性化、差异化的路线轨迹，离不开地方在微观层面的制度学习和创新扩散。在这个意义上，构建区域整体性治理的微观机制，必须十分重视地方政策试验与创新的动力机制和精神基础，通过中央政府向地方政府下放权力来帮助区域建立竞争和创新体系。

第二，如前所述，在区域整体性治理的架构中，政府的角色主要包括战略规划（主要是设定目标、事前评估、制定规则、跨部门协调等），融资投入（主要是通过征收税费、发行债券等方式为长期项目筹集资金，提供优惠条件、奖励和补贴），政策执行（主要是建立监控执行系统和采购系统，制定和推行产权等），绩效管理（主要是事后评估，组织和人力绩效改善等）。总体来说，上述四个方面的角色属于政策、制度和行为的投入，目的是为稳健的财政环境及战略性的资本和劳动力投资提供基本保障。① 不过，政策和制度层面的投入为人所熟悉，行为层面的投入却容易被忽略。实际上，区域整体性发展的结果并不仅限于更多的就业、更好的生活服务设施、更高的聚集效应，它最终意味着一个充满活力的社会和文化环境，身体健康幸福和可持续的环境，这些离不开行为层面的指引和投入。

第三，区域整体性治理的微观机制的实现方式是，通过诊断和分析政策、制度和社会行为的"偏误"，建立"助推"机制，帮助区域发展的行动者优化决策环境，改善政策工具，提升管理绩效。所谓的"偏误"，是指由于人并非完全理性而产生的各种各样"弱点"或"错误的行为"，如损失厌恶（loss aversion）、现状偏向（present bias）、疏忽（inattention）等。通过诊断这些"偏误"，我们就可以发现这些"错误的行为"背后的心理学和经济学逻辑，了解底层的认知机制是什么，从而设定特定的"助推"机制来帮助行动者做出更加合理、高效的选择。与"制度""政策"层面的投入有所

① ［英］乔治·马丁内斯-维斯奎泽、［加］弗朗索瓦·瓦列恩考特：《区域发展的公共政策》，安虎森等译，经济科学出版社 2013 年版，第 28—29 页。

不同，基于"助推"的行为投入不需要强制性手段，也不需要硬性的规定，便能保证同时收获"最大利益"和"自由选择权"。① 我们认为，基于行为科学的"助推"构架在战略规划、融资投入、政策执行和绩效管理的不同层面可以起到改善行动者之间的沟通等方面的作用。关于这一点，我们在下文结合雄安新区的个案进行进一步的分析。

第四节　雄安新区整体性治理的"助推"构架

我国于 2017 年设立的河北雄安新区是继深圳经济特区和上海浦东新区之后又一具有全国意义的新区，是千年大计、国家大事。与深圳、浦东有所不同的是，雄安新区一个突出的战略导向是承接北京的非首都功能，推动京津冀协同发展。因此，雄安新区需要在京津冀一体化的框架中去谋划发展，对整体性治理提出了更高的要求。

目前，国家已经出台了一系列改革开放政策来推动雄安新区建设，为雄安新区提供了巨大的政治和制度发展势能。不过，必须看到，与深圳、浦东开发时所面临的有利局势不同，雄安新区无论从宏观国际环境还是微观的人居资源环境上看，都面临着极大的挑战。尤其是在当前经济机会日益向沿海经济发达地区集中的大趋势下，雄安新区迫切需要把政治上的势能转化为市场、企业乃至个体的行动势能，吸引来自全球的投资者，让市场和社会的力量来推动新区高质量发展。在这个意义上，雄安新区的整体性治理架构不仅仅涉及区域行政管理的一体化，还涉及政治、政策和（社会和经济）行为层面的一体化。

在这方面，来自行为科学的洞见能给我们带来新的思路。如前所述，区域发展政策的绩效受到一系列复杂因素的影响，包括时间范畴（通常需要更加漫长的发展周期）、政治动力（通常涉及更加复杂的治理层次）、非预期结果（如土地寻租、房价上涨）等，这些因素背后都隐藏着一定的行为驱动

---

① ［美］卡斯·桑斯坦：《简化：政府的未来》，陈丽芳译，中信出版社 2015 年版，第 236—237 页。

力。OECD 的研究报告亦指出，来自行为科学的洞见在以下问题上有助于推动区域发展：第一，行为科学能够提供更加高效的沟通工具，从而更好地聚拢各类人才参与区域各类项目的建设；第二，行为科学能够改善集体决策的效率，并使之更好地预见未来，从而更精准地出台各类资助项目；第三，行为科学有助于建立更加公平并符合社会需要的规范和价值体系，从而减少各种资金使用过程中的违规行为。①

结合雄安新区发展的历史背景和现实需求，我们可以从以下四个方面建立"助推"架构，为新区整体性治理奠定微观行为基础。

一、决策层面

建设雄安新区是国家战略，涉及一系列具体领域层面的战略规划与决策制定。根据《国务院关于河北雄安新区总体规划（2018—2035 年）的批复》，雄安新区建设包括了国土开发、生态保护、城乡融合、公共服务、现代交通、绿色低碳和创新驱动等方面的内容，无疑需要凝聚一大批不同类型的组织和行动者，形成整体性治理的格局。这也意味着，发展组织与行动者之间的伙伴关系，构建共享的目标和行动议程，推动持续的沟通将至关重要。我们认为，这方面的"助推"行动包括：

1.建立战略参照点，协调多元行动者。行为科学的研究认为，人们在做出决策时并不是依据决策方案各种可能结果的绝对效用值，而是以某个从眼前出发的参照点为基准，把决策结果理解为实际损益量与预期参照点之间的偏离方向和程度。建设雄安新区既是千年大计，也是现实行动，需要在一个更加宽广的时空尺度内协调具有多元利益诉求的行动者，使之目标一致，行动统一。这方面，我们需要建立一个多维度的战略参照点（strategic reference point），帮助不同行动者来定位自身的进程，评估自己的绩效，调整自己的目标。

战略参照点的具体维度包括：（1）内部参照点，即针对新区各类项目建

---

① OECD：Rethinking Regional Development Policy-making（2018-4-6）[2019-1-17]，https：//dx.doi.org/10.1787/9789264293014-en.

立成本效益、质量改善、创新效应、绩效目标（速度、利润、价值增值等）方面的参照点，帮助行动者准确了解自身的发展绩效。（2）外部参照点，以在某一项指标（如科技创新）或某一方面实践（如生态保护）上竞争力最强的区域为基准，将新区的实际状况与这些基准进行量化比较，在此基础上制定改进策略。（3）时间参照点，一是基于"过去"的参照点，即及时总结新区建设的卓越历史经验，使之持续激励后来的行动者；二是基于"未来"的参照点，要对特定时间尺度内的里程碑成就、愿景进行预测和规划。例如，松下幸之助给松下设定了一个250年计划，以25年为一个周期，分10期来实现企业的发展目标。新区的建设同样需要建立以时间为尺度的参照点，为行动者建立目标统一的决策框架和行动指南。上述战略参照点应该纳入一个开放的数据平台，行动者可以根据自身情况选择参照点。

2. 推动决策创新，减少决策沉没成本。与开发深圳特区和上海浦东新区一样，建设雄安新区亦是一项前无古人的事业，需要在不断变化的内外部环境条件下，开展创造性的活动。这就需要形成决策创新的动因，减少决策失误，增强创新能力。行为科学在这方面提供的启示有：一是要建立综合化的决策结构。综合化的决策结构是整体性治理的组织基础，它有助于修正过度分权产生的多头等级结构弊端。从决策行为的角度看，综合化、扁平化的决策结构可以帮助决策者抓住"最佳机会"，推动政策创新。因此，雄安新区要积极探索建立扁平化的区域组织架构和新型府际关系，加快信息的流动效率，提高决策效率。二是要减少决策沉没成本。在现实决策过程中，人们容易因为对沉没成本的过分依赖导致非理性决策。在这方面，针对一些难以解决的历史遗留问题，我们可以增强决策的独立性，引入新的决策力量，减少沉没成本所带来的负面影响。

二、投入层面

雄安新区起步区面积约100平方公里，中期发展区面积约200平方公里，建设所需资金量极大，未来的投资体量将在万亿乃至数十万亿级别。从中央的目标看，雄安新区的发展要摆脱土地财政和房地产的依赖性，走出全新的发展道路。在这个意义上，雄安新区整体性治理的一个重要维度就是引入社会资本，扩大融资渠道，建立与利益相关者的合作、共治关系。传统的财政学、金融学基于理性人假设，如个体被设定为风险厌恶，自利的效用最大化等，基于行为科学的财政学、金融学或公共经济学在形式要素和时间要素等方面进行了创新①，这也给雄安新区的公共投入带来了新的启示：

1.引入心理账户，减少财政资金碎片化。在我国，财政资金使用碎片化是一个长期积累下来的问题，各种名目的专项资金既容易成为部门争权夺利的工具，也容易扭曲市场主体的行为动机，降低了财政资金的整体效率。因此，雄安新区的巨量财政投入要纳入整体性治理的框架，提高资金的宏观调控。在这方面，我们可以使用心理账户来减少财政资金碎片化。根据心理账户理论，人们在记录支出并进行支出决策时，会在头脑中按类别对收入和费用建立心理分类账户，而不是将所有交易放在一起考虑而得出最优支出方式。从这个角度出发，为了加强财政资金的宏观效率，需要按照新区建设的重点领域建设财政心理账户，把各个账户之间的界限划分清楚，加大对优先建设领域的账户预算。同时，引导市场行为主体开设环境保护、科技创新等方面的心理账户，把获得的各类产业投资基金、绿色发展基金、协同发展基金放置在专门领域的心理账户上，提高资金使用的效率。

2.引导跨期选择，鼓励中长期资金进入。在实际中，无论是涉及到个体的日常生活，还是关于国家或者一个组织的政策制定，人们做出的选择都具有实践性。②最常见的跨期选择现象就是时间偏好，也就是行为主体偏好现在甚于将来，贴现率随着时间的推延呈现出递减趋势。雄安新区是千年大计，发展也将是一个长期的过程，公共投入必须从长计议，长期谋划，持续推进。因此，我们必须要引导人们的跨期选择行为，管控短期投机资金，鼓励中长期资金。在这方面，我们可以灵活运用承诺机制来解决偏好的时间不一致问题。要引导、鼓励市场行为主体用公开的形式签署共同发展契约或者诚信公约（integrity pact），提出中长期承诺，树立长期可持续发展的信念，使市场目标与新区的长远目标相匹配。政府部门与各类主要投资者要建立信

---

① 刘蓉、黄洪：《行为财政学研究评述》，《经济学动态》2010年第5期。

② 梁竹苑、刘欢：《跨期选择的性质探索》，《心理科学进展》2011年第7期。

任关系，共同抵制短视投机行为，创造长期价值。同时，政府部门要提高投资透明度，尽可能向社会公众公开相关信息，动员外部力量加强监督，通过约束自身来增强制度的可信承诺。

三、执行层面

一分部署，九分落实。习近平同志曾说，如果不沉下心来抓落实，再好的目标，再好的蓝图，也只是镜中花、水中月。目前，雄安新区蓝图已绘，未来可待，当下最重要的事情就是一茬接着一茬干，一张蓝图干到底。行为科学提出要从微观个体的"有限理性"出发，化繁为简，提高政策实施的灵活性，同时还要对个体进行文化、信任、责任上的引导，助推微观个体保持热情，及时行动持续投入。

1. 化繁为简，提高政策执行效率。整体性治理是适应日益复杂化和广泛关联的现代公共事务而产生的，它力求政府治理程序简单化，业务流程统一透明化。在这方面，我们既可以充分利用现代信息技术，设计一站式服务平台，简化治理结构，还可以从更加微观层面来对公共政策和监管程序进行简化。行为经济学认为，人们对政策或事物的理解并不是机械和完全理性的，动用色彩、心理和视觉等因素有助于人们更好地理解复杂的政策或程序。在这方面，新区所推动实施的各项新政或项目，可以运用直白、简洁的语言，甚至是鲜明的图片来向社会公众进行说明，增强公众的理解和配合。行为经济学还发现，由于人的有限注意力，过多的信息和选择反而会降低人的认知能力。例如，过于复杂、多样的税收优惠可能会降低人们对税收奖励与惩罚的敏感程度。因此，公共政策的化繁为简还可以通过减少选择，设计默认选项（defaults），突出显示关键信息并对容易混淆的信息采取纠偏措施等手段来实现。

2. 建立行为框架（behavioural framing），促进积极行动。整体性治理既是一种制度创新，也是一种治道思维变革，蕴含着分工协助、优势互补、互惠互利、共同发展的价值理念。行为经济学认为，微观的行为主体并不是完全的利己主义者，他们也具有情景依赖性和社会偏好，在行动时会考虑其他人的福利或选择。在这方面，首先，我们可以灵活使用框架效应激励行为主体的积极性与自信心，多用积极的特性去描述新生事物，通过各种各样的活动向世界展示雄安新区的美好前景，激发更多对新区发展有益的努力；其次，注重塑造集体声誉。声誉是行为主体的一项重要无形资产，具有公共产品的特性，能够起到降低交易成本，形成长期合作关系的作用。我们可以将"雄安质量"作为一种与"深圳速度"所不同的地方声誉来加以构建，规划"雄安质量"的品牌系统与发展愿景，对塑造"雄安质量"声誉做出特殊贡献的个体进行奖励，使"雄安质量"成为展示新时代高质量发展的全国样板。

四、绩效层面

在推动雄安新区整体性治理过程中，绩效评估至关重要。如果把高质量发展纳入整体性治理的框架，我们就需要在指标体系、标准体系和绩效评价体系等方面取得新突破。传统区域治理绩效评估框架的设定主要采用委托—代理途径，即上级部门（委托者）设定一个绩效目标，利用各种手段获取绩效数据，并通过定期盘点或排行榜等方式来确保被评估者（代理者）按目标框架行事。这种绩效评估方式一方面排挤了专业知识价值、对公正性的承诺、社会信任等内在动机的力量；另一方面也忽视了公众的参与，使得公众只能站在"目标世界"之外评估。[①] 在克服这种绩效评估方式的缺陷上，行为经济学亦提供了有益的启示。

1. 建立诱因，激发"代理者"的内在动机。行为科学的研究显示，"内生激励"——某个员工从工作中获得的自我满意度，比单纯的金钱激励更为重要。此外，关于公共服务动机（public service motivation）的大量研究已经证实，公共精神、造福社会和无私奉献等内在利他性动机与个体绩效乃至组织绩效具有显著的正向关系。在新区发展过程中，我们要探索建立各种诱因结构，从制度上保证微观主体创新改革的意愿，进而激发改革的内生动力。首先，我们可以加强对公务员公共服务动机的评估，根据评估结果采取

---

① ［英］格里·斯托克：《治理的微观基础：改进政府间关系的关键为何是心理学而不是经济学》，谭锐译，《公共行政评论》2010 年第 2 期。

针对性的内在激励方式，如使命激励、胜任感激励、精神激励、声誉激励、自主性质的授权激励等；其次，可以借鉴新加坡的经验，设立雄安新区公共服务质量奖或创新奖，评选和奖励公共服务的最佳实践，鼓励政府部门和社会组织的创新活动；第三，要对关键目标建立定期的评估机制，缩短评估周期（如按季度评估），使各类行动者能够及时关注绩效数据，并对政策或项目的进程提供反馈意见。

2. 提升绩效数据可读性和吸引力，加强社会问责。从整体性治理的角度看，绩效评估涉及多层次的行动者，涉及多元的利益诉求，我们需要确保评估的数据能够被这些多样化的主体所理解，从而把他们的目标凝聚到一起。只有行动者能够理解并使用各类绩效数据，他们才能更好地理解公共事务，才能共同建构、改造和创造治理实践。在帮助社会行动者更好地理解和使用绩效数据上，行为科学亦提供了一系列新的机制和工具（如表 6-1 所示）。

表 6-1　行为科学对行动者理解绩效数据的启示

因素 （factors）	描述（description）	实践启示（practical implication）
数字能力	行动者在评估公共部门绩效时容易受到逸闻或故事的影响	使用故事、图片等形式来描述绩效，减少或简化评估报告的专业数值
社会比较	比较性数据更具有竞争性、说服力和影响力	提供更多同行或区域之间的绩效比较数据
自主性	具有自主性的政策制定者倾向于使用更多的绩效数据	授予决策者更多的自主权，把绩效评估与自主性能力结合起来
中立性	行动者更容易相信第三方提供的公共部门绩效数据	使用独立第三方来收集数据并报告绩效
负面偏见	相对于正面的绩效数据，行动者更加关注负面数据	使用"成就"而非"失败"来描述绩效，或用需要投入的资源来取代负面绩效

资料来源：修改自 Moynihan，Donald P. Challenges for goal-based learning in public investments：A behavioural perspective on performance Information use［EB/OL］. (2017-3-31)［2019-1-17］，https：//www.oecd.org/cfe/regional-policy/Moynihan-A-behavioural-perspective-on-performance-information-use.pdf.

第五节　结　语

　　构建雄安新区整体性治理格局，是高质量推动京津冀协同发展的重要组织保障。本节指出，目前区域整体性治理的研究与实践侧重在组织或技术等宏观与中观层面，对微观基础世界的透视较少，具有把治理的微观基础"默认"为"理性经纪人"或"委托—代理"模型的倾向，这对于建立区域整体性治理的内生动机和激励系统具有一定的误导性。此外，尽管当前关于行为科学与公共政策相结合的创新实践已经在世界范围内不断出现，但主要局限在个体决策与行动层面，在组织管理乃至宏观战略管理方面的探索仍然较少。本节以雄安新区为例，探索构建区域整体性治理的微观基础，从决策、投入、执行和绩效等层面引入来自行为科学的洞见，以期为雄安新区这座未来之城的发展提供新的启示和参考。我们相信，来自行为科学的洞见在区域发展等宏观发展议题上，同样具有广阔的应用前景。

第七章 京津冀协同发展背景下雄安新区治理图式的变革与创新

2017 年 4 月 1 日，中共中央、国务院决定在河北设立国家级新区——雄安新区，这一顶层设计的面世成为全球瞩目的"千年大计，国家大事"。这是京津冀协同发展进入深水期和关键期后的重大举措，是区域协同发展进程中至关重要的一步。这一举措对于缓解北京首都功能承载过多、疏解北京非首都功能意义非凡，是医治北京"大城市病"的一剂良药，也是京津冀区域携手打造世界级城市群的发端。相对于浦东新区、深圳特区对长江三角洲和珠江三角洲区域的拉动作用，雄安新区旨在克服京津冀协同治理理念缺失、合作治理主体碎片化、整合机制匮乏等区域发展短板，秉承"创新、协同、绿色、开放、共享"五大发展理念，致力于全新发展空间的结构调整、整体布局与深度拓展。这一破题之作也是在区域协同发展过程中，培养新的增长极，探索绿色城市、智慧城市、人文城市、开放城市和创新城市发展模式的重要实践。习近平在河北省安新县召开座谈会时指出，雄安新区将是我们留给子孙后代的历史遗产，必须坚持"世界眼光、国际标准、中国特色、高点定位"理念，努力打造贯彻新发展理念的创新发展示范区。他强调"要坚持用最先进的理念和国际一流水准规划设计建设，经得起历史检验"。党的十九大报告对区域协调发展进行了系统部署：突出各区域全方位发展，适应城市经济一体化新趋势，突出城市群的发展，以疏解北京非首都功能为"牛鼻子"推动京津冀协同发展，强调"高起点规划、高标准建设雄安新区"。在何种语境下定位雄安新区的顶层设计和发展理念，如何在理念引领下，充分尊重多元主体固有价值和独立性的基础上凝聚共识；如何在理念引领下，依托聚合性共同体谋求集体行动目标的达成；如何在理念引领下，促进共同使命和整体性治理方略的实现，这是本节试图着力探讨的核心问题。

第一节　京津冀区域协同进程中的发展理念变迁

京津冀地区自 20 世纪 70 年代便成为开展区域合作的试点之一。京津冀区域大致经历了合作发端、各自为政、合作积极推进阶段、合作深化、实质性推进五个阶段的合作尝试，合作理念伴随着合作行为的演进不断发展变迁。见表 7-1。

表 7-1　京津冀协同进程中发展理念变迁

发展阶段	时间	组织架构	治理理念及合作行为
第一阶段：合作发端阶段	1976—1993 年	华北经济技术协作区；环渤海地区经济联合市长联席会；环京经济技术协作区市长专员联席会	行政区行政思维，协同意识淡薄，利益相关方合作动力不足，区域规划和政策协调职责乏力，解决不了深层次合作问题，功能逐步削弱，直至撤销
第二阶段：盲目竞争、各自为战阶段	1994—2003 年	华北经济技术协作区撤销，无组织状态	"一亩三分地"思维，追求自身利益最大化，以 GDP 为导向，行政壁垒森严，地方保护主义盛行，区域内恶性竞争，重复建设愈演愈烈
第三阶段：合作积极推进阶段	2004—2012 年	京津冀都市圈，京津冀城市群首都经济圈	在协同发展的意识和理念方面达成共识。三方彼此签订多份合作协议，却没有形成务实的基于利益共赢的协调机制，区域间合作缺乏实实在在的行动，成效不佳
第四阶段：合作深化阶段	2013—2017 年	京津冀协同发展领导小组，京津冀协同发展专家咨询委员会	统筹发展、协同发展的理念得到鲜明体现。京津冀协同发展理念的瓶颈得到突破，合作意识、统筹观念和发展动力问题基本得到解决。京津冀协同发展国家战略地位明确，顶层设计取得突破，协同发展进入全面深化阶段

续表

发展阶段	时间	组织架构	治理理念及合作行为
第五阶段：实质性推进阶段	2017年4月1日至今	雄安新区	由价值理念、制度安排、政策工具、利益分配等结构要素相互嵌入、融合生成命运共生体基础上，通过价值理念引导和整体性治理机制达成，最终形成互动合作的新型网络治理模式

第二节　京津冀区域协同治理的思维障碍和理念困境

一、区域政府治理主体协同治理理念缺失

就京津冀区域而言，协同治理表面上协同的是利益相关者的"行动"，但根本上协同的则是其"思维和理念"，因为行动协同是以相关主体思维观念上的统一为前提的。具体来说，一是"合作治理思维"欠缺，区域内多元主体无法平等参与区域协同治理。如京津冀区域内的合作大多以北京为核心，天津其次，权力和资源处于非均衡状态，利益攸关的行政主体之间尚未达成平等合作关系。北京作为首都所在地，天津作为直辖市对于河北省具有强大的"虹吸效应"，河北长期处于被动被协同的地位，扮演着服务者的角色。因而，区域政府间合作是建立在弱势利益攸关方利益受损基础上的不平等合作，治理思维属于典型的零和思维。河北作为京津生态和安全等方面的屏障，不能以有意义的方式参与协同，合作共赢的发展意愿难以落地，援助性质的合作也缺乏可持续性。河北自身作为京津冀生态屏障，自身利益发展空间受损，发展机会受限，从区域内利益补偿中的获益只是杯水车薪，对协同治理的合作行动存在"不得已而为之"的消极思维和情绪。北京和天津相互之间也存在着"竞争"思维大于"合作"思维的状况。长期的明争暗斗、竞争博弈形成区域内政府部门之间的森严壁垒，严重制约了共赢发展。此外，由于共识性价值理念不到位，区域内不同地方政府官员思想觉悟和能力素质存在较大的差异和冲突，行为各异，言行不一，个人利益最大化的思维考量导致难以形成有效的协商机制，共识性合作议题往往被忽视或搁浅。二

是"一亩三分地"的思维定式成为协同发展的羁绊。主要表现为：京津冀三地一味固守传统的以封闭和保守为特征的"行政区行政思维"即"属地治理思维"，有界、分割、各自为战的思维理念根深蒂固。在属地主义模式下，"行政区界线是行政权力统治和管理的最大边界，每个政府在横向之间都无权超越行政区界限去干涉其他相邻单元的决策和政策"①。以行政区划为界限进行治理助长了地方本位，"自身利益最大化"成为决策的出发点，直接导致治理过程和结果的碎片化，以致整体性战略布局成为盲点。雄安新区顶层设计出台就是基于"属地治理模式"的局限性，破解京津冀协同发展困境应运而生，但是业已形成的"行政区行政思维"在京津冀政府治理主体的脑海中根深蒂固。这一思维定式的固化成为京津冀区域协同发展中的瓶颈，直接造成彼此间的信任缺失，表现为缺乏一盘棋意识，缺乏共同体的观念和一体化方略，利益相关者彼此间缺乏信任沟通，一味追求自身最大化利益。以GDP 为导向的干部政绩考核体系进一步催化与固化了"各人自扫门前雪，莫管他人瓦上霜"的传统观念。② 就某种意义上来说，区域内打破行政区划、突破固有疆界表面上是一种行政手段，实际上是协同发展理念与地方保护主义的激烈博弈，是对区域内长期以来"非均衡"发展状态的应对与挑战。

二、区域政府间协同治理的动力不足和意愿分野

"公地悲剧、囚徒困境和'集体性行动的逻辑'都有一个中心问题，即搭便车问题，任何时候，一个人只要不被排斥在分享由他人努力所带来的利益之外，就没有动力为共同的利益做出贡献，而且只会选择做一个搭便车者。"③ 雄安新区所处的华北最大内陆湖白洋淀一直以来受到"搭便车"现象的困扰。白洋淀自身湖面起初隶属两市四县，九条入淀河流又分别流经若干

---

① 陶希东：《跨界区域协调：内容，机制与政策研究——以三大跨省都市圈为例》，《上海经济研究》2010 年第 1 期。

② 赵新峰：《京津冀协同发展背景下雄安新区新型合作治理架构探析》，《中国行政管理》2017 年第 10 期。

③ [美] 埃莉诺·奥斯特罗姆：《公共事物的治理之道》，余逊达、陈旭东译，上海译文出版社 2012 年版，第 18 页。

行政区划，面对旅游产业带来的经济利益，流域内各行政主体趋之若鹜，竭泽而渔。然而当面对日趋严重的污染治理问题时，责任承担困境便凸显出来。流域内每一个相关主体都缺乏动力去寻求承担共同责任，导致流域内权责失衡，责任分担、利益分配方面的矛盾和冲突不断加剧。

就协同意愿而言，区域内不同主体缺乏共同体意识，自我中心主义观念和区域补偿机制的缺失导致协同发展战略难以付诸实施。亚洲开发银行调研报告发现，2005 年在河北省环京津区域有 25 个贫困县、3798 个贫困村，年均收入不足 625 元的贫困人口达 272.6 万人，且集中连片。追根溯源，"虹吸效应"是导致大面积"环京津贫困带"出现的重要原因。河北作为京津的主要水源地，为了给京津提供充足和清洁的水资源，不断提高水源保护标准，严格限制自身资源开发和工农业生产，不可避免地制约了该地区的经济发展，北京作为国际化大都市，缺乏对周边做出贡献地区生态补偿的力度和持续性。这种"孤岛效应"进一步拉大了与周边地区的贫富差距。环京津贫困地区脱贫摘帽之前，区域内京津冀不同行政单元各行其是，使命各异，河北省的核心发展使命是加速工业化，大力发展经济摆脱贫困。比如，在大气污染治理方面，河北省与京津联防联控是基于央地协同体制下的制度安排，京津冀区域治理联动的显著效果往往出现在"运动式"治理期间，重大活动过后，迫于经济和就业方面的压力，河北省高污染、高耗能、高排放的产业往往会卷土重来。具体到协同意愿而言，河北省在区域环境协同治理方面缺乏足够的参与热情和动力，减污降碳和经济发展之间的矛盾弱化了当地政府部门的协同动机。

三、区域地方政府协同取向中的"权威依赖"现象

协同取向的"权威依赖"表现在两个层次：一是对中央权威的依赖；二是在协同执行中对于等级权威的依赖。[①]

区域内不同治理主体对于中央的"权威依赖"具体运行方式表现为

---

① 魏娜、赵成根：《跨区域大气污染协同治理研究——以京津冀地区为例》，《河北学刊》2016 年第 1 期。

"压力型体制"下的任务分解。"压力型体制"是指在自下而上的民主政治体制还处于艰难的探索过程中，在各级政府对下负责的政治责任机制和压力机制尚未建立起来的政治条件下，调动地方政府积极性的根本途径是依托行政上的隶属关系，建立起一种自上而下的压力机制，由上级政府给下级政府下达经济社会发展硬性任务，并根据指标任务的完成情况给予不同奖励待遇。① 就对中央权威的依赖而言，京津冀三地在政治地位、产业结构、文化素养、公众意识等方面存在梯度差异，参与协同的动机不同，出发点和追求的目标也不一致。京津冀协同发展上升到国家战略高度，与中央政府的强力推动密不可分，有利于打破三方政府"一亩三分地"的思维惯性。然而，中央的推动，实际上使得京津冀协同发展成为自上而下的纵向推动，三地政府协同行动主要依赖于对上级权威命令的执行，政府间横向协同的动机不强，三地协同程度与中央政策的强度与持久性高度相关，中央层面政策强度下降或管控方式放松时，区域政府间的松散度会反弹，协调度会下降。三地在经济社会发展、生态环境治理方面面临不同的定位和选择，利益相关方在协同治理方面只是纵向压力下短暂的协同，而并没有形成稳固持久的协同意志。北京作为首都主导区域协同也是"心有余而力不足"，单一主体既缺乏协同的权威，又难以承担相应的协同成本，其思维惯性依旧是依赖中央以及国家各部委的强力推进。河北对权威的依赖表现为希望来自中央权威层面更多的扶植政策和更充足的转移支付资金倾斜。天津则希望中央协调督促北京、高新技术部门、智库机构等组织在区域治理技术和方略方面予以支持。由此可见，区域内协同行动一直是基于中央权威而达成的缺乏可持续性的协同模式，京津冀三地缺乏横向协同的内在驱动力，地方政府官员缺乏内在的协同动机。

从京津冀区域合作治理的发展历程来看，协同治理的"等级权威依赖"明显，突出体现在大气污染治理领域。就协同过程中的"等级权威依赖"而言，虽然为推进京津冀地区大气污染的跨域协同治理而专门成立了负责整体统筹、统一规划的京津冀及周边地区大气污染防治协作小组，但是协作小组

---

① 荣敬本等：《从压力型体制向民主合作体制的转变》，中央编译出版社 1998 年版，第 7 页。

层面确定了工作安排后，具体的协同任务还是以各省（市）为单位加以执行，换言之，以往传统的基于属地的层级纵向治理的运作模式并未有根本的改变或突破。① 协同治理是基于横向协同模式、整体性治理模式抑或纵横交织的网络化治理模式而达成的治理方略，纵向上的权威依赖在实际推进过程中往往会与协同治理模式发生冲突。就制度安排、政策工具和体制机制而言，京津冀区域在形式上达成的协同框架依旧是以纵向等级权威为基础的。雄安新区的治理架构则力求在协同机制上实现突破，价值理念重塑成为突破合作困境至关重要的一步。

第三节　京津冀协同发展背景下雄安新区治理图式的变革与创新

福山指出："正规法律和强有力的政治经济机构与制度尽管十分重要，但它们自身却不足以保证现代社会获得成功……要依赖某种共享的文化价值观念才能起到恰当的作用。"② 在协同共生价值理念引领下，雄安新区在建设过程中应该谋求整体性治理体系的建构，这一治理体系有别于"单一主体"的治理模式，有别于属地化、部门化、碎片化的治理格局，不是既定模式的翻版和延伸，而是建立在包容性增长基础上的多层面、跨部门、多主体的协同治理。这一模式力求实现价值、理念、使命和责任的有机统一，实现组织架构、制度安排、政策网络、资源配置等构成要件的相互嵌入，最终达成协同共生的整体性合作治理格局。

一、雄安新区协同治理理念设定的价值视角

基于国际视野来看，北京正在经历许多发达国家首都和大城市曾经经历过的"大城市病"带来的阵痛。雄安新区的设立秉承世界眼光和国际标

---

① ［美］埃莉诺·奥斯特罗姆：《公共事物的治理之道》，余逊达、陈旭东译，上海译文出版社 2012 年版第 18 页。

② ［美］弗兰西斯·福山：《信任——社会道德与繁荣的创造》，李宛蓉译，远方出版社 1998 年版，第 117 页。

准，旨在通过推进非首都功能疏解的基础上带动区域内共同体的协同发展，致力于用超前理念与核心要素的集聚去打造创新高地，"绿色""智慧""人文""开放"等要素成为引领世界级城市群建设的重要发展理念；基于国家利益的价值视角，上海浦东新区的建设催生了长江三角洲区域的蓬勃发展，深圳特区的设立带动了珠江三角洲区域的空前繁荣。雄安新区的战略布局对于改变京津冀区域发展非均衡状态、优化空间结构、拓展新的发展空间具有重要的战略意义；从京津冀区域公共利益的现实价值来看，合作性整合成为该区域发展的主题。新区的设立致力于治理层级的整合、治理功能的整合和公私部门的整合。雄安新区开发强度小，发展空间潜力大，具有较强的非首都功能的承载能力，可以让京津长期累积叠加起来的资源得以疏解和释放。尤其在打破属地思维定式、探索新区新型治理架构模式、创新投融资模式、吸引社会资本合作建设等方面，雄安新区会成为化解京津冀协同发展困境的集成创新者；基于地方利益的基础价值来看，长期以来无私助力京津发展但自身发展受阻的河北省将迎来重大发展机遇。雄安新区的设立对于化解区域内矛盾冲突，缩小发展差距，促进要素合理流动，推进河北省产业转型升级，破解新区所在白洋淀流域行政化、部门化和碎片化的发展瓶颈，具有重要战略意义。

国家利益的最高价值、区域公共利益的现实价值和地方利益的基础价值构成合作治理的价值，通过价值理念的设定、传递和引导，有助于对制度安排和决策工具提供目标导向和强力约束。雄安新区的治理架构是最高价值、现实价值和基础价值的融合体，是基于合作治理的价值层面和工具层面融合而成的复合体，摒弃了区域内合作主体之间不平等的惯性思维模式，让在京津冀区域中一直处于从属和次要地位的雄安新区走到了舞台中央。①

具有协同意蕴雄安新区治理理念的设定，既是打破传统思维定式、破解合作治理困境、优化治理架构的价值前提，也是新型伙伴关系建立、新型治理模式建构的行动起点。雄安新区顶层设计价值理念的设定彰显了整体理

---

① 陶希东：《跨界区域协调：内容，机制与政策研究——以三大跨省都市圈为例》，《上海经济研究》2010 年第 1 期。

性、公共价值和协同发展的意蕴。

二、雄安新区顶层设计理念中的协同发展意蕴

从 1976 年京津冀协同萌芽到 2017 年雄安新区建设实施，五个发展阶段历经 40 年的发展历程，从合作发端时的画地为牢到发展过程中的各自为战、恶性竞争，从合作深化阶段协同发展理念的觉醒到雄安新区设立后协同发展理念的升华，京津冀协同发展的历程也是合作文化、协同意识、命运共同体等理念不断深化和提升的过程。

雄安新区建设开启了京津冀协同发展历史上新的篇章。"谋定而后动"，习近平同志针对长期以来京津冀区域在顶层设计上的缺陷和统筹规划方面的不足，秉承协同发展理念，以整体性的思维、强烈的问题导向意识和清晰的发展思路，进行统筹规划、谋篇布局、系统设计、整体推进。运用其治国理政的理念和思想，洞察京津冀区域协同发展过程中的问题、矛盾和挑战，厘清了京津冀区域协同发展的思路和具体方略。具体体现在：

一是强烈的问题导向意识，切中区域协同发展的障碍和瓶颈。美国加州大学伯克利分校政治学教授克里斯·安塞尔在其研究成果中得出如下结论："如果相关者之间的权力与资源严重不对称，使得重要的利益相关者不能以有意义的方式进行参与，那么有效的协同治理就需要采取积极的策略，以代表弱势的利益相关者和对其授权。"[1] 雄安新区战略布局的出台便是针对京津冀区域协同发展困境中的一项积极策略，其针对京津冀区域多年来不协同、非合作、条块分割的发展现状和"一亩三分地"思维障碍，从区域内利益相关方资源和权力配置不均衡的现实出发，提出从根本上解决协同意识淡薄、制度安排缺失、政策工具乏力等突出问题，决定从源头上根治各自为战、壁垒森严、零和博弈、地方保护等弊病，下大气力彻底消除区域发展过程中公地悲剧、孤岛效应、碎片化、搭便车等现象，杜绝重复建设、资源浪费、恶性竞争等危害整体、系统、协同发展的顽症。这些问题抓住了京津冀

---

[1]　Chris Ansell，Alison Gash：Collaborative Governance in Theory and Practice，*Journal of Public Administration Research and Theory* 2008（4）.

协同发展不力的根本，发现了利益相关者以有意义的方式参与区域协同的抓手，找到了协同解决困境的出发点、着力点和落脚点。

二是注重协商机制和整合机制的建立，强调顶层设计的整体性、系统性和统筹性。2015 年 12 月，习近平同志在中央城市工作会议上指出："统筹空间、规模、产业三大结构；统筹规划、建设、管理三大环节；统筹改革、科技、文化三大动力；统筹生产、生活、生态三大布局；统筹政府、社会、市民三大主体。"其统筹的观点强调区域多元治理主体间的共同行动，主张核心要素间的组合与嵌入，通过统筹协调把竞争行为转变为合作行为。首先，应该对区域内治理采取灵活的、弹性的、多样化的协商行动，要充分考虑内部动力因素，建立起有效的内生动力机制，通过协商确立规则，协同多元主体，进而设定集体的制度安排；其次，从制度主义视角出发，针对区域内不良竞争和非合作行为，注重沟通信任、互惠互利等社会资本的供给；再次，合作风险的承担及合作剩余的配置均通过平等协商加以实现，区域内利益冲突和分歧力求通过深入沟通加以解决，通过平等协商、充分讨论后达成共识；最后，对于单个行政主体不能或难以解决的区域性公共问题，对于公共服务和公共物品供给问题，均通过一体化的协商加以解决。其主张以区域合作发展带动解决大城市问题，完善治理体系，提升治理能力，涵盖了去行政区行政化、逆部门化、防碎片化等治理策略；其整体性的治理策略主张从分散、局部和碎片走向集中、整体和整合，进而形成合作有序、前后贯通的整体性政府治理图式；其系统化的思维改进"自我中心主义"的价值倾向，突破碎片化管理的束缚，以系统组织架构为载体，矫正一味分权带来的弊病。尤其在雄安新区的设计理念中把京津冀区域作为一个整体系统，依据系统和要素、要素之间、系统和环境的相互联系和相互作用来形成治理架构思路，体现了整体性、结构性、立体性、动态性、综合性等特征。其整体性、系统性、统筹性的治理图式彰显了协同治理大思路和高境界，协同发展的治理理念在雄安新区的发展战略中得到鲜明体现。

三是注重协同发展理念的战略性、纲领性和引领性。针对创新不足、协调失衡、绿色缺失、开放不够、共享匮乏的发展短板，党的十八届五中全会确定了"创新、协调、绿色、开放、共享"的发展理念。"五大发展理念"

彼此协同、相互融通、相互促进，是具有内在联系的集合体。创新发展主张理论创新、制度创新、文化创新之间的协同整合发力，旨在促进不同制度、文化和文明之间的共生互鉴和共存；协调发展，站在全局高度，注重整体内各个环节、系统内不同要素的协调联动。主张把碎片化的部分系统化，把局部零散的功能整体化，推进区域内优势互补、利益补偿、互联互通，着力构建要素合理流动、主体功能有效发挥、基本公共服务均等化、资源环境可持续的区域协调发展新格局，形成均衡治理架构。雄安新区战略布局最终协调范围是京津冀区域整体，协调的策略是整体性效能的发挥，协调的目的是增强发展的整体性、系统性和协同性。作为发展理念，协调的最终理念是实现区域整体功能最大化，推动区域协调发展，进而形成科学空间布局与均衡的利益格局；绿色发展强调绿色资源、绿色经济、绿色空间、绿色环境、绿色生活、绿色文化内容整合协同发展。旨在解决人与自然和谐发展问题，力求兼顾"金山银山"和"绿水青山"之间的平衡；开放发展强调积极参与全球治理，推进构建人类命运共同体。这一全球价值观涵盖了相互协同的国际权力观、共同利益观、可持续发展观和全球治理观。力求在相互依存的环境下，摒弃零和思维，解决内外联动问题，以共生共赢的共同体为依托聚合思想、凝聚共识，通过集体行动和伙伴关系谋求协同治理方略的实现。无论是"一带一路"的建设，亚投行的设立，还是雄安新区的顶层设计出台，都蕴含协同发展思路的深入考量；坚持共享发展旨在着力解决社会公平正义问题，解决区域内行政单元、合作主体发展不平等问题，倡导包容性增长，强调保障和改善民生，进而化解非均衡发展的矛盾。通过共生共享价值理念的传递和引领，助力区域发展的目标指向价值融合与理念协同，雄安新区的治理架构策略摒弃了区域内合作主体之间长期非均衡发展的惯性，让长期以服务京津为己任的河北省成为主角，把雄安新区这一不为人所知的、经济发展较为落后的配角推到区域协同发展的舞台中央。总之，"五大发展理念"的倡导和践行，不但意味着价值观念的嬗变和提升，而且必然会推进京津冀区域治理方略的调整和优化，而雄安新区的区域发展定位则彰显了集体行动价值，把协同治理的意蕴向纵深推进一大步。

三、雄安新区协同治理理念的变革与重塑

雄安新区的愿景是价值性的，是理念和信念的聚合，是思维观念的情感表达，也是组织治理架构优化的根本。引领雄安新区未来建设的具体价值理念可以概括为合作的态度、协调的意识、共赢的观念、善治的精神和绿色的情怀。

一是合作的态度。"合作的文化不仅能修正个人的预期和偏好，使参与者期望组织中其他人的合作行为，也能修正单个组织的预期和偏好，形成对其他组织产生合作行为的期望。"① 在协同治理实践中，合作的态度决定着合作的行为。在协同治理理念引领下，在合作治理的框架下，共同体中任何一方的付出不再是不计成本和代价的，而是会得到来自整体内协同组织的利益补偿和激励回馈，这就使得治理主体为了共同愿景而形成积极的合作态度。合作的出发点是力图改变"经济人"的有限理性和以"自我利益"为中心的传统治理格局，克服"搭便车"心理和"机会主义"行为，清除地方利益最大化的惯性思维，通过区域内多元主体之间真诚的合作，搁置争议，增进信任，发展彼此之间的文化认同，用共同的使命凝聚合作共识，升华思想感情，进而把合作的态度和愿望演变为共同行动的内驱力，这种拧成一股绳的内驱力会成为雄安新区建设中的引擎和重要推动力量。

二是协调的意识。"如果说政府关系的纵向体系接近于一种命令服从的等级结构，那么横向政府间关系则可以被设想为一种受竞争和协调动力支配的对等权力的分割体系。"② 强化协调意识需要治理主体根植于系统规划和整体布局的协同考量，综合运用多种途径和手段修正并妥善地处理各种利益关系，依托协调手段使跨界、跨部门的竞争行为向合作行为转化。通过协调途径和方略解决个人偏好与集体行动冲突的问题，运用协调方式解决合作风险的承担和合作剩余的配置问题，进而把不同主体的子目标统一到为实现系统共同目标而努力的共同行动中。这一协调过程是化解冲突、统一认识、达成

---

① ［美］丹尼尔·A.雷恩：《管理思想的演变》，李柱流等译，中国社会科学出版社1997年版，第538页。

② ［美］理查德·D.宾厄姆等：《美国地方政府的管理：实践中的公共行政》，九州译，北京大学出版社1997年版，第162页。

共识的过程，协调成败的前提是组织或部门管理者的意识朝着共同目标而努力。求同存异、顾全大局、齐心协力等意识成为决策者的主要动机和心理特征。在雄安新区建设过程中，区域合作组织要善于调节、平衡和统一不同部门、不同行政主体、不同个体之间的关系，善于调和平衡利益相关者的利益，努力在矛盾冲突中挖掘"调和""折中"的价值，克服部门利益至上、本位主义、地方保护主义现象，营造相互支持、相互协作、相互信任、相互理解的氛围，进而形成发展的动力和合力。

三是共赢的观念。区域内利益相关者之间的共赢建立在相互信任的基础之上。吉登斯将信任界定为"对一个人或一个系统之依赖性所持有的信心，在一系列给定的后果或事件中，这种信心表达了对诚实或他人爱的信念，或者对抽象原则技术性知识的正确性信念"①。共赢是指合作主体在完成集体行动或共担共同任务的过程中彼此信任，精诚合作，互惠互利，相得益彰，最终达成双赢或多赢的理想结果。共赢主要体现在理念上求同存异，使命上同心同德、行动上步调一致。这种价值观的形成，注重合作主体"在信念上达成共识，在道路选择上协调一致，在实际行动中齐心协力"，通过治理主体信任合作机制的强化，减少利益相关者间的合作成本，遏制机会主义行为。这也是雄安新区发展过程中突破自我中心主义藩篱、克服自身利益最大化窠臼所必须秉承的发展理念和使命。

四是善治的精神。在治理实践中，合作与竞争、开放与封闭、责任与效率之间的冲突催生了善治理论，善治理论的提出是基于现实中治理失效的现实而提出并发展起来的。善治是一种治理境界，是治理的价值追求，是政府治理能力所致力达到的境界。善治既是社会运行和民生福祉的"晴雨表"，也是良性互动发展和民心向背的"风向标"。它注重社会的合意性，倡导民主价值，这种治理的过程，是多元主体良性互动、确立良好伙伴关系的过程，是政府持续回应公民需求的过程，也是政府之间、政府与市场和社会之间合作关系的调适过程。Hewitt 教授认为，善治过程应该结合以下要素：对改革更具创造性而非技术性的理解；对制度和程序的变化展开更多对话；对

---

① ［英］安东尼·吉登斯：《现代性的后果》，田禾译，译林出版社 2000 年版，第 98 页。

公共领域（国家和公民社会）如何巩固加以更多关切；促使经济政策和制度改革趋向一体；更为关注影响治理的国家和国际因素。① 在整合汲取各种积极要素后形成的善治理念导引下，治理主体在求同存异、化解矛盾冲突、调适各种关系基础上精诚合作、协同共生，树立集体行动的目标、形成共同的愿景规划、达成一体化的发展战略，这是雄安新区在建设过程中必然的价值诉求。

五是绿色的情怀。"绿色"是生态环境特有的颜色，代表自然、和谐、健康，寄寓着生命和希望。绿色协同治理体系效果的实现需要各主体职责和功能的相互补充，但相互补充不是各主体优势的简单相加，而是有机结合。治理主体都应通过倡导绿色政治、绿色行政以及绿色治理的理念，促使社会形成一个开放的生态环境治理氛围。促进各主体治理理念的改进是保证各主体优势有机结合的前提条件，这就需要建立有效的引导机制，让各主体认识到生态环境治理需要协作的复合型主体，要积极鼓励并引导各主体在履行自己主要职责的同时，也主动履行绿色行政、绿色生产、绿色消费、绿色参与、绿色宣传和绿色智慧等所倡导的其他要求。② 生态挑战是雄安新区建设面临的首要问题，打造绿色智慧新城是雄安新区发展的首要任务，"低碳发展、绿色发展、循环发展"等三大理念是雄安新区建设的题中应有之义。绿色发展理念着眼于区域内人与环境和谐共生、经济与生态协同共荣，行政单元和部门之间合作共赢。这是雄安新区未来发展的正确方向、可行路径和思想导引。绿色发展情怀的注入既注重时间维度上的纵向协调，也强调同一时空上各个主体和单元的横向协调，把绿色治理理念纳入顶层设计的总体布局，在路径和愿景的有机统一中实现永续发展，是雄安新区建设发展中需要一以贯之的。

四、结语

理念的变革是对伙伴关系的再造与重塑，是对碎片化治理模式的战略

---

① Grindle M S: Good Enough Governance Revisited, *Development Policy Review* 2007 (5).
② 杨立华、刘宏福：《绿色治理：建设美丽中国的必由之路》，《中国行政管理》2014 年第11 期。

性回应，也是区域新型合作治理模式建构的逻辑起点。雄安新区地处京津冀腹地，近期规划包括安新、雄县、容城等县域区划，长远规划必定会涵盖周边的高碑店、高阳、定兴、博野等县市，其毗邻的白洋淀水域受制于长年以来的多头管理困扰，亟待突破以"各自为战、壁垒森严、分割有界"为特征的"行政区"行政治理理念。雄安新区的设立，基于协同共生的善治理念，是对相互排斥思维观念的否定，是对长期以来京津冀合作困境认识上的飞跃，是中央政府审时度势，克服区域内单个行为主体"搭便车"现象和非合作行为的一次有益探索与尝试，也是破除京津冀区域三地政府"孤岛效应"、突破行政区划刚性约束的一次重大突破。

关于雄安新区的顶层设计与建设发展，习近平同志倡导价值共享，主张推行新理念、制定新政策、出台新举措，要求摒弃各自为战、各行其道的思维定式，注重理念、政策、举措之间的内在逻辑关系。这一战略布局彰显出整体有序、合作共赢、共享共治、融会贯通的文化品位和战略内涵。为雄安新区未来发展勾勒出了合乎区域本真价值的图式愿景。在协同共生的语境下，这一战略催生了共同体内利益相关者固有价值的融合，而这一理念的变革与重塑势必会成为破解京津冀长期以来协同不力的一剂良药，引领区域共同体伙伴关系的建立，促进整体性治理方略的达成。

制　度　篇

第八章　制度理论视域下的雄安新区整体性治理研究框架

制度是一整套的法则，其本质在于协调。制度问题是集体行动达成的核心问题，制度质量和制度环境直接影响着利益相关者的行动效果。由多个行政单元构成的雄安新区新型治理体系建构的过程中，辖区内产权模糊，条块分割，责任不明，协作治理成本巨大。而有效的制度安排则有助于明晰产权和责任，减少交易协调成本和不确定性，理顺并规制不同利益主体间的相互关系，化解矛盾冲突，将阻碍整体性治理的因素降低至最低点。

随着我国区域协同发展的深入推进，所面临的问题多是复杂棘手，利益纠葛的难题。相应地，协同治理、整体治理、网络治理范式的制度建设也将逐步进入攻坚期和深水区。因而，亟须在充分考虑整体性、协同性、网络性的基础上，综合现行制度体系，提高区域内各相关治理主体的预期净收益，推动制度变迁和制度创新，构筑一套契合中国国情的整体性治理制度体系，以实现资源的系统整合、优化配置、科学利用及整体治理。本研究在梳理京津冀区域及雄安新区治理制度安排和选择的相关文献基础上，沿循"制度理论—制度实践—制度安排—制度创新"的制度建构逻辑，系统研究分析雄安新区整体性治理的制度创新方向和具体路径，以期实现制度创新与雄安新区整体性治理架构的良性互动和优化整合。

第一节　制度建构逻辑

一、制度理论——整体性治理制度化的理论基础

系统的制度分析有助于政府组织在治理的过程中，优化相互关系、发掘治理潜力、纠正无序行为、采取集体行动。本研究将以产权和交易成本两个基本维度为切入点，系统深入地分析制度安排的结构与质量，探讨如何使制度在协同治理中发挥应有作用，以期达到系统性、整体性。整体性的治理绩效；整体性治理内在逻辑的实现，需要通过制度的内在化引导与驱动。本研究拟解决的主要理论问题是从供给和需求两个方面着手发展制度安排；此外，吉登斯提出了治理中的政治敛合和经济敛合问题，因而把政治敛合、经济敛合与社会敛合、文化敛合、生态敛合有机结合起来整体考量，优化制度结构，提升制度安排质量，也是本研究力图解决的关键问题。

二、制度实践——整体性治理的制度保障

欧美国家由于制度安排比较健全，制度措施比较完善，所以治理中的制度安排不是核心议题。发展中国家尤其是转型中的国家，制度缺失以及制度难以发挥作用的现象较为突出，本研究力求通过制度的洞察力和驱动力来审视并构建有效的区域整体性治理模式。地方政府因共同利益需要而自发形成的区域协同治理制度，在共同利益占主导地位的情况下，对推动区域协同治理与发展有很大促进作用。但是，当共同利益渐微或存有不同利益诉求时，地方政府本能的机会主义倾向明显，地方保护主义盛行，合作的不确定性增加，制度保障缺乏，其"合作剩余"难以令人满意。本研究力求在这一制度保障机制研究上有所突破。

三、制度安排与制度创新——整体性治理的制度发展方向

项目沿循"治理现状—共同使命—制度安排—组织架构—政策工具—治理绩效—现实改进"的理论框架，基于京津冀区域协同治理困境及发展路

径的制度和政策分析，重点聚焦雄安新区整体性治理的制度供给、制度优化、制度建构及整体性制度创新等问题加以研究。

第二节　研究框架设计

随着京津冀区域协同治理的深入推进，所面临的问题和挑战日益复杂和突出，区域协同治理面临利益博弈、体制机制障碍等诸多困境。雄安新区的设立是破解京津冀协同发展障碍的重要举措。本研究尝试探寻核心问题产生、变化、发展的制度根源。在充分考虑区域整体性、复合型和协同性的基础上，综合现有法律法规和具体协作机制两个层面的制度基础，依据产权与责任明确统一以及协同治理交易成本最优化两大原则，调整优化产权管理，变革组织架构，健全法律法规体系，改善激励—约束机制等制度安排，以实现资源的科学配置和整体治理。

根据要解决的主要问题及制度创新逻辑，本研究重点从以下几个关键问题入手：一是雄安新区整体性治理制度化的理论基础；二是京津冀区域协同发展的具体实践、治理现状与变迁历程；三是雄安新区治理架构的整体性制度安排与制度创新路径。具体研究遵循"制度—行动—改变的结果—绩效"的制度主义分析框架，探讨相关治理主体的协同意愿和协同动机；研究过程中把制度划分为四种类型：管制型制度、市场型制度、自愿型制度、整体性制度；把制度内涵划分三个方面：正式制度、非正式制度和实施机制，进而从多层次、多视角对制度的变迁历程加以分析；从规则和组织（政府、市场、社会组织）的关系层面分析制度安排的增进、调适与转变；最终对制度安排与治理绩效之间的关系进行实证研究。

重点研究内容围绕整体性制度建构逻辑的三个方面展开：一是京津冀协同发展背景下雄安新区整体性治理制度化的理论基础；二是京津冀协同发展背景下雄安新区整体性治理的制度实践与制度变迁；三是京津冀协同发展背景下雄安新区整体性治理制度创新路径。

重点研究框架如下图8-1。

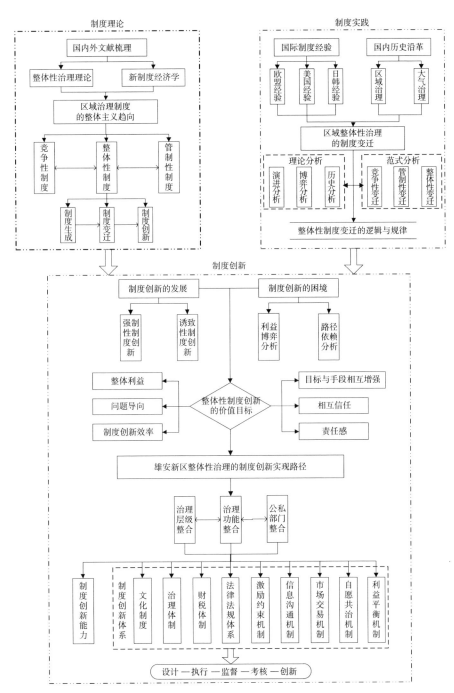

图 8-1　雄安新区整体性治理制度创新研究总统框架图

第三节　研究内容和研究策略

一、京津冀协同发展背景下雄安新区整体性治理制度化的理论基础

制度安排是利益相关者集体行动的逻辑起点，制度理论在整体治理实践中发挥着重要的引领和支撑作用。

1. 国内外制度理论相关研究。一是国外关于整体性治理理论视域下制度建构和创新的研究。借鉴罗纳德·科斯（Ronld Coase）的观点：对治理效果做整体分析，而不是局部分析，主张从整体视角考察雄安新区治理现状，并把它和改变的效果加以比较分析。二是国外关于整体性治理的制度设计研究。借鉴约翰．加尔布雷恩（John Galbraith）的建构策略，把可持续发展和生活质量内生于雄安新区经济增长、公共服务、生态治理等亟待探讨的问题之中。三是国内关于整体性治理理论视域下制度建构和创新的研究成果。基于国内相关领域制度设计供给不足，制度运行机制乏力，制度绩效不高的研究假设展开探究。四是国内关于整体性治理的制度设计研究。对制度设计加以细化分层，重点从制度内涵、制度层次、制度类型、制度发展阶段、制度绩效等方面加以深入探讨。

2. 整体性治理的制度化研究。京津冀协同发展背景下雄安新区整体性治理的制度化研究主要从以下五个方面加以展开：一是从整体性运作的时代背景与具体概念入手。力图以务实的态度和解析的角度，通过内部、外部、纵向、横向四个静态维度和价值理念维度构建一个动态体系，尝试解析希克斯提出的整体性治理策略和途径的基础上，用以阐释雄安新区整体性治理制度化的可行性。二是整体利益的生成与发展维度。整体利益不是虚无的理念设定，而是建立在治理主体利益博弈基础之上的共赢。本着这一指导思想达成雄安新区相关治理主体的利益整合策略。三是整体性制度化过程中的正式组织及其相互关系的视角。着重探讨雄安新区整体性治理架构中正式制度、非正式制度及其实现机制之间的关系。四是整体性治理制度化的激励基础角度。界定雄安新区社会激励结构的制度框架，把社会组织、智库机构、专家学者等主体纳入到激励结构中来，着力应对来自经济、生态和社会承载力等

方面的挑战；五是整体性治理制度化中的制度预设与创新角度。建立起雄安新区整体性制度安排与制度创新之间的变量关系，着力探讨制度安排对整体性治理创新的影响。

3. 新制度经济学视域下雄安新区整体性治理的制度分析。理论价值在于采用新制度经济学的理论和方法研究整体性治理问题。重点探讨制度安排的形成和制度绩效的评价，进而回答为什么需要制度安排、如何进行有效制度安排等问题。具体细化为：（1）整体性治理中的产权分析具体可分解为所有权、使用权、收益权和转让权等。产权清晰，责任明确，能够降低人们相互行为中的不确定性，减少交易成本，加强合作，从而提高资源配置的效率；反之，产权模糊，责任不明确，增加人们对未来预期的不确定性，难以合作，甚至发生冲突，资源配置则处于低效状态。（2）整体性治理中的交易成本分析。整体性治理中降低交易成本方面，制度起着根本性作用：第一，制度能够扩展单个政府组织的有限理性。制度由区域政府组织共同参与设计，共同谋划达成，吸纳并发展了所有区域政府组织的主张和意见，提供了一种协同治理方向和内容的预见性，有利于缓解和弥补单个政府组织协同治理方面的缺陷不足，潜在地扩展了下一届政府的有限理性。第二，制度增加了违反协同治理契约、逃避共治责任的成本，降低了单个政府组织，尤其区域内地方政府的本能性机会主义倾向。第三，制度降低了政府组织后期沉没成本发生的概率。（3）整体性治理中的制度变迁与制度创新分析。从强制性制度变迁到诱致性制度变迁，制度安排形成有效的激励约束系统是制度创新的基础。强制性制度变迁和诱致性制度变迁如何实现相互增进与协同。（4）整体性治理中的柔性制度与硬性制度。在建构整体性制度一般刚性原则下，适度对制度加以柔性化处理，把刚性规范和柔性运作结合起来，把制度与现实的和谐性纳入考量范畴。

4. 治理制度的整体主义发展趋向。一是区域协同治理中制度的概念界定。制度是研究治理理论中集体行动和公共政策的核心问题。罗纳德·科斯（Ronld Coase）注重整体性策略的运用，主张从成本—收益的视角出发，通过制度的比较分析途径达成对现实的改进。二是整体性治理中竞争性制度的概念界定与建构逻辑。从供给与需求角度出发，以创新维度作为驱动，基于强制性变迁与诱致性变迁的角度加以分析。三是治理过程中整体性制度的概念界定与建构逻辑。对管制型、市场型、志愿型制度类型协同考量与比较分析的基础上，提出整体型制度安排的设定。四是雄安新区整体性治理制度的分析框架。遵循"治理现状—愿景使命—制度安排—组织架构—政策工具—治理绩效—现实改进"的制度分析理论框架，对雄安新区治理的制度基础、制度生成、制度变迁、制度创新加以整体性建构。

二、整体性治理的制度实践与变迁

1. 整体性治理制度的国际经验与启示。雄安新区的架构是治理模式上的理论突破和实践创新，理想的状态是政府、市场和社会之间的协同，科技和产业之间的协同、生态环境和经济发展之间的协同、空间结构和资源配置之间的协同、自主创新和公共服务之间的协同。本研究在制度分析的基础上，结合国内外高科技园区、城市群和区域发展的历史变迁和实践经验，提炼雄安新区治理架构应该秉承的国际标准和发展规律。具体包括：（1）欧盟整体性治理制度安排：基础、内涵、特征及其变迁；（2）美国整体性治理制度安排：基础、内涵、特征及其变迁；（3）日韩整体性治理制度安排：基础、内涵、特征及其变迁；（4）国际上整体性治理制度安排对中国的启示。

2. 京津冀区域整体性治理的制度分析。在充分考虑区域整体性和协同性的基础上，综合现有法律法规和具体协作机制层面的制度基础，依据区域产权与责任统一以及协同治理交易成本最优化原则，创新制度安排、健全法律法规体系，改善激励—约束机制等制度，以实现京津冀资源的优化配置、科学利用及协同治理。一是京津冀区域整体治理的制度逻辑与制度安排。从对现实的改变出发，建构制度的理论、模型和理念体系，了解、改造和解释治理策略，建构和实施能够达到期望结果的制度框架。二是京津冀区域治理的根本制度实践与安排。三是京津冀区域治理的直接制度实践与安排。重点以京津冀区域大气污染协同治理问题和雄安新区所处白洋淀流域为例，基于制度分析和政策分析的理论框架，系统分析区域大气污染治理和流域治理现实困境的基础上，提出京津冀区域大气污染协同治理路径和白洋淀流域生态协同治理方略，为雄安新区新型治理架构提供借鉴。

3. 雄安新区治理架构的制度实践发展历程。在整体性价值理念引领下，分析雄安新区建设过程中谋求新型治理体系建构的历史探索进程，这一治理制度的安排超越了单一制度安排的局限，创新了传统的发展模式和治理格局，是建立在系统性、协同性、整体性基础之上的具有创新引领意义的制度建构。这一整体性治理模式力求追求价值理念的融合、愿景使命的达成、权利责任的有机统一，力求实现制度安排与政策工具的合力推进，组织架构与资源配置的相得益彰，达成构成要件间紧密型的合作治理网络。雄安新区治理架构的制度实践发展历程从以下四个方面着手研究：一是雄安新区治理的制度逻辑与安排；二是雄安新区治理的根本制度安排与变迁；三是雄安新区治理的直接制度安排与变迁；四是雄安新区治理制度与国内外相关方面治理制度安排的共同和差异之处。

4. 雄安新区制度变迁与整体性治理制度的建构。京津冀协同发展背景下，区域治理制度经历了从竞争到合作，从割裂到聚合，从单打独斗到协同共生的发展历程，协同意识的觉醒、协同动机的强化驱动着制度的变迁方向，助力了制度创新的进程。制度变迁的历程也成为共生文化、协同价值、共同体意识等思维观念走向制度化的过程。基于此，本研究的制度建构策略包括：一是制度变迁的三个分析视角：演进分析、博弈分析和历史分析；二是竞争性制度变迁与雄安新区整体性治理的联系及互动；三是管制性制度变迁与雄安新区整体性治理的联系互动；四是整体性制度变迁与雄安新区治理架构联系及互动；五是雄安新区治理中整体性制度变迁的规律、方式与特点。

三、雄安新区整体性治理制度创新路径

1. 制度创新理论的生成与发展。制度创新理论是制度经济学和熊彼特创新理论两个学术流派的融合。对制度创新概念及内容的完整表述是由诺斯和戴维斯给出的。他们认为：制度创新是指能够使创新者获得追加或额外利益的、对现存制度的变革。本研究聚焦于：一是制度创新的主要内容：观点、内涵、过程；二是制度创新的动力和源泉：治理架构变化、市场规模变化、技术发展、集体和个人预期的变化；三是制度创新的发展：包括强制性制度

创新与诱致性制度创新，从管控型制度、市场型制度、自愿型制度到整体性制度的创新发展；四是雄安新区整体性治理中制度创新的重要性和紧迫性。

2. 雄安新区治理中制度创新的困境分析。具体从四个方面加以具体分析：（1）雄安新区治理的制度创新现状。侧重辖区内组织和决策者能力与治理体系分析。既有属地化管理模式下，辖区内政府官员对超出行政区划以外的问题了解不多，缺乏协调沟通机制，习惯于坐井观天，开放性和融合性不够，对利益相关者的利益诉求缺乏清晰辨识，对跨行政区、跨部门公共事务的认知能力偏弱，囿于自身领地，目光短浅，缺乏开放的胸襟和共享的气度，提供公共服务、解决公共问题、管理公共事务能力缺失。（2）雄安新区治理架构中制度创新具体问题和困境。着重分析"零和博弈思维""孤岛效应""运动式治理"等协同治理困境。（3）雄安新区治理中制度创新困境的利益博弈分析。重点分析"属地治理思维"、协同治理动力不足和意愿分野、补偿机制不到位、虹吸效应等治理困境。（4）雄安新区治理中制度创新困境的路径依赖分析。解析协同取向"权威依赖"的表现形式，着重分析协同执行中对于上级部门和等级权威的依赖。

3. 整体性制度创新的情境界定与价值目标。基于国家利益的价值视角，上海浦东新区的建设催生了长江三角洲区域的蓬勃发展，深圳特区的设立带动了珠江三角洲区域的空前繁荣，粤港澳大湾区的部署推动了世界级城市群的迅速崛起，雄安新区的战略布局对于改变中国经济发展区域非均衡状态，优化空间结构，拓展新的发展空间具有重要的战略意义；从京津冀区域公共利益现实价值来看，合作性整合成为雄安新区发展的主题，整体利益和价值共创成为区域内多个主体的共同诉求；基于地方利益基础价值来看，长期以来担任配角，无私助力京津发展但自身发展受阻的河北将迎来重大发展机遇，利益的整合与调试催生了区域发展的新格局。此议题主要从四个方面对制度创新的情境和价值目标加以设定：一是整体性制度创新的提出及情境界定，基于诱致性制度创新的设定和一体化情境的考量加以展开；二是雄安新区治理架构中整体性制度创新的正当性和可行性，主要基于对整体性制度和传统制度安排的比较论证理论和制度创新的逻辑契合性；三是雄安新区治理中整体性制度创新的基本理念。把创新、绿色、协同、善治、共赢发展理念纳入其中整体考量；四是雄安新区治理中整体性制度创新的价值目标，包括整体回应公民需求、以问题的有效解决为一切行动的逻辑、制度创新边际收益等于边际成本、制度创新目标与手段相互增强、信任与责任等具体目标设定。

4.雄安新区整体性制度创新的路径选择。京津冀协同发展背景下雄安新区治理架构的路径选择策略源于整体性治理的考量，源于整体性的制度安排和制度创新设计。这一路径是将制度创新理论和制度创新实践结合起来设定，将单一制度和整体制度结合起来加以设计，将制度创新设计与政策工具类型分析结合起来加以改进，将制度分析与制度绩效结合起来加以分析，最终做出的具有前瞻性、科学性、开创性的理性路径选择。主要涵盖五个方面的研究内容：一是整体性制度创新与雄安新区新型治理架构的联通及互动问题，在制度安排和治理方略间架构起桥梁和纽带；二是雄安新区整体性制度创新中利益主体的整合分析，把基于个体的局部分散利益放置在整体紧密的格局中加以聚合；三是雄安新区整体性制度创新能力建设问题，深入探讨系统化、提升决策者的领导力、洞察力、协调力、组织力和执行力等问题，持续推动雄安新区整体性制度创新和流程再造；四是雄安新区整体性制度创新体系设计问题。主要包括柔性制度和硬性制度的安排设计如何协同考量，不同类型制度设计如何细化，细化的制度间如何协同；五是雄安新区整体性制度创新过程、结果及绩效评价设计问题的探讨。对制度设计、制度执行、制度监督、制度考核、制度调整等要素环节的全过程进行一体化的研究。

第九章 京津冀区域大气污染协同治理的制度困境及路径选择

第一节 引 言

中国大气污染治理是以行政区划为边界的属地治理模式，在此种治理模式之下，各地方政府对本行政区划内的大气污染进行控制和治理，各自对本行政区划内大气质量负责。以国界、省界、市界等为主的多层行政区划界限是政治权力的空间投影和分割标志，代表着政权机构或政府权力所能覆盖到的最大地理范围，具有较强的法律、政治和军事意义。[①] 在京津冀区域，"竞争"大于"合作"的"零和博弈"思维长期以来阻碍着三地的协同发展。跨区域性特征使得大气污染治理演化为利益相关者需要共同面对的"联合性问题"，这些问题突破了组织界限，超越了行政疆界，成为关乎区域整体治理建构的系统性问题，由于本质上的外部性、跨界性，单纯依靠传统的"行政区行政"管理模式，弊端日趋凸显。此外，京津冀三地政府面对区域大气污染这一公共问题时，治理策略是应对型、运动式的，过度依赖中央政府权威直接干预。区域政府治理方面制度安排的协同性不够，政策工具过于单一化、简单化和形式化，管制型工具成为区域复杂问题处理的主要方式。

京津冀区域大气污染治理体制、机制和政策工具层面所暴露的问题，亟须掌握着区域内主要资源和权力的组织部门转变观念、调整策略，突破体制机制障碍束缚，协同治理区域公共问题。

---

① 陶希东：《美国空气污染跨界治理的特区制度及经验》，《环境保护》2012 年第 7 期。

第二节　研究框架

安斯尔（Ansell）和加什（Gash）基于情境理论建构了协同治理模型，该模型设定了四个变量：初始条件、制度设计、领导力和协作过程。关于协同治理的情境理论，该研究得出如下结论：如果利益攸关方之间的权力与资源严重不均衡，使得重要的利益攸关方不能以有意义的方式进行参与，那么有效的协同治理就需要采用积极的策略，以代表弱势的利益攸关方和对其授权。①

本研究在借鉴该模型架构的基础上，结合中国国情和京津冀区域特有情境，建构了本研究的框架如下。

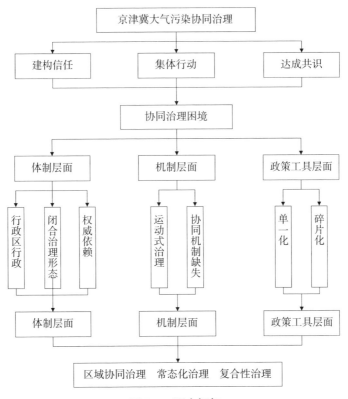

图 9-1　研究框架

① Chris Ansell and Alison Gash：Collaborative Governance in Theory and Practice，*Journal of Public Administration Research and Theory* 2008（4）.

第三节　京津冀区域大气污染协同治理的制度困境

京津冀区域大气污染治理面临的主要困境主要集中在体制、机制和政策工具三个层面。

一、体制层面的弊端

京津冀区域大气污染属地治理模式主要特征表现为：一是浓郁的"行政区行政"色彩。行政疆界是权力管辖的最大化边界，京津冀三地政府横向之间都没有能力跨界干涉相邻单元决策，刚性壁垒横亘于政府之间。二是闭合的治理形态，"内向型"特征明显。各个地方政府在大气污染治理中各自为政，各行其道，囿于自身"一亩三分地"，同级政府间缺乏常态化横向沟通机制。三是推进策略上的权威依赖。在传统科层制的压力型框架体制下，基于自上而下的权威对区域性大气污染加以等级制设计，这种"命令—控制式"的推进策略造成了下级政府对上级政府的权威依赖。属地治理模式这一体制性治理困境投射在京津冀区域大气污染治理的现实中导致的结果是：

首先，属地化治理格局导致的资源分散与京津冀跨区域大气污染要求的资源整合诉求相背离。在大气污染治理过程中，出于自身最大化利益考量，京津冀三地在制度安排、政策工具、信息系统、治理技术、治理指标等方面存在诸多博弈。博弈的后果就是大气污染治理资源的碎片化和分散化。其次，政治上的压力型体制和经济上的分税制形塑了地方政府的发展偏好。地方政府作为"理性经济人"把工作重心放在了对职务晋升和 GDP 增长的追求上，京津冀三地政府围绕政治晋升和 GDP 增长展开竞争，竞相选择高污染、高耗能、高排放但产值高、利税大的产业发展，导致京津冀跨区域大气污染形势的加剧。2010 年以来，河北省以承接京津产业转移、疏解北京非首都功能为由，新增开发区达 90 多个。再次，属地管理模式下，非合作治理导致的"搭便车"现象难以实现区域大气污染治理中外部效应内部化问题。就治理结构而言，京津冀区域在大型活动或重度污染期间体现了一定的协同性，但是从具体执行过程看，京津冀三地还是分别把任务和内容具体分解到了本行政区划的各个行政单元，属地治理的性质并未改变。在这种模式下，京津冀三地地方性的大气污染治理战略规划、制度安排、政策法规、行动策略等均局限于地方属地管理权限，没有交叉治理或相互干预的权限，难以激发协同动机、达成协同行动。

二、机制层面障碍

1. 京津冀大气污染治理呈现明显的"运动式"特征。"运动式治理是一种以运动式的非常规手段来开展各种治理行动的常态化国家治理模式。"[①] 运动式治理主要表现在两个方面：一是应对区域空气重度污染和大气污染突发事件的应急性协同治理；二是组织和承办某些大型活动期间的临时性协同治理。例如北京夏季奥运会期间，为保障北京空气质量，北京、天津、河北、内蒙古、山西、山东等6省区市及有关部门共同制定了《第29届奥运会北京空气质量保障措施》，从多方面多层次协同行动，联合防治空气污染，取得积极成效，奥运会期间大气污染物排放量与2007年同比下降70%左右，创造了北京市进入21世纪以来空气质量最好的纪录。但值得注意的是，这种运动式的治理仅仅是昙花一现，2009年相较于2008年奥运会同时段，NO、NO2、NOX和PM10等的平均浓度均大幅度升高，NO的平均浓度更是升高了109%。"后奥运时期京津冀区域大气污染显著反弹，除受到一次排放前体物NOx和SO2的影响外，区域整体大气氧化性的提高也是一个重要原因。"[②]

类似的运动式治理频繁出现在"两会""APEC"、抗战阅兵等一系列重大活动期间。由于区域内严格的管控措施，活动期间见到了久违的蓝天，这些活动出现的现象被称为"奥运蓝""阅兵蓝""APEC蓝""两会蓝"。在

---

① 杨志军：《三观政治与合法性基础：一项关于运动式治理的思维框架解释》，《浙江社会科学》2016年第11期；潘铭：《浅谈雾霾对人体健康的影响》，《微量元素与健康研究》2013年第5期。

② 徐小娟、刘子锐、高文康、王跃思、辛金元：《后奥运时期京津冀区域大气本底夏季污染变化》，《环境科学研究》2012年第9期；孙迪、王东梅：《雾霾对人体的危害及其护理对策》，《循证护理》2017年第1期。

2015 年"抗战阅兵"期间，北京市 SO2、NO2、PM10、PM2.5 等各项污染物平均浓度分别为 3.2 微克 / 立方米、22.7 微克 / 立方米、25.3 微克 / 立方米和 17.8 微克 / 立方米，同比分别下降 46.7%、52.1、69.2% 和 73.2%，达到了监测历史以来的最低水平。阅兵期间，天安门地区 PM2.5 平均浓度仅为 8 微克 / 立方米。但是，短暂蓝天的背后是区域内大量企业的关停、机动车单双号限行等严厉措施的保障，这些管控措施衍生出一系列社会矛盾和冲突，且活动结束后蓝天迅速消失，雾霾重新粉墨登场。2015 年 12 月，北京市两次启动了空气重污染红色预警。

詹姆斯·R. 汤森认为："中国面临着一种制度化运动的悖论。改革意味着中国生活的常规化，但它却是以运动的方式进行。"[1] 从大气污染治理的视角出发，运动式治理业已形塑了京津冀区域公共问题的治理方略。这种临时的、应急的治理模式缺乏可持续性，并没有解决根本性问题。究其原因在于，运动式治理的直接目的是解决某一迫在眉睫的社会经济问题并恢复政府权威，因而只要某一社会经济问题得以改良其目的便已达成。[2] 目的达成以后，临时性的协同治理行动也往往伴随着活动的结束而"寿终正寝"。由此可见，京津冀大气污染运动式治理最大的缺陷就是不可持续性，治理手段游走在合法和正义边缘，容易造成治理结果反弹，存在治理成本高昂、转嫁责任等问题。

2. 京津冀三地的地方性法规的协同性缺失，区域立法缺乏合法性。具体到京津冀立法内容协同而言，北京、天津和河北三地在遵循中央要求的基础上，均有条款明确规定加强与周边相关省区市的大气污染联防联控工作，重点要求在预警联动、监测信息共享、重大污染事故通报、科研合作、联合执法等领域实现突破。相关法律法规的修订方面，京津冀三地都出台了各自的《大气污染防治条例》，为区域大气污染协同防治提供了法律支撑，为具体政策、行动开展提供了基本遵循。

然而，京津冀三地法规具体内容，受制于修订主体、利益和时间的不

---

[1]　[美] 詹姆斯·R. 汤森，[美] 布兰特利·沃马克：《中国政治》，顾速、董方译，江苏人民出版社 1995 年版，第 283 页。

[2]　蒋敏娟：《中国政府跨部门协同机制研究》，北京大学出版社 2016 年版。

同，在若干规定上缺乏一致性和相互对应，在具体执法和司法过程环节，三地的相互协作仍面临层层障碍。如《北京市大气污染防治条例》（2014）第二十四条规定："市人民政府应当在国家区域联防联控机构领导下，加强与相关省区市的大气污染联防联控工作，建立重大污染事项通报制度，逐步实现重大监测信息和污染防治技术共享，推进区域联防联控与应急联动。"河北和天津在修订《大气污染防治条例》时，在具体条款上应该和北京相呼应，但事实是三地在出台各自的条例时依旧是各行其道。2015 年 3 月，京津冀人大常委会出台了《关于加强京津冀人大协同立法的若干意见》，强调京津冀三地在制定立法计划和立法项目时相互沟通协商，协同推进该区域的立法和制度安排。但是在具体操作层面，各地缺乏必要的沟通环节，依旧是从自身利益出发加以立法，协同立法只是停留在口头和表面文章上。京津冀在大气污染治理上的协同立法涉及京、津、冀三地的联合立法问题，京津冀三地在大气污染防治上的协同立法更多的是在一种相对松散、彼此约束力不强的条件下进行的的。[①]

　　3. "碎片化"体制下的"信息孤岛"现象成为信息化治理协同的瓶颈。2017 年 11 月底在环境保护部网站"大气污染防治—区域联防联控"栏目中进行搜索，发现最后一次信息更新仍然停留在 2016 年 5 月。就京津冀区域而言，信息整合能力偏弱，区域层面信息公开、信息整合与信息共享匮乏，信息更新速度缓慢。京津冀区域大气污染信息共享平台作用发挥十分有限，区域在平台上的信息共享仅局限于三地政府的工作动态及内部邮件的统一发送。污染信息无障碍获取、污染源曝光、执法情况信息披露等关键信息共享并没有实现。政府和部门网站独立运行，网站上除了其他政府网站的链接没有实质性的共享内容，统一整合的数据库、网上跨部门信息共享成为空谈。有关协同工作信息的传递和共享尚未形成各政府之间网状多点对接的信息共享机制。在大气污染治理信息的监测和收集方面，多个行政单元、不同利益主体的信息沟通与共享很难在同一个层面达成共识，由于缺乏信息披露和信息共享机制导致出现"信息孤岛"现象。

---

① 　魏娜：《京津冀大气污染跨域协同治理研究》，北京大学博士学位论文，2016 年。

三、工具层面乏力

本节依据"强制程度"标准将区域大气污染治理政策工具划分为三大类：管制型政策工具、市场型政策工具和自愿型政策工具。京津冀区域大气污染治理中，治理工具过于单一化，聚合性和协同性较差，管制型政策工具类型成为区域公共问题应对的主要策略。

1. 大气污染治理中对管制型政策工具的"路径依赖"。对近40年来京津冀大气污染治理政策文本统计结果显示：管制型政策工具比例占到75%，市场型和自愿型政策工具在政策工具箱中的比例不足25%，其中市场型政策工具只占到6%左右的比重，三种工具类型使用频率严重失衡。在市场机制不健全、社会组织发展滞后、自愿型政策工具发育缓慢的状况下，京津冀区域大气污染治理过度依赖单一的管制型政策工具，有其必然性，但一味依赖此类工具治理区域大气污染，不仅容易造成工具选择上的"路径依赖"，影响政策工具的创新和协同，而且造成巨大的管制成本。

2. 治理工具的简单化和治理标准的属地化导致政策失灵。从京津冀区域发展的实践历程来看，大气污染协同治理的效果不佳。究其原因主要在于决策者政策工具选择偏好的片面性和单一性，粗放、简单的政策工具类型长期运用在大气污染治理实践中。京津冀区域大气污染防治责任缺乏精细化设计，大多为粗线条的轮廓，区域政府可操作的细节和内容欠缺。此外，管制型政策工具试图用统一的标准约束京津冀区域内不同治理主体，但地方政府自行设定标准差异巨大，最终导致了政策失灵。京津冀区域2012年开始执行《环境空气质量标准》，从效果来看，京津冀地区空气质量并无太大改观。表现为：具体标准缺乏，侧重于点源控制，缺少挥发性有机物排放标准体系；现有标准不完善，如城市扬尘综合管理制度不健全，对施工工地和搅拌站的检查都是临时性、突击性的，治标不治本；协同性较差，如车用燃油标准滞后于机动车排放标准。尤其是各地标准执行上不一致，标准在制定和执行时不协调的情况比比皆是。北京基本形成了全国最严厉的地方环境标准体系，而天津和河北标准则相对较低。例如在二氧化硫排污收费标准上，河北与北京排污收费标准相差近8倍，与天津也有5倍差距。标准的差异直接导致重污染企业的地域转移。

3. 京津冀区域大气污染治理的制度安排造成政策工具设计的被动和政策权威的分散。纵向上，具有政策目标设定和政策结果考核的中央政府，在大气污染治理政策工具设计、选择和创新上相对主动，而区域内的地方政府往往只是遵照执行或有条件地实施。中央政府通过政策设计的方式直接介入，带来的成效是直接的。但是，也存在着忽视地方利益、未能充分反映地方诉求的问题，地方政府被拒在区域政策设计制定的大门之外，执行政策的积极性不高，缺少内生性和主动性；横向上，"地方各级人民政府应当对本行政区域的大气环境质量负责"的法律规定，决定了在设计或选择区域大气污染治理工具时，横向政策权威是分散的，缺乏聚敛性，难以实现政策工具自发协调、整合、创新的目标。[①] 就政策工具作用的发挥来看，管制程度明显偏高，比重偏大，协同程度和整合程度明显偏低，政府间横向政策工具的协同乏力。就激励型政策渠道而言，途径单一、灵活性差，企业、社会组织、公民个体等多元主体的作用和积极性尚未充分发挥出来。

第四节　京津冀区域大气污染协同治理的路径选择

一、体制层面：由"属地管理"到"区域协同治理"

1. 基于理论视角，由"属地管理"到"区域协同治理"具有客观必然性。首先，实现管理体制的转变符合公共管理理论的发展趋势。属地管理模式是科层制下的一种典型管理方式，在体制架构设计上未将政府间协同治理纳入其中。而大气污染具有明显的"无界化"和"跨域性"特征，迫切需要区域间的共同治理，属地管理显然不符合大气污染协同治理的需要，治理模式的变革显得尤为重要。近年来兴起的协同治理理论强调治理主体的多元性、治理权威的多样性、子系统的协作性、系统的动态性、自组织的协调性和社会秩序的稳定性。[②] 可以说协同治理强调的多元主体身份的平等性，参与的秩序性和规则性，将会使主体间的集体行动更加协调和理性。区域协同

[①] 赵新峰、袁宗威：《区域大气污染治理中的政策工具：我国的实践历程与优化选择》，《中国行政管理》2016 年第 7 期。

[②] 刘伟忠：《我国协同治理理论研究的现状与趋向》，《城市问题》2012 年第 5 期。

治理作为协同治理的一种具体表现形式，与属地管理模式相比，其理论诉求与京津冀大气污染治理的实践相契合，与公共管理理论的发展方向相一致。

2.基于实践层面，实现治理体制的转变是京津冀大气污染治理实践的客观要求。一方面，属地管理体制在大气污染治理过程中暴露出诸多不足之处。属地管理体制使得区域政府间缺乏信息沟通，进而使得区域政府间的政策运行过程不协调，造成了不同省市间治理标准与具体措施缺乏一致性。如不同省市执行各自不同的污染物排放标准，在相同的大气污染状态下区域政府间启动不同的预警级别，环保部门和气象部门发布的污染物浓度值差异较大等。这些现象严重制约了大气污染协同治理的步伐。另一方面，近年来区域政府间采取一系列协同治理措施取得积极进展，凸显了协同治理体制的优越性。如京津冀通过统一重污染天气预警标准、建立区域大气重污染过程应急管理决策平台等措施，使区域政府间的大气污染治理行动更加有序；通过建立跨域联合执法机制，使得区域大气污染治理政策得到更好的落实。因此，"区域协同治理"是京津冀大气污染治理体制变革的方向。

3.正确处理属地管理与区域协同治理关系，完善区域整体性协同体制。首先，属地管理与区域协同治理不是相互排斥的关系。强调区域协同治理并不是放弃属地管理，而是在坚持属地管理的基础上实现区域协同治理，如区域政府间协商一致的环保标准还是要靠各地方政府按照属地管理的原则加以落实；同样，坚持属地管理必须高度重视区域协同治理，属地管理有其固有的缺陷，只有加强各相对独立行政区之间的协同，才能更好地发挥属地管理体制的作用。其次，属地管理和协同治理可以实现有机结合。属地管理具有权责明确的体制优势，区域协同治理能够降低政府间因行动不协同而带来的内耗，因此，在取长补短的逻辑下，明确属地管理和区域协同治理的衔接办法，理顺相应工作程序，可让二者实现相得益彰。

京津冀区域大气污染治理涉及的地方和部门较多，为此北京市、天津市、河北省、环保部、国家发展改革委、国家能源局、中国气象局等七省区和八部委成立了京津冀及周边地区大气污染防治协作小组，除了此协作小组，中央政府层面还成立了国家应对气候变化及节能减排工作领导小组、国家能源委员会等议事机构。这些机构在应对大气污染治理的指挥上存在着明显的"碎片化"问题，为此要整合相关议事协调机构，在整合梳理各相关议事协调机构职能的基础上，组建整体性指挥协调机构，防止多头指挥、政出多门，提高集体行动的效率。

二、机制层面：由"运动式"协同到"常态化"协同

运动式协同通常是指区域政府间在一定时期内为执行重大决策或保障重要活动的顺利举办，所采取的区域性大气污染防治措施。运动式协同在"压力型体制"[①] 下具有独特价值，往往能够在短期内取得较好的治理效果，但是，运动式协同最大的问题在于临时性、应急性和不可持续性，措施不具有长期可操作性。因此，实现常态化协同是区域政府间应对大气污染的必然选择。在实现常态化协同方面，京津冀区域政府间已采取了系列措施，包括建立京津冀及周边地区大气污染防治协作机制、统一大气污染治理规划、实施联合执法与交叉执法机制、建立大气污染防治信息共享机制、推进资金帮扶机制等。通过京津冀区域政府间的持续努力，京津冀地区 13 个地级以上城市达标天数比例持续提升（如图 9–2），说明常态化的协同治理模式对于大气污染治理是有效的，是值得继续坚持深入推进的。

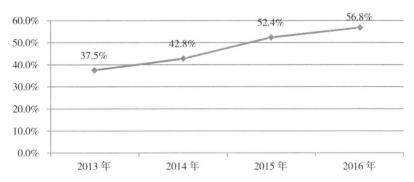

图 9–2 2013—2016 年京津冀 13 个地级以上城市空气质量达标天数比例情况

资料来源：根据 2013—2016 年中国环境状况公报整理。

区域协同治理的常态化机制主要包括：

1. 组织协同机制。京津冀三地依托的区域大气污染防治平台是京津冀

[①] 荣敬本等：《从压力型体制向民主合作体制的转变》，中央编译出版社 1998 年版，第 7 页。

及周边地区大气污染防治协作小组，现由七个省区市和八个部委组成，由中共中央政治局常委、国务院副总理领导协作小组，其方式主要通过直接参加小组会议或作出重要指示。具体协作小组组织构架见图9-3。

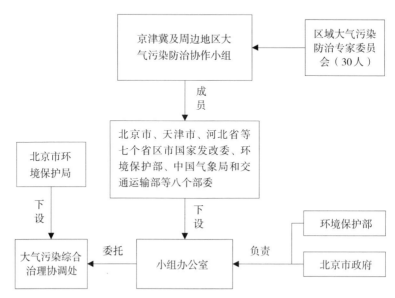

图9-3　京津冀及周边地区大气污染防治协作小组架构图

在常态化协同治理模式下，京津冀及周边地区大气污染防治协作组织的职责需要进一步强化：首先，成立京津冀地区大气治理小组，通过定期召开会议进行京津冀地区整体上的大气协同治理，通过制定具体目标和规则，与联络协调、协同执法、信息协同等部分进行具体工作事项的分工、全责分配和协同合作等。

2. 利益均衡机制。京津冀大气污染协同治理的过程，实质上是京津冀三地政府在利益格局的相互博弈。因而，"协同型"利益格局的打造，基于共同责任和使命利益相关者之间"命运共同体"的创设至关重要。

京津冀在资源禀赋、经济基础、科技实力等方面存在着巨大差异，京津辖区面积较小且经济与科技实力较强，治理大气污染方面面临的压力较小。河北省面积较大且经济与科技实力相对落后，长期以来为京津的发展付出了巨大牺牲。在政治安排下，河北省的发展权受到限制，造成"大树底下不长草"的尴尬局面。因此破解京津冀大气污染治理的困境，需要建立起长效的利益均衡机制。

一是要在中央财政层面，加大对河北省的专项转移支付力度，弥补河北省大气污染治理资金的不足。二是遵循"受益者支付"的原则，京津要明确对河北的帮扶机制。首先，要继续研究和实施京津对河北省的资金帮扶机制，确定合理的资金帮扶标准和帮扶周期。要健全区域内政府间财政转移支付机制，由北京支付河北法定治理任务之外额外治理任务所付出的相应成本。其次，京津要加大对河北的技术支持，帮助河北尽快改善产业结构、能源结构和交通运输结构，突破大气污染治理的科技瓶颈。再次，要加大京津冀环保系统干部人才与科技人才的交流力度，以人才交流促进河北大气污染治理能力的提升。最后，以雄安新区的设立为契机，中央和北京市要确立明确的非首都功能疏解计划，以优质中央企业和事业单位的搬迁带动河北产业转型升级，降低河北在大气污染治理上面临的压力。三是京津冀大气污染治理共同基金的设立。将基金中的资金筹集和使用分配作为调节京津冀地区发展不平衡的杠杆。在资金筹集和使用过程中，要充分考虑污染影响和减排贡献，体现区域间的差异，充分发挥共同基金的经济激励作用。

3. 信息沟通机制。京津冀信息沟通与共享机制上的完善，不单纯是推进信息技术方面的改进，更要通过信息的协同打破属地的屏障、利益的藩篱。针对京津冀大气污染的信息共享平台流于形式的现状，首先，要建立统一的信息沟通平台。目前，京津冀区域存在多个相关的信息共享平台，如京津冀及周边地区大气污染防治信息共享平台、京冀及周边七省区市重污染预警会商平台，为了避免信息平台的重复建设，使信息更加集中有序运转，要尽快将相关信息共享平台进行整合，消除信息鸿沟，形成整体性的信息沟通平台。其次，要扩大信息沟通的内容，除了常规的监测信息和预警信息，还要逐步将重点污染企业信息、污染源实时通报、污染信息无障碍获取、污染执法信息、政策制定和修订信息等进行区域共享。再次，建立完善的信息沟通程序，理顺工作机制，做好信息沟通过程中的衔接工作，使信息在各环节均能顺畅流动。

4. 立法和执法协同机制。京津冀区域应该在共同价值导向与行为准则指导下，通过协同立法化解法规规章冲突与法律依据不一致等问题。一是签订京津冀地方立法工作协议，完善工作机制，推进京津冀区域地方立法工作协同；二是加强地方大气污染治理的立法规划、年度立法计划和具体立法项目协作，确立区域大气污染立法协作的重点领域和项目，形成协作清单。通过京津冀立法协同工作的推进，整合区域立法资源，优化制度供给，共同提升区域整体立法环境，最大限度地挖掘京津冀区域在立法资源和制度规范方面的协同推进优势。

执法协同是京津冀大气污染协同治理的关键环节。首先要避免联合执法的片面性、碎片化和单一性，强化区域执法的一致性、协同性和融合性；其次要强调跨区域执法中执法主体及其职责权限的协同，行政执法权相对集中；再次在执法标准维度方面，充分考虑京津冀三地产业结构、发展阶段以及发展定位的基础上，对于违法行为设立区域内科学执法标准。随着京津冀一体化进程，逐步减少区域执法协同的标准差。

三、政策工具层面：由"单一型"政策工具到"复合型"政策工具

1.深化对政策工具的认识。若要使用好政策工具必须要对各类政策工具的优缺点以及使用情境有清晰的辨识。规制型政策工具具有强制程度高、政府介入程度深的特点，公众对于规制的内容必须无条件地遵循和执行。其优点是工具的具体措施和标准等相对明确，能够在短期内就能收到较为明显的效果。其缺点是，如果过多使用规制型政策工具，容易发生寻租现象，损害市场主体利益以及市场公平竞争；经济激励型政策工具一般是通过税收、收费、补贴等经济手段来达到环境治理的目的，其长处在于能够充分利用市场主体逐利的特点，引导市场主体行为向环境友好型方向发展；其不足之处在于，若不能合理使用，则可能会加重企业和政府财政负担，不利于经济激励型环境政策的长远发展；自愿参与型政策工具能够调动社会各方面的力量，在公众中产生较为深远的影响，其优势是政府投入相对较小，而影响的公众范围较大；其弊端在于，由于缺乏相应的强制力，收到的效果可能不尽人意。因此，在工具选择使用上必须慎重，以更好地扬长避短，发挥工具间的协同作用。

2.创新和探索与协同性制度环境相匹配的复合型政策工具类型。政策工具的混合使用能够带来更佳的环境治理效果，这将会是环境治理政策工具发展的一个显著趋势。[①] 政策工具的协同主要在两个方面加以推进：一是区域政府间政策工具的协同，避免政府间政策工具的缺位或不一致。二是单个行政区内所用工具的协同，减少工具搭配不当的现象发生。京津冀大气污染政策工具的协同需要坚持以下原则：一是坚持问题导向原则，将是否有利于解决大气污染问题作为政策工具使用的基本出发点；二是坚持丰富政策工具类型的原则，加大理论研究和实践探索的力度，推出更多适应区域协同发展的政策工具类型，为实现政策工具真正意义上的协同提供支撑；三是遵循以经济激励型政策工具和自愿参与型政策工具为主、以管制型政策工具为辅的原则。京津冀协同发展背景下，过多地使用管制型政策工具不仅不利于大气污染治理机制的长效化，更不利于治理体系和治理能力的现代化；四是坚持政策工具的互补性原则，通过整体性的协同实现政策工具的相得益彰，互为补充，进而实现一加一大于二的治理效果。

第五节　结　论

本研究基于协同治理理论以及京津冀区域大气污染治理现状，确立了区域政府间大气污染协同治理的三个取向：在体制层面，实现由"属地管理"到"区域协同治理"的转变；在机制层面，实现由"运动式"协同治理到"常态化"协同治理的转变；在政策工具层面，实现由"单一型"工具到"复合型"政策工具类型的转变。三个转变是相辅相成、辩证统一的。体制转变是根本方向，机制转变是有力抓手，工具转变是必要手段。协同创新是未来的发展趋向，但并不意味着要舍弃"属地管理""运动式协同"和"单一型工具"，体制、机制和政策工具的转型必然是一个长期渐进的过程。在京津冀协同发展战略深入实施的大背景下，未来京津冀区域政府间大气污染治理协同创新将更多地与雄安新区的发展、非首都功能疏解等紧密结合起

[①] 毛万磊：《环境治理的政策工具研究：分类、特性与选择》，《山东行政学院学报》2014年第4期。

来。区域大气污染协同治理的路径选择是一个整合创新、不断改进的建构过程，必须对现有体制机制和工具加以优化，基于系统性、协同性、整体性的考量，建构起一种复合型的治理类型，通过这一治理类型的运用催生出中国大气污染的协同治理模式：治理理念从零和到善治，治理基础从竞争到合作，治理主体从单一到多元，治理绩效从过程到结果，治理的范围从碎片到整体。

第十章 三维制度联动机制下雄安新区 区域协调发展路径分析

城市群的发展在资本主义国家已有上百年的历史，而在我国城市化进程中无疑是新生事物。若要追溯城市化进程，其在中西方商业史上已有几百年的历史。无论是城市化进程，还是城市群发展，其作为市场规律的空间演化机制，在大国崛起过程中不仅具有规律性的路径特征，同时也在很大程度上决定着国家的竞争优势。英国伦敦城市群仅占其国土面积的 18.4%，而经济集聚度达到了 80%；美国东北部城市群仅占国土面积的 1.5%，经济集聚度达到了 24%；日本太平洋城市群占国土面积的 26.5%，经济集聚度达到了 74%。① 雄安新区区域协调发展机制的建立，对京津冀城市群的战略功能定位及区域核心竞争力的提升无疑具有重大的理论与现实意义。

第一节 我国城乡二元结构与经济长波下的城市化战略

一、城市化与工业化制度建构的逻辑起点：20 世纪中叶以工业化为先导的城市化模式

从长周期理论看，从 20 世纪中叶起，我国的城市化水平是显著滞后于工业化的。其一，这是由社会主义建设初期我国的发展战略所决定。1956年《论十大关系》中重要的国家战略就是正确处理重工业和轻工业、农业的关系。农业是基础，粮食生产要保证工业的优先发展。继而与工业化相配套

---

① 中共中央、国务院：《国家新型城镇化规划（2014—2020 年）》，2017 年 11 月 29 日。

的就是阻止农村劳动力向城市流动。1957 年 12 月，中共中央、国务院发布的《关于制止农村人口盲目外流的指示》指出：农业人口大量外流，不仅使农业劳动力减少，妨碍农业生产发展，而且也给城市各方面工作带来了不少困难。1958 年，《中华人民共和国户口登记条例》正式颁布，标志着城乡二元户籍制度及城乡分割制度的建立。其二，相比工业化战略，市场经济改革初期我国城镇化战略及政策的滞后性。由于城乡二元的户籍制度，我国的城市化率从 1960 年的 19.75% 下降至 1978 年 17.92%，近 20 年间竟然为负增长。城乡分割条件下持续的粮食短缺导致工业化进程受阻，而此时正是东亚邻国日本、韩国工业化进程的强势发展期。20 世纪 80 年代的商品经济改革，费孝通先生才率先提出中国的城镇化战略。1998 年，中共中央在《关于农业和农村若干重大问题的决定》中提出"小城镇、大战略"，1999 年中央经济工作会议再次强调"发展小城镇是一个大战略"，直至 2002 年党的十六大才最终从国家战略上确立了"走中国特色的城镇化道路"。由此可以看出，即使在市场经济体制改革初期，我国的城镇化战略也显著地滞后于工业化，相比发达国家，我们要通过城市化赶超战略加速"补课"。

二、市场经济体制下劳动力要素自发的市场化进程与中国特色的城市化赶超战略

我国城镇化战略提出后，劳动力在城乡之间的流动日趋活跃，动态的刘易斯城乡劳动力转移机制逐渐成为常态。根据夏海勇的推算[①]，1997 年至 2000 年，我国农村外出务工劳动力人数从 8315 万人增长至 11340 万人。2018 年，我国农村外出务工劳动力为 2.7 亿人，是 2000 年外出务工人数的 2 倍多。作为农村劳动力流出大省的河南、安徽、湖南、江西、四川、江苏、重庆、贵州、辽宁和湖北，每年的外出务工劳动力达到 1000 万人次以上。我国 2.7 亿人的农村外出务工劳动力总量，根据 1000 万以上人口的超大城市标准，可以形成 27 个超大城市，如果加上家庭人口迁移，规模则更

---

① 夏海勇：《透视"民工荒"——当前我国农村劳动力转移态势的人口经济学分析》，《市场与人口分析》2005 年第 4 期。

加可观。据统计①，1988 年我国城镇化率仅为 25.81%，到 2012 年我国城镇化率已经快速增长至 52.57%，25 年间，城市化率年均提高 1.14 个百分点，到 2018 年我国的城镇化率水平已经接近 60%，平均每年 1000 万农村人口流向城市（如下图 10–1）。据统计②，2012 年中国 23 个城市群创造了 80.49% 的地区生产总值。我国两大城市群长三角和珠三角的产值占到了全国 GDP 总量的 1/3。而长三角城市群、海峡西岸城市群、辽中南城市群、成渝城市群、宁夏沿黄城市群、京津冀城市群、珠三角城市群等经济总量占所在省份的比重已经超过了 80%。农村剩余劳动力向城市自发的市场化配置加速推进了我国的城市化进程。

图 10–1　1998—2018 年我国城镇化率增长曲线

三、改革进入新时代我国城市群战略的双向嵌入：有为政府与有效市场的互动与区域协调发展

2012 年，党的十八大提出新型城镇化战略，要从空间的城市化进程向人口的城市化进程转型。一是中共中央、国务院印发《国家新型城镇化规划（2014—2020 年）》，进一步明确今后要以"城市群"为主体形态，推动大中小城市和小城镇协调发展。二是户籍制度改革。十八大以后，国务院出

① 国家统计局：《2018 中国统计年鉴》，中国统计出版社 2018 年版。
② 夏海勇：《透视"民工荒"——当前我国农村劳动力转移态势的人口经济学分析》，《市场与人口分析》2005 年第 4 期。

台《关于进一步推进户籍制度改革的意见》，通过户籍制度改革推进大中小城市农村转移人口市民化进程。三是依托顶层设计推进我国城市群立体建构。2015 年，国务院批复了《长江中游城市群发展规划》，培育横贯我国东中西三大板块的长江经济带战略。其次，确立了北京、上海、广州、深圳等15 个国家级中心城市。2018 年，国家在京津冀、长三角、珠三角城市群的基础上，又规划确立了长江中游城市群等十个国家级城市群，作为支撑我国区域经济增长与经济结构调整升级的新引擎。而且，党的十九大报告重点提出，聚焦疏解北京非首都功能推动京津冀协调发展，高起点规划和建设雄安新区。

城市群与区域协调发展的相关体制机制改革也逐步进入深水区。一是如何协调城与镇的公共服务差异。我国有近 2 万个镇，镇的建制属于乡镇一级，城乡基础设施、公共服务与社会保障及户籍制度与城市有显著的差别，如果按每个镇平均 1 万人计算，我国城镇化人口中包括了接近 2 亿的"镇民"，这部分人是在城市化率的统计中福利被高估的一块。二是外出务工的农民工。2018 年，我国外出务工的农民工总量达到 1.7 亿人，其中绝大部分目前没有被纳入到城市当地的社会保障体系中来。按城市户籍人口计算，我国的城市户籍人口城市化率只有 42.35%，与常住人口的城镇化率 58.52% 这个指标值相差 16 个百分点，这也是我国下一步城市群与区域协调发展战略着力解决的重点问题。

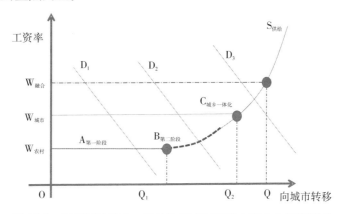

图 10–2　刘易斯的城乡二元结构及农村劳动力城市化阶段模式

第二节 雄安新区区域协调发展的制度环境: 与长三角城市群的比较

雄安新区是国家战略,是党中央深入推进京津冀协同发展做出的一项重大决策部署。首先,雄安新区的定位高。雄安新区是继深圳经济特区与上海浦东新区之后又一全国意义的新区,是新时代国家重大战略选择。其次,雄安新区建设的任务重。雄安新区的核心任务是要通过进一步深化改革和扩大开发所形成的示范效应推进京津冀区域协调发展,为京津冀城市群区域协调发展注入机制活力。因而,通过以长三角城市群为参照系,分析京津冀城市群当前区域协调发展所面临的问题,对于雄安新区区域协调发展的路径、机制及模式培育具有重要的示范效应。

一、京津冀城市群与长三角城市群的资本集聚效应差异

卡尔多基于对 20 世纪发达国家经济增长的数据统计,得出了六个典型化事实(stylized facts),其中之一就是支撑经济增长的人均资本存量(K/L)要以稳定的速度不断增长。人均资本存量(K/L)的增长,最终又会导致不同地区间人均产出增长率或发展速度的差异化。我们以长三角城市群为参照系:2017 年长三角城市群的经济总量已经占到我国 GDP 的 23.6%。从人均产出看,2017 年长三角的人均产出是我国平均值的 3.15 倍,上海、浙江、江苏的人均 GDP 分别为 12.46 万元、9.26 万元、10.74 万元;按同期汇率,长三角区域的经济发展水平已经接近中等发达国家水平。[①] 综上,人均产出的增长要依赖人均资本存量(K/L)以稳定的速率增长。我们选取两大城市群的全社会固定资产投资、银行贷款余额、外商直接投资金额、外商投资企业固定资产投资额四个变量指标来刻画资本集聚及区域资本存量的差异。截至 2017 年底,长三角城市群是京津冀城市群全社会固定资产投资额的 1.57 倍。虽然北京和上海作为两大城市群的中心城市固定资产投资额相差不大,

---

① 谢文、李慧:《长三角,龙头如何舞起来》,《光明日报》2018 年 9 月 26 日。

但天津 2017 年的固定资产投资额不及江苏的 1/3。其次，从贷款余额指标来看，同样北京和上海作为中心城市贷款余额相差不大，但江浙两地的年度贷款余额却是河北和天津贷款余额总额的 3.5 倍。企业的贷款需求主要受利润驱动，这也从一个侧面说明江浙的经济规模具有很强的市场竞争力。再次，从对外开放度及外资吸引力的视角看，南北两大城市群的差异仍然非常明显。2017 年上海的外商投资企业固定资产投资额是北京的 3 倍，外商直接投资额是北京的 2 倍。从总量上看，长三角城市群的外商投资企业固定资产投资额是京津冀城市群的 3.5 倍，外商直接投资额是京津冀城市群的 2 倍。①长三角城市群所兼具的开放型的区域特征集聚形成庞大的资本规模，使长三角城市群资本优势得以充分发挥。长三角城市群的区域的资本集聚效应要显著高于京津冀城市群。

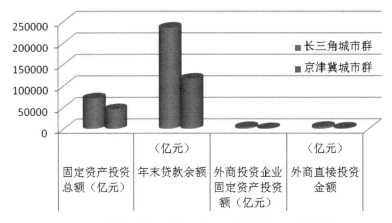

图 10–3　京津冀城市群与长三角区域的资本集聚效应差异

二、京津冀与长三角城市群内部经济板块结构均衡度差异

度量城市群内部板块经济均衡度，需要多维聚类分析。本节将 2017 年长三角城市群的 16 个主要城市与京津冀城市群的 10 个主要城市的发展指标进行聚类②，结果如下：基于人均 GDP 规模，长三角城市群处于第一梯

---

①　夏海勇：《透视"民工荒"——当前我国农村劳动力转移态势的人口经济学分析》，《市场与人口分析》2005 年第 4 期。

②　夏海勇：《透视"民工荒"——当前我国农村劳动力转移态势的人口经济学分析》，《市场与人口分析》2005 年第 4 期。

度的城市有 11 个，占比接近 70%，人均 GDP 为 111437 元；处于第二梯度的城市有 5 个，占比 30%，人均 GDP 为 72805 元，梯度差约 2.9 万元。京津冀城市群中处于第一梯度的城市仅 3 座，即北京、天津、唐山，占比仅为 30%，而处于第二梯度的城市有 7 个，占比达 70%。京津冀第一梯度的城市人均 GDP 为 95294 元，而占比 70% 的第二梯度的城市人均 GDP 仅为 38492 元，不仅与京津冀第一梯度城市人均 GDP 相差近 6 万元，而且人均 GDP 仅为长三角城市群同一梯度的城市人均 GDP 总量的 50%。可以看出，在京津冀城市群内部，北京、天津两大中心城市处于优势地位，而中等城市和小城市发展严重不足。核心城市形成的集聚优势未能向周边落后地区有效扩散。根据亚洲开发银行的调查，在北京和天津的周围，环绕着河北的 3798 个贫困村、32 个贫困县，272.6 万年均收入不足 625 元的极端贫困人口。截至 2018 年，北京还有 234 个低收入村。因而，北京周边的"环首都贫困带"及区域与城乡经济差距不容小觑。相比较而言，长三角城市群经济发展更为均衡，区域内部城市等级结构更为合理。京津冀城市群主要仍旧以政府指令性驱动为主，仍然以传统的行政分割式的政绩观与 GDP 竞标赛竞争模式为主要考量，区域合作潜在的阻碍因素更加复杂多元，从而影响了京津冀城市群的协调均衡发展。而长三角城市群市场驱动式的发展形成了城市群内生化、扁平化的区域协作机制。

表 10-1　京津冀与长三角城市群内部城市发展均衡度聚类

城市群	发展梯度	人均 GDP（元）	城市数量	包括城市
长三角城市群	第一梯度	111437	11 个	上海、南京、苏州、无锡、常州、镇江、杭州、宁波、嘉兴、绍兴、舟山
	第二梯度	72805	5 个	扬州、南通、湖州、台州、泰州
京津冀城市群	第一梯度	95294	3 个	北京、天津、唐山
	第二梯度	38492	7 个	保定、石家庄、张家口、廊坊、沧州、秦皇岛、承德

三、京津冀城市群与长三角城市群的市场活力与企业家创新精神差异

我国长期以来城乡分割的刘易斯二元结构制约着城市群与都市圈的扩张，而长三角比京津冀更重视制度创新与深化改革。长三角地区在打破城乡差别、推进市场化程度、最终消除区域发展差距等方面不断地进行市场化探索，孕育出了乡村工业化的浙江模式和苏南模式。改革进入新时代，长三角地区继续聚焦制度创新、激发市场活力。在城乡融合的户籍制度改革方面，江苏 2014 年就出台了《关于进一步推进户籍制度改革的意见》，制定不同层次城市的落户标准，同时还建立了财政转移支付同农业转移人口市民化的双向挂钩机制。2015 年，浙江也出台《关于进一步推进户籍制度改革的实施意见》，实施意见引导进城农民作为常住人口在教育、医疗、养老等社会保障及公共服务方面与城市居民拥有平等的权利。同时，进城的农民同时还能保障第二轮承包期内农村的土地承包权、宅基地使用权以及集体资产的分配权。2015 年，浙江义乌、德清两地同时作为农村宅基地三权分置、集体经营性建设用地入市的改革试点，通过先行先试推进城乡融合发展。

而市场创新活力的一个重要的标准是企业家精神，企业家精神在企业发展过程中发挥着不可替代的作用。熊彼特认为企业家的职能就是创新，通过创新进而在市场竞争中获得超额利润。本节选取了两大城市群内部公司制企业数、私营企业数、民营企业 500 强数量。结果显示，长三角城市群与京津冀城市群的股份有限责任公司法人单位数总体差距并不大；但私营企业的数量，长三角城市群是京津冀城市群的大致 3 倍；而民营企业 500 强数量，长三角是京津冀的 10 倍，京津冀民营企业 500 强中只有 38 家，而长三角民营企业 500 强中占到 243 家，占比接近民营企业 500 强的 50%。坚持城乡融合发展，以市场为导向的体制改革及企业家精神培育，是长三角城市群区域经济协调发展的重要动力之源。

四、京津冀城市群与长三角城市群政府治理路径偏好：管制型还是服务型政府

十八届三中全会决定指出，经济体制改革的核心问题是处理好政府和市场的关系，使市场在资源配置中起决定性作用和更好发挥政府作用。根

据国家行政学院 2017 年对 31 个省级政府网上政务服务能力的调查评估结果①，浙江排第 1，江苏排名第 3，上海与北京分别排第 4 和第 15 名，河北与天津分别排名第 27 和第 29 名。长三角城市群更聚焦服务型政府治理模式建设。更好地发挥政府的作用就是要转变政府职能，首先就是要大幅度减少政府对资源的直接配置，全力构建公平竞争的市场体系，推动资源配置依据市场规则、价格机制实现效益最大化。其次，政府应重点聚焦公共服务供给，弥补市场失灵。我国经济转型中区域经济不可能像新古典模式下那样所谓的自行收敛，政府还要发挥扶持之手的作用，塑造有为政府、高效政府。在经济转型的新时期，特别要激励技术创新与知识产权保护，清晰地界定产权、保护产权。通过保护产权引领创新，提高全要素生产率对经济增长的贡献率。最后，要在深化市场体制改革中推进政府治理能力现代化，推进市场化的负面清单管理，转变为服务型政府，不仅弥补市场失灵，而且还要降低政府失灵的概率，使政府与市场正向互补叠加，构建统一开放、竞争有序的现代市场体系，推进国家治理体系和治理能力现代化。通过政府网上政务的数据，可以看出长三角城市群中政府与企业的关系已经由传统的控制型政府逐渐向服务型政府转型。当前中美贸易战折射出我国对外贸易面临新挑战：改革开放第一阶段，国际贸易格局中我们可以依托自身的高储蓄及国际贸易价值链中的低端供给竞争模式谋求低利润与最大化的贸易顺差。而在目前新常态的转型时期，各国都逐步谋求国际贸易结构的均衡化，最终大国的竞争与创新实力的竞争就归结为城市群之间创新活力之间的竞争，政府治理模式创新有助于构建市场、政府、企业、创新、共享五位一体的产业利润实现模式。

第三节　雄安新区区域协调发展的路径选择

继中共中央、国务院出台《关于建立更加有效的区域协调发展新机制

---

① 国家行政学院电子政务研究中心：《2017 年省级政府网上政务服务能力调查评估》，中国电子政务网。

的意见》后，中央又发布了《关于支持河北雄安新区全面深化改革和扩大开放的指导意见》，雄安新区要助力京津冀区域协调发展，需要构建创新型发展模式，在区域发展路径的能力塑造上应着力围绕以下四方面进行：

一、比邻北京科技辐射，选准特色高端产业为战略骨架，做强具有区位特色的实体经济

近期中美贸易战中的芯片和 5G 网络再次印证了高端核心技术必须是强国的标配，要不然就要被别人卡脖子。当前我国人均 GDP 接近 1 万美元，能否顺利跨越中等收入陷阱，技术创新和体制机制创新将是推动经济可持续发展的关键。雄安新区由于背靠文化科技中心北京，因此具有高新技术产业化的优势，这也符合中共中央、国务院《关于支持河北雄安新区全面深化改革和扩大开放的指导意见》中的产业战略定位。雄安新区要从大国竞争的视角进行产业布局、培育蓝海优势，深刻认识制造业的结构转型与国家硬实力的内在关系，扎实推进产业脱虚转实，将雄安国家战略与培育实体经济全球产业竞争力作为区域发展的轴心，大力进行体制、机制转型，激发市场活力与工匠精神，承接北京创新型、高成长性科技企业疏解转移，发展先进制造业与高新技术产业，培育大国的竞争优势。其次，要注重研发、知识产权保护和产权市场化交易，激发创新活力。雄安新区要努力进行区域创新体系建设，联合高校、科研院所、企业、金融机构共建创新共同体和产业创新中心。[①] 创新企业治理模式，提高产品研发中科研人员的激励机制，形成学习、研究、创新、扩散的良性循环机制，推进雄安新区高水平发展。激发和保护企业家精神，健全企业家参与产业政策制定，鼓励京津冀城市圈内民营企业的充分发展，让民营企业在雄安新区建设中更多地引领技术创新、激发市场活力，构建与长三角城市群相匹配的民营企业竞争优势。

---

① 《中共中央国务院关于支持河北雄安新区全面深化改革和扩大开放的指导意见》，《人民日报》2019 年 1 月 25 日。

二、构建区域间协作竞争型的服务型政府模式，释放京津冀城市群市场化活力

构建区域协作竞争的服务型政府模式，最大限度减少政府对市场资源的直接配置，并不意味着政府就仅仅充当"守夜人"的职责。相反，政府在京津冀城市群跨区域治理中肩负更大职责。一是城际与区域间的政府协调，打破行政垄断。要将传统的晋升锦标赛模式转变为区域"抱团"竞争的区域协作模式。研究制定行政交界地带的经济协调发展新机制，促进雄安新区与北京、天津、石家庄、保定等城市合理分工、协同发展的政策措施。雄安新区的优势产业通过向周边地区扩散，形成空间产业集群。二是雄安新区及京津冀不仅要构建公平竞争的市场机制，而且还要绿色发展，建成绿色发展城市典范。政府要解决涉及生态环境和环境污染等负外部性问题，也要承担公共物品、基础设施与基本公共服务的供给，京津冀及雄安新区不仅要构建竞争协作式的政府间公共政策格局，还要建构坚持以市场配置资源为核心的服务型政府模式。三是地方政府要为发展实体经济提供政策环境支持。随着雄安新区建设与人口的集聚，探索保障多元、城乡一体、开放共享的公共服务体系是关键。雄安新区的社会保障要与京津冀深度衔接，探索建立劳动力流动与社保转移接续、基础养老金的统筹及利益分摊机制，破除社会保障体系在行政区域间的碎片化，缩小城市群社会保障制度阻隔，提升京津冀城市群的人力资本动态累计与存量优势。

三、加速区域内以城乡融合为特色的土地、资本等要素流动机制改革，推进雄安新区区域协调发展与乡村振兴同步共振

京津冀城市群的发展，打破区域间的行政壁垒固然重要，但如果不打破区域内的城乡壁垒，即使破除了行政壁垒，城市圈要素的自由流动、演化型的市场分工、基于比较优势的各层次产业形态集聚也依然会被城乡体制分割所阻滞。京津冀城市群与长三角城市群内部结构均衡度的差异之根本在于城乡落差。因而，必须要以2020年刚修订通过的《土地管理法》为指引，加速城乡融合的土地管理体制创新。一是以城乡融合的土地制度创新形成城乡共享的经济发展模式。随着中央"三块地"改革试点的推进，集体经

营性建设用地入市将极大地盘活农村存量建设用地。[①]2020 年新修订的《土地管理法》不仅对传统发展模式下的土地征用制度进行了更为严格的限定与规制，而且积极探索了农村集体经营性建设用地参与城市化及乡村振兴战略的可行路径，即土地利用总体规划确定为工矿仓储、商服等用途，并经依法登记的集体经营性建设用地，土地所有权人可以通过出让、出租等方式将其使用权交其他单位或个人用于非农业建设。这些重大的制度创新，不仅会推动土地、资本等要素今后在实体经济层面的城乡融合配置，而且还会引发农村金融资产配置模式的深刻变革及相关的利益分配模式。因而，雄安新区要依托 2020 年修订的《土地管理法》为契机，加速以城乡融合为特色的土地、资本等要素流动机制改革，在京津冀城市群协调发展中利用好城市化战略与乡村振兴战略两个双引擎。其次，政府土地宏观政策层面要城乡兼顾。在城市群空间整合中，推进"多规合一"及城乡一体的国土规划，实现要素在部门间、区域间的均衡配置。

---

① 蔡继明、程世勇：《中国的城市化：从空间到人口》，《当代财经》2011 年第 2 期。

第十一章 雄安新区整体性治理的
制度创新研究

　　制度安排是集体行动的逻辑起点，制度理论在整体性治理中发挥着重要作用。雄安新区顶层设计的出台，是"跳出去建新城"思路的具体呈现，意在通过突破既有制度格局，突破现有"条块"关系，在更大区域空间上优化配置政治经济资源，从根本上解决京津冀区域发展不平衡不充分问题，破解协同发展瓶颈，探索人口经济密集地区依托制度创新优化开发的新模式。雄安新区肩负着谋略"千年"的历史使命，建设发展兼具整体性、系统性、全局性和长远性。《中共中央、国务院关于支持河北雄安新区全面深化改革和扩大开放的指导意见》提出"七个率先"：率先打造智慧公安；率先建成"无废"城市；推动社会保险公共服务平台率先落地；探索在全国率先建立移动源污染物低排放控制区；有序推进金融科技领域前沿性成果率先落地；在创新发展、城市治理、公共服务等方面先行先试、率先突破；率先形成有效制衡的法人治理结构和灵活高效的市场化经营机制。这些指导意见凸显了制度创新在引领雄安新区建设发展上的重要性。

　　制度内涵激励和约束治理结构，"在规范技能与知识的形式中起着决定性的作用"[①]，是推动社会治理架构长期可持续发展的决定性因素。当前和未来雄安新区的规划建设发展，关键在于吸纳汇聚创新要素，激发各种创新活力，发挥好无形之手和有形之手的作用，推动制度安排方面的革故鼎新。本

[①]　[美]道格拉斯·C.诺斯：《制度、制度变迁与经济绩效》，杭行译，上海三联出版社2008年版，第105页。

节充分考虑京津冀协同发展背景下雄安新区的制度安排，从制度创新的动因分析入手，在对整体性治理视阈下雄安新区制度创新进行理论分析的基础上，从制度创新价值设定、制度创新文化共识、制度创新主体、新制度实施保障机制四个方面探讨了推进雄安新区整体性治理制度创新的对策思路。在新制度实施保障机制方面，指出通过强化信息沟通和舆情引导机制、优化激励—约束机制、建立健全协同立法执法等制度，对新区的制度基础、制度生成、制度变迁、制度创新加以整体性建构。

第一节　整体性治理视阈下雄安新区制度创新的理论分析

制度是参与者博弈均衡的结果，反映了利益相关者各自的利益诉求。制度也是研究治理理论中集体行动和公共政策的核心问题。罗纳德·科斯强调运用整体性方法、基于成本—收益的视角、通过比较制度分析达成对现实的改变，进而实现制度创新。这一制度创新过程是以一种高效率制度替换低效率制度的过程，是以一直具有聚合力的整体性制度替代碎片化制度的过程，既包括正式规则和非正式规则的演变、更替，也包括新制度的落地实施，最终变成具体实践，让利益相关者真正分享到合作剩余、制度红利。近年来，学术界对治理制度创新的研究呈现出整体主义的发展趋向。

一、国内外整体性治理理论视阈下制度理论的相关研究

罗纳德·科斯主张对治理效果做整体分析，而不是局部分析，要基于整体考察现状，并把它和改变的整体效果加以比较分析。就制度创新主体而言，戴维斯的研究提出了个体、团体和政府的三分法。随着学术研究的深入，使用者、高校、科研机构、国家等也被纳入创新主体的范围，创新主体呈现多元化和复合化的整体性特征。拉坦把制度创新的具体表现归纳为：某种特定组织行为的变化；这一组织与其所处环境的相互关系的变化；在这一组织环境中当事人的行为及其相互关系规则的变化。[①] 围绕这一主题，国内

① Rutton，V.W：*Induced Innovation*：*Technology*，*Innovation and Development*，Baltimore：Johns Hopkins University Press 1978.

学术界主要基于制度安排供给不足、制度创新乏力的研究假设展开。总体来看，这些研究缺乏整体方法的运用，对制度绩效缺乏整体性分析，比较制度分析欠缺，基于组织环境中利益相关者关系聚合的深度挖掘不够。

关于整体性治理的制度设计研究，约翰·加尔布雷恩提出了"整体制度目标"的概念，他把整体制度目标分为经济价值目标和文化价值目标。[①]其建构策略主张把可持续发展和生活质量内生于经济增长等亟待探讨的问题之中，这一主张意在充实和完善存在缺失的制度安排。Feiock 认为制度设计可能会依赖于解决制度上的集体行动问题的各种机制，例如协调当权者的关系、政府间的和其他参与方的关系以及协调私人实体和公共实体的网络以及契约关系等的机制[②]，意指制度设计为整体治理建构相关机制。彼得·J.梅指出：制度视角的分析性问题在于制度安排引发内聚力的程度。评估内聚力时有两个问题需要考虑：一是制度设计在支持政策目标时引起的注意力、信息和组织关系的程度；二是制度设计在相关政策实施当局中建立有意义联系的程度。[③]国内关于整体性治理的制度设计研究，重点从制度内涵、制度层次、制度类型、制度发展阶段、制度绩效等方面加以探讨。有关利益相关方协调机制问题方面探讨不足，研究中缺乏单个制度与整体制度的结合、制度分析与政策分析的结合、制度设计和制度绩效分析的结合，对整体制度目标中文化价值和经济价值相融合的关注度不够，尤其是如何通过制度安排生发内聚力的研究有待进一步深入。

二、雄安新区整体性治理制度化研究的理论视角

本节对雄安新区整体性治理的制度化研究从以下几个方面展开：一是从雄安新区整体性运作的时代背景与制度逻辑入手。结合京津冀区域协同发展困境的破解，通过内部、外部、纵向、横向几个静态维度和价值理念

---

① 卢现祥、张翼等：《低碳经济与制度安排》，北京大学出版社 2015 年版。

② 王浦劬、臧雷震：《治理理论与实践：经典议题研究新解》，中央编译出版社 2017 年版，第 520 页。

③ Peter J. May and Ashley E. Jochim：Policy Regime Perspectives：Politicies，Politics，and Governing，*Policy Studies Journal* 2013（3）．

维度构建一个动态体系，尝试解析希克斯提出的整体性治理制度化的策略和途径。二是雄安新区整体利益的生成与发展机制。整体利益不是虚无的理念设定，而是建立在治理主体利益博弈基础之上的共赢，这一命题的提出应对的是新区所处白洋淀区域长期以来碎片化、属地化、孤岛化的治理现状，保障机制成为雄安新区制度创新过程中整体利益生成的关键环节。三是雄安新区整体性治理制度化的信息化基础。雄安新区建设初期，京津冀区域、白洋淀流域、雄安新区及周边区域等利益相关方所获信息充分、预期明确，遵从制度规则，制度变迁将会自动实施；如果信息不对称或信息沟通受阻，制度安排就会变得低效，以致没有强制力量的支撑维持便难以运行下去，就需要开展新一轮的制度替代与变革。现实中，在交易不确定和信息闭塞的非完全竞争环境下，雄安新区新制度的实施运行需要权威、公正的第三方作为重要保障，进而大力度惩戒违规者和自我中心主义者，促进信息充分、对称和透明，从而稳定预期。四是整体性治理制度化的创新主体架构。界定雄安新区整体性治理架构的制度框架，把市场组织、社会组织、智库机构、新闻媒体、社会公众等纳入到组织结构中来，让具有自发性、局部性的社会激励组织或个体在响应机会时自下而上地倡导、组织和实行制度变迁，推进现行制度安排的变更、替代或新制度安排的创造，着力应对来自政治、经济、文化、生态和社会承载力等方面的挑战。

三、新制度经济学本土化视角下雄安新区整体性治理制度分析

采用新制度经济学的理论和方法研究雄安新区整体性治理问题，其价值在于本土化实践中的具体应用。重点探讨制度安排的形成和制度绩效的评价，进而回答雄安新区为什么需要制度安排、如何进行有效制度安排等问题。

首先，整体性治理中的产权分析对于整体性治理的制度建构具有重要理论价值。通过产权分析，一是可以充分发挥市场机制的作用，确立严格的、清晰的、可以转让的产权制度；二是通过产权明晰来明确责任归属，解决公地悲剧问题；三是激活政府官员的社会成本和环境责任意识，纠正市场

失灵。① 正如科斯所言：只要产权界定不明确，外部性带来的损害就会存在，只有设定了明确的产权界限，才能降低或削减外部性带来的损害。在明确产权界定的前提下，引入完善的市场竞争机制，才能够明确地衡量相互影响的程度和双方享有的权益和职责。② 其次，整体性治理中降低交易成本方面，制度起着至关重要的作用。在新制度经济学家看来，制度的产生是否定、扬弃和改变旧制度的过程，突破制度路径依赖的一个重要条件，是新制度所带来的潜在利润大于为获取潜在利润而支付的成本，新制度产生的动因是更多收益的获取和交易成本的降低。具体而言，制度在降低交易成本方面的作用体现在：一是制度能够强化单个政府组织的有限理性。制度由区域政府组织协同设计，共同协商达成，吸收和接纳了区域内部利益相关者的主张和建议，推出了一种富有前瞻性的整体性治理方略，有利于改观单个政府组织单打独斗、各自为政的非合作局面，制度约束下整体性治理格局潜在地扩展强化了政府的有限理性。二是制度增加了不遵守整体性治理共同契约、逃避共治责任的成本，降低了区域内单个行政单元本能性和自利性的机会主义倾向。三是制度降低了政府组织后期沉没成本发生的概率。沉没成本并不是由组织自身造成的，而往往是由于非合作或协同策略受阻造成的。因此，通过制度化的整体性治理策略确保契约的执行交易的可持续性便显得格外重要，这种制度化、组织性的保障可以在很大程度上降低交易费用。再次，雄安新区整体性治理中的制度变迁与创新分析。从强制性制度变迁到诱致性制度变迁，到两种方式的合作与冲突，着力探讨在实际制度创新和设计过程中，诱致性制度变迁和强制性制度变迁两种创新方式如何发挥协同作用，探讨整体性治理制度安排如何形成有效激励约束系统，深入研究整体性制度安排对制度创新的影响。最后，雄安新区整体性治理中柔性制度与硬性制度的统筹考量。在建构整体性治理制度一般刚性原则下，适度通过共生共荣共享等文化价值理念的融入对制度加以柔性化设计，把刚性制度与现实的整体性、和谐性、聚合性纳入考量范畴。

① 赵新峰、袁宗威：《我国区域政府间大气污染协同治理的制度基础与安排》，《阅江学刊》2017 年第 2 期。
② 程恩富、胡乐明：《新制度经济学》，经济日报出版社 2005 年版，第 49—55 页。

第二节　京津冀协同发展背景下雄安新区整体性治理的制度分析

区位优越、交通便捷、生态良好、承载力强、开发程度低、发展空间充裕，这些要素是雄安新区在诸多选址中胜出的关键因素。短期来讲，雄安新区的核心任务，是积极融入到京津冀协同发展的区域战略框架中，加强同北京的对接联系，集中疏解和承接北京非首都功能，与通州副中心一起形成首都新两翼；长期来看，雄安新区在促进区域协同发展的基础上，需要把改革开放作为发展的根本动力，把创新作为引领新区高质量发展的第一动力。积极吸纳集聚创新要素，激发创新活力，肩负起创新发展示范区和引领区的重任，致力于打造成为在全国具有重要示范意义的创新驱动发展新引擎。

雄安新区自决定设立，到规划设计，再到远期的建设发展，是一个长期的过程，期间关涉众多行为主体，利益关系纠葛繁杂，如应对不当，将会无形中放大环境不确定性和机会主义的影响，交易成本顺势攀升，利益相关方积极性的激发和各种资源整合利用的效率将大打折扣，甚至会影响新区创新发展的进程和效果。因而，新型治理体系建构过程中整体性的制度安排及其变革创新显得至关重要。

一、京津冀协同发展背景下雄安新区设立的制度逻辑

坐落于华北地区的京津冀区域，包括北京、天津和河北两市一省。北京和天津均为直辖市，在政治地位上高于河北省。同时，天津和河北同属首都北京的"京畿之地"，遵循基本的畿辅逻辑："拱卫京师，以固根本"。在生态环境保护、疏解非首都功能、资源能源供应、安全稳定保障等方面，北京具有政治意义上的优先性。一直以来，基于属地管理的原则，遵照《宪法》第三章第一百零七条规定："县级以上地方各级人民政府依照法律规定的权限，管理本行政区域内的经济、城乡建设事业和财政、民政、计划生育等行政工作……"长期以来，京津冀三地政府秉承地方利益至上的发展理念，经济上以属地 GDP 增长为导向，政治上以官员政治晋升为目标，各自

为政、恶性竞争，地方保护主义盛行，致使发展定位、产业机构、基础设施建设、公共服务、生态环境保护和资源利用等诸多领域矛盾冲突不断。同时，三地发展差距过大，区域内贫困带和大城市病并存。2017 年京津冀三地国民经济和社会发展统计公报显示：北京市全年居民人均可支配收入高达 57230 元，天津市为 37022 元，河北省仅为 21484 元，北京是河北的 2.7 倍之多。北京和天津日新月异、蓬勃发展之际，同属京津冀区域的河北省却形成了一个贫困程度较深且集中连片的环京津贫困带。由于肩负着京津水源供应地及生态保护等特殊使命，国家对这一地区实行限制开发政策，京津作为获益方补偿机制不到位，导致相邻的行政区划两侧，一方富庶优越，一方贫困不堪。此外，北京也因过度吸取周边资源，集聚各种功能，患上了人口膨胀、交通拥挤、住房困难、环境恶化、资源紧张、物价飞涨等日趋严重的大城市病。

就区域层面而言，以邻为壑、恶性竞争、过度强调行政区划的制度框架，"一亩三分地"的治理模式，既不符合区域整体利益，也很难满足利益相关者多样化的价值诉求，导致区域内制度处于非均衡状态，整体性制度缺失，治理变革、制度创新的需求已然形成。

为回应制度创新的整体性价值诉求，打破区域内行政区划壁垒，破解属地管理的困境，提高区域资源配置和利用效率，京津冀协同发展经历了一个长期探索、博弈和互动的过程。从成立华北经济技术协作区到廊坊共识的达成，期间针对具体领域和环节签订了合作协议，形成了环渤海区域合作市长联席会等协作互动制度。这些制度的建构在一定程度上起到了区域利益平衡的作用。然而，在畿辅逻辑的规制下，三地初始权利配置失衡，谈判各方的政治位势和资源禀赋差别过大，加之利益诉求各异，矛盾冲突频繁，制度创新成本居高不下，潜在利润难以呈现，制度由非均衡通向均衡的道路蜿蜒曲折，新制度在京津冀协同发展的进程中迟迟无法有效供给。

制度变迁博弈过程中，当制度创新需求已经产生，制度无法自动有效供给时，外部强制力量有效干预十分必要。具体到中国情境下，中央是区域制度创新外部强制力量的最优选择。自上而下的中央顶层制度供给和设计，完全具备调整制度环境以及统筹协调区域内各方关系和行为的能力。具体到京津冀区域，以 2014 年京津冀协同发展战略的提出为分界线，中央强制力量的干预可以划分为两个阶段：

京津冀协同发展战略提出以前，中央也曾多次参与协调京津冀区域制度创新博弈，然而由于多停留在课题研究、规划设计、缺乏行动的口号以及具体领域事务的协调上，微修小补，雷声大雨点小，缺乏深入系统地介入，因而无法从根本上解决区域利益失衡问题，也没有全面系统的制度供给产生。

2014 年以来，中央充分利用政治经济资源配置权力，通过多种方式全面介入京津冀区域各方利益关系的互动调整。在功能定位、产业发展、生态环境治理、交通建设和北京非首都功能疏解等方面，统筹规划，组织协调，并相应推出了整体领域和具体领域的协调机制，成立了相关机构。为进一步推进京津冀协同发展，采取抓主要矛盾、牵"牛鼻子"的方法，在现行区域行政区划基础上，规划河北省保定市雄县、容城、安新 3 县及沧州任丘市部分乡镇，设立雄安新区，集中承接北京非首都功能，并进行具有示范意义的体制机制创新，努力打造京津冀地区的新引擎、新支点、新增长极。具体进程如表 11-1。

表 11-1 河北雄安新区规划设立的历程

序号	时间	活动或事件	具体内容
1	2014 年 2 月	京津冀协同发展座谈会召开	明确提出京津冀协同发展的重大战略。
2	2015 年 2 月	中央财经领导小组第 9 次会议召开	审议《京津冀协同发展规划纲要》，研究思考在北京之外建设新城问题。
3	2015 年 4 月	中共中央政治局常委会会议和中央政治局会议召开	《京津冀协同发展规划纲要》审议通过，提出规划建设具有相当规模、与疏解地发展环境相当的集中承载地。
4	2016 年 3 月	中共中央政治局常委会会议召开	《关于北京市行政副中心和疏解北京非首都功能集中承载地有关情况的汇报》得到原则同意，确定了新区规划选址，同意定名为"雄安新区"。

续表

序号	时间	活动或事件	具体内容
5	2016 年 5 月	中共中央政治局会议召开	审议《关于规划建设北京城市副中心和研究设立河北雄安新区的有关情况的汇报》。
6	2017 年 4 月	中共中央、国务院印发通知	决定设立河北雄安新区。
7	2017 年 10 月	中国共产党第十九次全国代表大会在北京召开	报告指出，以疏解北京非首都功能为"牛鼻子"推动京津冀协同发展，高起点规划、高标准建设雄安新区。
8	2018 年 4 月	中共中央　国务院批复《关于报请审批〈河北雄安新区规划纲要〉的请示》	《河北雄安新区规划纲要》共分为十章，规划期限至 2035 年。
9	2018 年 12 月	国务院关于《河北雄安新区总体规划（2018—2035）》的批复	原则同意《河北雄安新区总体规划（2018—2035）》，作为雄安新区发展、建设、管理的基本依据。

　　雄安新区建设发展中大量政策资金的支持，众多中央企事业单位的进驻以及自身创新发展，将有助于加大河北在京津冀三地博弈互动中的资本提升和话语权，更有力地表达河北和雄安的利益诉求，推动京津冀区域和雄安制度创新变迁的取向更加趋于公平合理，实现区域均衡发展。

　　雄安新区规划设立的历程表明，京津冀协同发展背景下雄安新区整体性治理架构的制度创新，经历了一个探索、互动、博弈的渐进过程。中央作为外部强制力量在这一进程中起到了关键性作用。在这一外部力量驱动下，制度上的创新很快体现到具体发展实践中，京津冀区域功能定位更加明确，区域内联系更加紧密。一是北京通过分散和集中的方式，疏解了一般性制造业、区域性物流基地和区域性批发市场、部分教育、医疗、行政性和事业性服务机构等非首都功能，一定程度上缓解了大城市病。二是天津吸引了大量来自北京和河北的投资，仅 2017 年京冀企业到天津投资的到位资金 1089.14 亿元，占全市实际利用内资的 43.6%。三是河北此间承接来自北京和天津的功能更加明显。自 2014 年至 2018 年 7 月，仅位于河北省沧州市的渤海新区，就以平均每天签约一个京津项目的速度，承接项目 1264 个，总投资达

5538.7亿元。同时，雄安新区自设立以来，得到了来自中央各部委以及区域内各地的大力支持，发展前景一片光明。

一般而言，中央顶层制度供给与设计，依托强制外力，更容易发挥制度设计黏合剂的作用，强化京津冀区域整体和雄安新区整体结构的内聚力，突破区域内各方利益博弈的壁垒和困境，缩短各利益主体间的谈判和讨价还价时间，减少自然变革创新的交易成本和试错成本。辩证地看，中央顶层制度设计也很容易受自身利益和既得利益集团的影响，并且一经形成，便会按照自身的逻辑和规则运转，将自身诉求融入制度体系中，对区域内地方实际和利益的考虑难言到位，容易挫伤地方自主发展、制度创新的积极性。这也是中央政府在进行制度设计过程中应该着力考量和修正的。

二、雄安新区整体性治理制度创新的困境

雄安新区整体性治理架构是对碎片化思维观念的否定，对京津冀合作治理瓶颈的突破，也是破除区域内"一亩三分地"思维、突破属地管理刚性约束的重大举措。从区域的视角来看，其制度创新的困境表现为：

一是碎片化的行政管理体制。雄安新区毗邻白洋淀区域，该区域包括安新、雄县、容城、高阳、白沟新城管委会、白洋淀保护与开发管委会等多个处级及以上行政单元。雄安新区所处白洋淀自身由143个淀泊组成，366平方公里的水面分属于"两市四县"，被行政区划切割得支离破碎，上游九条入淀河流流经若干不同的行政单元。这样的布局使得白洋淀区域的整体规划难度巨大，因为行政区划引发的问题由来已久。雄安新区整体性治理制度创新的价值诉求与利益相关主体协同意愿之间存在着难以调和的矛盾。

二是雄安新区整体性治理制度创新能力不足。雄安新区建设初期，吸纳集聚了一批有前瞻性和领导力的人主政新区建设。但由于新区行政建制因循以往，没有进行整合，辖区内政府官员对超出自身行政管辖范围以外的事务漠不关心，缺乏全局意识和整体思维，习惯于"自扫门前雪"，协调整合能力欠缺，对新区整体性理念、一体化方略缺乏清晰辨识。对跨域治理的认知能力偏弱，合作治理思维欠缺，缺乏共生共荣共享的精神。具体能力不足投射在对新区公共服务供给、公共问题应对、公共事务的治理等方面。

三是雄安新区治理中制度创新困境的路径依赖。整体性取向的"权威依赖"表现为两个层次：其一是对中央权威的依赖。制度变迁包括诱致性制度变迁和强制性制度变迁。诱致性制度变迁是指现行制度安排的变更、替代或新制度安排的创造，是由个体或群体在响应获利机会时自发倡导、组织和实行的制度变迁，自下而上，表现为自发性和局部性特征。强制性制度变迁通过政府权威、法律介入来实现，其变迁主体是政府，自上而下，表现为强制性、规范性和低成本。在现行体制机制下，雄安新区组织架构习惯于依赖中央权威指导或行政力量处理新区事务，创新性和挑战性工作难以独立运作完成。加之物质资源、财政资源、政策资源、法律资源、舆论资源等主要集中在"大政府"手中，地方政府吸纳资源、调动资源、整合资源空间有限，只能选择依附上级权威。具体表现为目标理念、合作动机、政策工具、制度安排、发展路径上对中央权威的依赖，缺乏自己独特的目标、动力和行动。就雄安新区而言，自上而下的强制性制度变迁较为普遍，自下而上的诱致性制度变迁较为缺失，上升到制度创新层次更是表现乏力。其二是在整体性协同执行中对于等级权威的依赖。在京津冀区域和雄安新区，基于纵向等级的科层治理模式并没有得到改观。科层治理模式的典型特征是对等级权威的依赖，这种依赖会造成京津冀和雄安新区在整体性治理中的现实困境。由于政府组织架构、公共事务和人事制度对应的是科层制政府模式，制度设计缺乏对跨域横向协同模式和网络化协同模式的考量，因此，在现实中，以科层制为基础的纵向等级管理体制往往会与跨区域协同治理模式发生冲突。如京津冀区域业已建立的协同治理框架，在操作和执行层面还是建立在等级科层基础之上。雄安新区所辖各县，白洋淀流域各个行政区划，无论是在技术层面、制度层面，还是在运作机制上，都呈现出显著的等级权威依赖特征。

三、京津冀协同发展背景下雄安新区制度创新的发端与起步

雄安新区设立以来，规划定位比较高，要求把每一寸土地都规划得清清楚楚后再开工建设。除市民服务中心以及少部分企事业单位入驻雄安外，具体建设并没有大规模展开。同样，雄安新区的制度创新与建构也多停留在研究规划设计上，实际落地推行集中体现在两个层面体制机制的变革上：一

是京津冀区域层面，二是雄安新区本体层面。为便于深入分析，本研究以政府层面管理体制机制创新与安排为主要分析对象。具体如图 11–1。

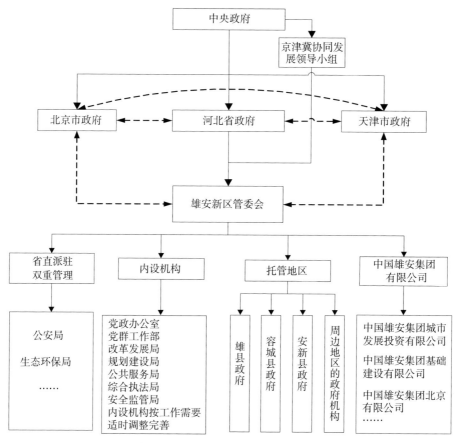

图 11–1　京津冀协同发展背景下雄安新区政府管理制度架构

1. 京津冀区域政府层面管理制度创新与安排

开发程度低，发展空间充裕，是雄安新区选址设立时的优势，但从另一个方面来讲，也反映了雄安新区现有发展条件薄弱，缺乏自主转型升级、整合提质能力的现状。以设立新区前的 2016 年人均国内生产总值为例，雄安新区三县人均 GDP 为 2 万元，仅为北京市人均 GDP11.5 万元的 17%，与河北全境 4.3 万元的人均 GDP 也有很大差距。并且三县支柱产业为服装、制鞋、塑料包装、电器电缆、有色金属加工、乳胶制品等，多属资源消耗大、污染严重、利润率低的产业，与贯彻落实新发展理念的创新发展示范区的功能定位严重不符。因而，其建设发展需要外部力量的支持，需要协调整合好区域内相关主体的关系，尤其需要区域层面整体性的制度创新与安排。

在中央与雄安新区政府层面，中央政府领导新区管委会，主导建立起了自新区设立到规划审批，再到规划执行的一整套体现中央权威的制度体系，同时通过其下设的京津冀协同发展领导小组及其办公室指导新区管委会，统筹协调区域层面涉及雄安新区建设发展的事务和问题。在河北与新区政府层面，河北省政府组建了河北雄安新区管理委员会，承担《河北雄安新区规划纲要》履行的主体职责，新区管委会定性为省政府的派出机构，接受省政府的领导。在京津与新区政府层面，雄安新区的设立，使得京津冀间的博弈中增加了一个变量，久居弱势地位的河北依托雄安新区将会获得更大的发展空间，区域主体间互动的路径趋于多元化，区域内资源配置的效率、公平、可选择性更具平衡性，区域制度安排的系统性、协同性、整体性愈发重要和凸显。同时，基于单一制的国家结构形式以及区域现有制度安排，北京和天津自雄安新区设立以来积极支持其建设发展，分别与河北省政府签订了《北京市人民政府、河北省人民政府关于共同推进河北雄安新区规划建设战略合作协议》和《河北省人民政府、天津市人民政府关于积极推进河北雄安新区建设发展战略合作协议》，在创新驱动发展、交通基础设施、生态环境联防联治、产业转型升级等多领域，深层次推进雄安新区建设发展，并进一步作了任务细化分解。在保定、廊坊、沧州等周边地区与新区政府层面，京津冀沟通协商，精诚合作，统一管控，服务雄安成为相关主体间共同的目标和使命。北京市政府工作报告中 2019 年的工作任务强调，要开工建设 4 所"交钥匙"学校医院，天津市政府报告中提出要实现资源共享，支持静海等区发挥区位优势对接雄安新区建设。

2. 雄安新区政府层面管理制度创新与安排

雄安新区本体现行政府层面的体制机制创新与安排，是对 20 世纪 90 年代以来国家级新区制度创新经验和中国共产党第十八次全国代表大会以来深化体制机制改革成果的延续和创新。新区管委会设立之前，由来自河北、北京和天津代表组成的河北雄安新区筹备工作委员会全面履行了组织领导、统筹协调雄安新区开发建设的管理工作。雄安新区现行管理体制机制，类似于以往国家级新区的"管委会"模式，新区管委会为辖区内唯一的行政机关，"精简、高效、统一"，实行"大部门制、扁平化、聘任制"，具体如图 11-1 所示。这种治理范式一是推行大部门制，实行扁平化管理，对职能相似或行政权力相近的部门进行合并。① 这种整体性治理范式的优势在于对跨域复杂公共问题有效应对，有利于实现跨边界、跨组织、跨部门之间的协作问题。这种跨边界的协作并不排斥专业分工，而是根据新区使命和结果导向，整合原有部门功能基础上进行整体化再造，优化配置部门之间的资源。公共服务部门整合程度越高，部门间内聚力就越强，协同服务动机就越强。秉承这一范式理念，雄安新区设置了党政办公室、党群工作部、改革发展局、规划建设局、公共服务局、综合执法局和安全监管局等 7 个内设管理机构，部门内部不再设置科室，实行岗位管理，着力减少行政层级。二是作为派出机构，为摆脱科层体制的羁绊，对规划区域内的三县及周边地区进行托管，减少新区管委会协调辖区内各行政单位的成本，提高行政效率。原河北沧州任丘市的七间房乡、鄚州镇、苟各庄镇，原河北保定高阳县的龙化乡并入新区。三是推行聘任制推进用人制度的重大创新。新区党工委、管委会及管理层实行任期制，其他人员全部实行聘任制，激发新区工作人员的创新活力。通过体制机制创新，集聚全国乃至全世界的高端人才和智慧到雄安新区创新创业。

现阶段，雄安新区体制机制的制度创新与安排，源于十八大、十九大以来中央深化体制机制改革创新成果，尤其是深化党和国家机构改革的决定和具体方案。其中，"河北雄安新区生态环境局"的组建，很好地印证了上述判断。横向而言，该机构是《深化党和国家机构改革方案》要求组建生态环境部以来，在全国范围内成立的首个地方"生态环境局"。纵向而言，作为全国首个完成省级环保垂直管理改革的试点省份，河北在雄安新区生态环境局的管理体制上，充分体现了中央环境保护管理体制改革的调整要求，对于跨区域的生态环境实行治理权限上收。具体为：雄安新区生态环境局为河北省环保厅的派出机构，由省环保厅和河北雄安新区党工委、管委会双重管

---

① 张楠迪扬：《京津冀一体化视角下的雄安新区行政体制机制创新》，《国家行政学院学报》2017 年第 6 期。

理，并且雄县、容城、安新三县的环保局调整为河北雄安新区生态环境局直属分局，由河北雄安新区生态环境局直接管理。

第三节　推进雄安新区整体性治理制度创新的对策思路

自 2017 年 4 月设立至今，雄安新区仍处于创业拓荒阶段，制度体系基本沿用原有体制机制，仅有的制度创新安排的过渡性痕迹也十分明显。就"千年大计、国家大事"的定位来看，全方位、立体化、多层次、整体性的制度设计需要与时代同频共振，不断创新发展。因而，雄安新区制度创新还有很大的探索发展空间。

一、整体性治理制度化的发展策略

制度能够在治理架构的过程中有效降低其中的交易成本，而整体性治理理论在雄安新区治理建构中的价值在于通过制度化途径加以指导创新实践。

希克斯所构想的整体性治理，就是通过"制度化"的渠道，来达成全面整合的境界。彭锦鹏提出整体性治理制度化的达成，需要采用"线上治理——科技基础、整合型组织——组织基础、主动型文官体系——人员基础"三项制度化途径对现有政府进行改革。[①] 黄滔以地方政府为参照系，从内部、外部、纵向、横向四个静态维度及文化价值的动态维度，探讨了整体性治理在中国地方政府制度化的策略途径，并把制度化策略划分为五个维度：一是内部构建大部门体制；二是外部加强理性的公私合作；三是构筑部省合作的新型关系；四是横向上构建电子化无缝隙政府；五是动态上建构主动型公务员体系。[②]

整体性治理范式持续有效地发挥作用，必须走制度化的道路。雄安新区整体性治理的制度化策略需要付诸制度创新的鲜活实践中，这一策略实施的要义包括：一是整体性运作必须适应当时的社会经济发展状况；二是确定

①　彭锦鹏：《全观型治理理论与制度化策略》，《台湾政治科学论丛》2006 年第 23 期。
②　黄滔：《整体性治理制度化策略研究》，《行政与法》2010 年第 2 期。

好整体性治理所需的知识、协调和整合及合作等概念；三是形成整体利益；四是整体性治理制度化应明确正式组织以及非正式组织之间的关系；五是作为整体性治理制度化的激励基础，情感以及恰当的可观察的实践行为应当予以关注。①

二、推进雄安新区整体性治理制度创新的对策思路

本研究力图基于雄安新区现有制度创新与安排框架，结合整体性治理视阈下的制度创新理论，从制度创新价值设定、制度创新文化共识、制度创新主体、新制度实施保障机制几个方面探讨推进雄安新区整体性治理制度创新的对策思路。

1. 雄安新区整体性制度创新价值设定

基于国家利益的价值视角，上海浦东新区的建设催生了长江三角洲区域的蓬勃发展，深圳特区的设立带动了珠江三角洲区域的空前繁荣，雄安新区的战略布局对于改变中国经济发展区域非均衡状态，优化空间结构，拓展新的发展空间具有重要的战略意义；从京津冀区域公共利益现实价值来看，整体性治理成为雄安新区发展的主题；基于地方利益基础价值来看，长期以来无私助力京津发展但自身发展受阻的河北将迎来重大发展机遇。雄安新区整体性制度创新的情境和价值目标可以设定为：一是雄安新区治理架构中整体性制度创新具有正当性、可行性和前瞻性，是对碎片化、孤岛化以及大城市病的战略回应；二是雄安新区治理中整体性制度创新的基本理念概括为：雄安新区的愿景是价值性的，是理念和信念的聚合，是思维观念的情感表达，也是组织治理架构优化的根本。引领雄安新区未来建设的具体价值理念可以概括为合作的态度、协调的意识、共赢的观念、善治的精神和绿色的情怀；② 三是雄安新区治理中整体性制度创新的价值目标，包括整体回应公民需求、以问题的有效解决为一切行动的逻辑、制度创新边际收益等于边际成

---

① Perri 6，Diana Leat，Kimberly Seltzer and Gerry Stoker：*Towards Holistic Governance*：*The New Reform Agenda*，Palgrave 2002，203.

② 赵新峰、王浦劬：《京津冀协同发展背景下雄安新区治理理念的变革与重塑》，《行政论坛》2018 年第 2 期。

本、制度创新目标与手段相互增加等。

2. 凝聚雄安新区制度创新的文化共识

文化共识是对制度化策略达成的一种有效补充和替代。基于价值观念基础形成的文化认同等非正式规则是组织联结互动的一种均衡结果，一经形成便反作用于组织和人际相互间的关系和行为选择，潜在地影响人们对制度的理解和认知，进而左右制度形成、演化和创新的交易成本。当人们对制度及其创新的认知、理解和评价是积极的、合法的、公正的，人们自然会达成共识，其间"搭便车"的机会主义行为就会减少，个人行为得到修正，制度实施及其变革创新的交易成本便会降低。反之，人们预期不一致，形不成共识，制度运行及其创新发展的成本就会升高。

雄安新区的建设发展是一个宽领域、高质量、深层次的变革创新过程，关涉多个地区和部门，影响着相关主体之间关系和利益的变化调整。能否及时高效规范人与人之间的关系，约束个体失序行为，凝聚文化共识，直接影响着新区建设发展中制度创新的成本和效率。因此，一方面，要着力打造整体发展的文化思维。雄安新区担负着推进京津冀协同发展的历史使命，需要京津冀区域各行政单元打破"行政区行政"的封闭思维，发扬燕赵文化的优良传统，下定"一盘棋"、养成大格局，自觉自发认识雄安之于京津冀区域整体性治理的重大现实意义和深远历史意义。另一方面，注重创新发展的文化引领。雄安新区设立以来，存在着两种非理性的思想认识。一种是过度认知、过高预期、非理性定位，致使雄安炒房、炒地、炒股、违建等过激和失序行为大量发生；一种是以华北水源匮乏、生态环境脆弱及新区存在水涝隐患、交通条件欠佳等问题质疑雄安新区的设立和发展。这两种思想认识一旦纠正不及时、规范不到位，很容易对地区内人与人之间的关系和行为习惯形成冲击，最终扰乱雄安新区的正常规划建设。因而，亟须精准施策，秉承创新、协调、绿色、开放、共享"五大发展理念"，增强创新意识，在对区域协同发展和城市发展规律正确把握的基础上，将部分非理性思想规范到理性有序的轨道上来，谋略新区新境界。

雄安新区地处京津冀核心地带，毗邻白洋淀流域，地缘上的互联互通和文化历史上的一脉相承为雄安新区的文化认同提供了重要支撑。文化认同中的利益相关方之所以对立冲突，是基于属地管理思维下文化认同行为的个人利益最大化考量，个体文化价值取向与整体的文化诉求不一致。强化雄安新区整体的文化认同，需要在具体的制度安排上摒弃零和思维，协调矛盾，化解冲突，培养共识。文化认同领域整合协调的水平，标志着雄安新区文化共同体的文明开化程度。制度安排所强调的文化认同有别于文化趋同，是在传承自身文化基因的基础上更高层次的一种认同。

自宋辽时代至今，雄安新区所处白洋淀区域先后形成了宋辽文化、航运文化、行宫文化、淀泊文化、雁翎文化等文化形态。当雄安新区摆在世人面前需要进行恰当的文化定位时，首先需要确定最为核心的表达维度。将先进文化观念与地区独特文化资源禀赋的认知结合起来，最大限度处理好存量与增量的关系。如在生态文化中继承辽宋文化中淀泊互通、河道互容、苇荷交映、鱼虾共存的跨界协同的文化理念，同时加大力度强化对增量变革的考量和实践，以增量思维重塑存量的文化价值。以跨界的整体性思维致力于不同文化承载机构和单元的共同体意识，让生态文化、智慧文化、休闲文化、创新文化成为新区的追求目标和发展方向。这一文化定位的基本研判是：近年来，由于智慧化、互联网、云计算的推波助澜，中心地区和边缘地区的边界趋于模糊，以前在京津冀区域处于边缘落后地位的河北省，借助雄安新区这一发展引擎，依托文化重塑带来的变革，实现新区文化品质的提升，完全可以在不久的将来实现与世界文明的对话，成为全世界产业、旅游、文化的消费热点，实现自身增量价值最大化。总之，雄安新区的文化重塑，需要在充分传统文化自信的基础上，保持开放的全球化视野，最终把雄安新区打造成一个多元包容、和谐共生的文化生态承载地。

3. 理顺雄安新区制度创新主体间关系

制度设计、选择源于规范和约束人与人之间的关系。制度创新则基于理顺、激活制度创新主体间的关系，降低不必要的成本损耗，提高博弈参与主体对制度创新的潜在利润预期，最终向着融洽、合作、友善、高效、互惠的方向发展。一般情况下，制度创新主体主要包括政府组织、市场主体和社会主体，其中政府组织可依等级和地区再行细分，市场和社会主体则因组成人数差异划分成个体和团体。推进雄安新区制度创新过程中，需要理顺、激活的主体间关系主要包括以下三种。

一是政府间关系。政府在推动雄安新区制度创新的过程中，扮演着不可替代的角色，是强制性制度变迁的主体，其间关系能否厘清、明晰，直接影响政府积极性的发挥以及制度创新成本的高低，影响政府能否提供更加有效的产权安排和激励经济发展的公共政策。一方面，打破行政区划壁垒，在强化中央政府顶层制度创新作用的同时，充分考虑地方制度创新的利益诉求，发挥地方政府自主推动制度创新的积极性，主动融入雄安新区制度创新主体的行列。现阶段，需要着力打造北京市政府与雄安新区管委会功能疏解与承接的合作关系，致力于完成雄安新区所辖行政单元的整合问题，解决白洋淀湖区及流域条块分割等问题。另一方面，在衔接好新区管委会与国家整体制度关系的基础上，深入克服科层制度僵化弊病，持续推进新区管委会"大部门制、扁平化、聘任制"的改革创新方向，调动公务人员工作积极性，提高行政效率。通过协调政府间关系推动制度创新，不仅有利于解决原有制度安排的路径依赖，在区域整体性环境下创造出协同成本更低的制度环境，而且有利于提升合作治理的效率，为整体性治理拓展新的空间。

二是政府与市场主体间关系。政府以提供参与者不可退出的强制权力，通过命令直接推动制度创新。而市场主体以其活力吸纳、集聚创新要素资源，潜移默化地推动利于自身的技术创新，进而从根本上促动上层制度的创新。雄安新区的制度创新涉及生产、生活、生态各个方面，不仅需要政府在新区前期规划管控、基础设施建设、公共产品和服务提供、流域治理、产业转移等方面起到强制整合的第三方制度创新作用，而且需要在服务市场主体创新技术和制度的基础上，注重发挥市场主体制度创新的"无形之手"作用，从根本上促动雄安新区制度环境、制度要素、制度架构的变革创新。理想状态是政府供给的外在制度安排和市场内生制度需求达成一致，整合发力。在雄安新区制度创新进程中，应该着力强化市场主体推进制度创新的能动性以期和政府创新合拍，雄安新区整体性制度创新应该在政府和市场力量协同推进下前行。

三是政府与社会主体间关系。在推进雄安新区制度创新的博弈互动过程中，作为博弈参与者的由公众和社会组织构成的社会主体决定着博弈互动的性质和方向。实践中，雄安新区管委会要充分考虑社会主体的利益诉求和愿景预期，实现治理效率和公正的价值平衡。当前，雄安新区处于严格管控阶段，公众的正常生产生活受到一定程度的影响，制度创新的方向在于纾解管控矛盾，回应公众需求。远期来看，雄安新区要建成高质量高水平的现代化城市，成为京津冀世界级城市群的重要一极，产业的集聚、功能的完备，必然吸引大量外来人员迁居雄安，与原有居民共同生活、建设雄安，人口体量更大、需求更高、构成更加多元，社会关系趋于复杂，矛盾容易激化。因而，包括新迁居民与原住居民关系在内的社会关系处理和规范恰当与否，直接影响新区制度创新的效果。同时，雄安新区管委会应注重培育社会组织，提供活动平台和空间，发挥其参与社会治理、化解矛盾纠纷的积极作用，营造共建共治共享的社会治理格局。

社会组织因其社会吸纳性特征因而能够更好地为社会各个利益主体代言。同时，因具有相对的自主性和独立性，因而在雄安新区新型社会治理格局的打造方面起着重要作用。雄安新区管委会可以通过与社会组织建立委托关系，凭借其在社会治理领域的优势，为新区决策做前期调研或出谋划策，与政府共同履行社会治理的职责。也可鼓励社会组织独立自主地开展活动，通过他们加强与国际性组织之间联系，促进新区治理方面的国际合作。同时，扶植社会组织与企业建立联系，推动企业社会责任建构。社会组织也可作为公民的代言人，代表其参与白洋淀流域的环境治理和京津冀大气污染防治工作，依托自身较强的社会公信力进行先进理念的教育与传播工作。

4. 健全整体性治理制度创新的保障机制

雄安新区制度创新是一项系统工程，既包括规划管理实施、区域协同治理、行政管理、财税金融、人才人口管理、土地管理、对内对外开放等方面的制度创新供给，也要求制度创新结果付诸实践、落地实践。依据上文新制度实施分析，一项新制度的自主有效实施，既需要博弈关涉主体间信息对称充分，也需要有效激励规则遵循行为，惩治约束机会主义倾向，更需要法律体系的第三方权威加以保障。

一是建立信息交流机制。区域层面，应建立起雄安新区与中央及其所属有关部委、京津冀地方的常态化信息交流机制，及时全面沟通协同发展事项，减少因信息不对称造成的误判和纠纷。尤其加强京雄两地的信息沟通，在具体功能疏解与承接上做到信息严丝合缝，推动非首都功能的有序疏解；新区本体层面，规划实施阶段，加强督促检查，及时收集规划执行信息，确保规划切实落地。建设发展阶段，新区应基于数字化、智能化的城市建设技术和方向，加大政务公开，构建市场主体和社会主体诚信体系，在信息充分对称的基础上，共同参与新区建设发展和制度创新。致力于搭建新区管委会回应性平台，及时了解新区制度安排和公共政策对公众偏好的满足程度，畅通政府与社会的沟通机制，依托互动式的参与治理快速精准识别社会不同群体的需求并做出及时回应。

二是建立起国内外舆情分析与引导机制。国际舆情方面，与专家智库合作，通过舆情监测，及时了解世界对雄安新区的最新舆情信息，并针对性地做好推广和宣传工作，可以将雄安新区的境外媒体报道分为"经济框架""环境框架""城市建设框架""公共服务框架"和"政治框架"。基于网络爬虫、大数据技术和文本挖掘等技术，选取其中具有代表性的报道进行分析研究，着重关注国际舆论有关雄安新区议题的研究热点和情感倾向，为雄安新区制度安排与创新提供决策支持；国内舆情方面：基于国内媒体雄安相关报道的新闻评论、微博、论坛话题等，构建"雄安新区国内舆情监测信息库"。基于舆情信息库中的数据，对"雄安新区"网络舆情进行多维统计分析，包括舆情分布、热点舆情、传播路径、热点预测、舆情倾向性等情况，为相关制度安排和政策制定提供及时、有效的决策支持。

三是构建激励与约束机制。雄安新区每一项新制度的有效实施，核心在于消除机会主义倾向造成的预期不明确，摆脱个体理性导致集体非理性的集体行动困境。为使雄安新区新制度实施博弈主体预期明确、减少误判，实现集体理性，减少行政单元和部门间合作治理中的交易成本，实现新区真正意义上的整体性治理，关键"不是去否定个体理性，而应是合理有序地进行激励、引导和规范个体理性，使之沿着协同共治的路径前行"①，进而构建一

---

① 赵新峰、袁宗威：《我国区域政府间大气污染协同治理的制度基础与安排》，《阅江学刊》2017 年第 2 期。

套行之有效的激励约束机制，通过政治行政、市场机制、社会文化等途径激励依规行事者，通过督察检查、执法问责，规范和约束个体过度理性、机会主义倾向，使之朝着建成全球城市创新发展的实验场、全球高端高新产业生态集聚地和中国创新发展城市样板间的宏图愿景努力。尤其是创新激励机制方面，要致力于打造创新思想和行动充分涌流的创新格局。要重点设计配置创新试验、创新投资、创新风险、创新收益、创新外溢等方面的制度安排和政策工具，优化和建构知识产权制度以及风险投资、财政协同、税基共享、高端技术成果孵化转化、产学研协同创新等相关制度，把雄安新区打造成吸纳创新成果、激发创新热情、集聚创新要素、崇尚创新质量的政策高地。

四是完善法治保障体系。法治保障体系是社会各方利益诉求的集中表达，是强制性第三方客观公正的代表。第三方通过使用强制办法推进新制度实施，能够有效降低个体监测、衡量、惩治其它制度实施博弈参与方的机会主义行为成本。雄安新区建设发展中，涉及规划纲要实施、征迁安置补偿、大量产业人口迁入、白洋淀流域治理等一系列制度的先行先试，亟须客观公正法治体系的坚实保障。需要综合现有法律法规和具体协作机制层面的制度基础，依据区域产权与责任统一以及协同治理交易成本最优化原则，创新制度安排、健全法律法规体系。实践中，雄安新区立法协同是整体性治理的制度保障，因而应该在着力推进京津冀区域地方立法工作协同的基础上，整合立法资源，在共同使命驱使与行为准则引领下，平衡各方利益，通过协同立法化解规章制度抵触与法律依据冲突等问题。鉴于雄安新区中长期规划涵盖更多行政单元，应该从中央、省级、区域协同层面给予雄安新区立法、执法、司法和守法更多支持，从法律层面授予新区更多管理权限，赋予雄安新区地方协同立法权限，优化制度供给，从而为新区新制度的实施提供权威保障。此外，执法协同也是雄安新区整体性治理制度创新的关键。京津冀区域大气污染，白洋淀流域的水体污染，迫切需要改变以往环境治理方面的片面化、碎片化和单一化，通过执法协同推进雄安新区治理的整体性、协同性和融合性。

政　策　篇

第十二章　京津冀区域协同发展的政策工具分析

　　北京市、天津市和河北省在地理位置上相邻，气候和人文环境类似，但是基于我国行政区划治理体制下的省级行政区划分割封闭治理情境，京津冀三省市行政地位不平等，经济社会发展也极不平衡。北京市作为国家首都和第一直辖市，承载着全国政治中心、文化中心、国际交往中心和科技创新中心的首都功能；天津市作为直辖市和国家中心城市，也具备贸易、金融、研发、教育、医疗等方面的发展优势；然而京津的建设发展并没有产生对河北省的显著辐射带动作用，河北省一直处于拱卫京津的附属地位，经济发展全国相对落后，教育医疗资源不足。这种碎片化的治理模式看似只是损失了河北省的部分发展利益，但是随着京津冀及周边地区大气重度污染过程的出现，国家环保部门和京津冀三地政府认识到，空气具有流动性，将重污染企业搬迁到河北省或者仅在北京制定实施严格的环境污染保护政策并不能解决北京市的大气污染问题，只有将京津冀看作一个整体区域进行治理，加强京津冀区域协同发展，才能实现京津冀区域在环境治理、经济发展和社会文化发展等方面的长期共赢。既然京津冀区域历史文化同源，京津冀区域协同发展的理念也出现较早——1981年成立的华北经济技术协作区是全国最早的区域经济合作组织。之后的环渤海地区市长联席会、环京经济技术协作区市长专员联席会的成立都将京津冀的区域合作在组织架构方面向前推进，但是行政区分割行政的思维仍强势于协同整合意识，华北经济技术协作区撤销后的十年中京津冀的协同发展几乎是停滞的。直至2004年以后，京津冀都市圈、京津冀城市群、首都经济圈等人文地理概念形成，京津冀又重回协同发展的轨道，但是协同发展的理念缺乏推进机制与具体行动，收效甚微，未改变"京津优越而河北劣势"的境况。十八大之后，习近平总书记多次在不同场合的讲话中传递了中央最高领导层对京津冀区域一体化发展的厚望与决心。尤其值得注意的是，习近平总书记在 2014 年召开京津冀区域协同发展工作座谈会中将京津冀区域协同发展提升为国家战略，京津冀区域协同发展进入整体性治理阶段。

整体性治理理论致力于打破行政区划分割封闭、碎片化的治理方式，倡导区域合作。① 在整体性治理的视角下，崔晶分别以水资源跨域治理、公共服务职责划分、流动人口治理和精准扶贫为案例探讨了整体性治理理论在区域协同治理中的应用。② 赵新峰教授的一系列京津冀大气污染协同治理方面的研究也论述了京津冀区域整体化治理的政策变迁、发展趋势。③ 本研究在整体性治理的视角下，分析 2014 年京津冀区域协同发展上升为国家战略以来京津冀区域协同发展的顶层设计与政策工具。

第一节　京津冀区域协同发展政策工具分析框架

政策工具是实现政策目的的具体政策设计。本研究拟从强制程度、协同程度和整合程度三个方面来考察京津冀区域协同发展的政策工具。强制程度指的是政策工具的行政强制程度强弱，或者说，用于判断政府干预的强弱。依据强制程度从强到弱将环境政策工具界定为"管制型政策工具""市场型政策工具"和"自愿型政策工具"三种。协同程度指的是政策制定主体之间的互动、合作关系，主要指参与制定公共政策的主体的协作情况，尤其

---

① 易承志：《跨界公共事务、区域合作共治与整体性治理》，《学术月刊》2017 年第 11 期。

② 崔晶：《水资源跨域治理中的多元主体关系研究——基于微山湖水域划分和山西通利渠水权之争的案例分析》，《华中师范大学学报》（人文社会科学版）2018 年第 2 期。

③ 赵新峰、袁宗威：《京津冀区域政府间大气污染治理政策协调问题研究》，《中国行政管理》2014 年第 11 期；赵新峰：《京津冀协同发展背景下雄安新区新型合作治理架构探析》，《中国行政管理》2017 年第 10 期；吴芸、赵新峰：《京津冀区域大气污染治理政策工具变迁研究——基于 2004—2017 年政策文本数据》，《中国行政管理》2018 年第 10 期。

是联合发文情况。整合程度指的是政策工具的系统化和相互介入程度。本研究的分析框架如下图 12–1 所示。

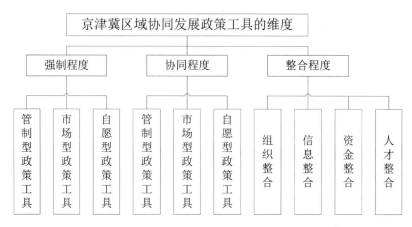

图 12–1 京津冀区域协同发展政策工具分析框架图[①]

借助"北京大学法宝数据库",以"京津冀"为关键词搜索,共计获得京津冀区域协同发展政策文件 115 项。其中,中央政策 58 项,地方政策 57 项,涉及雄安新区的政策共计 4 项。关于政策工具的"强制程度"和"整合程度"这两个指标,采用基于政策文本的内容分析的方法,借助 Nvivo 质性分析软件进行内容分析,使用"查询—文本搜索"方法进行 Nvivo 编码,搜索选定的项为某一个年份的政策文件,搜索关键词如表 12–1 所示。例如,"标准"出现在某一个政策文件中,则该年的"标准"政策工具使用数量增加一次,且该年的"管制型政策工具"使用数量增加 1 次。其他同理。关于政策工具的"协同程度"指标,本研究采用基于政策文本内容分析的方法。对政策文本中的政策制定主体进行统计分析,如果该政策由不同政策制定主体联合发文,则认为该政策存在政策协同。详见表 12–1:

---

① 赵新峰、袁宗威:《区域大气污染治理中的政策工具:我国的实践历程与优化选择》,《中国行政管理》2016 年第 7 期。

表 12–1　政策工具内容分析编码范例表

指标	关键词
管制型政策工具	标准
	禁止 / 关闭 / 停产 / 限产 / 打击 / 淘汰
	整改 / 整治
	许可
	督查 / 监督
	问责 / 责任追究 / 考核 / 评估
	监管 / 执法 / 监测
	产业规划
	处罚 / 罚款
市场型政策工具	收费
	税
	价格
	技术
	补贴 / 补助
	保险
	可交易排污权
	公私合作伙伴关系（PPP）
	利益补偿 / 生态补偿
自愿型政策工具	信息公开
	自愿协议
	公众参与
	宣传 / 教育
	第三方认证评估机构 / 智库体系
整合程度	委员会 / 小组会议 / 专题会议 /
	联席会议 / 协作小组
	信息共享 / 信息平台 / 信息系统
	资金 / 基金
	人才 / 专家 / 培训

指标	关键词
	创新（协同创新、集成创新、原始创新）
	样板／示范／引擎
	应急／联动统一

第二节　京津冀区域协同发展政策工具的文本分析

一、京津冀区域协同发展政策概况

截至 2018 年 3 月底，我国各级政府发布的涉及京津冀区域协同发展的政策数量如表 12–2 所示。考虑到 2018 年只统计了 3 个月的数据，可以判断京津冀区域协同发展政策的数量从 2014 年以来逐年增长，反映了 2014 年以来政府政策层面越来越重视京津冀区域协同发展。统计 2014 年以来我国各级政府发布的涉及京津冀区域协同发展的政策文本中的高频词，得到以下表 12–2。将高频词进行分类，可以发现高频词反映了京津冀区域协同发展的政策内容、政策主体、政策领域、政策范围和政策工具等主题。

表 12–2　京津冀地区政策数量表

年份	政策数量（个）
2014 年	15
2015 年	22
2016 年	31
2017 年	39
2018 年	8
总计	115

关于京津冀区域协同发展的政策内容，提到最多的是发展（1285 次，占 0.85%）和协同（828 次，占 0.55%），此外频繁提到创新（404 次，占

0.27%)、综合（404 次，占 0.27%）、牵头（294 次，占 0.19%）、合作（288次，占 0.19%）和改革（286 次，占 0.19%）。可见京津冀区域协同发展政策主要是为了促进发展和协同，运用的具体发展和协同方式包括创新、综合、牵头、合作和改革等。

关于京津冀区域协同发展的政策主体，不仅多次提到政府（287 次，占0.19%）①，而且频繁提到了社会（297 次，占 0.20%）和市场（263 次，占0.17%）。可见京津冀区域协同发展政策中体现了政策执行主体的多元化，强调社会和市场广泛参与到区域公共服务和区域社会治理的过程中来。

关于京津冀区域协同发展的政策领域，频繁提到了环境（755 次，占0.50%）、生态（580 次，占 0.38%）、污染（561 次，占 0.37%）、资源（560次，占 0.37%）、生产（311 次，占 0.21%）、大气（310 次，占 0.21%）、能源（277 次，占 0.18%）、交通（273 次，占 0.18%）和医院（270 次，占0.18%）。可见京津冀区域协同发展政策围绕生态环境保护、能源交通和医疗等方面展开。

关于京津冀区域协同发展的政策范围，不仅多次提到区域（839 次，占0.55%）和地区（675 次，占 0.45%），而且频繁提到了机构（627 次，占0.41%）、单位（602 次，占 0.40%）、部门（579 次，占 0.38%）、项目（574次，占 0.38%）、国家（475 次，0.31 占 %）、城市（391 次，占 0.26%）和行业（287 次，占 0.19%）。可见京津冀区域协同发展政策中体现了政策范围的多样化，涉及不同地理范围、不同行政区划范围内的政策协同，强调项目层次的协同、城市和行业之间的协同；京津冀区域协同发展不仅是北京市、天津市和河北省范围内的工作，也是国家层面的行为。

关于京津冀区域协同发展的政策工具，不仅多次提到服务（655 次，占0.43%），而且频繁提到了管理（628 次，占 0.42%）和监管（269 次，占0.18%）。可见服务思维虽然引导京津冀区域协同发展，但是监管等强制程度明显的政策工具仍然被广泛使用。详见图 12-2。

---

① 加权百分比。

图 12-2 京津冀区域协同发展政策文本高频词统计图

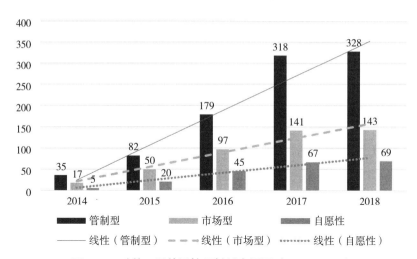

图 12-3 政策工具使用情况材料来源图（2014—2018）

二、京津冀区域协同发展政策工具的强制程度

强制程度方面，参见图 12-3 政策工具使用情况材料来源图，其一，京津冀区域协同发展的过程中使用了多元的政策工具，既包括强制程度高的管制型政策工具，也包括强制程度稍弱的市场型和自愿型政策工具。其二，京津冀区域协同发展的过程中特别重视管制型政策工具（左一条形图标所示）的使用，其使用频率明显高于市场型（左二条形图标所示）和自愿型（左三条形图标所示）两种政策工具。从 2014 年至 2018 年的所有年份，使用管制

型政策工具的政策数量都大于使用了市场型政策工具或自愿型政策工具的政策数量之和。其三，管制型、市场型和自愿型政策工具的使用数量自 2014 年以来逐年递增，然而管制型政策工具（长实线所示）增长最快，市场型（线状虚线所示）和自愿型（点状虚线所示）政策工具增长较慢，趋势预测显示在京津冀区域协同发展的过程中对管制型政策工具的使用会压倒性多于对市场型或自愿型政策工具的使用。

参见图 12-4 管制型政策工具使用种类情况图，其一，京津冀区域协同发展的过程中使用了丰富多样的管制型政策工具，例如，建立区域协同应对突发性事故灾难的可以复制与借鉴的制度标准、打击侵犯带有"雄安"字样商标知识产权的行为、限期整改违规采购的医院、联合编制《京津冀区域安全生产综合风险评估报告》、给电力钢铁水泥等高污染企业发放排污许可证，以及在新机场建设中加强机场总体规划、临空经济区规划与地方城乡规划、土地利用总体规划等协调衔接。其二，京津冀区域协同发展的过程中特别重视关停限、整改、标准、责任追究等管制型政策工具的使用，自 2014 年京津冀区域协同发展上升为国家战略以来每年的协同发展政策中均有对这些具体政策工具的使用，然而行政许可和行政处罚的政策工具使用稍弱，尤其是行政许可政策工具的设计和使用仍在摸索完善阶段。

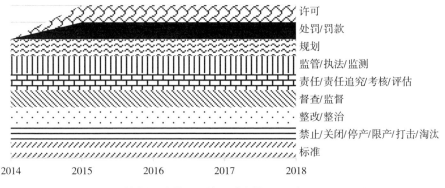

图 12-4　管制型政策工具使用种类情况图（2014—2018）

参见图 12-5 管制型政策工具使用情况材料来源图，其一，2014 年京津冀区域协同发展上升为国家战略，设立统一标准（左一条形图标所示）、督查监督（左五条形图标所示）和设计统筹规划（左八条形图标所示）是使用

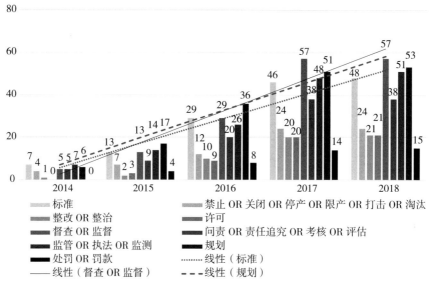

图 12–5　管制型政策工具使用情况材料来源图（2014—2018）

频率最高的政策工具，可见京津冀区域协同发展重视顶层设计。其二，2018年京津冀区域协同发展的国家战略实施四年以来，对督查或监督的使用频率上升最快（长实线所示），其次为规划（线状虚线所示）和标准（点状虚线所示），可见京津冀区域协同发展仍在规划设计阶段，并且十分重视对京津冀区域协同发展战略的来源及政府行政上级部门的督查与各级人民代表大会、社会团体、个人的各种形式的监督。

参见图 12–6 市场型政策工具使用种类情况图，其一，京津冀区域协同发展的过程中使用了丰富多样的市场型政策工具，例如，在京津冀三地健身产品供给过程中推广政府和社会资本合作（PPP）模式、天津市民政局拨付天津籍老年人在冀养老床位补贴资金、在环境高风险领域建立环境污染强制责任保险制度、通过资金补助产业转移人才培训共建园区等方式实施生态补偿、京津冀区域协同发展产业转移对接企业税收收入分享、京津冀机场差异化收费、京津冀医用耗材联合采购由医院参考"谈判参考价"议定价格以及开发多方异地跨区域的应急信息资源共享交换与动态更新技术。其二，京津冀区域协同发展的过程中特别重视生态补偿或利益补偿、补贴或补助、技术支持、价格制定、税费设计等市场型政策工具的使用，自 2014 年京津冀区

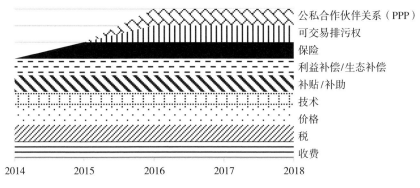

图 12-6　市场型政策工具使用种类情况图（2014—2018）

域协同发展上升为国家战略以来每年的协同发展政策中均有对这些具体政策工具的使用，然而保险、可交易排污权和公私合作伙伴关系的政策工具使用稍弱，尤其是公私合作伙伴关系的设计和使用仍在摸索完善阶段。

参见图 12-7 市场型政策工具使用情况材料来源图，其一，2014 年京津冀区域协同发展上升为国家战略，技术支持（左四条形图标所示）是使用频率最高的政策工具，而且四年以来累计使用次数最多，可见大数据技术等技术创新成为促进京津冀区域协同发展的支撑性市场型政策工具。其二，2014 年京津冀区域协同发展战略伊始，税收（左二条形图标所示）、补贴或补助

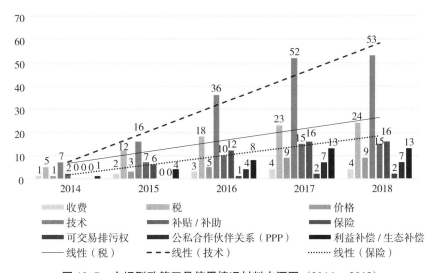

图 12-7　市场型政策工具使用情况材料来源图（2014—2018）

（左五条形图标所示）也是使用频率比较高的政策工具，可见京津冀区域协同发展重视制度性税收和临时性补贴或补助等资金方面政策工具的调节作用。其三，保险政策工具（左六条形图标所示）虽然到 2015 年才开始使用，但截至 2018 年其使用频率上升速度较快，对保险政策工具的使用情境、使用方法设计日臻完善。

参见图 12-8 自愿型政策工具使用种类情况图，其一，京津冀区域协同发展的过程中使用了丰富多样的自愿型政策工具，例如，设立派驻检察室为京津冀产业协同发展示范园区企业提供预防教育等涉检法律服务、大气污染综合治理强化督查信息公开、签订京津冀省级政府应急联动工作机制协议以及壮大志愿者队伍组织开展生态公益活动。其二，京津冀区域协同发展的过程中特别重视宣传教育等自愿型政策工具的使用，自 2014 年京津冀区域协同发展上升为国家战略以来每年的协同发展政策中均有对这一政策工具的使用，然而公众参与、信息公开等政策工具不受重视，第三方认证评估机构和自愿协议等政策工具的设计和使用仍在摸索完善阶段。

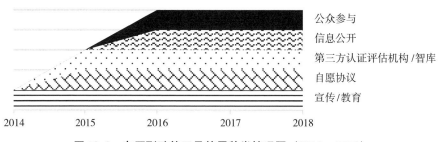

图 12-8   自愿型政策工具使用种类情况图（2014—2018）

参见图 12-9 自愿型政策工具使用情况材料来源图，其一，2014 年京津冀区域协同发展上升为国家战略，宣传教育（左四条形图标）是使用频率最高的政策工具，而且四年以来累计使用次数最多，可见由政府向市场或社会的单向沟通仍是促进京津冀区域协同发展的支撑性自愿型政策工具。其二，签署自愿协议（线状虚线所示）和发挥第三方机构作用（点状虚线所示）的新型政策工具使用次数上升较快，然而，信息公开和公众参与等传统型政策工具使用次数较少。

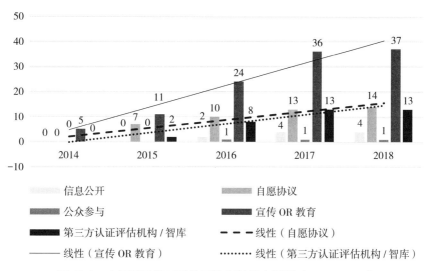

图 12-9　自愿型政策工具使用情况材料来源图（2014—2018）

三、京津冀区域协同发展政策工具的协同程度

京津冀区域协同发展政策的协同程度较高，一方面，政策制定主体非常多元，涉及国家发展和改革委员会、环保部门、工业和信息化部、体育旅游司法等各个国务院机构，也涉及北京市、天津市和河北省各级政府部门；另一方面，政策内容涵盖的范围也非常广泛，如表 12-3 京津冀区域协同发展政策联合发文情况表所示，在环保综合规定方面呈现了频繁的各级政府联合发文的情况，此外，联合发文也发生于劳动争议、农林管理、保险综合规定、宏观经济体制改革、医疗保健、边境贸易、危险品管理、能源税收、扶贫养老、语言体育、交通航空等领域。

表 12-3　京津冀区域协同发展政策联合发文情况表（2014—2018）

时间	协同政策内容	协同政策数量	协同政策累计
2014	边境贸易	1	1
	能源综合规定	1	1
	环保综合规定	1	1

续表

时间	协同政策内容	协同政策数量	协同政策累计
2015	保险综合规定	2	2
	税收综合规定	1	1
	老少妇幼残保护	1	1
2016	医疗保健	2	2
	宏观经济体制改革	1	1
	劳动争议	2	2
	农林管理	3	3
	环保综合规定	1	2
2017	扶贫救灾救济	1	1
	语言文字综合规定	1	1
	宏观经济体制改革	1	2
	保险综合规定	1	3
	化学危险品管理	1	1
	赡养抚养收养	1	1
	劳动争议	1	3
	环保综合规定	6	8
	航空运输	1	1
	体育综合规定	1	1
2018	交通安全管理	1	1

　　京津冀区域协同发展政策的联合发文主体情况如图 12-10 至图 12-12 所示。第一，中央机构联合发文。从中央机构联合发文情况图中可知，国家发展和改革委员会、环保部门居于政策协同的中心位置，它们频繁地与其他中央机构合作制定与执行京津冀区域发展政策；参与政策协同的中央机构主要包括农业商业等经济管理部门、工业和信息化等信息管理部门、科技气象等技术管理部门、司法部门、卫生和食品药品等安全生产监管部门、体育旅游交通等服务部门。详见图 12-10。

　　第二，地方政府机构联合发文。从地方政府机构联合发文情况图中可

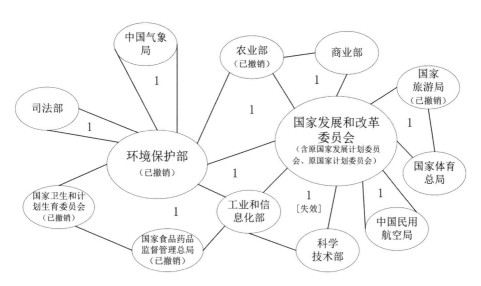

图 12–10　中央机构联合发文情况图

知，地方政府联合发文的政策主体比较分散，多集中于相同职能部门的不同地域合作。例如，北京市、天津市和河北省政府三地政府分别在人力资源和社会保障、林业、公安交通管理、卫生和计划生育管理、安全生产管理、科学技术管理和保险监督管理等业务领域展开协同合作。此外，北京市海关外贸和交通管理部门居于政策协同的相对中心位置，它们与其他地方政府部门合作制定与执行京津冀区域发展政策，协同合作部门包括农业商业外汇管理等经济管理部门、发展和改革委员会等规划管理部门、食品检疫等安全生产监管部门、交通等服务部门。详见图 12–11。

　　第三，跨京津冀区域联合发文。从跨京津冀区域联合发文情况图中可知，京津冀区域协同发展政策的发文主体以北京市、天津市和河北省政府为核心，它们与中央部委如工业和信息化部协同合作，或者与其他临近区域省级地方政府如山东省、山西省和河南省等协同合作。此外，跨京津冀区域联合发文也出现于特定的业务领域，例如北京市、天津市和河北省与内蒙古自治区在民政领域协同合作。详见图 12–12。

四、京津冀区域协同发展政策工具的整合程度

　　整合程度方面，由图 12–13 和图 12–14 可知，自 2014 年京津冀区域协

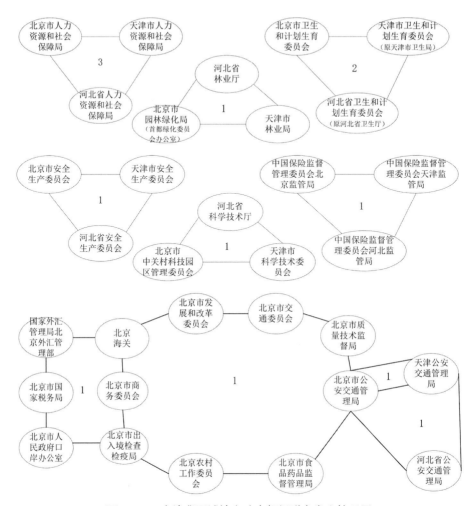

图 12–11　京津冀区域地方政府部门联合发文情况图

同发展上升为国家战略以来，整合程度不断提升，体现在各种凸显整合程度的政策工具运用上，包括京津冀区域统一空气质量预报、统一预警标准、统一应急响应、统一应急联动，雄安城际铁路建设的资金管理统筹使用企业自筹、京冀政府征地拆迁、国内银行贷款等方式，京津冀区域协同应对事故灾难在体制机制设计、信息能力互补等方面形成工作示范，创新协同发展的工作机制，探索建立三省市统一的区域性转诊制度，实现医疗人才有序流动，推动北京市人才工程和河北省高端人才吸引政策交叉覆盖，应用具备信息共享和协调会商功能的应急数据信息平台，区域安全生产管理方面建立由京津

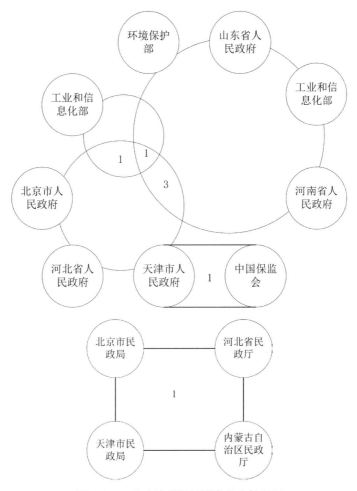

图 12–12　跨京津冀区域联合发文情况图

冀省级分中心轮值组织的联席会议制度，以及建设大病保险京津冀三地同城化报销体系等。

参见图 12–15 政策工具整合程度情况图，其一，2014 年京津冀区域协同发展上升为国家战略以来，组织机构的整合成为强化政策工具整合程度的关键，四年以来累计使用次数最多，而且委员会、小组会议、专题会议、联席会议或协作小组等形式多样的扁平化组织结构（左二条形图标所示）成为了京津冀区域协同发展的过程中普遍采用的组织机构整合形式。其二，2014 年京津冀区域协同发展战略伊始，政策工具在组织架构、运作体系、资金人

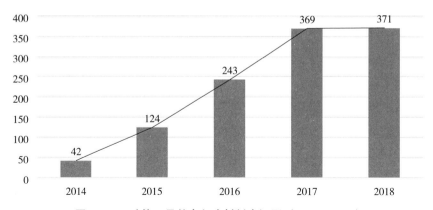

图 12-13　政策工具整合程度材料来源图（2014—2018）

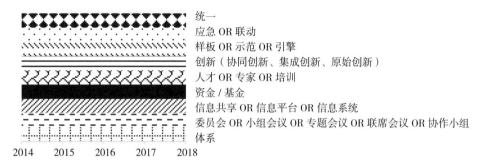

统一
应急 OR 联动
样板 OR 示范 OR 引擎
创新（协同创新、集成创新、原始创新）
人才 OR 专家 OR 培训
资金 / 基金
信息共享 OR 信息平台 OR 信息系统
委员会 OR 小组会议 OR 专题会议 OR 联席会议 OR 协作小组
体系

图 12-14　政策工具整合程度情况图（2014—2018）

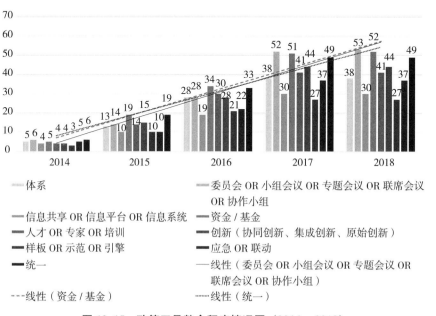

图 12-15　政策工具整合程度情况图（2014—2018）

才信息资源共享等方面的整合程度不断加强，尤其在人才（左五条形图标所示）和资金（左四条形图标所示）方面的整合程度上升显著。

第三节　京津冀区域协同发展政策建议

2017 年 4 月 1 日，中共中央、国务院决定在河北雄安地区设立国家级新区，在京津冀区域协同发展战略基础上强化了顶层设计，被称为"千年大计、国家大事"。雄安新区的规划建设则在京津冀区域协同发展既有政策基础之上继续推进，雄安新区这一承载京津冀区域协同发展使命的顶层设计应该汲取既有政策工具的经验并规避不足。

第一，谨慎运用管制型政策工具并创新使用强制程度稍弱的政策工具。政府治理目标固然为解决问题，但是，整体性治理强调将理念由解决政府问题转变为解决人民的实际问题。2014 年京津冀区域协同发展政策上升为国家战略以来，服务思维虽然引导京津冀区域协同发展，但是监管等强制程度明显的政策工具仍然被广泛使用，并且其使用频率明显高于市场型或自愿型政策工具。管制型政策工具如制定标准、限期整改、排污许可等在区域协同发展的初期阶段意义重大，行政强制程度的统一行动为打破区域行政区划之间的壁垒打下协同合作的基础，雄安新区建设也应该以京津冀区域范围内的统筹规划、统一标准、协调权责设置、规范执法监测为前提。但是，为了增强雄安新区建设过程中的活力与创造性，更好地解决民众关心的问题，需要加强市场型或自愿型等强制程度稍弱的政策工具的使用。例如，公私合作伙伴关系（PPP）的建立。公司伙伴关系可以在解决资金统筹问题的同时通过长期契约关系形成对政府和企业双方的可操作性强的行为约束，可以广泛地在雄安新区基础设施建设、公共服务提供的各个环节中视情况而使用。政府需要通过在契约合同中订立保护性条款或监管措施确保合作项目满足相关政策中阐述的公共利益标准。又如，基于大数据技术的使用改善信息公开工作，促进公众参与。信息化时代大数据成为战略资源，一方面大数据技术的使用加速了信息流动速度且打破了信息流动疆界，成为促进京津冀区域协同发展的有力工具；另一方面大数据技术的开发可能带来新一轮的治理能力分化，信息鸿沟有可能带来更严重的不平等，所以需在京津冀区域统筹部署与使用大数据技术。

第二，在跨区域联合发文的基础上创新京津冀区域协同发展的协同方式。政府不同部门虽然按照功能设计运转，但是，整体性治理强调在实际解决问题的过程中政府部门应该进行整体性的考虑，即政府功能、层级的整合和多元治理主体整合。2014年京津冀区域协同发展政策上升为国家战略以来，在宏观经济体制改革、环保、劳动争议、农林交通、保险医疗、贸易税收、扶贫养老等广泛领域，京津冀区域协同发展政策普遍存在联合发文的情况，以国家发展和改革委员会、环保部门为中心在中央机构展开联合发文，在人力资源和社会保障、公安交通、科技卫生等业务领域展开地方政府机构联合发文，以京津冀省级政府为核心展开与中央部委、临近区域省级地方政府展开跨京津冀区域联合发文。这种政府功能、层级的整合体现出整体性治理的思维。雄安新区规划建设中，仍需在不同的中央政府职能部门之间、不同层级的政府部门之间以及跨省级行政区划的政府部门之间展开联合发文，以落实政府部门责任、发挥不同职能部门优势。但是，联合发文不是协同发展的唯一方式。雄安新区地处河北省，承接的是北京市的非首都功能，协同的目标不止于不同行政区划政府间的联合行动，而应该将政策制定主体拓展到社区、企业、社会组织等多元组织，形成多中心、网络式的集体行动模式，增强多元治理主体之间的整合。

第三，以人才整合为突破口实现京津冀区域协同发展。京津冀区域协同的目的为克服治理中的碎片化问题，然而，整体性治理强调用整体主义而非个体主义的方法解决问题。2014年京津冀区域协同发展政策上升为国家战略以来，政策工具在组织架构、运作体系、资金人才、信息资源共享等方面的整合程度不断加强，组织架构创新性地采用了委员会、小组会议、专题会议、联席会议或协作小组等整合形式。体现了京津冀地方政府作为一个整体的治理方法，用以替代以往京津冀在治理过程中的彼此割裂。雄安新区建设过程中需要承袭组织资金信息协同方面的区域合作经验，并且应该重视人才的整合。京津冀呈现治理碎片化的主要原因不在于区位优势的差异，而在于人才资源的差异。新时代最重要的资源是稀缺的优质人力资源。北京市

2018 年人才落户政策出现松动，天津市甚至于 2018 年 5 月 16 日出炉"零门槛"落户人才新政，加入上海、广州、深圳、西安、杭州、武汉、成都等全国范围内的城市"抢人大战"。然而，河北省各大城市并不在此列，且河北省在抢夺和留住人才方面毫无优势可言。那么，雄安新区的发展瓶颈也在于人才资源的京津冀区域整合。雄安新区的规划建设应该重视人才的吸引和忠诚度培养政策研讨，通过平衡京津冀教育资源、培育河北省人才发展潜力等政策强化京津冀区域人才整合。

第十三章 协同视阈下中国水污染治理政策工具选择分析

中国水污染治理政策文本画像如何？政策工具的选择偏好为何？国家层面部门间政策工具的协同方略何以达成？对 1984 年至 2018 年 113 篇中央层面关于水污染治理的政策文本，进行内容分析，利用 NVivo 挖掘出 3239 个政策文本分析单元，编码 19 个案例节点，构建政策工具的多维协同分析框架。作为政策制定主体的国家层面水污染治理主管部门之间关联强度偏低。政策工具选择偏好方面表现出对管制型政策工具的路径依赖。市场型政策工具和自愿型政策工具数量少、空间小、作用有限。不同政策工具类型间协同功能乏力。论文强调国家治理层面整合不同政策工具类型的重要性，指出了协同型政策工具体系建构的可行之道。依循治理部门协同、治理功能协同和政策工具间协同的现实路径，建构起与新制度环境相匹配的政策工具箱。

第一节 引 言

水污染治理往往关涉多个行政主体，"九龙治水"现象一直是水污染治理中的困境，缓解行政体系碎片化带来的治理难题，实现跨越多个部门和政府治理边界的有效集体行动成为中国转型发展时期治理模式转变的一个关键性命题。对于日益严重的水污染治理问题，学术界基本达成以下共识：不同行政主体固守属地化管理思维，这种各自为战的模式致使水污染协同治理陷入体制性困境。由此可见，对于水污染治理领域的研究，学者们更多把目光集聚到地方行政主体之间的博弈，但却忽略了水污染治理由多个职能部门共同治理的现实，进而在理论上忽视了国家层面不同主管部门之间的"协同性问题"。属地化问题和部门化问题，日益发展成为制约中国水污染协同治理的两大瓶颈。

协同治理是由一个或多个公共部门直接与利益相关的非政府组织一起做集体决策过程中的一种治理安排，这种治理安排通常是正式的、基于共识和审议的，其目标是为了制定和执行公共政策或开展公共事务管理活动。[①]具体表现在将跨部门、跨层级、跨公私部门和公民空间的机构或个人有建设性地参与到公共政策制定和管理过程结构之中，从而实现那些由他们其中任意一方无法单独完成的公共目的。[②]Connick 等人将协同治理阐释为涵盖了"所有相关利益的代表者"。[③] 由此可见，协同治理作为现代社会治理的命题，是社会治理模式自反性认同中的基本趋向。从历史纵深视角探究，它是继统治型、管理型社会的治理模式及其结构之后，伴随着合作型社会治理模式而产生的一种社会治理结构类型，彰显了集体精神和公共价值。在协同意义上，水污染治理是在共同使命引领下、在共同利益驱使下，水污染相关治理主体之间的协商、协同与合作，通过治管融合的制度安排和政策工具组合，促成跨部间的合力生成，进而进行协同治理。就水污染治理的协同性而言，由于各部门职能和目标的独立性，带来"政策空间和裁判权"的分割化，自我强化的决策体系进一步通过路径依赖固化了这种治理格局的碎片化。在水污染治理政策工具上，一方面表现出对管制型政策工具的选择偏好，另一方面由于地方政府间、部门机构间横向政策工具协调不力，不同政策工具类型的协同作用不能充分发挥。因此，政策工具的协同性成为中国水污染治理亟待解决的现实问题。

---

① Chris Ansell，Alison Gash：Collaborative Governance in Theory and Practice，*Journal of Public Administration Research and Theory* 2008（4）.

② Emerson，K.，Nabatchi，T.，& Balogh，S.：An Integrative Framework for Collaborative Governance，*Journal of Public Administration Research and Theory* 2012（1）.

③ Connick，S.，Innes，J.：Outcomes of Collaborative Water Policy Making：Applying Complexity Theory to Evaluation，*Journal of Environmental Planning and Management* 2003（2）.

政策工具的选择逻辑、配置偏好成为影响水污染治理政策执行的重要条件。水污染治理政策工具体系既是简单意义上的"工具箱"，也是具有强制程度、协同程度、整合程度的复合型政策工具组合体系，更应该成为缓解"九龙治水"的有效载体。为了创新和完善中国水污染治理政策体系，提升政策对协同的调节作用，除了需要高度重视跨地域的协同治理外，还要针对水污染治理部门间政策工具的协同开展研究。

第二节　文献和理论述评

对于水污染协同治理的政策工具选择，中外学者从各自学科背景和视角进行了相应研究。

一、关于政策工具的选择

Kraan 认为，政策工具的选择创造了一个"政治市场"，形成了一个"铁三角"，即利益集团、政治家和政府官僚。在"政治市场"中，这三种人都遵循"经济人"理性模式，追求自身利益最大化。[1] Bressers 在《政策网络中的政策工具选择》一文中指出[2]，影响政策工具选择的因素主要包括：对目标群体的规范倾向；政府反应与目标群体行为的对应性；向目标群体提供或撤回资源；目标群体选择支持或反对政策工具应用的自由；双边性或多边性；政策制定者在政策工具执行中的作用。李国平等基于"公地悲剧"理论，通过构建地方政府之间的跨界水污染治理博弈理论模型，对地方政府的行为选择进行分析，并对理论假设进行验证的基础上，提出了政策建议。[3]张婷等分析了制度框架约束下，针对不同污染原因进行的政策工具初始选

---

[1] Kraan，D.J：The role of property rights in environmental protection. In Environmental Protection：Public or Private Choice，*Springer*，*Dordrecht* 1991.

[2] Bressers，H. T. A.，& O'Toole Jr，L. J.：The Selection of Policy Instruments：A Network-based Perspective，*Journal of public policy* 1998（3）.

[3] 李国平、王奕淇：《地方政府跨界水污染治理政策工具的公地悲剧理论与中国的实证》，《软科学》2016 年第 11 期。

择，作为政策工具效果不佳和影响力呈现的政策应激问题，以及政策工具反馈以后综合运用多种政策工具情况。① 赵凤仪等依据委托—代理理论，对中国现行法律系统内水污染治理的相关政策工具进行梳理，指出了水污染治理的困境及治理失灵的原因，并从制度安排层面提出了应对策略。② 任敏通过对中国政府流域治理跨部门政策工具协同的样本研究指出，"河长制"较好解决了部门协同机制中责任机制的"权威缺漏"问题，但是以权威为依托的等级制纵向协同的基本特征没有改变，将会面临"能力困境""组织逻辑困境"和"责任困境"的挑战。③

二、区别于对抗主义、管理主义和单一主体的协同治理表述

协同中的对抗和冲突主要源于：协同参与者不同的目标和期许，不同主体对于协同战略的不同看法，某一主体试图保护或扩大其对协同结果的控制力。④ 在伙伴关系中，当参与协同的主体能运用资源和策略去平衡主体之间权力差异，有效管理冲突时，跨部门协同治理更容易成功。⑤ 与通过对抗进行决策相反，协同治理不是"赢家通吃"的利益协调模式。协同治理中利益攸关方之间存在彼此对抗关系，但目标是将对抗关系转化为更具合作性的关系。在对抗性政治中，全体间可以进行非零和博弈，发展合作联盟。⑥ 在管理主义中，公共机构单方面或通过封闭的过程进行决策，通常依靠机构专家进行决策，虽然管理机构在决策中可能会考虑利益攸关方的诉求，甚

---

① 张婷、王友云：《水污染治理政策工具的优化选择》，《开放导报》2017 年第 3 期。

② 赵凤仪、熊明辉：《我国跨区域水污染治理的困境及应对策略》，《南京社会科学》2017 年第 5 期。

③ 任敏：《河长制：一个中国政府流域治理跨部门协同的样本研究》，《北京行政学院学报》2015 年第 3 期。

④ Bolland，J. M.，& Wilson，J. V.：Three Faces of Coordination：A Model of Interorganizational Relations in Community-based Health and Human Services，*Health Services Research* 1994（3）.

⑤ Bryson，J. M.，Crosby，B. C.，& Stone，M. M，The Design and Implementation of Cross-Sector Collaborations：Propositions from the Literature，*Public Administration Review* 2006.

⑥ Chris Ansell，Alison Gash：Collaborative Governance in Theory and Practice，*Journal of Public Administration Research and Theory* 2008（4）.

至直接与之商讨，但是协同治理要求利益攸关方直接参与到决策的过程中来。①Alter 认为：单主体在解决公共问题上的困境和失败也是影响跨部门协同治理的重要因素。② 当公共政策制定者认定利益攸关者各行其是的分立行动无法解决某个公共问题时，或者在公共问题的解决上失效时，他们会更加趋向于跨域间协同治理。当前中国学术界对于水污染协同治理的研究集中在中央政府与地方政府之间、政府与企业之间、流域地方政府之间、政府与公众之间的利益冲突和博弈，对于中央层面水污染治理部门政策工具之间的协同关注不够。

三、关于水污染协同治理的案例分析

Thomas A. Bryer 对协同治理中的回应性及影响因素进行了案例对比研究，识别了协同过程中官僚回应的六种类型：命令式、强迫式、企业家式、目的导向式、协作式和谈判式。协同过程中公众层面影响回应性的主要因素包括：对选举官员的支持、媒体及公众的影响、决策过程中的授权。③Ansell 和 Gash 选取案例子集，采用逐次逼近的元分析策略，基于情境理论建构了协同治理模型，设定了初始条件、制度设计、领导力和协作过程四个变量。④Correia 通过案例分析，指出跨域水资源的治理应该置于一个协同框架之下，通过一体化协议具体解决流域内规划布局、统筹管理、操作执行等环节，进而解决存在的问题，在社会、环境、政策工具、制度安排等方面实现协同，这一协同框架关涉多个利益主体。⑤ 黄文平等基于合作联邦制案例，分析了州与州之间合作、各州环保机构之间的合作、主管部门间协调机制在

---

① Futrell，Robert：Technical Adversarialism and Participatory Collaboration in the U.S. Chemical Weapons Disposal Program，*Science*，*Technology & Human Values* 2003.

② Alter，Catherine：An Exploratory Study of Conflict and Coordination in Interorganizational Service Delivery Systems，*Academy of Management Journal* 1990（3）.

③ Thomas A. BRYER：Explaining Responsiveness in Collaboration：Administrator and Citizen Role Perceptions，*Public administration review*：PAR 2009（2）.

④ Chris Ansell，Alison Gash：Collaborative Governance in Theory and Practice，*Journal of Public Administration Research and Theory* 2008（4）.

⑤ Correia F.N. da Silva J.E.：《跨国水资源管理的框架》，《水土保持科技情报》2001 年第 4 期。

环境治理中起到的重要作用。① Feiock 指出在水污染跨域协同治理中，中央政府和地方政府不可避免会遇到协调困境，困境的解决方式和权力责任，主要通过一种隐性的纵向权威委派或分权来划分。② 而对这种纵向的委派或分权，主要是通过让地方政府拥有"部分优先权"来实现。③ 朱德米以太湖流域为例，指出中国水污染防治呈现出跨地区和跨部门的特征。④

综上所述，从研究方法上，目前有关水污染协同治理的研究大多数是针对已发表成果内容进行总结梳理，缺乏基于内容分析法的研究，案例分析缺乏跨部门协同的研究；从研究内容上看，现有文献大多集中在对理论发展、制度建设、框架搭建、政策选择和经验介绍方面，实际操作层面的政策工具研究较为缺失，从国家层面跨部门协同视角加以研究的文献较为匮乏。由此可见，水污染协同治理政策工具选择中的对抗冲突、利益博弈、单一主体问题的研究有待深化，跨地区和跨部门的特征需要统筹考虑，政策工具之间的协同性需要细化优化。

第三节　数据来源和研究方法

一、研究方法

内容分析法是通过对包括文字、音频、视频、照片、调查、PDF 等在内的"内容"加以分析，以获得结论的一种研究手段。内容分析法一般遵循以下几个步骤：提出研究问题或假设；抽取研究样本；选择分析单元；建立分析类目；定量处理与计算。⑤ 根据上述步骤对中国水污染协同治理政策工

---

① 黄文平：《环境保护体制改革研究》，人民出版社 2018 年版。

② Feiock，R. C.，& Scholz，J. T.（Eds.）：Self-organizing Federalism：Collaborative Mechanisms to Mitigate Institutional Collective Action Dilemmas，*Cambridge University Press* 2009.

③ Crotty，P. M.：The New Federalism Game：Primacy Implementation of Environmental Policy，*Publius*：*The Journal of Federalism* 1987（2）.

④ 朱德米：《构建流域水污染防治的跨部门合作机制——以太湖流域为例》，《中国行政管理》2009 年第 4 期。

⑤ 吴世忠：《内容分析方法论纲》，《情报资料工作》1991 年第 2 期。

具加以内容分析的具体方法如下：选择中央层面 1984—2018 年颁布的 113
份水污染治理政策作为内容分析文本：一是确立了水污染政策工具的分析框
架；二是构建了研究样本的分析单元及类目，并对每项水污染治理政策文本
中的政策工具内容进行编码，进行信度评估；三是将符合要求的政策编号导
入分析框架中进行量化分析；四是得出研究结论。

二、研究工具

为了提高内容分析的准确性、科学性和有效性，选取 NVivo 软件作为
分析工具。该软件是为了帮助研究者整理、洞察和找到对非结构化或定性数
据的深刻见解而设计的，便于发现数据中的联系，形成新的见解。研究过程
主要运用了 NVivo 软件的四项功能：一是应用"查询"方式中的"词频"功
能，挖掘样本中高频工具标志词，从宏观层面评价政策工具；二是利用"节
点"功能，将政策工具分类的框架录入，采用从上至下的方式对节点建立类
属；三是运用应用查询方式中的"文本搜索"功能对政策工具标志词进行编
码，识别政策工具，将结果保存至节点；四是应用"矩阵编码"功能，按类
属统计出政策工具出现频数。

三、数据来源

1984 年我国颁布了《中华人民共和国水污染治理法》，标志着水污染治
理的起步。2018 年恰好是中国改革开放 40 年，因而将 1984—2018 年定为
时间区间，依托北京大学法宝数据库，进行了中国水污染治理政策的样本选
择。为了保证政策文本选取的准确性和代表性，确立了以下筛选原则：一是
选择国家层面水污染治理政策，即发文单位为全国人大及其常委会、国务
院及各部委等单独或联合颁布的各种水污染治理政策，不包括地方政府颁
布的水污染治理政策；二是直接与流域水污染治理密切相关的文本，一方面
以"水污染"作为标题关键词，在北大法宝数据库中搜索，另一方面利用政
策之间的关联性，通过已检索到的政策文件进行回溯检索；三是政策类型主
要选取法律、法规和规章，剔除了目录类、技术标准类、监督评审类等缺少
政策工具或者政策工具过于单一的政策文件。最终筛选出有效政策样本 113

份，作为研究中国水污染治理政策的代表性文本。

表 13-1　部分水污染治理政策文本

编号	政策文本标题	颁布时间	发布部门	是否联合发布	效力级别
1	中华人民共和国水污染防治法	1984	全国人大常委会	否	法律
2	关于防治水污染技术政策的规定	1986	国务院	否	部门规章—部门规范性文件
3	水污染物排放许可证管理暂行办法	1988	国务院	否	部门规章—部门规章
4	国务院环境保护委员会、轻工业部、农业部、财政部关于防治造纸行业水污染的规定	1988	国务院	是	部门规章—部门规章
5	淮河流域水污染防治暂行条例	1995	国务院	否	行政法规—行政法规
6	松辽流域水污染防治暂行办法	1995	国务院	否	部门规章—部门规章
7	国务院办公厅关于批准海河流域水污染防治规划的通知	1999	国务院	否	行政法规—国务院规范性文件
	......				
60	中华人民共和国水污染防治法（2008 年修订）	2008	全国人大常委会	否	法律
61	国务院关于水污染防治工作进展情况的报告	2008	国务院	否	行政法规—国务院规范性文件
62	淮河流域水污染防治暂行条例（2011 年修订）	2011	国务院	否	行政法规—行政法规
63	环境保护部、国家发展和改革委员会、财政部等关于印发《长江中下游流域水污染防治规划（2011—2015 年)》的通知（一）	2011	国务院各机构—生态环境部	是	部门规章—部门工作文件
64	环境保护部、国家发展和改革委员会、财政部等关于印发《长江中下游流域水污染防治规划（2011—2015 年)》的通知（二）	2011	国务院各机构—生态环境部	是	部门规章—部门工作文件
	......				

续表

编号	政策文本标题	颁布时间	发布部门	是否联合发布	效力级别
109	中华人民共和国水污染防治法（2017 年修正）	2017	全国人大常委会	否	法律
110	财政部、环境保护部关于印发《水污染防治专项资金绩效评价办法》的通知	2017	国务院	是	部门规章—部门规范性文件
111	环境保护部、国家发展和改革委员会、水利部关于印发《重点流域水污染防治规划（2016—2020 年）》的通知	2017	国务院	是	部门规章—部门工作文件
112	国家发展改革委、南水北调办、水利部等关于印发《丹江口库区及上游水污染防治和水土保持"十三五"规划》的通知	2017	国务院	是	部门规章—部门工作文件
113	环境保护部公告 2018 年第 8 号——关于发布《船舶水污染防治技术政策》的公告	2018	国务院	否	部门规章—部门规范性文件

四、分析框架

政策分析要综合考虑政策的内容、政策涉及到的组织以及政策活动的全过程。政策的内容分析包括政策的目标、对象、手段等，政策的组织分析建立在对政策相关组织的分析，比如立法机关、行政机关等，政策的过程分析指的是政策的生命周期，包括政策的制定、修改和废除，其内容分析框架如图 13-1 所示。

通过对中国水污染政策文本数量、政策文本类型、政策发展进程、政策发布主体、政策联合发布情况、政策工具高频词、常用政策工具类型及政策文本聚类等政策文本特征进行内容分析，主要解决水污染协同治理中的三个核心问题：一是梳理中国水污染协同治理的现状；二是发现中国水污染协同治理中存在的困境和问题；三是对中国水污染协同治理政策工具的细化和

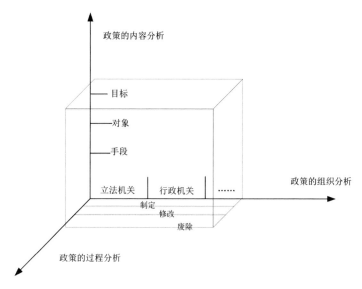

图 13–1　内容分析框架图

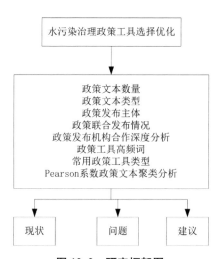

图 13–2　研究框架图

优化策略加以讨论。分析框架见图 13–2。

1. 类目构建及编码

为确保编码的科学性和有效性，以 113 项与水污染治理高度相关的政策文本作为内容分析法分析单元，依据编码规则，借助 NVivo 软件中"关键词搜寻"功能挖掘出 3239 个分析单元（参考点），依据前文政策工具分类标准，将分析单元编码为 19 个案例节点，即 19 种政策工具（见表 13–2）。第一类是管制型政策工具，包括目标标准和执行标准。前者如水质质量 / 排污标准、目标责任制、排污许可证与配额等，比如《水污染行动治理计划》计划投资两万亿元，在污水处理、工业废水、全面控制污染物排放等多方面进行强力监管并启动问责制，标志着中国铁腕治污进入"新常态"。后者如禁令 / 规定、划分控制区域、"三同时制度"等，这是中国启动水污染治理后早期运用较多的政策工具。第二类是市场型政策工具，包括利用市场和创建市场。利用市场描述的是政府及企业利用经济手段的一些政策工具，如排污收费、环境税、补贴补助、环境责任保险等。创建市场主要是利用科斯理论，通过市场交易来使污染达到最有效率的解决，如可交易排污权、区域生态补偿等。第三类是自愿型政策工具，包括信息手段、自愿协议、公民参与和环境教育。"公民参与"主要包括环境听证和环境信访，旨在拓宽公民进行环境监督的途径；"自愿协议"指整个工业部门或单个企业在自愿基础上为提高能源效率与政府签订的协议，自愿协议的主要思路是在政府引导下利用企业的积极性促进节能，信息手段包括信息披露、环境标志、环境认证等，环境教育主要包括环境治理方面合作意识和协同能力的培养。

2. 编码信度检验

一是计算两位编码员间的同意度，见公式（i）；二是计算所有编码信度，见公式（ii）。

$$A（相同同意度）＝\frac{2M}{N1＋N2} \tag{i}$$

$$R＝n×\frac{A}{\{1＋[(n-1)×A]\}} \tag{ii}$$

其中 M 为两者完全同意栏目，N1 为第一位编码员同意数目；N2 表示第二位编码员同意数目，n 表示编码员人数；A 是两位编码员都同意的同意度，即相同同意度。借助 NVivo 中的"文本搜寻"功能进行了两轮水污染治理政策工具编码。第一轮预测得到的信度（R）是 0.897；第二类得到的信度为 0.863。"一般认为，计算结果达到 0.8 以上，便符合信度检验标准"（翟海源等，2013），所以本研究编码信度符合既定标准。

3. 政策工具协同性的测量

通过类目构建将政策工具划分为 3 大类型，8 个子类，细化为 19 种典型工具。分类的目的旨在通过文本内容分析深入挖掘 3 种政策工具之间、8 个子类之间以及 19 种典型工具之间的协同性，对部门之间合作强度加以量化分析。

表 13–2　政策工具类目构建及参考点

指标		关键词	参考点
管制型政策工具	目标标准	目标责任制	政府主导，明确责任。各级人民政府要加强组织协调，加大政策支持、资金投入，加快法制建设和制度建设，综合运用经济、法律和必要的行政手段。地方人民政府对辖区内水环境质量负责，是水污染治理的责任主体。要落实规划实施的目标责任制、责任追究制和评估考核制。为强化水污染治理专项资金管理，提高资金使用的规范性、安全性和有效性，支持和引导《水污染治理行动计划》目标任务的实现，根据相关法律法规和《财政部关于印发〈中央对地方专项转移支付绩效目标管理办法〉的通知》，制定了《水污染治理专项资金绩效评价办法》。
		排污标准/水质质量	排污标准：流经城市的主要江河段水质达到地表水三级标准；城市地下水符合饮用水源水质标准；湖泊、水库按功能要求分别达到规定的灌溉用水、渔业和饮用水源水质标准。水质质量：地级及以上集中式饮用水水源地水质达标率及具体水源地水质改善情况。
		排污许可证与配额	各省（市）环保部门要根据《三峡库区及其上游水污染防治规划》确定的总体目标，核定所辖各区县（市）水污染物排放总量和各断面水质目标。对重点工业污染源、城镇污水处理厂和集约化畜禽养殖场要明确水污染物排放总量控制指标和削减指标，年底前完成排污许可证发放工作；将生活污水污染物的削减控制指标落实到城镇污水处理厂。
	执行标准	划分区域制度	本办法适用于河南省、安徽省、江苏省、山东省、浙江省和上海市所辖淮河和太湖流域实施重点水污染物排放总量控制区域，适用于水体、城市污水集中处理设施或者其他工业污水集中处理设施排放重点水污染物的法人、其他组织和个体工商户。

续表

指标	关键词		参考点
市场型政策工具		禁令/规定	专项资金支付应当遵照国库集中支付制度规定执行。涉及政府采购的应当按照有关法律规定执行。涉及引入社会资本的，应当按照政府和社会资本合作有关规定执行。
		三同时制度	城市节约用水要做到"三同时、四到位"，即建设项目的主体工程与节水措施同时设计、同时施工、同时投入使用；取水用水单位必须做到用水计划到位、节水目标到位、节水措施到位、管水制度到位。
	创建市场	可交易排污权	深化排污权有偿使用和交易试点。推动建立排污权交易市场，发展基于排污权的融资工具。
		区域生态补偿	考核内容分地方配套资金落实、生态补偿资金使用、城镇污水处理率和生活垃圾无害化处理率及污水垃圾处理费征收使用等指标。 实施跨界水环境补偿。探索采取横向资金补助、对口援助、产业转移等方式，建立跨界水环境补偿机制，开展补偿试点。探索建立受益地区对地下水补给径流区的生态补偿机制。
	利用市场	补贴/补助	为确保减排目标的实现，中央财政决定设立三河三湖及松花江流域水污染治理专项补助资金。 完善市政污水处理、垃圾处理等水污染治理领域价格形成机制，建立基于合理收益原则的收费标准动态调整机制。优化政府补贴体系，探索水污染治理领域市场化风险规避与补偿机制。
		环境税	鼓励综合利用。凡由企业自筹资金建设的、利用制浆造纸废弃物作主要原料的综合利用项目生产的产品，按资源综合利用有关规定减免增值税。项目投产后，具备独立核算条件的车间、分厂，可以在5年内免征所得税和调节税，需独立计算盈亏。
		环境责任保险	鼓励涉重金属、石油化工、危险化学品运输等高环境风险行业投保环境污染责任保险。
		排污收费	完善排污收费制度，加大石油化工行业、矿山开采及加工等重点污染源排污费征收力度。从高制定地下水水资源费征收标准，完善差别水价等政策，加大征收力度，限制地下水过量开采。

续表

指标	关键词		参考点
自愿型市场工具	公民参与	环境听证	建设项目环境影响评价报告审批和环保验收等，应采用听证会、论证会或公示等形式，接受群众监督。进一步畅通群众举报渠道，及时查处群众关心的环境热点、难点问题，公布污染单位和处理结果。
		环境信访	充分利用企业排污申报登记、地下水环境监测、群众信访举报、网络媒体等数据信息，重点针对污水"零排放"、废水排放量与理论产生量不一致的企业开展地下水环境监察执法。
		信息公开	绩效评价结果由地方各级财政部门、环境保护部门按照政府信息公开规定，通过政府官方网站、通报、报刊等方式予以公开，接受社会监督。
	环境教育	环境教育	依托全国中小学节水教育、水土保持教育、环境教育等社会实践基地，开展环保社会实践活动。支持民间环保机构、志愿者开展工作。
	信息手段	环境标志	倡导绿色消费新风尚，开展环保社区、学校、家庭等群众性创建活动，推动节约用水，鼓励购买使用节水产品和环境标志产品。
		环境认证	逐步建立省、市、县为一体的农业面源污染监测体系，开展基本农田保护区土壤生态环境质量、重点农区农田的排水、地下水、农业用肥数量和结构、畜禽养殖集中区和规模养殖场畜禽粪尿处理情况的监测工作。逐步开展有机食品基地建设的认证和监测工作。
	自愿协议	自愿协议	按照企业自愿、政府组织、社会监督原则，实施企业清洁生产、绿色生产自愿承诺行动计划，承诺并实施清洁生产指标。

第四节　结　果

一、政策类型及发展趋势

政策类型方面，如图 13-3 所示，通过分析归类得到水污染治理相关法律文件 4 份，占全部政策文本数量的 3.54%；得到水污染治理相关行政法规 27 份，占全部政策文本数量的 23.89%；得到水污染治理相关部门规章 82 份，占全部政策文本数量的 72.57%；从政策工具的强制程度维度上看，我国水污染治理的法律相对匮乏，政策文本以部门规章为主。

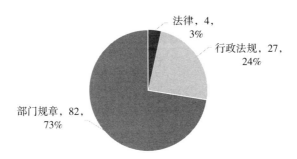

图 13-3　水污染治理政策类型分布图

发展趋势方面，收集了 113 份水污染治理政策，对不同时间法律法规颁布时间以每个"五年计划"为单位加以统计，从"六五计划"统计到"十三五规划"。1984 年颁布的第一部水污染治理法律为文本研究起点，因此"六五规划"起点选择了 1984 年而不是 1981 年。统计结果如图 13-3 所示："九五规划"以前水污染治理政策建设处于起步期，发文数量相对较少，"九五规划"以后，从 1996 年起，发布的水污染治理政策数量有较大幅度提升，每个五年规划期间在 10 篇以上，2001 年之后颁布的政策文本激增了约68.75%。值得注意的是，有关重点流域水污染防治的文本数量和内容在不断增加。从宏观经济角度来看，经济的快速增长直接导致了社会经济活动中

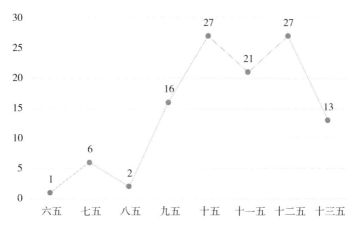

图 13-4　"六五"到"十三五"每个五年计划期间颁布的政策数量（个）

水污染问题的加剧，原有的水污染治理政策已经无法满足经济形势变化的需要，政策工具的缺失和制度安排的不到位需要新的政策来应对日益严峻的水污染治理问题。

二、部门协同情况

政策发布主体方面，将 113 份水污染治理政策按照颁发部门进行归类统计（见表 13–3），颁布涉及水污染治理政策的主要部门有 12 个（机构改革调整中出现的部门撤销、合并等不作特别说明均按现行部委划分名称统计），其中生态环境部作为主管部委，参与发文量较大，一共发文 63 次，其中联合发文 11 次，其次是国务院发文 35 次（含国务院办公厅和南水北调办公室），水利部发文 9 次，联合发文 5 次。

表 13–3　政策发布主体统计

颁布部门	发文总数	联合发文数
生态环境部	63	11
国务院（含办公厅、南水北调办）	35	0
水利部	9	5
国家发展和改革委员会	7	6
财政部	6	4
审计署	4	0
住房和城乡建设部	4	4
国家卫生健康委员会	3	0
农业农村部	3	2
工业和信息化部	2	2
国土资源部	1	1
国家安全监管总局	1	1

政策联合发布方面（见表 13–4），在全部 113 份水污染治理法律法规政策中，有 100 份由某一个国家部门独立颁布，由两个部门联合发布的法律法

规政策有 6 份，由三个和四个部门联合发布的有 3 份，五个部门联合发布的只有 1 份。联合发布情况一方面说明水污染治理政策颁布方面，国家各部门之间习惯于各自为政、"九龙治水"的多头管理，协调沟通欠缺，彼此合作不多，协同治理行动缺失，大部制改革收效不大；另一方面也表明，水污染治理问题越来越严峻，越来越重要，国家先后增设了诸多专门部门来应对和解决水污染问题。

表 13-4　联合发文部门数统计

联合部门数	联合发文数	比例
1	100	88.50%
2	6	5.31%
3	3	2.65%
4	3	2.65%
5	1	0.88%
总计	113	100.00%

政策发布机构合作强度方面，通过分析政策发布机构合作发文情况可以生成合作发文频次数值矩阵，这类矩阵是多值的，为了更好地判定政策发布机构两两之间合作强度，将多值矩阵转化为元素值在 [0，1] 区间取值的相似矩阵，旨在减少频次悬殊对于统计数据的影响。首先将两个机构联合发布的政策纳入矩阵范围之中，运用 Equal valence 系数模型将多值矩阵转化为取值范围在 [0，1] 的矩阵，见公式（i）：

$$E_{ij} = s_{ij}^2 / (s_i \times s_j) \hspace{3cm} \text{公式（i）}$$

其中 E_{ij} 代表相似矩阵元素的数值，值越大表明部门之间关联度越高。对于机构 X_i 和 X_j，S_{ij} 为 X_i 与 X_j 的共同发布政策次数，S_i 为机构 X_i 发表政策的总数，S_j 为机构 X_j 发表的政策总数。转化后生成政策发布机构合作深度相似矩阵如表 13-5 所示：

表 13–5　政策发布机构合作深度相似矩阵

	生态环境部	国务院（含办公厅、南水北调办）	水利部	国家发展和改革委员会	财政部	国家审计署	住房和城乡建设部	国家卫生健康委员会	农业农村部	工业和信息化部	国土资源部	国家安全监管总局
生态环境部	1.0000	0.0005	0.0159	0.0567	0.0423	0.0000	0.0071	0.0000	0.0053	0.0000	0.0000	0.0000
国务院（含办公厅、南水北调办）	0.0005	1.0000	0.0127	0.0163	0.0000	0.0000	0.1111	0.0000	0.0000	0.0000	0.0000	0.0286
水利部	0.0159	0.0127	1.0000	0.2540	0.0000	0.0000	0.1429	0.0000	0.0000	0.0000	0.0000	0.0000
国家发展和改革委员会	0.0567	0.0163	0.2540	1.0000	0.0000	0.0000	0.1429	0.0000	0.0556	0.0000	0.0000	0.0000
财政部	0.0423	0.0000	0.0000	0.0000	1.0000	0.0000	0.0000	0.0000	0.0556	0.0833	0.0000	0.0000
国家审计署	0.0000	0.0000	0.0000	0.0000	0.0000	1.0000	0.0000	0.0000	0.0000	0.0000	0.0000	0.0000
住房和城乡建设部	0.0040	0.0071	0.1111	0.1429	0.1429	0.0000	1.0000	0.0000	0.0000	0.0000	0.0000	0.0000
国家卫生健康委员会	0.0000	0.0000	0.0000	0.0000	0.0000	0.0000	0.0000	1.0000	0.0000	0.0000	0.0000	0.0000
农业农村部	0.0053	0.0000	0.0000	0.0000	0.0556	0.0000	0.0000	0.0000	1.0000	0.1667	0.0000	0.0000
工业和信息化部	0.0317	0.0000	0.0000	0.0000	0.0833	0.0000	0.0000	0.0000	0.1667	1.0000	0.0000	0.0000
国土资源部	0.0000	0.0000	0.0000	0.0000	0.0000	0.0000	0.0000	0.0000	0.0000	0.0000	1.0000	0.0000
国家安全监管总局	0.0000	0.0286	0.0000	0.0000	0.0000	0.0000	0.0000	0.0000	0.0000	0.0000	0.0000	1.0000

注：部委划分标准参照国务院网站，截止时间为 2019 年 3 月 21 日，涉及部门合并或名称有变的使用最新部门名称。

表 13–5 为政策发布机构关系强度矩阵结果：其中工信部和农业农村部合作关系强度为 0.1667，发改委、水利部合作关系强度为 0.2540，水利部、住建部合作关系强度为 0.1429，发改委、住建部合作关系强度也为 0.1429，反映出这些部门在水污染治理政策方面具有较高的协同性。值得重视的是，

本应在水污染治理方面起主导作用的生态环境部与水利部之间的合作关系强度仅为0.0159，南水北调办公室和生态环境部之间的合作关系强度仅为0.0005，南水北调办公室和水利部之间的合作关系强度仅为0.0127。此外生态环境部和其他各部委之间合作强度较小，联合发文有限，多数情况下水污染治理政策由其一家颁布。与其他各机构间的合作关系强度均较弱，甚至为0。总体来看，相关部门之间两两合作强度不足，联合发文数量较少，关联强度处于较低层次。

三、政策工具间协同及政策工具分类框架分析

政策工具协同发展关系方面。管制型政策工具是指政府为了对水污染治理产生规范性影响而进行的目标规划以及各种禁令、规定，这类政策工具对水污染治理有着较强的影响能力；市场型政策工具利用市场化运作规律，采取各种经济手段，起到推动水污染治理协同发展的作用；自愿型政策工具通过培育公民保护水资源的意识、引入水污染治理听证会等手段，拉动水污染治理协同发展。具体作用见图13-5。

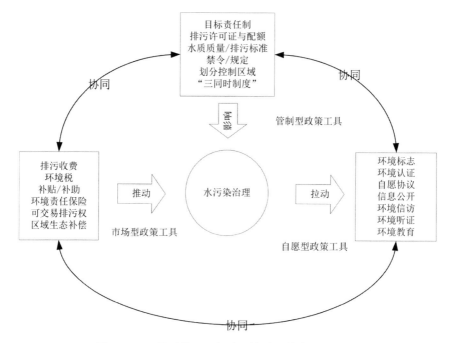

图13-5　不同政策工具与水污染治理的发展关系图

政策工具分类框架。对水污染治理政策工具的分类与归纳分两步进行。第一步，从 113 篇政策文本编码、聚类结果中归纳出水污染治理政策工具；第二步，综合政策工具分类理论与方法，结合水污染治理具体特征和发展趋势，划分水污染治理工具类型。经过分类及搜索编码，将政策工具划分为 3 大类型，8 个子类，细化为 19 种典型工具，运用百分比加以统计如表 13-6。

表 13-6 政策工具分类及参考点统计

分类	主要子分类	典型工具	政策文本来源数目	参考点小计	百分比	大类百分比
管制型政策工具	目标标准	目标责任制	75	538	16.61%	91.85%
		排污许可证与配额	24	101	3.12%	
	执行标准	水质质量 / 排污标准	109	1386	42.79%	
		禁令 / 规定	71	544	16.80%	
		划分控制区域	70	396	12.23%	
		"三同时制度"	9	10	0.31%	
市场型政策工具	利用市场	排污收费	38	72	2.22%	7.22%
		环境税	9	25	0.77%	
		补贴 / 补助	23	110	3.40%	
		环境责任保险	2	5	0.15%	
	创建市场	可交易排污权	3	8	0.25%	
		区域生态补偿	11	14	0.43%	
自愿型政策工具	信息手段	环境标志	1	2	0.06%	0.93%
		环境认证	1	1	0.03%	
	自愿协议	自愿协议	3	6	0.19%	
	公民参与	信息公开	10	14	0.43%	
		环境信访	3	3	0.09%	
		环境听证	3	3	0.09%	
	环境教育	环境教育	1	1	0.03%	
合计	N/A	N/A	N/A	3239	100.00%	100.00%

分类及编码结果显示，3239 个参考点中，管制型政策工具大类百分比

达到91.85%，使用频率远高于市场型政策工具的7.22%及自愿型政策工具的0.93%。市场型政策工具使用频率也远远高于自愿型政策工具。具体来说：属于管制型政策工具的"水质质量/排污标准""禁令/规定"和"目标责任制"分列政策工具使用频率的前三位，分别占42.79%、16.80%和16.61%，三者之和占到了总体的76.20%，处于绝对优势地位；属于市场型政策工具的"排污收费"和"补贴补助"占总体的5.62%；而自愿型政策工具中没有一项超过0.5%，总量占比仅为0.93%，这类政策工具使用寥寥，在水污染治理中作用微乎其微。总体而言，三种政策工具使用频率失衡，其中管制型政策工具使用偏高，市场型政策工具使用偏低，而自愿型政策工具使用过低。从政策文本来源数目、参考点小计、百分比等方面的数据来看，8个子类之间和19种典型政策工具选择的配置存在严重失衡，过度依赖管制型政策工具，造成中国水污染政策工具协同治理基础薄弱的治理格局。

四、政策工具的历史演变路径

以每个五年规划为时间截面，分析不同时期三类政策工具参考点出现的次数（参考点次数代表该类政策工具出现的频率），详见图13-6。可以发现，自1984年颁布《中华人民共和国水污染防治法》至2018年《船舶水污染防治技术政策》的出台，管制型政策工具几乎一直占据着绝对优势，且从90年代初至2010年期间出现了迅猛增长。关于水污染治理的市场型政策工具自80年代中后期开始出现以来，直到2000年前后，一直处于低频率阶段，近年来绝对数量增长也较快，但是相对数量仍显不足。而自愿型政策工具一直到2002年国家环境保护总局关于印发《太湖水污染防治2002年度工作计划》的通知才开始出现，随后也一直维持在较低水平。

第五节　结论与讨论

一、研究结论

第一，水污染治理上级主管部门之间"九龙治水"，缺乏集体行动。对水污染治理政策按照颁布部门统计后，涉及水污染治理政策的主要部门有

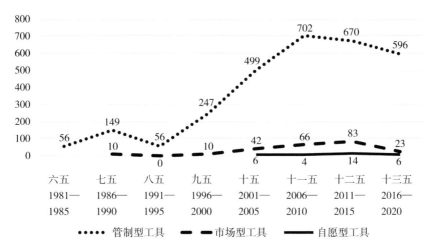

图13-6　五年计划期间各类政策工具参考点变化趋势图

12 个，对于水污染治理承担主要职责的生态环境部联合发文仅 11 次，水利部联合发文仅 5 次。上文表 13-5 政策发布机构的关系强度矩阵显示主管部门间合作关系强度偏低，不少部门间合作关系强度甚至为 0。

第二，对管制型政策工具的选择偏好和"路径依赖"。通过政策工具词频分析生成的词云图突出显示的词汇带有浓厚的管制性特征；政策文本参考点编码统计结果显示管制型政策工具使用频率偏高，市场型和自愿型政策工具在政策工具箱中的比重过低。政策文本聚类分析结果通过不同工具类型的空间比例印证了上述观点。管制型政策工具在政策工具选择策略上以强制为主，运用法律法规和行政手段，行政命令、突击行动、执法检查成为主要实施手段。

第三，不同政策工具类型之间的协同整合程度较低。一方面三种政策工具类型使用比例失衡，市场型和自愿型政策工具发展空间较小，作用不大，协同的基础性要件缺失；另一方面政策工具之间协同功能乏力。表现为强制程度偏高，协同程度较低，整合程度明显偏低，不同政策工具间缺乏横向合作、协同发力。

二、讨论

第一，国家层面水污染治理主管部门之间关联强度偏低，合作强度不够，主要问题通常而言就是"协同性"问题。部门之间合作强度越低，割裂程度越高，水污染治理政策工具失灵的后果就越严重，因而水污染协同治理亟待通过部门关系的调整和整合加以优化。

第二，在市场发展不成熟、公民社会发育不充分的情况下，决策者偏好使用管制型政策工具，有一定的必然性，但对此类工具的过度依赖，不仅容易造成工具选择偏好上的"路径依赖"，而且影响其他工具类型的选择，固化单一的选择偏好往往导致政策失灵，甚至影响政策工具的创新与协同。

第三，基于自身利益最大化考量的部门决策主体，其选择偏好导致了不同政策工具类型之间的割裂。主要表现为决策者选择偏好整体性和协同性的缺失，部门化的惯性思维成为政策工具协同的瓶颈。回顾中国水污染治理政策工具的选择历程，由于不同政策工具源于不同的部门，基于不同的利益，决策者习惯以割裂的思维方式选择政策工具，忽略了系统性和一体化考量，造成现实中政策工具之间的排斥对立。此外，典型政策工具类型缺位、乏力、协同力差。由于不同工具类型运用失衡，相应的法律法规、政策标准缺失，市场机制发育不完善，排放权交易、生态补偿、公民参与等政策工具缺位或不到位，管制型政策工具并没有在水污染治理实践中形成较强约束力与协同力。

最后，多元主体难以通过集体行动实现共同利益，协同共治机制难以达成。由于上级主管部门分散决策，多头管理，无序监督，造成企业、社会、媒体、智库和公众等参与共治的主体动力不足，多元主体参与水污染治理的程度较低，协同治理机制建构困难，"理性经济人"的思维考量导致集体行动陷入困境。现有水污染管控类工具主要依靠政府科层制治理结构的强制性，协同型政策工具发展渠道受阻，缺乏有效激励，单纯以政府补贴、税费调节等工具加以治理的效果不佳。具体表现为：一是价格生成机制不健全，技术创新动力不足，市场活力受到限制，企业缺乏社会责任，自愿协议实施成果流于形式，难以得到社会和公众认可。社会资本进入水污染治理领域的限制性因素较多。二是社会组织发展空间不大，合作渠道不畅，缺乏自身的独立性和发展动力。诸如环境监测站等组织附属于行政机关，行政化取向明显，组织重大问题决策权、人事权、财政权等均掌握在行政机关手里。三是宣传教育类工具运用不到位导致公民参与热情不高，信息公开的时效性和透明度较差，环境信访和环境听证类政策工具运用贫乏。四是媒体舆论监督引导的功能、专家智库的参谋助手作用有限，协同功能没能充分发挥出来。

三、不足之处

利用 NVivo 作为政策文本内容分析的工具，从美国引进的时间不长，中文解码分析能力存在欠缺；在政策文本的搜集过程中由于时间跨度较大，可能会存在政策文本搜集不全面、文本信息不完整等问题，在误差允许的范围内可能会存在差错和缺漏；单纯依托软件呈现的内容分析中国水污染治理政策工具间部门协同存在一定的局限性。

第十四章 雄安新区建设背景下白洋淀流域水污染治理政策工具选择

第一节 引 言

2017年4月1日，中共中央、国务院印发通知决定建立河北雄安新区。十九大报告把雄安新区定位为未来中国发展的新引擎。具有协同意蕴雄安新区整体性治理理念的生成，是打破"一亩三分地"思维惯性，破解京津冀协同治理困境，优化治理架构的价值起点，对于承接北京非首都功能、探索人口经济密集地区优化开发模式、调整优化京津冀空间布局结构、医治北京"大城市病"具有重大现实意义和深远历史意义。雄安新区建设定位于绿色生态宜居的新城区，在《河北雄安新区规划纲要》中明确提出要在雄安新区打造优美的自然生态环境。

白洋淀是河北省最大湖泊，主体位于雄安新区境内，现有大小湖泊143个，水域面积360平方公里。早在1974年白洋淀水污染治理问题就已经得到中央层面的关注。自此我国政府为了改善白洋淀水域污染问题投入了大量人力、物力与财力。2017年，环保部把位于雄安新区的白洋淀与洱海、丹江口一起定义为"新三湖"，明确提出要着力推进包括"新三湖"在内的流域、湖泊的生态保护以及污染防治。2016年，河北省水污染防治工作领导小组办公室出台《河北省白洋淀和衡水湖综合整治专项行动方案》。提出在未来5年中，白洋淀将与衡水湖一起，围绕改善水体水质、修复淀区生态、提升承载能力等方面，实施重点任务。2016年，保定市《水污染防治工作实施方案》明确提出力争5年有效恢复白洋淀生态功能。保定市共规划10

类 156 个项目，总投资 146 亿元。中央及地方政府对于白洋淀流域水污染的治理时间长、投入量大，但是白洋淀水污染治理效果不理想。河北省环保厅 2018 年 9 月公布的数据显示，白洋淀水质为劣 V 类，属重度污染。白洋淀流域作为雄安新区水资源的承载体和环境负荷的消纳体，其地表水富营养化、地下水硝酸盐超标、全流域农业面源污染等问题，直接影响着流域下游雄安新区水资源质量及生态环境的安全。

张婷结合政策执行互适模型，构建了"刺激—应激—反馈"的水污染治理政策工具选择模型，论证了不同政策工具会对政策主体产生不同的应激反应；认为政策工具选择是一个动态过程，针对水污染治理需要进行多种工具的组合使用。[①] 李超显通过研究认为"六元一轴"政策网络可以作为水污染类问题治理的整体性分析框架。[②] 吴嘉琦通过对于中国水污染的典型政策分析，梳理了我国政府针对水污染治理采取的政策工具类型及环节，分析了中国水污染治理政策工具的选择路径。[③] 更多学者通过量化的研究方法分析了不同政策工具的效果，根据数据化结果来分析水污染治理政策工具的选择。李永友和沈坤荣利用省际面板数据进行多元计量分析，将多个政策纳入同一框架加以研究。在此基础上，郭庆通过构建多元回归模型分析水污染治理政策工具的效果，得出命令与控制政策的作用大于经济激励政策和公众参与政策的作用。[④]

国内学者对于水污染治理的政策工具选择研究主要基于两个主题，一类主要是通过理论模型结合政府使用政策工具的现状论证政策工具的多样化使用；另一类集中于通过定量分析政策工具的成效来研究政府对政策工具的选择偏好。整体来看，在一个较长的历史跨度下，通过现代化手段进行文本分析，根据政策工具强制程度将政策工具划分为不同工具类型，基于政策主

① 张婷、王友云：《水污染治理政策工具的优化选择》，《开放导报》2017 年第 3 期。

② 李超显、黄健柏：《流域重金属污染治理政策工具选择的政策网络分析：以湘江流域为例》，《湘潭大学学报》（哲学社会科学版）2017 年第 6 期。

③ 吴嘉琦：《中国水污染治理的政策工具选择研究》，黑龙江大学硕士学位论文，2013 年。

④ 郭庆：《环境规制政策工具相对作用评价——以水污染治理为例》，《经济与管理评论》2014 年第 5 期。

体合作使用政策工具以达到整体性治理效果方面的研究相对较少。本研究将以整体性治理为理论视角，利用 Nvivo 质性分析软件对雄安新区所在白洋淀流域水污染治理政策工具的选择偏好及协同程度加以文本内容分析。

第二节　白洋淀流域水污染治理政策工具选择的分析框架

一、政策工具定义及分类界定

1. 政策工具的定义

尼达姆认为"公共政策工具是相对于公共主体可用的具有合法性的治理。"[①] 胡德认为"工具"可以通过区分为"客体"和"活动"进而得到更明晰的理解。[②] 欧文·E. 休斯将公共政策工具定义为政府的行为方式，以及通过某种途径用以调节政府行为的机制。[③] 中国学者陈振明提出政策工具是人们为解决某一社会问题或者达成一定的政策目标而采用的具体手段和方式。[④] 陈庆云认为，政策工具是实现政策目标的手段，政策方案只有通过适当的政策工具，才能够得到有效的执行。张成福等把政策工具定义为"政府将其实质目标转化为具体行动的路径和机制"。[⑤]

结合前人研究成果，本节将政策工具界定为政府为达到水污染治理目标而采取的各类行动和具体手段。由于具体手段的运用均以政府颁布的各项政策文本为载体，因此可以通过分析各级政府颁布的政策文本进行内容分析来研究当前雄安新区所在白洋淀流域政策工具的选择情况。由于水污染结果的纠正具有长期性、其影响范围具有较强的外部性，政府对于此类问题的治理采取的政策力度会相对较大，因而应对此类问题的政策工具都具有显著的强制性特征。全面把握不同政策工具的强制程度，有利于政策工具的识别、

①　Barrie Needham：Choosing the Right Policy Instruments，an Investigation of Two Types of Instruments，Physical and Financial，and a study of Their Application to Local Problems of Unemployment，*Aldershot*：*Gower* 1982.

②　C. Hood：*The Tools of Government*，Macmillan 1983.

③　[澳] 欧文·E. 休斯：《公共管理导论》，《领导决策信息》2002 年第 15 期。

④　陈庆云：《公共政策分析》，北京大学出版社 2006 年版。

⑤　张成福、党秀云：《公共管理学》，中国人民大学出版社 2001 年版。

分类与选择。①

2. 政策工具类型的划分

荷兰经济学家科臣最初把政策工具划分为 64 种，虽数量庞大但却并未对其进行严格的系统划分。欧文·E. 休斯将公共政策工具分为四类，这也是目前运用最广泛的分类：（1）供应；（2）补贴；（3）生产；（4）管制。②经济合作与发展组织（OECD）将环境政策工具划分为"命令—控制性工具""经济激励工具"和"劝说式工具"。国内学者陈振明在《公共管理学》一书中将政策工具分为市场化工具、工商管理技术、社会化手段等。③陶学荣将政策工具分为经济性工具、行政性工具、管理性工具、政治性工具和社会性工具五类。④赵新峰等在区域大气污染治理的研究中结合前人研究成果，依据"强制程度"标准将政策工具划分为三大类："管制型政策工具""市场型政策工具"和"自愿型政策工具"。⑤

本节基于前人的研究成果，将政策工具分为以下四类："管制型政策工具""市场化政策工具""社会化政策工具"以及"信息化政策工具"。首先，管制型政策工具是指政府明确规定的有强制约束力的水污染治理手段，注重行政管制手段和措施，执行单位在执行过程中依据主观能动性采取变动的可能性程度较小的手段，此类政策工具对于水污染的治理有着最为直接、最为显著的影响，如整治、监督、禁令等；其次，市场化政策工具是指政府利用修正的市场机制，利用市场和创建市场手段，为达到水污染治理的政策目标，改善环境品质，所采取的排污收费、环境税、财政补贴、可交易排污权、资金补偿等市场化手段，该类政策工具对于水污染治理目标的实现具有间接推动作用；再次，社会化政策工具是所有政策工具中强制性最弱的一

① 赵新峰、袁宗威：《区域大气污染治理中的政策工具：我国的实践历程与优化选择》，《中国行政管理》2016 年第 7 期。

② 李国平、王奕淇：《地方政府跨界水污染治理政策工具的公地悲剧理论与中国的实证》，《软科学》2016 年第 11 期。

③ 陈振明：《公共管理学》，中国人民大学出版社 2017 年版。

④ 陶学荣：《公共政策学》，东北财经大学出版社 2016 年版。

⑤ 赵新峰、袁宗威：《区域大气污染治理中的政策工具：我国的实践历程与优化选择》，《中国行政管理》2016 年第 7 期。

个，主要是由于政府失灵及资源稀缺等问题，通过政策鼓励、第三方组织介入、社会组织培育、公民意识引导等方式引入社会资源促进政策目标的实现；最后，信息化政策工具则是为了促进信息共享，避免单一主体信息收集和整合成本过高，防止"信息孤岛"现象，在部门和区域层面致力于信息公开、信息整合与信息共享机制的建立，进而形成的治理工具。其优势在于方便快捷，通过信息无障碍获取、整合数据库、网上跨部门信息流动、污染源实时通报、污染执法信息联动等信息化手段，实现协同工作任务信息的传递和共享。

二、白洋淀水污染治理政策文件的来源及筛选标准

本节主要从两个途径搜索政策文本。第一，由国务院及其所属部门官方网址公开的有关水污染治理以及生态保护的政策文本。以"水污染""水污染防治""流域水污染"为关键词在国务院官方网站"政策信息公开"进行搜索，共搜索到 14 个政策文本。第二，是由河北省政府及其所属部门颁布并在网上公开的白洋淀流域水污染治理政策以及相关水污染治理政策文本。通过在河北省人民政府网站"政务公开"板块以及中国雄安网站"雄安政务"板块搜索关键词"白洋淀""水污染"，共获取 23 个政策文本。

本节选择的文本形式主要包括通知、规划、意见、方案、管理办法等，均是政府官方发布的正式文本，不包括各项政策解读文件。其中对于各类整体规划文件如"国家十三五规划"筛选出了水污染方面的文本，对于污染物排放相关政策文本去除了其他污染文本的干扰，如固体污染、大气污染等。

三、政策文本内容的编码

本节涉及 37 个政策文本，采取文本内容分析方法进行分析。1999 年美国 QSR 公司研发出第一版 NVivo 软件，发展到现在已经升级到第十二版本。① 本研究借助"Nvivo12 质性分析软件"，使用软件中的"查询—文本搜

---

① 刘世闵、李志伟：《质性研究必备工具：Nvivo 之图解与应用》，经济日报出版社 2017 年版，第 4 页。

索"功能对选中的政策文本进行编码，根据图 14-1 编码建立起父子节点，父节点为依据强制程度划分的政策工具类型，子节点为各类政策工具的关键词或可理解为政策工具的名称。搜索选定项为某年份的政策文本。其中管制型政策工具参考点为惩处、信息反馈、监督、许可证制度、禁令、区域划分、审批、数量控制、责任划分、整治、指标标准；市场型政策工具参考点包括补偿、财政支出、合同、金融支持、税收、征费制度；社会化政策工具参考点包括社会参与、社会化合资、社会监督、信息公开、宣传引导、信用管理、政策鼓励；信息化政策工具包括数据共享、信息平台、治理技术几个参考点。结合编码结果，本研究对几种政策工具每个关键词样本的参考点都一一加以了提取和呈现。

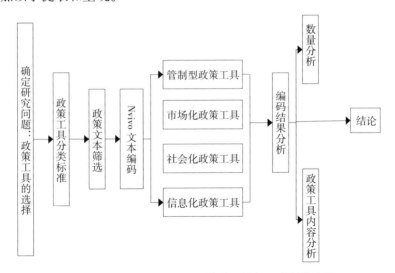

图 14-1　探究政府政策工具的使用偏好及成效的步骤

四、研究框架

本研究以国家和省级政府针对白洋淀流域水污染治理的政策文本为基础，将政策工具划分为管制型政策工具、市场化政策工具、社会化政策工具及信息化政策工具。通过 Nvivo 软件呈现出政策工具使用的数据信息，探究政府政策工具的使用偏好及成效。通过文本内容分析，挖掘各项政策工具的具体使用情况。分析遵循以下步骤：确定研究的问题—政策工具的分类—政策分析样本筛选—政策文本进行编码—编码结果分析—结论及对策。

第三节　白洋淀流域水污染治理政策工具选择情况分析

一、白洋淀流域水污染治理政策工具总体情况分析

1. 政策文本数量分析

从表 14-1 可以发现，白洋淀水污染治理政策随年份推移表现出以下几个特点。第一，20 世纪末期至 21 世纪初期政策文本数量偏少，粗放型经济增长方式和行政区行政成为该流域水污染治理的主要瓶颈。这一阶段，高投入、高消耗、高污染的粗放型经济增长方式占据主导地位，白洋淀区域特别是上游工业发展迅速。由于大量污水排入白洋淀水域，导致该流域水污染严重，水量递减。在这一时段，各级政府开始采取相应行动治理白洋淀水污染，也为此投入了大量的物力和财力。但是由于经济发展至上的观念以及政府官员以 GDP 为导向的政绩观，白洋淀流域水污染治理出现了不同行政区划之间、上下游之间为自身利益最大化推诿扯皮、规避责任的现象，反映在政策文本层面，依然寥寥无几。1984 年到 2003 年之间，国务院及其部委层面仅有 1 次发文，河北省也仅有 2 次发文数量。第二，2000 年以后白洋淀水污染治理政策颁布的频率和数量有所增加，但治理效果欠佳。白洋淀淀区公地悲剧严重，流域碎片化问题难以解决，管制型政策工具成为单一的治理途径。期间，政策文本颁布数量的增加与白洋淀水域污染加剧直接相关，由于白洋淀流域水污染治理效果欠佳，2000 年、2001 年、2006 年、2012 年、2016 年，白洋淀流域频繁出现重度污染并发生大规模死鱼事件。2006 年 3 月，在地方政府投入大量人力物力和财力进行污染治理的情况下，白洋淀仍然出现大面积死鱼事件。死鱼事件引发了环保风暴，白洋淀上游 142 家排污企业被责令停产，监管部门部分官员受到问责。2012 年 8 月的死鱼情况尤其严重。调查结果显示：周边及上游高污染产业发展失控，生活和工业污水未经处理排放成为罪魁祸首。白洋淀流域水质的恶化及多次死鱼的公共危机事件引发了公众、媒体及社会的广泛关注，这也成为相关政策文本数量有所增加的直接动因。第三，2017 年雄安新区建立，白洋淀流域的水污染治理开始在部分国家级政策文本中得到突显。2018 年，关于白洋淀流域水污染

治理问题在国家级政策文本中出现了 2 次，在河北省级层面出现了 6 次。雄安新区成立之前，河北省政府颁布的政策文本显著多于国务院及各部委的文本数量。国务院及各部委颁布的政策文本多是关于生态建设以及水污染整体性治理的法律法规，诸如白洋淀流域水污染问题多是以嵌入的形式存在于政策文本中。此外，国家层面流域水污染治理问题多集中于长江、黄河、淮河等大江大河以及太湖、洞庭湖、鄱阳湖等流域，白洋淀流域的水污染治理在国家级政策文本中较少被提及。

表 14-1　白洋淀水污染政策文本数量

年份	国务院	河北省	合计
1984	1	0	1
1995	0	1	1
1997	0	1	1
2003	2	0	2
2005	1	1	2
2007	1	0	1
2009	2	0	2
2010	0	2	2
2011	2	1	3
2012	1	0	1
2013	0	1	1
2015	1	1	2
2016	3	3	6
2017	0	4	4
2018	2	6	8
合计	16	21	37

2. 不同政策工具类型参考点、比重及不同时段使用情况分析

依托 Nvivo 文本查询功能，输入各类别政策工具关键词，对政策文件进行查询，将政策文本的时间间隔以 5 年为单位加以划分，结果如表 14-2 显示。

表 14-2 白洋淀政策工具使用情况

时间段	管制型政策工具	市场化政策工具	社会化政策工具	信息化政策工具
2000 年以前	25	11	22	1
2001—2005	584	238	208	193
2006—2010	108	80	12	4
2011—2015	230	125	73	3
2016—2018	588	259	310	68
合计	1535	713	625	269

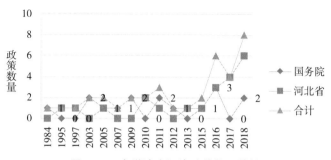

图 14-2 白洋淀水污染政策数量趋势

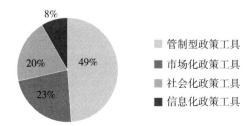

图 14-3 白洋淀水污染政策工具使用百分比

（1）不同政策工具类型关键词参考点数量。表 14-2 结果显示，政策文本中搜索到的管制型政策工具相关关键词的参考点共计 1535 个，市场化政策工具参考点为 713 个，社会化政策工具参考点为 625 个，信息化政策工具参考点 269 个。

（2）不同政策工具类型比重。通过图 14-3 可以看出，管制型政策工具类型使用比重最高，明显多于其他类型政策工具，整体占比达 49% 之多。市场化政策工具的使用比例为 23%，社会化政策工具的使用比例为 20%，信息化政策工具使用最少，仅占 8%。总体看来，政策工具使用过程中强制程度偏高，治理工具中缺乏信息沟通、信息共享、信息公开等手段，这也成为白洋淀流域治理中"信息孤岛"问题产生的重要原因。

（3）不同时段白洋淀政策工具使用情况。根据图 14-4 所示，尽管不同时期不同类别的政策工具存在不同的比例关系，但强制性政策工具数量远高于其他工具数量的现象是不变的。

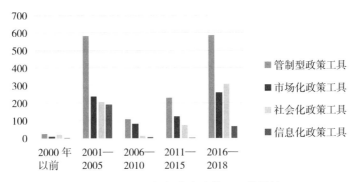

图 14-4　不同时段白洋淀政策工具使用情况

2000 年以前，中央和省级层面颁发的政策文本寥寥无几，各种政策工具类型参考点很少。值得注意的是这一时段社会化政策工具参考点数量为 22 个，仅次于管制型政策工具的 25 个。由于当时信息技术滞后，因而信息化政策工具仅有 1 个参考点；2001—2005 年期间，四种政策工具的使用频次大幅度上涨，究其原因一是在于这期间白洋淀上游排污企业失控，死鱼事件频发；二是在于政府、企业、公众和社会环保意识的觉醒。在这期间，管制型政策工具参考点陡升到 584，尤其是信息化政策工具从 2000 年以前的 1 个参考点增长到 193 个，充分表明这一时段信息手段的普及以及信息素养的提升。

2006—2010 年期间，几种政策工具的参考点均有较大幅度下降，一方面由于前一时段颁发的政策文本具有一定的延续性，之前水利部和河北省先后数次从上游水库调水补给白洋淀，如"引岳济淀"工程。这些措施在很大程度上解决了白洋淀缺水的局面，水污染在一定程度上也得到缓解。但这一时段，社会化政策工具和信息化政策工具参考点下降幅度较大，白洋淀水污染治理在这段时间的主要表现形式是"管制型为主，市场化为辅"。

2011—2015 年期间，除了信息化政策工具之外，其余三种政策工具参考点均有较大幅度增加。中央层面先后有 4 次发文。尽管中央和地方政府三令五申，但是白洋淀水污染状况依旧严峻。2011 年，白洋淀水质在Ⅳ类到劣Ⅴ类之间。此后，水质一直持续在劣Ⅴ类，只有 2014 年有 6 个监测断面水质在Ⅳ到Ⅴ类之间。在"铁腕治污"的政策导向下，明处的生活污染、大企业排放、污水处理等问题得到一定遏制，但是，暗处的小型企业排污并没有得到有效整治。白洋淀流域范围内大量造纸、制鞋、皮革、羽绒、印染等家庭作坊式企业的污水通过井道排入白洋淀内。此外，水产畜牧养殖、农作物种植、小作坊生产和旅游发展一直停留在粗放型发展阶段，白洋淀水污染综合治理与生态修复问题因而一直没有得到根本性解决。值得注意的是，这一阶段社会化政策工具由前一时段的 12 个参考点增加到 73 个。尽管没有达到 2001—2005 年时段数量，但这期间社会资本被引入到白洋淀的旅游开发方面。同时，由于白洋淀死鱼事件的频发，社会公众环保意识增强，媒体监督作用开始发威，政府在舆论引导方面开始由经济至上向环境友好及可持续发展转向。

2016—2018 年是雄安新区酝酿并正式成立阶段。仅仅 3 年时间，四种政策工具类型均达到了历史最高点。管制型政策工具增加到 588 个参考点，市场化政策工具增加到 259 个，社会化政策工具增加到 310 个，信息化政策工具也大幅度增加到 68 个。

2016 年，国家层面与河北省各自颁发了 3 个政策文本；2017 年，仅河北省就颁发了 4 个文本；2018 年，国家层面颁发了 2 个文本，河北省颁发了 6 个文本。雄安新区成立前后，据《河北日报》报道，2018 年，白洋淀淀区水质主要污染物磷、氨氮浓度同比分别下降 35.16%、45.45%。雄安新区 606 个有水纳污坑塘全部完成治理。期间对雄安新区三县羽绒、制鞋、有色金属三大行业采取关停取缔，强化转型升级力度。对"散乱污"企业、分散畜禽养殖企业、农村固体废物进行深入排查整治。白洋淀流域生态环境治理取得突破性进展。管制型政策工具作用明显，相比历史上各个时间段，雄安新区成立前后管制型政策工具短时间内作用最大，效果最佳。需要重视的是，这期间其他三种政策工具也呈现出协同发力的治理格局。这也成为白洋淀水质得到迅速改善的重要原因。在市场化政策工具方面，雄安新区水环境治理的巨大市场开启，一批第三方治理及资源化利用项目合作协议签署；社会化政策工具方面，2018年，就雄安新区白洋淀农村污水、垃圾、厕所等环境问题一体化综合系统治理项目，河北省公共资源交易中心网站发布启动公告，项目拟用"ROT"模式运作，20年运营期费用总预算超过30亿元。信息化政策工具也取得突破性进展，《白洋淀生态环境治理和保护规划（2018—2035年）》提出将建立天地一体、功能完善、智能化的生态环境监测网络，建设流域生态环境大数据、云计算系统，搭建流域生态环境智能化管理平台，实现生态环境智能管理平台与新区智能城市管理平台的互联互通。

二、四种政策工具类型在白洋淀流域水污染治理中的选择分析

1.管制型政策工具选择分析

本研究应用NVivo软件"词频"功能生成的词云图突出显示的有"禁令""许可""总量控制""惩处""整治""监督"等词汇。如图14-5所示，在管制型政策工具中，"整治"一词出现的频次最高。由此可见，白洋淀水域治理还是以"整治"类工具为主，以还原白洋淀流域生态环境为首要任务。从整治内容来看，主要包括四个方面：黑臭水体治理、工业企业治理、入淀河流治理以及农业农村环境治理。重点对白洋淀上游流域河湖水库、工业、农村、畜禽、坑塘、固体废物、医疗废物、城镇生活等8大领域水污染和垃圾污染进行整治。河北省还启动了白洋淀上游及其周边生态环境大整治、大执法专项行动，重点进行污染源头整治，严查涉水环境违法行为。除了"整治"类政策工具，按照使用频率多少依次为"指标标准""责任划分""许可证制度""监督""总量控制"等工具类型。以"指标标准"为例，《河北省白洋淀水体环境保护管理规定》第九条指出：在白洋淀水体环境保护区域内排放的污水，必须达到国家规定的标准。2018年10月，河北省《大清河流域水污染物排放标准》颁布。由于水污染治理效果可以用一定的量化指标进行衡量，因此文本中多用明确的数字指标作为水污染治理目标

实现的约束标准。如《河北雄安新区总体规划（2018—2035）》中提出："实施退耕还淀，淀区逐步恢复至360平方公里左右。"从使用频率较高的几种管制型政策工具类型可以看出，政府在白洋淀治污方面制定了严格标准，划分了明确责任，也强化了审批、许可证等方面的制度建设。效果不佳的主要原因在于"上有政策，下有对策"，当地政府及利益相关者和上级政府之间的利益博弈。值得注意的是，工具中"区域划分"类政策工具所占比重最低，区域一体化治理在决策者的意识中还较为淡漠。

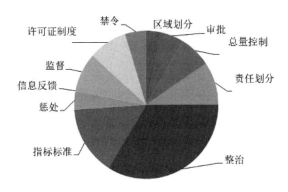

图14-5 管制型政策工具使用情况

2.市场化政策工具选择分析

市场化政策工具又可以被定义为经济性政策工具，在面对"减污成本"差异性更大的区域性、复合型污染时，市场型政策工具相较于管制型政策工具具有"效率"上的优势，即在市场机制的作用下，能够促使多个污染者的边际控制成本相等，满足"等边际原则"。[1] 环境污染治理的市场型政策工具可细分为"利用市场"和"创建市场"两个子类："利用市场"是基于"庇古税"的逻辑定义的，主要包括排污收费、环境税、补贴、押金—退款制度和环境责任保险等工具；"创建市场"则是基于"科斯定理"的逻辑定义的，主要包括可交易排污权和区域生态补偿等工具。[2]

---

① ［美］查尔斯. D.科尔斯塔德：《环境经济学》，傅晋华、彭超译，中国人民大学出版社2011年版，第119页。

② 赵新峰、袁宗威：《区域大气污染治理中的政策工具：我国的实践历程与优化选择》，《中国行政管理》2016年第7期。

从图 14-6 中可以看出，针对白洋淀水污染治理的市场化工具的使用较为平均。按照参考点数量多少排序依次为补贴、金融支持、征费制度、财政支出、合同和税收。

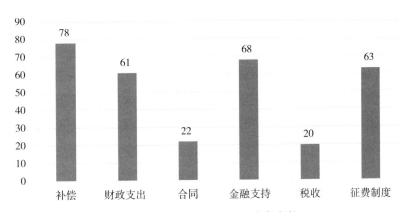

图 14-6　市场化政策工具参考点数

在利用市场领域，参考点列在第三位的是征费制度。2008 年国家财政部、发改委和水利部联合颁布的《水资源费征收使用管理办法》，为将收费工具纳入水污染治理过程提供了有力支持和使用规范；在财政支出方面，《关于下达重点流域水污染治理项目 2010 年新增中央预算内投资计划的通知》起，中央政府开始加大通过财政支出支持水污染治理的力度。合同工具参考点较低，表明流域政府间、政府、企业和居民之间通过达成合作治理协议推进节能减排、加大水污染治理力度方面的政策工具欠缺；税收工具的使用通常是对能够进行排污处理或者水污染处理较好的企业给予一定的税收优惠鼓励。由于税收地位的重要性，各地区执行的税收优惠标准都是以国家制定的相关政策为依据，灵活性较差，所以有关税收工具的使用地方政策中提及较少，因此其参考点数量也较低。

创建市场领域的补偿和金融支持列在全部市场类政策工具的前两位。首先，属于创建市场子类的补偿类型政策工具有 78 个参考点，这是在白洋淀干淀和水污染治理中运用最多的政策工具，在大部分政策文本中都有所使用。补偿类工具归为创建市场型政策工具，但其市场色彩并不浓，大多是在政府主导下实施的。1997 年以来，国家层面与河北省多次从上游各水库调水补给白洋淀，国家水利部、国家海委、河北省政府于 2004 年组织实施了跨河系、跨区域的"引岳济淀"工程。2006 年，白洋淀面临干淀危机，上游水库蓄水严重不足，国家防总、水利部、国家发展改革委、财政部，紧急协调河北、山东两省组织实施了引黄济淀应急调水。2016 年《河北省人民政府办公厅关于健全生态保护补偿机制的实施意见》要求由省林业厅会同省财政厅、省农业厅、省水利厅、省国土资源厅、省环境保护厅、省住房城乡建设厅、省发展改革委负责，探索建立湿地生态效益补偿制度，统筹当地水和外调水，保障白洋淀等重要湿地生态用水和生态补水水费支出。从文本内容分析中发现，主管部门存在"九龙治水"现象，对生态补偿乃至整体流域水污染的管理过于分散，缺乏集体行动。其次，金融支持的参考点为 68，列在全部市场类政策工具的第二位。2005 年《国务院关于落实科学发展观》中首次提出在环境保护领域完善政府、企业和社会的融资机制；2016 年河北省印发的《河北省水污染防治工作方案》中提出要在水污染防治特别是排污方面开展金融创新，使得白洋淀水域的排污权交易更加灵活。同年《河北省人民政府办公厅关于健全生态保护补偿机制的实施意见》文本中的意见具有前瞻性和可操作性，对于白洋淀水污染的治理意义重大。但由于白洋淀流域根深蒂固的属地管理、上级政府的多头管理以及整体协同治理意识的不到位，该类型政策工具在实践中并没有发挥出应有的作用。

3. 社会化政策工具选择分析

该类政策工具的使用多集中在宣传引导和政策鼓励上面。1984 年《中华人民共和国水污染防治法》提出要加强水环境保护的宣传教育。2005 年河北省政府在《关于加强水污染防治工作的通知》中提出要对水污染防治过程中的正面典型进行宣传鼓励，对负面典型进行公开曝光。随着白洋淀水污染治理进程的推进，社会宣传的范围也在不断地扩大。2018 年《白洋淀生态环境治理和保护规定》中明确提出"要形成全社会支持参与白洋淀生态环境治理和保护的良好氛围"。随着政府职能由管制型政府向服务型政府角色的转变，政府逐渐增加了水污染治理的透明度，接受社会监督。2015 年国务院颁布的《水污染防治行动计划》规定政府应当向社会公开的信息内容包括：各城市水污染状态、污染物信息，水污染治理进程信息以及重大污染事件的曝光等等。2015 年民政部正式公布《民政部关于探索建立社会组织第三方评估机制的指导意见》，社会组织参与第三方评估的活跃度与有效性都显著增长。2016 年河北省政府颁布《河北省环境污染第三方治理管理办法》，一方面鼓励社会组织参与到白洋淀水污染治理过程，另一方面对社会组织的参与进行了规范。从整体数据上看，参考点排在前三位的依次为信息公开、政策鼓励、宣传引导，这几种工具在白洋淀水污染治理实践中的作用较为明显。但是，当前社会参与水污染治理方面的政策工具数量过少，强度不够，参与程度不高。尤其是社会监督、信用管理、社会参与、社会化合资四种工具参考点过低，分别为 43、27、20、3，亟待强化和完善。

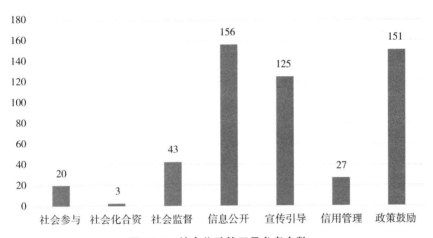

图 14–7　社会化政策工具参考点数

4. 信息化政策工具选择分析

1984 年《中华人民共和国水污染防治法》提出“要建立监测数据共享机制，加强对水环境监测的管理。”2005 年《国务院关于落实科学发展观加强环境保护的决定》中进一步提出将科学技术发挥在环境污染治理中，将环保科研项目优先列入国家科技计划。2017 年河北省科学技术厅和环境保护厅联合发布《关于加强水污染防治科技创新的实施意见》，强调要让科学技术充分应用到水污染治理当中。首先要加强水污染治理技术的研发与应用，利用更先进的科学技术治理水污染问题；其次要创建科学创新平台为水污染技术的研发创造更多机会和条件；三是要建设一批创新队伍，人才是技术研发之本，只有高水平的人才才能创造出高水平的技术；四是要为水污染科技产业提供支撑，政府要从多方面鼓励企业和社会组织技术开发的动力。自此，水污染的信息化政策工具的使用有了完整且规范的政策支撑。

从文本内容分析结果来看，无论从种类还是数量上，水污染治理中信息化政策工具的应用率偏低，处于起步阶段，种类仅限于数据共享、信息平台和治理技术 3 种类型，参考点过低。文本内容对照治理实践发现，数据共享和信息平台类工具一直停留在口头或文字上，缺乏实质性行动。治理技术工具方面，从文本内容上看多是政府通过各种手段鼓励企业和科研组织进行技术创新和研发，但实践中企业技术创新的动力不足，科研成果转化的效果也不理想。从白洋淀流域整体来看，信息化政策工具类型表现乏力，信息共享平台和一体化数据平台缺失，治理技术亟待整合、提升和优化，流域内利益主体的条块分割、部门中心主义的各自为政进一步加剧了白洋淀流域水污染治理中的"信息孤岛"现象。

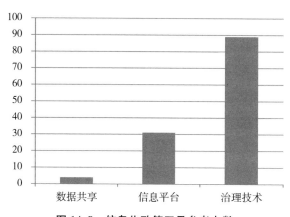

图 14-8　信息化政策工具参考点数

第四节　研究结论与政策优化建议

一、研究结论

通过对 1984 年至 2018 年针对白洋淀流域水污染治理政策文本数量和内容分析得出以下结论：

第一，从政策文本的数量上看呈现以下特点：首先，20世纪末期至21世纪初期的政策文本数量较少。从1984年到2000年期间，国家层面的文本只有1个，省级层面也只有2个，这反映出大力发展经济的时代背景下，流域环境治理和生态文明建设并没有提上日程。其次，2000年后到雄安新区酝酿建设之前，白洋淀水污染治理政策颁布的频率和数量有所增加，具体工具类型逐渐丰富和多样。白洋淀多次大规模死鱼事件及流域水污染的加剧成为治理力度加大的主要动因。再次，雄安新区建设前后，白洋淀流域水污染治理的政策文本明显增多，治理效果较以往任何时段都更为显著，水污染治理的力度空前，流域水质也得到极大改善。最后，河北省政府颁布的政策文本总体上多于国家层面的数量。原因在于中央政府和地方政府颁布政策的定位不同，中央以宏观决策、整体推进为主，地方政府以执行中央决策为主，随着雄安新区上升为国家战略，国家层面颁布的文本呈持续增多的态势。

第二，从政策工具强制程度上看，存在对管制型政策工具的路径依赖，其他工具类型的实施也大多以政府主导为主要手段。文本内容中管制型政策工具在四种工具类型中使用频率遥遥领先，占比将近一半左右，政策工具使用的强制性较为明显。如"整治"一词所检索出的参考点最多且使用频率远远高于其他管制型工具。整体上看，各级政府都倾向于使用强制性程度较高的管制型政策工具，其他工具的使用较少且功能乏力，政策工具选择过程中对管制型政策工具的依赖较为明显。其中，市场化政策工具中的"补偿"和"补贴"工具较为简单直接，便于政府实施操作，使用数量较多。社会化政策工具中，以政府为主导的信息公开、社会监督和宣传的使用数量较多，可见政府倾向于使用容易介入和操作的社会化政策工具。从使用比例来看，社会化和市场化政策工具尽管都达到20%以上，但由于市场发展不成熟、公民社会发育不充分、社会组织不健全，导致两种工具实施过程中的政府主导特征显著，对强制性的过度依赖制约了新的政策工具类型的发展。随着时间推移，管制型政策工具之外工具类型的使用数量有所提高，但工具使用过程中鲜明的强制功能和行政色彩并没有削减。

第三，政策工具在白洋淀流域治理中协同性缺失，呈碎片化特征。首先，理想状态下的白洋淀流域水污染治理应该是几种政策工具之间良性互动、协同增进，但事实上四种政策工具之间的协同程度始终不高，比例失衡，彼此之间甚至存在排斥。白洋淀水域治理以"整治"类的管制型政策工具为主，整治内容包括流域内多元主体和利益相关者，缺乏市场化和社会化工具的协同，表现为市场化程度偏低，尤其是创建市场类工具乏力。如补偿类工具市场化运作程度较低，主要依赖政府运作实施。交易类工具方面尽管政策文本中提出通过金融创新推进白洋淀水域的排污权交易制度，但囿于地方保护主义、部门利益至上的束缚，该类型工具的协同功能没能发挥出来。社会化工具方面社会参与白洋淀水污染治理方面的政策工具不到位，表现为社会组织发展空间有限，参与白洋淀水污染治理程度偏低，社会监督不力，信用管理强度不够，社会化合资不成熟，这些制约了社会化政策工具与其他工具类型的协同。

第四，属地管理和部门管理成为白洋淀流域协同治理的瓶颈。一是治理过程中属地意识强于区域意识。工具参考点中"区域划分"类政策工具所占比重最低，表明从白洋淀区域整体性角度协同治理的政策还不到位，造成白洋淀流域水污染治理方面的公地悲剧，条块分割、各自为政的碎片化现象始终没有得到有效解决。二是上级主管部门"九龙治水"的多头管理造成政策工具执行过程中的职责重叠交叉、推诿扯皮，难以形成治污合力。

第五，信息化政策工具在流域水污染治理中发展滞后，缺乏协同理念和先进信息技术支撑下的流域联合行动。在白洋淀水污染治理的政策工具类型中，符合时代发展方向的信息化政策工具数量有限，种类单一，没能从区域整体层面着力搭建信息共享平台，造成流域水污染信息屏蔽现象，污染源信息披露难以实现，联防联控执行过程中依旧画地为牢，各自行动，"信息孤岛"现象严重，一体化的数据库和信息共享平台停留在文本上，污染信息的监测和收集工作分散在不同部门和行政单元，信息整合成本偏高，信息质量难以保障，跨部门、跨地区信息数据共享的构想难以付诸实施。

二、雄安新区政策工具的优化建议

1. 以雄安新区建设为契机，建构白洋淀流域水污染整体性治理体系。从搜索到的 37 个政策文本中，标题中有白洋淀的文本仅有 6 个，白洋淀流域水污染治理并没有得到足够重视。白洋淀流域水污染治理问题已经不是单一管制型政策和单一整治措施能够解决的。在雄安新区千年大计建设之际，白洋淀流域水污染治理整体性政策体系的建构成为当务之急。政策体系建构要统筹考虑价值导向、政策内容、组织架构、政策过程以及政策效果。以整体性、协同性为治理的逻辑起点，确立治理政策内容的目标、对象、途径等，通过政策组织整合立法机关、行政机关的相关职能，有预见性地驾驭政策的生命周期，包括政策的出台、完善、修订直至废止。政策执行的效果也应该尽快建构起一套完善的绩效评价机制，把绿色行政、问责制等手段纳入到评估机制中来。此外，面向白洋淀流域的水污染治理政策体系还要强化政策项目、政策要素之间联动，致力于形成白洋淀流域水污染治理方面经济政策、行政政策、社会政策以及技术政策协同发力的生动局面。

2. 修正政策工具选择偏好的单一性和片面化，强化政策工具间的优化组合与协同发力。政策工具选择片面化主要表现在政策工具选择类型单一。[①] 文本内容显示白洋淀水污染治理政策工具选择偏好上存在明显片面化问题，过度依赖管制型政策工具，多为禁令、整治、惩处等类型手段，政策工具配比失衡。随着雄安新区建设进入快车道，市场化程度越来越高，社会力量不断壮大，企业社会责任增强，公民素养不断提升，这些因素成为政策工具从单一强制走向整合协同的先导。从今后发展趋势来看，管制型工具长期处于主导地位的状况会发生改变，强制程度会逐步减弱。为顺应市场化、社会化和信息化的潮流，应该强化市场化政策工具、社会化政策工具和信息化政策工具的选择优化，根据文本分析中具体工具的参考点及实施效果弥补短板，细化和优化实施内容，尽快建立起动态均衡、协同整合的政策工具选择方略以顺应京津冀协同发展的未来走向。

3. 突破属地管理和部门管理瓶颈，从分散割裂逐步走向整体协同。一是打破一亩三分地的思维模式，立足流域整体角度，着力发展"区域划分"类政策工具。积极整合淀区行政区划，改变多个市县管辖的现状，促进白洋

---

① 王颖：《邻避情境下政府治理的政策工具选择研究》，电子科技大学硕士学位论文，2016 年。

淀水污染治理外部效应的内部化。同时要基于流域整体出发统筹九条入淀河流的整治，打破流域多个行政单元、上下游之间的壁垒；二是致力于改变国家、省级、地级、县级主管部门间"九龙治水"的多头管理局面。遵循集体行动的逻辑与协同治理的理念，对白洋淀流域水污染治理政策工具中的职责加以重构，部门加以重组，要素加以整合，部门间强化对话沟通、协商协调机制，拧成一股绳形成治污合力，最终形成跨行政区划、跨部门的流域高效联动协同机制。

4. 丰富信息化治理政策工具的内容和手段。文本内容分析显示，信息化政策工具的使用远远不能满足白洋淀流域水污染治理发展的现实需求。政府需要从经济、市场、社会多角度创新拓展信息化政策工具。首先，强化白洋淀流域的整体性治理和部门协同行动、打破利益格局、拓展共同合作渠道是破解信息孤岛，优化信息化政策工具的出发点；其次，加大信息化政策工具的研发力度，充实完善该政策工具的内容，拓展其发挥协同作用的渠道，这是优化信息化政策工具的着力点；再次，基于先进技术打造一支白洋淀流域水污染治理的专业化队伍。积极引入国际上顶级的团队和最先进的技术参与治理，同时，加大对水污染科研项目和成果的补贴和财政支持。鼓励科技型人才加入到流域水污染技术的自主研发行列，不仅要升级水污染治理技术，还要加强水污染防治技术的研发，减少白洋淀流域的再污染与二次污染，最终通过信息化渠道将研发成果推广到流域内所有利益相关者。这是优化信息化政策工具的支撑点。最后，借力雄安新区建设推动白洋淀流域水污染治理信息共享平台的打造，整合治理工具，将信息化监测技术引入到白洋淀流域水污染治理领域，依托流域水污染治理信息化系统拓宽沟通渠道、优化治理流程、建立检测信息的数据共享平台，进而降低交易成本、减少信息不对称，促进信息化治理政策工具内容和手段的现代化，这是优化信息化政策工具的落脚点。

第十五章 雄安新区整体性治理的
政策工具协同研究

公共问题是公共政策的逻辑起点，也是公共管理行动的现实基础。随着人类经济社会发展日益进入后现代阶段，公共问题逐步变得更加复杂，不但政策问题本身更为专业深刻，往往勾连着错综复杂的利益结构和利益矛盾，而且日益超出单一行政区划的范畴。跨区域、跨领域的跨界型公共问题日益突出，很容易引发区域性乃至全球化的公共危机。正是这种日益错综复杂的公共政策问题，将现有公共政策"碎片化"的问题逐步暴露出来。不同层级和不同行政区划政府间的协同合作，以及与市场组织、社会组织等其他多元主体整合起来的集体行动变得日益必要和迫切。这一过程有赖于整体性治理政策工具的协同。

一般认为，整体性治理的思想（holistic governance）是在对20世纪七八十年代以来新公共管理的实践进行批判与反思的基础上提出来的，这一思想聚焦于对过去分权化、竞争化等治理手段进行反思，提出从破碎的治理模式转向整体性治理。面对当前公共管理领域跨界治理问题日益突出，整体性治理思想起到了很好的理论指引作用。

2017年4月1日，新华社发布中共中央、国务院决定设立河北雄安新区的重大消息，全球瞩目，举国关注。这是以习近平同志为核心的党中央作出的一项重大的历史性战略选择，是继深圳经济特区和上海浦东新区之后又一具有全国意义的新区，是千年大计、国家大事。雄安新区是京津冀协同发展战略下的一颗明珠，是一种全新的城市发展模式。鉴于雄安新区发展所承载的历史使命及其治理主体多元参与的现实格局，基于整体性治理理论，探讨京津冀区域协同发展大背景下雄安新区整体性治理中的政策工具协同就显得尤为必要。

第一节　理论工具与分析框架：整体性治理中的政策工具

现实问题往往引导甚至决定着理论研究的开展。伴随着工业化的进程，西方发达国家在得益于物质财富极大积累的同时，由于选择了"先污染、后治理"的发展模式，环境污染形势日益严峻，因而采用了行政、法律、经济和完善环境基础设施等手段，取得了显著效果。同时，西方学术界也应时跟进了治理政策工具的梳理总结及发展创新等研究工作（Porthey，1990；Ger Klaassen，1994；Michael Toman，1994；Sterner，2002；RITA，2004）。近年来，以京津冀区域为代表，以"复合型""区域性""协同性"为主要特征的治理问题日趋突出，为有效解决这一问题，中国政府制定并修订相关法律法规标准，出台了专项行动计划，尤其针对重点区域，制定了系统长远的政策规划，并取得了一定的成效。但在理论研究方面，与西方相比，国内学者仍处于政策框架搭建的外围研究阶段，主要集中于政策变迁（冯贵霞，2014；李雪松，2014；张永安，2015）、政策经验（王倩，2009；高明，2014）、政策协调（赵新峰，2014；王延杰，2015）、政策评估（杜鹏生，2015）等方面，更具操作性的治理政策工具的研究还较为薄弱。

一、政策工具的理论内涵

政策工具一般也可称作"治理工具"，关于政策工具的内涵，学界内尚未形成统一的概念，不过其范畴倒是有所明确，各类管理手段、人力资源政策以及网络管理等都被划分到政策工具当中。由于国内外学者对政策工具研究偏好的不同，致使对其定义的侧重点不同，结合国内外学者的研究，主要有以下三种不同的角度：

首先，从政策过程的角度而言，迈克尔·豪利特和拉米什从政策执行的角度出发，认为政策工具是政策用来推行政策活动的手段①；彼得斯则着眼于政策效果，认为政策工具应用的关键在于政策结果或政策产出的实现。②

其次，从政策工具本身扮演的角色而言，有学者认为政策工具始终是实现政策目标的一种手段而不是最终目的③，强调政策工具是一种方法或途径。陈振明认为政府工具是政府实现其管理职能的方法④；类似地，莱斯特·M.萨拉蒙认为政策工具是通过组织行动以解决公共问题的某种途径⑤；张成福、党秀云提出，政策工具是政府治理的核心，缺少政策工具将无法实现政府的实质性目标，因此政府通过将政策工具转化成具体的行动路径来实现政策目标。⑥

此外还有学者将政策工具看作是一种政府行为的组合。欧文·E.休斯从政府行为出发，认为政策工具是一种政府活动和影响政府行为的机制⑦；赵德余认为政策工具是为了影响部分行为领域而专门设计的各种不同管理规则的组合，在这些组合之中体现出不同利益主体之间的协商合作和妥协，是一个制度分配和调整的过程；⑧阿瑟·B.林格林侧重于将政策工具理解为各种不同政策活动的集合，"工具"则是"聚焦于影响和支配社会过程的，具有类似特征的政策活动的集合"。

整合各学者观点，政策工具的内涵无外乎包括三个方面，即政策主体、

① ［加］迈克尔·豪利特、M.拉米什：《公共政策研究政策循环与政策子系统》，庞诗等译，三联书店 2006 年版，第 281 页。

② ［美］B.盖伊·彼得斯、弗兰斯·K.M.冯尼斯潘：《公共政策工具：对公共管理工具的评价》，顾建光译，中国人民大学出版社 2007 年版，第 49 页。

③ Jack Rabin：*Encyclopedia of Public Administration and Public Policy*，International Journal of Public Administration 2003，279.

④ 陈振明：《政府工具导论》，北京大学出版社 2009 年版，第 42 页。

⑤ Lester M：Salamon and Odus V. Elliot：*Tool of Government：A Guide to the New Governance*，*Oxford University Press* 2002.

⑥ 张成福、党秀云：《公共管理学》，中国人民大学出版社 2001 年版，第 62 页。

⑦ ［澳］欧文·E.休斯：《公共管理学导论》，彭和平等译，中国人民大学出版社 2001 年版，第 76 页。

⑧ 赵德余：《公共政策：共同体、工具与过程》，上海人民出版社 2011 年版，第 73—76 页。

政策途径和政策目标。总的来说，政策工具是指政策主体为解决"区域性"公共问题，实现高效治理目标而采取的一系列具体手段和方式，这其中既包含政策工具基本的分类与选择属性，还兼有政策工具间的互动、协调与整合的内涵。

二、政策工具的分类及演变

政策工具本身就内容丰富且形式多样，且会随着不同时代产生不同的新需求和新目标发生变化，因此政策工具的分类也是不断与时俱进、推陈出新的。这些不同的分类并无优劣之分，不同的研究视角和不同的分类依据都将产生不同的政策工具分析模型。

早期的学者们一般偏好按照学科领域或列举政策类型分类，早在20世纪60年代，经济学家科臣（E.S.KirsChen）就列举出64种经济政策手段，但是缺乏理论化和系统化；而林德布罗姆（Lindblom）按照政策工具的强制性程度将政策工具分为规制性和非规制性工具[1]，这样的分类对于过于复杂的政策体系而言也未免过于宽泛。

随着交叉学科的不断发展，政策工具涉及领域日益广泛，传统的分类方式已不能满足社会发展现实的需要，在这之后，出现了狄龙（Van der Doelen）将政策工具分为法律工具、经济工具和交流工具的分类方法，欧文·休斯将政策工具分为管制、生产、补贴和供应等等。[2] 不同政策工具类型的划分基本上是依据不同的政策工具分类标准：迈克尔·豪利特和拉米什（2006）根据强制性程度对政策工具进一步细化，将政策工具分为自愿型、混合型和强制型；根据财政支出方式，萨拉蒙将政策分为开支型工具、非开支型工具；根据政府权力运用方式，艾兹奥尼将政策工具分为强制型工具、利益型工具和规范型工具；根据政策最终目标，麦克唐纳、艾尔莫尔将政策工具分为命令型工具、激励型工具、能力建设工具和系统变化工具，而

---

[1]　Robert A.Dahl，Charles E.Lindblom：*Politics*，*Economics*，*and Welfare*，University of Chicago Press 1953，31.

[2]　[澳] 欧文·E.休斯：《公共管理导论》，张成福、马子博等译，中国人民大学出版社2015年版，第66页。

施耐德和英格拉姆依据此标准将政策工具分为激励工具、能力建设工具、符号规劝工具和学习工具；根据不同的资源类型，胡德（Christopher C. Hood，1983）将政策工具分为信息类工具、资财类工具、权威符号和组织性工具；克里斯托弗则依据同样的标准将政策工具分为信息类工具、权力工具、财富工具和组织性工具；萨瓦斯（E. S. Savas）和奥斯特罗姆（E. Ostrom）从政府治理的制度安排将政策工具做如下分类：政府服务、政府出售、府际合作、合同、特许权、补贴、代用券、自由市场、志愿服务、自我服务等。①萨拉蒙（Lester M. Salamon，2002）从物品和服务的性质、提供物品和服务的媒介以及提供物品和服务的系统这几个政策工具的特征，将常用的政策工具划分为 13 种：直接政府、社会管制、经济管制、订立合同、补助、直接贷款、贷款担保、保险、税收支出、罚款、法律责任、政府公司、代用券。②经济合作与发展组织（OECD）将政策工具划分为"命令—控制型工具""经济激励工具"和"劝说式工具"等三类；世界银行在 1997 年度报告中，把名目繁多的政策工具界定到"利用市场""创建市场""管制"和"公众参与"等四种类别；思德纳在政策工具设计中将政策工具综合为"市场化工具"（MBI）"命令—控制式工具"（CAC）和"信息发布及其他"三大类；国内学者也多采用"强制程度"的标准划分政策工具，以研究政策工具的发展、选择和评价（秦颖，2007；张坤民，2007；杨洪刚，2009；陈瑞莲，2013）。可见，"强制程度"标准已成为政策工具分类的重要依据，因而，为统一划分标准，便于具体操作，本子课题依据"强制程度"标准将政策工具划分为三大类："管制型政策工具""市场型政策工具"和"自愿型政策工具"，结合京津冀协同治理过程中三大政策工具的应用情况进行评估、对比分析，研究对于雄安新区政策协同的借鉴与思考。

　　管制型政策工具主要依靠行政命令或各类规制手段对公共事务进行管理，是具有高度强制性、高效性的一种政策工具，主要体现为制定实施标

---

① ［美］萨瓦斯：《民营化与公私部门的伙伴关系》，周志忍等译，中国人民大学出版社 2002 年版，第 69 页。

② Lester M，Salamon and Odus V. Ellio：*Tool of Government：A Guide to the New Governance*，*Oxford University Press* 2002.

准、行政禁令、行政许可、督查问责、停业整改、强制取缔等手段。管制型政策工具是政府治理过程中最常用的手段。市场型政策工具是借用市场机制及经济原理和逻辑进行公共事务的治理。相关学者将市场型政策工具进一步细分为"利用市场"和"创造市场"两个子类。以环境治理领域为例，"利用市场"主要基于外部性理论来进行设计，借鉴"庇古税"的内在原理，将社会收益与社会成本、私人收益与私人成本进行有效协调，确保成本收益的一致性。政府在治理过程中采取征纳排污费与环境税、发放补贴补助、用者付费等手段来实现；"创造市场"则主要体现为借鉴"科斯定理"，具体政策工具体现为进一步明晰产权，实施排污权交易、区域生态补偿机制等。自愿型政策工具则建立在社会自觉、公众志愿精神的基础上，通过社会参与区域公共事务治理来实现，包括社会组织参与、社区公众自治、民众公共参与、社区教育、政务公开与民主监督等工具来实现。

三、政策协同理论

分工和专业化是现代官僚制度的两大特点，有鉴于此，必然将产生二者相互协调的需要，这就决定了"协调"将会成为公共政策研究的经典主题之一。随着时代变迁、科技发展和社会更迭，政策协调的目标、方式和范围也会变化，在这些变化之中，"协调"这一概念也被赋予了新的内涵，形成新的话语体系。而"政策协同"是"协调"这一概念与当前现代治理方式和社会信息技术发展相结合的新产物。

国外早在几十年前就已开展对政策协同问题的研究和探讨。1975 年美国出版《公共行政评论》一书就以政策管理为主题探讨了不同层级联邦政府之间的政策不协调问题。① 英国学者希克斯通过对跨部门之间的协同体系进行思考，提出促进各级政府部门协同合作的"整体政府"的概念，这一概念于 1999 年被写入英国政府的《政府现代化白皮书》，意图消除政策冲突以实现政策协同。随后加拿大、希腊等国家也相继开始以促进政策协调为目的的

---

① Burgess P M：Capacity Building and the Elements of Public Management，*Public Administration Review* 1975.

政府体制改革，政策协同理论由此正式被纳入新公共管理理论体系之内。

关于政策协同的定义，学界说法不一。李（Lee）和卡利来（Carley）认为政策协同其本质上就是政策之间相互配合，是一种政策组合；梅杰斯（Meijers）和斯特德（Stead）认为政策协同是在处理跨界问题时，需要由多方主体进行协同；[①] 科迈罗（Camarero）和塔玛瑞特（Tamarit）则认为政策协同是解决政策冲突的重要手段从而形成一致性政策的过程；西科尔（Hilker）认为政策协同主要是政府部门通过对话解决冲突状态的过程。[②] 郑佳（2010）指出，政策协同是不同政府部门、机构为了共同的政策目标而相互合作，从而实现各部门、各个政策系统的优势互补，致使仅靠单一政策或单一部门无法实现政策系统功能的目的。张绍军（2015）认为政策协同既包括不同地方政府间的协同又包括地方政府内部的协同等。这些表述虽然不尽相同，但是其表达的意思基本类似，因此，综合各学者观点认为，政策协同是在政策系统之中，政府为解决政策冲突或实现政策目标，不同政策要素和政策子系统之间相互协作和配合产生政策合力，以形成高效运转的动态政策体系，其目标就是寻求"一致性、连贯性、综合性以及和谐兼容的政策产出"。

而关于如何将政策之间的协同效应发挥到最大化，主要是从政策目标和政策工具着手。林德布罗姆在 20 世纪就提出假设：政府过程需要积极的协调。[③] 通过对大量的数据进行分析发现，政策目标之间存在潜在的冲突。他指出，政策机构与政策目标数量必须相互匹配，这一结果只有在相互协调配合的动态系统下才能得以实现。这一观点强调政策目标之间的协同。Braun 则认为不同的政策工具由于其具有不同的理念和目标，并且存在相当程度的灵活性，导致政策协调系统的复杂性进一步加深。[④] 因此，政策协同

①　E Meijers，D Stead：*Policy integration：what does it mean and how can it be achieved Amulti-disciplinary review*，Human dimensions of Global Environment Change：Greening of Policies-Interlinkages and Policy Integration 2004，1-15.

②　Hilker L M：*A Comparative Analysis of Institutional Mechanisms to Promote Policy Coherence for Development*，OECD Policy Woricshop 2004.

③　Lindblom C E：Tinbergen on Policy-Making，*Journal of political economy* 1958（6）.

④　Braun D：Lessons on the political coordination of knowledge and innovation policies，*Science & public policy* 2008（4）.

的关键在于政策工具本身的协同性，政策工具之间不是相互独立的，而应该相互配合产生协同效应，建立起动态的政策系统。

政策工具作为用来解决公共问题或实现公共目标的一种方式或途径，显然不是单一的某种工具或一次性的简单使用，它必然是多元的复合的政策工具相结合的产物。当前在雄安新区整体性治理的过程中，现有的政策工具缺乏目标性和持久性，尚未发挥出不同政策工具之间的协同效应。随着政府治理逐渐向服务型高效型转变，政策工具的选择与构建也必须高效地应用于政策的不同实施阶段，尽可能体现出政策工具间的协同和整合程度，尽可能体现出其多元复合的政策工具系统特点，使政府治理具有更强的灵活性和精准性。因此在雄安新区整体性治理的过程中，通过合理选择和使用政策工具，来突破当前的发展困境，突破京津冀协同发展的瓶颈，更好地对当前的发展现状提供切实可行的有效指导。

政策分析框架建立的前提势必以合理的政策维度为前提，政策工具可从三个维度进行设计选择和绩效评价：其一，治理政策工具的强制程度；其二，治理政策工具的协同程度；其三，治理政策工具的整合程度。强制程度主要是判断政策工具在应对公共问题时，其控制个体和组织行为的程度；协同程度主要是判断政府组织在合作治理中使用政策工具间的相互关系，这种相互关系包括中央政府与区域内地方政府间政策工具的纵向关系和区域地方政府间政策工具的横向关系；整合程度主要是衡量或判断在治理过程中，政策工具系统聚合的广度与深度。区别于传统官僚制中的权威性整合和新公共管理中的竞争性整合，整体性治理政策工具中的整合是基于整体理性的"协调性整合"，是对"强制程度"和"协同程度"进一步的聚合提升。基于此，本研究将政策工具划分为管制型政策工具、自愿型政策工具和市场型政策工具。

在上述理论基础上，本研究主要聚焦于以下几个关键问题：一是研究如何进一步完善管制型政策工具，提高执行效率；二是如何发挥市场型政策工具的积极作用；三是细化自愿型政策工具；四是为避免单一工具或单一类型工具的片面性，以及单个行政区政策工具的封闭性，避免碎片化和"孤岛效应"，基于整体性治理和"协调性整合"策略对多种政策工具加以优化组合。

关键抓手包括组织架构、信息系统和资金管理三个方面：第一，研究如何组建雄安新区整体性治理政策工具的协调机构。第二，研究构建雄安新区整体性治理的信息系统。第三，论证设立雄安新区整体性治理专项基金的必要性和可行性。

第二节　京津冀区域协同治理政策工具的实践效果及对雄安新区治理的启示

一、京津冀区域协同治理政策工具的实践效果

区域整体性协同治理是我国公共管理领域十分热议的课题，目前我国存在较多的区域整体性协同治理案例，既包括大城市跨界公共事务治理，也包括区域生态环境协同治理、水资源共同治理等多种类型。区域整体性协同治理的难点主要在于两个方面：其一是各地政府如何能打破碎片化的治理模式，通过多种渠道实现协同与合作，这是横向层面的治理困境；其二是中央政府如何能有效协调地方政府的多方需求，合理配置资源，使得多方共同受益，这是纵向层面的治理困境。而我国京津冀地区的整体性协同治理效果比较明显，主要得益于政策工具的混合搭配使用较为得当，从政策工具视角切入，也许能为雄安新区的整体性协同发展提供经验借鉴。

早在 20 世纪 80 年代，我国就将京津冀地区作为国土整治战略的试点之一进行整治和协同发展，初步实现了区域分工协作、生态环境多元治理、产业布局逐步优化等目标，为后续京津冀地区的发展奠定了良好的基础。随着我国经济政治多方发展与优化，为了进一步缓解北京人口众多、交通拥堵的现状，以疏解非首都功能为出发点，国家又一次突出强调京津冀地区的整体协同发展，充分发挥北京市的带头作用，带领天津市、河北省共同发展。京津冀协同发展是我国目前的三大国家战略之一，为了更好地打造首都经济圈，目前已较为有成效地实现了城市布局的优化、交通网络体系的跨界构建、区域产业发展的升级转移以及生态环境的整体性治理等发展目标，对我国区域整体性治理提供了宝贵的经验借鉴。

　　1. 京津冀区域协同治理的政策分析

　　2013 年 8 月，习近平总书记在北戴河主持研究河北发展问题时，提出要逐步推动京津冀协同发展，明确提出跨界合作、优势互补、互利共赢的共治理念。2014 年 10 月 17 日，习近平对《京津冀协同发展规划总体思路框架》作出批示："目前京津冀三地发展差距较大，不能搞齐步走、平面推进，也不能继续扩大差距，应从实际出发，选择有条件的区域率先推进，通过试点示范带动其他地区发展。"自此之后，京津冀区域协同发展战略有条不紊地开展实施，三地地方政府逐渐摸索协同治理的渠道和方式，出台了涉及经济、政治、生态、文化等多方面的协同发展政策，中央政府也不断地强化京津冀区域协同发展的手段，提高发展要求和标准。

　　2014 年 2 月，习近平在北京主持召开座谈会，专题听取京津冀协同发展工作汇报，就推进京津冀协同发展提出 7 点要求，并强调"实现京津冀协同发展，是面向未来打造新的首都经济圈、推进区域发展体制机制创新的需要，是一个重大国家战略，要坚持优势互补、互利共赢、扎实推进，加快走出一条科学持续的协同发展路子来。"①

　　2015 年 4 月，中共中央政治局召开会议，审议通过《京津冀协同发展规划纲要》。明确指出发展的核心是疏解北京非首都功能，着力构建京津冀交通一体化、产业升级转型等重点领域，努力形成优势互补、互利共赢的发展新格局。同年 6 月，中共中央、国务院印发《京津冀协同发展规划纲要》，并提出"深入研究、科学论证，规划建设具有相当规模、与疏解地发展环境相当的集中承载地"这一战略思想。

　　2016 年 3 月，习主席在听取北京冬奥会冬残奥会筹办工作情况汇报时指出，此次盛会是推动京津冀地区协同发展的重要抓手，重点突破交通、环境等领域的协同发展，以点带面为实现京津冀协同发展起到引领作用。同年 5 月，中央政治局会议审议《关于规划建设北京城市副中心和研究设立河北雄安新区的有关情况的汇报》，明确提出"建设北京城市副中心和雄安新区两个新城，形成北京新的'两翼'，这是我们城市发展的一种新选择。"

---

① 本书编写组：《河北雄安新区解读》，人民出版社 2017 年版。

2017 年 5 月，在深改组第 35 次会议上指出，要在京津冀周边地区开展跨区域的环保机构试点，重点针对大气污染进行统一整治和监测。10 月，在党的十九大报告中明确提出"以疏解北京非首都功能为'牛鼻子'推动京津冀协同发展，高起点规划、高标准建设雄安新区"，更清晰、具体地为京津冀区域协同发展提出路径指引。

2019 年 1 月，习近平在京津冀三省市考察并主持召开京津冀协同发展座谈会，会上指出："京津冀协同发展是一个系统工程，不可能一蹴而就，当前和今后一个时期进入到攻坚克难的关键阶段，需要下更大的力气。"[①]

如今，京津冀区域协同发展已经步入新的历史阶段，在京津冀发展领导小组的带领下，将按照规划纲要的指导，进一步推进三地的整体性协同治理，并推进雄安新区的相关建设。

2. 京津冀区域协同治理政策工具的使用情况

本研究依据"强制程度"标准将政策工具划分为三大类："管制型政策工具""市场型政策工具"和"自愿型政策工具"。通过北京市、天津市、河北省三地政府门户网站，检索 2014—2020 年发布的关于京津冀区域协同发展的相关政策举措，并选取较为有代表性的政策文件进行梳理，按照政策工具使用类型进行标注，如下表 15–1、15–2、15–3 和图 15–1 所示。

表 15–1　北京市政府发布的关于京津冀协同治理政策梳理

序号	年份	政策标题	政策工具类型
1	2014	关于印发《北京市推进京津冀区域通关一体化改革实施方案》的通知	管制型＋市场型
2	2015	关于印发《北京市科学技术委员会关于建设京津冀协同创新共同体的工作方案（2015—2017 年)》的通知	管制型＋市场型＋自愿型
3	2016	京津冀冰雪灾害天气交通保障应急联动预案	管制型
4	2016	关于印发《京津冀农产品流通体系创新行动方案》的通知	管制型＋市场型＋自愿型

① 《深入推进京津冀协同发展取得新的更大成效》，《河北日报》2019 年 1 月 23 日。

序号	年份	政策标题	政策工具类型
5	2016	市发展改革委等九部门关于印发北京市落实京津冀农产品流通体系创新行动工作方案的通知	管制型＋市场型＋自愿型
6	2017	关于印发《京津冀协同应对事故灾难工作纲要》的通知	管制型
7	2017	北京市人力资源和社会保障局等部门关于印发《京津冀地区拖欠劳动者工资异地投诉办法（试行）》的通知	管制型
8	2017	北京市经济和信息化委员会　天津市工业和信息化委员会　河北省工业和信息化厅关于联合印发《京津冀协同推进北斗导航与位置服务产业发展行动方案（2017—2020年)》的通知	管制型
9	2017	北京市民政局　天津市民政局　河北省民政厅　内蒙古自治区民政厅关于印发《京津冀区域养老服务协同发展实施方案》的通知	管制型＋市场型＋自愿型
10	2018	关于贯彻实施人力资源服务京津冀区域协同地方标准的通知	管制型＋自愿型
11	2018	关于进一步优化营商环境提升京津跨境贸易便利化若干措施的公告	管制型＋市场型
12	2019	关于持续优化营商环境促进京津跨境贸易便利化若干措施的公告	管制型＋市场型
13	2019	关于持续优化京津口岸营商环境促进跨境贸易便利化若干措施的公告	管制型＋市场型
14	2020	关于深入优化京津口岸营商环境进一步促进跨境贸易便利化若干措施的公告	管制型＋市场型

资料来源：根据相关政府门户网站发布信息进行整理。

表15-2　天津市政府发布的关于京津冀协同治理政策梳理

序号	年份	政策标题	政策工具类型
1	2014	市粮食局关于组织参加京津冀粮食产销合作推进会的通知	管制型

续表

序号	年份	政策标题	政策工具类型
2	2014	天津市人民政府办公厅关于印发贯彻落实京津冀及周边地区大气污染防治协作机制会议精神12条措施的通知	管制型＋市场型
3	2015	市审批办关于认真贯彻落实市委十届七次全会精神建立京津冀行政审批服务协同机制的实施方案	管制型＋市场型＋自愿型
4	2015	天津市财政局天津市国家税务局天津市地方税务局关于转发《财政部国家税务总局关于印发〈京津冀协同发展产业转移对接企业税收收入分享办法〉的通知》的通知	管制型
5	2015	市水务局关于印发天津市贯彻落实京津冀协同发展规划纲要实施方案有关涉水事项的落实意见（2015—2020年）的通知	管制型
6	2015	天津市司法局关于服务和保障京津冀协同发展的实施意见	管制型＋自愿型
7	2016	市场监管委印发《天津市市场和质量监督管理委员会关于贯彻京津冀协同发展规划的实施意见》的通知	管制型＋市场型＋自愿型
8	2016	市重污染天气应急指挥部办公室关于贯彻落实统一京津冀重污染天气预警分级标准强化应对工作的通知	管制型
9	2017	天津市文化广播影视局关于成立推进京津冀文化协同发展工作领导小组的通知	管制型
10	2017	天津市交通运输委员会关于印发京津冀交通一体化2017年工作要点的通知	管制型＋市场型
11	2017	天津市人民政府办公厅关于印发天津市推进京津冀大数据综合试验区建设实施方案的通知	管制型＋市场型＋自愿型
12	2017	市人力社保局关于印发推进京津冀协同发展工作规则的通知	管制型
13	2018	天津市交通运输委员会关于印发天津市交通运输委员会贯彻《天津市深入推进京津冀协同发展2018年工作要点》实施方案的通知	管制型＋市场型

续表

序号	年份	政策标题	政策工具类型
14	2018	天津市市场监管委关于印发 2018 年深入推进京津冀协同发展重点工作安排的通知	管制型＋市场型
15	2019	市交通运输委关于印发市交通运输委贯彻落实《天津市贯彻落实京津冀及周边地区 2019—2020 年秋冬季大气污染综合治理攻坚行动方案》实施意见的通知	管制型

资料来源：根据相关政府门户网站发布信息进行整理。

表 15-3 河北省政府发布的关于京津冀协同治理政策梳理

序号	年份	政策标题	政策工具类型
1	2014	《京津冀及周边地区重点工业企业清洁生产水平提升计划》印发	管制型
2	2014	河北省人民政府关于加快沿海港口转型升级为京津冀协同发展提供强力支撑的意见	管制型＋市场型
3	2014	城镇化引领河北融入京津冀一体化	管制型＋市场型
4	2016	河北省人民政府关于印发河北省建设京津冀生态环境支撑区规划（2016—2020 年）的通知	管制型＋市场型＋自愿型
5	2016	北京市园林绿化局　天津市林业局　河北省林业厅　关于印发《京津冀协同发展　毗邻地区林业有害生物协同防控联动工作方案（试行）》的通知	管制型＋市场型＋自愿型
6	2016	河北省人民政府关于加快发展现代保险服务业助力京津冀协同发展的实施意见	管制型＋市场型＋自愿型
7	2017	关于印发《〈京津冀区域 2017 年水污染防治工作方案〉重点任务责任分工》的通知	管制型＋市场型＋自愿型
8	2018	关于转发国家发展改革委《关于支持山西省与京津冀地区加强协作实现联动发展的意见》的通知	管制型＋市场型
9	2018	京津冀三地科技部门正式签署《关于共同推进京津冀协同创新共同体建设合作协议（2018—2020 年）》	管制型＋市场型

资料来源：根据相关政府门户网站发布信息进行整理。

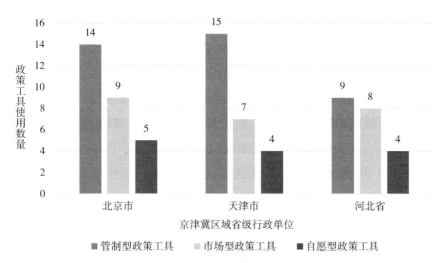

图 15–1　京津冀地方政府政策工具使用数量统计表

　　根据图 15–1 的梳理可知，三地政府均能够根据本省市自身的发展特点，因地制宜地制定相关政策，并努力实现京津冀区域的政策协同。北京市政府针对京津冀区域协同发展颁布的政策比较全面细致，充分体现出北京市的带头引领作用；天津市发布的相关政策数量也较多，突出其对京津冀发展战略的重视与积极作为；河北省在其政府门户网站上发布的政策数量较少，但其以京津冀协同发展为核心举办了较多的活动与会议，也能体现出对协同治理的重视。整体来看，三地政府关于京津冀协同发展的各项政策出台在逐年增多，政策也出现越来越细化的趋势，并且三地政府也都逐渐意识到自愿型政策工具的重要性，对其使用的频率也越来越多。此外，京津冀区域协同发展的过程中，也出现了政策工具混合使用的情况，但是相对较少，政策工具的混合使用能够弥补政府间政策工具的缺位或不一致，也能够减少政策工具搭配不当所引起的负面效应。

　　在京津冀区域整体性协同治理的过程中，中央政府及地方政府对交通、经济、生态、教育等方面关注较多，根据以往文献的研究，其中对京津冀地区大气污染、雾霾治理等生态环境协同治理的研究占大多数。综观这些政策，中央政府与地方政府采取的管制型政策工具较多，其次是市场型政策工具，使用较少的是自愿型政策工具。中央政府使用的政策工具类型较为全面，政策措施也呈现出多样化的特点，而且近几年逐渐增强了自愿型政策工具的使用，逐渐强化京津冀区域协同治理的理念，多次强调协同治理的必要性和重要性，不断激发区域内多元主体的协同发展意愿。

二、京津冀区域协同治理政策工具运用对雄安新区治理的启示

在建设雄安新区的过程中，有必要学习借鉴京津冀区域整体性治理的经验，下大气力促使不同政策工具类型之间协同发力。

1. 管制型政策工具的使用

在京津冀区域协同治理的过程中，中央政府和地方政府使用较多的就是管制型政策工具，这一政策工具以政府部门的强制力量为基础，能够利用更短的时间实现政策预期传达的效果，具有很高的操作性和执行性，是纵向协调管理各级政府的有效手段。在雄安新区的协同治理建设中同样也要注意管制型政策工具的使用，尤其是在面对一些顽疾的时候，更要发挥国家的强制管理作用，对地方政府及相关政府部门提出要求，比如对于白洋淀水域的污染治理问题，就需要采取一定量的管制型政策工具，对沿河岸的政府水污染治理部门提出标准，对相关的企业排污进行监控，尽快转变高污染、高消耗的企业发展形式。但同时也要注意不可一味地使用管制型政策工具，毕竟过多的政府干预与强制管理会削弱地方政府、企业及社会公众的积极性，限制创新发展模式的出现，反而不利于雄安新区协同治理的建设。

2. 市场型政策工具的使用

市场型政策工具具有明显的利益刺激功能，这类政策工具能够迫使利益相关者思考其活动产生的社会影响对个体经济的作用，因此，在雄安新区的协同治理建设中，应该考虑更多地使用市场型政策工具进行干预和刺激。首先，应该加强对入驻雄安新区的企业或工作人员进行一定程度的合理补助，为其提供良好公平的发展平台，利用补贴、补助的形式吸引更多的优秀企业及员工进入雄安新区，实现有效激励。其次，放宽部分银行贷款额度，放低新区企业准入门槛，鼓励更多现代化、节能环保、高科技产业运作模式，利用雄安新区突出的自然资源、交通优势，发展更具区域特色的产业，使雄安新区主体多元化。最后，对违反规章制度的企业、个人以及不作为的政府部门、公职人员给予警告处分，严重者更应受到法律的制裁。

3. 自愿型政策工具的使用

在雄安新区的协同治理建设中应该更注重自愿型政策工具的运用，在尽可能节约政府治理成本的同时，通过潜移默化的影响和政策宣传使社会企业、民众自觉自愿地做出响应政策要求的积极行为。自愿型政策工具一般情况下要与其他类型的政策工具结合起来使用，因其强制程度较弱，更适合用来进行辅助实施。在产业发展方面，可以通过政府相关部门的信息公开手段，向企业传递节能减排、绿色发展的经营理念，尤其注意白洋淀区域水污染问题的治理；在生态环境保护方面，可以通过社区、村庄的文化宣传活动将保护环境的理念广泛传入社会大众的生活之中，并通过树立居民榜样的方式进行刺激鼓励，运用多种手段和渠道扩大企业与民众的参与度。

管制型政策工具、市场型政策工具以及自愿型政策工具在京津冀区域整体性协同治理过程中应用较为广泛，但在雄安新区的协同发展建设中不应仅仅局限于这三种政策工具的使用，还应该根据区域发展的特殊情况，因地制宜地采取多种政策工具的搭配使用或创新。应该以解决具体问题为导向，加大政策工具多种层次的协同，努力实现政策工具之间的优势互补和互利共赢，从而更好地推动雄安新区的协同治理向科学化、现代化的方向迈进，更能实现一加一大于二的良好治理效果。

第三节　雄安新区整体性治理中政策工具协同的必要性及分析框架

一、雄安新区整体性治理中政策工具协同的必要性

面对当前日益错综复杂的跨区域的治理困境与问题，整体性治理是对过去行政割据、碎片化治理有针对性的回应，它主张使用整合、协同和网络化的方法来解决传统管理体制下单个政策主体无法有效解决的政策问题，是避免政策间"外部性"、降低政策运行成本和充分挖掘优先政策资源的重要手段。政策协同是整体性治理的重要工具和途径。梅尔吉斯（Meijers）等人则将政策协同界定为政策制定过程中对"跨界问题"（cross-cutting issues）的管理，这些问题超越现有政策领域的边界，也超越单个职能部门的职责范

围，因而需要多元主体间的协同。① 无论是在政策目标方面，还是其政策环境方面，雄安新区与深圳经济特区、上海浦东新区和天津滨海新区有重大差别。在战略目标和功能定位方面，雄安新区旨在克服京津冀协同治理理念缺失、合作治理主体碎片化、整合机制匮乏等区域发展短板，秉承"创新、协同、绿色、开放、共享"五大发展理念，致力于全新发展空间的结构调整、整体布局和深度拓展。② 在具体目标层面，要疏解北京非首都功能，要以"世界眼光、国际标准、中国特色、高点定位"的理念打造贯彻新发展理念的"未来之城"。从政策环境方面来说，雄安新区地处京津冀的腹地深处，属于中等开发区域，经济社会不发达，资源禀赋并不突出。而且，政策主体体系比较复杂，纵向涉及省市县乡不同行政层级政策主体，横向涉及北京、天津、保定、廊坊、沧州等不同等级的城市，政策环境较为复杂。在这种错综复杂的政策环境之中探索整体性治理，创新政策工具协同途径，建设"未来之城"。对中国乃至世界其他中等发展程度的地区更具有典型样式的借鉴意义。

二、雄安新区整体性治理中政策工具协同的分析框架

雄安新区整体性治理，关键在于协同区域间不同政策主体的政策行动，政策工具协同就成为重要的途径。政策协同按照不同类型，可以分为不同的分析框架。有学者从层次类型角度将政策协同分为宏观层面的政策协同、中观层面的政策协同和微观层面的政策协同。③ 另外有学者则从协同程度之不同，将政策协同依据程度差别分为政策综合（comprehensiveness）、政策集合（aggregation）和政策一致（consistency）。④ 还有学者从政策协同在国家

---

① 周志忍、蒋敏娟：《整体政府下的政策协同：理论与发达国家的当代实践》，《国家行政学院学报》2010 年第 6 期。

② 赵新峰、王浦劬：《京津冀协同发展背景下雄安新区治理理念的变革与重塑》，《行政论坛》2018 年第 2 期。

③ 周志忍、蒋敏娟：《整体政府下的政策协同：理论与发达国家的当代实践》，《国家行政学院学报》2010 年第 6 期。

④ Arild Underdal：Integrated marine policy：What？ Why？ How？，1980 年，http：//linkinghub. elsevier. com/retrieve/pii/0308597X80900512.

政策结构中所处的位置差异来区分结构类型。

　　本节在综合前述学者观点的基础上，结合雄安新区整体性治理政策工具协同过程中的中国国情与特色，从政策目标理念、府际关系和政策工具类别协同三个维度进行分析。

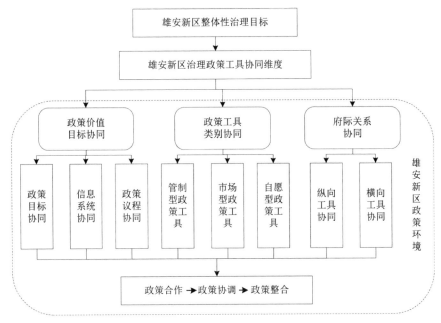

图 15-2　雄安新区整体性治理政策工具协同分析框架

　　在图 15-2 所示的分析框架中，雄安新区要建设成为"未来之城"，不同于现有城市发展模式，作为千年大计、国家大事的政治站位，要坚持中国特色、高点定位的历史定位，要以世界眼光、国际标准进行建设的标准高位，这些背景及要求均赋予雄安新区整体性治理的宏大目标，这一目标成为雄安新区整体性治理政策工具协同的最高指引，需要时刻予以回应。这也由此统领了政策价值目标协同、政策工具类别协同、府际关系协同等三大模块的内容。在雄安新区整体性治理目标的总体统领下，本部分将对政策价值目标协同、政策工具类别协同、府际关系协同面临的调整与问题，治理新路径的探索进行分别思考和分述。

第四节　雄安新区整体治理过程中政策
工具协同面临的挑战与问题

一、雄安新区政策主体结构体系复杂而存在的协同治理困境

雄安新区作为国家级新区，既同样面临着治理主体多元、类型多样、关系复杂等共性问题，又因其作为京畿重地，地处京津冀腹地，其地理区位及政治站位决定了，它相较于深圳、浦东新区、天津滨海新区等国家级新区而言，其发展求新与政治求稳的"二元目标抉择"显得更为艰难，中央对雄安新区的改革试验、创新发展给予更多支持的同时，也会给予更多要求和关注。这意味着中央是雄安新区治理中的关键角色，其对雄安新区整体性治理的擘画为雄安新区提供了源源不断的指引和动力，同时也是一系列高标准、严要求的高期待，在多元治理主体中居于领导核心地位。

雄安新区是京津冀区域协同发展的重要区域，北京、天津、河北三个省级行政单位共同参与京津冀区域协同发展，共同参与雄安新区的建设。但是，三个省级单位在雄安新区治理中的角色存在较大差别，北京作为首都，既具备政治中心的天然优势，又是京津冀区域经济实力的龙头老大，作为"首善标准"的北京一直是京津冀区域治理和雄安新区治理中的关键主体，其治理目标与方法等深刻影响，甚至在很大程度上制约着其他行政主体的行为。北京市虽然是雄安新区区域治理的龙头老大，无论是思想意识上还是政策行动上，也确实在力图扮演老大哥的角色，基于行政区划的区隔，以及北京市自身发展阶段及其规划、发展重心等的制约，不可避免存在偏离雄安新区共同体共同目标的情况，甚至在部分领域还需要其他行政区域"牺牲"配合北京市战略任务的情况，在一定程度上限制了雄安新区作为独立区域发展的独立性和动能。

除此之外，雄安新区地方行政主体的隶属关系、管辖权限范围等也存在较为复杂的情况。（如表 15-4 所示）一是雄安新区治理涉及保定市、沧州市等地级市，也涉及任丘市等县级市，以及以农业经济为主体的县域经济主体。二是基于区域治理等单个治理项目或专项工作的需要，雄安新区的基层

政府存在较多托管关系，这些托管关系涉及经济统计、环境治理、财税管理、社会治理等不同领域，在服务于专项工作目标的同时，也造成了原有行政区划管辖主体责任、权利与义务等的不一致，甚至是不清晰，容易造成不同区划之间的矛盾。实际上，这种日益错综复杂的基层政府治理关系在很大程度上将影响雄安新区区域协同治理，毕竟，雄安新区区域整体发展目标与有一定任期制、身在"政绩锦标赛"中的基层官员来说，两者无论是格局站位，还是现实利益等都存在一定差别，因此，协同起来较为困难。

表 15-4　雄安新区基层行政区划及托管关系（部分）

保定市	雄县	雄州镇、昝岗镇、大营镇、龙湾镇、朱各庄镇、米家务镇、双堂乡、张岗乡、北沙口乡
	安新县	安新镇、大王镇、三台镇、端村镇、赵北口镇、同口镇、刘李庄镇、安州镇、老河头镇、圈头乡、寨里乡、芦庄乡
	容城县	容城镇、小里镇、南张镇、大河镇、晾马台镇、八于乡、贾光乡、平王乡
	高阳县	龙化乡（由安新县托管）
沧州市	任丘市（由沧州代管）	鄚州镇（由雄县托管）、苟各庄镇（由雄县托管）、七间房乡（由雄县托管）

雄安新区区域治理主体多元，且关系复杂，无论是在行政级别，还是行政区划与管辖区域等的划分，均不同于以往国家级新区内行政主体相对单一，平级协同关系为主的情况，而是呈现出更为错综复杂的主体关系，这种不同层级、不同区划，且相互交错的管理关系，导致整体性治理推进存在较大困境，碎片化治理趋势较为明显。不仅如此，这还进一步对于理顺横向、纵向的治理关系，为雄安新区治理奠定组织基础，提出了较为严峻的挑战。

二、依赖管制型政策工具的"挤出效应"导致政策工具协同困难

管制型政策工具主要依靠行政命令或各类规制手段对公共事务进行管理，是具有高度强制性、高效性的一种政策工具，主要体现为制定实施标准、行政禁令、行政许可、督查问责、停业整改、强制取缔等手段。管制型政策工具是政府治理过程中最常用的手段，这种状态的形成是因为我国长期处于行政主导型的治理模式，这在雄安新区治理过程中亦是如此。由于市场型政策工具需要较为精细的设计，较为细致的执行，自愿型政策工具在很大程度上依赖外部条件，包括公民文化素质水平提升、公共意识增强，社会组织的发展等，而且需要一个相对漫长的过程逐步见效。相较之下，管制型政策工具由于其权威性、强制性、垂直性、非经济性、高效性等特点，成为各级政府主体首选的政策工具。长期对管制型政策工具的依赖使用，还会导致"挤出效应"的发生，即地方政府在选择政策工具时日益偏好管制型政策工具，市场型政策工具和自愿型政策工具既缺乏展示成效的机会，也无法培育政策工具发挥作用的政策环境"土壤"而日益边缘化，在一定程度上就体现为对其他两种政策工具的"挤出"，更多偏好于管制型政策工具的使用。不仅如此，地方政府习惯于运用管制型政策工具，还会进一步导致缺乏运用新型工具的主观意识与追求，缺乏探索创新精神，这是"挤出效应"的长尾效应。

以《河北雄安新区实行河湖长制工作方案》为例，在主要任务和保障措施方面，限定总量等管制型政策工具为主。例如，该政策文件提出要严格水功能区管理监督，根据水功能区划确定的河流水域纳污容量和限制排污总量，落实污染物达标排放要求，切实监管入河湖排污口，严格控制入河湖排污总量。划定岸线保护区、保留区、限制开发区、开发利用区、严格空间用途管制。严格白洋淀水域空间管控。各地各有关部门要依法划定白洋淀管理范围。严格管控淀区围网养殖、采砂等活动。在创新制度机制和绩效考评方面，提出要建立工作督查制度，对河湖长制实施情况和河长湖长履职情况进行调研督查；建立绩效考核评价制度，自上而下对年度河湖管理保护目标任务完成情况进行考核；建立河湖管理奖惩制度，依法依规对实行河湖长制、加强河湖管理保护进行奖惩。严格考核问责和加强督导检查。在自愿型政策工具使用方面，只有最后提出加强社会监督和推动社会参与。及时公布河湖管理信息，通过多种方式向社会公告河长湖长名单、职责以及管护目标等内容，接受群众监督，充分发动群众的参与意愿，做到全民知晓、全面参与、全民监督。聘请社会监督员，对河湖治理和管理保护效果进行监督和评价。①

过度依赖管制型政策工具，会导致单个政策工具乏力与整体合力不足的问题。管制型政策工具短期效果明显，但是，缺乏经济考量和公民参与，过度依赖政府力量对区域进行治理，缺乏社会整体性治理的合力，缺乏不同政策工具相互配合产生的合力，从长远来看，政策效果会日益衰减，而且这也在很大程度上导致其他政策工具会长期缺乏与之运行相匹配的政策环境、政策土壤。

三、区域经济社会发展不均衡导致政策工具难同步

马尔福德和罗杰斯（Mulfordand & Rogers）认为"政策协同是指两个以上的组织创造新规则或利用现有决策规则，共同应对相似的任务环境。"这意味着区域协同治理过程中，政策工具协同往往以相似的政策环境为前提，这有利于不同政策主体之间在政策目标、工具选择准则以及政策工具类别搭配等方面达成共识。但是，雄安新区虽然地处京津冀腹地，虽然都隶属于河北省，但是在其区域内及周边区域也存在明显的经济社会发展不均衡的局面，这导致雄安新区整体治理过程中政策工具协同难以同步。

雄安新区区域治理，涉及北京、天津两大直辖市以及保定、沧州等地级市，以及下属的各级基层行政区域。但是，这些城市之间的经济发展水平高度不均衡。保定市 2019 年全市生产总值完成 3224.0 亿元，比上年增长 6.7%。其中，第一产业增加值 349.8 亿元，增长 2.0%；第二产业增加值 1107.5 亿元，增长 3.3%；第三产业增加值 1766.7 亿元，增长 10.1%。三次产业结构为 10.8∶34.4∶54.8。全市人均生产总值 34374 元，比上年增长 6.3%。全市城镇居民人均可支配收入 32705 元，增长 8.0%；农村居民人均可支配收入 15618 元，增长 10.7%。② 沧州市 2019 年全市生产总值（GDP）3588 亿元，按可比价格计算，比上年增长 6.9%。其中，第一产业增加值

---

① 佚名：《雄安新区印发〈河北雄安新区实行河湖长制工作方案〉》，《海河水利》2018 年第 5 期。

② 保定市统计局：《保定市 2019 年国民经济和社会发展统计公报》，2019 年，http://www.bd.gov.cn/content-173-235300.html。

292.6 亿元，增长 2.2%；第二产业增加值 1430.3 亿元，增长 6.2%；第三产业增加值 1865 亿元，增长 8.2%。三次产业对 GDP 增长的贡献率分别为 3.0%、36.4% 和 60.6%。按常住人口计算，人均地区生产总值 47662 元，增长 6.4%。全市居民人均可支配收入 25421 元，增长 9.2%。按常住地分，城镇居民人均可支配收入为 36244 元，增加 2716 元，增长 8.1%；农村居民人均可支配收入为 14854 元，增加 1338 元，增长 9.9%。[①]

北京市 2019 年实现地区生产总值 35371.3 亿元，按可比价格计算，比上年增长 6.1%。其中，第一产业增加值 113.7 亿元，下降 2.5%；第二产业增加值 5715.1 亿元，增长 4.5%；第三产业增加值 29542.5 亿元，增长 6.4%。三次产业构成由上年的 0.4∶16.5∶83.1，变化为 0.3∶16.2∶83.5。按常住人口计算，全市人均地区生产总值为 16.4 万元。全年全市居民人均可支配收入为 67756 元，比上年增长 8.7%。[②] 天津市 2019 年全市生产总值（GDP）14104.28 亿元，比上年增长 4.8%。其中，第一产业增加值 185.23 亿元，增长 0.2%；第二产业增加值 4969.18 亿元，增长 3.2%；第三产业增加值 8949.87 亿元，增长 5.9%。三次产业结构为 1.3∶35.2∶63.5。全市居民人均可支配收入 42404 元，增长 7.3%，比上年加快 0.6 个百分点。按常住地分，城镇居民人均可支配收入 46119 元，增长 7.3%；农村居民人均可支配收入 24804 元，增长 7.5%。[③]

从以上各市 2019 年度的统计公报可以看出，各地 GDP 总量和人均 GDP 差别巨大，三次产业结构也存在较大差异，居民人均可支配收入水平也差距较大。这些经济"家底"意味着不同区域的经济利益存在较大差别，也直接决定了不同行政主体施政纲领、政策首要目标存在较大差异，这是政策协同困境的根本原因。因此，在不同区域利益诉求不一样的背景下，政策

① 沧州市统计局：《沧州市 2019 年国民经济和社会发展统计公报》，2019 年，http：//www.tj.cangzhou.gov.cn/zwgk/tjgb/705230.shtml。

② 北京市统计局：《北京市 2019 年国民经济和社会发展统计公报》，2019 年，http：//tjj.beijing.gov.cn/tjsj_31433/tjgb_31445/ndgb_31446/202003/t20200302_1673343.html。

③ 天津市统计局：《2019 年天津市国民经济和社会发展统计公报》，2019 年，http：//stats.tj.gov.cn/TJTJJ434/TJGB598/TJSTJGB33/202003/t20200313_2089152.html。

协同过程中要区分主动进取型协同与被动应对型协同。

发展经济、改善民生、保护环境、社会稳定等不同政策目标的排序，对于雄安新区区域内的不同行政主体来说，存在不同的偏好和排序，这也是其制定和执行政策的原始动力。在保障首都发展和安全稳定、保障国家大事等方面，天津和保定、沧州等雄安新区区域治理的其他主体做出了重大贡献和牺牲。因此，建立雄安新区整体性治理的政策协同模式，需要建构相对完善的利益补偿机制，尤其是生态补偿机制等。但是，目前，雄安新区的生态政策协同与生态补偿机制等尚未有效建立和高效运行。以白洋淀流域为例，该流域的生态补偿机制就仍处于初期探索阶段，《白洋淀生态环境综合治理方案（2020—2022 年)》《白洋淀内源污染治理扩大试点实施方案》等政策文件也暂未明确细化白洋淀区域生态修复与利益补偿等机制。这也是制约雄安新区整体性治理政策协同的重要经济因素。

四、政府间纵向横向政策工具协调不到位问题

雄安新区整体性治理政策工具协同，需要纵向不同层级政府之间政策的协同，避免"上有政策，下有对策"情况的出现，也需要横向不同区域地方政府主体的协同配合。目前，在纵向和横向两个维度均存在一定问题与挑战。

1. 央地之间事权财权财力及责任配置失调引起政策不协调

区域治理中有关政策协同的讨论，大多基于"公地悲剧"而聚焦于区域政府间政策协同失效，但是，对于中央与地方关系这一视角未给予足够的关注与思考。事实上，中央与地方政府之间纵向不同行政层级之间在行政责任、事权财权分配方面的不当也是区域治理中政策协同失效的重要问题之一。新中国成立初期基于当时历史条件，在学习借鉴苏联体制和重工业优先发展战略等客观因素作用之下，采取了中央高度集中的管理体制，虽然在后期央地关系经历了"一统就死、一放就乱"等循环，但是，基于大一统的行政文化以及政治动员等因素的需要，中央集权一直是央地关系的主要特征，地方政府在事权财权博弈中缺乏话语权。不同层级的地方政府之间，县乡等基层政策相对于省市政府而言更是处于弱势地位。这就决定了区域治理中政策工具协同一般基于中央政府的决策需要，或省市政府的宏观规划，缺乏基层自下而上的需求主导推动型的区域政策协同。这在雄安新区治理中也存在类似的情况。目前出台的一系列政策更多是从上层顶层设计角度出发，雄安新区中基层政策缺乏政策工具创新的相关动力和能力。

2."政绩锦标赛"模式下横向政府之间协同乏力

北京大学光华管理学院周黎安教授建立地方官员政治晋升博弈模型，旨在分析地方官员的晋升激励对地区间经济竞争和合作的影响。其研究发现，由于政治晋升博弈的基本特征是一个官员的晋升直接降低另一个官员的晋升机会，即一人所得为另一人所失，这使得同时处于政治和经济双重竞争的地方官员之间的合作空间非常狭小，而竞争空间非常巨大。[1] 其后，他又运用中国 1997—2003 年县级面板数据，系统考察了省区交界地带与非交界地区经济发展的差异，发现交界省份越多，位于交界线附近的县份经济发展越落后。交界线上的两省经济差距越接近，交界地区的县域经济的发展相对来说越落后。再一次印证了政治锦标赛博弈模式的存在。[2] 中南大学陈潭教授研究发现，晋升是政府、国有企业等公共部门中组织成员期望收获的核心目标，而政治锦标赛是我国当前地方官员晋升博弈不容选择的现实政治生态，并总结归纳出推选博弈、排名博弈与借势博弈是地方官员晋升博弈的三种基本类型。[3] 政绩锦标赛模式下，地方官员的行政行为更倾向于竞争而非合作，这也是雄安新区整体性治理与政策协同的现实背景与困境，在区域治理实践中，京津冀区域交通领域"断头路"现象以及白洋淀区域协同治理失效的这一模式的现实写照。

长期以来，包括雄安新区在内的京津冀区域存在"断头路"问题，国道、省道、县乡道建设到了河北境内，往往由于投融资体制不健全、政府财政资金不足等，存在工期严重滞后等情况，往往是北京区域内道路都建成通

① 周黎安：《晋升博弈中政府官员的激励与合作——兼论我国地方保护主义和重复建设问题长期存在的原因》，《经济研究》2004 年第 6 期。

② 周黎安、陶婧：《官员晋升竞争与边界效应：以省区交界地带的经济发展为例》，《金融研究》2011 年第 3 期。

③ 陈潭、刘兴云：《锦标赛体制、晋升博弈与地方剧场政治》，《公共管理学报》2011 年第 2 期。

车很多年了，还无法与河北境内道路直接连通。得益于京津冀协同发展国家战略，京津冀区域"断头路"问题才得到初步缓解。据河北省发展和改革委员会相关信息，2013 年以来累计打通"断头路"22 条段、1400 公里。[①] 再如，京冀合作共建横跨潮白河的燕潮大桥及连通大桥两侧道路的工作，也是在京津冀协同发展战略提出几年之后才多方博弈与协调而最终得以实施，并于 2019 年通车。这从另一方面说明，京津冀区域因为行政割据导致的交通断头路现象是长期以来的积弊。

白洋淀流域治理存在的显著问题包括水资源逐步走向严重短缺，由于农业用水量逐年增大以及气象干旱等自然因素，白洋淀水位持续下降。上游各县区争相建设蓄水工程，调蓄不当，并人为截断 8 条入淀河流的汇入，进一步加剧了白洋淀水资源的匮乏。一方面水资源不足，另一方面工业污染用水入淀，导致白洋淀水质逐年变差，水质总体介于 GB3838—2002《地表水环境质量标准》Ⅲ～Ⅳ类之间，多为劣Ⅴ类，水体污染严重，水中各项污染物指标含量较高。[②] 环白洋淀的地方政府基于各自行政区域的发展需要，在锦标赛模式下各自为政，争相发展，导致白洋淀区域水污染日益严重，缺乏整体性治理动力。

五、政策信息系统不完善导致政策工具协同治理困境

著名史学家黄仁宇在《中国大历史》等著作中反复强调数目字管理的重要性，在解析美国、英国等国家政策协同框架时可以发现，其政策决策与执行包含大量事实数据、绩效评估、趋势分析报告等信息。政策信息系统是公共政策制定体制的基础组成部分，它所搜集和处理的信息是政策制定的重要依据和先决条件。[③] 信息是公共决策科学化的客观基础，信息的完备程度直接关系到公共政策的质量。[④] 信息在政策制定和执行过程中的重要地位和

---

① 新华网：《京津冀协同发展实施以来累计打通"断头路"22 条段、1400 公里》，2017 年，http：//news.sina.com.cn/o/2017-12-28/doc-ifyqchnr6879683.shtml。

② 林娜：《雄安新区白洋淀生态环境修复和治理》，《科技风》2019 年第 4 期。

③ 金太军：《政策制定体制中的信息系统》，《中国行政管理》2001 年第 4 期。

④ 李永忠：《论公共政策信息的特性、类型及作用》，《中国行政管理》2011 年第 7 期。

作用是显而易见的。但是，地方政府基于行政割据的存在，以及中国普遍存在的政务信息"保密文化"的大背景下，要让地方政府实现政务信息共享，均存在意愿严重不足的情况。即便在京津冀协同发展战略的推动之下，参与雄安新区治理的各级地方政府被动参与区域政策协调和信息共享，其信息共享的体制机制也缺乏成熟的模式，可持续性很差，往往还伴随着领导更替而发生中断等情况。要实现雄安新区整体性治理与政策协同，要打破三省市"一亩三分地"思维定式，并最终实现三地一盘棋，均有赖于三地政策信息共享系统与体制机制的完善。

第五节　雄安新区整体性治理中政策工具协同的路径选择

　　基于雄安新区整体性治理与政策协同过程中存在的调整与问题，有必要从政策价值目标协同、不同类别政策工具协同以及府际关系协同等三大路径进行完善。

一、顶层设计方面基于整体性治理理念设定政策工具的价值目标

　　一是要确立合作、协商、共赢理念的共识性政策价值目标。工具价值目标的设定，彰显出了整体理性和公共价值，价值理念的协同，是政策目标协同的前提和基础。在整体性治理的网络结构中，行动者之间在目标的分配和解决方案的制定方面可能是相容的，也可能是冲突的。协调机制致力于缓解冲突，通过共同目标的强化与塑造，以此来增强整体性治理中网络结构的凝聚力，最终达到 $1+1>2$ 的协同效应。[①] 推动雄安新区各地方政府形成合作、协商、共赢的政策理念，是推动雄安新区整体性治理与政策协同的核心前提与关键因素。但是，正如有学者指出的，当前情况下，源于政治锦标赛体制的政策选择性执行将导致政策制定和执行的碎片化、部门碎片化、功能碎片化、服务裂解性等为特质的碎片化政府的形成，其治理策略以整体性治理为理论工具，以公民需求最大化为导向，构建协调与整合策略工具箱，建

---

① 胡象明、唐波勇：《整体性治理：公共管理的新范式》，《华中师范大学学报》（人文社会科学版）2010 年第 1 期。

构整体性责任机制，实现基层整体性治理。①"公民需求最大化"应该成为雄安新区各地方政府的共识。2015 年 10 月 26 日至 29 日，党的十八届五中全会讨论通过的《中共中央关于制定国民经济和社会发展第十三个五年规划的建议》强调，必须坚持以人民为中心的发展思想，把增进人民福祉、促进人的全面发展作为发展的出发点和落脚点，发展人民民主，维护社会公平正义，保障人民平等参与、平等发展权利，充分调动人民积极性、主动性、创造性。2015 年 11 月 23 日，习近平总书记在中央政治局第二十八次集体学习时提出治国方针理论，明确提出以人民为中心的发展思想，这体现了党的理想信念、性质宗旨、初心使命，也是对党的奋斗历程和实践经验的深刻总结。作为新时代的雄安新区整体性治理，以人民为中心的发展理念是最大的公约数和最大共识。

二是要进行顶层元政策的框架设计。根据公共政策的层次，可以将公共政策分为元政策、基本政策和具体政策。元政策是关于"政策的政策"②，是指导和规范政府公共政策行为的一整套理论和方法的总称，在整个政策体系中居于统摄地位，对其他各项基本政策和具体政策起着指导和规范作用，也是其他基本政策和具体政策制定和执行的价值基点和基本准则，具有最高的地位。雄安新区整体性治理的元政策由党中央、国务院负责制定和出台，是雄安新区整体性治理中各项具体政策中的总的指导原则与评价指南。在具体实施过程中，要加大对于元政策的对标检查，确保各项具体政策与元政策价值目标对标对齐，纠正政策目标偏差。

三是要优化政策议程设定流程。社会问题能够被政策主体关注，并进入政府政策议事日程的触发机制主要包括：权力精英的建议、例行的政府政党会议和重大纪念活动、危机或突发事件、广泛的民意、社会精英的主张和建议、新闻媒介的报道等等。③雄安新区整体性治理过程中面临的社会问题、

---

① 曾凡军：《政治锦标赛体制下基层政府政策选择性执行及整体性治理救治》，《湖北行政学院学报》2013 年第 3 期。

② 张国庆：《公共政策分析》，复旦大学出版社 2005 年版，第 59 页。

③ 陈振明：《政策科学——公共政策分析导论》（第 2 版），中国人民大学出版社 2003 年版，第 213—219 页。

公共问题繁多庞杂，需要建立有效的政策议程设定机制，确保不同区域主体、不同利益群体的诉求合理有效地得以表达，并有序进入政府政策议程，在规范有序的情况下进行不同利益诉求的整合和规范，并由此推动高质量、回应性强的公共政策。高质量的公共政策是区域政策协同的前提和基础。

二、组织架构方面逐步完善雄安新区纵向与横向政策主体协同

雄安新区在行政管理的区划定位为国家级新区（副省级功能区），这种副省级功能区建设是国家在经济社会发展过程中，因应新的区域发展及新型城市开发新模式的一种探索，其承载的新的治理理念、发展规划、发展路径等与早期的特区、经济技术开发区或高新技术开发区等发展思路一脉相承，有诸多相似之处，但在区域协同理念、体制机制设计、政策工具协调等方面，已非昔日"新区"可比，而是跳跃了早期"摸着石头过河"的探索式范式，更具自上而下的主观擘画设计的精髓。但是，即便如此，这种"新区"的管理体制与行政管理体制之间的协调与融合、组织机构与政策工具协同等问题，因为错综复杂的利益结构与诉求而变得更加艰难。有鉴于此，有必要在雄安新区整体性治理过程中，更多借助市场资源配置手段方式以及法治化的手段来充分调动纵向与横向多元政策主体的积极性、能动性，基于地方知识基础的政策协同创新。

一是完善整体性治理中政策工具的央地协同。中央政府政策的顶层设计、宏观架构的同时，要增强雄安新区基层政府因地制宜自发性政策创新与扩散，尤其是鼓励雄安新区基层政府基于区域发展的特色需要进行自发的政策协作或政策合作，将一部分省市两级中间政府的政策制定和执行的权力下放到雄安新区基层政府。

二是强化横向政策主体协同。横向协调机制在京津冀协同发展中的作用日益凸显，其中，府际联席会作为中国情境下的有效横向协调机制，已经成为推动京津冀一体化、促进地区协同发展的重要工具。[①] 对于雄安新区治理来说，横向协调首要工作可以在白洋淀区域治理方面进行突破，积极建立

---

① 锁利铭、廖臻：《京津冀协同发展中的府际联席会机制研究》，《行政论坛》2019 年第 3 期。

健全白洋淀流域生态补偿机制。雄安新区于近期开展"两淀两河一库"工程，主要工作是围绕烧车淀、藻杂淀"两淀"，开展淀区生态环境修复；围绕府河、孝义河"两河"，开展污染防治工程；"一库"则是专项治理唐河污水库，消除环境隐患。通过实施"两淀两河一库"工程，为白洋淀生态环境整体综合治理及生态恢复提供模式及样板。① 这些工作都有赖于地方政府的政策协同。在具体治理工作中，白洋淀生态环境治理提出要加快推进新区现有 5 个污水处理厂提标改造工程；加快治理好淀区养殖污水和工业污水，对补水后有可能被淹没的区域提前做好垃圾和污染物的清理，防止在补水过程中造成新的污染；对淀区内船舶和旅游餐饮污染进行专项治理，最大限度减少对水质的污染。这些都需要综合协调考虑地方经济发展与民生改善，生态环境保护与治理等不同行政区域的目标，要实现白洋淀生态治理整体一盘棋的思路，需要完善不同行政区域生态修复与生态补偿机制，建立动态民生数据统计与生态环境数据统计和发布制度，协调不同区域地方政府的政策工具。

三、政策工具类别方面逐步实现多样化政策工具的协同配合

建构多元主体网络化区域协同治理机制，激励市场主体和社会组织积极参与雄安新区的整体性治理。一是要创新社会组织管理体制，打破"双重领导"的注册管理体制，借助大数据等工具，实现社会组织注册门槛降低，增加雄安新区社会组织数量主体；同时，通过加大政府购买服务力度，吸引社会组织和志愿者组织等参与区域公共事务的治理，引导更多社会组织在党和政府领导下积极参与雄安新区的治理事务，完善社会组织年检政策和制度，以"宽进严审"取代过去的"严进宽审"的管理政策体系，构建和强化政府与社会组织之间的合作伙伴关系，充分发挥志愿型政策工具的效果。

二是要充分挖掘市场型政策工具的作用，充分运用税收、补贴等不同经济工具来调动地方政府、市场主体等协同的积极性、能动性。有关学者研

---

① 雄安新区官网：《白洋淀水质改善效果明显　2020 年上半年目标公布——白洋淀生态环境治理和修复情况报告》，2019 年，http://www.xiongan.gov.cn/2019-01/08/c_1210032822.htm。

究表明，命令控制型环境规制促进了本地区碳排放公平，但降低了周边地区碳排放公平性；市场型环境规制对本地区和相邻地区碳排放公平都具有明显促进作用。[①] 这说明，在雄安新区整体性治理过程中，要多开发和运用市场型政策工具。例如，对于公地资源，应该坚持"用者付费"的制度，克服公用地资源的过度浪费，并且实现将资源配置到最有需要、最能"出价"的地方，实现资源配置的帕累托最优。在公共产品和公共服务提供过程中，推进合同外包，以及积极探索 PPP、BOT 等不同的运作模式。完善碳排放交易制度，推动雄安新区不同行政区域市场主体参与有序竞争，激励市场主体不断提升技术水平，降低碳排放量。要完善财政补贴补助制度，提升雄安新区建设过程中补贴补助的效率与效果。建立财政资金绩效预算制度，推进绩效评估制度的完善，提高政府财政资金使用效率。

三是重视自愿型工具的使用，激发公众参与、社会组织参与的积极性和能动性。正如有学者研究指出的，在政治锦标赛与民主政治改革双重因素的作用下，地方官员的晋升竞争与公开官员选拔越来越呈现出一种系统内"情景合宜"的政治表演。这种政治剧场的剧班基本上是政府官员，尤其是上级政府官员，而最广大的人民群众（观众）还是处于一种"缺席"与"失语"状态。[②] 相较于北京、天津教育资源丰富，公众受教育程度高等情况，雄安新区公众受教育程度明显偏低，在公益参与等方面积极性不足。因此，要加大雄安新区的公民教育活动，并且坚持寓教育于实践的原则，让公众在参与过程中实现边参与边提升，而不是以公民意识不足为由拒绝公众的参与，或者需要等到公众社会参与成熟了再推动参与。要探索社会治理领域的创新，积极推动社会组织、公众积极参与雄安新区公共事务的治理。

四、技术支撑：整体性治理中信息系统的整合与协同

从公共政策问题的形成与确认、政策议程优先序设置，到政策备选方案设计与筛选，再到公共政策合法化、政策执行评估与反馈，公共政策过程

---

① 陈平、罗艳：《环境规制促进了我国碳排放公平性吗？——基于环境规制工具分类视角》，《云南财经大学学报》2019 年第 11 期。

② 赵德余：《公共政策：共同体、工具与过程》，上海人民出版社 2011 年版，第 73—76 页。

的各个环节均以大量数据信息作为支撑。雄安新区整体性治理政策工具协同，必须以政策信息系统的整合与协同为技术支撑。

在政策协同治理信息系统建设方面，美国国家海洋政策协同框架的经验值得借鉴。该政策协同框架允许信息管理系统为制定计划提供容易接触到的必要数据并保证信息的透明度，建立利益相关人和公众频繁输入的各种机制，保证所开发制定的计划方案与国际国内的法律法规相一致，与州、部族和地方政府机构、地区治理结构、学术机构、非政府组织、休闲用户和私人企业开展协调与合作。①

建立健全雄安新区整体性治理中的府际联席会机制，通过府际联席会议机制，推动雄安新区各地方政府广泛平等对话与跨边界事务的协商协调合作，克服一亩三分地的思想，坚持"各美其美，美美与共"的思想，实现不同区域之间相互配合，相互支持，平衡不同区域的利益诉求，推动区域利益补偿机制，从经济发展、环境治理、交通协同到科教文化合作，旅游合作等，多领域信息共享与发展机遇挖掘与机会共享。

要建立雄安新区整体性的大数据共享平台，在经济数据、环境数据、民生数据等方面实现数据信息互换，例如，构建跨行政区生态环境协同治理信息资源共享机制。② 要推动不同区域政策制度信息互通，建设雄安新区区域间的信息高速公路。降低雄安新区内部信息不对称等问题，避免出现"逆向选择"和"道德风险"等问题，同时也有助于提升政策制定和执行过程中互相配合的效率。

---

① 孙迎春：《公共部门协作治理改革的新趋势：以美国国家海洋政策协同框架为例》，《中国行政管理》2011 年第 11 期。

② 司林波、王伟伟：《跨行政区生态环境协同治理信息资源共享机制构建——以京津冀地区为例》，《燕山大学学报》（哲学社会科学版）2020 年第 3 期。

路　径　篇

第十六章 全球治理视角下雄安新区低碳发展战略的整体性选择

　　雄安新区自设立以来，受到了社会各界的广泛关注。国家对雄安新区的建设，突出了"高起点、高标准开发建设"的任务，强调了"国际一流"绿色智慧新城的要求，力图"构建蓝绿交织、清新明亮、水城共融的生态城市"。如何避免"大城市病"，如何防止陷入城市发展过程中的"高碳锁定"，如何建设低碳雄安新城成为建设伊始就应当思考的问题。

　　在全球化治理的进程中，许多国家出台了富有成效的战略举措，通过加强低碳城市建设来优化环境，应对气候变化，取得了丰富的实践经验。本章借助"全球治理"理论的分析框架，力求从不同维度总结分析低碳城市发展国际化的实践经验，探讨全球治理体系下如何整合政府有形之手、市场无形之手、社会组织以及公民等多元主体力量，切实推动雄安新区整体性低碳发展战略的落地实施。

第一节　全球治理环境下低碳城市整体性发展的战略框架

一、顺应全球治理趋势的整体性治理理论和实践

　　全球治理理论是顺应世界多极化趋势而提出的旨在对全球政治事务进行共同管理的理论。在全球治理浪潮冲击下，整体性治理逐渐发展成为一种带有全局性和普遍性的政府治理趋势。整体性治理理论是基于对新公共管理运动所导致的政府部门碎片化以及政府责任模糊化反思与回应，以解决人民

生活问题为政府运动的核心，针对全球化、信息化浪潮对政府的不断深入与影响，特别是诸如传统体制下对恐怖主义、SARS 和 H1NI 型甲流等公共卫生事件、环境保护、低碳经济、金融危机、就业、教育、抢险救灾等跨部门、跨专业、跨功能、跨区域甚至跨国界的重大复杂而棘手的民生问题反应迟钝，各自为政，整体效率低下，公平正义价值丧失的状况，整体性治理开出了相应的解决药方。①

20 世纪末期，全球化对各区域、各国政府、部门以及个体已经产生深远影响。政府组织面临前所未有的复杂环境和接踵而来的挑战，公共事务的治理层级不断增加，在处理诸如跨界等棘手问题时，以强调专业化、分工、等级制并擅长解决静态公共事务的传统科层制，日益显现出固有的缺陷和局限性。因而，各国政府急需寻找一种站在整体利益之上的合作治理模式，以应对全球化带来的冲击与挑战。希克斯关于治理层级整合的架构中，不仅强调国内各个部门、各个层级、公私部门之间的整合，还重点提到国际事务的整合，这是整体性治理理论对于信息化时代所带来治理全球化的一种战略回应。具有代表性的包括环境保护、公共健康、气候变化、金融危机、贸易保护等国际公共事务，都需要超越狭隘的零和思维，站在人类命运共同体的高度，对原有的治理理念和模式进行整体性架构。

二、整体性视角下低碳城市发展战略的分析框架

伴随着城市化的发展进程，低碳城市成为城市文明的重要标准。随着"大城市病""垃圾围城"等城市环境问题变得日益严峻，单纯依靠政府权威号令来推动环境保护已日趋乏力。城市低碳化问题提上日程，政府治理模式亟待转变，需要多元主体的合作参与。由此，"整体性治理"理念逐步发展为未来城市治理的方向。"整体性"是在城市公共问题日益突出、人类共同命运日益休戚相关的背景下生发出的诉求，它要求调动整合各类组织机构、多元主体力量，在共同责任和使命下协力推进自然环境、生态文明、绿色低碳城市的有机融合。

---

① 黄滔：《整体性治理制度化策略研究》，《行政与法》2010 年第 2 期。

希克斯把整体性治理概括为信任、信息系统、责任感和预算等四个功能性要素。理论优势在于对跨域复杂公共问题应对，实现了跨边界、跨地区、跨组织、跨部门之间的通力协作。俞可平把善治归结为以下基本要素：合法性、法治、透明、责任性、回应、有效性、参与、稳定性、廉洁公正。① 在此基础上，本研究从顶层设计、区域城市合作网络、部门整体协同、特色效应集聚、多元主体合作参与等五个方面重点展开分析。基于以上核心要素，本节构建了低碳城市整体性发展战略框架如下：

首先是顶层设计体现系统整体性：从顶层设计上要大处着眼，进行系统性、整体性和协同性战略决策设计。从全球治理的角度，从人类命运共同体的角度，任何一个城市发展都在整体性的环境中，牵一发动全身。低碳城市建设应当放眼全球，从城市所在的大环境入手，这里的环境一方面是指自然环境，还有一个重要的方面是治理环境，进行整体设计和布局，才能够使得低碳城市建设得到可持续发展。其次，区域城市间形成合作网络：在进行低碳城市建设过程中，区域城市间的相互影响程度最大，因此在区域城市间应当形成更加紧密有效的诸如城市群、都市圈等，进行区域整体治理，实现区域一体化。例如京津冀区域尽管协同发展遭遇瓶颈，但在低碳城市的建设中，三地城市互相影响互为支撑，都无法脱离临近的环境单独发展，因此，有效的区域合作网络成为低碳城市建设成败的重要因素。第三，参与部门间形成整体协同：在整体性的顶层设计和区域一体化基础上，建设低碳城市过程中，还应该注重相关参与部门间的协同合作。低碳城市是一个综合的大工程，涉及到城市建设的方方面面，在整体性低碳城市规划下面，还需要诸如能源、大气、建筑等方面相关部门的参与共同完成。第四，特色发展体现增量效应。整体性并不代表同质化，反而更加强调了特色发展。全球视野下，各个低碳城市的自然资源不同、文化禀赋各异、基础条件参差不齐，所建设的低碳城市也各具特色，但都在低碳理念的引领下，实现了绿色可持续发展。因此，在建设低碳城市过程中，需要秉持共同的低碳绿色理念，但在具体做法上要尽量避免千篇一律、完全雷同。需要做好各自城市的优势定位，

---

① 俞可平：《全球治理引论》，《马克思主义与现实》2002 年第 1 期。

最终形成互补互动、相互增进的协同效应，最大化释放低碳城市效能。最后，多元、广泛的参与主体：在低碳城市建设过程中，要有整体性的参与主体，这种整体性并不意味着参与主体的单一性，而是要求参与主体尽可能具有多元性、广泛性和整体性。包括政府、公民、社会组织、企业、媒体、专家智库等在内的多元主体要各自发力，并形成合力。一是发挥政府在低碳城市建设中的主导作用，同时促进治理权力从政府独揽向多元持有变革，为多元主体自主治理创造机会，使之广泛性地参与到低碳城市的建设中；二是要倡导节能减排、绿色经营的企业社会责任，调动排污企业探索绿色发展模式的积极性；三是提升低碳城市建设进程中公民和社会组织的参与度和参与能力。践行低碳生活、低碳交通、低碳办公、低碳社区等方式，最终实现多元主体低碳城市建设能动性的整体性释放。

第二节　全球治理背景下低碳城市发展战略的整体性态势

一、国家层面顶层设计的低碳城市整体性发展态势

发达国家在推动低碳城市建设和发展的过程中，首先从国家层面为全国低碳城市发展搭建整体性战略框架，提供法律制度支撑，并结合本国实际制定系统且长远的行动计划和减排目标。[①]

1. 低碳城市的发展战略和整体规划

西方发达国家城市，如弗莱堡、纽约、伦敦和东京等，在推进低碳、循环和绿色发展的过程中，首先从顶层设计层面统筹制定具体战略规划和实施方案。

德国的弗莱堡市素来享有"绿色之都"的美誉，是德国绿色发展、低碳发展、可持续发展的标杆，该城市把自然风光、高新技术、文化艺术、低碳生活、绿色生活、品质生活融为一体。纽约的低碳发展战略规划主要体现

[①]　程厚德、李春：《善治视野下的国外低碳城市发展经验及启示》，《中国行政管理》2014 年第 11 期。

在《纽约规划 2030 气候变化专项规划》中,该战略规划对于纽约市 2020 年和 2050 年气温、年降水量、海平面上升以及热浪、特大暴雨以及沿海地区洪水等可能出现的情况均做了预判。2007 年,英国伦敦公布了《市长应对气候变化的行动计划》,这些战略和计划详细勾勒了未来伦敦城市可持续发展的方向和策略,并把战略实施重点集中在发展再生能源、推广低碳技术、倡导低碳生活、推广低碳建筑、发展低碳交通以及强化公众参与等领域。2007 年,东京市政府发布了《东京气候变化战略——低碳东京十年计划的基本政策》,其计划的执行包括交通减排、政府节能以及居民生活节约等多个方面。

2. 低碳城市发展的法律和制度基础

英国和日本均实施推进了国家层面的法律和制度建构,为其绿色低碳型城市建设提供了法律和制度基础。2003 年,英国率先在《我们能源的未来》白皮书中提出"低碳经济",强调提高生活质量应该从转变生产生活方式入手,降低资源消耗,提升资源利用效率,改变以牺牲环境为代价换取经济发展的增长方式。[①] 2008 年英国通过《气候变化法案》,在全球率先出台了致力于减少温室气体排放、推进低碳发展的战略规划,形成了完备的法律体系。该法案设定了到 2050 年英国二氧化碳排放量比 1990 年减少 80% 的具有法律约束力的目标,建立了碳预算制度,成立了气候变化委员会的法定独立机构,并对气候变化影响评估、碳交易、为应对气候变化提供支持等作出规定。[②] 日本的《节能法》早在 1979 年生效,经多次修改后现已覆盖工厂、运输、建筑、机械器具等四大主要能源使用领域,并推出了领跑者制度。此外,《循环型社会形成基本法》《再生资源利用促进法》《建筑材料循环利用法》《绿色采购法》等 21 世纪初确立的法律法规进一步带动了日本节能性法律体系的形成。[③]

---

① Department of Trade and Industry(DTI):*UK Energy White Paper*:*Our Energy Future-Creating a Low Carbon Economy*,TSO 2003.

② 彭博:《英国低碳经济发展经验及其对我国的启示》,《经济研究参考》2013 年第 44 期。

③ 李昂:《日本推进绿色低碳城市建设的经验与启示》,《中国经济时报》2016 年 7 月 4 日。

3. 低碳城市发展的行动计划和减排目标

在低碳城市发展的具体规划和目标设定上，英国、德国和日本作出积极示范。2009 年，英国出台了《英国低碳转型计划》，成为当时发达国家中应对气候变化最为系统全面的政府白皮书。与该计划相匹配的还有《英国可再生能源战略》《英国低碳工业战略》和《低碳交通战略》等发展战略。德国联邦政府在 2002 年可持续发展世界首脑会议上提出国家可持续战略，规划出低碳发展的总体框架，并指明了政策方向，主要关注气候和能源、原材料的可持续管理等方面。[1] 德国政府为了实现向低碳经济转型，制定了三个主要的政府中长期规划，分别是欧盟气候变化行动计划（ECCP）、国家能源效率行动计划（EEAP）以及能源与气候一揽子计划（IECP）。[2] 日本于 2004 年推出《日本 2050 低碳社会远景》的研究计划，并于 2008 年发布了实现低碳社会的行动计划，选取横滨、九州、带广市、富山市、熊本县水俣、北海道下川町等六个城市作为"环境模范城市"试点。

二、区域城市间协同的低碳城市整体性发展态势

区域城市间协同主要体现形式是区域城市群。随着经济全球化、区域一体化、城市集群化发展的提速，城市群成为国家参与全球竞争的重要空间载体。世界级城市群均有一个国际公认的世界城市为其中心城市，如伦敦、巴黎、纽约和东京，以这些世界城市为中心形成了对外开放度高、经济引领强、国际影响力大的世界级城市群。[3] 这些世界级城市群同样遇到严重的环境污染和生态危机问题，单独某一个城市无法脱离区域环境，无法脱离周边城市群落的生态而独立发展。因此，除了国家层面的顶层设计，具体到某一座城市的低碳建设，都依托于其所在区域以及城市群整体性的生态治理和改善，世界级的城市群在高级阶段主要通过产业结构优化升级、城市低碳转型实现城市经济与生态环境之间的和谐。如日本政府对都市圈进行了全方位的统一规划，东京城市群采取多项节能环保举措，促进绿色城市发展。东

---

①　赵新峰：《德国低碳发展的"善治"实践及其启示》，《中国行政管理》2013 年第 12 期。

②　杨圣勤、李彬：《德国发展低碳经济对我国的启示》，《对外经贸》2014 年第 6 期。

③　陆小成：《世界级城市群的生态特征与演化规律》，《中国城市报》2017 年 10 月 2 日。

京将信息技术充分运用于写字楼、办公室等办公空间，有效减少了二氧化碳排放，造就了绿色的办公环境；纽约城市群普遍开展了智慧城市建设，借助智慧城市大数据实现大气污染联防联控；首尔致力开展绿色项目，构筑环境友好型都市圈，通过设计建造城市花园增加碳汇①，通过实施智能计量项目，为家庭、办公机构、企业主提供其水电气消费量实时报告，报告以货币单位形式给出，辅以具体的消费模式，以及如何调整这些模式以便节约能源消费的方法，致力于实现城市总能源消耗降低10%的目标②，推进区域城市群层面的协同互动，共同实现低碳城市的建设。

三、相关部门协同合作形成合力的整体性发展态势

各个国家在完成低碳城市顶层设计后，不仅需要展开区域城市群层面的协同共建，也需要低碳城市建设相关部门间的协同。这个经验在各国建设低碳城市的经验中也是相通的。因为低碳城市的建设是一个综合过程，涉及到城市的方方面面，涉及到城市建设的各相关部门，例如能源、建筑、交通、社区、产业等。如上文提到的首尔绿色项目，就涉及到了对水电气消费量的计量，涉及到了水电气各个有关部门的协调联动，形成整体的消耗情况报告，进而找到从根本上进行综合节能的措施；又如千叶县的整体性节能项目，也是通过对建筑进行减排，有关新能源部门和企业共同加入，才得以形成合力，最终达到理想效果。

四、突出特色增量效应的低碳城市整体性发展态势

区位资源、经济水平和人口素质等因城而异，低碳城市建设自然也需要因城施策，选择契合自身实际的建设领域，突出低碳特色对于城市发展至关重要。

自行车之城哥本哈根结合自身实际大力发展绿色交通，倡导市民低碳

---

① Hyun-Kil Jo，Jin-Young Kim，Hye-Mi Park：Carbon Reduction and Planning Strategies for Urban Parks in Seoul，*Urban Forestry & Urban Greening* 2019（41）.

② 洪京一：《世界信息化发展报告：信息化推进世界主要都市圈及城市群发展研究（2014—2015）》，社会科学文献出版社 2015 年版。

出行，提出到 2015 年，全市 85% 的机动车为电动或氢气动力汽车。除此之外，哥本哈根还大力提倡"自行车代步"，建设自行车城。斯德哥尔摩则把提升城市机动车清洁能源使用率作为战略重点，向进入市中心的车辆征收拥堵费。城市交通的市政车辆需要通过环保认证，并采用可再生燃料，机动车必须是绿色车辆。斯德哥尔摩的哈默比湖城业已发展成为低碳生态城市发展的样板，其目标体系涵盖到能源使用、交通体系、垃圾分类、废水处理、建筑材料、空间利用、土壤净化等多个方面。此外，在低碳特色城市建设方面，加拿大的多伦多通过《气候变化：清洁空气和可持续能源行动计划》，积极开展城市森林项目，植树扩林，规划通过专项基金等基础设施项目来着力推广可持续能源；德国柏林则通过热电联产来实现节约能源和减排目标，现已是世界上区域供热网络最大的城市之一。① 特色增量的整体协同效应在城市低碳发展中日趋凸显。

五、发挥多元主体能动性的低碳城市发展态势

低碳城市建设和发展涉及到建筑、能源、交通等多个领域，历经规划、执行、评估等各个环节，需要相关利益主体协同合作、集体行动。国外低碳城市建设中，政府不仅注重统筹协调，整体协同推进，还高度重视市场机制、志愿机制，着力促进社会组织和公众的广泛参与，通过多元主体协同在推进低碳城市建设方面形成共同使命和集体行动。

美国的波特兰市在制定《气候行动计划》进程中，充分发动公众参与，聚合民智民力。在行动计划内容设定上，该市把低碳经济作为新的增长点，旨在产生低碳效益更好地惠及全体社会成员尤其是弱势群体；旧金山市在推出电力资源计划和可持续发展计划过程中，呼吁公众采取行动减少温室气体排放，并推进政府协同公众、企业和社区共同实现城市减排目标的核心战略；波士顿则在低碳城市建设中发挥非政府组织的能动性方面卓有成效，成立了一个集当地企业、机构和民间领袖的非政府组织——波士顿绿带委员会

① 单宝：《低碳城市的发展模式与实现途径》，《中国行政管理学会 2010 年年会暨"政府管理创新"研讨会论文集》，2010 年。

（Boston Green Ribbon Commission）。绿带委员会通过制定弹性城市与减少碳排放方面的规划来对抗气候变暖；荷兰首都阿姆斯特丹积极倡导公民等多元主体参与低碳城市建设。阿姆斯特丹制定的《阿姆斯特丹 2040 年远景规划》，确立了阿姆斯特丹通过可持续发展实现城市转型战略目标与框架，倡导利益相关方的集体行动，鼓励协商对话、公民参与的合作治理模式。阿姆斯特丹实施的可持续发展纲领，致力于重塑城市生产、消费与生活方式，追求城市发展品质与居民生活质量，成为欧洲乃至全球最具竞争力和代表性的绿色城市。

第三节　全球城市治理图式下雄安新区低碳发展战略的整体性建构

基于整体性的发展愿景和治理图式，借鉴世界各国低碳城市建设经验的基础上，本研究从国家顶层设计、区域城市合作网络、特色增量效应、治理主体、部门协同几个方面着手，建构了雄安新区低碳战略整体性发展框架如下。

一、国家层面顶层设计催生雄安新区低碳城市发展战略协同效应

整体性治理致力于构筑多元主体之间长期合作的伙伴关系，注重制定事业发展的整体性、系统性、融合性、一体化战略规划。这方面发达国家成功的做法既强化低碳城市发展规划的权威性，又促使低碳城市发展战略在各个领域得以广泛推行。借鉴国外低碳城市发展经验，中国低碳发展战略的拟定需要考虑多元性和复杂性的基础上，基于城市资源禀赋、特色优势，因地制宜加以制定，最终形成整体性的一体化方略。如美国在国家层面推出了《应对气候变化行动》宏观发展战略，各个城市结合自身实际情况，均确立了各自行动标准，出台了各具特色的《气候行动计划》。联邦制国家基于国家层面低碳发展宏观战略层面的顶层设计，带动了全国性低碳城市发展战略的协同。对于中国来说，在推进低碳城市发展战略方面，行政权力主导的推动力需要和目标导向的引导力加强协同进而形成合力；需要在既定目标驱使

下，向城市政府充分放权，在确保国家低碳战略协调化、整体化的基础上，破解政府层级、部门职责同构的困境，激励引导低碳城市建设自主创新。雄安新区所在的京津冀城市群未来可以打造成全国低碳整体协同发展的标杆和引擎。

在中国城市规划建设的进程中，"数字城市""科技城市""生态城市""智慧城市""低碳城市""绿色城市""人文城市"等中观层面的设计层出不穷，涉及多个主题，呈现出碎片化和孤岛化的发展态势，对雄安新区未来新城的建构设计，需要强化整体思维，系统部署，"多规合一"，协同发展，站在绿色化、智慧化生态标准的层次，优化生态功能，摒弃粗放型的投资扩张模式，以先进适用技术、循环经济技术、低碳技术等，推进现代金融服务业、前沿信息产业、高端技术研究院、绿色生态等战略新型产业的发展融合。致力于疏密有度、绿色低碳、返璞归真的自然生态城市空间打造，突出"绿色、生态、宜居、智慧"发展理念，实现生态空间、生活空间、生产空间的共生和谐发展，构建蓝绿交织、清新明亮、水城共融的绿色低碳城市，打造成智慧与生态并举的新的城市发展模式——现代化国际化智慧生态新城。

雄安新区致力于打造国际上最先进标准的低碳新城，这是一项前无古人的事业。全球范围内典型城市在低碳发展方面积累了大量实践经验，但真正意义的低碳新城，国内外并没有可以直接复制的样板。雄安新区的低碳城市建设发展之路，注定要高起点、高标准，走绿色、低碳、可持续的道路，注定要在全球治理的视野下，结合中国特色和风范，结合雄安新区未来之城的功能定位，整合创新、做好顶层设计，从无到有建设一座低碳新城。

二、强化雄安新区所在京津冀区域城市间低碳合作治理网络的整体性构建

在区域一体化协同发展，区域政府间融合发展的趋势下，大城市群、都市圈、高科技园区日益把诸多原本碎片化的城市联系起来。低碳城市发展不再是单一城市的发展，而是区域共同体之间的融合协同发展。区域整体性发展背景下低碳城市建设不单单取决于个别城市政府治理机制的单打独斗，

而是有赖于共同体的集体行动，需要依托跨域城市间互动治理网络的建构。京津冀、长江三角洲、珠江三角洲区域内诸多城市均面临着从各自为政走向合作协同的任务。整体性治理理念引领下，京津冀区域间低碳城市建设网络需要在协商对话、使命共担、信息平台搭建、资源配置、权责划分等方面进行制度框架的创新与重构，整体性的治理架构成为必然的发展态势，建设中的雄安新区在低碳城市发展战略方面更是要在京津冀区域整体协同的语境下加以设定。

雄安新区作为京津冀城市群的重要增长极，未来将成为资金流、人才流、技术流的汇集地，在低碳城市建设方面，必将成为区域网络治理体系的重要空间载体。京津冀区域城市间低碳合作治理网络的整体性构建需要以雄安新区建设为突破口，建构京津雄新三角城市空间联系，整合协同区域城市间低碳人才、低碳资本、低碳信息、低碳技术等要素资源，实现合作网络间资源高效配置和低碳发展深度融合，突破环境治理领域长期以来"以邻为壑"的局面，进而形成"低碳发展共同体"的城市群。雄安新区未来分散型、网络化的空间一体化治理架构，都市复合中心和核心区的打造，有利于低碳发展的空间拓展，实现低碳技术、低碳产业、低碳理念等整体效应向城市群外围延伸，进而根治京津冀大城市病，拓展城市群发展的低碳绿色空间。

三、注重各领域各部门协同的雄安新区整体性低碳城市发展战略

国际上低碳城市建设内容一般包括基底低碳、结构低碳、形态低碳、支撑低碳、行为低碳五个方面，其具体实践手段涉及能源更新、产业转型、推行循环经济、构建紧凑城市、优化城市生态网络、发展绿色交通、推广低碳技术和鼓励节能行为等诸多内容。[①] 上述规划内容相互支撑，彼此契合，所组合而成的结构系统性、协同性、互补性强，进而达成了错落有致的低碳发展体系。德国在推广新能源方面对涉及的诸多领域进行整体规划，制定了一系列相互协同支撑的法规条例，对可再生能源的销售配额、补贴价格、建

---

① 林姚宇、吴佳明：《低碳城市的国际实践解析》，《国际城市规划》2010 年第 1 期。

筑物节能标准等环节均做了一体化设计，这些整体性发展战略规划和举措成为低碳城市可持续发展的重要保障。而这些内容在我国的低碳城市战略设计中往往表现为碎片化、不完整或是彼此割裂，需要对城市低碳领域进行整体规划，科学布局，统筹协调，破解条块分割和单打独斗的格局。苏黎世为了激励和协调各机构制定和执行低碳城市发展的政策，专门成立跨部门协调的机构。

雄安新区城市低碳规划涉及诸多领域，涵盖众多部门，具有显著的系统性、整体性、综合性特征，需要整体考虑政治、经济、文化、社会、生态等方面的因素，通过跨部门机构统筹规划实现协同推进，使低碳城市发展战略更具科学性、操作性和可行性。雄安新区未来整体性城市低碳战略规划需要将能源部门、交通部门、建筑行业、绿化组织、垃圾回收利用单位、污水处理部门、大气污染治理机构、公共服务等诸多相互关联的部门领域统筹考虑，把非传统水源、地热、风能、光能等可再生能源整体考量，系统推进生态修复、新能源研发、清洁能源应用等示范工程，把各个部门和领域看作整体规划下的子系统，打破各个部门之间的割裂和不同领域之间的壁垒，综合考虑各子系统的协同性、可承受能力、可推进程度，避免政出多门，多头管理，甚至相互冲突和掣肘，共同推动生态城市、智慧城市、海绵城市、低碳城市的一体化建设方略。在一定意义上而言，低碳城市建设内容和结构的整体性设计应该成为雄安新区这座未来之城努力的方向。

四、构建突出雄安新区特色的整体性绿色低碳发展体系

雄安新区低碳城市发展战略应避免整体趋同、全国一盘棋的做法，充分挖掘自身特色，形成科学标准，鼓励百花齐放，协同京津冀城市群形成增量效应，并辐射带动其他领域践行低碳发展。例如，哥本哈根和芝加哥市把自身优势定位在能源更新方面，丰富的风力资源对城市低碳发展形成了强大助力；伦敦、柏林和弗莱堡等城市把新能源的使用纳入城市低碳发展体系，大大提升了城市的环境品质；在低碳交通领域，低碳出行、绿色出行成为衡量城市低碳发展的重要指标。纽约、哥本哈根、东京、阿姆斯特丹、斯德哥尔摩、西雅图等城市均着力推广使用清洁能源的汽车及 BRT 等环保交通方

式，诸多城市还着力推进自行车专用道建设，使绿色出行成为居民崇尚的生活方式。伦敦、纽约和斯德哥尔摩推出了对市中心交通拥堵区车辆征收费用的制度。建筑减排方面，纽约、东京、哥本哈根、奥斯汀、斯德哥尔摩、西雅图等城市均根据各自城市所处地理位置、气候环境等不同，制定了相应的绿色建筑标准体系，推广低碳建筑；多伦多和阿姆斯特丹还充分发挥湖泊资源丰富的特点，利用抽取深层湖水减低建筑室内空气温度来取代传统空调制冷[1]，节省了大量能源，降低了温室气体排放。不同城市在推进低碳战略方面匠心独具、各显神通，同时把发展特色纳入到城市低碳发展指标体系中来，最终收到了整体性的效果，这些独特的做法为雄安新区寻求低碳发展、绿色发展、循环发展提供了宝贵的借鉴经验。

围绕"低碳雄安"的发展主题，雄安新区低碳战略布局重点应该聚焦在环境修复治理、清洁能源、绿色智能电网、生态空间、绿色建筑、海绵城市等几个方面，站在绿色低碳发展的制高点上挖掘新城特色。

在生态环境修复治理方面，综合运用搬迁、清淤、治河、补水等手段对白洋淀进行整体性治理，着手打造雄安新区生态环境智慧监测体系、白洋淀流域水生态健康评估体系等；在清洁能源方面，雄安新区具有丰富的地热资源，拥有三个温度高、储量大、水质优、易回灌的大中型地热田，未来可以充分利用地源热泵技术开发浅层地温能，满足新区建筑物供暖、制冷的需要；在绿色智能电网方面，着力推进雄安新区再电气化，建设高度电气化的新型能源体系。实现供应侧外来电力百分百清洁化，致力于雄安新区当地风电、太阳能发电的全额开发利用，消费侧方面实现电能对化石能源的深度替代，推进分布式光伏、储能的灵活接入，让新区内居民既成为能源的供给者又成为能源的消费者。通过构建"无处不在"的电动汽车充电体系、构建友好互动的智慧车联网平台来支撑雄安新区未来绿色交通体系；在生态空间的规划方面，跳出就城建城的模式，秉承生态优先的思路，结合生态特点，植根原生水体和湿地生态系统优势，把河流、淀泊、树林、农田和新城作为一

---

[1]　李超骅、马振邦、郑憨、邵天然、曾辉：《中外低碳城市建设案例比较研究》，《城市发展研究》2011 年第 1 期。

个系统化的整体加以规划，致力于打造一个整体性的生态格局。基于这一生态格局，未来城市的布局，按照最先进的低碳理念和最严格的低碳标准，对工作、生活、休闲、娱乐、教育、医疗、消费等方面加以城市组团的统筹规划，依托"秀林、绿谷、淀湾"打造整体性、复合性的城市生态空间；在海绵城市建设方面，构建集约高效可靠的供排水系统，把植草沟、透水砖、雨水花园、下沉式绿地等"绿色"设施及先进的海绵城市技术纳入到规划建设中来，致力打造可自由呼吸的城市生态水循环系统，使未来的雄安新区在应对气候变化和洪涝灾害等方面收放自如，具有良好的"弹性"；在低碳建筑方面，雄安新区具备在建设发展的全生命周期加以全方位创新的优势，具有在规划、设计、建设、运营全系统领域注入节能降耗基因的优势，同时具有数字城市与物理城市同生共长的智能化优势，未来雄安新区可以在广泛吸纳国际上著名低碳城市低能耗建筑经验的基础上，推动被动式超低能耗绿色建筑，开创出一条未来城市低碳发展的全新路径。

五、打造雄安新区多元主体共谋低碳发展的整体性治理格局

雄安新区低碳城市发展的生动局面，需要政府把市场、社会组织、公民等多元主体纳入到低碳治理体系中来，充分发挥企业、社会组织、公众的协同作用，凝聚各方力量共同参与，协同发力。政府在低碳发展的运行向度上，要逐步改变单一管制、单打独斗的局面，承担起统筹协调低碳城市发展的组织引导功能，通过财政补贴、税收、搭建碳交易平台等手段，引导居民成为低碳消费和低碳生活的践行者，力求让每个置身低碳事业的公民发挥优势形成团队力量，让企业主动致力于低碳产业发展和低碳产品生产，在政府政策引导下担当起更多节能减排的社会责任，同时为环保社会组织营造广阔的发展空间、创设友好的发展环境，把社会组织的参与治理和柔性治理融入城市低碳发展规划中来，使之能够专业化可持续地投入到雄安新区的低碳城市建设中去。

1. 注重激励市场主体参与低碳城市的建设

雄安新区在激发市场主体低碳发展方面，一是可以借鉴德国经验。德国在落实欧盟排放交易体系规定时，将温室气体排放减排量限额有序分配给

企业，企业可以对相关配额额度进行市场交易。此外还推出了"能效改造计划"和"可再生能源投资扶持计划"，通过投资补贴、低息贷款和返还性补贴等手段助力可再生能源建设，着力扶植发展低碳企业。二是借鉴日本经验。日本在低碳城市交通领域充分发挥市场机制作用，通过购买补贴、燃油经济性指标和环境税等方式，助力城市绿色出行。三是借鉴英国做法。英国政府设立了独立公司运营机构——碳信托基金会，通过与各方组织合作，降低碳排放，发展低碳技术。碳信托基金会通过有效的经济刺激和激励机制把社会力量和市场力量协同起来，成为城市低碳发展的中坚力量。

2. 多措并举引导公众参与，建设以公众为依托的低碳社区

公众是推进低碳活动的核心驱动力。雄安新区城市建设中应该着力强化低碳发展中的公民参与度，提升公民低碳意识，拓展公众参与渠道，促使新区尽快形成系统化、整体性、全方位、多层次的低碳发展体系。一方面建设以公众为依托的低碳社区。社区承担着管理区内经济、社会、生态协调发展的多种功能，内容包罗了诸如人口控制、环境绿化、垃圾回收、能源节约、绿色出行、简约消费等低碳发展的各个方面。雄安新区在规划社区公共空间的配置时，设计方案应前瞻性地将诸如公共教育、文化艺术、休闲娱乐、健身中心、社区诊所等公共设施与公共场所纳入考量范围，打造低碳社区生活圈，让所有住户都能步行抵达这些场所，减少交通运输产生的碳排放。社区生活圈采用节能建筑，优先选用环保建筑材料，安装具有分散式能源特点的风能、太阳能、综合供暖、供电装备等环保装置材料。另一方面要提升雄安新区低碳发展中的公民参与度。公民既是宣传的对象，也可以成为宣传的主体，公民自身的低碳行为本身就是很好的宣传方式。要通过宣传引导把低碳生活、低碳交通、低碳办公、低碳社区、低碳饮食、低碳休闲等方面的低碳行为融入居民的日常生活当中。强化居民在吃、穿、住、行、用等生活方面的低碳教育，普及低碳知识，使之掌握低碳生活的具体技能。同时着力提升低碳发展中的公民参与能力，使公民从"要我低碳""我要低碳"走向"我能低碳"。

3. 培育社会组织使其在低碳领域发挥作用

雄安新区在发挥低碳建设主导作用的同时，要大胆放手，赋予社会组

织更宽松的发展空间，让社会组织在低碳城市建设中发挥更大作用。要大力支持社会组织的建设与发展，采取政府购买社会服务等方式支持其在低碳城市建设宣传、教育、培训、监督等领域发挥作用，在植树造林、动物保护、白洋淀湿地保护、江河湖泊保护、节能减排、绿色出行、绿色消费、低碳生活等方面普及低碳知识，传播低碳理念，唤醒公众意识。要充分发挥环保社会组织民间性、实践性、专业性的优势，吸纳组织成员开展实地调研和民意调研，促进决策的科学性和民主性。针对雄安新区社会组织刚刚起步的现状，政府在积极培育扶植社会组织的同时，要从资金、政策、人才等多个方面加强环境公益组织的能力建设，确保环境公益组织真正担负起聚合公众环境利益、推进低碳发展的使命。

第十七章　雄安新区整体性治理中的生态资源价值认知及核算体系构建

第一节　生态文明思想与生态资源价值认知

一、习近平生态文明思想与生态价值观念

党的十八大以来，生态文明建设已成为统筹推进"五位一体"总体布局和协调推进"四个全面"战略布局的重要内容，生态文明顶层设计和制度体系建设不断加快推进，生态环境保护发生了历史性、转折性、全局性变化，一系列新理念新思想新战略被提出并实施，形成了习近平生态文明思想。2017年10月，习近平在党的十九大报告中指出，"建设生态文明是中华民族永续发展的千年大计。必须树立和践行绿水青山就是金山银山的理念，坚持节约资源和保护环境的基本国策，像对待生命一样对待生态环境，统筹山水林田湖草系统治理，实行最严格的生态环境保护制度，形成绿色发展方式和生活方式，坚定走生产发展、生活富裕、生态良好的文明发展道路，建设美丽中国，为人民创造良好生产生活环境，为全球生态安全作出贡献"。明确了建设生态文明是"中华民族永续发展的千年大计"的重大意义，提出了"绿水青山就是金山银山"的发展理念，指明了"生产发展、生活富裕、生态良好"的美丽中国建设目标。

生态文明体系是建设生态文明的基础支撑和行动指南，更是一场包括发展方式、治理体系、思维观念等在内的深刻变革。2018年5月，在全国生态环境保护大会上，习近平强调，"加快建立健全以生态价值观念为准则的生态文化体系，以产业生态化和生态产业化为主体的生态经济体系，以改

善生态环境质量为核心的目标责任体系，以治理体系和治理能力现代化为保障的生态文明制度体系，以生态系统良性循环和环境风险有效防控为重点的生态安全体系"。① 指明了构建生态文明体系的五个部分，即生态文化体系、生态经济体系、目标责任体系、生态文明制度体系、生态安全体系。这是习近平生态文明思想的具体部署，从根本上解决生态环境问题的对策体系，需要坚决落实和长期贯彻。其中，以生态价值观念为准则的生态文化体系建设是生态文明建设的思想认识基础。

二、生态价值观念与生态资源价值认知

价值观念作为评价客观事物价值的标准，是影响人类内部动机的主要因素，它的内部动力驱使人类行为，同时能够指导人类实践活动，因此生态价值观念建设是生态文明建设的基础性工程。② 生态价值观念是人们对自然生态、资源在人类经济发展和社会进步中所处的地位和所起的作用的总的认知和看法，是生态整体主义、平等主义的价值观，是力求自然价值与经济价值相统一的价值观念。③ 新时代中国特色社会主义生态价值观念是源于马克思主义生态观，结合中国传统文化，依据中国特色社会主义实践而形成、发展、壮大的生态价值观念。

马克思主义的生态价值观念主张人与自然和谐发展。马克思和恩格斯强调自然、环境对人具有客观性和先在性，人们对客观世界的改造，必须建立在尊重自然规律的基础之上。一方面，人类属于自然界的一部分。马克思曾提出"现实的、有形体的、站在稳固的地球上呼吸这一切自然力的人……本来就是自然界"。恩格斯在《自然辩证法》中指出："我们连同我们的肉、血和头脑都是属于自然界和存在于自然界之中的。"另一方面，强调自然界是人类赖以生存和发展的基础，自然界不仅为人类生产生活提供必需的物质

---

① 习近平：《推动我国生态文明迈上新台阶》，《求是》2019 年第 3 期。
② 傅华：《中国生态伦理学研究状况述评（上）》，《北京行政学院学报》2002 年第 1 期；何树：《生态价值观与生态文明建设》，河北工业大学硕士学位论文，2013 年。
③ 王志强：《论生态价值观》，《兰州大学学报》（社会科学版）1993 年第 1 期；王妍：《生态价值观及其实践意义》，《南京工业大学学报》（社会科学版）2003 年第 4 期。

资料，还能给人以精神上的慰藉与寄托。马克思曾在《1844 年经济学哲学手稿》中指出："自然界，就它自身不是人的身体而言，是人的无机的身体。人靠自然界生活。"在中国特色社会主义建设过程中，生态价值观念经历了从重视自然界对社会经济发展的基础支撑作用，到尊重自然、保护自然、注重协调和谐可持续发展的发展历程。[①] 党的十七大提出"要建设生态文明"，是中国共产党执政兴国理念的新发展；党的十八大做出"大力推进生态文明建设"的战略决策，首次将生态文明建设作为"五位一体"总体布局的重要部分；党的十九大明确了"加快生态文明体制改革，建设美丽中国"，指明了新时代中国特色社会主义生态文明建设目标。生态价值观念是中国特色社会主义生态文明观念的重要内容之一，具有鲜明的生态性和先进性，是人类文明进化发展的必然价值选择，它用整体性的眼光看待人与自然的关系，构筑起了"生命共同体"的科学理念，不仅是对社会主义核心价值体系的充实，更是发展社会主义先进文化的必然要求。[②] 当前，对中国特色社会主义生态价值观念的研究与构建已经迅速开展，并已在保护生态环境、建设生态文明的实践活动中起到重要作用。如何进一步研究和完善生态价值观念理论体系，在践行新时代中国特色社会主义生态文明建设中发挥出重大的指导作用，是生态文明建设中的一项重要任务。

　　生态资源的价值认知是生态价值观念理论与生态文明建设实践结合的重要契合点，是打破生态文明建设理念与实践之间"两张皮"的重要抓手。[③] 对自然生态资源的价值认知决定了生态资源在生态文明建设实践中的作用，决定了生态资源在社会经济发展过程中的地位，决定了生态资源在人民思想中的重要程度。因此，对生态资源的价值认知是建立生态价值观念的核心，是当前生态文明建设观的重要内容。党的十八届三中全会提出"探索编制自然资源资产负债表，对领导干部实行自然资源资产离任审计"。一方

---

① 史艺军、周晶：《论中国共产党几代领导人的生态价值观》，《辽宁师范大学学报》（社会科学版）2009 年第 2 期。

② 刘珺田：《社会主义生态价值观略论》，海南师范大学硕士学位论文，2018 年。

③ 张勇：《生态价值观与生态资本观：全面小康的生态文明建设观》，《中国井冈山干部学院学报》2017 年第 1 期。

面，将自然资源视为权益的、以价值量为计量单位的资产；另一方面，直接将自然资源资产存量、变化、负债与离任审计挂钩，首次正式将生态价值观念贯彻到政府治理过程之中。党的十九大进一步提出"设立国有自然资源资产管理和自然生态监管机构，完善生态环境管理制度，统一行使全民所有自然资源资产所有者职责"，强化了生态价值观念的全面普及和在政府治理过程中的指导作用。

三、雄安新区整体性治理中生态资源价值认知的导向作用

雄安新区建设，是京津冀协同发展进入深水期和关键期后的重大举措，是集中疏解北京非首都功能、缓解北京大城市病的战略举措，也是京津冀区域携手打造世界级城市群的发端①，是新时代中国特色社会主义生态文明建设的重要典范。习近平在党的十九大报告中指出，"以疏解北京非首都功能为'牛鼻子'推动京津冀协同发展，高起点规划、高标准建设雄安新区"。生态资源是雄安新区建设和可持续发展必然直接或间接依赖的基础支撑，但是地处京津冀腹地的雄安新区在拥有区域协同发展地域优势的同时，也为生态环境治理与管理带来了政府合作治理能力偏弱、政府治理主体碎片化、政府治理政策工具乏力等诸多问题和挑战。在此背景下，雄安新区生态环境治理在综合"整体性治理"理论和多元治理理论的基础上，创新了整体性治理理念，该理念深入研究区域政府间政策协调模式构建的制度安排与路径选择，对京津冀区域生态环境协同治理的政策协调路径和治理模式进行了创新尝试。②

习近平在考察雄安新区规划建设工作中指出，"要坚持生态优先、绿色发展，划定开发边界和生态红线，实现两线合一，着力建设绿色、森林、智慧、水城一体的新区。打造优美生态环境，构建蓝绿交织、清新明亮、水城共融的生态城市"。③ 这一指导思想为雄安新区整体性治理提供了根本思想

---

① 赵新峰：《京津冀协同发展背景下雄安新区新型合作治理架构探析》，《中国行政管理》2017 年第 10 期。

② 赵新峰、王浦劬：《京津冀协同发展背景下雄安新区治理理念的变革与重塑》，《行政论坛》2018 年第 2 期。

③ 本书编写组：《河北雄安新区规划纲要》，人民出版社 2018 年版。

遵循和重要指导，是雄安新区以生态价值观念为准则进行生态文化体系建设的指导思想，因此雄安新区生态文化体系建设能够为新时代中国特色社会主义生态文明体系的思想基础建设提供导向性样板。如何在雄安新区整体性治理过程中，从生态整体性视角定位生态、资源的价值认知，并建构雄安新区生态资源价值核算体系，是在习近平生态文明思想引领下对生态价值观念的积极探索，是对新时期生态文明建设的创新实践。

第二节　生态资源的价值认知：从资本到资产

生态资源指能够直接或间接为人类提供生态系统服务或生态承载能力的各类自然资源，既包括能够直接作为加工对象的自然资源，如能源、矿产等，又包括由森林、草地、土壤、大气等多种生态环境要素整体组成的生态系统。生态资源不仅是发展社会生产力的重要条件，也为社会再生产创造了基础，同时也是保障和改善人类生活质量的重要保证。[①] 自工业革命以来，人类社会迅速发展的资源需求导致自然资源被掠夺式开发，全球生态资源质量显著恶化，资源紧缺、环境恶化与生态危机同时显现，引起政府及学术界的高度关注。1992 年联合国环境与发展大会提出"可持续发展"理念，人类社会开始深入思考自然生态系统对人类社会生存和发展的支撑作用，不仅通过生态资源价值界定正视生态资源的价值内涵，并开始重视生态资源安全。

一、生态资源价值的理论界定

自然资源具有价值的思想早在 17 世纪就在学术界开始了探讨，经历了要素价值论、效用价值论、边际效用价值论以及均衡价格理论等阶段后，自然资源的价值性已成为共识。生态资源价值的正式理论界定最早来源于自然资源环境经济学中对环境功能的认识。自然资源与环境体系为经济系统提供了原材料输入来源、维持生命系统的服务功能、为人类提供舒适服务和容纳

---

① 林鑫：《生态文明建设的自然与社会意义研究》，成都理工大学硕士学位论文，2015 年。

分解物等四种功能，由于提供服务的多样性以及各种外部经济的重要性，自然资源与环境均可视为有价资产。①②1995 年，世界银行首次将自然资本定义为国家财富的重要组成部分，主要包括天然形成的或具有明显自然生长过程的自然资源，如土地、空气、森林、矿产等。③ 在此基础上，学者们对自然资本进行了进一步明确界定④，包括直接进入社会生产与再生产过程的自然资源（即自然资源总量和环境自净能力）、自然资源及环境的质量和再生量变化（即生态潜力）、生态系统各组成要素为人类生存和社会发展提供的环境资源、生态系统整体对人类生存和社会发展的使用价值四部分。这一理论界定将自然资源和生态系统服务的价值均视为自然资本的组成部分。1997年，自然资本与生态系统服务的概念被正式提出，自然资本指能在现在或者将来产生有用产品流或者服务流的自然资源以及生态环境存量的新型资本形态；⑤ 生态系统服务指生态系统及其组成要素所提供的能够满足和维持人类生活需要的条件和过程。⑥ 生态资源资产的概念是在自然资本和生态系统服务两个概念的基础上发展起来的，其价值形式包括自然资源直接价值与生态系统服务功能价值之和。⑦⑧ 生态资源资产的明确概念为生态资源的价值化研究提供了概念基础，学术界开始从生态资源价值化的角度入手，探讨经济发展与生态资源保护的有机统一，并逐步应用于全世界政府管理实践之中。

---

① Kneese AV，Ayers RU，d'Arge RC：*Economics and the Environment：A Materials Balance Approach*，Resources for the Future 1972.

② Smith VK：Resource evaluation at the crossroads，*Resources* 1988.

③ Lange GM，Wodon Q，Carey K：*The Changing Wealth of Nations 2018：Building a Sustainable Future*，World Bank Publications 2018.

④ Pearce D，Turner R：*Economics of natural resources and the environment*，Johns Hopkins University Press 1990.

⑤ Costanza R，et al：The value of the world's ecosystem services and natural capital，*Nature* 1997.

⑥ Daily GC，et al：Ecosystem services：Benefits supplied to human societies by natural ecosystems，*Issues in Ecology* 1997（2）.

⑦ 陈宜瑜、Beate J、傅伯杰：《中国生态系统服务与管理战略》，中国环境科学出版社 2011年版。

⑧ 侯鹏、王桥、申文明等：《生态系统综合评估研究进展：内涵、框架与挑战》，《地理研究》2015 年第 10 期。

二、生态资源价值核算体系

生态资源资产的价值量化正式起始于各国政府的自然资源 / 环境核算体系。20 世纪 40—50 年代，西方国家提出绿色 GDP 思想，并建立了国民经济核算体系（SNA）；1973 年苏联提出物质产品平衡表体系（MPS）。SNA 和 MPS 两个体系在理论基础、核算方式、指标体系及部门分类等方面均存在根本区别，但都是以国民收入的生产、分配和使用的核算为主要内容，从实物的价值运动上反映社会总产品的运行全貌，未核算自然资源损耗及环境退化的影响。1993 年，在"可持续发展"理念的引领下，联合国统计司建立了与 SNA 相一致的、可系统地核算环境资源存量和资本流量的综合环境与经济核算体系（SEEA），标志着资源环境核算已进入实践阶段[①]，世界各国开始构建适用于本国自身实际的核算体系，如欧洲环境经济信息收集体系（SERIEE）、荷兰国民经济核算矩阵体系（NAMEA）等。中国的自然资源核算体系在 20 世纪 80 年代由 MPS 转为 SNA，1998 年开始试点实施 SEEA 体系，2000 年后开始构造适宜于中国实际的核算体系，如环境经济综合核算体系（CSEEA）。[②] 在十八届三中全会之后，开始实施自然资源资产核算及负债表编制的探索工作，并在浙江省湖州 / 安吉编制了全国首张市 / 县自然资源资产负债表。[③] 总体上看，世界各国政府已经将生态资源要素纳入国民经济体系之中。从核算方法来看，以湖州 / 安吉自然资源资产负债表为例，其自然资源核算体系主要包括实物量核算和价值量核算：实物量核算是基础，基于资源环境统计资料，以账户形式直观反映资源、环境、生态三方面的实物数量；价值量核算在实物量核算和合理估价基础上，采用市场法等计量方法对资源、环境、生态存量及其变化进行统一度量。在对核算特定时点的生态资源资产存量后，对整个核算期内生态资源资产存量在经济活动中的变动进行流量核算，量化了生态资源资产的动态变化过程和程度。

---

① 封志明、杨艳昭、李鹏：《从自然资源核算到自然资源资产负债表编制》，《中国科学院院刊》2014 年第 4 期。

② 雷明：《绿色投入产出核算——理论与应用》，北京大学出版社 2000 年版。

③ 闫慧敏、封志明、杨艳昭、潘韬、江东、宋晓谕、马国霞、刘文新：《湖州 / 安吉：全国首张市 / 县自然资源资产负债表编制》，《资源科学》2017 年第 9 期。

三、生态资源安全评估

习近平在党的十九大报告中强调"走生产发展、生活富裕、生态良好的文明发展道路，建设美丽中国，为人民创造良好生产生活环境，为全球生态安全作出贡献"。生态资源安全是区域资源—环境—生态协调发展的核心问题，是自然生态系统支撑人类社会生存和发展、体现生态资源价值的重要保障，事关生态文明建设的全局。①② 在当前全球变化背景下，人类社会发展对生态资源安全产生的胁迫已成为人类当前面临多种生态环境问题的根本原因，政府和管理学界正尝试将生态系统的完整性考虑在社会经济发展决策过程之中，从而实现生态资源安全与政府可持续管理关联，为决策者提供依据。③④ 中共中央国务院印发的《生态文明体制改革总体方案》明确规定，把资源消耗、环境损害、生态效益纳入经济社会发展评价体系。在此背景下，生态学界倡导的"大生态系统"学说伴随着"生态文明"这一理念应运而生，该学说强调社会经济发展必须在大尺度上了解自然生态系统的功能和动态，保障生态资源安全以保证其对人类社会可持续发展的支撑能力。⑤ 因此，生态学界开始在全球、国家尺度上评估生态系统安全状况及其变化趋势，如联合国开展了全球千年生态系统评估，美国、澳大利亚等国相继发布了《国家生态系统状况报告》，中国在"十一五"期间就已开展了"中国生态系统综合评估"，并且已有学者明确建议将生态资源安全纳入国家安全体系之中。⑥ 总体来看，从生态系统角度开展生态资源安全评估的核心是通过维护和保护生态系统功能来保障人类发展需求，其方法体系以生态系统状况为基础，综合考虑人文社会压力和环境污染压力，能够更好地反映生态资源

---

① 傅伯杰、周国逸、白永飞等：《中国主要陆地生态系统服务功能与生态安全》，《地球科学进展》2009 年第 6 期。

② 胡鞍钢：《我国最缺生态资本和生态财富》，《理论学习》2015 年第 11 期。

③ 解振华：《深入推进新时代生态环境管理体制改革》，《中国机构改革与管理》2018 年第 10 期。

④ 姚毓春、范欣、张舒婷：《资源富集地区：资源禀赋与区域经济增长》，《管理世界》2014 年第 7 期。

⑤ Bailey R G：*Ecosystem Geography*，Springer-Verlag Press 2009.

⑥ 王礼茂、郎一环：《中国资源安全研究的进展及问题》，《地理科学进展》2002 年第 21 期。

与人类活动和社会发展的密切联系和相互关系。①

第三节　新时期雄安新区建设中的生态资源价值与安全

2018 年 4 月，《河北雄安新区规划纲要》正式发布，在具体规划内容中首先提出雄安新区建设要构建科学合理空间布局，以资源环境承载能力为刚性约束条件，科学确定开发边界、人口规模、用地规模和开发强度，统筹生产、生活、生态三大空间，形成规模适度、空间有序、用地节约集约的城乡发展新格局。同时，强调打造优美自然生态环境，从实施白洋淀生态修复、加强生态环境建设和开展环境综合治理三方面，构建生态资源安全格局，强化生态系统服务功能，优化生态安全屏障体系，提升生态系统质量，提升生态安全保障。这正是雄安新区整体性治理的出发点和落脚点，因此生态资源的价值认知与核算是雄安新区整体性治理研究的基础性工作之一，不仅能够起到治理成效评估的度量作用，更能够在整体性治理过程中起到实时监督、预警防范的作用。根据当前生态资源核算和安全评估体系的现状，结合该规划纲要的要求，雄安新区生态资源价值核算需要重点注意以下三个方面。

一是国土空间格局和三生空间布局统筹。国土是中国特色社会主义新时代生态文明建设的空间载体，因此要坚定不移地实施主体功能区战略，科学合理布局促进生产、生活、生态三生空间的协调发展。主体功能区规划制度保障了国家生态和资源安全屏障，三生空间的统筹协调必须符合主体功能定位和空间规划要求。主体功能区规划是根据资源环境承载能力、现有开发密度和发展潜力，统筹谋划未来人口分布、经济布局、国土利用和城镇化格局，将国土空间划分为优化开发、重点开发、限制开发和禁止开发四类，确定主体功能定位，明确开发方向，控制开发强度，规范开发秩序，完善开发政策，逐步形成人口、经济、资源环境相协调的空间开发格局。不同主体功能区域内的生态资源禀赋特点、生态资源优势与劣势、三生空间的合理统筹

---

① 左伟、王桥、王文杰等：《区域生态安全评价指标与标准研究》，《地理学与国土研究》2002 年第 18 期。

模式以及未来发展方向都具有差异性。雄安新区建设，坚持生态优先绿色发展，统筹生产、生活、生态三大空间，构建科学合理空间布局。因此，雄安新区整体性治理中的生态资源核算必须根据主体功能区划和空间规划，面向三生空间统筹，充分识别区域功能和职能的差异，促进高效治理和精准评估。但是，目前的生态资源核算与评估均采用统一的标准，没有考虑主体功能区位，无法准确评估与区域主体功能定位相符的三生空间统筹模式下的生态资源安全的敏感性和差异性。因此，如何基于国家空间管控思想，根据主体功能区划和空间规划，建立面向三生空间的生态资源核算体系是至关重要的一步。

二是建立长时间生态资源资产流量提升政策支撑能力。健全生态文明建设体制机制，需要对比借鉴不同发展阶段，在主体功能定位和生态资源禀赋基础上的生态文明建设有效模式。改革开放以来，中国经济社会快速发展，不同历史阶段的经济发展特征、生态资源需求、生态资源安全胁迫都具有各自的阶段特点。雄安新区是在中国特色社会主义进入新时代、京津冀协同发展步入新常态的时代背景下的千年大计。因此，基于长时间序列数据，刻画生态资源价值和统筹协调在雄安新区建设前后历史阶段的格局和过程，不仅能够通过对比借鉴探索有效模式，更能够凸显雄安新区战略定位和整体性治理对生态文明建设的引领和成效。但是，目前已有的生态资源核算或评价的系列成果，时间尺度主要是单个时间节点，或以近期时间节点为基准年的有限时段。单个时间节点或有限时段的评价难以反映经济发展过程完整序列的变化全貌，难以体现年际的连续动态变化过程。因此，如何建立长时间序列生态资源核算体系，对比雄安新区整体性治理前后的格局和过程差异，量化雄安新区整体性治理的科学成效，能够为提升雄安新区生态环境治理和管理能力提供数据基础。

三是学科交叉和多源数据整合。在中国特色社会主义新时代生态文明建设的总体要求下，雄安新区整体性治理及其成效评估都必须科学统筹生态资源价值理念和协调发展理念。但是，对于整合自然资源核算体系和生态资源安全评估，不仅存在经济学、自然资源学、生态学等多学科交叉的方法问题，而且存在多源数据时间、空间不匹配的技术问题。自然资源核算体系中的核算方法包括实物量核算和价值量核算两个环节，实物量核算基于国家、省、市、县等不同空间尺度的资源环境统计资料，价值量核算在实物量核算的基础上，采用市场法等计量方法对资源、环境、生态存量及其变化进行价值量化；生态资源安全评估的数据源多来自不同空间、时间分辨率的地理信息数据和多源遥感数据。以地理信息系统和遥感为基础的地学大数据方法为多学科方法和多源数据的有效整合提供了科学思路。地学大数据处理分析方法能够对社会经济、地理信息、遥感等多来源、多时空尺度数据进行有效集成，并实现多源评估方法的准确整合。[1] 尤其是在雄安新区着力打造城市智能治理体系和数据资产管理体系的要求下，采用地学大数据方法整合自然资源核算体系和生态资源安全评估，以实现生态资源价值理念和协调发展理念的科学统筹是地学大数据方法在雄安新区整体性治理成效评估的创新应用。

第四节　生态资源综合核算体系构建

一、总体框架

按照雄安新区建设规划要求，依据当前生态资源资产核算体系的现状，遵循"生态优先、绿色发展"指导思想，以地学大数据为基础，雄安新区生态资源综合核算体系框架如下图 17-1 所示，主要分为三部分：空间布局、综合核算和政府治理支撑。

空间布局是核算体系框架的前提，从主体功能、三生空间及生态保护三方面界定雄安新区内各区域的主体功能、三生空间现状及规划布局、生态保护规划及生态保护红线，精准定位符合主体功能定位和生态保护规划的三生空间合理布局，为综合核算提供空间界定基础。

综合核算是体系中的核心，以空间布局为依据，从生态系统角度通过自然资源资产价值核算和生态系统服务功能价值核算两方面量化生态资源资产价值，结合生态资源安全评估进行生态资源资产综合核算。

对雄安新区整体性治理提供支撑是核算体系的目标所在，通过综合核

---

① 傅伯杰：《面向全球可持续发展的地理学》，《科技导报》2018 年第 2 期。

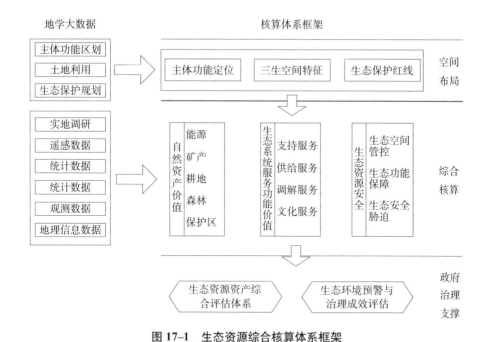

图 17–1 生态资源综合核算体系框架

算掌握雄安新区长时间序列生态资源资产流量动态特征，结合雄安新区经济社会发展过程，评估政府针对生态环境治理的不同模式的成效差异，同时对雄安新区整体性治理的成效进行评估，并以整体性治理成效年份为基准，为未来生态环境治理提供预警和成效评估基准，从而为政府治理提供决策支撑。

二、核算体系构建过程

一是多源、多学科数据集成。收集自 1980 年以来的多源、多学科信息数据，整合多时空尺度多遥感平台、社会经济调查统计等多个数据集，对社会经济要素、自然资源要素、生态系统结构与功能等关键指标进行分类梳理。采用地理信息系统方法将非空间数据生成空间数据，对多源、多格式空间数据进行空间匹配，对相同类型数据的空间分辨率进行统一，形成一个生态与资源安全评估专题数据库，包括基础地理信息数据库、基础自然要素数据库、土地利用与土地覆被变化数据库、生态系统类型数据库、资源类型数据库、生态系统功能参数数据库、社会经济数据库等。采用地学大数据处理方法按照评估体系框架和过程对多源、多格式数据的时间、空间尺度进行统一变换,实现方法集成。

二是面向三生空间的自然资源价值核算和生态资源安全评估。基于土地利用与土地覆被变化数据库中自 1980 年以来的多时段三生用地空间数据集,对生产、生活、生态三大空间用地进行识别和划分,提取不同阶段三生用地的动态变化过程和特征,结合主体功能和空间规划,量化不同空间的空间适宜程度和空间挤占强度,评价三生用地的协调性和合理性。然后,分实物核算和价值核算两部分,对土地资源、水资源、林草资源和矿产资源等进行分类核算以及综合核算与比较,进行 1980 年以来每年度自然资源价值的存量核算;基于长时间序列存量核算数据,结合三生用地评价中不同空间的适宜程度和挤占强度,分别对合理和不合理空间的自然资源资产存量进行识别、定位和提取。同时,依据主体功能和空间规划,结合三生用地数据建立生态空间管控量化指标体系,以生态系统服务功能为基础建立生态功能保障量化指标体系,综合自然胁迫和人为胁迫两方面建立生态安全胁迫量化指标体系,然后三者相结合对生态资源安全进行综合评估,建立生态资源安全系数。

三是自然资源资产综合核算。综合自然资源价值核算和生态资源安全评估,综合合理和不合理空间的自然资源资产存量以及生态资源安全系数,对自然资源资产进行综合核算,然后基于长时间序列存量结果对自然资源资产在经济发展过程中的流量进行核算。

三、结语

建设生态文明,是关系人民福祉、关乎民族未来的长远大计。在中国特色社会主义新时代,习近平总书记提出了"绿水青山就是金山银山"理念,体现了生态资源的价值本质和内涵,对生态资源的价值认知是以生态价值观念为准则构建生态文化体系的基础性工作之一。雄安新区建设作为中国特色社会主义新时代生态文明建设的重大举措和千年大计,其生态资源的价值认知和统筹核算具有思想引领和模式示范作用。在习近平对雄安新区建设"生态优先、绿色发展"的理念指导下,从生态系统角度,建立具有中国特色和新时代特色的生态资源价值认知和核算体系，既要重视生态资源的本真价值，更要正视人类社会需求飞速发展导致的生态资源安全胁迫，必须统筹协调两者间的关系才能实现生态资源的健康发展，保障人类可持续发展的现实需求，支撑雄安新区可持续发展。

第十八章　雄安新区整体性治理下绿色
发展指标体系研究

　　雄安新区是以习近平同志为核心的党中央作出的一项重大的历史性战略选择，是继深圳经济特区和上海浦东新区之后又一具有全国意义的新区，是千年大计、国家大事。① 雄安新区是在深厚的时代背景下设立的，肩负着深远的战略意图。从国际方面来看，《巴黎协定》《2030 年可持续发展议程》等全球性公约的达成和落实致使越来越多的国家开始追求创新、协调、绿色、开放、共享的可持续发展之路，绿色发展已成为各国评价综合国力以及国际竞争力的新优势。从国内方面来看，改革开放以来，中国的城镇化进程中，由于资源环境的约束，多数城市的产业经济多以高碳特征主导，经济转型难以实施且升级缓慢。2017 年，在党的十九大报告中指出要"加快建立绿色生产和消费的法律制度和政策导向，建立健全绿色低碳循环发展的经济体系；构建市场导向的绿色技术创新体系，发展绿色金融，壮大节能环保产业、清洁生产产业、清洁能源产业；推进能源生产和消费革命，构建清洁低碳、安全高效的能源体系"。2019 年政府工作报告指出，"绿色发展是构建现代化经济体系的必然要求，是解决污染问题的根本之策"。② 作为京津冀协同发展的关键布局和落实新发展理念的国家级新区，雄安新区绿色发展路径的探索不但响应了雄安新区"建设绿色生态宜居新城区"的基本要求，同时也是我国新型城市经济转型的一次伟大尝试。③ 在此背景下，绿色发展指

---

① 中共河北省委河北省人民政府：《河北雄安新区规划纲要》，《河北日报》2018 年 4 月 22 日。

② 《政府工作报告》，人民出版社 2019 年版。

③ 周伟铎：《雄安新区低碳发展策略研究》，《建筑经济》2018 年第 3 期。

标体系的科学设定对于未来雄安新区整体性治理架构具有重要价值。

本章的研究目的旨在以整体性治理与绿色发展指标理论为基础，利用层次分析法（AHP）和德尔菲法（Delphi）构建基于 AHP 的绿色发展指标体系。根据该体系绿色发展指标权重的分布情况，分析各项指标对于雄安新区绿色发展的意义及影响程度，为未来雄安新区绿色绩效评估工作的展开提供有益借鉴。

第一节　文献综述、概念界定及研究框架

一、文献综述

近年来，为了更好地落实绿色发展理念，很多学者对绿色发展理念及绿色指标体系构建进行了探索。相关文献[①] 利用相关性分析与粗糙集的集成方法，选取出绿色增长评价指标体系后，运用熵 -TOPSIS 方法对中国 2002—2015 年绿色增长水平进行测度分析，指出了中国未来绿色发展道路的前进方向和发展侧重点；相关文献[②] 对当前地方政府生态文明建设的绩效评估机制出现的问题进行了总结与分析，提出科学、高效、有序的地方政府生态文明建设绩效评估工作，需要加强协同合作机制、激励机制、约束机制、信息管理机制、公众参与机制等方面的建设；相关文献[③] 对改革开放 40 年来广东省绿色发展实践进行了梳理总结，构建了广东绿色发展评价指标体系，并利用综合指数法广东绿色发展指数进行了测算，得出环境治理水平严重制约了广东省绿色发展水平的结论；相关文献[④] 运用主成分分析、层次分析、道格拉斯生产函数等方法，并结合 Excel、Matlab 等软件构建了大城市

---

① 赵奥、郭景福、武春友：《中国绿色增长评价指标体系构建及实证测度研究》，《科技管理研究》2018 年第 16 期。

② 廖振民：《地方政府生态文明建设绩效评估机制创新》，《中共云南省委党校学报》2018 年第 6 期。

③ 马少华、付毓卉：《改革开放以来广东绿色发展绩效评价》，《华南理工大学学报》（社会科学版）2018 年第 9 期。

④ 王婷、朱磊：《基于 AHP 与 PCA 对雄安新区的影响研究》，《哈尔滨商业大学学报》（自然科学版）2018 年第 3 期。

病的指标体系模型、最优城市规模模型等分析了雄安新区的设立对北京的影响；相关文献① 在绩效评价机制方面提出要转变传统的政府绩效评估价值取向，把绿色指标纳入到绩效评估指标体系中，建立"政绩指标"和"绿色指标"相统一的绩效考核体系；同时要注重绩效评估的结果导向。

雄安新区自 2017 年 4 月启动建设以来，相关治理架构的研究文献呈上升态势。但关于雄安新区绿色发展指标体系的研究还不多见，尤其是基于整体性治理视角加以研究的文献更是少见。本研究力图基于整体性理论视角，对京津冀协同发展背景下雄安新区绿色发展指标体系加以建构。

二、概念界定

1. 整体性治理

整体性治理（Holistic Governance）的概念最早由安德鲁·邓西尔于 1990 年提出，1997 年佩里·希克斯在其著作《整体性治理：新的改革议程》中重新加以论证，并于 1999 年和 2002 年的专著中对整体性治理的基本概念与策略作了具体阐述。新工党执政以后，英国政府开始全面推行整体性治理行动策略，并于 1999 年发布了《现代化政府白皮书》，开启了全球整体性治理的先河。国内最早关于整体性治理的文献是 2002 年陈琤的《"合作政府"：英国行政改革的新走向》一文。台湾学者彭锦鹏在 2005 年发表的文章《全观型治理：理论与制度化策略》中系统介绍了整体性治理理论，指出，"整体性治理基于对传统官僚制和新公共管理学的批判，是行政学的范式转移"② 。整体性治理是后公共管理时代下产生的一种新型治理范式，其目的在于消解中央与地方政府之间的过度竞争与合作失灵，对新公共管理运动所导致的政府部门碎片化以及政府责任模糊化加以反思与回应。雄安新区绿色发展战略是一项惠及整个京津冀并对全国具有示范效应的发展策略，关系到区域系统、整体和长远发展。其整体性治理需要实现整合机制与协调机制的整体性契合，需要科学的整体性发展指标体系。正如希克斯所言："没有协调

---

① 赵新峰：《京津冀协同发展背景下雄安新区新型合作治理架构探析》，《中国行政管理》2017 年第 10 期。

② 彭锦鹏：《全观型治理：理论与制度化策略》，《政治科学论丛》（台湾）2005 年第 23 期。

的整合，将导致紊乱及事倍功半……协调与整合的重要工作是要明确区分任务边界与责任规则，并使其相互独立。"①

2.绿色发展指标

2016年12月，中共中央办公厅、国务院办公厅印发的《绿色发展指标体系》中提出"绿色发展指标"这一概念。绿色发展指标主要作为生态文明建设年度考核的评价依据，结合传统的绩效评估方法来评估各地区生态文明建设进展的总体情况。《绿色发展指标体系》包括资源利用、环境治理、环境质量、生态保护、增长质量、绿色生活、公众满意程度7个一级指标和56个二级指标。《绿色发展指标体系》的提出对于完善经济社会发展评价体系，引导地方各级党委和政府形成正确的政绩观，加快推动绿色发展和生态文明建设都有着重要意义。当前环境污染形势严峻，环境治理与生态保护迫在眉睫。②

三、研究框架

本节绿色发展指标体系的研究框架主要从三部分内容展开，具体流程如图18-1所示。首先，以整体性治理及绿色发展指标理论为研究基础，通过相关的政策文件和相关文献的研究来确定雄安新区整体性治理下绿色发展绩效评估的主要内容；其次，在利用层次分析法构建初步的绿色发展指标体

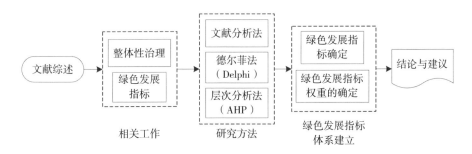

图18-1　雄安新区整体性治理绿色发展指标体系研究框架

---

① Perri 6. *Holistic Government*. London：Demos. 1997，pp.12-13.
② 杜倩倩、于博、李宗洋：《北京市绿色发展指标体系设计与实证评价》，《安徽农业科学》2018年第29期。

系框架的基础上，结合德尔菲法确定各项绿色发展指标的权重，实现雄安新区整体性绿色指标体系的构建；最后，对该指标体系展开具体分析并得出研究结论。在整体性治理理论视角下，对未来雄安新区绿色绩效评估工作的展开提出政策建议。

第二节　研究方法

一、文献分析法

文献分析法是指通过搜集、鉴别、整理某一研究主题的相关文献，并对文献内容进行系统、客观、量化的分析来获取信息，进而形成对事实科学认识的一种研究方法。文献，特别是期刊文献作为研究活动的载体，涉及各个领域的研究成果及研究方法，因此可以通过对某领域一段时间内所载文献的分析来间接反映该领域的发展状况。文献分析法主要以文献计量、内容分析理论与方法为基础。[①] 本研究文献主要源于《河北雄安新区规划纲要》中围绕绿色生态方面初步确立的发展指标，重点参考了国内外核心期刊中对区域及城市绿色指标体系构建的文献。

二、德尔菲法

德尔菲法（Delphi）是用来获取专家群体观点，从而预测未来可能发生的事件和事件发生时机的一种方法。[②] 在数据缺乏、不确定性高的情况下，Delphi 是预测未来的最好方法。[③]Delphi 是一种主观、定性的方法，不仅可以用于预测领域，而且可以广泛应用于各种评价指标体系的构建和具体指标的确定过程。[④] 其实质是利用专家学者的知识和经验，对带有很大模糊性、

---

① 黄李辉、阮永平：《文献分析法在我国管理会计研究中的应用》，《财会通讯》2017 年第 4 期。

② LANG T：An overview of four futures methodologies，*Manoa Journal* 1995（7）.

③ 张冬梅：《德尔菲法的运用研究》，《情报理论与实践》2018 年第 3 期。

④ HARALD A L，MURRAY T：*The delphi method：techniques and application*，Mass.：Addison-Wesley Pub.Co，Advanced Book Program 1975，3-10.

复杂性、无法直接进行定量分析的问题，利用填写征询意见表的调查形式获得确定结论的一种研究方法。Delphi 的优点是专家们能够不受任何心理因素的影响，充分发挥自己的主观能动性，并利用集体的智慧，得到合理的评价指标体系。[①] 本研究为了确定雄安新区整体性治理的绿色发展指标的重要性程度，设计了《雄安新区整体性治理绿色指标评价调查问卷》，并邀请了该领域 10 名专家学者参与了调查。问卷要求对指标的相对重要性加以比较，两者相比同样重要的为 1，前者比后者稍重要的为 3，明显重要的为 5，强烈重要的为 7，极端重要的为 9，两者中间值为 2、4、6、8；反之，后者比前者重要的则为倒数。

三、层次分析法

层次分析法（AHP）是美国运筹学家萨蒂在研究"根据各个工业部门对国家福利的贡献大小而进行电力分配"课题时，运用网络系统理论和多目标综合评价方法，提出的一种层次权重决策分析方法。[②]AHP 的原理是将一个复杂的多目标相互制约而组成的决策问题作为一个系统，将总目标分解为多个指标或准则，进而再分解为多指标的若干层次，采用定量与定性分析相结合的方法，进一步判断各层次指标能否实现的目标与准则之间的相对联系程度，并利用求解判断矩阵特征向量的办法，求得每一层次的各元素对上一层次某元素的标准权数，利用权数求出各分目标或准则对总目标的权数并比较择出优劣，能够比较高效地解决此等问题的使用方法。[③] 本研究基于 AHP 把雄安新区绿色发展指标体系的层次结构划分为三层：目标层、评价层和要素层。

---

①　李睿华：《基于德尔菲法与层次分析法的外文图书资源采选模型》，《新世纪图书馆》2018 年第 1 期。

②　马虹：《基于 AHP 的公共文化服务绩效评价研究》，兰州大学管理学院硕士学位论文，2013 年。

③　吴金霞：《基于层次分析法对我国科技服务业竞争力研究》，《现代商贸工业》2019 年第 4 期。

第三节 雄安新区整体性治理下绿色发展指标体系的构建

一、绿色发展指标体系设计

1. 指标选取的基础——协同机制与整合机制

整体性治理下绩效评估的政策执行系统需要设计一种良性互动的协同机制，综合解决评估运行中"评估不足""过度阐释"与绩效治理"碎片化"问题。所谓协同机制，指通过"化异"和"求同"两种路径来消除政府之间绩效的过度竞争；[1] 整体性治理下的绩效评估的政策执行系统同时需要协同机制增进基础上的整合机制。整体性治理语境下的整合是指"通过为公众提供满足其需要的、无缝隙的公共服务，从而达致整体性治理的最高水平"。[2] 希克斯提出了包括层级整合、功能整合和公私部门整合在内的立体整合机制。

（1）协同机制

雄安新区绿色发展指标体系构建面临的首要问题为政府合作能力偏弱。雄安新区作为京津冀区域协同发展的重要增长极，其治理过程中要涉及诸多行政单元、部门等利益相关者。地处北京、天津、保定腹地的地理位置为区域合作提供了便捷的交通、优良的生态环境，但也面临着与京津两地政府之间绩效过度竞争问题。当前政治经济自然环境下，雄安新区绿色生态宜居目标的实现，必然会导致生态环境与经济增长之间的矛盾冲突。因此，在雄安新区协同治理架构实践中，应该坚持"化异"和"求同"原则，通过强化协同治理机制激发治理主体的自发性、主体性和自组织性，焕发其强烈的协作意识、协调动机和内驱力，进而发挥协同治理强劲的内生性，实现绿色指标体系从府际之间的协同上升到制度和政策层面的协同。

---

[1]　张书涛：《政府绩效评估的系统偏差与政策控制——基于整体性治理的分析框架》，《行政论坛》2016 年第 4 期。

[2]　Perri 6，Diana LeatKimberly Seltzer and Gerry Sidkr：*Towards Holistic Governance：The New Reform Agenda*，Palgrave 2002.

（2）整合机制

实施整合机制的关键在于摒弃零和博弈，实现内部整合。整合阶段旨在创立共同的组织结构、专业业务的合并和之后的实际执行行动。[1]　一是治理主体方面，整合机制依靠协调、多层次组织推动和系统性整合，致力于消除部门分割、各自为政的治理格局，依托跨域跨部门整合信息系统提升行政效能。二是治理结构方面，整体性治理在治理过程中表现出更强的稳定性、融合性，协调整合区域常态化和制度化。三是治理活动方面。整体性治理相较于协同治理，更加注重整体性系统性和有序性，趋向于形成最佳化结构，达成整体大于部分之和的效果。四是治理问责方面。同时相比于协同治理，对于政府权责、问责主体、问责程序、问责范围等复杂具体的问题，整体性治理的问责困境相对较小一些，旨在彰显政府治理境界的立体性、多元化、延展性及整体性。雄安新区整合的方向在于从区域内总体布局出发，合理安排区域内部的各个构成单元，实施差异化的激励措施以消除互相之间的隔阂，使绿色绩效的评估得以发挥其存在价值。

2.绿色发展指标体系的设计依据

（1）河北雄安新区规划纲要

2018 年 4 月，中共河北省委、河北省人民政府出台了《河北雄安新区规划纲要》（以下简称《纲要》）。《纲要》中明确提出了到 2035 年雄安新区的发展定位和建设目标，其中排在首位的是建设绿色生态宜居新城区。《纲要》涉及了自然生态环境修复、大气环境质量和土壤环境改善、资源节约和循环利用的推进，绿色低碳的生产生活方式和城市建设运营模式推广，用水强度指标的管控，循环再生的污水处理系统和先进专业的垃圾处理系统建设等绿色发展战略举措，并针对绿色生态方面初步确立了蓝绿空间占比、森林覆盖率和供水保障率等 17 项相关的指标以及到 2035 年的指标情况。[2]

---

[1]　Perriy 6：Joined-up government in the western world in comparative perspective：A preliminary literaturereview and exploration，*Journal of public Administration Research and Theory* 2004（1）.

[2]　黄月华：《整体性治理视角下西江航运干线船间管理体制研究》，广西大学硕士学位论文，2015 年。

（2）相关文献的总结梳理

通过阅读大量相关文献，考虑到一个区域的发展离不开政府政策的支撑和经济的支持，确立准确高效的政府政策和经济的保障是绿色发展的前提和基础，本节在原有"绿色生态"指标基础上加入"政策支撑"和"经济发展"两个方面的指标来探讨雄安新区整体性治理下绿色发展指标体系，使雄安新区绿色绩效评估更加完善。通过对国内权威文献的梳理，确定政策支撑指标包括绿色专项资金使用合规性、碳信息披露制度健全性、居民绿色环境满意度；经济发展指标包括人均地区生产总值、环境污染治理投资/GDP、科研、技术服务从业人员数/年均人口数。

二、绿色发展指标体系构建

表 18-1　雄安新区整体性治理绿色发展指标体系框架

目标层	项目评价层	指标要素
雄安新区整体性治理绿色绩效评估结果 A	生态环境（P_1）	蓝绿空间占比（S_1）
		森林覆盖率（S_2）
		耕地保护面积占新区总面积比例（S_3）
		永久基本农田保护面积占新区总面积比例（S_4）
		雨水年径流总量控制率（S_5）
		重要水功能区水质达标率（S_6）
		细颗粒物（PM2.5）年均浓度（S_7）
	生活服务（P_2）	起步区城市绿化覆盖率（S_8）
		起步区人均城市公园面积（S_9）
		起步区公园 300 米服务半径覆盖率（S_{10}）
		起步区骨干绿道总长度（S_{11}）
		新建民用建筑的绿色建筑达标率（S_{12}）
		供水保障率（S_{13}）
	污染处理及利用（P_3）	生活垃圾无害化处理率（S_{14}）
		城市生活垃圾回收资源利用率（S_{15}）
		污水收集处理率（S_{16}）
		污水资源化再生利用率（S_{17}）

续表

目标层	项目评价层	指标要素
	经济发展（P_4）	人均地区生产总值（S_{18}）
		环境污染治理投资 /GDP（S_{19}）
		科研、技术服务从业人员数 / 年均人口数（S_{20}）
	政策支撑（P_5）	绿色专项资金使用合规性（S_{21}）
		碳信息披露制度健全性（S_{22}）
		居民绿色环境满意度（S_{23}）

1. 基于 AHP 的绿色发展指标体系框架

基于 AHP 确立雄安新区绿色发展指标体系的层次结构，如表 18–1 所示：整体框架包括三层：第一层为目标层——雄安新区整体性治理绿色绩效评估结果（A）；第二层为项目评价层——生态环境（P_1）、生活服务（P_2）、污染处理及利用（P_3）、经济发展（P_4）、政策支撑（P_5）；第三层为指标要素层（S_1—S_{23}）。

雄安新区的绿色发展和生态文明建设是在一定的生态环境基础上实现的，因此把"生态环境"作为绿色体系的项目评价层之一。该指标具体包括蓝绿空间比、森林耕地面积、水功能区情况和降水以及空气质量等细化指标。

"生活服务"是与人们生活息息相关的一项重要指标，绿色的生活服务不但能够为人们提供良好的生活环境，同时能够在一定程度上反映公众对于政府的满意度。本研究中"生活服务"指标包括生活起步区的绿化、城市公园建设、服务半径的覆盖率、绿色建筑和供水等问题。

"污染处理及利用"一直以来都是环境保护的难题之一，如何对污染物进行合理的处理和利用对雄安新区的绿色发展至关重要。本研究的"污染处理及利用"指标重点考察生活垃圾无害化处理率、城市生活垃圾回收资源利用率、污水收集处理率、污水资源化再生利用率 4 项二级指标。

"经济发展"是一个地区反映政府职责的最直观结果，它通过具体的数字向人们展示在政府职责下治理的效果。结合本研究绿色发展主题，最终确定"经济发展"包含的二级指标：人均地区生产总值、环境污染治理投资/GDP、科研技术服务从业人员数/年均人口数。

"政策支撑"是相关政策实施的法律基础。虽然地方政府的主动性对于绿色发展工作的进行起着重要作用，但是对于绿色发展的制约和推动作用则更多源于国家相关法律法规。本研究中的"政策支撑"指标包含绿色专项资金使用合规性、碳信息披露制度健全性、居民绿色环境满意度3个二级指标。

2. 基于 AHP 的绿色发展指标权重的确定

本研究通过 AHP 来确定雄安新区绿色发展指标权重，其中利用 AHP 构建的判断矩阵所涉及到的指标采用德尔菲法进行收集。德尔菲法面向的主要研究对象为雄安新区政府工作人员、相关领域专家学者等。调查问卷的设计内容依据为绿色体系框架，通过问卷调查得出各项指标对上一层目标的重要程度或影响程度，以确定判断矩阵中各个指标的数值。

（1）AHP 确立指标权重的步骤

按照 AHP 解决问题的基本过程，首先明确需要分析的问题，构造层次结构模型，进而对模型中各个层次的评价因子设定权值，权值设定大致可以分为以下 4 个基本步骤：

一是构建判断矩阵。判断矩阵使用九级标度法进行构建。如表 18–2 所示，对于目标层 A 而言，p_{ij} 表示项目评价层 P_i 对 P_j 的相对重要性的判断值，其中，$p_{ij} > 0$，$p_{ij} = 1/a_{ji}$，$a_{ij} = 1$（i，$j = 1$，$2 \cdots \cdots 9$）。判断矩阵中的数值一般是根据数据资料、专家意见或者分析者的个人认识加以平衡后得出，并且需要对判断矩阵进行一致性检验来保证分析结果的合理性。

表 18–2　A—P 判断矩阵

A	P_1	P_2	P_3	…	P_n
P_1	p_{11}	p_{12}	p_{13}	…	p_{1n}
P_2	p_{21}	p_{22}	p_{23}	…	p_{2n}
P_3	p_{31}	p_{32}	p_{33}	…	p_{3n}
…	…	…	…	…	p_{4n}
P_n	p_{n1}	p_{n2}	p_{n3}	…	p_{nn}

二是层次单排序。层次单排序的目的是根据上层次中的某个元素而言的，确定本层次与之有联系的各元素权重值，是本层次所有元素对上一层次某个元素而言的重要性的排序基础。层次单排序可以归结为研究判断矩阵的最大特征根 λ_{max} 和对应的经归一化后的特征向量 ω 之间的关系，并利用 $A\omega = \lambda_{max}\omega$ 以及得到的特征向量计算出 λ_{max}。

三是一致性检验。一致性检验是用来保证分析结果的合理性。在检验判断矩阵是否具有一致性时，需要计算一致性比例 CR，即一致性指标 CI 与平均随机一致性指标 RI 的比值，计算公式如下：

$$CR = \frac{CI}{RI} \tag{1}$$

其中，$CI = \frac{\lambda_{max} - n}{n - 1}$，$n$ 为判断矩阵的阶数；RI 为多个随机判断矩阵特征值的算术平均数。

值得注意的是，1 阶和 2 阶判断矩阵总是具有完全的一致性，因此公式（1）仅适用于 2 阶以上的判断矩阵；当 $CR < 0.1$ 时，需要调整判断矩阵，直到满意为止。

四是层次总排序。根据同一层次所有层次单排序的计算结果，计算出对于上一层次而言的本层次所有元素的重要性权重值，这一步骤称为层次总排序。层次总排序需要从上到下逐层进行。对于最高层，其层次总排序就是该层的单排序。

3. 雄安新区绿色指标权重的确定

首先，采用德尔菲法对 12 位雄安新区整体性治理研究领域的专家学者和工作人员进行问卷调查，调查使用九级标度法对各层次中每两个指标进行相互重要性的评定和赋值，并对收回的 12 份问卷逐一进行一致性检验，最终共计 8 份问卷通过了一致性检验。其次，对 8 份通过一致性检验的专家赋值取算术平均值后，继续构造判断矩阵、层次单排序、层次总排序。再对算术平均后的判断矩阵进行一致性检验，最后得出各项绿色发展指标的最终权重值。具体计算步骤如下：

步骤一：计算项目评价层中生态环境（P_1）、生活服务（P_2）、污染处理及利用（P₃）、经济发展（P₄）、政策支撑（P₅）5 项指标的相对权重。

步骤二：计算项目评价层各指标要素 S_1—S_{23} 相对于目标层 A 的权重：$w_a = w_p \times w_s$。从而计算出 23 个指标要素中各项指标的组合权重。

（1）A—P 判断矩阵及层次总排序，结果如表 18–3 所示。

表 18–3　A—P 层次排序表

A	P_1	P_2	P_3	P_4	P_5	wi	排序
P_1	1	2.75	1.19	4.5	0.97	0.3076	1
P_2	0.3636	1	0.73	2.53	0.54	0.1472	4
P_3	0.8403	1.3699	1	2.25	0.68	0.2005	3
P_4	0.2222	0.3953	0.4444	1	0.39	0.0784	5
P_5	1.0309	1.8519	1.4706	2.5641	1	0.2663	2
λ_{max}: 5.0773，CR＝0.0173＜0.1							

（2）P_1—S 判断矩阵及层次单排序，结果如表 18–4 所示。

表 18–4　P_1—S 判断矩阵及层次单排序

P_1	S_1	S_2	S_3	S_4	S_5	S_6	S_7	wi	排序
S_1	1	1.25	2.28	1.56	2	0.9	0.69	0.1718	3
S_2	0.8	1	1.88	1.63	1.56	0.85	0.54	0.1472	4
S_3	0.4386	0.5319	1	0.78	1.63	0.49	0.54	0.0944	6
S_4	0.641	0.6135	1.2821	1	1.44	0.71	0.65	0.115	5
S_5	0.5	0.641	0.6135	0.6944	1	0.56	0.44	0.0835	7
S_6	1.1111	1.1765	2.0408	1.4085	1.7857	1	1.79	0.1971	1
S_7	1.4493	1.8519	1.8519	1.5385	2.2727	0.5587	1	0.1911	2
λ_{max}: 7.1380，CR＝0.0169									

（3）P_2—S 判断矩阵及层次单排序，结果如表 18–5 所示。

表 18–5　P_2—S 判断矩阵及层次单排序

P_2	S_8	S_9	S_{10}	S_{11}	S_{12}	S_{13}	wi	排序
S_8	1	1.38	0.94	1.44	1.16	1.5	0.2017	1
S_9	0.7246	1	0.96	1.35	0.73	1.06	0.1569	5
S_{10}	1.0638	1.0417	1	1.19	1	0.81	0.1678	3
S_{11}	0.6944	0.7407	0.8403	1	0.88	0.81	0.1355	6
S_{12}	0.8621	1.3699	1	1.1364	1	1.03	0.1743	2
S_{13}	0.6667	0.9434	1.2346	1.2346	0.9709	1	0.1638	4
$\lambda_{max}=6.0433$，$CR=0.0069<0.1$								

（4）P_3—S 判断矩阵及层次单排序，结果如表 18–6 所示。

表 18–6　P_3—S 判断矩阵及层次单排序

P_3	S_{14}	S_{15}	S_{16}	S_{17}	wi	排序
S_{14}	1	0.94	1	0.98	0.2446	4
S_{15}	1.0638	1	1.03	0.92	0.2504	2
S_{16}	1	0.9709	1	1.16	0.2576	1
S_{17}	1.0204	1.087	0.8621	1	0.2474	3
λ_{max}：4.0071，$CR=0.0027<0.1$						

（5）P_4—S 判断矩阵及层次单排序，结果如表 18–7 所示。

表 18–7　P_4—S 判断矩阵及层次单排序

P_4	S_{18}	S_{19}	S_{20}	wi	排序
S_{18}	1	0.45	0.59	0.2026	3
S_{19}	2.2222	1	1.44	0.4645	1
S_{20}	1.6949	0.6944	1	0.3328	2
λ_{max}：3.0010，$CR=0.0009<0.1$					

（6）P_5—S 判断矩阵及层次单排序，结果如表 18–8 所示。

表 18–8　P₅—S 判断矩阵及层次单排序

P₅	S₂₁	S₂₂	S₂₃	wi	排序
S₂₁	1	1.15	1.63	0.4011	1
S₂₂	0.8696	1	1.58	0.3616	2
S₂₃	0.6135	0.6329	1	0.2373	3
λ_{max}：3.0013，CR＝0.0013＜0.1					

（7）指标要素层次总排序，结果如表 18–9 所示。

表 18–9　雄安新区绿色发展指标体系层次总排序

目标层	项目评价层	权重	排序	指标要素	权重	二级指标排序
雄安新区绿色绩效评估	生态环境 P₁	0.3076	1	蓝绿空间占比 S₁	0.0528	6
				森林覆盖率 S₂	0.0453	11
				耕地保护面积占新区总面积比例 S₃	0.029	15
				永久基本农田保护面积占新区总面积比例 S₄	0.0354	13
				雨水年径流总量控制率 S₅	0.0257	17
				重要水功能区水质达标率 S₆	0.0606	4
				细颗粒物（PM2.5）年均浓度 S₇	0.0588	5
	政策支撑 P₅	0.2663	2	绿色专项资金使用合规性（定性指标）S₂₁	0.1068	1
				碳信息披露制度健全性（定性指标）S₂₂	0.0963	2
				居民绿色环境满意度（定性指标）S₂₃	0.0632	3
	污染处理及利用 P₃	0.2005	3	生活垃圾无害化处理率 S₁₄	0.049	10
				城市生活垃圾回收资源利用率 S₁₅	0.0502	8
				污水收集处理率 S₁₆	0.0517	7
				污水资源化再生利用率 S₁₇	0.0496	9

续表

目标层	项目评价层	权重	排序	指标要素	权重	二级指标排序
	生活服务 P_2	0.1472	4	起步区城市绿化覆盖率 S_8	0.0297	14
				起步区人均城市公园面积 S_9	0.0231	21
				起步区公园 300 米服务半径覆盖率 S_{10}	0.0247	19
				起步区骨干绿道总长度 S_{11}	0.0199	22
				新建民用建筑的绿色建筑达标率 S_{12}	0.0257	18
				供水保障率 S_{13}	0.0241	20
	经济发展 P_4	0.0784	5	人均地区生产总值 S_{18}	0.0159	23
				环境污染治理投资 /GDP S_{19}	0.0364	12
				科研、技术服务从业人员数 / 年均人口数 S_{20}	0.0261	16

4. 各层次绿色指标权重分析

（1）项目评价层分析

如表 18–9 所示，项目评价层中生态环境（P_1）的权重为 0.3076，在项目评价层的 5 项指标中居于首位，由此可以说明生态环境对雄安新区绿色绩效评估的影响程度较大，生态环境建设的好坏直接影响雄安新区绿色绩效评估的优劣；政策支撑（P_5）的权重为 0.2663，是项目评价层中位居第二的影响因素，与生态环境（P_1）的权重值相差不大，说明在雄安新区绿色绩效评估中政府方面的政策支持同样扮演着举足轻重的作用；污染处理及利用（P_3）和生活服务（P_2）的权重分别为 0.2005、0.1472，两项指标的权重相差不大，在项目评价层中分别位居第三、第四位；经济发展（P_4）的权重为 0.0784，是五个项目评价指标中权重最小的影响指标。

（2）指标要素层分析

一是生活服务（P_1）层各指标要素权重的分析。

如表 18–9 所示，在生态环境（P_1）层中，重要水功能区达标率（S_5）的权重为 0.0606，在该层中居于首位。水功能区是指为满足水资源合理开发、利用、节约和保护的需求，依其主导功能划定范围并执行相应水环境质量标准的水域，是生态环境保护与治理的重要一环，也是重要水功能区达标率（S_6）在生态环境中占有重要地位的原因之一。党的十九大召开以来，国家对于生态文明建设更加重视，雄安新区所在白洋淀流域素有"华北之肾"之称，实施白洋淀生态流域修复迫在眉睫。正因如此，重要水功能区达标率的高低直接影响生态环境指标的评估。

其次是蓝绿空间占比（S_1）和细颗粒物（PM2.5）年均浓度（S_7），二者权重相近，分别为 0.0592、0.0588。这两项指标关系到近年来人们关注的重点问题和"雾霾"问题。近年来京津冀区域属地管理下的"虹吸效应"严重，"竞争"大于"合作"的"零和博弈"成为区域协同发展的瓶颈，并逐步发展成为关乎区域整体治理建构的系统性问题。雄安新区的设立旨在疏解非首都功能，破解京津冀协同治理困境，解决由环境问题导致的利益失衡。为实现区域环境协同治理、改善大气环境质量，打造优美的区域生态环境，蓝绿空间占比和 PM2.5 两项指标在很大程度上能够诠释雄安新区绿色低碳的建设效果，同时也是生态环境指标评估的重要组成部分。

森林覆盖率（S_2）占比 0.0453，耕地保护面积占新区总面积比例（S_3）占比 0.0290，永久基本农田保护面积占新区总面积比例（S_4）占比 0.0354，雨水年径流总量控制率（S_5）占比 0.0257，这四个指标主要反映的是雄安新区生态环境建设的程度，是评估生态环境指标的基础条件。

二是生活服务（P_2）层各指标要素权重的分析。

如表 18–9 所示，雄安新区起步区城市绿化覆盖率（S_8），关系到辖区内人们的生活环境，其权重为 0.0297，在总排序中居于中上地位。由此可见，提高起步区城市绿化覆盖率可以改善辖区内人们的生活环境，同时直接影响生活服务（P_2）指标的评估，间接影响整个雄安新区的绿色绩效评估。

起步区人均城市公园面积（S_9）、起步区公园 300 米服务半径覆盖率（S_{10}）、起步区骨干绿道总长度（S_{11}）、新建民用建筑的绿色建筑达标率（S_{12}）、供水保障率（S_{13}）的权重分别为 0.0231、0.0247、0.0199、0.0257、0.0241，这五项指标同样涉及雄安新区公共服务的供给和服务水平，关乎人民生活质量，直接反映了雄安新区公共服务设施布局是否合理以及居民的生活能否得到有效保障，其影响程度较起步区城市绿化覆盖率（S_8）相对靠后。

三是污染处理及利用（P_3）层各指标要素权重的分析。

如表 18-9 所示，污水收集处理率（S_{16}）的权重为 0.0517，城市生活垃圾回收资源利用率（S_{15}）的权重为 0.0502，污水资源化再生利用率（S_{17}）的权重为 0.0496，生活垃圾无害化处理率（S_{14}）的权重为 0.049，此四项指标在总排序中比较集中。其中权重相对较大的是污水收集处理率（S_{16}）。可见在特色小城镇、村庄推广分散式生态化污水处理技术是构建雄安新区绿色市政基础设施体系的重要一环。通过统筹考虑污水收集处理和再生利用的便捷性、经济性，建设适度分散的设施对雄安新区绿色绩效评估有着重要意义。

四是经济发展（P_4）层各指标要素权重的分析。

如表 18-9 所示，环境污染治理投资 /GDP（S_{19}）占比 0.0364，总排序为 12，其排名居于前列。环境污染治理投资相对于人均生产总值（GDP）的比值可以揭示当地政府对于环境污染治理的经济投入情况。人均地区生产总值（S_{18}）和科研、技术服务从业人员数 / 年均人口数（S_{20}）的权重分别为 0.0159、0.0261，居于中后位。可见对于雄安新区的绿色绩效评估，人均地区生产总值以及技术类人员同样具有一定的影响力，但是不作为主要的评估指标。

五是政策支撑（P_5）层各指标要素权重的分析。

如表 18-9 所示，绿色专项资金使用合规性（S_{21}）的权重为 0.1068，碳信息披露制度健全性（S_{22}）的权重为 0.0963，居民绿色环境满意度（S_{23}）的权重为 0.0632，这三个指标均为定性指标，在总排序中居于前三的地位。从发展定位来看，雄安新区是北京非首都功能疏解集中承载地，要建设成为高水平社会主义现代化城市、京津冀世界级城市群的重要一极、现代化经济体系的新引擎、推动高质量发展的全国样板，从而建设绿色生态宜居新城区、创新驱动发展引领区、协调发展示范区、开放发展先行区。上述高起点高定位没有政府制定相关政策的强有力支撑将会寸步难行。因此，政策支撑在雄安新区绿色绩效评估中起着举足轻重的作用。

第四节　结论和建议

整体性治理视阈下雄安新区绿色发展指标体系的构建是实现区域绿色绩效评估的基础，是京津冀区域绿色发展的核心，是雄安新区生态文明建设的重要组成部分。本节基于协同治理理论和整体性治理理论，依据该绿色发展指标体系对雄安新区未来绿色绩效评估体系的建构提出如下建议：

一、加强区域政府间的协同治理

协同治理是实现整体性治理，进而实现绿色绩效评估的基础。雄安新区旨在破解京津冀区域长期以来的属地化、部门化、碎片化治理格局，是医治"大城市病"，解决"虹吸效应"和"孤岛效应"的一剂良方，依托雄安新区破解京津冀协同治理困境刻不容缓。基于此种考量，可以对政府间信任关系进行科学评估，在政府间建立起理解与信任的授权机制，促使政府之间形成合作关系，由此增强政府间行动预期、合作意愿与合作能力，使政府间合作拓展到公共组织理解与信任的双向建构之层面，最大限度实现政府组织间跨区域合作，从整体上增强绿色绩效评估的效果。

二、切实可行的政策工具和制度安排

通过本节建构的绿色指标体系可以看出，政策支撑在绿色绩效评估过程中占有重要地位，即政策支撑决定了绿色绩效评估能否顺利开展。因此，从国家层面来说，国家治理体系的建构和治理能力的提高，需要制定出一系列符合地方层面、区域层面乃至整个国家层面的行之有效的政策，推进创新性的制度安排，以助力集体行动与合作行为的达成。绿色发展及评价指标体系的建构，迫切需要合理的政策工具和制度安排作为支撑。

三、区域内治理层级、功能和部门的整体治理

整体性治理理论强调治理层级的整合、治理功能的整合和公私部门的

整合。活动、协调、整合是整体性治理的三个核心概念。① 强化区域内部整体治理，旨在消除区域内部各个元组之间由于利益而产生的矛盾。因此，需要在中央及地方层面设置专门的绿色绩效评估组织机构，将各级领导干部以及有关部门纳入这一组织架构，并对机构内部各项功能加以整合。雄安新区产业发展重点为高端高新绿色产业，包括新一代信息技术产业、现代生命科学和生物技术产业、新材料产业、高端现代服务业、绿色生态农业五大内容。为更好地倡导践行绿色发展理念，雄安新区亟须基于顶层设计规划，在内部设置绿色绩效评估组织架构，从地方实际出发设定地方各级领导干部和相关部门绿色发展目标职责，对具体工作分工协作、一体化设定的基础上，实现区域内部治理层级互通、治理功能的融合以及公私部门间的整合。

四、绿色公共基础设施的建设和环境污染治理的投入

由绿色发展指标体系可以看出，生态环境与生活服务两项指标均排在较前的位置，说明绿色生活服务设施完善程度对绿色绩效评估有深远影响。在完善绿色生活服务设施建设方面，首先要本着高起点、高定位的原则，对雄安新区已有基础设施进行合理规划布局，然后在保护原有自然生态环境的基础上，根据人均比例对未来居民绿色公共服务加以细化，如推行绿色建筑、扩大起步区城市绿化覆盖率等。

雄安新区毗邻白洋淀流域，地处京津冀区域，区域内大气污染、水污染、土壤污染严重。环境污染治理方面的资金投入也是影响绿色绩效的重要因素。环境污染的治理成效关乎非首都功能的顺利疏解、关系到雄安新区高质量公共服务的供给，同时也直接影响着京津冀区域未来的均衡可持续发展。合理的资金投入、科学治污技术和手段的运用能够使雄安新区所处白洋淀流域环境污染治理取得显著效果，进而为区域内居民创造更好的人居环境，同时也为京津冀实现真正意义上的协同奠定良好的环境基础。

---

① 黄月华：《整体性治理视角下西江航运干线船间管理体制研究》，广西大学硕士学位论文，2015年。

第十九章　京津冀协同发展背景下雄安新区财政整体性治理框架

　　雄安新区顶层设计是破解京津冀协同发展瓶颈的重大战略部署。打破长期以来区域内各自为政的属地治理模式，突破碎片化的体制障碍，需要协同理念的引领和整体性治理框架的建构。就治理模式而言，京津冀区域及雄安新区所在白洋淀区域一直沿用以内向型的"行政区行政"为主导的属地治理模式。现实中，由于地方政府间缺乏相应的合作治理机制，因而难以在公共服务合作提供上达成协同，导致"公地悲剧"的发生。地方政府间的竞争加剧，交易成本增加，行政效率下降，集体行动缺失，区域整体性协调发展受阻。雄安新区地处京津冀区域腹地，区位优势明显，在空间布局上改变了京津冀空间联系上的松散状态，有利于加速资金、人才、信息、技术及其他要素在区域内的流动与集聚。雄安新区整体性治理架构有利于突破区域政府间壁垒，消弭京津冀区域长期以来的非均衡发展、跨域公共服务失灵、信息孤岛、市场割裂等问题。在诸多亟待解决的问题中，区域公共财政的整合与协同极为迫切，但一直没有引起足够重视。京津冀区域协同发展的实质性推进，迫切需要依托雄安新区这一新的空间维度和治理平台，从财政层面进行区域财政整体治理构建，协调政府间财税利益冲突、消除财政治理的分散化和碎片化、破解区域公共服务提供困境等难题，加快京津冀一体化治理格局的形成。

　　本章从财政视角关注雄安新区公共服务的治理架构，旨在基于雄安新区这一新的空间维度洞察和考量财政竞争与合作对于该区域整体性发展的影响，挖掘雄安新区整体性发展进程中财政合作与整合的理论和现实意义，通过财政合作助力行政合作，平衡利益关系，消弭碎片化。尝试通过整合预算、税收分享、支出协同、共同财政基金、横向利益补偿机制的构建，政府与社会资本合作等财政合作机制引领作用为支点，设计雄安新区公共服务协同发展的可行性政策，进而建构起具有一定操作性和实践性的财政整体性治理框架。

第一节　问题的提出

目前，困扰中国区域协同发展的一个突出问题是，地方政府出于属地利益的考量，以行政区域为单位展开财税利益的争夺，以税收优惠或财政补贴方式招商引资、争夺税源，"跑部钱进"争取上级财政拨款，争夺政策和规划的倾斜，甚至阻碍产业转移和要素流动，造成地区间财政差距的扩大。财政差距导致政府公共服务供给能力和发展环境的差异，市场主体向财力充裕政策优惠地区集聚，进一步扩大了地区经济发展差距。这种区域财政竞争行为背后的根源不只是行政区划体制造成的，而是行政区划体制、分税制、官员政绩考核压力三重因素叠加的结果。为调动地方政府理财的积极性，分税制财政体制赋予行政区独立的财税利益，强化了地方政府对自身财政利益的追逐，客观上造成了倡导区域政府间竞争进而忽视区域政府间合作的结果，导致区域内财政治理的碎片化、区域经济社会发展失衡、公共服务不均等现象。在突破行政区划和分税制财政体制障碍的前提下，区域内财政协同治理框架的整体性设计是对财政治理碎片化问题的一种矫正和战略性回应。

第二节　区域财政整体性治理的理论依据

财政治理是国家治理体系的重要组成部分。2013 年颁布的《中共中央关于全面深化改革若干重大问题的决定》指出，"财政是国家治理的基础和重要支柱"，这一提法把财政提升到了治国安邦的高度。事实上，财政原本就是应国家治理的需要而产生的。财政收支活动的安排，本身就是作为国家治理主体的政府履行其职能的过程。财政治理通过政府预算予以实施，"通过政府预算治理国家，更是迄今可以观察到的有关现代国家治理活动的一个基本轨迹"。① 通过政府预算可以反映政府活动的范围、方向和重点，形成对国家治理活动成本的有效控制。财政治理还可以通过财权与事权的匹配、财力与支出责任的匹配来支撑和保障国家治理活动的开展。

协同治理（Collaborative Governance）是为了应对跨部门、多层次的治理问题，而构建多主体参与、通过协商与合作达成的协同体系，以提高决策的质量和达成共赢的目标。对协同治理的理论研讨和实践主要源自西方，学者们对其理解不尽相同，但西方学者大体上达成了两点共识：（1）除政府外，其他组织或个人加入到治理中；（2）为达成共同的目标，各行动人共同努力共同合作。② 国内协同治理理论脱胎于西方政治结构和行政体系，这一理论是发达国家多元合作治理中进行现代化建构的重要工具。中国学者引入并发展了这一理论，将协同治理与国家治理体系与治理能力现代化、区域协同发展、行政体制改革等结合起来。

整体性治理是在协同治理基础上的增进和深化：（1）在治理主体方面。协同治理过程中更加强调参与主体的自发性、主体性和自组织性，表现为强劲的内生性。整体性治理则表现出更强的外生性，其更多的是依靠整合后的协调机制或者组织去推动，通过多层次的组织和系统性整合，借助跨部门委员会提升行政效能。（2）治理结构方面。和协同治理比较而言，整体性治理在治理过程中表现出更强的稳定性、融合性，注重区域整合的常态化和制度化。（3）治理活动方面。整体性治理相较于协同治理，更加注重整体性、系统性和有序性，趋向于形成最佳化结构，达成整体大于部分之和的效果。

整体性治理的核心内涵是"协调与整合"，从结构和形态上进行层级、功能以及合作关系的协调与整合，同时强化政府组织间关系的紧密性，进而建立整体性政府组织间关系。在区域的框架下超越协同治理讨论政府间财政关系问题，强调的是财政治理的区域间整合、协调及相互介入，即不同辖区甚至不同层级的财政部门和其他组织，秉承合作、协商、共赢的价值理念，

---

① 高培勇：《财税体制改革与国家治理现代化》，社会科学文献出版社 2014 年版，第 15 页。

② 田培杰：《协同治理概念考辨》，《上海大学学报》（社会科学版）2014 年第 1 期。

通过彼此之间的协商与合作，采取集体行动，协调区域利益关系，实现区域内财政的均衡协调发展，直至达成财政整体化的最终目标。

京津冀区域财政整体性治理的职能包括：一是发挥区域财政资源配置职能，优化区域内资源配置。引导人力、物力、财力资源的合理流向，维护区域统一市场的形成和发展。京津冀区域需要通过财政协同与整合机制来缓解困扰京津的"大城市病"，改变优质资源过度向京津地区集中的极化现象，引导资源要素的反向流动和分散流动，平衡区域的经济和社会发展。二是发挥京津冀区域财政再分配职能。通过税收、支出、预算的协同合作，缩小乃至弥合区域内财政差距，提升区域内地方政府基本公共服务供给能力，促进区域政府间基本公共服务均等化。京津冀区域尤其要致力于缩小河北省与京津两市"断崖式"的财政落差，由京津承担更多区域性公共服务的供给责任，建立京津向雄安新区及河北横向援助机制，实现区域协同发展。

第三节　雄安新区财政整体性治理框架设计的逻辑机理

雄安新区作为首都非核心功能疏解的集中承接地、京津两大都市的"反磁力中心"、河北省新的增长极，与京津及河北其他地区形成了异常紧密、相互依存的关系。如何在一体化方略下处理雄安新区与京津冀相互纠缠的财税利益关系，如何争取区域内其他地区的财力支持，如何协调区域内普遍存在的外部性问题，如何妥善解决区域协同发展中财政配合方面的碎片化和分散化的问题，这些都是摆在雄安新区财政治理中的重点和难点。

一、雄安新区与京津冀紧密而特殊的关系需要财政整体性治理机制调整各方财税利益

雄安新区是在京津冀协同发展背景下提出的，从诞生之日起就注定与京津冀区域存在密不可分的关系。雄安新区的设立，必将打破京津冀政府间"一亩三分地"的利益格局。天津未来的可持续发展也需要和雄安新区开展产业对接等方面的深度合作。由此可见，以雄安新区设立为标志，京津冀三省区域政府间长期以来的合作困境将被破解，一个相互依存、彼此融合的利

益共同体即将形成。

　　首先，雄安新区与北京是相互依存、共生共荣的关系。雄安新区首要的功能定位是北京非首都功能疏解集中承载地，旨在破解首都"大城市病"，与北京市区、北京通州共同构成大北京都市区，破解京津冀协同发展进程中的瓶颈，将来在统一市场、公共服务、交通通讯等方面会率先实现一体化的发展。从长远来看，雄安新区和北京之间是共生共荣的相互依存关系。但是，雄安新区初步规划的安新、雄县、容城三县及所在的白洋淀区域产业基础薄弱、高端要素资源匮乏、合作程度较低，白洋淀行政区划上分属于二市四县，碎片化现象严重。因而，雄安新区的发展离不开北京高端人才的输入、高新技术产业的注入，离不开优质公共服务资源以及其他优质生产要素的集聚。接收北京非首都功能疏解的优质资源，必然会与北京产生利益分配问题，尤其是财政利益的分割与协调问题。

　　其次，雄安新区与天津是相互协作、相互借鉴的关系。作为京津冀协同发展中新的增长极，雄安新区在疏解非首都功能方面并不是唯一的承载地，需要和毗邻的天津加强协作，共同承担起这一使命。天津滨海新区作为环渤海区域隆起带和增长极，在行政区划调整、产业功能区整合、园区开发建设、公共服务供给等方面积累了丰富的经验，未来雄安新区和天津滨海新区在生态环境治理、贸易通关、人才交流、产业转移、基础设施互联互通、资源流动等方面有着广阔的协作空间，并且随着京津冀城市群的发展和日臻成熟，这种协作与联系会日益密切。在开发建设初期，尽管雄安新区与天津的关系并不容易把握，对天津的依赖也不是那么强，但随着京津冀城市群发育日益成熟，两地之间的相互依赖关系将会日趋显现，这种关系既体现在城市功能分工、产业协作以及功能平台共享的利益关系，也体现在人流、信息流、资金流、物流等要素流动的关系。未来雄安新区与天津深层次合作达成之后，利益关系协调中财政利益问题必然会提上日程。

　　再次，雄安新区是提升河北省区域协同发展能力的载体，是引领京津冀区域及周边地区高水平融合的平台。雄安新区地处河北省保定市境内，与河北省有着天然的不可分割的关系。河北省在雄安新区的规划建设中承担主体责任，中央要求河北省要加强组织领导，全力推进雄安新区规划建设各项工作，建立长期稳定的资金筹措机制，可见，雄安新区未来的建设和发展在中央的领导下由河北省负责具体实施和推进，河北省对雄安新区的建设和未来发展将起到支持和支撑作用。短期内雄安新区以其不可比拟的优势会吸引周边其他地区的优质资源汇入，产生极化效应；但从长期来看，雄安新区的建设必将引领和带动河北其他地区的发展，缩小河北与京津的发展差距，成为河北省新的增长极，对周边地区产生扩散效应，加速空间一体化的进程。雄安新区初步定位为二类大城市，即人口 200 万以上的特大城市，其特殊的职能定位使其将来很可能会成为计划单列市，在地域上隶属于河北，但财政管辖权不归属河北。雄安新区与京津冀财政经济利益的协调是关系到雄安新区的建设能否顺利推进的难点，如果不能很好地处理地区之间的利益关系，京津地区产业、人才及其他优质要素的疏解和流动就有可能部分受阻，从而影响雄安新区的建设和疏解功能的发挥。因而，未来雄安新区与京津冀及周边地区之间在财政方面的深度融合、良性互动、协同发展变得日趋重要。

二、薄弱的地方财力需要强化财政整体性治理机制

雄安新区处于河北省经济发展的洼地，经济发展水平在省内、区域内均相对落后，财力薄弱，公共服务水平不高。即便是雄安新区所属的河北省，与已超越工业化后期阶段正在进入或迈向后工业社会的京津两市在经济发展水平上也存在巨大差距。如表 19-1 所示：

表 19-1　2016 年京津冀地区人均 GDP 差距

单位：元／人

地区	人均 GDP	河北与京津及全国差距	河北占京津及全国的比例
河北	43062	—	—
北京	118198	75136	36.4%
天津	115053	71991	37.4%
全国	53935	10873	79.8%

资料来源：中国统计年鉴 2017。

2016 年河北省人均 GDP 为 43062 元，仅相当于北京市人均 GDP 的 36.4%，相当于天津市的 37.4%，比全国平均水平 53935 元低 10873 元。雄安新区所在的保定市人均 GDP 在河北省处于最低水平，2016 年只有人均 29945 元，比省均水平低了 13117 元，只相当于河北省人均水平的 69.5%。而雄安新区所处雄县、安新、容城三县人均 GDP 和人均财政收入均显著低于保定市和河北省人均水平。

相对落后的经济发展水平和薄弱的财政收入汲取能力使得河北省与京津两市呈现"断崖式"财政落差。2012 年到 2016 年数据显示，河北省的人均财政收入一直呈上升态势，但北京和天津同步上升，且上升幅度超过河北。从地方本级收支来看，2016 年河北省人均财政收入 3827 元，分别相当于北京市（23394 元）的 16.4% 和天津市（17520 元）的 21.8%（如表 19-2 所示）。人均财力差距大于人均 GDP 差距，说明河北省财政收入汲取能力与经济发展水平不匹配，二、三产业对财政收入的贡献度低于京津地区。

表 19-2 2012—2016 年京津冀人均财政收入变化情况

单位：元 / 人

年份	2012	2013	2014	2015	2016
北京市	16217.88	17500	18876	21857	23394
天津市	12716.91	14411	15994	17410	17520
河北省	2869.13	3140	3325	3578	3827

资料来源：中国财政年鉴 2013—2017。

人均财政支出更能反映各地实际支配的财政资源。2012 年到 2016 年数据表明，河北省的人均财政支出呈缓慢上升态势，北京和天津同步上升，且上升幅度远远高于河北，河北与京津人均财政支出之间的差距在不断拉大。2016 年河北省人均财政支出 8123 元，排在全国 31 个省区的第 30 位，分别相当于北京市的 27.5% 和天津市的 34.1%，见表 19-3。财政支出的差距会影响财政配置资源的能力和公共服务供给水平，进一步拉大经济和社会发展差距。

表 19-3　2012—2016 年京津冀人均财政支出变化情况

单位：元 / 人

年份	2012	2013	2014	2015	2016
北京市	18029.88	19950	21208	26548	29497
天津市	15485.64	17670	19302	21099	23798
河北省	5615.58	6032	6356	7606	8123

资料来源：中国财政年鉴 2013—2017。

公共服务方面，京津冀在教育、科技、卫生、社会服务、文化、体育、公共管理及社会保障等方面都存在梯度差距。《中国区域经济发展报告（2015—2016）》显示京津冀公共服务落差过大，仅人均财政教育经费一项，京津两地就是河北的近 3 倍。京津冀区域教育财权事权失衡，与京津相比，无论是学前教育、义务教育还是高中阶段教育的生均教育经费，河北省明显低于京津两地。2015 年京津冀三地国家财政性教育经费按人均核算分别为 4519.01 元 / 人、3086.66 元 / 人、1445.52 元 / 人，北京、天津分别是河北的 3.12 倍和 2.14 倍；2016 年京津冀三地每万人拥有卫生技术人员数分别为 108 人、61 人和 53 人；2016 年京津冀三地人均拥有公共图书馆藏量分别为 1.19 册 / 人、1.16 册 / 人、0.31 册 / 人。京津冀长期以来公共服务水平的失衡决定了三地资源要素的流向，京津对河北发展产生了虹吸效应，导致河北省高端人才流失非常严重。

断崖式的财政落差成为阻挠京津冀一体化进程的现实障碍，也是整体化协同发展进程难以深入推进的重要原因。京津相对雄厚的公共财力和高水平的公共服务吸引了周边地区优质资源和要素加速向两市集聚，而河北省则处于政策洼地，资源和要素大量流失，不利于区域内人口、产业和城市功能的合理布局，同时也加剧了京津的"大城市病"，影响了河北省对非首都功能的疏解。雄安新区宏观战略的提出既可以弥补河北省经济发展的短板，也可以促进京津冀区域深度融合、良性互动、整体性发展。但是，如果京津冀雄财政落差问题不解决，那么疏解到雄安和周边地区的资源和要素迟早还是会回流到京津地区，使疏解非首都功能和区域协同发展的目标难以实现。因而，着力架构京津冀区域财政整体性治理机制，逐步缩小和弥合财政差距，才能使区域协同发展走上良性轨道，并最终实现京津冀区域真正意义上的协同发展。

三、雄安新区外部效应内部化问题需要财政整体性治理

雄安新区地处白洋淀流域核心地带，白洋淀水域上下游连着北京、天津、保定等多个城市，流域的综合治理需要这些地区携手合作、共同规划、共同保护。白洋淀自身由 143 个淀泊组成，雄安新区设立之前 360 平方公里的水面分属于"两市四县"，其 85% 的水面在安新县境内，其余不足 15% 分属雄县、高阳、容城和沧州的任丘市，这样的布局使得白洋淀的整体规划难度巨大，因为行政区划引发的问题由来已久。[①] 另外，雄安新区处于京津保三角地区地势低洼地带，新城建成之后空气扩散条件极为不利，需要京津及河北其他地区联合治理和防范大气污染问题。[②]

伴随着雄安新区建设提上日程，诸如产业跨区转移、基础设施的互联互通、突发公共事件的应急合作、水资源跨域补给、公共服务的跨区供给等地区性公共事务和公共问题逐渐凸显出来，需要地方政府间的通力合作。由于属地管理模式和地方本位主义的影响，造成地方政府对正外部性公共事务只愿坐享其成，而对负外部性公共问题不愿承担责任，客观上加大了跨区治理的成本。长期以来，在京津冀跨域公共服务供给方面存在的一个突出问题是：京津将本属于自身的公共服务责任转嫁给河北来承担，河北迫于政治压力做出了重大牺牲，付出了大量人力、物力和财力，却缺乏相应的有力度横向补偿机制，相当于对京津进行变相的财政输出和财政补贴，挤占了河北本已十分紧张的财政资源，导致出现了"环首都贫困带"。以水资源供给为例，河北省在自身人均水资源十分匮乏的情况下，仅在 2008—2012 年期间，就向北京应急供水超过 10 亿立方米；承德至天津的"引滦入津"工程，每年

---

① 《中共中央　国务院关于对〈河北雄安新区规划纲要〉的批复》，《人民日报》2018 年 4 月 20 日。

② 赵新峰：《京津冀协同发展背景下雄安新区新型治理架构探析》，《中国行政管理》2017 年第 10 期。

为天津提供水源超过 5 亿立方米。河北省的慷慨却未能得到应有的市场化补偿。北京市凭借首都的优势，在制度设计和政策制定上一直执行着偏向自身利益而牺牲其他地区利益的制度和政策安排。这种情况表明京津冀区域内政府的自利行为缺乏约束机制，成为京津冀协同发展的瓶颈，亟须横向权力的创新配置和横向利益补偿机制来解决三地之间的非均衡问题。

雄安新区设立后，将大量承接北京疏解过来的高等学校、医疗机构、科研单位、企业总部、金融机构等优质资源，这种跨行政区的资源配置和不同辖区间公共服务成本收益不对等问题会愈加突出。如何将这种地区外部效应问题内部化，关键在于平衡不同地区之间的成本收益关系，使付出大量人力、物力、财力支援京津经济社会发展的河北省得到与其付出成本相应的利益补偿。雄安新区接收北京疏解过来的资源，得到北京方面人才、资金、技术等方面的援助，这些都需要财政整体性治理框架中协同机制的构建，进而平衡横向资源配置、协调成本收益关系。

四、破解属地管理、运动式治理以及治理工具单一的困境需要财政整体性治理的支撑

1. 财政整体性治理的体制性障碍

"传统行政区划的管理模式及条块分割模式造成了地方本位主义的弊病以及政府治理的碎片化"[①]，阻碍了区域协同发展和一体化进程，诸多学者呼吁从行政角度谋求合作收益，实现区域协同治理、整合治理，使得区域协同形成对"行政协同"的路径依赖。[②] 京津冀三地政府、雄安新区所涵盖的三个县、白洋淀所属的两市四县，均基于各自行政疆界在管辖范围内加以治理，行政界限是权力管辖的最大化边界，地方政府各个行政单元横向之间跨域决策难以实现，闭合性、内向性特征明显的属地治理模式占主导地位，导致地方政府对区域内"整体性""系统性""跨域性"的公共问题画地为牢，分而治之，共同应对公共问题的财政协同机制遭遇体制性障碍。

---

① 叶振宇：《雄安新区与京津冀的关系及合作途径》，《河北大学学报》（哲学社会科学版）2017 年第 7 期。

② 刘姗：《浅议京津冀协同发展的战略选择与财政策略》，《经济研究参考》2014 年第 69 期。

2. 偏向于具体事项解决的单纯的行政协同，缺乏与之相匹配的整体性财政协同机制

中国区域合作治理方面的主要策略是"一事一议"，旨在解决具体问题和具体事项。如京津冀共同治理雾霾的大气污染联合整治行动、交通设施建设、首都安保等合作事项。长期以来区域内由于缺乏长效的协同机制，始终难以由具体问题的点状合作升级到全方位的区域协同式的面状合作。并且由于缺乏政府间财政协调和利益补偿机制，各个行政单元均从自身利益最大化出发，把自身利益置于区域共同利益之上，区域政府间协同的内生动力和外在动力均不足，影响了合作效果。因此，缺乏财政配合的行政协同不仅效率降低，而且由于资金、利益平衡机制的缺位使得区域政府间合作缺乏可持续性。区域行政权力的协同需要财政权力的协同与之匹配，方能获得 $1+1>2$ 的整体收益。一方面财政协同可以发挥财政的资源配置职能引导要素合理流动，实现区域内资源配置的最优化；另一方面可以发挥财政再分配职能，合理分摊区域内公共事务的成本与收益，进行合理的利益补偿，实现协同治理的利益共享，保证协同治理的可持续性。

3. 区域合作治理政策工具中财政协同维度的手段匮乏

学术界把中国区域治理政策工具划分为四类：管制型工具、激励型工具、自愿型工具和混合型工具，中国由于市场发育不够成熟、社会组织发育不够充分使得政府目前仍过度依赖管制型工具。这种工具以刚性的命令和规制为主，以自上而下的政治动员为特征，短期内效果明显，但缺乏长效机制，横向政策权威分散，聚敛性差，而且由于干扰了市场机制的运行，影响了市场对资源的有效配置，易使资源错配，降低合作效率。在区域治理政策工具中，管制型政策工具占绝对主导地位，市场型政策工具所占比例只有 6% 左右，三种工具类型运用的失衡不但影响了区域治理绩效，而且资金浪费严重，造成巨大的管制成本。此外，在区域协同治理推进中，几种政策工具类型中均忽略了财政手段的协同作用：如管制型工具中纵向转移支付工具、区域共同基金设立方面协同功能没有充分发挥；市场激励型政策工具中税收、收费、补贴等协同手段还局限于行政区划内；自愿型政策工具在激发社会各界力量方面成效显著，但政府投入方面的财政协同缺失。总体而言，

几种政策工具之间缺乏有效整合与协同，在区域协同治理进程中具有输血和造血功能的财政政策协同也一直受到忽视。

第四节　京津冀协同发展背景下雄安新区
财政整体性治理的基本框架

雄安新区与京津之间、河北其他地区之间、白洋淀流域政府之间存在着财税利益相互纠缠的状况，协同治理资金短缺，集体行动动力不足，不同地区间存在着公共服务的鸿沟，破解京津冀协同发展的困境呼唤区域整体性财政协同治理，以破除区域治理碎片化问题，弥合区域内的差距和鸿沟，通过构建多元主体参与的整体性治理体系，达到区域合作共赢的目的。因而雄安新区财政协同治理可以定位为京津冀区域整体治理体系的组成部分，一方面在于实现财政的经济杠杆作用，优化区域资源配置，维护区域市场统一方面发挥经济职能作用，提供财力保障；另一方面也要发挥财政的政治和社会功能，使财政体制成为区域治理的制度保障。①

一、实行预算的整体性协同

决定财政资源配置的预算制度是影响财政协同的关键性因素。京津冀的协同发展和雄安新区的规划建设都离不开财政资金整合功能的支撑，更需要地区间预算的协同。目前区域内各级政府间的沟通交流日益增多，但各地的发展规划和预算编制仍然是在自身利益至上的原则下出台，缺乏统筹协调，使得很多合作难以落到实处。基于此，雄安新区建设中要切实突破以往预算中的羁绊和局限，力求从以下几方面着手：

第一，要建立区域预算的共同规则，做到预算与发展规划的协同。以往预算编制在财政资金的分配和使用上，经常出现预算和规划两张皮的现象，各地区各部门争取财力的积极性很高，但花钱干什么往往不清楚，资金

---

① 杨志安、邱国庆：《区域环境协同治理中财政合作逻辑机理、制约因素及实现路径》，《财经论丛》2016 年第 6 期。

损失浪费现象严重。从执行机构来看，发展规划由发改委部门制定，预算由财政部门编制，实践中很容易发生脱节，使得发展规划不考虑预算资金的限制和支撑，预算编制脱离发展规划的指导，因此需要部门之间加强沟通协商，做到预算与发展规划的协同。在编制预算时要按照发展战略和发展规划的轻重缓急，进行财政资金的配置，将资源配置到最关键的领域。雄安新区规划和预算的编制也应该在整体性策略下统筹考虑，协同推进。

第二，突破年度预算的局限性。在预算编制中建立跨年度的框架，实施中期财政规划，发挥预算引导经济和社会发展的功能，使预算更好地与发展规划和区域政策相衔接，确保那些重点项目和长期项目的资金得到可持续保障，如雄安新区建设、白洋淀流域治理、京津冀大气污染联防联治、京津冀生态补偿等项目。这些具有长期性、战略性、区域性的项目不仅需要区域内整体性的预算协同，而且要打破年度预算的局限。

第三，做好不同辖区间政府的预算协同。预算民主和预算协同要统筹考虑相关协同区域的共同利益。目前区域内缺乏政府间横向预算协同机制，跨区域治理的预算所占地方财政预算比重较小，多是以问题为导向的应急式预算，缺乏长效的体制机制安排。建立预算协同机制，增加地方财政跨区域治理的预算比重，集中部分财力应对区域共同事务和困扰区域发展的重大问题，帮扶相对落后地区经济和社会发展，才能更好地促进区域协同发展。雄安新区所处白洋淀上游有九条入淀河流，该流域涉及多个行政单元和国家级贫困县，相互依存性和关联性较强，新区规划需要统筹考虑与周边地区的横向预算协同。

二、推进税收整体性协同

基于整体性理念，通过税收协同来弥合收支差距的鸿沟，平衡不同地区的财政利益，这是区域协同发展构筑的基石。雄安新区与京津冀的税收协同应着眼于建立共同的税收规则，实现税收分享。

一是借鉴国内外经验基础上，强调区域税基共享。这种模式常见于两级和多级政府对共同对象征税，是解决区域内部税基不均、弥合地区之间发展差距、弱化无序竞争的有效途径。雄安新区近期规划包括三个县级行政区划，中远期更是涉及多个行政区划，新区所处白洋淀本省就隶属于二市四县。因而就长远来看，着力推进区域税基共享意义重大。

雄安新区管委会可以借鉴美国区域规划委员会应对区域发展问题时所采取的创新举措。这一治理架构注重与地方政府之间的协商合作，倡导多元主体参与城市治理。合作除了包括区域联盟、政府联席会、大都市区规划等形式外，税基共享成为区域内利益相关者通过平等协商共同应对和解决公共问题、采取集体行动的重要举措。如纽约——新泽西——康涅狄格大都市区通过税基共享缩小富裕郊区和中心贫困城市之间的差距，促进区域协同发展。为解决雄安新区与北京市产业疏解对接引发的利益分割问题，可以借鉴美国明尼苏达州的双子城的经验，该地区通过联席会议出台了税收分享方案：所有规划区域内新增建设过程中产生的新税收，都要从中提取一部分资金，注入共同发展基金当中，作为应对和解决区域公共问题和协同发展问题的公共资金。

税收分配一直以来是长江三角洲利益分享机制致力于解决的关键问题。《长江三角洲城市群发展规划》中设立了长三角城市群一体化发展投资基金，主张建立合理的税收利益共享和征管协调机制。长江三角洲基于区域整体角度加以探索的实践经验值得京津冀及雄安新区学习和借鉴。

二是要确保税收政策的协同。京津冀区域经济发展巨大差距的原因之一在于税收优惠待遇不同，如北京中关村为代表的国家自主创新示范区，天津自贸区、保税区等试点都享受了比河北更多的税收优惠政策，区域内税收政策执行的差异性影响了政策实施的效果，也影响了区域统一市场的形成，有必要"按照统一税制、公平税负、促进平等竞争的原则"，推进税收政策的协同，促进区域税制待遇的统一。雄安新区未来税收政策需要汲取京津冀区域以往教训的基础上，充分吸收国内外先进经验，确保税收政策的协同。

三是要解决税收与税源的背离，建立税收分享机制。根据北京市总体规划，在京部分行政事业单位、总部企业、金融机构、科研院所等将向雄安有序转移，税收利益的再分配在所难免。企业所得税总部汇总纳税的特点，使企业总部所在地税收占大头，分支机构所在地税收占小头，甚至"有税源无税收"。总部的迁出，造成京雄两地税收地位的变化，如何让这些企业能够顺利疏解又不过度损害迁出地的税收利益，就需要调整企业所得税总部与分支机构的税收分享办法。流转税虽然不存在总部汇总缴税的问题，但是存在着发达地区缴税而欠发达地区消费的税收转移现象。一直以来，河北沦为消费市场，增值税却流向京津发达地区。对于个人所得税而言，北京非首都功能的疏解除了一部分人员疏解到雄安新区外，还会出现大量的居住在京津到雄安上班的"通勤族"，上演"双城记"，从而出现个人所得税在一地纳税而在另一地享受公共服务的情况，带来个人所得税在不同地区之间的税收利益分割问题。区域协同发展要求建立跨区税收分享机制，建议由中央财政出面制定京津冀雄跨省（市）税收分享规则。对于整体搬迁企业，将迁入企业缴纳的增值税和企业所得税的地方所得税收，按一定比例划转迁出地；对跨地区经营企业，应着力解决因总分支机构导致的税收与税源背离问题，尊重地域管辖权优先征税原则，赋予分支机构优先征税权，尽量减少税收与税源的背离。为配合人员在京津冀及雄安新区之间的流动和迁移，可将个人所得税地方留成部分在地区间进行合理划分和共享，等将来条件成熟时宜改为中央税。

四是推动区域内税收信息一体化，建立税收共享平台，优化区域税收征管环境，做到资源共享、信息互通。借雄安新区"网络信息与智慧新城"建设之机，拓展"云办税厅"（电子税务局）辐射范围，覆盖京津冀，提高纳税服务效率。

三、推行财政支出的整体性协同

随着越来越多区域内共同事务的涌现，需要不同辖区间地方政府财政支出的整体性、协同性运作。

1.统一区域内公共事务支出规则。如规定各方公共事务责任分担原则和出资比率、赤字率等。设立财政支出协同的事权清单，明确地方政府间需要支出协同的事权，清晰界定地方政府间的支出责任，明确地方政府财政支出的范围，使财政支出协同事权与支出责任相适应。雄安新区所在区域涉及多个行政单元，公共事务支出规则的确立是实现区域整合与协同的关键一环。

2. 创设区域共同财政基金。区域共同财政基金由区域内各行政部门经协商共同出资，用来应对区域公共问题，促进区域均衡协调发展。国内外已有的经验表明，创立共同财政基金对于化解区域公共服务碎片化、破解公地悲剧具有积极促进作用。如欧盟凝聚与区域发展基金在推动就业和产业合作、发展相对贫困地区经济、解决跨域基础设施和环境治理等方面发挥了重要的作用。长三角在区域发展促进基金的探索方面迈出了重要的步伐。《长江三角洲城市群发展规划》提出，设立长三角城市群一体化发展投资基金。在相关城市自愿协商的基础上，研究设立长三角城市群一体化发展投资基金。分期确定基金规模，采用直接投资与参股设立子基金相结合的运作模式，鼓励社会资本参与基金设立和运营，重点投向跨区域重大基础设施互联互通、生态环境联防共治、创新体系共建、公共服务和信息系统共享、园区合作等领域。基于此，可考虑各方出资设立京津冀雄协同发展基金，解决京津冀区域协同发展和雄安新区建设中共同面临的公共事务难题，弥合区域发展差距。

3. 促进区域内公共服务均等化。区域协同发展要求消除各地区之间公共服务水平的巨大差距，保证区域内地方政府具有大体相同的公共服务供给能力，居民能够享受到大体相同的就业、教育、医疗、社会保障等方面的机会和服务水平。长期以来，北京市一直处于京津冀地区的福利高地，优质、丰富而得天独厚的教育资源、医疗资源、文化资源、科技资源等汇聚于此，公共服务水平全国领先，吸引和集聚了大量高层次人才。雄安新区承接北京疏解的人口和产业，首先需要消除与京津公共服务落差，才能吸引高端人才和高端产业入驻。考虑到巨大的公共服务差距，从可操作性的角度来考虑，第一步可先着力实现京津和雄安新区公共服务均等化；第二步逐步推进和实现京津冀整体区域内公共服务均等化。建议建立由中央出资、京津共同参与的对雄安和河北公共服务的援助机制，设立援助基金，由京津向雄安新区输出并援建大型的医疗机构、文化基础设施、优质教育和科技力量等资源，提升雄安新区整体的公共服务水平。

四、构建横向利益补偿机制

京津冀和雄安新区巨大的财政落差和公共事务承担责任的严重不平等问题，既需要中央财政纵向转移支付的支持，也需要建立地区间横向转移支付来平衡跨区公共服务供给的成本与收益。

首先，需要建立公共物品外溢的成本分担和利益共享机制。诸如生态环境的协同治理、水资源的生态补偿、大气污染联防联治、交通设施的共建等利益相关者共同受益、共建共享的项目，应根据受益程度确定政府间投资的比例，明确费用分摊的原则。京津作为受益方，对于河北省由于生态环境保护和水资源供给对该区域和全局做贡献而造成的经济损失，应以"横向转移支付"的方式，按照成本收益对等的原则进行实质性的费用补偿。对于京津单向流动到雄安新区的公共服务项目，要建立对应的利益补偿机制。

其次，在原有对口支援的基础上，由京津两市向雄安新区和河北省进行横向转移支付，缩小财力差距。可利用现在飞速发展的大数据技术精确计算地方的财政能力和财政需求，以此确定转移支付的具体金额。鉴于雄安新区及河北省与京津财力的巨大差距，在转移支付结构上，应形成以一般性转移支付为主的转移支付体系，重点实现区域内财政资源的均衡，以便能均等化地供给公共服务。

最后，纵向转移支付和横向转移支付协同推进雄安新区的建设发展。为加快雄安新区的建设步伐、更好地促进京津冀协同发展，结合中国的财税体制，应逐步建成以中央对地方纵向财政转移支付为主、发达地区向欠发达地区横向转移支付为辅的转移支付制度。横向转移支付应该在中央政府的强力推动下，通过区域政府间协商合作，达成有约束力的制度。

五、发展多元主体协同的政府与社会资本合作模式

整体性的财政协同治理既包括政府间的协同治理，也包括多元参与主体的协同治理。即着力构建由政府、企业、社会组织、公众共同参与，合作共治的整体性财政协同治理机制。雄安新区的地位比肩深圳特区和浦东新区，起点高、定位高、标准高，仅城市基础设施、公用事业及外围交通体系建设就需上万亿元的投资。雄安新区自身开发程度低、财力薄弱，中央明确

不能靠土地财政和大规模开发房地产获取资金，单纯依靠财政投入和银行信贷实难支撑"千年大计"的发展。其出路在于创新投融资模式，充分调动社会资本和民间投资参与进来，既能满足新区建设的资金需求，同时又有助于协调地方政府间的利益博弈关系。财政在雄安新区建设中除了以专项支出、财政补贴、税收优惠等手段加以支持运作外，更主要的是发挥"四两拨千斤"的作用，积极引导、拉动社会资本和民间资金跟进，建立可持续的资金保障机制。作为公共部门与社会资本之间达成伙伴关系协同行动的一种制度安排，政府与社会资本合作模式（PPP 模式①）在国内外发展比较成熟，积累了大量的成功经验，可以以较少的政府资金撬动大的开发项目，既可以有效弥补财政资金的不足，又可发挥社会资本的技术和专业优势，提高项目的运营效率。PPP 模式是在基础设施和公共服务领域引入社会资本，提供公共产品而形成的政府与社会资本长期合作关系，参与各方利益共享，风险共担，采取使用者付费和政府付费相结合的收益回报方式，对于雄安新区未来有稳定收益回报预期的项目来说很有吸引力。PPP 有多种模式可供选择，可以满足雄安新区建设中不同项目的特点和融资需求。雄安新区在利用 PPP 方式建设基础设施和公共服务中遇到的障碍是目前新区所成立的管委会，相关的政府机构尚不健全。为此应先于新区政府成立之前尽快建立 PPP 工作办公室，负责 PPP 项目的组织实施和协调各政府部门之间工作的职责，尽快推进 PPP 项目的开展，加快雄安新区的建设步伐。

---

① 财政部推广的 PPP 模式包括委托运营（O&M）、管理合同（MC）、建设—运营—移交（BOT）、建设—拥有—运营（BOO）、转让—运营—移交（TOT）和改建—运营—移交（ROT）六种主要模式。

第二十章　京津冀协同发展背景下雄安新区教育整体性治理体系的建构

　　雄安新区是国家大事、千年大计，从空间维度看，雄安新区地处京津保腹地，通过行政区划的重新整合来疏通整个京津冀区域的条块分割关系，是驱动区域协同发展的新引擎；从时间的维度看，雄安新区是中国之治现代化城市建设的样板，是进一步推进改革开放的重要战略。教育是基础性、先导性、全局性的工程，是"国之大计、党之大计"，具有深层次的政治经济意义，关乎国家利益最高价值、区域公共利益现实价值和地方利益基础价值的共生与聚合。雄安新区高质量高标准的建设发展，教育治理体系和治理能力现代化势在必行。在何种语境下定位雄安新区教育的理论支撑和顶层设计；如何在整体性治理理念引导下，依托京津冀区域协同发展优势的基础上凝聚使命；如何在整合价值引领下，通过打造区域聚合性教育共同体谋求集体行动，促进教育整体性治理方略的实现，是推进雄安新区教育治理体系和治理能力现代化的应有之义。雄安新区教育整体性治理模式追求价值理念与责任使命的融合，力求组织架构与资源配置的协调，致力于制度安排和政策工具等构成要件的相互嵌入，最终依托京津冀一体化区域达成教育协同共生的整体性治理格局。

第一节　整体性治理视角下雄安新区教育治理的理论分析

一、教育治理模式选择分析

教育起源于人类日常的生产生活，意在"使人成为人"①，成为一个掌握生产和生活经验的社会人。教育就其过程而言，涵盖投入、管理、产出和评估等多个环节；就其涉及内容而言，理念、机构、人事、资金、方法等均包含在内；参与主体也非仅限于教育者和受教育者，还可扩展到政府、社会、企业以及家庭等其他利益相关者。

如何科学高效地进行教育资源配置，整治规范教育活动中涉及到的权力责任，协调平衡相关者之间的利益关系，破解教育属地化、碎片化和孤岛化的治理格局，中西方学者依据不同的理论和维度设计了多种教育治理模式，其中比较有代表性的是以政府为主导的教育科层式治理模式和企业家精神塑造下的教育市场化治理模式。

1. 教育科层式治理模式

教育科层式治理模式是运用科层制的政府价值理念、组织体系、管理方式对教育活动进行治理的一种传统范式，强调政府在教育资源配置中的主导作用，其理论起点在于对教育公共物品属性的认定。传统观点认为，教育在促进个人成长发展的同时，社会也因个人素质的提高、知识的创造、经验的传播而获益。教育的这种溢出非排他效应，使得个体教育成本和收益与社会教育成本和收益不对等，"由个人或少数人办理，那所得利润决不能偿其所费"②，教育产品将无法被充分提供，因而产生市场失灵。这就为受公众委托管理公共事务、提供公共产品、维护公共利益的政府主导教育资源配置、管理教育活动提供了理论依据。正是基于教育的公共产品属性，极力推崇市场自动调节机制的新古典经济学派，也承认政府对教育发展和治理的积极作用。

---

① ［德］康德：《康德论教育》，瞿菊农译，商务印书馆 1926 年版，第 6 页。
② ［英］亚当·斯密：《国民财富的性质和原因的研究》（下卷），大力、王亚南译，商务印书馆 1974 年版，第 284 页。

在教育科层式治理模式中，治理的核心理念是教育公平和教育公益，主张教育机会均等；治理结构以层级控制的科层体系为基础，从中央到地方教育部门，再到学校，自上而下、层层控制、分级负责；政府在其中扮演全能者的角色，兼顾掌舵和划桨，利用制度权威主导教育资源的配置，与科层治理相匹配的目标和手段贯穿于学校治理的全过程，学校仅有微观意义上的办学权限。这一治理模式在中西方国家均有应用和尝试。计划经济时期，我国中央权力高度集中，科层式治理模式贯穿公共教育，"政府作为唯一的管理主体、供给主体和权力主体，包揽了所有教育产品的生产与服务"①，一定程度上推进了教育的普及，促进了社会和经济的发展。二战后的一段时期内，西方发达国家在福利国家政策的影响下，积极推进公共教育改革，引入教育科层式治理模式，实行公共教育免费政策，政府在教育产品的生产和提供过程中扮演更多的角色、发挥更大的作用。

然而，不论是在理论建构中，抑或是在实践应用中，教育科层式治理模式如其依托的科层制一样，既有理性、稳定、合法的一面，也有低效、僵化、无法及时回应社会需求的一面，这种弊端在信息化、多元化、多样化的时代日益突出。

2. 教育市场化治理模式

传统观点认为，教育的公共物品属性，决定了能够内化外部性的政府供给教育产品的正当性。然而，随着理论研究的深入，关于教育产品属性及其供给的原有理论基础在慢慢地被消解，新的更能顺应时代发展的观点则在不断地被创造出来。一种观点认为，教育并非纯公共物品，以班级、学校和地区等为边界，可以将部分受教育者排除在外，教育具有排他性；在一定范围内，受教育者接受教育互不干扰，当超过一定数量后，接受教育的效用便呈边际递减趋势，教育具有竞用性。因而，依据不同的范畴、层次、标准划分，教育产品可以囊括公共物品、公共池塘资源、俱乐部产品和私人物品等四种属性，是一种混合产品。另一种观点提出，即便假定教育是公共物品，但教育产品的供给包括生产和提供两个环节，提供由政府组织负责，生产则

---

① 蒲蕊：《公共教育服务体制创新：治理的视角》，《教育研究》2011 年第 7 期。

可多元化，学校、企业、社会组织等主体均可参与。同时，就科层体系本身而言，理性经济人假设下的政府及其组成人员有其自身利益考量，并不必然追求教育公共利益，教育产品不能够被充分高效提供，人们多样化、个性化的教育需求便无法得到满足，存在政府失败。由此可知，政府主导教育资源配置的理论并不充分，教育科层式治理模式的效率和回应性也无法完全保证，教育领域需要一种更高效更能满足多样化教育需求的治理模式，企业家精神塑造下的教育市场化治理模式正是在此背景下产生的。

教育市场化治理模式将市场竞争机制引入政府教育治理的活动中，"通过影响相对价格来达到最有效率的资源分配和物品生产"①，从而更高效地满足受教育者多样化、个性化的需求。具体运作中，一是通过教育权力的分散和下放，引导政府组织内部的竞争；二是在教育资源的配置中引入非政府主体，强化教育公私供给者间的竞争；三是给予教育消费者"顾客"权利，自由选择学校、购买教育服务。在政府与学校间关系方面，与教育科层式治理模式不同，该治理模式强调政府不直接参与教育资源的生产和分配，更多扮演掌舵者的角色，通过潜在的间接方式影响学校治理。学校则高度自治，拥有自主决策、自主执行的自由和权利，通过竞争提高教学质量、吸引生源、争取财政支持。具体实践探索上，20世纪七八十年代西方资本主义国家经济发展滞缓，公共财政状况急剧恶化，福利国家制度支撑下的公共教育难以为继，西方当局纷纷进行教育市场化改革，引入市场理念和资本兴办教育，在填补教育财政空缺的基础上，政府垄断供给教育同质低效的弊病得以有效控制。

然而，一味强调自由竞争、个体效用最大化，过度推行市场化、私营化和分权化，在祛除科层式治理模式低质低效的顽疾后，教育市场化治理模式也落下了教育治理碎片化、教育服务裂解化的病根。实践研究表明，"进一步的市场化似乎不能促进教育质量的全面提高，而且可能破坏教育公正"②，

---

①　朱天飙：《比较政治经济学》，北京大学出版社2005年版。

②　[英] 杰夫·惠迪、萨莉·鲍尔、大卫·哈尔平：《教育中的放权与择校：学校、政府和市场》，马忠虎译，教育科学出版社2003年版，第215页。

导致"教育失败"。①

二、教育治理模式的整体主义取向

无论是教育科层式治理模式下的政府失败、教育同质低效，还是教育市场化治理模式下的市场失灵、教育公平缺失，都难以满足多样化的教育需求，影响教育公平，进而导致教育失败。寻根究底、沿流溯源，主要在于两种教育治理模式缺乏整体的、系统的、辩证的思维，将政治与经济、政府与市场割裂开来，忽视了社会和教育消费者个体，始终在教育公平与效率的两端盘桓。为此，本节在反思和批判前两种教育治理模式的基础上，力求兼顾教育公平与效率，满足公众整体性、多样化、个性化的教育需求，提出以整体性治理理论为指导的教育整体性治理模式。

1. 整体性治理理论

20世纪90年代中期，为顺应全球化和信息化的发展潮流，在对新公共管理运动反思批判的基础上，希克斯等学者创造性地提出了整体性治理理论。该理论反对"碎片化"，以"公民需求的满足、问题的有效解决"为一切行动的逻辑，强调"整体利益"的实现。②

Christoppher Pollit 指出整体性治理强调共同利益的实现和相应责任的共担，其内涵具体概括为"促使某一政策领域中不同利益主体团结协作；更好地使用稀缺资源；排除相互拆台与腐蚀的政策环境；向公众提供无缝隙而非分离的服务"等四个方面。

针对新公共管理运动导致的部门化和碎片化问题，希克斯赋予整体性治理理论以"整合"的全新内涵，在具体实践过程上，可划分为协调、整合与逐渐紧密及相互涉入等三个递进阶段；体现在组织架构与形态上，涉及"治理层级的整合、治理功能的整合和公私部门的整合"③等三个方面；表现

---

① 刘争先：《国家建构视域下的教育失败与教育治理》，《四川师范大学学报》（社会科学版）2017年第2期。

② Christopher Pollit：Joined-up Government：a Survey，*Political Studies Review*，2003（1）.

③ Perri 6，Diana Leat，Kimberly Seltzer and Gerry Stoker：*Towards Holistic Governance：The New Reform Agenda*，Palgrave 2002，29、241、241.

在治理方式和策略上，主要包括政府组织边界的调整、府际协议维系下的正式伙伴关系、咨询和沟通维系下的非正式伙伴关系等。同时，在希克斯的整体设计中，信任、责任感、信息系统、预算与制度化等功能性要素成为搭建整体性治理理论框架的重要拼版。其中，"信任"和"责任"两个功能性要素尤为重要。"信任"不仅能够节约交易成本，而且是"整体性治理所需的关键性整合要素"①，是为公共价值创造的先导。"责任"要素"主要关注把有效性或项目责任提升到最高地位，确保诚信和效率责任不与这一目标相冲突，并通过输出来界定需要有效完成的是什么，来使诚信和效率责任服务于有效性和项目责任"②。由此可见希克斯的整体设计致力于破解碎片化分散治理的同时，还非常注重公共价值的生成创造。

2. 教育整体性治理模式

依托整体性治理理论建构的教育整体性治理模式坚持教育的混合产品属性，以受教育者需求为导向，提供无缝隙且非分离的公共教育服务，从而满足公众整体、多样、优质、个性的教育需求。在教育治理组织结构搭建上，整合政府、市场、学校、社会、家庭及个人等多元主体力量，形成一个集层级、功能和公私部门为一体的三维网络治理框架。政府与学校间以协调整合为纽带的伙伴关系成为主流，政府教育服务权责整合统一，学校有限自主办学，彼此信息对称，相互信任，合作共治。治理工具呈现综合性和多样性特征，涵盖命令管制型、市场激励型和自愿服务型等多种政策工具，具体包括教育质量和标准、命令规定、目标责任制、教育补助、教育凭单、合同承包、自由市场、特许经营、志愿服务、自我服务等细化工具类型。

教育整体性治理模式建构的理论基础是整体性治理理论，这一理论与教育学中的合作教育理论、整合教育理论，心理学中的建构主义理论、多元智能理论，管理学中的系统原理、五项修炼等相关理论高度契合。其中合作教育的本质就是解决学校教育与社会需求脱节的问题，合作教育的动力机制

---

① 马虹：《基于 AHP 的公共文化服务绩效评价研究》，兰州大学管理学院硕士学位论文，2013 年。

② 马虹：《基于 AHP 的公共文化服务绩效评价研究》，兰州大学管理学院硕士学位论文，2013 年。

源于企业、学校、家庭、社会、教育对象之间的协同。整合教育主张整合正式教育过程和非正式教育过程，整合结构化教育和非结构化教育，整合教学、研究和社区的各种教育资源和教育经验，整合学生在不同情境和场所获得的经验，通过各种形式共享优势资源，获得多样化的整合教育经验；① 建构主义理论主张通过社会性的交流协商实现共识共享，"意义制定存在于文化的交流、工具的运用和学习共同体的活动中"②；多元智能理论则注重整体性，强调差异性、突出实践性、注重开发性；③ 管理学范畴的系统原理包括整体性原理、动态性原理、开放性原理、环境适应性原理和综合性原理。④彼得·圣吉提出的五项修炼主张共同愿景的建构，强调组织中的团队合作，通过对管理要素、管理组织、管理过程的系统再造优化管理的整体功能。⑤见图 20—1。

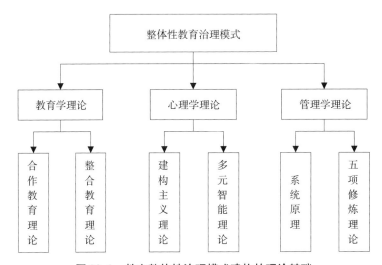

图 20—1　教育整体性治理模式建构的理论基础

① 虞丽娟：《美国研究型大学人才培养体系的改革及启示》，《高等工程教育研究》2005 年第 2 期。
② 钟志贤：《面向知识时代的教学设计框架——促进学习者发展》，中国社会科学出版社 2006 年版，第 69 页。
③ 潘洪亮：《多元智能理论和"研究性学习"课程的开发》，《教育发展研究》2001 年第 9 期。
④ 周三多等：《管理学——原理与方法》，复旦大学出版社 2006 年版，第 123—128 页。
⑤ ［美］彼得·圣吉：《第五项修炼：学习型组织的艺术与实践》，张成林译，中信出版社 2009 年版。

融合、吸纳和整合相关理论的基础上，教育整体性治理模式旨在把教育治理导入一个更加开放整合的环境，营造一个更加自由、和谐、生动的氛围，创造一个更加丰富鲜活的教育系统，回应教育体系碎片化、孤岛化、属地化的困境，破解教育治理模式单一和封闭状态，并使之逐步走向开放、协同与整合。

3. 三种教育治理模式的比较分析

本研究基于服务属性、理论基础、核心理念、运行机制、运行向度、功能要素、组织架构、政府角色、学校自治、治理方式、政策工具、绩效评价等诸多方面对三种教育治理模式加以比较分析。

就服务属性和价值理念而言，建构在科层制理论基础之上的公共教育治理模式注重非竞争性、非排他性公共物品的提供，满足公共教育需求，旨在实现教育的公共利益。基于合法性前提下的公益性和公平性是其核心的价值理念诉求；建立在新公共管理理论基础之上的教育市场化治理作为一个自组织体系，更加注重以顾客需求为导向的具有竞争性、排他性私人物品的提供，自由竞争下的效率最大化和利益最大化是其核心价值诉求；基于整体性治理理论建构起来的教育整体性治理模式注重政府和市场的合作供给，致力于非竞争性、有限排他性混合物品的提供，兼顾公平和效率，逆碎片化，为公众提供无缝隙、非分离的整体性教育需求。

就运行机制、运行向度及功能要素而言，教育科层式治理模式沿着纵向的运行向度，在分部分层、集中统一体制下，主要运用上级政策介入、行政命令式任务分解的运行机制，层级制、命令—服从关系、非人格化是其核心功能要素；教育市场化治理模式在运行向度上则表现为微观主体间横向的自由竞争，在分权体制下，遵循价格机制、竞争机制、供求机制、工资机制四大运行机制，核心功能要素体现为完全竞争、产权明晰、需求和资源配置的市场调节；教育整体性治理模式在运行向度上表现为内部、外部、纵向、横向四个静态维度与文化价值维度整合协同发力，依托信任、信息系统、责任感、预算等要素的聚合功能实现教育功能、教育层级、教育公私部门机制的整合。

在组织架构上，教育科层式治理模式主要沿用直线指挥机构和参谋职能机构，教育市场化治理模式则是一种分权代理结构，教育整体性治理模式则力求建构起一种跨层级、跨部门、跨功能的整体网络治理结构；在政府角色方面，教育科层式治理模式中政府扮演全能者的角色，教育市场化治理模式中的政府充当掌舵者，不主张"亲自划桨"，教育整体性治理模式中政府发展为整体性协调者、整体性整合者、整体性服务者和无缝隙服务的对接者；就自治程度而言，教育科层式治理模式自主程度较低、主要听命于政府，教育市场化治理模式中的学校在自由竞争的体制环境下自主度较高，教育整体性治理模式鼓励自主办学的同时，注重共同愿景的合作建构，主张多元主体间协同教育，倡导教育资源、教育组织、教育过程等要素的整合治理、合作治理；表现在治理方式上，教育科层式治理模式主要采用等级制下的权威管控策略，教育市场化治理模式则旨在通过自由竞争提高办学效率，教育整体性治理模式追求更紧密、更稳固、更持久的合作，通过协调、整合、相互介入途径打造教育共同体，这一模式倡导建立以数字治理为依托的协同教育、协同学习和协同管理。如协同教育治理方式下涌现出来的基于网络的协作学习，协同管理情境下的计算机支持的协同工作（CSCW），协同学习策略下网络支持的协同学习（CSCL）、基于网络的校际学习等。

在不同的治理理念和治理方略下，三种教育治理模式各自形成了自身的政策工具类型：管制型政策工具，市场型政策工具和复合型政策工具。复合型政策工具力求在共同使命和集体行动下实现不同类型政策工具的优化组合、功能整合与相互嵌入，促进教育治理主体、利益相关者之间的政策工具创新行动。

绩效评价方面，教育科层式治理模式以投入为取向、以教育公平为导向，教育市场化治理模式则注重效率优先、崇尚顾客需求导向，追求个体利益最大化；教育整体性治理模式坚持效果取向，摒弃投入导向，把绩效优劣标准定位于教育终极产品和最终社会效果的产出，追求教育公共利益和整体利益的最大化。

综上所述，三种治理模式各自呈现出以下特征：教育科层式治理模式表现为层级化、集权化和非人格化调整，教育市场化治理模式的特征可以概括为市场化、民营化、分权化和松散化，教育整体性治理模式则呈现出系统化、协调化、有序化、多元化和网络化等特征。三种教育治理模式是时代发展的产物，呈现出演进发展的趋势，比较分析见表 20-1。

表 20-1　三种教育治理模式的比较分析

	教育科层式治理	教育市场化治理	教育整体性治理
服务属性	公共物品 政府供给	私人物品 市场配置	混合物品 服务的整体性、多样性和选择性
理论基础	科层制理论 传统管理主义	新公共管理理论	信息技术论 协同治理理论 整体性治理理论
核心理念	公平性 公益性 合法性	竞争 效率 顾客至上导向	兼顾公平和效率，为公众提供无缝隙、非分离的整体性教育需求
运行机制	上级政策介入机制 行政式任务分解机制	分权体制下的价格机制、供求机制、工资机制	加大授权力度基础上的功能整合机制、层级整合机制、公私部门整合机制
运行向度	纵向	横向	内部、外部、纵向、横向四个静态维度与文化价值维度协同发力
功能要素	层级制 命令—服从关系	完全竞争、产权明晰、需求和资源配置的市场调节	信任、信息系统、责任感、预算
组织架构	直线指挥机构 参谋职能机构	分权代理结构	跨层级、跨部门、跨功能的整体网络结构
政府角色	全能者	掌舵者	整体性协调者 整体性整合者 整体性服务者 无缝隙的对接者
学校自治	自主度低、听命政府	自主度高、相互竞争	自主办学、整合治理、合作治理
治理方式	管制	竞争	协调、整合、相互介入 数字治理为依托的协同教育、协同管理、协同学习

续表

	教育科层式治理	教育市场化治理	教育整体性治理
政策工具	管制型教育工具	市场型教育工具	复合型教育政策工具
绩效评价	投入取向 公平导向	效率取向、顾客导向、个体利益最大化	效果取向、公民导向、教育公共利益最大化
运行特征	层级化 集权化 非人格化	市场化 民营化 分权化 松散化	系统化 协调化 有序化 多元化 网络化

第二节 雄安新区教育整体性治理的分析框架

千年大计、教育先行。然而，雄安新区教育高水平现代化治理体系建构的基础十分薄弱，优质教育资源更是匮乏。依照新区规划方案，一方面需要微观层面雄安新区发掘自身潜力、聚集合力的同时，另一方面也迫切需要在宏观层面加大中央教育政策的顶层支持以及强化中观层面京津冀三地优质教育资源的疏解帮扶。这种制度安排和政策设计在助推雄安新区教育治理体系建构发展的同时，也带来了利益主体多元化、利益关系对立化、利益取向复杂化和权力关系碎片等一系列问题。基于对雄安新区教育治理格局棘手化问题的回应，本节提出以效果取向、公民导向、教育公共利益最大化为诉求、以系统化、协调化、有序化、多元化、网络化为特征的"教育整体性治理模式"破解碎片化，推进雄安新区教育治理体系和治理能力的现代化。

基于雄安新区的教育治理现状和基础条件，首先要在理论层面上确立创新的教育治理模式，以教育整体性治理统筹推进新区教育治理事业的发展。其次在实践层面，教育整体性治理在治理基础上，需要充分考量京津冀区域和雄安新区两个层面的教育资源禀赋和治理实践，牢牢牵住优质教育资源"疏解与承接"的牛鼻子，形成雄安新区教育资源的融合发展战略；具体操作层面上，需要从合作网络架构搭建、制度体系保障、政策工具选择、治理能力提升四个方面一体推进、协同发力；治理结果上，要以共治善治、价值共创为导向，向社会提供无缝隙且非分离的高质量教育服务，满足雄安新区未来公众日趋多样化、个性化和优质化的教育服务需求，实现教育的均衡发展、充分发展和特色发展，为新区高质量发展提供坚实的人才保障和智力支持。

　　基于教育整体性治理理论的梳理分析，结合雄安新区教育整体性治理的未来愿景图式，从理论层面、实践层面、操作层面和治理结果几个方面，构建了雄安新区教育整体性治理的分析框架，如图 20–2。

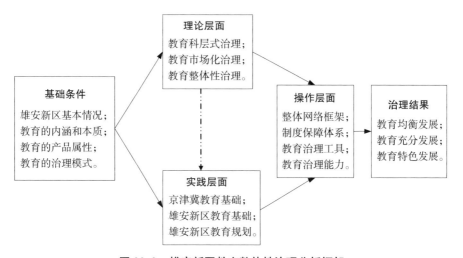

图 20–2　雄安新区教育整体性治理分析框架

第三节　雄安新区教育整体性治理的实践基础

　　雄安新区初期规划范围涉及河北省保定市雄县、容城、安新 3 县及周边部分区域，现有开发程度较低，发展停留在较低层次水平，没有高等教育，基础教育体系薄弱。高质量高水平现代化新型城市建设目标的实现，既需要充分利用区位优势，集中承接北京非首都功能，积极聚集京津冀区域优质资源，全面构建全时全域、开放融合、泛在智能的终生学习型城市，也需要新区自身通过整体性制度安排和政策优化创新教育治理体系，提升教育治理能力，为雄安新区教育发展提供强大的内生动力。因而，雄安新区教育整体性治理目标的实现，既需要京津冀区域优质教育资源的支撑融入，也需要新区本体强化教育治理体系的改革创新。在推进雄安新区教育整体性治理的进程中，京津冀区域和雄安新区本体两个层面需要协同考量，合力推进。

一、京津冀区域教育合作治理实践

京津冀区域地处京畿，是我国沿海地区经济最具活力、开放程度最高、创新能力最强、吸纳外来人口最多的三大核心经济区之一，优质教育资源集聚，教育发展水平位居全国前列。然而，教育资源在区域内分布并不均衡，地区间教育水平差距较大，相互之间缺乏协同。基础教育层面，京津冀三地间差距明显，教育投入严重不均，以 2017 年普通小学生均一般公共预算教育事业费为例，北京、天津和河北分别为 3 万元、1.87 万元、0.79 万元，京津分列全国第一位和第四位，河北则与 1.02 万元的全国平均水平还有很大距离。职业教育层面，京津冀三地协同度不高，尤其是专业设置各自循环、缺乏针对性，与三地的功能定位严重不符。高等教育层面，中央高校和优质高等教育资源过度集中在北京地区，例如，2019 年京津冀地区共计 159 所本科高校，其中中央部属高校 44 所，北京、天津和河北分别为 37 所、3 所、4 所，优质高等教育资源分布不均衡可见一斑。

京津冀区域教育资源配置的不均衡，教育发展水平的差异，与区域教育治理架构的设计密不可分。改革开放以来，为更好地调动地方政府发展教育的积极性，缓解中央政府公共财政压力，教育权力逐步由中央下放到地方，《中华人民共和国教育法》第十四条规定"国务院和地方各级人民政府根据分级管理、分工负责的原则，领导和管理教育工作"，尤其是基础教育形成了"地方负责、分级管理、以县为主"的教育治理架构。在此背景下，京津冀区域内三地以行政区划为壁垒，逐步形成了碎片裂解、分立竞争的教育治理格局。而为打破教育行政壁垒，摆脱分立碎片的教育治理架构约束，实现区域教育均衡发展，京津冀三地在区域协同发展的形势下，积极实践尝试，探索出了以下四种区域教育合作治理模式。

一是府际教育合作治理。这种合作治理模式依托政府的行政权力，具有合作内容系统、执行效力显著等特点，具体运作方式有召开联席会议、签署合作协议、推进对口帮扶、落地具体项目等。《"十三五"时期京津冀教育协同发展专项工作计划》《京津冀教育协同发展行动计划（2018—2020 年)》《京冀两地教育协同发展对话与协作机制框架协议》等指导性的政策文件即是这一教育合作治理模式的具体呈现。

二是府校教育合作治理。政府与学校的教育合作，从政府方面而言，谋求利用异地学校的优质教育资源提升属地教育质量、增强本地教学科研水平，从而强化产学研一体化，促进当地高质量发展；从学校方面而言，希望依托当地财政、土地等优惠政策，拓展办学范围，促进学科建设，扩大办学收益。具体合作方式有一校指导一地教育发展、异地创办分校、建立产学研基地等。实践应用中包括北京市广渠门中学对口帮扶河北省康保县基础教育项目、北京交通大学海滨学院、清华大学天津高端装备研究院等。

三是校际和校企教育合作治理。这两种教育合作治理模式基于参与主体的自愿性和互利性，聚焦特定学科方向或产业领域，达成合作协议，结成伙伴关系，组成合作组织。在京津冀地区，校际合作主要以学校联盟的形态出现，如京津冀协同创新联盟、京津冀心血管疾病精准医学联盟和京津冀轻工类高校协同创新联盟等；校企合作包括职业院校与企业组成产教融合集团以及高校与企业组成产学研共同体等，如 2012 年由京津冀三地商贸职业学校与众多相关行业的企业组成的北京商贸职业教育集团等。

总体而言，京津冀区域多种形态的教育合作治理实践，虽在一定程度上推动了京津冀教育的均衡配置和协同发展，积累了丰富的教育合作治理经验，但具体行动多停留在召开联席会议、发布框架协议和战略规划上，深层次的合作治理也因各方利益交汇契合问题而多集中于特定领域，合作治理深度不够、效果不明显，究其原因主要在于一是碎片化的行政管理体制导致京津冀教育整体治理长期囿于行政区划的制度框架，难以突破属地化的刚性约束。区域教育整体利益被搁置，教育整体治理的诉求难以在利益相关者之间达成协同行动，区域内教育发展的非均衡状态日益突出。二是区域教育整体治理能力不足。从价值层面来说，政府官员缺乏整体价值观的认同能力，系统思维、整体意识缺失。就执行能力而言，缺乏制度协同、整合与调适能力，跨域治理的协同行动不力，整合区域教育资源的动力不足，均衡区域教育资源的能力缺失。就创新能力角度来看，缺乏打破惯性思维、破除传统模式和政策依赖、突破利益固化藩篱的勇气担当，缺乏对教育整体治理高端化、高效化、系统化的流程再造，导致走向区域均衡协同发展的制度供给陷入困境。三是区域制度创新进程中对等级权威的过度依赖。在京津冀区域协同发展的大背景下，京津冀教育协同的推进主要依赖于自上而下的强制性制度变迁，忽略了自下而上、跨域协同、合作网络等形式的诱致性制度变迁，纵向等级为特征的科层治理模式依旧占据主导地位，以等级权威为基础的科层管理体制往往会成为区域横向协同治理模式推进的障碍。未来京津冀区域整体治理需要在顶层统筹、协同动机、制度保障、政策工具选择、协作机制等方面加以优化细化，以支撑教育治理新主体——雄安新区参与下的京津冀区域教育治理新格局。

二、雄安新区教育治理基础

雄安新区在 2017 年 4 月设立之前，其托管三县的教育类型和层次以基础教育为主，并各辅以 1 所中等职业学校，具体如表 20–2。三县基础教育资金主要由县财政支撑，管理体制以县为主，属科层管控结构，相互之间以县域行政边界为基本单位彼此分立，并在教育成绩上存有竞争关系。就新区三县教育发展状况而言，三县教育基础薄弱，优质教育资源十分匮乏，城乡教育差距明显，义务教育未通过国家义务教育发展基本均衡县评估认定。以安新县教育投入为例，2016 年安新县普通小学生均一般公共预算教育事业费为 5399.2 元，仅为河北的 74%、天津的 30%、北京的 21%。同时，三县教师队伍学历层次和职称偏低，整体素质不高，结构性缺编严重。截至2018 年的调查数据，雄安新区所辖 3 县教育部门实有人员 11839 人，按照学历划分，硕士及以上 133 人，大学本科 5678 人，大专、中专 5852 人，高中及以下人员 176 人。专业技术职称方面初级职称的占 4135 人，没有职称的有 900 人。生师比方面明显高于京津冀区域和全国平均水平。例如，2016年安新县普通小学生师比为 19.14，明显高于河北的 17.59、天津的 14.98、北京的 14.35 以及全国平均水平的 17.12。

表 20-2　2016 年雄安新区三县教育类型和层次情况

	幼儿园	普通小学	普通初中	普通高中	特殊教育	中等职业学校
雄县	46（公办）	109	15	2	1	1
安新县	—	116	16		1	1
容城县	58	61	10	1	—	1

资料来源：雄安新区三县 2016 年国民经济和社会发展情况统计公报。

　　雄安新区设立之后为契合发展定位和建设目标，扭转教育基础薄弱、结构层次偏低的局面，在优化教育治理架构的实践方面进行了诸多有益的探索。教育部在编制实施河北雄安新区教育发展专项规划过程中提出推进教育现代化区域创新试验，探索新时代区域教育改革发展的新模式，推动形成以河北雄安新区、粤港澳大湾区、长江三角洲、海南自由贸易试验区等为战略重点的区域教育发展新格局。雄安新区也从治理结构、政策设计、落地实施方面着力推进区域协同治理的创新优化。治理结构方面，在大部门制和扁平化组织设计理念的指导下，雄安新区管理委员会下设公共服务局，统筹负责新区三县教育。建立教育督导制度，成立督学队伍，明晰教育治理权力和责任，有序推进新区教育管办评分离和放管服改革。组建雄安新区教育咨询委员会，充分发挥专家智库凝智聚力的作用。政策设计方面，教育政策先行效果显著，初步形成了"中央顶层统筹——京津冀区域有序帮扶——新区自我提升"的教育政策保障体系，其中京津冀区域层面的教育帮扶和对口援助政策尤为集中，承上启下，连接新区内外，具体如表 20-3 所示。落地实施方面，为快速提升新区教育质量，雄安新区充分调动各方教育资金和资源，加大教育投入，仅 2018 年就安排 44656 万元的教育资金。同时，新区积极与京津冀三地对接，推动教育合作项目落地，至 2019 年 8 月，已经有 55 所新区学校与京津冀学校建立帮扶合作关系，北京"建三援四"的教育合作项目也在稳步推进中。

表 20-3 雄安新区教育政策一览表

	发文机构	政策及时间	主要内容
中央层面	中共中央和国务院	《关于支持河北雄安新区全面深化改革和扩大开放的指导意见》(2019年)	推进现代教育体系建设。支持雄安新区引进京津及国内外优质教育资源,教育布局要与城市发展布局和产业布局相匹配,推动雄安新区教育质量逐步达到国内领先水平。
	中共中央办公厅和国务院办公厅	《加快推进教育现代化实施方案(2018—2022年)》(2019年)	创新体制机制,探索新时代区域教育改革发展的新模式。高起点高标准规划发展雄安新区教育,优先发展高质量基础教育,加快发展现代职业教育,以新机制新模式建设雄安大学。
京津冀区域层面	北京市教委、天津市教委和河北省教育厅	《京津冀教育协同发展行动计划(2018—2020年)》(2019年)	北京市推动符合雄安新区定位的部分教育功能向新区转移;天津市发挥国家现代职业教育改革创新示范区作用,提升雄安新区高端技能人才培养水平;河北省加强对雄安教育规划建设的指导。
	北京市教委和雄安新区管委会	《关于雄安教育发展合作协议》(2018年)	统筹北京市优质教育资源,采取多种方式,推进教育领域全方位协同合作,整体提升雄安教育发展水平。
	北京市教委和雄安新区管委会	《北京市对雄安新区援助办学实施方案(试行)2018—2020年》(2018年)	教育援助办学呈现四大特点:开展"组团式"援助帮扶;对受援学校进行整体托管;实行一体化管理;设立专项经费保障。
	天津市教委会和雄安新区管委会	《职业教育战略合作协议》(2018年)	探索现代职业教育区域发展新模式,创造职业教育的"雄安质量",助力雄安新区高端高新产业发展。
	中共河北省委和河北省人民政府	《河北雄安新区规划纲要》(2018年)	优先发展现代化教育。按照常住人口规模合理均衡配置教育资源,布局高质量的学前教育、义务教育、高中阶段教育,实现全覆盖。
	石家庄市教育局和安新县人民政府	《合作共建协议》(2018年)	就学校结对共建、校长教师跟岗学习、联合教研等方面开展紧密合作,共同提升安新教育质量。

续表

	发文机构	政策及时间	主要内容
雄安新区层面	雄安新区	《雄安新区"千年大计、教育先行"三年提升计划（讨论稿）》（2017年）	到2020年，力争用三年的时间实现办学条件大改善，教师队伍素质大提升，教育教学质量大提高。

第四节　雄安新区教育整体性治理体系的建构策略

一、雄安新区教育整体性治理的价值目标

雄安新区教育整体性治理以新区公众高质量教育需求和教育问题的解决为一切行动的逻辑，价值目标注重公民导向和效果取向。当前，新区教育领域的主要矛盾表现为"公众日益增长的高质量、多样性和个性化教育需要与不平衡不充分的教育发展之间的矛盾"。化解上述矛盾、满足新区公众高质量教育需求，即是新区教育整体性治理的价值目标。同时，雄安新区处于起步建设阶段，雄安新区教育发展起点低，但也具有发展空间大和发展动力强的优势。未来的教育发展需要秉承系统发展、协同发展、整体发展、公民至上的价值理念，积极培育现代化教育、开放性教育和高质量教育。其教育治理发展的价值目标需要紧跟雄安新区整体建设发展的目标设定。因而，就雄安新区教育整体性治理的价值目标，本节将其细分为均衡发展、充分发展和特色发展三个维度。

一是雄安新区教育均衡发展。雄安新区教育发展水平落后于京津冀区域周边城市，教育资源相对匮乏，教育结构始终在低层次徘徊，缺少高端职业教育和高水平高等教育的支撑。尤其是区域之间、城乡之间和校际之间教育发展水平的巨大差距以及教育资源配置的严重失衡，不仅影响到新区公众公平接受教育的权利和机会，而且阻碍了人才的聚集和产业的汇入，不利于雄安新区高质量的建设发展。在以教育问题的解决为一切行动逻辑的新区教育整体性治理框架中，有效解决新区教育失衡问题，促进教育均衡发展实为题中应有之义。通过新区教育整体性治理，不仅可以拉近新区与北京和天津的办学距离，补齐新区城乡和校际之间的教育短板，逐步满足新区公众多

样、个性的教育需求，确保每个人接受教育的权利、机会和规则均等，而且可以在教育治理"结果的切实感受上增强人民群众客观而真实的教育公平感"。[①] 雄安新区教育均衡发展的着力点在于：优质教育资源的均衡配置；城乡、区域、校际间的横向帮扶与交流机制；区域内师资力量的均衡配置。

二是雄安新区教育充分发展。雄安新区处于京津冀区域的教育洼地，起点低、基础薄，无法满足新区公众日益增长的高质量教育需求。因而，势必要求新区在推进教育整体性治理的过程中，针对新区教育供给与需求的结构性矛盾，从供给侧发力，充分发展新区教育，提升办学水平和质量，增加公众对教育的满意度。其一要着力推进全方位的开放教育。本着打造扩大开放新高地和对外合作新平台的目标，以教育治理模式的变革为方向，构建整体化、网络化、智慧化、国际化、多样化、终身化和便利化的教育治理体系，实现教育和未来城市的同步发展，提升城市创新活力、文化品质和软实力，及时回应新区公众日益增长的高质量教育需求。其二要致力打造智能化的现代教育。对标国际一流教育和未来城市教育发展的定位，在理念上，引入新一代现代信息技术，打造全时全域、开放融合、泛在智能的终生学习型城市，将教育整体治理功能融入智能城市建设的全过程，依托智能化教育推进新区教育治理体系和治理能力现代化。其三要倾力打造高标准的整合教育。要通过制度整合打造雄安新区创新共同体。创设优质教育资源共享机制，搭建高新技术共享平台，依托制度整合创新促进教育科技资源共享。要整合教育制度创新设计和教育政策创新设计功能。将教育治理体系现代化与制度和政策现代化紧密结合起来，促成良好教育制度间的协同、优化的政策工具之间的协同以及制度安排和政策工具之间的协同。要依托数字治理手段整合跨区域、跨部门、跨领域的优质资源，在雄安新区形成汇聚效应，破除教育数字壁垒和鸿沟。

三是雄安新区教育特色发展。雄安新区教育整体性治理目标的架设，除需要考虑新区现存教育治理困境和公众需求之外，也需要关注并匹配新区

---

① ［美］彼得·圣吉：《第五项修炼：学习型组织的艺术与实践》，张成林译，中信出版社2009年版。

整体发展定位和建设目标，依据新区整体规划、产业布局和人口规模设定教育治理目标、配置教育资源，突出雄安新城与新型教育一体共建、互促互进的特色。具体而言，空间布局方面，加强京津冀区域教育协同治理和发展，逐渐形成新区与京津等地的良性合作关系，充分借助北京、天津等城市的优质教育资源，加强复合型人才、高技能人才和创新型人才的培养。近期内牢牢牵住集中承接北京教育功能疏解的"牛鼻子"，尽快实现新区教育发展"从凹地到平地，再到高地"的提质升级，实现新区教育从分散、碎片、孤立到合作、协同、整体治理模式的战略转型。要逐步按照启动区—起步区—中期发展区—远期控制区的时间表和空间路线图不断创新优化新区教育治理体系，加快由县域教育治理向组团教育治理格局的转变。教育内容布局方面，一方面努力打造高标准的公共教育服务体系，以提供优质公共教育服务，建设优质公共教育基础设施，创建公共教育服务新样板为目标，确立高起点公共教育服务标准、高质量教育信息化标准和高水平教师现代化标准，服务于人的全面发展和可持续发展，实现新区公共教育服务的高端化、标准化和均等化；另一方面比照国际先进标准，遵循新区规划设计和高端产业发展定位，着力发展高等教育和职业教育，扶植世界顶级研发机构，优化教育布局，打造创新共同体，为助力高端高新产业、吸纳一流创新人才、集聚创新要素资源培育新动能、新区高起点高标准开发建设发展提供持久强劲的人才和智力支持。

二、雄安新区教育整体性治理的路径选择

1. 搭建教育治理整体网络

雄安新区高水平现代化教育的先行示范，是建立在教育资源匮乏、发展水平较低的台基之上的，教育治理任务艰巨，仅仅依靠某一主体或者组建一个组织机构主导教育治理，共识难以达成，力量过于单薄，无法有效协调整合各方教育利益，难以形成一体化的治理方略。因而，雄安新区应站在前沿理论的制高点上，秉持整体性教育治理理念，搭建一个集层级、功能和公私部门三维度一体化的教育网络合作治理框架，为多元主体利益表达和沟通机制创设平台的基础上，有效推进雄安新区相关教育利益和优质资源的协调

整合。

教育治理层级方面，在中央和河北省顶层统筹和规划指导下，适时下放教育权力，鼓励新区教育治理先行先试，打破既有传统治理模式的基础上革故鼎新。同时，强化雄安新区与京津冀区域教育协同治理的关系，摒弃等级依赖和零和博弈，通过打造京津冀雄教育共同体积极引进区域优质教育资源，集中承接北京疏解的教育功能。教育治理功能方面，整合新区横向教育资源和权力，结合新区大部门制和扁平化改革，提升雄安新区公共服务局在教育规划、人事、财政等方面的统筹权和话语权，扮演好新区整体性教育治理的组织者、协调者、服务者的角色，推进不同功能组织和部门间的协同，推进教育权力和责任的明晰对等，推进教育治理职能的整合优化。教育治理公私部门合作方面，一是转变雄安新区教育行政部门职能，深入推进教育管、办、评分离，理顺政府与学校间的关系，加强学校的办学自主权，逐步形成新区同一层级的学校有序竞争、深度合作的局面，并创新机制和模式，建设包括雄安大学在内的中国特色、世界一流高等院校；二是积极推进雄安新区政府向社会和市场放权，发挥社会在教育治理中的独立性、专业化的作用，激发市场在教育整体性治理中的效能优势，依托公共部门和私人部门、社会组织之间的功能整合集成上的合作网络，达成比传统政府完全提供模式更能凝聚使命、更加集约高效的治理愿景；三是在教育信息公开、治理程序设定、公共教育服务需求等方面为公众参与新区教育治理提供条件，主动创设公众教育利益表达机制，提高公众教育满意度。

2. 完善教育治理制度保障体系

在希克斯的理论设计中，作为功能性要素，制度是整体性治理持续有效发挥作用的重要保障。Feiock 认为制度设计可能会依赖于解决制度集体行动问题的各种机制，旨在明确制度设计为整体治理建构创设相关保障机制。

一是教育治理运行机制方面。为有效推进新区教育整体性治理，协调整合各方教育利益，约束规范多元教育治理主体，建构一套"决策—执行—评估"闭合式制度保障机制必要而紧迫。首先，教育治理决策机制。针对新区教育各个阶段、不同领域的问题，政府发挥好"元治理"角色，积极吸取雄安新区教育咨询委员会等社会组织专业化建议，收集整合新区公众教育意见，推动新区教育决策高效化、科学化。其次，教育治理执行机制。雄安新区已进入实质性建设阶段，执行落实成为当前新区建设发展的主题，教育治理领域同样如此，在继续深入细化教育政策规划的基础上，逐步完善教育治理执行制度，不折不扣推进落实，遇有重大事项及时研究协商，确保更多的利益主体认同并参与教育政策规划的执行，最终提高教育整体治理执行效率。最后，教育治理评估机制。严格按照新区教育整体性治理均衡发展、充分发展和特色发展的目标，克服"唯分数、唯升学、唯论文、唯文凭、唯帽子"的评估导向，强化教育督导制度建设，将评估结果与新区官员和公务人员的晋升和福利待遇挂钩，从根本上驱动教育治理评估机制。

二是教育治理激励约束机制方面。构建一套与雄安新区整体性教育制度创新相匹配的激励约束机制，有利于相关主体划定边界，明确合作方向，有助于整合相关各方的预期和行为，降低其间沟通协调的交易成本。通过对合作共事行为的激励，通过对非合作机会主义行为的规范和约束，致力打造雄安新区未来教育创新共同体，形成教育创新思想和教育创新成果充分涌流的整体性治理格局。而要保障新区教育治理激励约束机制有序有力运行，法治化尤为重要，"依法治教是推进教育治理现代化的保障，也是教育事业科学发展稳定持久的保障"①。要着力强化中央层面、京津冀区域层面和河北省层面对新区教育治理法律法规的配套和支持，平衡多方教育利益诉求，深入推进新区依法治教、依法办学，条件成熟的情况下整合立法资源，推进京津冀区域教育协同立法。

三是教育治理制度创新方面。制度既有自身演化变迁的内在动力，也有顺应时代进行变革创新的外在要求，持续发挥好新区教育整体性治理的制度保障作用，需在培养制度创新整体价值、凝聚制度创新文化共识、理顺制度创新主体关系几个方面持续发力：用合作的态度、协同的意识、共享的理念、善治的精神培养创新价值；以整体性教育思维凝聚文化承载单元的共同体意识，让生态文化、数字文化、绿色文化、创新文化成为教育治理的发展

---

① 陈金芳、万作芳：《教育治理体系与治理能力现代化的几点思考》，《教育研究》2016 年第 10 期。

方向；以协同的思路和共同体的意识聚合重塑制度创新主体间的关系，降低协商沟通成本，强化参与主体对教育目标的共同使命，最终朝着共生共享的方向发展。

3. 优化教育治理政策工具选择

依据强制程度的不同，可将教育治理工具简单划分为命令管制型、市场激励型和自愿服务型三个类别，每一类治理工具都有着各自的功能属性，适用于不同的目标情境。教育质量/标准、命令规定、目标责任制等命令管制型教育治理工具，指向明确，便于操作，能够快速实现治理目标，公平性和有效性较高；教育补助、教育凭单、合同承包、自由市场、特许经营等市场激励型教育治理工具，成本低、效率高，使用灵活，公众能够从中获得更多选择教育的权利，间接倒逼教育服务供给者相互竞争、提升服务质量；志愿服务、自我服务、教育社会组织、公益教育培训等自愿服务型教育治理工具，源自于公众和社会组织参与教育治理的内在动力，具有较强的公益和自我服务属性，是上述两类工具的有益补充。

当前，雄安新区处于建设起步阶段，教育质量和层次在低位徘徊，而且与新区总体发展规划要求的教育目标相距甚远。短期内，新区教育"三年提升计划"的如期完成、优质教育资源的集中承接配置、高质量基础教育的优先发展、现代职业教育的快速发展、世界一流雄安大学的规划创建等，兼具有效性和公平性的命令管制型教育治理工具首当其选。从长期来看，雄安新区将承接转移疏解的教育资源，对原有教育治理形态进行升级改造，着力打造教育集聚高地，这一目标使命需要新区依据具体目标和情境优化协调三类教育治理工具的同时，突出市场激励型和自愿服务型两类工具在效率和自发两个方面的潜在优势。尤其要致力于几种教育政策工具类型间的整合协同，细化优化典型的政策工具，发挥其聚合功能。条件成熟时，创新推出兼具复合型、网络型、协同型、智慧型的整体性教育治理工具类型，助力和提升雄安新区教育治理政策体系的现代化水平。

4. 提升教育整体性治理能力

教育整体性治理能力是指在教育治理整体网络框架下，各治理主体在价值共创和协同共生的现代化理念引领下，把价值引领、制度安排和政策设计有机结合起来，熟练运用制度手段和政策工具协调整合多元利益诉求，在教育治理创新改革进程中体现出来的素质，是一种关涉愿景规划、使命凝聚、沟通协商、激励均衡、系统再造的综合能力。在教育治理实践中把综合能力素质转变为组织力、合作力、执行力和创新力是整体治理效能提升的关键。

组织力是指具有组织协调多主体、多部门、多层级精诚合作达成目标使命的能力，能够对分散的力量和资源加以科学配置，高效整合治理流程。作为"元治理"的新区政府，尤其要提升组织力，以有效应对多元复杂的教育诉求，实现组织和群体之间的融合互通；合作力涵盖府际关系整合能力、多元主体凝聚能力、多元文化沟通能力、冲突矛盾化解能力和智慧决策的集成能力，旨在通过合作精神和整体意识促使新区形成多元协同、多方互动、求同存异、智慧交互、共生共荣的教育治理格局；执行力指的是教育整体治理目标和战略意图驱使下的行动能力。执行力要求新区决策者具备实现教育整体规划的成就动机，具备达成富有挑战性任务的集体行动能力，具有为实现既定目标持之以恒努力奋斗的担当精神。雄安新区未来教育领域决策者的执行力既是对个人领导力的考量，也是对其合作共事能力、集体行动能力的检验，必须严格执行新区教育制度和政策，依据情境熟练运用各类各种教育治理工具；创新力提升的关键在于强化教育协同创新制度设计能力。其中，制度安排与政策工具的相互支撑是基础，柔性制度和刚性制度安排的组合设计与相互嵌入是保障，现代化信息技术支撑下制度创新设计的数字治理和流程再造是途径。系统性、整体性的制度创新设计规划，数字化、网络化的制度创新设计流程，融合性、协同性的制度创新设计思路构成了教育治理创新力提升的核心要素。这是雄安新区治理主体把创新使命转化为创新成果，致力打造教育治理创新共同体的必备素质。

第二十一章　合作网络视角下雄安新区
特色康养体系的协同构建

近年来国家提出健康中国战略，并相继出台支持康养发展的一系列政策和行业标准。雄安新区的未来将拥有以白洋淀为核心的优质水域、"千年秀林"的优质森林资源、传统中药资源、基于京津冀支持的优质公共服务资源，这些资源成为雄安新区建立康养体系的有利条件。构建雄安新区特色康养体系是一个繁复的系统工程，涉及到跨地区、跨组织、跨部门、跨层级的协同合作，这些多种类多层次的协同关系交织融合在一起逐渐呈现出网络形态。本章拟从合作网络理论视角，结合雄安新区的规划和优势，构建具有雄安特色的康养体系，并对体系的结构、功能及运行机制进行分析，在此基础上提出构建雄安特色康养体系的建议，从而为雄安新区未来的康养发展提供参考。

2018 年 11 月，首届雄安国际健康论坛在河北省廊坊开幕，论坛提到未来的雄安新区，将打造贯彻新发展理念的健康中国战略样板之城、绿色智能创新的健康之城、城市与人全生命周期共生长的健康之城和高端健康产业的集聚之城。从当前发展来看，人发展到一定程度，对于健康认知也有了新的高度。健康中国提出的健康环境、健康社区、健康政策等多维度的打造，最终落脚点都在健康中国人上。随着 2016 年 1 月国家旅游局发布《国家康养旅游示范基地标准》，康养产业陆续被多地列入"十三五"规划之中，预计 2030 年我国康养产业市场消费需求将达到 20 万亿左右，但据不完全测算当前每年为康养产业提供的产品却仅在 5000—7000 亿左右，针对持续旺盛的市场需求，康养服务的供给存在严重不足。①

伴随着时代的发展脉搏，"康养"的概念也在得到不断的更新和丰富，未来康养理念不仅是对生命长度的追求，更多的是着眼于全生命周期的拓展生命丰度和自由度的广义康养，这个理念和雄安新区的"城市与人全生命周期共生长的健康之城"的定位高度吻合。未来的雄安新区，将淀水林田草作为一个生命共同体，形成"一淀、三带、九片、多廊"的生态空间结构。②具有以白洋淀水系为核心、以"千年秀林"为基础的自然生态格局，拥有京津冀高质量医疗资源的支持和自身传统的中医药优势，具有高质量的公共服务能力，雄安新区具备发展康养的优势资源禀赋，通过多种产业形态和系统完善的康养体系构建，雄安新区最终会成为健康产业的"硅谷"，助力雄安新区世界级城市群功能的实现。

第一节 理论综述

一、康养体系的内涵

近年来随着人们对更美好生活的向往和追求，康养旅游成为新兴的旅游产品。在康养旅游逐渐发展过程中，形式各异的康养模式逐渐涌现。根据是否依托自然禀赋、是否具有特色文化、是否具有医疗功能性主要可以分为资源依托型康养、特色文化康养以及医药嵌入式康养。在康养旅游的繁荣发展中既产生了不同的康养模式，也孕育出不同的康养产业形态。按照康养产业形态规模不同，大致可分为康养城、康养小镇、康养产业园、康养度假区等，其中康养小镇较为常见。

基于康养旅游的繁荣发展，康养模式的逐渐丰富，康养产业的不断发展融合，康养体系的概念顺势而生。康养体系不仅局限于康养旅游的旅游层面，也不具体指康养产业，目标人群也不仅限于老年人和亚健康人群，康养体系的概念更具有包容性，涵盖范围也更广。更多是包含了康养旅游、各种

---

① 中山大学旅游学院：《中国康养产业发展报告（2017）》，社会科学文献出版社 2018 年版。

② 《国务院关于河北雄安新区总体规划（2018—2035 年）的批复》（国函〔2018〕159 号），2019 年 01 月 02 日，http://www.gov.cn/zhengce/content/2019-01/02/content_5354222.html。

康养模式和各种康养业态在内的，并且与其它公共服务体系协同互动的，面向全生命周期的综合康养服务体系。康养体系的成功构建首先要依托于当地乃至周边区域的整体自然生态格局和资源优势禀赋，并需要多维度的跨组织、跨部门、跨领域协同创新，才能共同创建出具有与地区资源高度融合的康养整体构架意象。

二、合作网络理论在公共服务领域的运用

国外学者在公共管理领域更早运用了合作网络理论，主要是集中在公共服务领域。公共服务体系的形成包含政府、社会力量、企业等多元主体和利益方的合作网络，跨组织的合作网络有助于政府应对日趋复杂多样化的公共服务职能[①]，政府要对多组织网络进行管理，尤其是在教育、公共健康、危机灾害管理、地方水资源管理、地方政府财政等诸多的领域，学者们发现积极参与合作网络的组织比孤立的组织往往能获得更多的外部资源。[②] 合作网络的形成能够帮助组织获得资源提高绩效，合作网络理论更多的是与公共健康医疗、养老等方面深入结合；合作网络的形成能够帮助组织信息交流学习成长。[③] 国内学者也持续关注组织网络的研究[④][⑤]，并逐渐嵌入网络研究视角探索养老、医疗、健康等服务组织的网络能力提升、绩效改进等。

康养的本质还是一种公共服务，是在不断满足人民日益增长的美好生活需要过程中的公共服务创新实践。康养的丰富内涵决定了康养需要更多的组织间合作，特别是在构建康养体系的过程中，就需要更加多样化更多层级

---

① O'Toole，L.J.，Jr：Treating networks seriously：Practical and research-based agenda in public administration，*Public Administration Review* 1997（1）.

② 朱凌：《合作网络与绩效管理：公共管理实证研究中的应用及理论展望》，《公共管理与政策评论》2019 年第 1 期。

③ Provan，K. G.，J. E. Beagles，L. Mercken，& S. J：Leischow，：Awareness of evidence-based practices by organizations in a publicly funded smoking cessation network，*Journal of Public Administration Research and Theory* 2013（1）.

④ 陈那波：《公共行政学研究方法应用前沿及其中国借鉴》，《公共行政评论》2015 年第 4 期。

⑤ 刘波、王力立、姚引良：《整体性治理与网络治理的比较研究》，《经济社会体制比较》2011 年第 5 期。

的跨组织配合联动和高度协同协作。这些繁复错杂的互动关系逐渐形成了康养体系的网络形态，因此本研究尝试运用合作网络的视角，在厘清雄安新区建设康养体系的特色优势基础上，审视和剖析康养体系的构建全过程，弄清楚康养体系的结构内容，深入分析康养体系形成和运行机制，准确定位康养体系的功能，并且提出进一步推进康养体系构建的建议。

第二节　雄安新区特色康养体系构建的优势

康养对地区资源的依赖程度较高，无论是自然资源还是人文资源，尤其对生态环境、医药卫生条件和公共服务能力都有不同程度的需求。当前雄安新区发展的重大历史机遇同时也为特色康养体系的构建带来难得的发展契机，雄安新区具备发展康养产业所需要的资源禀赋和合作潜力。

一、雄安新区构建康养体系的制度优势

首先，基于京津冀协同的区域联动发展顶层设计：康养体系与雄安新区未来的功能定位和发展规划高度契合，河北省政府办公厅印发《关于大力推进康养产业发展的意见》中指出，打造环京津康养产业平台，未来将在雄安新区打造有核心竞争力的康养产业"硅谷"。[①] 第二，基于疏解北京非首都功能的中观城市定位：雄安新区另一重要定位就是疏解北京的非首都功能，医治首都的大城市病。目前北京市公共服务的供给已经无法满足日益增长的需求，尤其集中在教育、医疗、健康养老领域已经陷入极为紧张的境地，有些专家认为，在北京周边地区建设新城新区是治理北京"大城市病"的迫切需要，是集中疏解非首都功能的战略选择。[②] 第三，基于雄安新区城市功能区的微观产业布局：康养体系的构建符合雄安新区的产业规划。《河北省特色小镇规划布局方案》《关于大力推进康养产业发展的意见》等文件提到打造环京津康养产业平台。支持康养企业在雄安新区建立康养产业园区，加快

---

① 《关于大力推进康养产业发展的意见》，2018 年 10 月 13 日，http：//www.hebei.gov.cn/hebei/11937442/10761139/14430288/index.html。

② 蔡之兵：《雄安新区的战略意图、历史意义与成败关键》，《中国发展观察》2017 年第 8 期。

形成一批康养行业关键技术、标准、专利等知识产权。① 总的来说，打造雄安新区特色康养体系恰逢新区建设伊始，不仅与国家对雄安新区的未来发展方向高度契合，且与新区城市功能定位实现共振，并且符合产业发展蓝图，因此康养体系的构建具有良好的制度基础。

二、雄安新区构建康养体系的生态优势

首先，雄安新区拥有白洋淀水域的优质水源和湿地资源。白洋淀是河北省最大的湖泊，主体位于河北省保定市安新县（雄安新区）境内。在《雄安规划纲要》中勾勒出了未来的白洋淀自然风貌："依托白洋淀清新优美的生态环境，利用城镇周边开阔自然的田野风光，随形就势，平原建城，形成疏密有度、水城共融的城镇空间，清新明亮的宜人环境，舒展起伏的天际线，展现新时代城市形象。"② 其次，基于"千年秀林"的高质量高森林覆盖率。2019 年 3 月 14 日国家林业和草原局、民政部等 4 部委联合下发《关于促进森林康养产业发展的意见》③，雄安新区将会具有优良的森林康养自然资源，"千年秀林"打造的将是高质量符合并超出森林康养标准的自然森林，高质量的森林资源与高质量的水系资源并存共融，形成难得的森林—水系资源网络。第三，雄安新区是具有卓越蓝绿空间的绿色生态宜居新城：《河北省雄安新区规划纲要》中提到要确保新区生态系统完整，在新区约 1770 平方公里范围内，蓝绿空间占比稳定在 70%，远景开发强度控制在 30%，将淀水林田草作为一个生命共同体，形成"一淀、三带、九片、多廊"的生态空间结构。④ 未来的雄安新区不仅具有高质量的森林资源和水系资源，整个

---

① 《河北省特色小镇规划布局方案》，2018 年 6 月 1 日，http：//www.ndrc.gov.cn/dffgwdt/201806/t20180601_888530.html。

② 《河北雄安新区规划纲要》（全文），2018 年 4 月 21 日，http：//baijiahao.baidu.com/s？id＝1598363443479074434&wfr＝spider&for＝pc。

③ 《国家林业和草原局、民政部、国家卫生健康委员会、国家中医药管理局关于促进森林康养产业发展的意见》，2019 年 3 月 13 日，http：//www.forestry.gov.cn/main/4812/20190319/104115859893935.html。

④ 《〈河北雄安新区规划纲要〉（5）起步区空间布局示意图》，2018 年 4 月 21 日，http：//baijiahao.baidu.com/s？id＝1598359677026625736&wfr＝spider&for＝pc。

城市都是蓝绿交织，风清气朗。城市与森林资源和水系资源融为一体，不同自然资源形成交织融合的绿色生态网络，为康养体系的构建保驾护航。

三、雄安新区构建康养体系的医养优势

基于京津冀越来越深入，多方位多层次的协同合作，未来的京津冀将会形成比较稳定的合作网络，尤其是在医疗资源共享方面，在这个网络的支撑下，雄安新区康养体系将会具有强大的医养资源：京津冀协同支持下的医疗卫生服务优势：雄安新区的医疗卫生服务优势前期主要体现在雄安新区将承接京津冀地区的高端优良医疗卫生资源，同时也在雄安高标准配置，其中包括引进京津及国内外优质医疗资源；全面打造 15 分钟基层医疗服务圈，大力发展智能医疗，建设健康医疗大数据应用中心，构建体系完整、分工明确、功能互补、密切协作的医疗卫生服务体系。[①] 其次，整合具有传统优势的中医中药资源优势：国家中医药管理局关于印发《2018 年中医药工作要点》的通知推进《中医药发展战略规划纲要（2016—2030 年)》实施中也提到：实施京津冀中医药协同发展行动，统筹谋划雄安新区中医药有关项目。2018 年出台的《河北省促进中医药"一带一路"发展的实施意见》提出，在雄安等地给予相关优惠政策，吸引海内外优质医疗科研机构落地，开展中医药与西方现代医学相结合的临床、教学和合作项目，吸引民众来冀接受中医药医疗保健服务。

四、雄安新区的优质高效公共服务优势

康养体系的构建不仅需要自然资源和人文资源，更重要的是相应的地区需要有配套的高质量的公共服务体系，这种公共服务体系与康养体系形成协同，互为支撑，促进康养体系的发展。雄安新区未来在公共服务能力建设上毋庸置疑，新区将形成多层次、全覆盖、人性化的高质量公共服务网络。城市级大型公共服务设施布局于城市中心地区，主要承担国际交往功能；组

---

① 朱萍：《雄安新区承接高端医疗机构　助力医药产业转型升级》，2018 年 4 月 24 日，http://finance.sina.com.cn/roll/2018-04-24/docifzqvvsa1386859.shtml。

团级公共服务设施围绕绿地公园和公交枢纽布局，主要承担城市综合服务功能。社区级公共服务设施布局于社区中心，主要承担日常生活服务功能。因此，雄安新区未来的公共服务能力能够为康养体系的运行提供强有力的保障。

第三节　合作网络视角下雄安新区特色康养体系的协同构建

一、合作网络视角下雄安新区特色康养体系的内容结构

随着新公共管理运动的推进，部门间合作、公私伙伴关系、多中心治理等议题在理论和实践两个层面得到广泛运用。政府不再是公共管理中单一的治理主体，不再是单兵作战，而是将部门社会管理和公共服务的职能转交给市场和社会力量来承担。在多元的治理网络中，政府更多地扮演着"掌舵者"的角色，负责决策、协调、监督与激励等；企业、非政府组织乃至普通公民被赋予"划桨者"的角色，通过多方联动、流程再造、资源整合，以更有效地应对社会复杂性。[①] 20 世纪 70 年代，Linton Freeman 及其在加州大学尔湾分校的同事们构成的研究小组也开始对网络间关系和图论进行深入和严谨的研究，产生了一系列网络分析概念，例如密度（density）、中心性（centrality）和三方关系（triad）等[②]，极大地促进了网络测量方法的发展。运用合作网络理论构建雄安新区特色康养体系，不仅包含了不同层级的多样化的组织、部门、机构、主体等网络节点，还包含由这些单元互相联系互动形成的网络形态和网络关系，由此可以看出政府在网络体系中的角色发生了变化，嵌入到网络体系中的政府，更多地发挥着激励、监督及推动的功能，更多发挥着沟通协调的功能，雄安新区特色康养体系结构如图 21-1 所示。

由图 21-1 可以看出雄安新区特色康养体系主要由以下内容构成：

（1）生态环境子系统：指的是未来雄安新区具有的生态环境，具体来说

① 陈那波：《公共管理研究方法详解——中国政府与政治研究实践指南》，格致出版社 2016
年版，第 18 页。

② Freeman，L. C.，D. Roeder，and R. R. Mulholland：Centrality in Social Networks：II.
Experimental Results，*Social networks* 1979（2）.

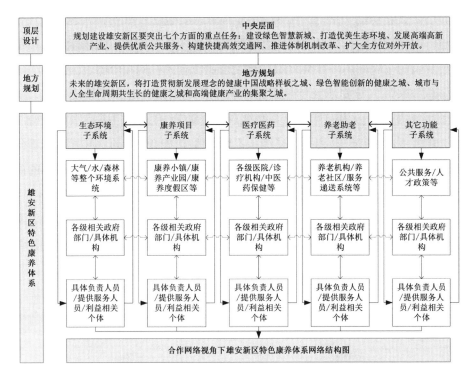

图 21-1　合作网络视角下雄安新区特色康养体系结构

包含了森林覆盖率、温泉数量、空气质量、田园村落等具体的生态功能以及每个功能所涉及到的政府部门、社会组织、相关企业、有关机构和个体。

（2）康养项目子系统：主要包含目前的康养旅游项目，按照不同的产业形态有康养城、康养小镇、康养产业园、康养度假区等形式，也有具体的某个项目的实施，以及所涉及到的政府部门、社会组织、相关企业、有关机构和个体。

（3）医疗医药子系统：主要包含了首先是京津冀各级医院诊疗机构在雄安新区的落地、具有雄安新区特色的中医药诊疗体系、中医中药的健康保健项目等，以及所涉及到的政府部门、社会组织、相关企业、有关机构和个体。

（4）养老助老子系统：主要包含了各种性质养老机构、养老社区、养老服务递送体系等，以及所涉及到的政府部门、社会组织、相关企业、有关机构和个体。

（5）其它功能子系统：其他功能子体系主要包含了雄安新区建设的各项系统，如体育康健、交通通信、公共服务、人才落户等各项服务体系，以及所涉及到的政府部门、社会组织、相关企业、有关机构和个体。

总的来说，雄安新区特色康养体系主要是由以上五个子系统构成，每个子系统内部又分为三个层级：功能层级、政府相关部门以及服务机构层级、相关负责人和利益相关者层级。不同子系统之间的协同、同子系统不同层级间的协同、不同子系统相同层级间的协同、不同子系统不同层级间的协同、组织机构间的协同、个体间的协同等逐渐构成了一个复杂的网络体系，这些体系、系统、层级，以及层级上的组织机构、层级上的个体就构成了网络的节点，节点之间或密集或疏离的互动关系，构成了典型的网络形态，可以借助组织网络的分析方法进行进一步的深入分析。详见图 21-2：

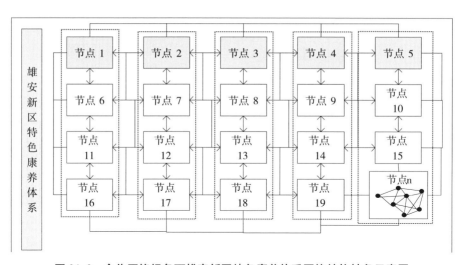

图 21-2　合作网络视角下雄安新区特色康养体系网络结构抽象示意图

将康养体系结构图进一步抽象并平面化处理出网络结构示意图如图 21-2 所示，初步构建的雄安新区特色康养体系具有明显的网络结构特征，而且属于更加繁复的跨组织网络，也就是组织间合作网络形态。分别可以运用整体网络研究来分析康养体系网络的规模、密度、集中化、路径长度、紧密性、集群效应等，运用个体中心网络研究的方法来具体分析网络的节点度数、内容、中心性、中介性、结构洞等，并且如图中所示，每一个节点 n 内还包含了"子节点"，节点中还嵌套了网络，可以运用同样的方法进一步分析，从而彻底弄清楚康养体系构成节点间的互动协同关系，为康养体系的高效协同运行扫清障碍。

二、合作网络视角下雄安新区特色康养体系的运行机制

通过上文对雄安新区特色康养体系结构的分析以及对康养体系网络结构的抽象描绘，进一步运用合作网络理论和组织网络的分析方法，对雄安新区特色康养体系的运行机制进行深入剖析，体系的运行机制见图21-3：

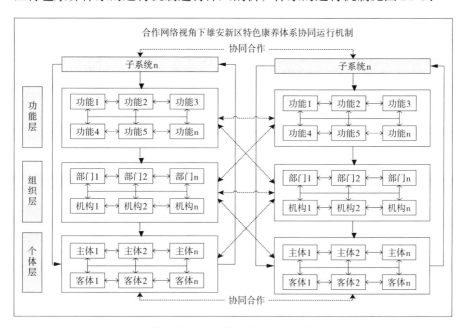

图21-3　合作网络视角下雄安新区特色康养体系运行机制

1.合作网络视角下康养体系内子系统间协同

雄安新区特色康养体系间需要互相协作整体运行，由合作网络理论可知，公共服务中涉及到的很多是跨组织的合作网络，雄安新区的康养体系，是更加宏观的概念，更需要广义上的整体性治理架构思想，不同于现存的康养旅游模式，而是充分整合了生态、康养、医疗、养老、基本公共服务等子系统的基础上建立起来的综合体系，服务人群不只是老年人、亚健康人群，而是有相应需求的全生命周期的人，雄安新区的特色康养体系更需要跨系统之间的合作，生态环境为根本基础，康养旅游为特色产业，加上雄安新区特有的医疗优势和医药优势，以及巨大的公共服务潜力，将雄安新区打造成为更加高级、综合、全方位的具有雄安新区特色的医疗康养体系。康养体系中的子系统内还包含嵌套了网络结构，因此在子系统层面上更适合运用从整体网络研究进行分析。首先应当从整体上掌握雄安新区康养体系网络结构的规模和密度，了解体系中究竟有多少节点以及节点之间究竟有多少种关系的存在并有哪些关系是活跃的；其次应当进一步分析网络的集中化，通过集中化的分析找到康养体系中的关键组织节点，再次对网络节点的路径长度和紧密性进行分析，对网络的疏密关系进行解析，并对网络中可能出现的集群进行聚焦，通过整体网络分析掌握康养体系的总体情况。

具体来说，在雄安新区的康养体系中究竟涉及到多少组织以及跨组织的关系？这些组织之间是互动频繁还是偶尔相关？哪些组织集中了网络的大部分联系的发生？是以生态环境组织为集中还是以医疗养老组织为集中？哪些个组织又由于紧密聚集形成了集群从而需要重点关注？以上问题的回答有利于康养体系的高效率构建，进而有的放矢地配置资源，抓住核心组织，促进整个体系科学运转。

2. 合作网络视角下康养体系内功能层的协同

子系统内功能层内功能间协同。雄安新区康养体系内，同一子系统内的不同层级间，都存在协同互动关系。任何一个子系统，都是由不同层级的组织机构及个体构成，这些机构和个体在体系内部，以及体系之间都会发生互动关系和协同作用。如同样是康养项目子系统功能层的康养小镇、康养产业园之间都应该而且必须在资源上互相分享，互为支撑，在服务内容上互为补充；同理，在医疗医药子体系的具体组织机构层，不同的机构之间也需要在资源和功能上互相补充互为支撑，共同形成无缝隙的服务体系。网络中子系统层级内部的组织机构更偏于个体中心网络理解，因此更适合运用个体中心网络研究进行分析，需要对节点度数、内容、中心性等关键问题进行验证。

子系统间功能层间功能协同。在雄安新区康养体系内，发生在子系统间的不同功能间的协同也时有发生。例如，康养项目子系统的功能层康养小镇，就会跟生态子系统中功能层不同功能发生协同互动，如果康养小镇跟森林功能协同度更高，那么就是具有森林康养特点的小镇，如果是跟水域（白洋淀）协同度高，那么就应该是具有温泉、湿地功能的康养小镇，由此可见，子系统间功能层间功能的协同，兼具整体网络和个体中心网络的特点，需要综合运用以上两种视角的网络分析方法，不但要对网络的规模、集中度等要素进行探究，还要对节点度数、中介性等分析，近而才能了解到不同子系统内不同功能间的关系特征。

3. 合作网络视角下康养体系内组织层的协同

子系统内组织层内组织间协同。子系统内组织层内组织间的协同理所当然地在进行和发生，并且更适合用个体中心网络视角进行研究。例如在生态子系统的水域功能下的组织层，跟雄安相关的水域就是以白洋淀为核心，相关的组织有来自政府机关的例如水治理部门、生态环保部门、承担白洋淀修复工程的相关企事业单位组织，组织间就会发生合同及外包关系，存在监管与被监管的多种互动关系；均是政府机关的部门组织间也需要协同互动共同作为，因为白洋淀治理是个综合的任务，而不是属于某一个政府部门的责任；承担治理工程的企事业单位也不止一家，也是需要不同功能的企事业单位的共同参与协同合作完成。由此可见，子系统内部的组织间互动应该强度更大，密度更高。

子系统间组织层间组织协同。子系统的组织层间也同样存在可能的互动关系。例如某一个养老机构和某一个具体的公共交通部门，公共交通部门应当将养老机构考虑到交通网络体系中，并且应该进一步考虑适老出行工具的设置，诸如此类在系统间也会发生组织间的互动和协同。虽然这种关系有时候并不是直接发生，需要存在中介节点或者需要从整体网络构建的角度进行考量，但是这种跨系统的组织间也是存在协同互动关系的。

4. 合作网络视角下康养体系内个体层的协同

子系统内个体层内个体协同。个体层内个体间的协同比如一个政府部门内部的协调合作、一个养老机构管理层和老年人的互动等，除此之外还存在跨层级个体间的协同以及跨组织间的个体间的协同等，个体层作为整个康养体系中的最后一个层级，流动性强，自由度高，作为服务一方可以从事不同功能性质的服务，作为被服务一方，也可以在不同的功能系统间流转享受不同的服务。个体间的协同关系数量庞大，在此不再一一列出。

子系统间个体层间个体协同。雄安新区体系内，体系内部的各个主体间也会发生这样那样的互动关系，同一个体因为具体情况的不同也属于不同的子体系，康养旅游中的游客可能因为疾病成为医疗医药子体系的成员，也可能因为年龄原因选择在养老助老体系中长期居住，并同时享受康养旅游资源。网络体系内层级的组成特体也是更偏于整体性网络的理解，因此更适合运用整体性网络研究进行分析，更偏于个体中心网络的理解，因此更适合运用个体中心网络研究进行分析，因为是在子体系同层级内部，关系和连接更强，因此在节点度数、内容、中心性和中介性均为高强度。

除了以上详细说明的雄安新区特色康养体系内部的各种协同关系，体系还存在很多种协同关系，比如跨层级的协同，功能层与组织层的协同等，篇幅所限不再一一展开说明。还有康养体系本身与区域发展也要实现协同，与城市其他功能体系也要实现高度协作，并与雄安新区的未来发展实现深度融合，在不同层面的合作网络视角下，存在着不同类型的协同关系，这些协同关系共同支撑了整个康养体系的运行。

三、合作网络视角下雄安新区特色康养体系的主要功能

雄安新区特色康养体系是比康养旅游更加综合的服务体系，又兼具资源支撑，因此其主要功能主要有四个方面：首先疏解北京的非首都功能尤其是医养压力：雄安新区设立的第一个战略意图就是通过新区来为北京城市发展分担压力。北京市可以通过直接向新区疏解部分非首都功能来实现自身发展的减压，另外新区的发展也能吸引大量原本流向北京的各种要素从而缓解北京的城市病尤其是北京的医疗压力和养老压力。其次可以服务雄安新区当地生态健康城市的建设：雄安新区特色康养体系服务于雄安新区的全生命周期生态健康城市的建设，服务于当地的居民。雄安新区未来将是绿色之城，健康之城，最先受益的人群就是在雄安新区工作定居的人群。城市居民能够享受生态环境带来的健康环境，同时也能够享受到康养体系给生命的质量带来的提升。第三，辐射京津冀协同递送雄安特色康养服务：雄安新区特色康

养体系建成后，将能够更好地辐射整个京津冀地区，一方面能够疏解京津冀地区的人口压力，全生命周期健康服务能够吸引更多的人才落户雄安；另一方面能够输送出高质量的康养服务，解决京津冀地区居民的健康问题。最后发挥康养优势吸引国内外目标人群旅居：雄安新区的综合环境，无论是生态环境还是人文环境，以及高质量的康养体系，不仅能够带动京津冀地区的发展，还能够吸引全国乃至全世界有健康需求的人，选择到雄安旅游或者居住，短期驻足或者长期定居。

第四节　全面推进雄安新区特色康养体系协同构建的建议

一、从思想理念高度充分理解雄安新区特色康养体系的内在意蕴

雄安新区的康养体系，是依托于雄安新区的整体规划，是站在巨人的肩膀上，并且是具有雄安特色的充分与白洋淀生态环境协同共融的、更加具有整体框架意象的康养创新体系。其内涵不局限于现有的康养旅游、康养产业、康养模式等，且都更加丰富饱满，更加充分体现新发展理念，整个康养体系涉及到的组织架构和协同关系也更为复杂，既需要宏观整体全局视角的把控，也需要对整个体系网络节点的聚焦分析。因此应当从思想上从理念上，理解雄安新区特色康养体系的内在意蕴，意识到康养体系的构建在雄安新区未来发展规划中的重要地位，能够助力未来雄安新区更好地发挥生态健康城市功能，应当用更加高远的意识形态，用发展的眼光看待整个康养体系的构建。全面推进康养体系的构建，首先要解决的就是思想理念问题。雄安新区特色康养体系的构建是具有重要的价值和意义的，要充分理解在雄安新区构建康养体系的这一深刻意蕴，为康养体系全面推进扫清思想障碍。

二、从制度体制维度全面支撑雄安新区特色康养体系的整体架构

雄安新区的建设有国家顶层的制度保障，同理雄安新区康养体系的构建也同样需要科学的制度设计作为基本保障。因为康养体系设计到的内涵广泛，涉及到跨区域、跨部门、跨组织的多重网络管理，因此，更加需要多重

科学制度设计作为体系构建的基本保障。

首先是整体性的治理制度架构。整体性治理是促使政府治理不断从分散走向集中、从部分走向整体、从破碎走向整合，进而为公民提供无缝隙且非分离的整体性服务的政治治理图式。① 雄安新区康养体系的构建，也需要整体性治理制度架构的推进和保障，需要在京津冀的区域乃至全国范围的整体性框架下协调包含医疗资源在内的各种资源、共同修复白洋淀水资源、建设"千年秀林"，以及对未来科技绿色智慧城市的整体打造，如果没有这种整体性治理制度架构作为依托，雄安新区的康养体系将成为无缘之木，无根之草，难以立足发展。

其次是区域协调发展的制度框架。雄安新区的康养体系更加需要的是京津冀地区的区域协调发展的制度支撑。雄安新区康养体系的构建动机来源于新区未来的功能定位健康生态城市，来源于新区要对北京的包括教育、医疗、养老等在内的非首都功能进行疏解，因此，雄安新区康养体系的构建离不开京津冀地区区域协调发展的制度框架作为基础。

三、从路径机制层面充分帮助雄安新区特色康养体系的协同运行

有了制度体制的保障，才能够有雄安新区康养体系的成功构建，但是康养体系的运行还需要具体的路径机制的设计：

首先是协同创新机制。国内协同创新问题研究主要关注点是宏观层面跨区域、跨产业合作互动和微观层面跨机构、跨组织的项目合作。雄安新区康养体系的构建最需要的就是协同创新机制，在不同的资源之间的协同创新、不同区域政府部门间的协同创新、不同组织间的协同创新等等。例如如何将"千年秀林"的森林资源和白洋淀的水域湿地资源进行协同创新？如何将自然生态资源与康养体系的构建进行协同创新？又如何在构建康养体系过程中涉及到的不同部门和组织间合作进行协同创新？这都是需要有协同创新机制的解释。

① 赵新峰、王浦劬：《京津冀协同发展背景下雄安新区治理理念的变革与重塑》，《行政论坛》2018 年第 2 期。

其次是网络治理机制。21世纪的社会被称为网络性社会。在这种组织形态下，组织个体之问具有共同的目标，并且相互存在信任与资源依赖，追求整体利益的最大化。通过运用合作网络理论视角对康养体系运行机制进行剖析，可以看到对康养体系的治理还需要网络机制。需要从网络的视角，将康养体系的各个构成部分联结起来，运用网络治理机制，分析网络结构和网络规模，对网络节点进行全面解析，从而促进康养体系构建和运行。

第三是协商、决策和执行机制。协商是一种理性的决策形式，康养体系的构建过程必然是一个沟通协商的互动过程，协商机制的目的就在于通过充分的表达和沟通，促进信息流动，进而实现在康养体系构建过程中跨组织的共同行动，实现多组织间良性的合竞关系，为长期的协同协作奠定基础；协商之后是决策机制，雄安新区康养体系的构建需要一套面向区域的、整体性强的、协同程度高的决策系统，来帮助体系的构建，在体系构建完成之后，还能够帮助体系进行整体化的运行；决策之后就是执行机制，规划战略再完美，没有有效的执行也是纸上谈兵。在对雄安新区康养体系进行初步的规划设计之后，在协商决策之后，最需要的就是执行机制，快速通畅而有效的执行链，相互交织形成执行网络，能够确保康养体系的迅速构建并能够保障康养体系网络的后续运行。

最后是绩效评价机制。雄安新区康养体系在构建过程中和完成后都需要绩效评价机制的介入，绩效工具的使用能够保证在体系构建环节各组织部门高质量高效率的完成构建工作，在体系建成之后，还能够通过绩效评价来监督整个体系的服务效率和效果，及时发现问题并不断优化整个康养体系。因此，绩效评价机制的建立对于整个体系的构建和运行都会起到良性的促进作用。

四、从政策工具角度深度辅助雄安新区特色康养体系的功能发挥

雄安新区康养体系有了制度体制的保障和路径机制的支持，接下来要做的就是具体政策工具的选择和使用。政策工具的选择是一个复杂的过程，影响政策工具选择的因素主要有目标、工具自身的属性、工具选择的环境、

组织路径等。①② 尤其是在解决具体的问题时，更加凸显出了政策工具的重要性。

在政策工具的设计上，首先要有正确的理念作为引导，要将五大发展理念创新、协调、绿色、开放、共享贯穿到政策工具的选择过程中去。首先，政策工具要能够让康养体系的构建助力雄安新区的整体功能实现，而不是短期的片面的只是局限于康养体系构建的工具类型。第二，对政策工具的设计要注重灵活性和突出重点，在注重整体利益的前提下，政策工具也要能够突出重点和凸显灵活性，助力康养体系的主体工作不偏离中心的构建完成。最后，还要重视政策工具之间的协同，多种政策工具的使用要产生协同放大效力，而不是互相矛盾和削弱功效。在政策工具的选择上，对于管控型的政策工具，要不断优化持续使用，比如对于污染的治理，对落后产能的淘汰要毫不动摇；只是在使用过程中要加强沟通，通过优化管控型工具化解由于过于强硬可能带来的冲突，把刚性工具加以柔性化处理；在康养体系构建中，要加大激励型政策工具使用的比重，比如通过更多的政府购买、PPP 等方式鼓励社会力量、企事业单位更多地参与到康养体系的构建中来。除此之外还要鼓励其他多种新型政策工具的组合灵活使用，倡导细化的政策工具之间的协同。总之，政策工具的选择要与治理方式相协同，根据具体情境和不同问题综合运用多种政策工具类型，为康养体系的构建奠定基础，提供保障。

---

① 赵新峰：《京津冀协同发展背景下雄安新区新型合作治理架构探析》，《中国行政管理》2017 年第 10 期。

② 赵新峰、袁宗威：《区域大气污染治理中的政策工具：我国的实践历程与优化选择》，《中国行政管理》2016 年第 7 期。

第二十二章　合作网络视阈下雄安新区高质量公共服务体系的建构策略

公共服务的发展水平和质量高低是衡量城市治理能力的重要尺度。雄安新区高质量公共服务体系的建构，对于建设未来之城、打造全国样板、培育创新发展新的增长极具有重要示范意义。合作网络的形成有助于公共服务质量的提升，合作网络治理为高质量公共服务体系建构提供了新的理论分析视角。本章内容基于核心组织管理型网络结构模型，依托合作网络治理理论，对内容结构、运行机制、功能运转进行深入分析的基础上，形成了主体聚合、区域凝聚、智慧凝结的雄安新区高质量公共服务体系建构策略。

雄安新区作为京津冀城市群重要增长极，不仅承载着高质量高水平现代化城市建设的重任，而且被赋予了建设公共服务新高地的历史使命。公共服务体系建设成效不仅关涉到雄安新区高质量发展全国样板目标定位的实现，也关系到雄安新区建设能否真正实现更高质量、更有效率、更加公平、更可持续的发展。优质公共服务资源是城市品质的象征，高起点的历史定位客观上决定了雄安新区未来公共服务体系的高质量发展。城市之所以能让生活更美好，根本在于具有良好的基础设施、优质的公共服务。雄安新区要成为非首都核心功能疏解的集中承载地，有必要以公共服务为抓手，优先规划建设公共服务设施，尽快构建优质公共服务体系。[1]

在作为合作网络的治理理论看来，随着治理主体的多样化，多元主体

---

① 杨宏山：《雄安新区建设宜实行优质公共服务先行》，《北京行政学院学报》2017 年第 4 期。

之间的权利依赖与合作伙伴关系在运行机制上必然最终形成一种自主自治的网络，各治理主体可以通过对话来增进理解，各自发挥自己的资源优势，从而实现良好的合作管理。① 公共服务的动态化、层次性、复杂性、连续性、多元化、公平性要求已经消解了任何一体化供给方式的可能性。政府的角色不能恪守不变，要积极适应不同层次主体和结构的互动，依次培育和塑造一个不同主体共同参与的、相机选择相应供给模式的公共服务供给组织间合作网络。② 工业革命之后 100 多年以来，发达国家通过政治安排、财政投入、供给机制、技术创新和质量管理等方面的持续建设，编制了一张严密的公共服务网络，使社会福祉尽可能覆盖每一个人，大幅减少了社会矛盾，为经济社会可持续发展提供了有力保障。③ 在公共服务供给机制日趋创新、公共服务技术渠道不断拓展的背景下，越来越多的国家选择通过多主体、网络化的方式提供公共服务④，并逐渐呈现出合作网络的形态。合作网络治理形态作为一种新兴的治理模式，为强化伙伴关系和提升集体行动能力开辟了新的路径，也为雄安新区高质量公共服务体系的建构引入了新的机制。

第一节　文献和理论综述

一、关于高质量公共服务的研究

高质量的公共服务是指为公众提供方便、快捷、优质、高效、公平的公共服务，以及形成惠及全民的公共服务体系。⑤ 衡量一个国家发达与否，并非仅看 GDP 或人均收入，而是综合考虑健康、教育、住房、生活体面性等人类发展指数，而这些发展指数，与公共服务质量之高低有着直接的关

---

① 　张帆：《公共服务合作网络在实践中的利弊及其对策》，《华夏地理》2016 年第 1 期。
② 　陈灿：《走向组织间合作网络的公共服务供给模式研究》，《公共管理求索》2008 年第 1 期。
③ 　李德国：《构建高质量公共服务体系的国外经验》，《福建日报》2018 年 6 月 25 日。
④ 　马莉莉、张亚斌：《网络化时代的公共服务模块化供给机制》，《中国工业经济》2013 年第 9 期。
⑤ 　陈振明、耿旭：《中国公共服务质量改进的理论与实践进展》，《厦门大学学报》（哲学社会科学版）2016 年第 1 期。

系。① 回应公众更高标准的服务需求、改进和提升服务质量成为全球公共服务发展的愿景和趋势。

高质量公共服务的提出源于公共服务质量下降和公共服务提供机构的低效率。20 世纪 70 年代以来，在公民外部压力驱使下，公共部门逐渐将工作重心转移到提供优质服务上②，于是改进公共服务质量和提高公共部门绩效成为当代公共管理改革的一项根本任务。③ 优质公共服务的提供方式逐渐成为学术界的研究热点。进入 80 年代，随着新公共管理运动的兴起，新公共服务、公共价值和协作治理等理论涌现，将焦点均集中到如何更好地为公民提供优质服务。Savas 在此理论背景下提出了公共服务供给中的十种形式。④ 就克服政府低效率、改进提供方式方面，斯蒂格利茨认为政府可以引入更多的主体共同完成公共服务的供给。⑤ Beesly 等人认为更多元的竞争引入到公共服务供给中可以促使公共服务的供给更为公平。⑥ Dennis Epple 等认为应当提供更为多元的供给服务，促进更加公平的竞争，进而优化服务供给质量。⑦ 埃莉诺 . 奥斯特罗姆进一步提出"以多样化的提供方式取代单一政府提供方式"。⑧ 多元化的提供方式成为解决政府单一提供效率低下和私人部门唯利是图问题的有效策略。同时，她开始关注公共服务领域公民感知

---

① 《国务院关于河北雄安新区总体规划（2018—2035 年）的批复》（国函〔2018〕159 号），2019 年 1 月 2 日，http://www.gov.cn/zhengce/content/2019-01/02/content_5354222.html。

② Marc Holzer，Etienne Charbonneau，Younhee Kim：Mapping the Terrain of Public Service Quality Improvement：Twenty-Five Years of Trends and Practices in the United States，*International Review of Administrative Science* 2009 (3).

③ Marc Holzer，Kaifeng Yang：Performance Measurement and Improvement：An Assessment of the State of the Art，*International Review of Administrative Sciences* 2004 (1).

④ Emanuel S. Savas：Privatization and Public-Private Partnerships，*Chatham House* 2004 (1).

⑤ ［美］约瑟夫·E. 斯蒂格利茨：《社会主义向何处去——经济体制转型的理论与证据》，吉林人民出版社 2011 年版。

⑥ Beesley M. and Littlechild S. Privatization：*principles problems and priorities Lloyds bank review*，Reprinted in bishop et al 1983，1-20.

⑦ Dennis Epple Richard E. Romano：Ends against the middle：Determining public service provision when there are private alternatives，*Journal of public economics* 1996 (3).

⑧ ［美］埃莉诺·奥斯特罗姆、余逊达等：《公共事物的治理之道：集体行动制度的演进》，上海译文出版社 2012 年版。

和公民评价的重要性。① 就公共服务质量评价问题，David Coats 等强调公共服务质量改进中的公共价值理念，倡导建立以公民为核心的服务链条，包括将公民期望转化为服务标准、推行公民参与型的服务供给模型以及以民意评价服务质量等。② 在这种机制策略下，政府成为公共服务的精明采购者和监督者，通过提供引入激励机制、设立服务宪章、推动服务标准化和电子化服务、设立公共服务创新奖等途径提升公共服务质量。由此可见，新公共管理理论、建构在新公共服务基础上的公共价值理论、协同治理理论等理论学派均从不同视角出发提出了公共服务质量的改进策略，如市场化和社会化方略、公民参与型方略以及社会网络机制策略等。

我国公共服务质量改进研究的初级阶段，更多讨论公共服务质量管理基础理论研究、公共服务质量概念、公共服务质量管理理论来源、公共服务质量管理内容框架等。③ 近年来我国公共服务质量评价与改进的研究日趋深入，除了较早的服务承诺制之外，以政府绩效评估、公共服务白皮书、公共服务发展指数、公共服务标准化、城市基本公共服务能力评价为主题，结合地方政府创新实践展开的学术研究方兴未艾，在公共服务质量改进的机制、技术、方法、内容与模式等方面做出了有益的探索，如借鉴国际质量管理体系实施服务标准化，通过互联网、电话连线等技术推行电子化政府，引入合约制提高公共服务效率和质量以及设立公共服务质量奖项激励政府服务质量改革，这些实践推动公共服务质量改进在本土化上迈出重要的步伐。④ 公共服务质量管理过程环节的研究主要集中在公共服务标准化、公共服务质量评价以及改进对策三个方面。

---

① Ostrom，E：Multi-mode Measures：From Potholes to Police，*Public Productivity Rreview* 1976.

② David Coats，Eleanor Passmore：Public Value：The Next Steps in Public Service Reform，*Work Foundation* 2008.

③ 唐果、林聪、阎永哲、贺翔：《我国公共服务质量改进研究的现状、评价与展望》，《经营与管理》2018 年第 8 期。

④ 朱凌：《合作网络与绩效管理：公共管理实证研究中的应用及理论展望》，《公共管理与政策评论》2019 年第 1 期。

二、合作网络理论与公共服务

自 20 世纪 90 年代以来，合作网络理论在公共管理领域逐渐引起学者们的关注。Jorg Raab 等指出这种基于组织间合作的网络不只是多个组织的简单累积，而是构成了一种新的组织形态，即网络组织。① 在欧美发达国家，私营企业、非营利性组织和政府部门，尤其是地方政府机构组成各类跨组织的合作网络，广泛参与到政策制定执行以及向社会提供公共服务的治理过程。随着新公共管理运动的深入推进，更多部门间合作、多中心治理、跨部门协同等议题提上日程，并广泛应用于实践。

1. 合作网络理论与公共服务体系

伴随着公共服务需求的日趋旺盛，政府提供公共服务的职责不断强化，回应公民服务供给领域的公共财政投入力度不断加大，政府与私人部门和社会组织合作提供的形式开始涌现出来，公共服务的合作供给成为解决政府单打独斗的一剂良方。但是合作关系的发生、合作规则的建立、合作机制的达成需要相关理论在具体细节和操作层面加以引领和支撑，以期达到善治的合作效果。合作网络理论作为对时代要求的一种战略回应应运而生了，该理论融合了合作发生的价值理性和工具理性，顺应了公共服务供给的实践诉求，与公共服务体系的协同构建具有内在的逻辑契合性。

合作网络理论为公共服务体系的构建提供了理论基础，并逐渐成为公共服务改革的方向。组织间合作网络日益成为公共服务供给的普遍机制。② 从公共服务视角出发，关系网络结构经历了层级管理模式——复杂管理模式——网络管理模式的演变。③ 合作网络在公共服务中应把政府、营利性组织、非营利组织、公民等集合起来，通过共同协商处理复杂问题。④ 合作网

① Raab，J. and P. Kenis：Heading Toward a Society of Networks Empirical Developments and Theoretical Challenges，*Journal of Management Inquiry* 2009（3）.

② Provan K.G.，Milward B.H：A Preliminary Theory of Interorganizational Network Effectiveness：a Comparative Study of Four Community Mental Health Systems，*Administrative Science Quarterly* 1995（1）.

③ 陈钦春：《社会主义在当代治理模式中的定位与展望》，《中国行政评论》2000 年第 10 期。

④ John Calanni，William D. Leach，Chris Weible：Explaining Coordination Networks in Collaborative Partnerships，*West Political Science Association Annual Conference* 2010.

络治理倡导公共价值引领下多元主体彼此信任、合作共事，主张通过对话协商、互动协作、共享共创等机制的建立促成联合行动。英国在跨机关、跨部门、多层次政府治理合作机制中，中央政府结合中央各部门、地方政府、私人部门、社区及非营利部门，形成战略性伙伴关系网络，促进彼此合作；美国公共服务供给中致力于按照市场化原则促使多元服务主体间形成竞争性网络格局；北欧各国通过公共部门购买私营部门服务等措施强化了公共服务多元竞合网络形成；日本在公共服务中倡导构建"协动"网络体系，主张通过参与机制让其他组织积极参与到公共服务中。合作网络在公共服务治理体系达成中的作用日趋凸显，在这一背景下，我国公共服务的供给也日益呈现出网络化、联动化、聚合性的趋势。多元合作网络强调多元主体在特定功能优势领域内的互补与合作，但合作主要体现为共同服务中的组合搭配过程，若缺乏一致性优化目标和协同策略，会导致三者治理劣势的叠加，难以达到整体效应。① 合作网络治理注重政府对公共服务网络的治理能力。多元主体之间伙伴关系的建立，多种形态的供给联盟，不同方式的供给模式体现了公共服务供给的复合性，公共服务的复合供给催生了公共服务网络体系的形成。

公共服务要想最大限度地获得合作收益，应致力于政府与其他合作主体之间的集体行动，强化内部协同运行机制，厘清不同主体间合作的条件及合作模式的基础，通过复合型网络供给降低交易成本和提高交易效率，构建公共服务网络体系，并通过促进网络体系的有效运作提升公共服务供给质量。合作网络理论为公共服务体系的构建提供了理论基础。

2. 合作网络理论与公共服务质量

公共服务合作网络的形成能够有效提升公共服务质量。首先，单个组织通常缺少处理繁重工作任务的能力，能够提供的服务质量和类型可能因机构传统和专业化而受到限制，合作网络的形成能够更好地保障公共服务质量。如合作治理理论呼吁不同主体间通过建立社会网络机制实现互助合作，充分利用社会资源、部门的能力和公民的责任实现公共服务质量改进的

---

① 谭英俊：《公共事务合作治理模式：反思与探索》，《贵州社会科学》2009 年第 3 期。

目标。① 其次，网络的形成能够提升合作质量。合作质量是指合作主体之间的合作水平，一般从三个维度进行评价，即问题共识、共享动机和参与能力②，三个维度之间相互联系、相互作用和相互促进，构成合作持续稳定发展的动力系统，层次的提升合作水平。而合作网络的形成能够促成三方面协同发力进而提升合作质量。第三，合作网络的形成能够促进各个参与组织的主动深度参与，因此合作网络能够提升合作质量。公共服务供给体系中，存在着大量合作关系，参与组织主动参与的深度，合作主体协同动机的强度，直接关系到公共服务整体质量的提升，从而决定着高质量公共服务目标的达成。

中国之治需要更加高质量的公共服务体系，需要更高水平的公共服务能力，合作网络理论为公共服务网络的形成提供了理论支持，公共服务质量改进机制的可持续运转，需要科学高效公共服务体系的建构，需要下大气力推进参与型、聚合型、协作型公共服务合作网络理论与实践的发展。

第二节　基于合作网络构建雄安新区高质量公共服务体系的现实意义

雄安新区是继深圳经济特区和上海浦东新区之后又一具有全国意义的国家级新区，其设立是集中疏解北京非首都功能、探索人口经济密集地区优化开发新模式、调整优化京津冀城市布局和空间结构、培育创新驱动发展新引擎的历史性战略选择。③ 雄安新区的规划建设目标是到 2035 年基本建成绿色低碳、信息智能、宜居宜业、具有较强竞争力和影响力、人与自然和谐共生的高水平社会主义现代化城市。雄安新区为解决北京"大城市病"问题提供中国方案，"雄安质量"引领全国高质量发展作用明显，成为现代化经济体系的新引擎，成为京津冀世界级城市群的重要一极，成为新时代高质量

---

① George A.Boyne：What is Public Service Improvement？，*Public Administration* 2003（2）.

② Emerson，K.，Nabatchi，T.，& Balogh，S.：An Integrative Framework for Collaborative Governance，*Journal of Public Administration Research and Theory* 2012（1）.

③ 《中共中央、国务院决定设立河北雄安新区》，《人民日报》2017 年 4 月 2 日。

发展的全国样板。高标准的规划建设目标对雄安新区公共服务提出了高质量的要求。依托高质量公共服务体系的建构推进"雄安质量"具有重要的现实意义。

一、雄安新区高质量公共服务合作网络体系的生成具有引领性和全国示范意义。近乎一张白纸的雄安新区，不仅要用"世界眼光"打造创新高地和科技新城，还要着力打造高质量公共服务高地，这一高地在规划设计方面坚持民生民本导向，注重区域优质公共服务资源的凝聚，致力建设一流共享的公共服务基础设施，提升公共服务质量，增强雄安新区环境承载力、产业集聚力和人才吸引力，打造智慧宜居、可持续发展的现代化新城。

雄安新区建设伊始，聚焦于与公共服务质量高度相关的教育、医疗、文化、社会保障、公共交通等方面：高质量布局教育体系，以新理念、新机制、新模式把雄安新区打造成为一流教育的先行示范区；高标准配置医疗卫生资源，建设国际一流的医疗综合体和区域卫生应急体系；高品位推进公共文化服务体系，在数字网络环境下高标准布局建设公共文化设施，建设公共文化服务中心，推动公共文化服务与文化产业融合发展；高水平推进社会保障服务体系，创新多层次公共就业服务，建立多主体供给、多渠道保障、租购并举的住房制度；高规格推进交通基础设施建设。遵循网络化布局、智能化管理、一体化服务的原则，着力打造便捷化、绿色化、智能化的交通体系。雄安新区提出了"城市—组团—社区"三级公共服务网络体系的构想，社区公共服务层面构建社区、邻里、街坊三级生活圈，在全国率先打造多层次、多主体、网格化、人性化的公共服务合作网络。高质量公共服务合作网络的生成具有前瞻性、引领性和示范性，雄安新区未来的创新路径必将为全国高质量公共服务探索与发展提供可借鉴可复制的"雄安经验"。

二、雄安新区高质量公共服务合作网络体系的建构契合了京津冀区域协调发展的现实要求。1976年原国家计划委员会组织京津唐国土规划课题研究，1981年华北地区经济技术协作区成立，1986年环渤海地区市长联席会成立，这一时期是京津冀协同进程中的发端起步阶段，拉开了京津冀协同发展的序幕。此后京津冀区域协同发展历经了各自为政阶段、合作积极推进阶段、合作深化阶段。2017年2月23日，习近平到保定市安新县实地考察，提出了"坚持世界眼光、国际标准、中国特色、高点定位"的发展要求，赋予了雄安新区高起点、高标准、高质量的发展使命。2017 年 4 月 1 日，中共中央、国务院决定设立雄安新区，十九大报告进一步强调从京津冀区域协调发展的战略高度推进雄安新区的高质量建设，标志着京津冀协同发展进入实质性推进阶段，在京津冀协同发展的历史进程中迈出了具有重要历史意义的关键性一步。这一重大战略部署的出台对于京津冀区域克服长期以来"一亩三分地"的属地管理思维，摒弃零和博弈具有开创性价值，对于打破既定利益格局，冲破地方保护主义束缚具有重要意义，成为破解京津冀区域合作瓶颈的良策。雄安新区高质量公共服务体系的建构依赖于京津冀协同发展的土壤根基，仰赖京津冀区域价值理念、制度安排、政策工具等合作要素的深度融合，离不开京津冀各种资源的输入扶持和落地。

　　三、雄安新区高质量公共服务网络体系建构中积极承接北京非首都功能疏解的优质资源对于城市品位的提升大有裨益。雄安新区其中一个重要定位就是疏解北京非首都功能，根治首都"大城市病"。目前北京市公共服务供给已经难以满足居民日益增长的公共服务需求。在北京周边地区建设新城新区是治理北京"大城市病"的迫切需要，是集中疏解非首都功能的战略选择。① 北京市在科技、文化、教育、医疗、卫生、养老、环保等公共服务领域具有得天独厚的资源优势，也是雄安新区打造高质量公共服务体系的有力抓手。雄安新区承接北京非首都功能疏解的关键在于高端产业的融入、高端服务业的注入、企业总部的加入，通过软硬基础设施建设、强化事业发展预期、提升城市发展魅力等途径吸引资金和技术的汇入，增强对优质人才的吸引力。高端产业、高端服务业和高水平人才的汇入需要与之相匹配的高质量公共服务体系。公共服务，兼具产业和事业双重属性。一方面，社会公共服务机构尤其是优质公共服务资源是城市品质的象征，优质教育、医疗等资源的迁入有助于吸引常住人口和流动人口的集聚，增强北京居民的迁入动机和外来人口集聚的可能性。另一方面，在美好生活时代，教育、医疗等资源所创造的广阔的市场空间有助于增加就业机会和岗位，促使迁移人口留下

---

① 蔡之兵：《雄安新区的战略意图、历史意义与成败关键》，《中国发展观察》2017 年第 8 期。

来。① 当面向创新产业的国际化和智慧化公共服务体系建设起来，当面向各类市民和高知高质人才需求的高标准、高品质公共服务体系逐步完备，当优质公共服务资源集聚生成公共服务高地，雄安新区的城市品位和魅力会自然提升，城市的磁场效应会自然形成。

第三节　基于合作网络雄安新区高质量公共服务体系的分析框架

合作网络治理理论的发展突破了政府与市场二分法的传统划分，其研究路径汲取了"政府主要起催化作用"的主张，继承了"自组织网络"的观点，不鼓励政府亲力亲为，单打独斗，更加关注非政府层面的潜能发挥，把政府层面和非政府层面的治理方略统筹加以考量。其理论主张洞悉了治理环境的变迁规律，也有力阐释了治理模式的发展愿景。在作为合作网络的治理理论看来，随着治理主体的多元化，多元主体之间的权利依赖与合作伙伴关系在运行机制上必然最终形成一种自主自治的网络，各治理主体可以通过对话来增进理解，各自发挥自己的资源优势，从而能够实现良好的合作管理。②Provan 等将网络结构划分为三种类型③：分别是共享型、核心组织管理型和行政机构管理型。共享型的网络结构不存在独立组织来管理网络，所有网络成员都参与到网络决策和网络管理中，他们自己管理网络内部关系和网络外部关系；核心组织管理型网络结构中所有网络成员都在某种程度上共享网络目标，同时也维持自身目标，他们与其他网络成员相互作用，与共享型网络不同的是网络中所有行为和关键决策都是由核心网络成员来进行协调；行政机构管理型网络最大的特点是专门设立一个行政机构来管理网络及其运行，与核心组织管理型网络结构相似，网络的行政机构主要负责管理和协调网络及其行为，在协调网络行动和维持网络运行方面具有重要作用，与核心

---

① 李国平、宋昌耀：《雄安新区高质量发展的战略选择》，《改革》2018 年第 4 期。

② 王瑞华：《合作网络治理理论的困境与启示》，《西南政法大学学报》2005 年第 4 期。

③ Freeman, L. C., D. Roeder, and R. R. Mulholland：Centrality in Social Networks：II. Experimental Results, *Social networks* 1979（2）.

组织管理型网络结构不同的是网络行政机构并不是网络中成员。近年来各国政府在公共服务网络中更多扮演"掌舵者"角色，承担决策、协调、监督与激励等职能；企业、非政府组织及普通公民则被赋予"划桨者"角色，通过多方联动、流程再造、资源整合，以更有效地应对社会复杂性。[①] 由此可见，核心组织管理型网络结构更适用于当今公共服务体系构建的现实需求。

核心组织型网络结构又称为"领导组织型网络"，在此类型的合作网络中，网络中的各个节点的组织机构与网络中的"核心组织"均具有较强的互动关系，"核心组织"在网络中起到重要的枢纽作用，网络中的其他节点组织间或多或少也存在各种互动关系，整个网络通过核心组织盘活疏通。此种网络与共享型网络结构相比更为高效，因为通常在共享的情况下，参与式治理可能涉及许多或所有网络成员，有许多情况可能不利于分散的、集体的自我治理，共享治理的低效率可能意味着更倾向于采用更加集中的方法，即整个网络治理集中于所说的网络中的"领导组织"来实现。核心组织管理型网络的主要特点是在领导组织治理中，所有主要的网络级活动和关键决策都是通过并由一个作为领导组织的参与成员进行协调，因此网络治理变得更为集中高效，通过合作网络中的"领导组织"为整个网络提供适当的管理、协调沟通并促进成员组织的网络活动，以努力实现网络目标，确保整个合作网络高质量运行，这与领导组织的目标紧密一致。核心组织管理型网络示意图详见图 22-1。

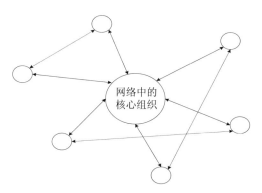

图 22-1　核心组织管理型网络结构模型

① 陈那波：《公共管理研究方法详解——中国政府与政治研究实践指南》，格致出版社 2016 年版。

在经典核心组织管理型网络结构模型基础上，基于雄安新区高质量公共服务供给的愿景使命及价值意义，进一步构建雄安新区高质量公共服务体系的框架结构便有了理论依据和目标方向。政府为核心组织管理型网络中的核心组织，作为公共服务主体的政府负责征询广大服务对象公众的服务需求、综合考虑发起公共服务的方式、决定公共服务的供给内容，之后在承接主体服务过程中负责协调整合各承接主体，并进行监督和质量控制，担负起培育和扶持承接主体的任务，在服务结束后继续征询服务对象的意见和建议，持续完善服务供给流程，实现精准供给和有效监督；作为承接主体的企业、个人、社会组织首先要向政府主体负责，尽职履约地完成好服务任务，在服务过程中同其他承接主体合作或良性竞争，促进服务质量提升，并向公众提供优质服务；服务对象在整个网络中不仅仅是被动接受服务的角色，还有责任和义务向政府提出需求和改善的合理建议，并同时对承接主体的服务质量进行公众监督，促进和督促购买服务整个环节改进，最终实现高质量公共服务体系的高效运转。

综上所述，由图22-2可见合作网络视角下雄安新区高质量公共服务体系的主要任务就是以人民为中心，提供高质量的公共服务，不仅让广大人民具有安全感和获得感，更要具有幸福感。雄安新区高质量的公共服务体系首先体现在服务内容上，主要包含基本公共服务、社会管理性服务、行业管理与协调性服务和技术性服务四大领域，各个领域的服务不仅具有公平性、可及性和有效性，还应当实现精细化、智能化和个性化；服务主体呈现具有高度混合的合作网络形态，并且在核心组织政府的引导下，进行更加科学的制度安排、财政投入、供给机制、技术创新和质量管理，并通过合作网络的高效运行得以实现，从而确保输出高质量的公共服务，进而完成整个网络的目标和任务；在服务范围上主要以雄安新区为核心，以"城市—组团—社区"为载体，进而产生集群与辐射效应；具体到高质量公共服务体系的内在运行机制主要借助大数据、人工智能等新技术、依托智慧城市等管理平台得以实现。

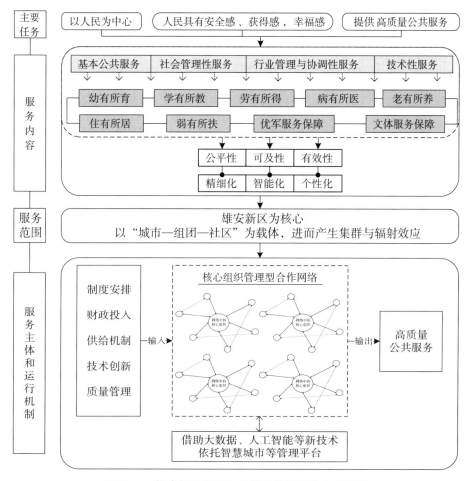

图 22-2　雄安新区高质量公共服务体系的分析框架

第四节　基于合作网络的雄安新区高质量
公共服务体系的构建

一、基于合作网络理论的雄安新区高质量公共服务体系结构

在高质量公共服务体系分析框架基础上，通过细化和深化进一步对雄安新区公共服务体系内容结构加以建构。公共服务体系的网络结构主要由公共服务的主体、主体间的合作关系及服务对象共同支撑，高质量公共服务体

系的最终目标是产出以服务对象人民群众为中心的、能够满足人民对更美好生活向往需求的让广大人民群众满意的公共服务，主要指说政府向社会公众提供的公共服务。①

首先，高质量公共服务合作网络不是空中楼阁，而是经济社会发展一定程度的产物，是更加高效科学的公共服务体系结构形态，其形成需要有良好的基础，主要体现在优化的制度安排、充足的财政投入、科学的供给机制、持续的技术创新和严格的质量管理，这些是合作网络形成的前提。雄安新区的建设是以京津冀的优质公共服务资源为基础，是站在巨人肩膀上的创新，具有形成公共服务合作网络供给模式良好基础和先决条件。

公共服务合作网络具体来说由网络主体和网络主体间的关系构成，具体来说主体主要涵盖政府、市场、社会组织和公民个体，多元主体各具特色优势，在建构合作网络时，必然要对相关主体进行恰当的角色分配、责任分工和资源整合。在核心组织管理型合作网络中，政府作为网络核心组织，负责将公民最需要的各项公共服务整合汇总并且加以分类，然后转化成具体的项目提供服务，在整个公共服务体系中负责统筹发起公共服务项目并进行监督，并负责对整个合作网络的运行进行有效协调；核心组织管理型合作网络中的其他主体一方面是作为服务供给主体的企事业单位和社会组织，一方面是服务对象公民个人。其中企业是单位和社会组织更多地起到承接服务和供给服务的作用，在合作网络中服务对象不再是被动地接受服务，而是同服务承接方一起共同生产公共服务，其对于服务质量的提升也起着至关重要的作用，尤其是在核心组织管理型合作网络中，新的公共服务递送理念强调了服务对象的重要作用，认为基于公共服务的特点，是以人为中心的服务，最终公共服务的质量取决于服务和非服务双方主体，也就是双方共同决定服务质量。在此基础上，进一步嵌入大数据和人工智能等新技术工具，确保合作网络能够高效运转，并面向"城市—组团—社区"全方位立体式提供高质量的公共服务。

---

① 《中华人民共和国财政部令第 102 号——政府购买服务管理办法》，2020-01-03，http：//tfs.mof.gov.cn/caizhengbuling/202001/t20200122_3463449.html。

合作网络输出的公共服务即上文提到的包含基本公共服务、社会管理性服务、行业管理与协调性服务与技术性服务在内的四大服务领域。① 高质量的公共服务不仅要求满足服务对象的公平性、可及性和有效性，还要实现精细化、智能化和个性化的服务宗旨。

雄安新区高质量公共服务体系的内容和逻辑结构详见图 22-3。

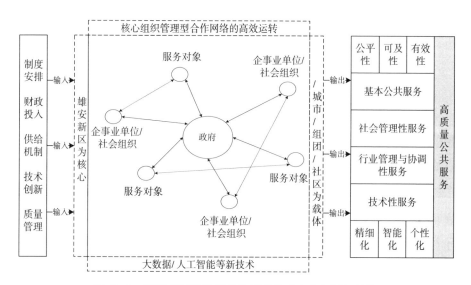

图 22-3　雄安新区高质量公共服务体系内容和逻辑结构

二、基于合作网络的雄安新区高质量公共服务体系运行机制

错综复杂的网络关系是支撑整个体系建构的网络骨架。明确了雄安新区高质量公共服务体系的内容结构，需要进一步深入探究相关主体间的合作互动关系。通过将雄安新区高质量公共服务内容结构图加以抽象处理，得到了较为直观的雄安新区高质量公共服务体系网络示意图，详见图 22-4。

如图 22-4 所示，将核心组织管理型合作网络进行平面化处理，并抽取全部网络元素，形成较为直观的网络平面图。主要包含了核心组织政府、服务内容（基本公共服务、社会管理性服务、行业管理与协调性服务与技术性

---

① 《关于〈政府购买服务管理办法（征求意见稿）〉向社会公开征求意见的通知》，2018-06-26，http：//tfs.mof.gov.cn/zhengwuxinxi/zhengcefabu/201806/t20180626_2939688.html。

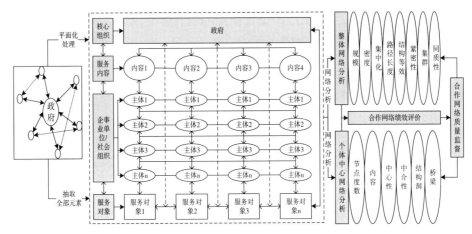

图22-4　雄安新区高质量公共服务体系合作网络运行机制图

服务在内的四大服务领域）、企事业单位和社会组织及服务对象。按照四大服务领域合作网络内自然形成了四个内部系统，每个系统内部都自成体系，均有各自的网络主体和网络关系，系统间也互为支撑，交织共同形成网络，网络中最重要的因素就是网络节点和网络节点间的关系，因此首先要对网络进行个体中心网络分析，通过测量合作网络节点度数、内容、中心性、中介性、结构洞、桥梁等网络特征以掌握网络各个节点（网络主体）及节点间关系，即多元主体互动关系，从整体上对网络规模、密度、集中化、路径长度、结构等效、紧密性、集群和同质性进行整体网络分析，进而从整体上对公共服务体系的规模、运行机制、主体间互动关系、体系运行效率、运行质量进行测量和评价；通过合作网络形态服务体系的构建，使得公共服务体系内部黑箱得以开启，从合作网络视角公共服务体系运行情况的测量、评价和监督得以实现，从机制上确保了高质量公共服务实现路径的畅通。

1.高质量公共服务体系内不同系统间的协同运行机制

基本公共服务系统主要包含教育、就业、人才服务、社会救助、养老、扶贫济困、优抚安置、残疾人服务、食药安全、医疗、公共卫生、人口和计划生育、住房保障、科技推广、文化、体育、公共安全、交通运输、农业、水利、生态保护、环境治理、城市维护、公共信息等领域适合采取市场化方式提供的服务事项；社会管理性服务系统主要包含社区治理、社会组织孵化培育、社会工作服务、法律援助、防灾救灾、人民调解、社区矫正、流动人口管理、安置帮教、志愿服务运营管理、公共公益宣传等领域适合采取市场化方式提供的服务事项；行业管理与协调性服务系统主要包含行业规划、行业调查、行业统计分析、行业职业资格和水平测试管理、行业规范、行业标准制（修）订、行业投诉处理等领域适合采取市场化方式提供的服务事项；技术性服务系统主要包含技术评审鉴定评估、检验检疫检测、监测服务、会计审计服务等领域适合采取市场化方式提供的服务事项。

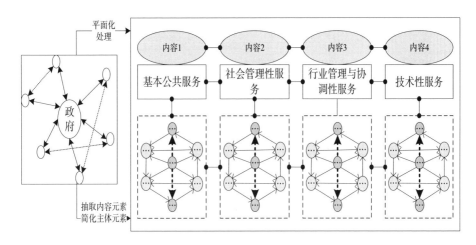

图 22–5　高质量公共服务体系内不同系统间的协同运行

公共服务体系包罗万象，涉及公民生活的方方面面，不同内容的公共服务本身就可以形成一个系统，每个系统内部也有健全的购买主体、承接主体和服务对象，不同系统间相互关联，相辅相成，不可分割。雄安新区高质量公共服务体系的打造需要在高起点、高标准、高水平和高品质上着手。基本公共服务涉及到的公民基本生活是公共服务的根基，优质公共服务资源彰显城市的品质，是吸引高层次人才汇聚雄安新区的基础保障；社会管理性服务是在个体基础上维护社会和谐的主要工具，是社会稳定不可或缺的润滑剂，信息化、可视化、扁平化、网格化的高标准社会治理体系是营造一流城市环境氛围的重要抓手；行业管理与协调性服务立足于高端化、专业化、系统化供给，植根前沿综合运用新思维、新模式、新手段为行业专业领域提供优质公共服务，为市场和社会的发展保驾护航；技术性服务系统涉及到雄安新区创新发展的各个领域。需要对传统服务机制、手段、模式进行创新的基础上，推动技术服务领域的数字化、网络化、智慧化和智能化，依托一流的技术服务集聚优质创新资源、助力高新技术产业，为打造高质量发展的创新高地提供强有力的支撑。

以上四大系统缺一不可，相互嵌入，互为支撑，协同发力，系统间生成的合力成为公共服务体系高质量发展的保障。有了基本公共服务的保障，形成多层次、全覆盖、人性化的基本公共服务网络，社会管理性服务才能提质增效，才会有更多的空间优化行业管理、强化协调服务和创新技术性服务；有了各个协同间的协调运转，才能最终达成四位一体的高效运行机制。由于雄安新区建设刚刚起步，公共服务体系建设基本上是一张白纸上绘蓝图，目前存在公共设施落后、整体质量不高、发展模式单一等一系列问题，但也存在开发程度低，发展空间大的后发优势。要想填补洼地，补齐短板，尽快实现"弯道超车"，应该从起步建设初期就依托合作网络治理从根本上解决雄安新区公共服务系统间的协调问题，把公共服务合作网络系统打造成相互依托、互动协同的有机整体，按照国际一流标准的公共服务体系整体系统框架加以顶层设计，对系统要素及要素间关系加以细化优化，力求实现雄安新区公共服务高质量体系的整体化、协调化、数字化、精确化、专业化和集约化。

2. 高质量公共服务体系内不同主体间的协同运行机制

高质量公共服务体系涵盖复杂多元的主体，不同主体间的合作网络的达成对于协同运行机制的建构至关重要。具有网络特征的多元主体关系包括：核心组织政府与企事业单位和社会组织的关系，企事业单位和社会组织与服务对象间的关系；政府与服务对象间的直接间接关系及企事业单位和社会组织之间的关系。在现实中，企事业单位和社会组织共同起到承接服务的作用，统一称之为服务承接主体。

一是政府与承接主体间的关系。政府是买方，承接主体是卖方，卖出的是服务和专业能力，二者之间存在利益相关者的博弈行为。购买方希望以低价格买到高质量服务，服务承接方希望购买价格尽量高并且服务成本尽量低，因此，在这个环节，二者存在博弈关系。但这种关系并不是零和博弈，因为二者有共同的目标，就是高质量服务的供给以及服务对象的满意，服务质量差和服务对象不满意，会直接影响购买者的购买行为，进而影响服务承接者的购买行为，承接不到服务项目就会影响承接组织的声誉，导致生存和发展的困境。因此，二者在共同目标的驱使下会进行理性博弈，且购买者还有培育承接者的职责，当二者在高质量和高满意度的使命下达成一致行动时，二者就发展成为一种良性互动关系。随着购买制度的日趋完善化和日益透明化，购买者对公共服务高质量的追求与要求会更加精准地传递，承接者在回应高质量需求传递的进程中服务动机水准会不断强化，服务供给能力会逐渐提升，二者之间相辅相成，相得益彰，共同促成高质量公共服务目标的达成。未来雄安新区公共服务中政府和承接主体间需要更多的是相互信任、相互支撑、相互沟通基础上的深度合作。政府购买使得公共服务实现了从行政主导功能供给转变为市场主导供给，雄安新区未来公共服务领域竞争机制的引入，把多个具有竞争关系的承接主体纳入公共服务供给体系中来，使得承接主体不再是单一的别无选择的供给者，着力培育和发展社会力量成为承接主体以及如何以高质量为导向确定承接主体的准入标准成为摆在雄安新区公共服务制度创新的关键性问题，尽快明确雄安新区购买高质量公共服务承接主体的制度规范、政策工具、主体构成、准入标准、承接主体责任义务等议题，将买方卖方二者的利益协调统一起来，对于完善新区购买公共服务制度、打造基于合作网络的治理体系具有重要价值。

二是公共服务承接主体与服务对象间的关系。承接主体直接面对的就是服务对象，服务承接主体是服务提供方，服务对象是服务接收方。在纯商业领域，顾客至上的原则使得市场化的服务购买行为越来越成熟完善，市场价格也日趋理性。但是在公共服务领域，因服务对象并不是服务的直接购买方，因此在服务发生时，服务质量无法保障的状况时有发生。服务承接者在提供服务时面对的不是购买方，而对服务质量最有发言权的服务对象不能直接决定服务购买，因此在服务进行中也就缺失了一定的话语权，加之承接主体本身的能力不足和专业性不理想，造成服务质量偏低，难以真正满足公众的需求。具体到雄安新区，高质量的公共服务要先行于服务对象加以构架、设计和运行，超前的公共服务建设理念，高质量的公共服务合作网络体系架构，会超出服务对象的服务需求预期，购买服务项内容会根据服务对象的未来需求进行动态调整，实现承接主体的优胜劣汰，致力于让服务对象享受到优质高效的公共服务。要按照公开、公平、公正原则，创新和优化委托、承包、采购等购买服务方式，汲取国内外公共服务最先进经验做法的基础上先行先试，创新引领，让服务对象在公共服务多样化、开放化、智能化和共享化的氛围里，在公共服务网络化、一站式、无障碍、友好化的环境下，享受更加美好的高品质生活。这也是雄安新区公共服务承接主体与服务对象互动发展的使命之所在。

三是政府与服务对象间的关系。政府的最终目标就是让服务对象有更高的满意度，服务对象也有责任和义务将服务感受和意见建议如实向购买主体进行反馈。现实中因为服务对象是一个复杂多元的群体，需求的差异化和多样化会导致众口难调的局面。政府有时候很难分辨服务对象的建议是否能够代表大多数群体的意愿，在服务资源有限的条件下，公共服务的精准和个性化面临挑战。服务购买者基于大部分服务对象的需求和满意度做出选择时二者之间存在信息不对称的情况，进而造成信任的折损和服务质量的削减，部分服务对象会因为自身感知没有得到及时反馈修正而降低满意度。在雄安新区高质量公共服务体系建构过程中，服务对象对公共服务质量的要求会更高，基于满足服务对象需求的考量，为解决公共服务购买主体与服务对象需求的服务之间不匹配的问题，雄安新区需要高度重视服务对象对公共服务质量的感知，通过强化公共服务的便利性、实效性、移情性、守法性、响应性提升服务对象的感知度，对基于公众感知度的公共服务质量有针对性地提出优化策略，为服务对象创设更多机会参与到公共服务共同生产过程之中，使之把更多精力投身到公益活动和志愿服务工作中来，对服务进行更有效的评价监督，通过转变服务理念、健全服务制度、创新服务方式等途径来增进公共服务质量。

四是公共服务承接主体与承接主体之间的关系。不同角色的主体间会发生协同关系，同一角色的主体间也会产生协同作用，尤其是在多类型的承接主体之间。同类型同行业领域的承接主体间存在竞争关系，相关行业领域间的承接主体间需要更多的协同合作。例如在养老服务领域，同类型的养老机构在承接服务过程中存在竞争，医疗服务领域的机构则起到支撑和协同的作用，因此，公共服务承接主体间的关系相对复杂，同领域不同类型的承接主体间也存在着竞争或者合作的关系，需要对具体的合作关系进行具体分析的基础上精准施策。协同治理体系建构的愿景使命决定了雄安新区的承接主体之间更多是合作共赢关系。公共服务购买主体高标准购买策略确定后，具有提供一流服务能力的承接主体才有资格参与到雄安新区高质量公共服务体系中来，而此类机构多数处于竞争市场的上游，服务手段特色鲜明，服务内容丰富多样，每个主体均具备强劲的竞争力，单打独斗的结果是恶性竞争，最终反而导致服务质量的损耗。因此承接主体之间最明智的选择是通过精诚合作、互为支撑实现双赢和多赢，以期更快更好地构建起雄安新区的优质公共服务体系，详见图22-6。

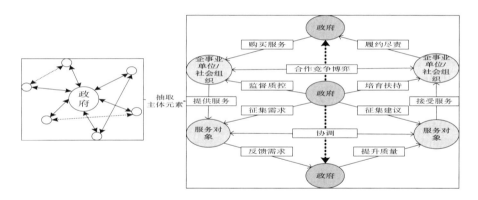

图22-6　高质量公共服务体系内不同主体间互动关系

三、基于合作网络的雄安新区高质量公共服务体系功能

基于合作网络构建的雄安新区高质量公共服务体系主要具有四大功能，详见图22-7。

由图22-7可见，具体来说一是人本价值功能。在影响治理体系变革发展的要素中，人起决定性作用。托马斯·杰斐逊认为最好的政府应该"由有知识、有教养和积极参与的公民来治理。"① 雄安新区高质量公共服务体系的

---

① ［美］理查德·C.博克斯：《公民治理：引领21世纪的美国社区》，中国人民大学出版社2005年版，第12页。

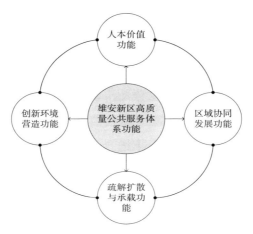

图 22-7　高质量公共服务体系的功能

建构，一方面需要大量优秀的一流国际化人才支撑，努力将人的成就动机和创造性充分激发出来。要做到这一点，就必须以人为本，崇尚人才，吸纳人才，集聚人才，充分尊重人的主体性，为各类创新人才搭建优质服务平台，提供用武之地，这是雄安新区未来之城建设必须遵循的重要价值基础。另一方面，坚持以人为本始终是雄安新区公共服务体系建构的出发点和落脚点。雄安新区要把更大区域范围纳入网络体系中来，让优质公共服务惠及更多民众，让弱势群体也能享受到一流的高质量公共服务，"在学有所教、劳有所得、病有所医、老有所养、住有所居上持续取得新进展，不断实现好、维护好、发展好最广大人民根本利益，使发展成果更多更公平惠及全体人民。"①雄安新区高质量公共服务体系的人本价值功能彰显了公共价值的要义，植根公共服务公共事务、注重合作协同、崇尚公共精神，把以人为本的公共价值与公共服务合作网络体系建构关联起来，突显了高质量公共服务的价值共享和共创，公共价值具有价值引领、文化整合、工具选择、价值共创等功能。

二是创新环境营造功能。基于合作网络的雄安新区高质量公共服务体系建构，引入优质公共服务资源，高标准配套建设公共服务设施，构建多层次、全覆盖、人性化的高质量公共服务网络，建设宜居宜业之城，有助于营造良好的创新环境。浓郁的创新氛围，有利于创设科技成果迸发的软硬环

① 习近平：《习近平谈治国理政》（第一卷），外文出版社 2018 年版，第 41 页。

境，有利于创新精神的集聚和创新能力的集成，促进高科技成果的孵化和转化，从而有效运用创新成果推动新智能革命在雄安新区的落地与发展。就创新主体凝聚而言，雄安新区高质量公共服务合作网络体系的建构有益于创新共同体的凝聚，驱使共同体凝心聚力聚合创新资源，优化整合创新要素，形成深度合作网络，实现合作共赢发展；就产业集群凝聚而言，公共服务合作网络体系的建构是高端产业链与创新链、价值链协同运转的润滑剂，是创新要素集聚、创新产业生成和创新高地打造的强心剂；就全球创新体系的融入而言，公共服务合作网络体系的建构有利于凝聚世界一流科技创新成果，吸引国际顶尖创新人才，打造世界一流的高科技创新平台和高端智库，加速雄安新区融入全球创新体系的进程。高质量公共服务体系的创新引领是打造世界一流高科技创新高地的前奏，是助力雄安新区未来融入全球创新体系的加速器。合作网络为创新共同体的打造创设了理想模式，高质量公共服务体系为创新环境的营造提供了动力支撑。

三是区域协同发展功能。基于合作网络的雄安新区高质量公共服务体系建构有利于改观长期"虹吸效应"导致的京津冀非均衡发展现状，改观公共服务非均等化的状态，改观雄安新区所处白洋淀流域公共服务低水平、非均衡发展现状，打破公共服务领域长期以来根深蒂固的行政区划壁垒，充分发挥合作网络的协同功能，发掘利用京津高质量公共服务的潜能和溢出效应，均衡配置北京、天津长期集聚起来的公共服务资源，释放对京津冀区域的整体辐射拉动效能，并在京津高质量公共服务的基础上进一步提质升级，与国际公共服务水平接轨。基于合作网络打造的雄安新区现代化、一体化、网络化、智能化的高质量公共服务体系，势必会与京津冀区域整体服务体系形成互联互通的新区域空间协作格局，进而改变区域之间的竞争与合作关系，有效降低跨域阻隔与交易成本。这一合作网络体系将充分体现雄安新区作为合作共同体摒弃独占、冲破壁垒、超越界限的发展理念，彰显雄安新区撬动京津冀区域共建共享共荣的未来发展愿景。

四是疏解扩散与承载功能。雄安新区设立的首要战略定位就是疏解北京非首都功能的集中承载地，高质量公共服务体系建构具有疏解扩散与承载功能。北京市对非首都功能的疏解内容主要集中在区域物流基地、区域专业性市场等部分第三产业，部分教育、医疗、培训机构等社会公共服务功能，部分行政性、事业性服务机构和企业总部等。发达的第三产业、实力雄厚的企事业单位和公共服务机构落地雄安新区必然会带来高质量公共服务资源的集聚。北京市中心城区大量优质公共服务资源率先向雄安新区的疏解扩散，才会带来与之相关联的从业人口的疏解。雄安新区作为非首都功能的承载地，可以为北京提供优质公共服务资源扩散的条件，为北京产业转移、资源配置和结构调整搭桥铺路，通过北京优质教育、医疗、培训等资源的扩散功能增进雄安新区对从业人员的吸引力，依靠金融科技等高端服务业的扩散功能强化雄安新区对现代化新型产业的吸引力，并依托优质公共服务资源提升城市的品质和魅力，公共服务空间上的扩散和辐射将成为合作网络达成的先决条件。雄安新区起步阶段公共服务体系发展薄弱，与京津水平存在梯度差异，依托内生禀赋实现高质量发展的难度巨大，高质量公共服务体系建构具有"筑巢引凤"的功能。高质量公共服务的"梧桐树"栽下以后，才能吸引来"金凤凰"，才能为有效承接北京疏解出的行政事业单位、总部企业、金融机构、高等院校、科研院所等功能奠定坚实基础，才能带来第三产业的繁荣以及相关从业人员的集聚效应，才能驱使高质量公共服务体系的建构走出画地为牢的零和博弈，走上合作网络的发展路径。基于合作网络的雄安新区高质量公共服务体系可以架构起疏解者和承载者之间的桥梁，这一功能高效运转的理想状态是疏解和承载的耦合匹配，精准对接与良性互动。

第五节　雄安新区高质量公共服务合作网络体系的建构策略

明确了雄安新区高质量公共服务的分析框架及内容逻辑结构的基础上，进一步展开合作网络体系的建构。主要从三个维度进行"三维一体"的网络体系建构，分别是个体维度、组织维度和技术维度，详见图22-8。

由图22-8可见，基于合作网络的内容结构的关键因素网络节点和节点间的互动关系，分别从个体维度基于主体视角、从组织维度的区域凝聚视角及从技术支持维度的数字治理视角三维一体地进行网络体系建构，具体

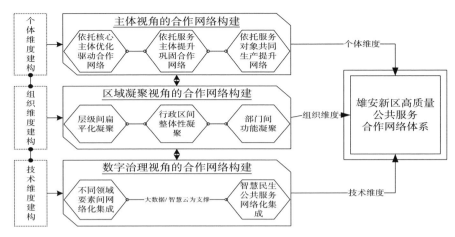

图 22-8　雄安新区高质量公共服务体系的构建框架

如下：

一、高质量公共服务体系内不同主体间合作网络的建构

雄安新区高质量公共服务体系具有显著的网络特征，其建构有赖于多元主体间的协同运转，而不同主体间相互支撑、彼此融合、良性互动则是合作网络达成的关键。公共服务合作网络体系旨在公共服务购买主体、承接主体与服务对象间建立起相互依赖的伙伴关系，这种合作关系以复杂性、动态性、多样性公共服务有效应对为目的，以公共价值的生成和创造为纽带，以共同问题解决为方向，以集体行动为策略，以资源聚合共享为手段，最终达成高质量公共服务体系内不同主体间分工协作、相互协调、共生共荣的合作网络。在合作网络治理体系下，多元核心主体在各自节点上协同发力，力求在"各司其职，尽其所能"的基础上达成协同共治，详见图 22-9。

1. 依托核心主体功能优化驱动合作网络

首先，雄安新区未来政府要在购买公共服务的合作网络中发挥核心驱动功能。新区要在职能调整优化的基础上积极构建有限且有效的政府，为社会力量、市场力量和公民个体参与公共服务供给提供充足空间。要跳出自我中心主义的窠臼，引入市场机制，发展社会组织，实现精明购买，培育更多更好的承接主体，在资金、技术、人才和税收等政策方面探索承接主体参与公共服务的更加灵活有效的方式，推进创新供给策略，打造高质量公共服务

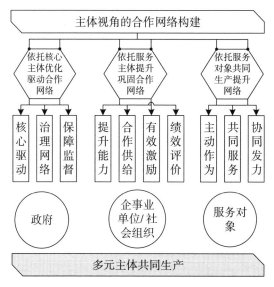

图22-9　高质量公共服务体系不同主体间合作网络构建

合作供给网络。在合作网络体系中，政府作为网络内核驱动整个网络体系的良性运转，致力在高质量、高水准、高品质的目标激励下达成公共服务的多元网络供给格局。其次，雄安新区政府应重视提升自身的网络治理能力。依托专家智库，借鉴国内外成功案例的基础上集思广益，通过顶层设计、统筹规划和制度创新安排，更好地去激活和打造高质量公共服务的集成网络等。相应政府部门公共服务人员也应当积极转变角色，更多去充当跨部门、跨领域建立各种合作关系的联络人角色，充当衔接者、凝聚者角色。要全方位加强合作网络治理技能和素养，具备网络化战略布局的推进能力，提升自身公共价值评估的能力，提高整合知识和信息的能力，强化高质量公共服务供给中网络关系的重塑与再造能力等。再次，雄安新区未来政府要依托合作网络做好质量保障监督工作。未来政府在公共服务购买完成以后，一方面是创设制度空间和政策支撑体系培育承接主体高质量供给服务能力；另一方面要做好质量监督保障工作，扭转以往公共服务质量单一主体监督的局面，克服质量保障片面性的短板，依托多主体、多部门、多层级的合作网络，全周期、全流程、全方位地保障高质量公共服务最终能够保质保量地送到服务对象手中。

2. 依托承接主体承接能力提升巩固合作网络

2020 年 2 月，国家财政部出台了《政府购买服务管理办法》，规定"依法成立的企业、社会组织（不含由财政拨款保障的群团组织），公益二类和从事生产经营活动的事业单位，农村集体经济组织，基层群众性自治组织，以及具备条件的个人可以作为政府购买服务的承接主体。"放宽并明确了承接主体的范围，随着放管服工作的深入推进，将有更多的权力下放，更多不属于政府业务的事项进行外包，就需要有业务对口能力合格的承接主体进行承接。在公共服务的供给体系中，承接主体的承接能力关乎公共服务供给的水平，与公共服务的质量高度相关。而雄安新区当下承接主体起点低，还不具备承接能力，具备承接能力的承接主体没有到位的情况下，超前谋划承载主体的承接能力成为当务之急。一是承接主体应在创新的制度空间和政策支持环境中，要有清晰的服务定位，瞄准国际国内一流，提高核心竞争力，培育硬实力，要把高品质高标准公共服务作为服务能力提升的驱动力。二是转变思维观念，摒弃零和思维，抛却单一承载主体的狭隘观念，强化承载主体的合作供给意识，以公共价值的创造和共同使命的实现为动力主动融入供给主体网络，合力推进合作供给网络的建构，促成承载主体间的取长补短，相得益彰，打造公共服务的承接共同体。三是在公共服务承接主体中引入激励机制和竞争机制。通过最优激励机制激发公共服务承接主体的改进动机，提高其努力程度进而在承接主体网络中发挥质量导向的引领功能。依靠竞争机制在承载主体网络中形成良性竞合关系，设立公共服务承接主体准入与退出的标准和程序，通过公开招标、公共定价、公共评估等过程管理机制提升承载主体高质量公共服务的供给水平和能力。四是建立公共服务承接主体绩效评价指标体系。为了确保政府购买公共服务市场化的正常运行，需要对公共服务承接主体建立严格完备的绩效考评体系来激励其更加努力地生产、提供公共服务。对其建立的绩效评价指标体系应以各级财政部门为管理主体，第三方及公民评估为依托，通过规制与特定绩效考评方式进行。①

---

① 倪东生、张闫芳：《政府购买公共服务市场化中承接主体的激励机制》，《中国流通经济》2015 年第 4 期。

3. 依托服务对象共同生产提升合作网络

共同生产是服务递送过程的核心要素。基于合作网络的雄安新区高质量公共服务体系倡导服务对象参与公共服务，赋予了公共服务以新的功能，即共同生产功能。该合作体系把服务对象纳入公共服务生产过程中来，实现了以产品为导向的公共服务向以服务为导向公共服务的转变。公共服务协同递送的网络性、组织性和系统性将充分彰显，作为共同生产者的服务对象也将从被动的接受者转化为具有选择权的直接参与者，其体验和感受会成为共同生产的重要考量因素。由此可见，服务对象成为公共服务供给体系中不可或缺的一员，成为合作共同体中的重要组成部分，并且在其中扮演着更为积极主动的角色。从需求的产生到服务方式的选择以及最终服务的发生，都离不开服务对象的深度合作，服务对象作为主体融入公共服务的共同生产中来，助力了合作网络的提升。未来雄安新区将会以高质量的公共服务吸引世界各地的优秀人才，吸引北京乃至全国的一流人才。人才的汇入会对公共服务提出更高的标准，产生更高的要求，这批人会成为共同生产的生力军，成为一股促进公共服务高质量发展的重要力量。与此同时，作为重要的"反磁力"中心，雄安新区高质量公共服务体系建成后，依托服务对象共同生产提质增效的合作网络，会进一步强化协同递送雄安特色公共服务的功能，不但能够更好地反哺京津冀区域，推进京津冀一体化的进程，而且对于打造多中心、网络化的世界级城市群意义非凡。其可推广、可复制的经验也可以辐射全国形成带动引领效用。基于共同生产的合作网络，以协同、交互、共享为特征的高质量公共服务的扩散与递送，将有力推动京津冀区域公共服务格局从"核心—边缘"传统模式向"扩散—递送"的创新模式转变。

二、区域凝聚下高质量公共服务合作网络治理体系的建构

雄安新区地处京津冀区域和白洋淀流域，初步规划包括雄县、安新、容城三县，所处白洋淀隶属多个市县，九条入淀河流更是流经若干县市。该区域层级、部门和行政区划关系的松散、相关主体利益的多元是未来高质量公共服务合作网络体系达成的瓶颈。区域凝聚具有内外资源的聚合、配置和优化的作用，具备黏合剂的效用，具有建构、维系和巩固合作网络、实现整体效益的功能。区域凝聚视角下雄安新区公共服务合作网络体系的建构需要一方面要强化京津冀政府间优质公共服务资源的凝聚，发挥区域内主体协同功能；另一方面也要充分挖掘白洋淀流域资源禀赋优势，发挥流域内主体整合功能，详见图 22–10。

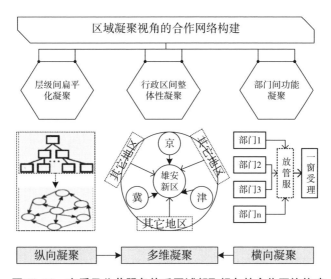

图 22–10　高质量公共服务体系区域凝聚视角的合作网络构建

京津冀区域和白洋淀流域公共服务资源整合集聚实现，有赖于区域和流域内跨层级、跨区划、跨部门间的凝聚，这也是雄安新区高质量公共服务合作网络治理体系建构的重要着力点。

1. 摆脱层级间的权威依赖，打造扁平化的公共服务供给关系，力求形成不同层级间的纵向凝聚效应。"实际上管理一大堆供应商网络与管理政府雇员的方式肯定不一样，它要求一种完全不同于政府及其公民已经习惯了上百年的公共管理模式。"① 雄安新区高质量公共服务合作网络治理体系建构需要突破纵向层级治理模式对等级权威依赖的现实困境，新区政府的组织、管理和人事制度设计需要着重考虑纵横交织的网络化治理模式，并力求与之相匹配。

① ［美］斯蒂芬·戈德史密斯等：《网络化治理——公共部门的新形态》，孙迎春译，北京大学出版社 2008 年版。

2.突破行政区划壁垒和阵营束缚，以追求整体发展效益"最优化"为目标，对优质资源整合叠加和优化的基础上实现横向上的凝聚效应。突破行政壁垒公共服务合作网络机制的建构为雄安新区整体性治理架构搭建起了基础平台，可以促进公共服务资源在白洋淀流域乃至京津冀区域内的良性互动与整合，提高合作网络整体治理水平。以整体凝聚为取向，以合作组织为载体，克服了属地管理的困境，修正了过度分权造成的割裂。公共服务合作网络治理图式依托协商机制、决策机制、执行机制、利益均衡机制和绩效评价机制，表现出整合、协作与凝聚的特征，彰显了公共价值，体现了公共利益，强化了公共责任。

3.跨越部门间利益屏障，以部门合作网络组织机构的建立和合作网络执行链的打造强化部门间功能的集聚效应。雄安新区高质量公共服务合作网络的建构是在区域内服务主体和部门从竞争走向协同，从分散走向集聚，从割裂走向耦合的进程中提出来的。无论从近期还是从中长期的新区规划来看，执行主体不仅涉及多个行政单元，而且包括诸多部门。公共服务的供给必然是一个跨部门的复杂执行网络。这一部门合作执行网络关系到整个公共服务系统的操作性、可行性和有效性，期间部门专业化分工过细的治理格局将被打破。为了确保部门间合作顺畅，协同运转，一方面要着手建立起精诚合作的部门合作网络组织机构。配备具有合作思维领导力、精于合作网络驾驭，富有规划力、执行力和领导力的组织领导者，依托高水平的组织机构对公共服务合作网络推进的整体方案加以细化分解，确定行动线路，整合再造服务流程，对操作过程加以系统性和整体性把握，避免多部门在复杂环节上的脱节，充分发掘、集聚、优化配置高质量公共服务资源。另一方面，要全力打造公共服务合作网络供给的执行链。充分整合各个部门在执行环节上的不同功能要素，保障功能要素间的协调运转。高质量公共服务合作网络由多个差异性的执行单元组成，由不同微观公共服务单元构成的合作网络执行链，是促进高质量公共服务功能无缝衔接、协同增效的关键，也是通过集体行动改变多头管理，实现内部治理功能整合，克服部门间执行障碍，实现公共服务部门间分工合作、共建共享的有效途径。起步建设阶段的雄安新区管委会集中打造了"1+4+5+6"政务服务模式，推出了"一枚印章管到底"

服务模式，推行一门覆盖、一窗受理、一网通办、一帮到底的"四个一"服务模式、设定了事项最全、环节最简、流程最优、时间最短、服务最好的"五最"目标定位，以期达成"事项清单化、许可标准化、人员职业化、审批智慧化、平台一体化、审管联动化"的六化创新服务模式。

三、数字治理下高质量公共服务智慧合作网络的建构

中共中央国务院批复的《河北雄安新区域规划纲要》强调雄安新区要致力"创建数字智能之城。要坚持数字城市与现实城市同步规划、同步建设，适度超前布局智能基础设施，建设宽带、融合、安全、泛在的通信网络和智能多源感知体系，打造智能城市信息管理中枢。全方位、全流程保障智能基础设施、智能中枢和应用安全，构建城市网络安全保障体系。建立城市智能运行模式和智能治理体系，健全城市智能民生服务系统，打造具有深度学习能力、全球领先的数字智能城市"。纲要提出通过建设数字城市，发展智慧物流、智慧教育、智慧医疗等现代服务业提供优质公共服务的规划，其智慧思路和技术路线图对雄安新区高质量公共服务体系的建构设定了更高的标准，提出了更高的要求。高质量公共服务智慧化合作网络的建构成为题中之义。详见图22-11。

1. 促进智慧公共服务诸多领域和要素的网络化集成

智慧系统本身的协同性、开放性、兼容性决定了智慧雄安公共服务的网络化、交互性和融合性实施的灵活性和可控性。整合大数据、云计算、物联网、空间地理信息等新一代信息技术、通信技术、人工智能技术实现公共服务供给的协同，推进智慧金融、智慧交通、智慧物流、智慧医疗、智慧教育、智慧政务等领域的交互，促进智慧公共服务与未来城市发展规划、治理模式、产业布局、运行机制等要素的融合，打造具有信息集聚、资源共享、感知控制、跨界协同、流程再造功能的一体化平台。这一合作网络平台的集成是实现"为民、便民、利民、惠民"公共服务目标、提升未来雄安居民幸福指数的关键性举措，是达成虚实结合、点面互动、多元普惠、协同共生、云网端一体化治理境界、实现公共服务智慧网络集成的重要路径选择。

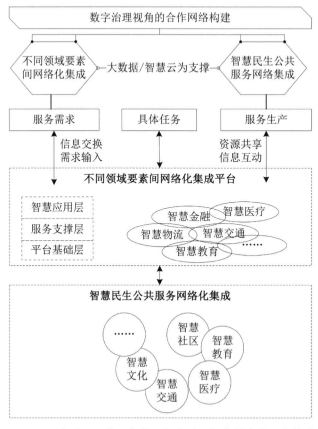

图 22-11 高质量公共服务体系数字治理视角的合作网络构建

2. 依托政务信息的共建共享促进智慧民生公共服务体系的网络化集成

公共服务资源的智慧化供给和现代化配置是雄安新区城市治理中不可或缺的基础性环节，也是未来城市满意度的重要衡量指标。智慧民生的网络集成以公共服务信息资源整合、共享、利用为基础，秉承"一站式办理、一体化运作、一条龙服务"的价值理念，打造由智慧社区、智慧教育、智慧医疗、智慧交通、智慧文化等内容构成的雄安新区智慧民生合作网络。

一是打造智慧社区服务体系。以提升雄安新区社区服务和居民生活品质为宗旨，以开发出便捷、舒适、高效的以人为本的智能管理系统为方向，充分利用物联网、云计算、区块链、移动互联网等新一代信息技术，依托智慧环境、智慧数据库群、云交换平台、智慧服务体系、智慧保障体系等核心要素的集成应用打造雄安新区智慧社区，线上线下齐发力，实现线上线下信息和服务的快速交换融合，在智慧线上实现服务信息的快速处理，在智慧线下实现服务的高质量递送，线下的服务评价和反馈及时通过线上进行处理，并及时优化服务更新线下服务，融入智慧家居、智慧物业等内容，力求通过高水平的"邻里中心"服务、高智能的安防保障服务以及高质量的品质生活服务，为未来社区居民创设一个现代化、智能化、品质化的生活环境，形成全景式、多元化、立体化、开放式、共享型、网络型的社区公共服务生态系统。详见图22-12。

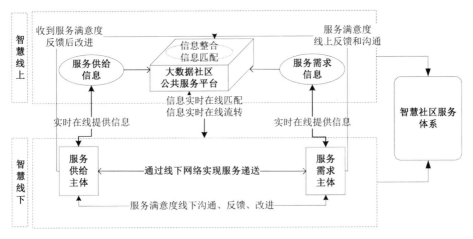

图22-12　高质量公共服务体系——智慧社区服务体系

二是发展智慧教育服务体系。集成京津冀优质教育资源的基础上，遵循高点定位、超前谋划、资源集聚、创新融合、数据驱动的原则，建设教育信息化基础设施网络体系，搭建智慧教育一体化服务平台，建设与雄安新区智慧教育产业基地相配套的智能科技中心和现代图书馆，形成智慧情境下教师专业发展能力素质养成体系，构建与数字城市、高端产业、信息社会良性互动的智慧化教育公共服务体系，满足未来城市居民对教育多样化、个性化、终身化、智能化学习的需求，将教育功能融入智慧雄安建设进程，对标世界先进智慧理念和新兴智能技术推进雄安新区教育超常发展，着力打造全时全域、创新融合、泛在智能的智慧城市，建构起具备世界一流水准的公共教育服务体系。雄安新区起步阶段首先要夯实教育大数据基础，建设好基于大数据、智慧云等的教育云平台，搭建好公共支撑平台，并建立和完善教育资源数据库，实现教育资源的全面共享，一方面通过着力发展"互联网＋教育"创新智慧育人模式，促成由协同教育、协同管理、协同学习构成的协同育人智慧合作网络的集成；另一方面要依托数字化、网络化、智能化的信息技术打造数字校园、智慧课堂、智能教学、网络课堂等，通过教育资源公共服务平台的建立，真正实现优质教育资源的全民共享，详见图 22–13。

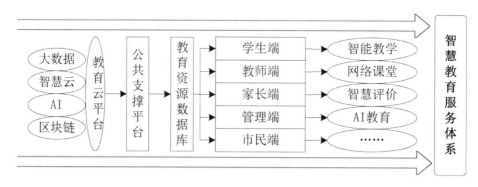

图 22–13　高质量公共服务体系——智慧教育服务体系

三是发展智慧医疗服务体系。健康是一个整体性治理问题，达成的途径是整合医疗理念下的智慧医疗。起步发展阶段的雄安新区要着力建设由智慧医院系统、区域医疗系统、社区医疗系统、家庭健康管理系统组成的智慧医疗系统，通过医疗健康数据的共享和协同，实现居民健康档案管理，推进京津冀区域协同医疗、网络诊疗、远程会诊等现代化手段的运用。要通过医疗卫生事业与新一代信息技术的深度融合推出健康医疗大数据应用体系，依托由医疗诊治、医养服务、医疗教育、医学研究和成果转化为一体的医疗综合体，搭建起居民健康服务智能化平台，创新智慧健康管理体系，形成便民医疗服务生活圈，实现一站式就诊、点对点衔接的医疗健康服务，为雄安居民提供全生命全周期全过程的卫生健康服务，推进智慧医疗的高质量发展。与智慧医疗高度相关的是网络雄安新区要着力打造高端健康产业的集成网络，集聚国内外优质医疗资源，吸引国内外一流研究机构和顶级研究人员加盟，打造现代生命科学和生物技术、高端医疗和健康服务等领域的科学共同体和创新共同体。实现以上智慧医疗的核心是打造智慧医疗服务平台，要将现有医疗资源进行数字化转化，最大限度地利用信息，利用资源，构建基础设施层进行信息采集、数据存储层建设数据库、基于基础服务层建设医疗数据管理中心、建设业务应用层进行数据使用。智慧医疗体系详见图 22-14。

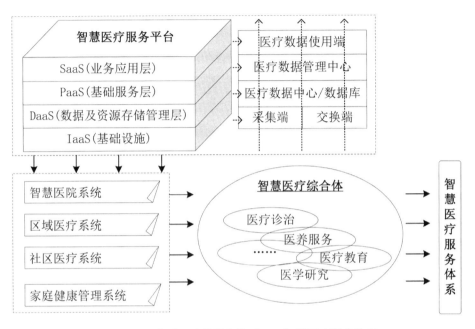

图 22-14　高质量公共服务体系——智慧医疗服务体系

　　四是打造智慧交通服务体系。高质量公共服务合作网络的建构需要高度发达、集约高效的绿色智能交通体系加以支撑。从智慧合作网络建设的长远布局着眼，雄安新区需要充分整合运用现代交通领域的新技术、新装备、新模式，以便捷、高效、安全、绿色、智能为导向，打造与公共服务合作网络相契合的绿色智能交通系统，建设以城市轨道交通为主的城市道路系统，与周边区域城际、高铁、高速公路、机场和干线公路形成四通八达的综合交通合作网络系统，为雄安新区及所在区域提供高质量交通供给，致力形成以弹性公交系统、高品质慢行系统、自动驾驶系统的集成交互，打造环境友好、按需服务的柔性智慧出行服务体系。雄安新区智慧交通体系的建设要积极引入智能接入设备，推动交通设施全面感知建设，致力实现与公共服务领域数据信息的共享与交互，以数据驱动新区绿色智能交通系统高质量发展。具体而言，雄安新区未来智慧交通系统要以地理信息系统、城市网格化系统和数字城市管理系统为依托，利用数字信息技术，实现对城市公共服务资源的有效感知，实现新一代智能公交、智能停车、智能交通管理、智能物流、智能共享单车等合作网络系统的集成，并与智慧水务系统和智慧燃气系统等"智慧市政"系统形成交互。详见图 22-15。

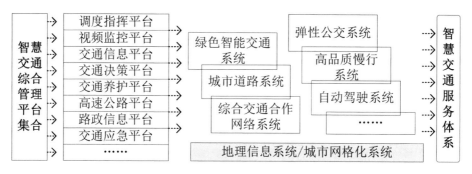

图 22-15　高质量公共服务体系——智慧交通服务体系

五是打造智慧文化服务体系。雄安新区智慧文化服务体系的建构需要以文化获得感的提升为目标，以文化信息资源的集聚与共享为方向，以信息化、数字化、网络化、智能化、协同化手段为途径，致力实现公共文化服务价值理念、机制内容、供给模式、路径选择的整体性、系统化运转，满足未来雄安新区居民高品质的智慧文化需求。智慧文化服务体系不是孤立运行的，需要秉承共建共享的原则把智慧文化服务融入智慧城市、智慧社区的建设中去，需要和智慧教育、智慧医疗、智慧出行统筹考量，需要把线上线下公共文化服务有机结合起来，将智慧文化的理念融汇于智慧城市建设的全生命周期，彰显未来雄安智慧优势。首先，要以数字化、智慧化手段推进京津冀区域公共文化的协同。在意识层面上以雄安新区为载体凝聚京津冀区域文化认同，破解"中心——边缘"思维模式，强化文化共同体意识。在行动层面上以雄安新区为载体依托数字化途径打造京津冀公共文化服务联盟平台，形成区域间稳定的交流机制、互换机制、帮扶机制、文化部门联动机制、跨文化合作机制，推进公共文化领域高雅艺术、文化遗产保护、文化传承、文化创意、文化品牌塑造、高端人才共享等领域的深度合作。其次，要充分尊重民众对数字化的文化诉求，以依托信息技术助力文化科技的融合发展，推

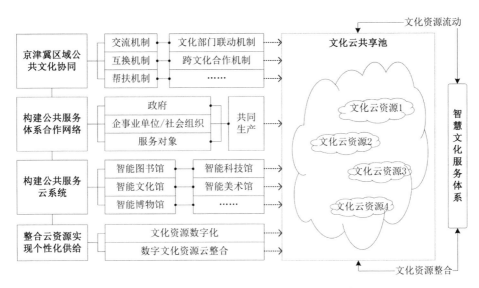

图 22-16　高质量公共服务体系——智慧文化服务体系

进公共文化服务体系合作网络的集成。利用数字化、信息化技术，不仅可以拓展公共文化与高科技的融合，而且可以拓展和深化服务网络，创新公共文化服务形式，丰富公共文化服务内容，提升公共文化服务的品位和质量。再次，打造雄安新区公共文化服务云系统。推进智能图书馆、智能文化馆、智能博物馆、智能科技馆、智能国学院和智能美术馆的建设，合理布局公共文化场馆服务平台、文化信息资源共享空间、公共阅读空间、数字文化社区和公共电子阅览室的建设，做到公共文化基础设施建设与数字信息建设同步进行，让未来居民成为文化内容获取的主人公。最后，整合开发雄安新区公共文化云资源。这一创新开发过程，就是为个体或组织用户提供差异化文化资源的过程。这种资源供给的差异性，要求资源开发具有针对性、专业性、层次性，要求体现个性和特色，必须遵循"以用户为中心"和"需求导向"原则。公共文化云资源有两个来源：一是将实体文化资源转化为数字文化资源，即进行云加工、云处理；二是对现成的数字文化资源进行云整合、云集成。最终，使所有公共文化资源流入"云共享池"。① 雄安新区公共文化云

---

① 徐望：《公共数字文化建设要求下的智慧文化服务体系建设研究》，《电子政务》2018 年第 3 期。

资源的整合集成，瞄准国际国内优质文化资源，对接京津冀区域优质文化资源，升级本土化优质文化资源，依托这一"云共享池"实现文化服务要素的整合、推进服务内容优化、加速服务流程的再造，在此基础上促进高质量公共文化服务链的集成创新，提升居民获得感、幸福感和满意度，彰显文化资源的公共价值，进而助力雄安新区未来城市高质量公共服务体系合作网络的建构。详见图22-16。

第六节　结　语

20世纪50年代经济学家刘易斯就指出促进经济增长的方法之一就是发展足够的公共服务，发达国家正是在工业革命之后100多年间，建立了高质量公共服务体系，有效缓解了社会矛盾，将人类发展指数推升到前所未有的水平，也拉开了与发展中国家之间的距离。公共服务的发展水平和质量高低是衡量国家及城市治理能力的重要尺度，雄安新区的建设正是站在了巨人的肩膀上，凝聚了我国经济社会发展的最先进和最雄厚的力量，雄安新区高质量公共服务体系的建构，对于建设未来之城、打造全国样板、培育创新发展新的增长极具有重要示范意义，合作网络理论能够为公共服务体系的构建提供理论基础，并逐渐成为公共服务改革的方向。合作网络视角的引入为雄安新区构建高质量公共服务体系提供了清晰的路径和科学的机制，从而为雄安新区高质量公共服务的最终实现保驾护航。

第二十三章　雄安新区整体性治理绩效评价指标体系的建构

第一节　问题的提出

2017 年 4 月 1 日，中共中央、国务院决定设立国家级新区——雄安新区，这是促进京津冀区域协同发展、疏解北京非首都功能、培育新区域增长极的重大战略布局。雄安新区的建设与治理是一项复杂的系统工程，整体性治理绩效的达成需要跨地区、跨部门、跨层级的协调整合，需要系统化的规划设计和一体化的推进方略。为了确保整个雄安新区在建设培育与发展周期中不偏离原本的设计轨道、最大限度地发挥整体性治理的协同合作效应，需要成熟完善且有雄安特色的绩效评估机制做好跟踪反馈，并形成一套科学合理的评价指标体系为绩效考察做好保障。

一、对雄安新区整体性治理进行绩效评价的必要性

"千年大计"雄安新区的建设与培育是一个周期漫长的重大工程，工程量巨大，前期准备期较长，曾一度有放缓势头，直至 2019 年才进入进行大规模实质性开工的新阶段，要确保"一张蓝图绘到底"、整个工程的建设方向不偏离原本设计的轨道、及时做好跟踪反馈，就需要成熟的绩效评价系统和科学完备的指标体系对每一阶段的建设进行纠偏纠错，"以评促建"，在建设与发展过程中实时跟踪每一个环节是否有缺失或遗漏，掌控好雄安新区建设的基准线和大方向，利用评价指标的倾向性引导建设方向、发挥整合效应。

雄安新区整体性治理的多元主体呈"碎片化"，主体众多且关系复杂，不仅包括元治理角色的政府及各部门，还包括治理过程中涉及到的市场组织及公众等。若这些主体在治理过程中权责分配不清，导致部分职权的空白或重叠，造成管理困难，使整体性治理的协同整合效应大打折扣。绩效评估机制的完善可以一定程度地反向约束各治理主体职责的履行，并通过绩效考核指标体系明确职责规范。

雄安新区全面贯彻新时代高质量发展理念，成为一系列新技术、新应用的先行试点示范区，新区项目规划建设都要采取最高技术标准，针对新技术就要有新的考核手段，过去传统的绩效评估体系显然无法适用于雄安新区的新型产业布局。雄安新区注重区域发展的协调合作，形成整体性效应，建设发展模式与传统普遍的行政区模块化发展有很大不同，整体性要求层次更高，过往具有普适性的绩效评价体系无法照搬应用于雄安新区的治理中。

二、学术界现有研究成果分析

在整体性治理与绩效评价指标体系的相关领域，国内外众多学者都已经进行了一系列由浅至深的理论研究。整体性治理是在相对碎片化的区域采取高效的协调和整合的治理行动，以突破政府机构之间各自为政缺乏沟通的困局，通过协同合作治理发挥整合效应。① 目前我国学者对于整体性理论的研究尚处于初级探索阶段。竺乾威主张突破原有治理模式的分散、破碎，而向多个主体之间的集中、协作与整合转变，重点关注不同组织与主体之间的整体性运作，同时强调了网络信息技术在整体性治理实践中的重要性。② 韩兆柱着眼于我国京津冀地区府际关系协调模式研究，以整体性治理理论为工具，提出在坚持公众导向和结果导向的前提下，通过逆碎片化、重新整合、加强信息技术应用等多种途径，从而构建起我国京津冀地区的整体性政府。③ 赵新峰针对雄安新区规划建设过程中合作治理能力偏弱等问题，从发

---

① 陈诚：《社区治理能力评估指标体系研究》，经济日报出版社 2017 年版。
② ［瑞］托马斯·思德纳：《环境与自然资源管理的政策工具》，张蔚文、黄祖辉译，上海三联书店 2015 年版，第 145—146 页。
③ 韩保中：《全观型治理之研究》，《公共行政学报》2009 年第 31 期。

展理念、功能定位、实现机制、政策支撑体系及创新维度，提出了雄安新区的新型合作治理架构，提出了一系列加强雄安新区协同治理合作效应的具体政策举措。[①] 我国学者目前对绩效评价指标体系的构建还比较常规化或稍偏重某一领域的绩效指标。袁超采用科学的构建方法、结合科学发展观的理念、查阅相关数据资料构建了包含经济、民生、环境等多方面相对完整的绩效评估指标体系，同时着重加大了环境型指标的权重分配，以此促进考核体系的科学性。[②] 陈金勇引进了地方政府绩效评估指标体系库的新思想，运用多元统计方法依照指标体系进行评价，筛选出重要性强的指标适当增加权重配比，使整个评价指标体系更加科学有效。[③] 陈威宇提出了政府绩效评价指标体系设计所必须遵循的四原则，着重对指标的可比性与可操作性进行了分析，对于定量与定性指标的选取标准和合理的数量分配进行了研究论证。[④]

通过对学术界现有研究成果的回顾可以看出，整体性治理作为新兴的治理模式，我国学者对它的探索还处于起步阶段，相关研究也大部分专注于整体性治理的全流程运作模式和对多主体协同合作的整体架构，尚未实现对于整体性治理绩效评估这一单一机制的专项研究，整体性治理的区域性研究也多着眼于京津冀地区的协调发展，针对雄安新区特色的整体性治理研究还比较缺乏。[⑤] 而现有绩效评价指标体系的研究针对的大多是一般性地方政府或某一特定的管理机构，构建形成的指标体系多具有通用性或模式化，难以直接照搬应用于雄安新区的实际情况，建立真正有针对性的、能够辅助推进雄安新区整体性治理建设的绩效评估指标体系方面的研究还是空白。[⑥]

[①] 尤建新、陈强：《城市治理与科学发展》，上海交通大学出版社 2009 年版，第 98—99 页。

[②] 周志忍：《为政府绩效评估中的"结果导向"原则正名》，《学海》2017 年第 2 期。

[③] 袁秀伟：《我国地方政府绩效评估的主要模式及创新路径》，《河南师范大学学报》（哲学社会科学版）2015 年第 5 期。

[④] 张可云、蔡之兵：《京津冀协同发展历程、制约因素及未来方向》，《河北学刊》2014 年第 6 期。

[⑤] 王玉明：《国外政府绩效评估模型的比较与借鉴》，《四川行政学院学报》2006 年第 6 期。

[⑥] 罗雅：《我国地方政府绩效考评存在的问题及其完善》，《剑南文学》2012 年第 9 期。

第二节　雄安新区整体性治理的现状

　　2019 年雄安新区这一大手笔顶层设计已出台两年整，雄安新区的总体规划纲要基本完成，除总体规划外，26 个专项规划也已准备就绪。2018 年 12 月 25 日，国务院正式批复了《河北雄安新区总体规划（2018—2035 年）》，目前，雄安新区已经转入大规模实质性开工建设阶段。起初两年来雄安新区的建设以谋划筹备为主，虽尚未展开全面性建设，但一小批率先启动的基础性重大工程项目的建设与治理已初见成效。

　　京津冀交通圈整合形势日益清晰，共建共享整体性协同合作治理取得积极进展。京津冀城际铁路网规划、新机场经济区规划、港口群集疏运体系方案基本完成，北京至雄安城际铁路雄安站的建设正如火如荼，建成后的雄安铁路将直接连接天津保定等京津冀发展圈，率先从交通运输这一重点基础性领域保障雄安新区各治理主体无障碍化协同合作。① 京津冀行业合作互惠互通的政策措施相继出台，协同发展重点领域改革不断深化，三省市联合制定多领域协同标准 24 项，探索合作共建新模式，成立共建共管产业园区，推动要素在区域内充分自由流动。

　　产业转移升级逐步推进，北京非首都功能正有序疏解。在传统产业转移方面，北京制定并实施了新增产业禁限名录，限制新设立或变更登记业务 2.16 万件，疏解一般制造业企业 2648 家，物流中心 106 个，部分传统区域性批发市场完成外迁升级，首钢京唐二期、北京现代汽车沧州第四工厂、承德大数据产业园区等外迁建设项目相继投产。雄安新区承接北京非首都功能的规划治理也初见成效。教育方面，北京市援助雄安新区办学项目已于 2018 年启动，北京市朝阳区实验小学雄安校区等四所重点学校的分校区挂牌成立，截至 2018 年底，共有 45 所新区学校与京津冀优质学校建立帮扶合作关系，保证办学质量的同时，疏解了首都巨大的教育压力。医疗方面，2018 年 11 月 22 日，由北京潞河医院和雄县医院共同建立首都医科大学北

---

① 史修松：《高技术产业集聚与区域创新效率研究》，中国财政经济出版社 2011 年版。

京潞河医院—雄县医院脑科中心在雄安新区正式挂牌成立，越来越多的京津冀医疗机构与雄安开展帮扶对接，疏解首都看病扎堆看病难的问题。交通疏解方面，2020 年 12 月 27 日，北京至雄安新区城际铁路大兴机场至雄安新区段开通运营。建成后的高铁站将发挥雄安新区对全国的交通辐射作用，同时疏解北京的交通运输压力。

环境治理与生态修复工程成效显著。自 2017 年 11 月开始启动"千里秀林"工程以来，截至 2018 年底，雄安新区已完成造林 11 万亩、植树 1100 万株。2019 年，雄安新区还将新造林 20 万亩，未来新区森林覆盖率将由现在的 11% 提高到 40%。新区设立后，在白洋淀水环境综合整治方面做了大量工作，2018 年 5 月雄安新区水环境治理一号工程启动，606 个有水纳污坑塘全部完成治理，集中强化新区内 133 家涉水企业监管，排查河道、淀区两公里范围内入河入淀排污（排放）口 11395 个，清理河道垃圾约 130.9 万立方米，白洋淀淀区水源质量与水位均达到近年来新高。环保联防联控联治和生态建设力度持续加大，京津冀"2＋26"城市大气污染防治工作方案出台实施，压减燃煤、煤改电、煤改气以及"散乱污"企业整治等工作深入开展，着力保障雄安新区在发展建设过程中的空气质量水平稳步提升。

雄安新区居民生活质量明显提升。教育、医疗等一批重点公共服务工程项目正逐步落地实施，雄安新区在基础与高等教育建设方面与北京不断加深合作，学习先进教学经验，共享优质教育资源；基础卫生医疗协作日益紧密，利用信息科技发展，跨区域转诊与检验结果互通成为可能；医疗保险转移接续和异地就医服务取得重要进展，跨行政区新农合信息平台完成对接，保障了雄安新区居民的生活便捷。

现阶段雄安新区的基础性建设已初步展开，目前所取得整体性治理成效也还是起步阶段，"千年大计"的建设还有很漫长的路要走，展望未来发展规划的同时还要警惕治理道路上可能出现的一系列问题：如何高质量高标准地推动雄安新区规划建设，确保治理过程不偏离原本设计规划的轨道；除了依靠政策调控来疏解北京非首都功能外，应如何有效利用市场机制的作用来进一步疏解规划；雄安新区目前的优惠政策和美好愿景吸引了一批优秀人才的进驻，在吸引过后又应如何留住雄安人才；整体性治理过程中注重强化生态环境联建联防联治，如何利用有环境针对性的绩效考核来推动生态治理。"千年大计"雄安新区的规划建设需要保持强大的历史耐心和战略定力，还需要协商、决策、执行、评估等多种治理机制的协调运用，构建合理的绩效评估机制就是要对雄安新区治理流程与治理效果进行及时的跟踪反馈纠偏，具体绩效评价指标的选取与体系的构建是在提升评估机制可操作性的同时利用每一项指标的针对性强化整体性治理工作的重心，利用指标权重的分配引导各主体治理工作倾向，规避治理误区，朝科学合理化方向发展。

第三节　雄安新区整体性治理绩效评价指标的选取

一、指标的筛选

选取雄安新区整体性治理绩效评价的具体指标时，在根据以往有关政府绩效评价的研究成果总结基本评价指标的基础上，加入针对雄安新区治理要求和治理特色的个性化评价指标，整合形成整体的评价指标体系。对近三年有关政府绩效评估的研究成果进行收集统计，利用 Citespace5.0 软件对关键词进行共现聚类分析，总结出关注度较高且较为基础性的绩效评估方向，形成一级和二级指标。对以往绩效评估研究中已经形成的可供参考的指标体系进行文献计量分析，对每一具体指标出现的频次进行计算，总结出现频次较高的评价指标，引入雄安新区整体性治理绩效评价指标体系中，同时依据雄安新区整体性的治理架构和对生态环境管理的严格要求，依据实际情况增添一系列有针对性的、具有雄安特色的评估指标，整合形成三级指标。

本节以中国知网（CNKI）期刊库作为研究成果文献的统计来源，检索策略为：主题＝政府绩效评价指标体系，包含绩效评估相关的主题文献，检索日期为 2019 年 4 月 22 日，检出文献量为 1367 篇，除去通知、简讯、报道等不符合要求的文献，最终得到相关文献 1189 篇，其中近三年的研究成果 253 篇。文献成果中包含对政府宏观绩效的研究和对某些领域政府活动绩效的研究，关键词是文章内容最核心的概括，通过对关键词的分析能够明确近三年绩效管理研究的重点与方向，找出政府绩效评价关注度最高、最基础的大方向。本节利用 Citespace5.0 软件对关键词进行聚类分析（见图 23-1），其中圆圈大小表示关键词出现的频次，线条粗细表示词间密切程度。从图23–1得出，除政府绩效、评价指标体系、绩效管理等总括研究的基础关键词外，经济发展、财政税收、公共服务、服务型政府、生态文明、环境保护、环境污染等词的中心值较大，对其他关键词起着连接的作用，地位比较重要，是研究的热点和绩效评估的基础大方向，因此由以上七个重点因素归纳总结出指标体系的一级指标：政绩指标、绿色指标；二级指标：经济发展情况、新区民生改善情况、环境污染排放情况、环境保护强度。

图 23–1　关键词共现聚类分布

在近三年针对专项政府活动绩效评估以及具有地方特色的绩效评估的253篇文献中，在文中形成可供参考的一般通用性指标体系的文章共11篇（其中包含了宏观指标和专项指标两种绩效指标体系），知网数据库中有关环境保护政府绩效评价指标体系共29篇，其中近三年11篇，在文中形成可参考的指标体系的文章共3篇，雄安新区绩效相关文献仅1篇（仅针对白洋淀环境问题），尚未有关于整体性治理评估指标体系的文献。提取以上近三年有参考价值的15篇文献中所形成的指标体系，对不同方面具体指标的选取频次做文献计量分析（见图 23-2），其中区域 GDP 增长、人均收入、财政收支、产业布局、养老医疗就业、能源消耗、四废排放、绿化环保等 23 个指标被提及两次以上，选取频次较高，是公认有评估价值的关注度较高的绩效评价指标，把它们引入到雄安新区的绩效评估指标体系中，并划入一级和二级指标下。

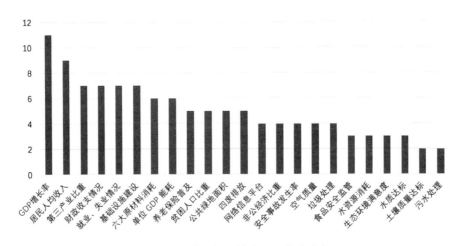

图 23-2　绩效指标的选取频次统计表

在确定了基础常规的评价指标后，还要立足雄安新区的发展实际和规划建设要求，适当增添有雄安特色的整体性协同合作机制的评价指标，从组织规划发展初期的实际增加考察组织布局合作的指标，并根据对雄安环境发展的高标准增加有关生态建设、原料能源消耗、废物利用的三级指标，以此达到因地制宜、以评促建的效果。综合以上指标的选取，形成完整的评价指标体系。

雄安新区整体性治理绩效评估要改变传统的政府绩效评估价值取向，把绿色指标纳入到绩效评估指标体系中，建立起"政绩指标"和"绿色指标"相统一的绩效考评体系。政绩指标是与政府常规绩效成果相关的经济、民生、机构组织等指标，传统常规的政绩指标主要包括本地区的经济发展水平和居民生活改善情况，在此基础上，根据雄安新区目前建设布局的要求设立组织规划相关的指标，针对整体性治理协同合作方面的规划，制定考核合作机制的指标。绿色指标是与生态环境保护和能源消耗相关的绩效指标，主要包含生态环境保护、经济发展过程中原料与能源的消耗、对不同形式污染物的分解排放以及处理利用废物的效率等相关指标，并依据雄安高标准的生态环境发展要求提升指标的多样化和严谨度。政绩指标和绿色指标两个一级指标和分别所属的八个二级指标构成了完整的雄安新区整体性治理评估指标体系，模式如图 23–3 所示。

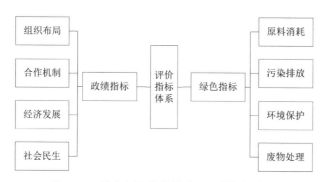

图 23–3　雄安新区整体性治理评估指标体系

二、指标体系的具体内容

在雄安新区的整体建设与未来发展过程中，对其绩效成果的评估离不开治理组织的布局规划、合作治理机制的构建、经济发展情况、居民生活改善情况、原材料消耗、污染物排放、环境保护强度、污染废物处理程度这八个绩效评估指标中的任何一个。雄安新区的发展轨迹将与一般行政区域有很大不同，区域一体化整体性的协同治理将是主基调，对于环境生态的标准也明显高于普通地区。[1] 因此，在评价指标体系的设定时要贴合雄安的发展要求，同时适当地提升考核标准，系统全面地评估绩效水平。

治理组织的布局规划，是根据雄安新区整体性治理要求和战略定位，形成的对雄安各治理机构部门的特殊要求，整体化的协同合作需要不同主体组织的科学规划建设和强有力的推进治理。[2] 在评估整合治理能力时，需要考虑到组织建设和有效性的相关方面，包括治理主体的整合性程度，碎片化

---

[1]　蔡立辉：《西方国家政府绩效评估的理念及其启示》，《清华大学学报》（哲学社会科学版）2003 年第 1 期。

[2]　竺乾威：《从新公共管理到整体性治理》，《中国行政管理》2008 年第 10 期。

的治理主体是否形成了分工协作的治理体系；雄安建设初期时各治理组织的设立与完善是否完成了规划的既定目标；网络信息服务一体化平台在整体性治理协同合作时发挥的作用；高等院校和研究机构的聚集度，依托高新技术和高科技组织形成整体性、综合性的开发；跨区域合作疏解北京非首都功能等，如图 23–4 所示。

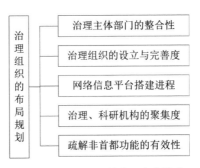

图 23–4　治理组织的布局规划指标

　　合作治理机制的构建，是对区域政府跨层级、跨区划、跨职能治理的系统保障。为了实现"统筹规划、协同发展、成果共享、责任共担"的整体性治理效果，区域政府治理机制应细化分解为协商机制、决策机制、执行机制、利益补偿机制和绩效评价机制，绩效评估就是要考察这些机制的构建程度和互相之间的联系、促进、制约是否形成，同时还要考虑治理机制构建的运行成本。[①] 如图 23–5 所示。

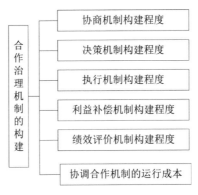

图 23–5　合作治理机制的构建指标

---

① 曾令发：《整体型治理的行动逻辑》，《中国行政管理》2010 年第 1 期。

经济发展情况，是区域发展的重要指标，也是政府绩效的重点考察方向。雄安作为经济产业发展的新区，对经济增长和产业规模都需要高标准细致化的考量，包括 GDP 增长率、居民人均收入、财政收支情况等常规经济指标，还包括非公有制占经济比重和第二三产业占 GDP 比重这样反映经济产业升级更新的指标，同时还要兼顾经济生产效率，考察社会劳动生产率。如图 23-6 所示。

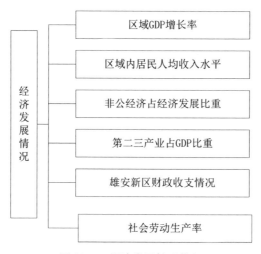

图 23-6　经济发展情况指标

民生改善情况，是指雄安新区的设立与建设对当地及周边居民生活切实带来的福利及保障，包括居民生活水平、生活环境及公共服务保障的改善。通过改善就业大环境、新增就业、加强配套的福利保障降低贫困人口比重；从公共服务层面完善居民生活的基础保障，包括教育医疗养老保险等；开展文化体育活动，加强基础设施建设；加强食品药品安全监管，减少安全事故发生频率，保护居民人身安全。如图 23-7 所示。

原材料消耗程度，是指雄安新区在建设发展治理过程中所需一系列资源能源的强度。新区建设的初期必将需要投入大量基础性的资源能源，充足的原料是发展的基础性保障，雄安也拥有着很多能源技术的优先权，但这并不意味着可以肆无忌惮不计成本地使用，还需要从单位 GDP 能耗、人均能耗、六大原材料损耗、水资源消耗几大重要指标来考评雄安建设过程中的原

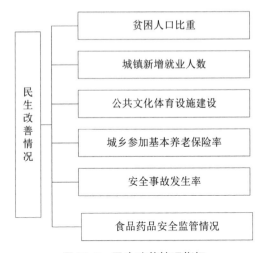

图 23-7　民生改善情况指标

料使用效率，严防浪费基础资源。如图 23-8 所示。

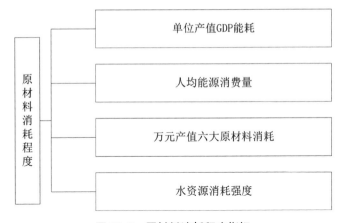

图 23-8　原材料消耗程度指标

　　环境污染物排放强度，是考察雄安新区高速建设与发展时对区域生态环境带来不良影响的重要指标，新区的建设治理不能以破坏环境为代价，要结合环境承载力控制污染物的排放量，控制好基础排放量，严禁超标超排，绩效评估应从废水、废气、固体废弃物、碳排放这四大排放指标出发，严格监管经济发展对生态环境造成的危害，坚持走绿色发展道路。如图 23-9 所示。

　　空气、水源、绿化保护强度，是指对雄安所处生态环境全方位的治理

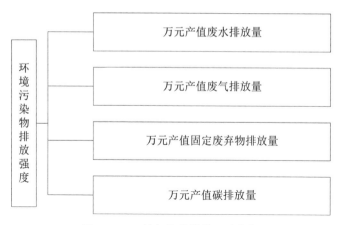

图 23-9　环境污染物排放强度指标

保护，雄安新区的建设是要打造绿色智慧新城，贯彻人与环境和谐共生的发展理念，把生态文明建设纳入规划发展治理的每一个环节。生态环境绩效的考察要综合水源质量、饮用水水质、土壤质量、空气质量、声环境质量等多个生态质量达标指标，在城市及工业区增加绿化面积，加强环境控制，提升公众满意度和环境质量优良率。如图 23-10 所示。

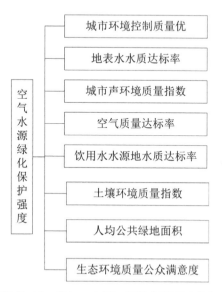

图 23-10　空气、水源、绿化保护强度指标

污染废物处理程度，包括对生产生活所产生的废物垃圾进行合理化分类、处理、排放或利用。雄安在低碳、绿色、循环发展的理念引导下，及时有效地分类处理可以使污染废物对环境的不良影响降到最低，包括对生活污水、生活垃圾、工业污染源等的处理尽量做到及时无害化，避免对生态环境造成破坏。同时循环利用一些可回收资源，包括工业用水、工业固体废弃物、农业可再生资源等，节约治理成本，实现永续发展。如图 23–11 所示。

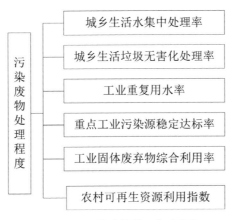

图 23–11　污染废物处理程度指标

第四节　运用层次分析法确定评价指标权重

在雄安新区绩效评价指标体系中，组织布局、合作机制、经济发展、社会民生、原料消耗、污染排放、环境保护、废物处理利用这八个指标及细化的三级指标在实际评估过程中的重要程度各不相同，为了明确各项指标在绩效评估指标体系中的重要程度[1]，本节运用专家打分法对各项指标的重要性进行判断，运用层次分析法将无法衡量的定性分析定量化，从而确定各项指标在整个评价指标体系中的权重。

----

[1]　吴建南、杨宇谦、阎波：《政府绩效评价：指标设计与模式构建》，《西安交通大学学报》（社会科学版）2007 年第 5 期。

一、构建层次结构模型

要通过层次分析法的运用来对不同的评价指标进行权重赋值，就要构建层次结构模型。层次结构模型通常由目标层、准则层和方案层三个层次构成。首先要设定模型的目标层，我们将整体的指标体系分解成三个层次结构模型来进行分析，目标层分别设定为指标体系、政绩指标和绿色指标，即以确定高一级别的评价指标权重为目标，分化的下一级评价指标作为方案，在此过程中确定不同评价指标应分配的权重。由此得到指标体系的层次结构模型如图 23–12 所示，分化的下一层次的政绩指标和绿色指标的层次结构模型如图 23–13 和图 23–14 所示。

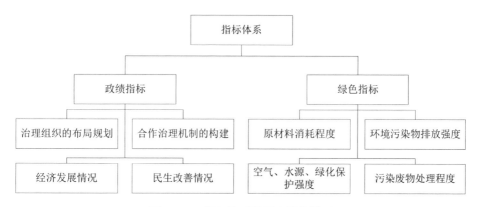

图 23–12　指标体系的层次结构模型

二、构造各层次的判断矩阵

判断矩阵是用来判断某一层次的方案或元素对上一层次的某一方案或元素的影响程度，层次结构模型构建完毕后，则需分别构造各个层次的判断矩阵，通过对各指标重要性程度的两两比较判断，汇总计算得出每一项指标的权重。在这里我们以政绩指标的第一层级判断矩阵为例，如表 23–1 所示。表内的对比数据均来自于专家打分，本节寻找 10 名相关领域的专家和河北保定当地的公共管理学者对各级指标进行了重要性排序，然后对 10 名专家的打分按照不同的权重整合录入，得出下列判断矩阵。

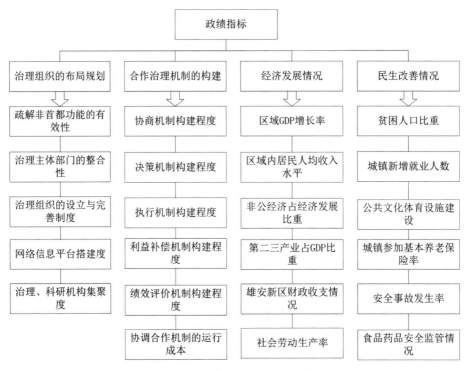

图 23-13　政绩指标的层次结构模型

表 23-1　政绩指标的判断矩阵

相对重要性	治理组织的布局规划	合作治理机制的构建	经济发展情况	民生改善情况
治理组织的布局规划	1	1/2	3	3
合作治理机制的构建	2	1	2	3
经济发展情况	1/3	1/2	1	1/2
民生改善情况	1/3	1/3	2	1

三、计算重要性排序及一致性检验

1.计算重要性排序

这里我们同样以政绩指标为例。首先根据准则层的判断矩阵，计算出

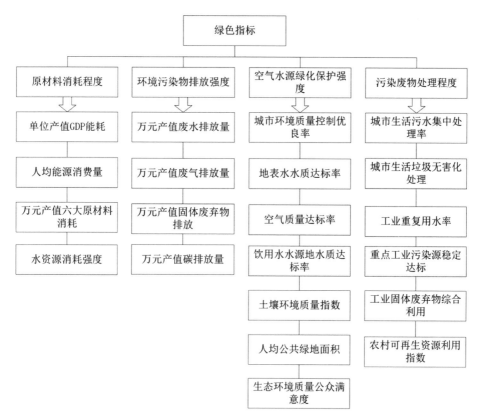

图 23-14 绿色指标的层次结构模型

每一行元素的乘积 Mi；然后计算 Mi 的 4 次方根 W；最后作归一化处理，即 $Wi = Wi / \sum_{i=1}^{4} w$，

得出：$W_1 = 0.3168$；$W_2 = 0.4123$；$W_3 = 0.1204$；$W_4 = 0.1505$。

2. 对一致性进行检验

一致性检验公式为 $CR = CI / RI$；$CI = (\lambda_{max} - n) / (n - 1)$；

$\lambda_{max} = \sum_{i=1}^{4} (pw) i / nWi = 1/n \sum_{i=1}^{4} w (pw) i / Wi$；

代入 $n = 4$，$RI = 0.9$ 得 $CR = 0.0806 < 0.1$.

表明判断矩阵的一致性合格，因此计算的权重结果可以作为政绩指标下属二级指标的权重系数（wi），如表 23-2 所示。

表 23-2　政绩指标下属的指标权重

政绩指标	经济发展情况	合作治理机制的构建	治理组织的布局规划	民生改善情况	Wi
经济发展情况	1.0000	0.5000	0.3333	0.5000	0.1204
合作治理机制的构建	2.0000	1.0000	2.0000	3.0000	0.4123
治理组织的布局规划	3.0000	0.5000	1.0000	3.0000	0.3168
民生改善情况	2.0000	0.3333	0.3333	1.0000	0.1505

　　按照上述方法，可以计算出其他各层判断矩阵中的各要素权重并计算一致性比例，如表 23-3 至表 23-12 所示。

表 23-3　指标体系权重

指标体系	政绩指标	绿色指标	Wi
政绩指标	1.0000	1.0000	0.5000
绿色指标	1.0000	1.0000	0.5000

　　一致性检验：$\lambda_{max}=2.0000$，$CR=0.0000<0.1$，通过一致性检验。

表 23-4　绿色指标体系权重

绿色指标	原材料消耗程度	环境污染物排放强度	空气、水源、绿化保护强度	污染废物处理程度	Wi
原材料消耗程度	1.0000	0.2000	0.3333	0.5000	0.0864
环境污染物排放强度	5.0000	1.0000	2.0000	3.0000	0.4738
空气、水源、绿化保护强度	3.0000	0.5000	1.0000	3.0000	0.2994
污染废物处理程度	2.0000	0.3333	0.3333	1.0000	0.1405

　　一致性检验：$\lambda_{max}=4.0648$，$CR=0.0243<0.1$，通过一致性检验。

表 23–5　治理组织的布局规划指标体系权重

治理组织的布局规划	治理组织的设立与完善度	治理主体部门的整合性	疏解非首都功能的有效性	网络信息平台搭建进程	治理、科研机构的聚集度	Wi
治理组织的设立与完善度	1.0000	0.2500	0.3333	0.5000	2.0000	0.1040
治理主体部门的整合性	4.0000	1.0000	2.0000	3.0000	4.0000	0.3962
疏解非首都功能的有效性	3.0000	0.5000	1.0000	3.0000	4.0000	0.2866
网络信息平台搭建进程	2.0000	0.3333	0.3333	1.0000	0.5000	0.1114
治理、科研机构的聚集度	0.5000	0.2500	0.2500	2.0000	1.0000	0.1019

一致性检验：$\lambda_{\max} = 5.3686$，$CR = 0.0823 < 0.1$，通过一致性检验。

表 23–6　合作治理机制构建的指标体系权重

合作治理机制的构建	协商机制构建程度	决策机制构建程度	执行机制构建程度	利益补偿机制构建程度	绩效评价机制构建程度	协调合作机制的运行成本	Wi
协商机制构建程度	1.0000	0.3333	0.3333	0.5000	2.0000	3.0000	0.1107
决策机制构建程度	3.0000	1.0000	0.5000	2.0000	3.0000	4.0000	0.2427
执行机制构建程度	3.0000	2.0000	1.0000	3.0000	4.0000	5.0000	0.3577
利益补偿机制构建程度	2.0000	0.5000	0.3333	1.0000	3.0000	4.0000	0.1683
绩效评价机制构建程度	0.5000	0.3333	0.2500	0.3333	1.0000	2.0000	0.0728
协调合作机制的运行成本	0.3333	0.2500	0.2000	0.2500	0.5000	1.0000	0.0478

一致性检验：$\lambda_{\max} = 6.1800$，$CR = 0.0286 < 0.1$，通过一致性检验。

表23-7 经济发展情况的指标体系权重

经济发展情况	区域GDP增长率	区域内居民人均收入水平	非公经济占经济发展比重	第二三产业占GDP比重	雄安新区财政收支情况	社会劳动生产率	Wi
区域GDP增长率	1.0000	0.2000	0.3333	0.1667	0.2500	0.5000	0.0428
区域内居民人均收入水平	5.0000	1.0000	3.0000	0.5000	2.0000	4.0000	0.2504
非公经济占经济发展比重	3.0000	0.3333	1.0000	0.2500	0.5000	2.0000	0.1006
第二三产业占GDP比重	6.0000	2.0000	4.0000	1.0000	3.0000	5.0000	0.3825
雄安新区财政收支情况	4.0000	0.5000	2.0000	0.3333	1.0000	3.0000	0.1596
社会劳动生产率	2.0000	0.2500	0.5000	0.2000	0.3333	1.0000	0.0641

一致性检验：$\lambda_{\max} = 6.1225$，$CR = 0.0194 < 0.1$，通过一致性检验。

表23-8 民生改善情况的指标体系权重

民生改善情况	贫困人口比重	城镇新增就业人数	公共文化体育设施建设	城乡参加基本养老保险率	安全事故发生率	食品药品安全监管情况	Wi
贫困人口比重	1.0000	3.0000	0.5000	4.0000	5.0000	2.0000	0.2509
城镇新增就业人数	0.3333	1.0000	0.2500	2.0000	3.0000	0.5000	0.1025
公共文化体育设施建设	2.0000	4.0000	1.0000	5.0000	6.0000	3.0000	0.3807
城乡参加基本养老保险率	0.2500	0.5000	0.2000	1.0000	3.0000	0.3333	0.0724

民生改善情况	贫困人口比重	城镇新增就业人数	公共文化体育设施建设	城乡参加基本养老保险率	安全事故发生率	食品药品安全监管情况	Wi
安全事故发生率	0.2000	0.3333	0.1667	0.3333	1.0000	0.5000	0.0468
食品药品安全监管情况	0.5000	2.0000	0.3333	3.0000	2.0000	1.0000	0.1466

一致性检验：$\lambda_{\max} = 6.2400$，$CR = 0.0381 < 0.1$，通过一致性检验。

表23-9　原材料消耗程度的指标体系权重

原材料消耗程度	单位产值GDP能耗	人均能源消费量	万元产值六大原材料消耗量	水资源消耗强度	Wi
单位产值GDP能耗	1.0000	2.0000	4.0000	0.5000	0.2938
人均能源消费量	0.5000	1.0000	2.0000	0.3333	0.1564
万元产值六大原材料消耗量	0.2500	0.5000	1.0000	0.2500	0.0877
水资源消耗强度	2.0000	3.0000	4.0000	1.0000	0.4621

一致性检验：$\lambda_{\max} = 4.0458$，$CR = 0.0172 < 0.1$，通过一致性检验。

表23-10　环境污染物排放强度的指标体系权重

环境污染物排放强度	万元产值废水排放量	万元产值废气排放量	万元产值固体废弃物排放量	万元产值碳排放量	Wi
万元产值废水排放量	1.0000	3.0000	3.0000	4.0000	0.5080
万元产值废气排放量	0.3333	1.0000	2.0000	3.0000	0.2449
万元产值固体废弃物排放量	0.3333	0.500	1.0000	2.0000	0.2545
万元产值碳排放量	0.2500	0.3333	0.5000	1.0000	0.0926

一致性检验：$\lambda_{\max} = 4.0875$，$CR = 0.0328 < 0.1$，通过一致性检验。

表 23–11　空气、水源、绿化保护强度的指标体系权重

空气、水源、绿化保护强度	城市环境控制质量优良率	地表水水质达标率	空气质量达标率	饮用水水源地水质达标率	土壤环境质量指数	人均公共绿地面积	生态环境质量公众满意度	Wi
城市环境控制质量优良率	1.0000	2.0000	0.3333	0.5000	2.0000	5.0000	0.3333	0.1043
地表水水质达标率	0.5000	1.0000	0.3333	0.3333	1.0000	4.0000	0.2500	0.0696
空气质量达标率	3.0000	3.0000	1.0000	3.0000	4.0000	6.0000	4.0000	0.3559
饮用水水源地水质达标率	2.0000	3.0000	0.3333	1.0000	3.0000	6.0000	0.5000	0.1553
土壤环境质量指数	0.5000	2.0000	0.3333	0.5000	1.0000	4.0000	0.2500	0.0657
人均公共绿地面积	0.2000	0.2500	0.1667	0.1667	0.2500	1.0000	0.1429	0.0266
生态环境质量公众满意度	3.0000	4.0000	0.2500	2.0000	4.0000	7.0000	1.0000	0.2227

一致性检验：$\lambda_{max} = 7.4637$，$CR = 0.0568 < 0.1$，通过一致性检验。

表 23–12　污染废弃物处理程度的指标体系权重

污染废物处理程度	城乡生活污水集中处理率	城乡生活垃圾无害化处理率	工业重复用水率	重点工业污染源稳定达标率	工业固体废弃物综合利用率	农村可再生资源利用指数	Wi
城乡生活污水集中处理率	1.0000	4.0000	2.0000	0.5000	2.0000	5.0000	0.2332
城乡生活垃圾无害化处理率	0.2500	1.0000	0.3333	0.2000	0.3333	2.0000	0.0605
工业重复用水率	0.5000	3.0000	1.0000	0.2500	1.0000	4.0000	0.1365
重点工业污染源稳定达标率	2.0000	5.0000	4.0000	1.0000	3.0000	6.0000	0.3869
工业固体废弃物综合利用率	0.5000	3.0000	1.0000	0.3333	1.0000	4.0000	0.1418

污染废物处理程度	城乡生活污水集中处理率	城乡生活垃圾无害化处理率	工业重复用水率	重点工业污染源稳定达标率	工业固体废弃物综合利用率	农村可再生资源利用指数	Wi
农村可再生资源利用指数	0.2000	0.5000	0.2500	0.1667	0.2500	1.0000	0.0411

一致性检验：$\lambda_{\max} = 6.1346$，$CR = 0.0214 < 0.1$，通过一致性检验。

四、确定权重总排序

在确定了每一层级中各项指标的具体权重后，按照比重分配，将一、二、三级指标加权汇总在一起，得到每个具体指标在整个指标体系中的最终权重，具体权重值见表 23-13。

表 23-13　雄安新区指标体系权重

	一级指标	权重	二级指标	权重	三级指标	权重
指标体系	政绩指标	50%	治理组织的布局规划	15.84%	疏解非首都功能的有效性	4.54%
					治理主体部门的整合性	6.28%
					治理组织的设立与完善度	1.65%
					网络信息平台的搭建进程	1.77%
					治理、科研机构的聚集度	1.62%
			合作治理机制的构建	20.62%	协商机制构建程度	2.28%
					决策机制构建程度	5.01%
					执行机制构建程度	7.38%
					利益补偿机制构建程度	3.47%
					绩效评价机制构建程度	1.5%
					协调合作机制的运行成本	0.99%

续表

一级指标	权重	二级指标	权重	三级指标	权重
		经济发展情况	6.02%	区域 GDP 增长率	0.26%
				区域内居民人均收入水平	1.51%
				非公经济占经济发展比重	0.61%
				第二三产业占 GDP 比重	2.3%
				雄安新区财政收支情况	0.96%
				社会劳动生产率	0.39%
		民生改善情况	7.52%	贫困人口比重	1.89%
				城镇新增就业人数	0.77%
				公共文化体育设施建设	2.87%
				城乡参加基本养老保险率	0.55%
				安全事故发生率	0.35%
				食品药品安全监管情况	1.11%
绿色指标	50%	原材料消耗程度	4.32%	单位产值 GDP 能耗	0.68%
				人均能源消费量	1.27%
				万元产值六大原材料消耗量	0.38%
				水资源消耗强度	2%
		环境污染物排放强度	23.69%	万元产值废水排放量	12.04%
				万元产值废气排放量	5.8%
				万元产值固体废弃物排放量	3.66%
				万元产值碳排放量	2.2%
		空气、水源、绿化保护强度	14.97%	城市环境控制质量优良率	1.56%
				地表水水质达标率	1.04%
				空气质量达标率	5.33%
				饮用水水源地水质达标率	2.33%
				土壤环境质量指数	0.99%
				人均公共绿地面积	0.4%
				生态环境质量公众满意度	3.34%

续表

	一级指标	权重	二级指标	权重	三级指标	权重
			污染废物处理程度	7.02%	城乡生活污水集中处理率	1.64%
					城乡生活垃圾无害化处理率	0.43%
					工业重复用水率	0.96%
					重点工业污染源稳定达标率	2.72%
					工业固体废弃物综合利用率	1%
					农村可再生资源利用指数	0.29%

由此可以看出，在对雄安新区进行整体性治理评价时，政府绩效指标与环境指标地位相当，考察政府绩效时更注重对治理组织的布局规划与合作治理机制构建的考察，经济发展状况关注度较低，更关注整体性治理效应；而在环境绩效考察时，对环境污染物排放程度和对空气、水源、绿化保护程度的考察比重较大，原材料消耗程度所占权重最小。

第五节　结　语

绩效评价指标体系是在进行政府绩效评估时所依据的评价标准和量化指标体系，是评估工作开展时必不可少的评价工具，也是进行日常管理工作时参考依照的执行标准。雄安新区正处于建设初期，配套管理机制尚未完善，为了保证这个"千年大计"在漫长的建设过程中不偏离原本规划的方向，需要完备的监督评价机制及时地纠偏纠正，而现有的绩效评估指标体系普遍常规化，无法直接应用于雄安新区整体性治理的建设流程中。本节在总结分析以往绩效评估体系研究成果的基础上，立足雄安新区整体性治理发展的特征和实际需要，着重加强对整体性治理协同合作效应以及生态环境绩效的考察，形成了一整套评价指标体系，并利用专家打分法和层次分析法对具体指标进行了权重的配比。本节形成的评价指标体系有助于雄安新区绩效评估工作的顺利推进，并反向约束相关主体提高整体性治理工作水平。

基于以上研究结论，在将雄安新区整体性治理评价指标体系应用于实践时，具体提出以下建议：一是要在治理过程中重视整体性效用的发挥，并提高对生态环境的保护意识，尤其是强化白洋淀流域生态协同治理的力度；二是在评估过程中针对不同地区或评价客体的独特性，对此评价指标体系中的指标或权重进行适当调整，注重整体性与特殊性的有机统一。

第二十四章 协同视阈下雄安新区创新共同体治理体系的建构方略

  雄安新区被称为"千年大计、国家大事"，承载着非首都功能疏解以及打造高质量发展样板的使命，是中国区域发展新的引擎和增长极。针对京津冀区域长期以来难以克服的"大城市病""虹吸效应"和"孤岛效应"，雄安新区不仅要建设科技创新之城、高端产业汇聚之城，还要建设绿色之城、生态之城、低碳之城；不仅要打造融入世界的数字之城、智慧之城，还要探索新的体制、新的机制、新的制度，将雄安新区建设成为具有中国特色的"未来之城"。如何通过雄安新区这一创新高地实现国家最高价值、区域现实价值和地方基础价值的融合汇聚？如何通过创新体系的相互支撑与创新机制的相互嵌入彰显雄安新区发展的大格局和大思路？如何通过化解合作与竞争、开放与封闭、整体与碎片、共享与独占之间的矛盾催生善治发展的生成植入？雄安新区创新共同体治理体系建构对上述追问做出了战略回应。这一协同治理体系的建构方略，彰显了创新发展、协调发展、绿色发展、开放发展、共享发展的价值内涵，突出了互利共赢、整合协同、共生共荣的责任使命，成为雄安新区理念创新、制度创新、科技创新、文化创新的原动力，是国家治理体系和治理能力现代化的题中应有之义。

  本章节从雄安新区创新共同体治理体系内涵的阐释入手，基于实现雄安新区总体战略定位、促进京津冀协同发展、推动雄安新区产业高质量发展、融入全球创新体系的角度分析了创新共同体治理体系建构的必要性，提出了雄安新区创新共同体治理体系建构进程中面临的困境与挑战，并从价值体系、协同体系、制度体系、数字治理体系四个方面，提出了雄安新区创新共同体治理体系的协同建构策略。

第一节　雄安新区创新共同体治理体系的内涵

一、创新共同体的内涵

“共同体是指人们在某种共同条件下结成的集体，或指若干国家行为体、非国家行为体基于共同的利益或价值，在某些特定领域形成的统一组织或类组织形态，是人类的一种生存状态。”① 随着现代科学信息技术飞速发展，世界成为一个命运共存的地球村，“共同体”的内涵和外延不断深化拓展，于是“创新共同体”应运而生。在 Sawhney 和 Prandelli 看来：“创新共同体就是一个以知识创新共享、知识社会化为运行的，既开放包容又严谨有序、既利益共享又有完备产权保障的介于封闭等级模式与开放市场模式之间的企业与企业的联合体。”②Coakes 认为“创新共同体是通过程序、资源以及社会认识层面的共同支持体系将创新性的概念转化成市场化产品的组织形式。”③ 创新共同体良性运转的关键因素是“创新领袖”通过自身影响力、可信度发挥其在创新合作领域中的桥梁纽带、组织领导作用。Bowman 在《空间力量：建设美国创新共同体体系的国家战略》中从区域多元合作的视角进行界定，指出创新共同体是“由科技园区、大学与学院、联邦实验室和私营研发企业多方部门联合将区域内知识产权、实物产权、人力资源及金融资本等创新要素在区域内整合并能够共同运用，从而达到提升区域空间整体的科技创新力和经济发展竞争力的区域性组织。”④ Marcela 等人主要研究专门管

① 方杲：《人类命运共同体与自由人联合体的逻辑一致性》，《吉林大学社会科学学报》2019 年第 3 期。

② Sawhney M，Prandelli E：Communities of creation：Managing distributed innovation in turbulent markets，*California Management Review* 2000.

③ Coakes E W，Smith P A C：Developing communities of innovation by identifying innovation champions，*The Learning Organization* 2007（1）.

④ Association of university research parks：The power of place：A national strategy for building America’s communities of innovation 2008 年，http：//www.aurp.net/assets/documents/The Power of Place.

理机制对创新协作体协同创新产出效果的影响，指出"适中的等级管理体制有利于使创新协同活动有序进行又使创新协作体免受过严规制约束而失去活力。"① 国内学者认为"创新共同体是基于一定的政治、经济、社会、文化等基础，以共同的创新愿景和目标为导向，以快速流动和充分共享的创新资源以及高效顺畅的运行机制为基础，多个行为主体（企业、大学、研究机构、政府、中介机构等组织和个人）通过相互学习和开放共享积极开展创新交互与协同合作，彼此间形成紧密的创新联系和网络化结构，推动个体成员创新能力增强以及区域创新绩效与竞争力和影响力整体提升的特定创新组织模式。"② 综上所述，创新共同体就是以提高自身以及共同体创新发展水平为共同目标，通过具备一定执行效力的跨域机构、合作协议、协同机制，依托不同层级、部门及多元主体之间的集体行动与伙伴关系，对分散的创新要素资源加以集聚整合、统一配置，形成具有凝聚力和向心力的协同性、开放性、创新性的共同体。

二、雄安新区创新共同体治理体系的内涵

在政治、经济、社会、文化、生态"五位一体"治理框架驱动下，在"创新、协调、绿色、开放、共享"五大发展理念引领下，由价值体系、制度创新体系、协同治理体系、数字治理体系相互融合嵌入，催生了创新共同体治理体系。推进国家治理体系和治理能力现代化的目标赋予了雄安新区治理体系建构以特殊的意义，同时也赋予了雄安新区创新共同体治理体系以丰富的内涵。

一是共同的价值体系。共同体的维系与生存，是建立在共同价值观基础之上的。价值理念是协同创新行动的先导，是治理体系建构的前奏，决定着雄安新区创新共同体变革的方向乃至成效。推进雄安新区创新共同体治理体系建构，必须建立共同的价值基础。共同价值基础对创新主体发挥着导向、凝聚、约束和激励功能。雄安新区作为一个多主体协同的创新共同体，

---

① Miozzo.M，Desyllas.P：Innovation collaboration and appropriability by knowledge-intensive business services firms，*Research Policy* 2016（7）.

② 王峥、龚轶：《创新共同体：概念、框架与模式》，《科学学研究》2018 年第 1 期。

各主体之间存在着资源上的互补性、利益上的共享性、行动上的交互性等特征，只有建立起协同创新、共商共建共享的价值体系，才能使各创新主体相互交融，拧成一股绳，形成聚合创新共同体。

二是协同治理创新体系。创新共同体需要协同治理创新体系的支撑。共同体的打造、创新体系的建构关涉多个合作治理网络，涉及多条创新路径，需要整合多层面的治理体系。创新共同体治理体系具体涵盖了政府、市场、社会多元合作协同治理体系的建构，政治、经济、文化、社会、生态"五位一体"协同治理体系的建构，跨部门、跨层级、跨领域协同治理体系的建构。协同治理创新体系的系统化、网络化、多元化、聚合化丰富了创新共同体治理体系的内涵。

三是制度创新体系。雄安新区创新共同体建设的过程，是制度变迁和制度创新的过程，也是新制度逐步建立、健全与完善的过程。创新共同体打造初期，势必面临制度性激励不完美的问题，必然会面对协同性、创新性制度安排供给不足的状况，政策工具创新不足、协同乏力的情况时有发生。致力于雄安新区制度性激励体系建构是制度创新的必然，也是创新共同体达成的关键。制度创新体系的建构是打造雄安新区创新共同体的有力保障，制度创新的核心内容包括：协同文化认同与共享制度建设，协同制度创新中利益主体的整合，协同性制度设计能力建设及治理效能的发挥。

四是数字治理创新体系。伴随着信息技术日新月异的发展和新兴业态的迭代创新，信息交换和信息传播正在快速取代传统物品交换和资本流动成为新的社会驱动力量，数字世界业已成为人类生产生活的重要空间，并逐渐与物理世界形成了融合共生、互联互通的数字社会形态。雄安新区作为一个新兴的创新共同体，更需要把握数字治理带来的新机遇，对传统治理体制、治理机制、治理手段、治理模式、治理价值进行创新的基础上，推动治理行为的信息化和数字化、数据流动的实时化与网络化、决策执行的自动化与智能化，承载起推进"未来之城"创新共同体治理体系建构的使命。具体包括：创设与数据资源融合共享、跨领域应用相配套的制度体系和政策工具，打造全域数据集聚、信息融合共享的创新共同体，推进智慧共同体建设，探索数字治理发展的新产业、新模式、新路径。

雄安新区创新共同体治理体系倡导创新价值融合和创新使命凝聚，注重共同体治理体系的协同性、整体性和创新性，主张创新要素、创新主体、创新技术之间的共享集聚与跨域协同，强调制度创新与政策工具优化有机结合，致力于打造智能化、信息化、智慧化的数字治理体系，形成相辅相成、同心同德、共生共荣的创新聚合体。雄安新区创新共同体治理体系的内涵体现了国家治理最高价值、区域治理现实价值和地方治理基础价值的高度融合，把雄安新区协同治理体系建构提升到了一个新境界。

第二节　雄安新区创新共同体治理体系建构的意义

进入 21 世纪以来，大数据、云计算、人工智能、高级智能机器人、3D 打印等颠覆性技术使全球科技创新呈现出全新的发展态势。新技术革命对人类社会产生了深远影响，麦肯锡全球研究院在一项报告中指出，以人工智能推动的新技术革命是"以往工业革命发生速度的 10 倍，规模的 300 倍，影响的 3000 倍。"[1] Louis 指出，新技术革命将使人类迈向与智能机器人共存的时代，2050 年后人工智能将全面超越人类，成为地球上最聪明、能力最强的生命形式，而当人类进入 21 世纪最后 25 年时，人类与机器的分界线将不复存在，机器将获得与人类同等的法律地位。[2] 应对新智能革命的一个重要途径便是创新。雄安新区创新共同体要应对挑战，就必须主动融入全球创新体系。就创新主体、创新环境、区域协同创新、产业集群创新而言，创新共同体治理体系的构建对于推动雄安新区未来高质量发展具有重要的前瞻性、引领性和应用价值。

一是就创新主体而言，雄安新区创新共同体治理体系的建构有益于创新合力的凝聚。共同体凝心聚力整合协同创新资源，打造实体化科创合作示范平台，可以深化高端创新主体产业链、创新链、价值链分工协作，驱使共同体通过资源共享、优势互补、抱团创新，实现合作共赢、集群发展，形成

---

① Artificial Intelligence：The Return of the Machinery Question，*The Economist* 2016（6）.

② 邓泳红、张其仔：《中国应对第四次工业革命的战略选择》，《中州学刊》2015 年第 6 期。

创新策源地。创新共同体协同发力可以促进创新主体之间的深度科技合作，创设协同攻关创新机制，进而形成具有全国示范意义的创新范式，增强国际竞争力。

二是就创新环境而言，雄安新区创新共同体治理体系的建构有助于营造良好的创新氛围。浓郁的创新氛围，有利于创设科技成果迸发的软硬环境，有利于创新精神的集聚和创新能力的集成，有利于凝聚世界一流科技创新资源，吸引顶尖创新人才，促进高科技成果的孵化和转化，从而有效运用创新成果推动新智能革命的深入发展与拓展，打造世界一流的高科技创新共同体，加速雄安新区融入全球创新体系的步伐。

三是就区域协同创新而言，创新共同体治理体系的建构可以优化区域创新资源的配置。区域创新共同体的形成将促成地方政府创新行动从单打独斗到协同共生，从一枝独秀到百花齐放，推进区域科研制度融合创新、科技政策工具整合创新、科学共同体协同创新、科创联盟集聚创新。在区域创新协同发展的基础上，构建国际一流创新平台。集聚区域创新资源、吸纳区域创新要素可以打破雄安新区所在京津冀区域政府间创新领域的零和思维，打破创新协同技术壁垒，实现竞合发展。以共同体集成创新为突破口对于破解京津冀科技创新领域的协同发展困境具有重要现实意义。

四是就产业集群创新而言，创新共同体治理体系的建构是推动雄安新区产业高质量发展的重要载体。雄安新区创新共同体治理体系的建构致力于从治理理念、治理体制机制、治理手段、治理路径等方面促使雄安新区形成一个以创新为导向的聚合体，打破产业之间孤岛化和产业发展的碎片化格局，集聚创新动能，推进雄安新区从"分散化治理"走向"协同治理"、从"数量治理"走向"质量治理"、从"要素治理"走向"创新治理"。创新是高质量样板打造的必由之路，产业创新则是融入全球创新体系的关键环节，以创新共同体为依托的产业集群创新对于建设国际一流的科技创新平台，推动形成以企业为主体、市场为导向、产学研深度融合的技术创新体系意义非凡。雄安新区要建设高质量的样板之城，首先是产业上的高质量发展。产业高质量发展可以概括为"三新""三高"和"三结合"。所谓"三新"就是贯彻新理念、培育新动能和探索新路径，所谓"三高"就是集聚高级创新要

素、发展高端高新产业和打造体制机制创新高地，所谓"三结合"就是高点
承接与辐射带动结合、产业转型与产业升级结合、产业集聚与空间均衡结
合。① 产业高质量发展对雄安新区的协同治理能力和治理水平提出了更高的
要求，推进创新共同体治理体系建设成为雄安新区高质量发展的必然选择。

第三节　雄安新区创新共同体治理体系
建构中的协同创新困境

一、市场隐性壁垒导致的协同创新困境

雄安新区构建创新共同体，必须建立统一的大市场，打破市场封闭和
市场阻隔，让市场在创新资源配置过程中起决定性作用。统一大市场的培育
是一项长期的系统工程，现实中仍面临一些阻碍因素：首先表现为自利动机
驱使下的行业垄断和技术壁垒。虽然市场负面准入清单及营商环境改革改善
了市场经济运行环境，但是一些行业主管部门排斥竞争，使得一些垄断、半
垄断行业以及非关系国家安全的领域，民间资本仍难以进入。由行业垄断形
成的市场壁垒，阻碍了创新资源与生产要素的自由流动。其次，市场利益中
的机会主义行为导致共同体协同创新的治理困境。"除非存在强制或其他某
些特殊手段以使个人按照他们的共同利益行事，有理性的、寻求自我利益的
个人不会采取行动以实现他们共同的或集团的利益。"② 对于雄安新区创新共
同体不同合作主体来说，由于每个利益相关者的创新资源有限，加上缺乏强
制性的制度约束，很容易产生"搭便车"的机会主义行为，导致协同创新行
动失效，集体创新行动受阻。

二、制度安排缺失导致的协同创新困境

一是传统行政管理体制与制度创新之间的矛盾。雄安新区辖区及所处

---

① 柳天恩、武义青：《雄安新区产业高质量发展的内涵要求、重点难点与战略举措》，《西部
论坛》2019 年第 4 期。

② [美] 曼瑟尔·奥尔森：《集体行动的逻辑》，陈郁、郭宇峰、李崇新译，上海三联书店
1995 年版。

的白洋淀流域包括诸多行政单元，一体化整合尚未实现，成立之初缺乏有效的制度安排来规范辖区内地方政府间的非合作行为，在原有制度安排下，各自为政的属地化、内向型管理难以改变地方保护主义传统，地方政府在利益博弈上出现共同策略：从趋利避害的成本—收益估算原则出发，偏好采取一种"先要利己，不管利他"的主导战略。① 地方政府直接用行政手段去谋求地方局部利益或者为了抢夺创新资源而降低技术准入门槛，地方政府的利益博弈成为协同创新的瓶颈。二是雄安新区协同治理体系建构中制度创新的路径依赖。一方面是对中央权威的依赖。在现行体制机制下，雄安新区组织架构习惯于依赖中央权威指导或行政力量处理新区事务，创新性和挑战性工作难以独立运作完成，自上而下的强制性制度变迁较为普遍，自下而上的诱致性制度变迁较为缺失，上升到制度创新层次更是表现乏力。另一方面是对于等级权威的依赖。雄安新区所辖各县，白洋淀流域各个行政区划，无论是在技术层面、制度层面，还是在运作机制上，都呈现出显著的等级权威依赖特征。② 三是协同创新机制的匮乏。雄安新区地处京津冀区域和白洋淀流域，该区域呈现典型的跨层级、跨区划和跨职能的特征，需要一套协同整合的创新机制设计加以保障。现阶段，尽管雄安新区管委会在所辖地方政府间建立了一些协调机制，但由于这些临时性机制缺乏长期性和稳定性，使得政府间的创新行动带有很大的随意性和松散性。打造创新共同体亟待完善的协商机制、决策机制、执行机制、利益均衡机制和绩效评价机制尚未建立起来。

三、政策工具乏力导致的协同创新困境

在治理政策工具多样化的背景下，雄安新区诸多治理政策协调困境亦投射在创新共同体的建构方面。表现为治理政策工具单一，管制型、市场型、自愿型以及混合型政策工具的整体功能和协同效应难以发挥，对管制型政策工具存在过度偏好，政策工具选择具有明显的强制性、片面性和短期

---

① 杨爱平：《新时期粤港政府合作的理论思考——从博弈论的角度分析》，《广东行政学院学报》2002 年第 1 期。

② 赵新峰、袁宗威：《京津冀协同发展背景下雄安新区整体性治理的制度创新研究》，《行政论坛》2019 年第 3 期。

性，不同政策工具类型之间、不同政策工具构成要素之间协同乏力，信息化治理、社会化治理等先进的创新型政策工具缺失。雄安新区整体政策工具设计过程中，缺乏对创新要素系统中创新理念、创新主体、创新治理结构、创新内容、绩效耦合匹配与协同增进的考量。政策工具协同性、创新性的缺失成为雄安新区创新共同体建构的又一瓶颈。

四、技术创新力量分散导致的协同创新困境

雄安新区建设之初吸引了一大批高新技术产业入驻，但这些产业之间、产业所依托新兴技术之间的合作机制、共享机制还不健全，缺乏合作平台的搭建，导致各产业主体之间缺乏技术层面的合作基础，高新技术和高科技人才的集聚优势尚未凸显，多部门、多学科、多行业的集成尚未达成。雄安新区未来技术创新行动需要创新理念的引领、创新要素的集聚、创新活力的迸发和创新成果的涌流，雄安新区当下技术创新实践则需要思维创新、制度创新、科技创新、文化创新基础上高新技术创新共同体的协同共生。雄安新区创新共同体技术创新之间的协同需要集聚多种力量协同发力：政府、市场和社会之间的协同，科技和产业之间的协同，生态环境和经济发展之间的协同，空间结构和资源配置之间的协同、自主创新和公共服务之间的协同。就目前而言，这些协同力量还在酝酿生成之中，尚未形成对技术创新协同的有力支撑。

第四节　雄安新区创新共同体治理体系的协同建构策略

一、雄安新区创新共同体价值体系的建构

1. 协同创新价值

雄安新区起点高、标准高，具备集聚高端产业和高新技术的一流创新环境，创新网络的生成具有极大的溢出效应和示范功能。雄安新区打造高质量发展的"样板之城"和"未来之城"，唯有创新方能达成，而创新产业集聚、创新技术整合、创新共同体打造是必由之路。唯有摒弃技术壁垒和单打独斗模式，依托聚合共同体，秉承协同创新、整合发力的价值理念，才能应对新技术、新业态以及新突破带来的挑战。雄安新区在创新平台上促进共同体的协同发展，需要产业之间协同、制度之间协同、合作主体之间协同。共同体在协同创新价值引领下，实现创新要素合理流动、创新功能充分发挥、创新活力深度融合。创新共同体在合作整合思维支持下，通过观念创新、制度创新、文化创新带动共同体集聚发力进而推进技术创新，让创新资源、创新要素、创新动力在协同的基础上发挥最大整合效应。

2. 共商共建共享价值

在万物互联、智能相通的时代，只有开放包容、合作共事，树立你中有我、我中有你的全球治理观，才能促进创新要素自由流动，才能让全球范围内先进思想在雄安新区碰撞交流。"人们在各种不同背景下相互交流思想、价值观、兴趣和社会准则，才实现了诸如科学进步、商业发展和创新普及等社会进步。"① 基于国际视野，雄安新区顶层设计秉承世界眼光和国际标准，致力于用超前理念与核心要素汇集创新人才，集聚创新技术，凝聚创新产业，打造创新高地。"数字""绿色""智慧""人文""开放"等要素成为引领世界级城市群建设的重要发展理念，共商共建共享的价值取向则成为创新共同体治理体系建构的原动力。马丁·诺瓦克等指出："今天的世界，比起以往任何时候，都更加需要超级合作者。"② 合作的目的是为了共赢的达成，而共赢是指"合作主体在完成集体行动或共担任务的过程中彼此信任，精诚合作，互惠互利，相得益彰，最终达成双赢或多赢的理想结果。"③ 共商共建共享的目标是实现理念上求同存异、使命上同心同德、行动上步调一致、绩效上共享共治，最终达成合作共赢的价值追求。雄安新区成为"共商共建共享"全球治理理念落地并产生持久价值的重要载体。这一全球治理观是中国积极推进全球治理体系变革所秉承的创新理念，雄安新区的落地实施将为世

---

① [德] 克劳斯·施瓦布：《第四次工业革命：转型的力量》，李菁译，中信出版社 2016 年版，第 93 页。

② [美] 马丁·诺瓦克、罗杰·海菲尔德：《超级合作者》，龙志勇等译，浙江人民出版社 2013 年版，第 9 页。

③ 赵新峰、王浦劬：《京津冀协同发展背景下雄安新区治理理念的变革与重塑》，《行政论坛》2018 年第 2 期。

界城市群建设提供中国样板，雄安新区创新共同体的打造将为世界科技园区建设分享中国智慧，雄安新区创新共同体治理体系的建构将为破解世界共同面临的治理困境贡献中国方案。

二、构建雄安新区创新共同体协同治理体系

1. 政府、市场、社会协同创新治理体系的建构

治理意味着寻求经济社会良性发展解决方案进程中存在界限，意味着善治愿景的实现不只局限于政府自身，意味着参与主体之间应该形成协同合作网络，三者之间的协同发展构成了完整的国家治理体系。政府与市场的关系实际上是要处理好资源配置中政府和市场的作用问题。"在市场作用与政府作用的问题上，要讲辩证法、两点论，'看不见的手'和'看得见的手'都要用好，努力形成市场作用和政府作用有机统一、相互补充、相互协调、相互促进的格局，推动经济社会持续健康发展。"① 就雄安新区创新共同体而言，一方面要充分发挥市场在资源配置中的决定性作用，通过市场打破地方保护主义和地方封锁，实现创新资源的跨域流动和优化组合，减少政府对市场的干预作用；同时也要加强政府作用的发挥，向市场让渡部分职能后，不同行政单元间要加强合作激发市场创新活力。政府主要做好以下事情：保持宏观经济稳定、优化公共服务、维持公平竞争环境、强化市场监管、维护市场秩序、推动可持续发展、促进均衡发展、弥补市场失灵等。从政府与社会的关系来看，最重要的是要创新社会治理。十九届四中全会指出：建设人人有责、人人尽责、人人享有的社会治理共同体。政府在职能转变过程中通过放权于社会，实现政府与社会的合作治理，最终形成"党委领导、政府负责、民主协商、社会协同、公众参与、法治保障、科技支撑"的社会治理体系。雄安新区创新共同体面临的诸多困境都需要通过激发市场创新活力、激发社会组织创新活力、创新协同治理机制来实现。政府通过部分创新职能让渡，由市场和社会来承担，通过公共服务市场化、社会化等制度化策略形成政府、市场和社会良性互动的协同创新共同体。

---

① 习近平：《习近平谈治国理政》（第一卷），外文出版社 2018 年版，第 116 页。

2. 政治、经济、文化、社会、生态"五位一体"协同创新治理体系的建构

在国家层面，经济建设、政治建设、文化建设、社会建设、生态建设"五位一体"是一个全方位、系统化、整体性的战略布局。其中经济建设是根本，科技创新与经济深度融合是发展方向；政治建设是保证，制度创新和法治建设是核心；文化建设是灵魂，文化创新引领助力核心价值；社会建设是条件，共建共享是目标；生态文明建设是基础，绿色低碳、环境友好、资源节约是路径。"五位一体"的共同体战略蕴含着协同创新、整合创新、集聚创新等价值内涵，旨在达成经济发展、政治清明、文化昌盛、社会公正、生态良好的善治境界。一方面，"五位一体"治理体系为雄安新区创新共同体体系建构指明了方向。创新共同体的打造是一项系统性工程，创新要素之间相互联系、相互促进、相辅相成，只有将雄安新区创新共同体作为一个整体加以协同建构，才能为更好地实现"五位一体"的总体目标积累宝贵经验。另一方面，"五位一体"治理体系为雄安新区创新共同体"创新、协调、绿色、开放、共享"发展提供了路径：用创新理念引领新区共同体协同创新行动，用协调发展的方略突破公地悲剧的窠臼，用绿色情怀将共同体聚合为绿色行政、绿色生产、绿色消费、绿色参与、绿色文化和绿色智慧的承载者，用开放共赢的发展思路摆脱画地为牢的思维束缚，用善治发展的理念解决共治和独享之间的矛盾。"五位一体"的战略布局成为雄安新区创新共同体蓬勃发展的动力源和加速器。

3. 跨域协同创新治理体系的建构

协同治理的优势在于实现跨边界、跨层级、跨组织、跨部门之间的协作，对跨域公共事务进行有效协调整合，这种跨界跨域的协作倡导分工合作，优化配置不同层级、组织和部门之间的稀缺资源，协同程度成为协作能否顺利达成的核心要素。部门、层级、各领域整合协同程度越高，利益相关者之间关系就越紧密，集体行动的创新动机就越强，进而为打造创新共同体奠定基础。推进雄安新区创新共同体治理体系建构，必须构建起跨部门、跨层级、跨领域的协同创新治理体系。就跨部门而言，制度创新、技术创新、政策创新都需要跨部门联动、跨部门协调，需要冲破部门间利益藩篱和技术

壁垒，实现"无缝隙"的部门合作与横向协同；从跨层级方面来看，要致力打通上、中、下三个层级的政策执行通道，破除"上有政策、下有对策"的选择性执行政策行为，将一体化、创新性政策方略真正落实到位，推进治理扁平化，追求政策执行和政策扩散的最大效益，从纵向上整合部门间的协同创新行动；从跨领域角度来看，诸多新技术合作、新产业链打造、新业态集聚、新模式变革都需要跨领域的合作，特别是技术创新，需要整合多个领域的优质资源，打造产业联盟，需要搭建共享平台和共享系统的基础上形成一体化创新格局。只有实现跨领域的"无障碍"合作，才能在不同领域取长补短、优势互补的基础上，协同打造世界级先进产业集群，形成一流的创新共同体。

三、构建雄安新区创新共同体制度创新体系

1. 雄安新区创新共同体整体文化认同与共享制度建设

整体文化认同需要在具体制度安排上摒弃零和思维，以创新的制度安排协调矛盾，化解冲突，培育共识。整体文化认同是创新主体共识达成的基础，对于创新共同体打造具有黏合凝聚的作用。文化认同领域整合协调的水平，标志着雄安新区创新共同体的文明开化程度。需要重视的是，制度安排所强调的文化认同有别于文化趋同，是在传承自身文化基因的基础上更高层次的一种认同；[①] 此外，要着手建立雄安新区创新共同体创新资源共享制度。这一制度安排的创新在于通过制定共享规则，建立共享机制，创设共享平台，在科技情报、科技金融、科技研发、知识产权服务、专利认证、科研成果转化等方面形成共享制度和规则，依托制度建设促进成果共享。

2. 雄安新区创新共同体制度创新中利益主体的整合

制度安排源于求同存异基础上融合利益相关者之间的关系，制度创新旨在激活创新主体间的合作潜能，提高博弈主体对制度创新的潜在预期，最终向着高效融洽、合作共赢、互惠互利的方向良性互动发展，向着创新共同

---

① 赵新峰、袁宗威：《京津冀协同发展背景下雄安新区整体性治理的制度创新研究》，《行政论坛》2019 年第 3 期。

体的既定方向迈进。雄安新区协同创新发展的重大事项，由于涉及到合作主体的利益与长远发展，涉及到利益相关者之间的矛盾冲突化解，需要建立民主协商、共同决策执行、利益补偿等制度创新举措，制度安排通过协调、协商和协同配置稀缺松散资源、挖掘科学技术潜能、凝聚创新创造力量，解决创新共同体合作主体之间面临的重大问题和挑战，把制度的创新优化作为共同体整体治理水平提升的主要策略。

3. 雄安新区创新共同体整体性制度设计能力建设及治理效能提升

将制度优势转化为治理效能的关键因素是提高制度设计能力建设，这是制度生命力的保障。只有协同创新制度设计能力到位，才能使制度的整体优势充分发挥出来进而转变为治理效能。首先，制度安排与政策工具的相互支撑是基础。理性的路径选择是将制度创新理论、政策工具选择理论和雄安新区创新实践结合起来，将单一制度和整体制度结合起来加以设计，将制度创新设计与政策创新设计结合起来加以改进，将不同政策工具类型统筹起来加以考量，将制度安排与绩效导向结合起来加以优化。创新共同体需要法治法规制度、行政审批制度、民生福利保障制度、营商环境保护制度、科技创新制度等一系列保障制度加以支撑，健全的制度体系可以为雄安新区创新共同体建设创造一流的营商环境、一流的服务环境和法治环境。良好的制度安排固然重要，政策工具与之协同、政策工具之间彼此协同同样不可或缺。这里的政策工具除了传统的"管制型政策工具""市场化政策工具""自愿型政策工具"之外，还包括"社会化政策工具""信息化政策工具""混合协同型政策工具"等创新工具类型。其次，柔性制度和刚性制度安排的组合设计与相互嵌入是保障。创新性的制度设计理念、人本化的制度设计思路和协同性的制度设计机制是制度安排的黏合剂，富有弹性的刚柔并济的制度设计会有效激发创新主体的成就动机和创造精神，进而把创新动力转化为创新使命。再次，制度创新设计的流程再造是途径。雄安新区创新共同体的制度设计是一个全方位、系统化、协同性的流程再造过程，要致力于形成完整的产业链、创新链和价值链，依托创新机制、创新人才和创新技术的集聚打造共享平台，让离散的任务、分散的资源、游离的技术、割裂的环节在创新共同体平台上实现整体最优。

四、构建雄安新区创新共同体数字治理体系

1. 破除数字鸿沟和信息壁垒，打造全域数据集聚、信息融合共享的共同体创新平台

雄安新区当务之急要以跨领域数据融合为方向，依托数字化手段打破数据之间的界限、壁垒和障碍，致力于畅通数据流通渠道、创新数据资源管理体系、营造数据开放生态环境，进而彰显数据资源的整合价值，推进创新共同体数据共享的常态化、制度化和规范化，打造安全、能源、交通、医疗、教育、健康、物流等领域高效联动的数字化、智能化治理模式。要基于数字城市愿景，充分发挥通信网络、一体化数据采集物联网、大数据、云计算、区块链、人工智能、移动互联网、网络安全等产业的集聚创新效应，实现多维数据采集融合和跨部门跨领域数据汇聚，打造共创共建共享的创新共同体。

2. 创新数字治理发展新产业、新模式、新路径

《中国互联网发展报告（2019）》显示：2018 年中国数字经济规模已经达到 31.3 万亿元，占 GDP 的比重达 34.8%。雄安新区作为一个新兴的区域创新共同体，完全有可能在数字经济建设方面取得突破，抓住机遇优化产业结构，打造雄安新区数字经济共同体，此举是雄安新区创新共同体治理体系建构的一个重要抓手。雄安新区要积极探索智能化、网络化、智慧化新型治理方式，变革生产关系，优化经营模式，健全运行机制，创新社会生活方式。创新共同体要瞄准世界科技前沿，实施创新驱动战略，以新经济、新业态、新产业作为新区发展的战略方向，推动科技创新、产业创新、金融创新、人才资源创新、基础设施建设创新，整合国家重点实验室、高端智库、科研创新中心等创新资源，同时强化内部资源的优化组合，构建创新要素共享平台，依托创新共同体使雄安新区成为科技创新之城、高新技术成果应用之城、新兴产业蓬勃发展之城，开创出一条前无古人的新路径。

3. 着力推进智慧共同体建设

智慧共同体是在大数据、人工智能、互联网等新兴技术基础上，实现共同体内部相互协作、相互配置的智能决策、智能执行、智能监督载体，旨在实现跨域治理的智能化、共享化、协同化和整体化。雄安新区创新共同体

要依托新兴前沿技术加大力度建设"数据共享平台""智能决策平台""智能执行平台""智能监督平台",实现决策信息、执行信息以及监督信息的数据共享和共通,提高雄安新区创新共同体的协同治理能力。为此要着力培育智慧健康服务、科创服务、智慧物流、数字规划、数字文化创意、智慧旅游、智慧教育培训等相关产业同步发展。加快信息技术在普惠金融、证券交易、金融监管等领域的应用,重构金融服务生态链,推动金融科技创新共同体的形成。要致力于打造全球一流的智能交通体系和物流配送体系,把集约智能共享的交通体系和物流体系打造成为雄安新区创新共同体治理体系中不可或缺的有机组成部分。

第二十五章　京津冀协同发展背景下雄安新区整体性治理体系的建构

　　雄安新区顶层设计的出台，是中国经济和社会转型的破题之作，标志着京津冀协同发展的国家战略迈出了实质性的一步。这是集中疏解北京非首都功能、缓解北京大城市病的一大手笔，是补齐区域发展短板、构架人口经济密集地区发展新模式、培育新的增长极，促进区域协同发展的重大布局，是调整京津冀城市布局、优化空间结构、拓展区域发展空间，打造绿色宜居、创新驱动、开放协调发展新引擎，推进国际标准世界级城市群崛起的战略举措，也是践行创新、协同、绿色、开放、共享五大发展理念的有益探索与尝试。当下，在何种语境下考量雄安新区的发展理念、功能定位、实现机制、政策支撑体系及创新维度，雄安新区将以什么样的姿态和创意落地并产生持久的价值，是本章着力探讨的核心问题。

第一节　京津冀协同发展背景下的雄安新区建设

　　自古以来，京津冀区域内部行政单元和要素之间在地理空间上相互连接，相互依存，相互之间密不可分。长期的社会交往和经济活动使得该区域客观上形成了你中有我，我中有你的一个统一体。在明清时期，京津冀地区在行政上基本是一体化管理。如明清时期的顺天府，除了管辖北京市部分地区外，也包括今天津市和河北省的部分地区。[①] 现在的京津冀区域，包括北

---

① 　肖立军：《明清京津冀协同发展探略》，《人民论坛》2015 年第 3 期。

京、天津两个直辖市和一个河北省，面积为 2167.6 万公顷，是我国沿海地区经济发展最具活力、改革开放程度最高、协同创新能力最强、吸纳外来人口最多的三大核心经济区之一。然而，京津冀区域协同发展一直以来遭遇瓶颈，受到制约，尚未释放出最大活力和潜能。相较于长三角、珠三角、大湾区等经济区，京津冀区域创新发展的力度、整体发展的程度、共生发展的深度、协同发展的广度均相对滞后。区域内经济非平衡发展，政府间零和博弈与非合作行动导致了属地化、部门化、孤岛化现象，公地悲剧和"搭便车"现象时有发生，地方利益纠葛难以调和，冲突分歧现象日益突出，区域内共同面对的棘手性问题，区域公共服务供给方面追求"小而全"，条块分割、单打独斗等顽疾导致区域内资源配置失调，重复建设和浪费严重。这些区域内由来已久的问题成为制约京津冀协同发展的瓶颈和障碍。

作为京津冀核心的北京，强势的资源禀赋使其在发展过程中对天津和河北产生的"虹吸效应"，进一步加剧了地区间的不平衡。天津、河北的优质资源源源不断涌入北京，而北京对两地的辐射带动作用有限。近年来，京津冀的发展遇到了难以克服的障碍：如北京市难以疏解的"大城市病"问题、河北的"环首都贫困带"问题、京津冀共同面临的"雾霾"等生态环境问题严重制约了京津冀区域的发展。长期的发展实践表明，单靠京津冀区域地方政府自身的力量，很难突破合作发展的僵局。打破"行政区"行政的困境，迫切需要从国家战略的高度，进一步深化京津冀区域的协同发展。

在这一背景和区域协同发展的迫切需求下，中共中央、国务院决定设立河北雄安新区。雄安新区成为打造北京非首都功能疏解集中承载地，贯彻落实新发展理念的样板示范区。"绿色生态宜居新城区、创新驱动发展引领区、协调发展示范区、开放发展先行区"的战略定位，充分彰显了"创新、协调、绿色、开放、共享"五大发展理念，到 2035 年建成绿色低碳、信息智能、宜居宜业、具有较强竞争力和影响力、人与自然和谐共生的高水平社会主义现代化城市，这一目标定位必将为打造现代化治理体系的新引擎，建设世界级城市群的重要增长极，解决"大城市病"贡献中国方案。

雄安新区规划建设起步区面积约 100 平方公里，中期发展区面积约 200 平方公里，远期控制区面积约 2000 平方公里。雄安新区地处华北平原腹地，毗邻华北明珠白洋淀，区位优势得天独厚、交通网络四通八达，新区内具有良好的自然资源禀赋，环境承载能力较强。新区内安新、雄县、容城的县域经济欠发达，开发程度较低，一直以来缺乏一体化的发展方略，重新进行布局谋篇的空间较大，具有承担非首都功能疏解的潜力，具备克服以往发展的路径依赖和思维惯性，在新的发展理念引领下，高起点、高标准开发建设的基础和条件。

第二节　雄安新区规划建设过程中面临的挑战

雄安新区规划建设是在京津冀协同发展大背景下出台的重大战略决策。在京津冀协同发展的进程中，区域发展战略架设、区域政府协调机构组建、多样化区域政府协作机制构建、区域政策体系建设等方面取得了长足的进步。但区域内条块分割明显、地方保护主义盛行、产业同构严重、项目重复建设普遍、生态环境保护不力等现象普遍存在。这些问题也是雄安新区建设过程中需要克服和面对的。

一、政府合作治理能力偏弱

无论是京津冀区域还是雄安新区所在白洋淀流域，均涉及多个行政单元，区域内治理主体的领导力至关重要。治理主体能力的高低关键在于"人"的素质，尤其是政府官员等决策者的素质。区域政府治理能力偏弱主要体现在区域内不同行政单元政府官员的综合素质有待提高：一方面文化理念素质方面协同治理理念偏弱，另一方面表现为具体能力素质方面协同治理能力不强。

区域政府治理主体协同治理理念偏弱表现在：一是"合作治理思维"欠缺；二是"一亩三分地"的思维定式。首先，"合作治理思维"欠缺具体表现为在区域协同发展中，区域内多个行政单元和部门的治理主体关系无法做到平等参与。零和博弈的治理思维导致区域内"虹吸效应"，区域政府间分别扮演着主角和配角的角色，处于主导和从属的位置，不平等的合作关系必然导致区域政府间潜在的零和思维，并演化为合作行为中的背离。其次"一亩三分地"思维定式表现为缺乏系统性、整体性、协同性思维意识，共同体理念匮乏，一体化方略缺失，单个主体一味基于自身利益最大化考量，部门主体间缺乏基于共同愿景使命的信任沟通机制。以 GDP 为导向的干部政绩考核体系进一步催化与固化了"各人自扫门前雪，莫管他人瓦上霜"的传统观念。

区域内政府官员协同治理能力不强主要体现在区域性公共事务综合协调能力的不足。区域性综合协调能力包括区域性人际关系协调能力和区域性工作协调能力两个方面。具体而言，区域性人际关系协调能力不足主要在于对超出行政区划以外的人事问题了解不多，缺乏协调沟通，习惯于坐井观天，对利益相关者的利益诉求缺乏清晰的辨识；区域性工作协调能力不足主要在于对跨行政区公共事务的认知能力偏弱，习惯囿于自身领地，目光短浅，缺乏开放的胸襟和共享的气度，提供公共服务、解决公共问题、管理公共事务的能力缺失。

二、区域政府治理主体的碎片化

区域政府治理需要依托治理主体在价值认同、协调一致、合作共事基础上加以执行，这就需要一个统一独立、分工合理、职能明确的强有力的区域政府协调机构。区域一体化的大背景下，诸多区域政府协调机构形同虚设的状况亟待改观，区域政府治理多元主体"碎片化"的状态亟待破解。

1. 行政管理体制方面亟待理顺。从区域的视角来看，雄安新区毗邻白洋淀区域，该区域包括安新、雄县、容城、高阳、白沟新城管委会、白洋淀保护与开发管委会等多个处级及以上行政单元。该区域协调机构起初为白洋淀温泉城开发区管委会，为国务院批准的省级开发试验区、河北省政府批准的省级经济技术开发区。2008 年由高碑店市白沟镇和白洋淀温泉城开发区共同组建了白沟新城管委会，2010 年获得省委、省政府批复。作为政府的派出机构，其职能和管理权限缺乏力度，组织协调功能乏力，难以对区域的协同发展做出统筹的规划和部署，难以对区域内的资源进行有效配置和整合。区域内的开发建设多年以来涉及若干个行政管理单元，管理主体和利益主体呈现出多元化和碎片化的格局，协调成本高昂，利益冲突频繁，重复建设和资源浪费严重，统筹协调、合作发展的难度巨大。多个行政主体均从自身利益最大化出发，而把区域整体性发展方略放在次要地位。此外，区域内存在着诸多建制雷同的单位，而且其发展大多架构在同一资源优势基础之上，导致区域内的治理缺乏权威的协调机制，没有统一的顶层设计，缺少有效的资源配置手段，使得一体化的协同治理方略缺失。各自为政、条块分割、区域壁垒以及盲目、无序、低水平的恶性竞争成为制约该区域协调发展的瓶颈。由于资源配置缺乏整合，产业布局缺乏整体规划，协调机构难以发挥作用，造成道路交通、供电供水、通信设施、学校医院、宾馆酒店等"小而全"建设。因而，对雄安新区周边区域进行科学规划、协同治理迫在眉睫。

以雄安新区毗邻的华北明珠白洋淀为例。白洋淀自身由143个淀泊组成，雄安新区建设之前，360平方公里的水面分属于"两市四县"，其85%的水面在安新县境内，其余不足15%分属雄县、高阳、容城和沧州的任丘市，这样的布局使得白洋淀的整体规划难度巨大，因为行政区划引发的问题由来已久。2000年以来，白洋淀多次发生大面积死鱼事件，2012年8月的死鱼情况尤其严重。河北省环保厅2016年6月公布的数据显示，白洋淀水质为劣Ⅴ类，重度污染。就水体污染的源头，笔者曾经多次深入白洋淀流域进行深度访谈和实地调查，《法治日报》记者对此也进行了深度调查，调查结果发现白洋淀污染源除了淀区内水区村生活污水排放之外，保定市区内污水从上游府河汇入淀内。在这些污染源中，白洋淀上游蠡县和高阳县的皮革和印染工业污染尤为严重。笔者在安新县三台镇调查发现，颇具规模的制鞋作坊存在大量排污现象，臭气冲天的污水未经处理通过井道排入淀内，沿途入淀河流沿岸的造纸业、羽绒产业并没有得到根治。

调查显示，白洋淀流域内企业环保意识淡薄，偷排偷放污染物问题十分突出。白洋淀存在的问题是一个典型的区域公共治理问题，具体而言是一个流域治理问题。区域的协调发展需要开放统一的环境、统一有序的市场。而白洋淀周边区域的发展缺乏合作治理，统筹协调，造成区域内行政主体各自为政，故步自封，对排污企业畸形保护甚至纵容，这种地方保护严重制约了区域治理结构的优化。从行政区域的角度出发，白洋淀流域被不同的行政区划所分割，特别是在经济利益最大化的驱使之下，地方政府被塑造成为区域内自身利益至上的博弈主体。因此，区域协同治理的价值诉求与地方政府的功利动机之间，存在着难以调和的矛盾。这些由行政区划导致的问题与政府间合作治理乏力，统筹规划能力偏弱有直接关系。

2. 相关主体的主要作用没有得到充分发挥。一是市场组织、社会组织和公众力量发展不足。相对于市场化程度和发展水平较高的区域，我国经济区的市场化发展程度偏低，市场力量发展较为滞后，经济行为带有明显的政府行为特征，政府对企业的控制力较强，关于产业发展定位主要考虑的是行政区自身利益最大化。以京津冀地区为例，相对于国有企业的强势，京津冀特别是天津和河北省的民营经济发展较为迟缓，鲜有能够与国有企业抗衡的大型民营企业，其市场力量还不足以打破区域之间利益分割的格局，资金、技术、信息等生产要素难以形成自由流动的区域市场，使得自下而上的京津冀协同发展进展缓慢。二是在社会组织和公众力量发展方面有待提升。京津冀区域区位特征明显，政府力量比较强大，社会组织的力量偏弱，专业化程度不高，治理能力偏弱，公民的参与空间有待提升拓展，政府对社会组织态度比较谨慎，因而缺乏扶持其发育的积极性和动力，导致区域内各种社会组织的发育和发展也相对滞后，难以和政府及企业形成三方互动，进而承担推进区域协同发展的职能。[①] 另一方面，鉴于社会组织和公众的资源与权力处于分散状态，如果这些主体没有得到有序的整合，就直接将一定的政府资源与权力分配至他们，会使区域总体资源与权力更加趋于碎片化。因而，社会和政府之间的壁垒亟待打破，社会组织的治理能力亟待提升，尤其是区域内建构型的治理形式呼之欲出。

三、区域政府治理的政策工具乏力

政策工具是实现政策目标的基本途径，政策工具的选择是政策成败的关键，政策工具的优化也是区域政府良好治理的重要手段。在我国区域政府治理中，区域政府治理工具过于简单化和形式化，行政命令手段和强制性工具成为区域复杂问题处理的主要方式。这些问题普遍存在于雄安新区所在的

---

① 丛屹、王焱：《协同发展、合作治理、困境摆脱与京津冀体制机制创新》，《改革》2014年第6期。

白洋淀区域。具体表现为：

一是现有区域政府治理工具简单化，精细化的区域政府治理工具缺失。比如在区域协调治理工具方面，国家出台了一些扶贫资金、支农资金和西部开发转移资金等，而专项的区域开发和发展基金一直处于空白，诸如结构基金、聚合基金和团结基金等精细化的治理工具设计缺失。从区域协同发展的角度看，区域政府治理工具乏力，工具的简单化是重要原因。植根于区域的治理责任大多为粗线条，没有规则和细节可循，缺乏具体化、明确化的设计。此外，由于区域政府治理跨层级、跨区划和跨职能的特性，治理工具间协调不力又成为治理工具残缺化的另一诱因，在区域政府治理中，普遍性的"政策打架"有力佐证了这一点。近年来，虽然我国在区域地方政府间横向政策工具协调方面取得了一定进展，但主要限于一些"运动式治理"空气质量保障活动期间，以及个别地区诸如信息共享等工具上的协调，缺乏系统长效的区域政府间横向工具协调。

二是过度依赖管制型政策工具。作为政策工具选择的自然起点，管制型政策工具在市场发展不够成熟、社会组织发育不够充分的我国被过度依赖，有其必然性和合理性。但过度依赖此类工具，不仅容易形成工具选择上的"路径依赖"，直接影响新工具的选择运用，实施成本也十分高昂。在需要短期见实效的区域重大空气质量保障活动中，其效果较为明显，如"APEC蓝""阅兵蓝""奥运蓝"期间，区域内大量企业停产、限产，大量工人放假停工，造成区域内大量民生问题和社会冲突。由于相应的法律法规、政策标准缺失，利益补偿、信息共享等制度安排不力，管制型政策工具并没有在区域内形成较强的约束力。此外，管制类政策工具对区域内治理对象执行同样的标准，灵活性差，往往导致政策失灵。政策工具在执行过程中也存在职责重叠、职能部门间缺乏协调沟通等问题，致使政策执行的效果和力度差强人意。

三是多种政策工具的协同作用没能充分发挥。首先，企业、社会和公众参与治理的程度不高。政策工具的改进优化实际上是在区域协同治理过程中政府与市场、社会和公民关系的变革。我国区域内现有管控类工具主要依靠政府科层制治理结构的强制性，激励型政策渠道单一、缺乏灵活性、申请流程复杂、执行监管缺失，主要以政府补贴、税费调节为主导，市场主体、社会力量、公民参与受到忽视，资源的有效配置受到限制。自愿型政策工具方面企业自主改善行为动力不足，信息压力和舆论压力的效果还未显现。其次，效果评估的错位。现有政策工具设定以执行过程中的措施和行动为主，缺乏以结果为导向的绩效评估，政策工具事前、事中和事后的评估功能相互脱节，缺乏一体化的构造。再次，相关配套机制不到位。一是由于政府集中管制导致区域内价格形成机制不健全，市场配置稀缺资源的作用难以发挥，资源开发利用的外部成本内部化很难实现，区域内市场主体技术革新的动力大打折扣，有效激励不足。二是长效资金投入机制尚未建立。例如区域内环境保护和低碳发展领域技术和项目的长效资金支持机制迟迟未能形成。三是监督机制不健全。由于缺乏公众和社会监督，第三方认证评估机构独立性差，专业能力差，导致政策执行过程出现偏差。

第三节　京津冀一体化背景下的雄安新区新型治理架构

在习近平总书记治国理政的理念中，多次提到"共同体"的概念，如人类命运共同体、人类卫生健康共同体、人与自然生命共同体，这些共同体的理念强调治理过程中的"共享共治"。其中共生是共享共治的价值前提。共生不仅是一种生存状态，而是一种体现人类本真价值的生存样式，一种合乎完美理性的生活愿景。① 在共生状态下，共同体内不同行为主体的固有价值和独立性得到认可和尊重，不同要素间的聚合性、耦合性得到增进，区域政府之间共生、共享、共治的治理形态取代了分割、有界、碎片的治理格局，区域内政府、自然、社会及公民个体之间和谐共生，互利共荣，以相互嵌入的区域聚合性共同体为依托谋求一体化愿景使命的达成，最终实现整体性治理的方略。

国家利益的最高价值、区域公共利益的现实价值和地方利益的基础价

---

① 王庆华、丰硕：《共生型网络：跨域合作治理的新框架》，《南开学报》2016 年第 11 期；王庆华、丰硕、李志强：《共生型网络：跨域合作治理的新框架——基于亚洲区域合作视角》，《东北亚论坛》2016 年第 1 期。

值构成了区域合作治理的价值，通过价值理念的设定、传递和引导，有助于对制度安排和决策工具提供目标导向和强力约束。雄安新区的治理架构是最高价值、现实价值和基础价值的融合体，是基于合作治理的价值层面和工具层面融合而成的复合体，摒弃了区域内合作主体之间不平等的惯性思维模式，让在京津冀区域中一直处于从属和次要地位的雄安新区走到了舞台中央。这一共生型治理思想的提出，不仅意味着治理结构的改变和优化，也是治理理念的一次深刻变革。基于协同共生理念的雄安新区顶层设计把合作治理的意蕴推向了更高层次的境界。基于合作、协商、共赢理念的共识性框架的设定，彰显出了集体公共理性和公共价值。

雄安新区建设过程中应该致力于区域内多元主体治理格局的形成，致力于互动合作治理网络的建构。这一治理模式不是以往既定模式的复制和延展，而是由价值理念、制度安排、政策工具、利益分配等结构要素相互嵌入、融合生成命运共生体的基础上，通过协同共生价值理念的引导和整体性治理机制的达成，最终形成的新型合作治理模式。

一、区域政府治理组织的整体化

所谓整体性治理就是以公民需求为治理导向，以信息技术为治理手段，以协调、整合、责任为治理机制，对治理层级、功能、公私部门关系以及信息系统等碎片化问题进行有机协调与整合，促使政府治理不断从分散走向集中、从部分走向整体、从破碎走向整合，进而为公民提供无缝隙且非分离的整体型服务的政府治理图式。以公众为中心，改进了"管理主义"的价值倾向；以整体性为取向，克服了碎片化管理的困境；以综合组织为载体，修正了过度分权带来的弊端。整体性治理对于雄安新区的近期规划和长远发展具有重要的理论意义和应用价值。

整体性治理理论强调的合作性整合主要表现为：一是三大治理面向的整合。即治理层级的整合、治理功能的整合和公私部门的整合。① 活动、协调、

---

① Perri6，Diana Leat，Kimberly Seltzer and Gerry Stoker：*Towards Holistic Governance*：*The New Reform Agenda*，Palgrave 2002，29、129.

整合是整体性治理的三个核心概念，整合是指通过确立共同的组织结构和合作在一起的专业实践与干预以实现有效协调的过程。[①] 希克斯认为整合是整体性治理最核心的概念，区域合作组织凝聚力的强弱关键在于整合程度。整合的内容主要包括去行政区行政化、逆部门化、防碎片化，采取大部门制、重塑服务提供链、网络简化等治理策略。

中央政府所倡导开发和发展的重点区域基本都设置了相应的区域政府治理组织，并且省级或市级政府间也在上级政府的引导下，组建了区域性领导小组等治理组织。但这些组织统筹协调区域发展的效果不佳。究其原因，在于区域政府治理组织的碎片化，整体性治理架设被忽视，权威性不够。纵观雄安新区所属白洋淀区域以及白洋淀区域所属京津冀区域多年来的发展历程，行政化、部门化和碎片化成为主要发展瓶颈和障碍。为改观现有区域政府治理组织碎片化的现状，当务之急需要做到的是：

首先，治理组织的整体化设计。这一架构需要在中央层面设置专门的区域政府治理组织机构，将现有的各种区域性领导小组以及国务院有关部委具有设计区域政策的部门等并入到这一组织机构，对各项功能加以整合。同时在各省市区也应设置相应的区域政府治理组织，一方面对接所涉及的具体区域性领导小组的分解工作，另一方面调控区域内政府和部门间横向协同工作。

其次，网络信息平台的搭建。登力维认为，数字时代的治理核心在于强调服务的重新整合，整体的、协同的决策方式以及电子行政运作广泛的数字化。[②] 因此，雄安新区在发展过程中应该把信息技术和网络技术作为协同治理的重要工具，对网络支撑技术、网络基础设施和人力资源进行有效整合，简化网络程序和步骤，简化政府治理的程序，搭建一个一体化、标准化的信息平台，使治理环节更加紧凑，治理流程更加便捷，让资源共享的在线治理模式成为常态。例如，在白洋淀生态修复治理过程中，要致力于搭建区

[①] 吴建南、杨宇谦、阎波：《政府绩效评价：指标设计与模式构建》，《西安交通大学学报》（社会科学版）2007 年第 5 期。

[②] Patrick Dunleavy：*Digital Era Governance：IT Corporations，the State，and E-Government*，Oxford University Press 2006.

域内、流域内环境治理信息公开、共建和共享的平台，实时公开领域内企业的能耗与排污情况、污染布局以及环境评价的相关信息，形成环境治理的数据信息网络。

再次，区域发展基金的设立以及配套的智力支持机构设置。为促进区域政府治理组织整体性职能的发挥，可考虑在中央或省级政府层面，把分散于各个职能部门的区域治理资源和权力加以统合，建立专门的区域发展基金；同时，要通过公私合作、信息提供、行政听证、公民会议等方式发挥市场主体、社会主体和公众的参与作用，建立良好的信任机制和顺畅的参与机制，可以尝试借鉴萨瓦斯提出的 BOT 与 TOT 模式，扶持智库机构，培育社会组织，力求走出一条区域协同发展的创新型治理路径。

二、区域政府治理方略的机制化

区域政府治理跨层级、跨区划和跨职能的特征，需要一套整体系统的机制设计加以保障。按照"统筹规划、协同发展、成果共享、责任共担"的区域政府治理逻辑，雄安新区治理机制可细化分解为协商机制、决策机制、执行机制、利益补偿机制和绩效评价机制。实现良性发展的关键在于这五大治理机制之间的相互联系、相互作用、相互制约、相互促进。

一是协商机制。美国学者多麦尔提出："如果说政府关系的纵向体系接近于一种命令服从的等级结构，那么横向政府间关系则可以被设想为一种受竞争和协调动力支配的对等权力的分割体系。"① 身处京津冀腹地、白洋淀区域的雄安新区，这种竞合关系长期存在。值得一提的是，包括雄安新区在内白洋淀区域的过度竞争已经严重破坏了竞合关系，恶性竞争行为破坏了共生共享的价值理念，动摇了相互合作信任这一府际关系的基石，区域内多个行政单元和利益主体的存在使得交流、对话、协商、合作很难在同一个层面达成协议，致使协同成本不断增加。从政府机构的再造重组，到区域政府间合作的达成，其出发点就是要打破行政区行政对协商沟通的阻隔。如何构造理

---

① ［美］理查德·D. 宾厄姆：《美国地方政府的管理：实践中的公共行政》，北京大学出版社1997 年版，第 162 页。

想的专门协调机构、维持协调机构的公信力成为不可回避的问题，因而，区域内协商机制的建立需尽快提上日程。协商是一种理性的决策形式，也是一种治理形式。参与公共协商的主体通过平等协商调整偏好，追求共识。公共协商的结果的合法性不仅建立在广泛考虑所有人需求和利益基础之上，而且还建立在利用公开审视过程的理性指导协商这一事实基础之上。① 区域政府治理的过程必然是一个诉求表达、沟通协商的互动过程，协商机制的目的就在于通过充分的表达和沟通，促进信息流动，进而实现区域政府治理多元主体间的共同行动，通过协商使跨界、跨部门管理的竞争行为转变为合作行为，短期行为转变为长期行为，治标行为转变为治本行为，为后续的决策奠定坚实基础。首先，应该对区域内治理采取灵活的、弹性的、多样化的协商行动，充分考虑内部动力因素，建立起有效的内生动力机制，通过协商确立规则，协同多元主体，设定集体制度安排；其次，基于制度主义视角，针对区域内不良竞争和非合作行为，注重沟通信任、互惠互利等社会资本的供给；再次，合作风险的承担及合作剩余的配置均通过平等协商加以实现，区域内利益冲突和分歧力求通过深入沟通加以解决，通过平等协商、充分讨论后达成共识；最后，对于单个行政主体不能或难以解决的区域性公共问题，对于公共服务和公共物品供给问题，均通过一体化的协商加以解决。

　　二是决策机制。政府决策指行政组织主导者对公共问题的认知和解决方案的选择过程，政府决策是群体决策，政府决策是公共性的，政府决策是治理性的。② 决策机制的优化是良好治理的基础。政府决策机制优化的实质，就是通过对政府决策系统的各结构、过程、方式的最优组合，达到政府决策的最优效益，减少决策费用，降低决策成本，为政府管理问题寻找解决的最佳途径。③ 区域决策机制的优化，跳出了行政区划的界限，更加强调合作和协同。首先，在理想性和全局性的设定下，涉及多个微观主体和行政单元的区域在进行公共政策制定和选择时，决策模式不能单纯以领导为中心，需要

---

① 王春婵：《论社会协商机制——以行业协会为视角》，《法学家》2005 年第 4 期。

② 景怀斌：《政府决策的制度——心理机制：一个理论框架》，《公共行政评论》2011 年第 3 期。

③ 钱振明：《促进政府决策机制优化的制度安排》，《江苏社会科学》2007 年第 6 期。

更加注重多元治理主体的参与以及利益相关者的诉求。通过民情调研制度、决策公示制度、决策专家咨询制度和第三方评估制度等制度安排，实现政府主导下多元主体参与决策模式的构建，确保决策的全局性、科学性和可行性。其次，着力培育和扶植专门化的区域决策机构和组织的发展壮大，提高决策的专业化水平。探索尝试把专业化的决策机构纳入到决策过程中来，负责承担利益表达、利益整合、政策议定、政策监督等环节的推进工作。西蒙认为"决策过程中至关重要的因素是信息联系，信息是合理决策的生命线"，因而引入专门机构并聘请专业人员提供区域决策的技术支撑，负责信息搜集整理、数据挖掘和加工处理，对于提供专业化的科学信息决策也是至关重要。最终，要致力于形成一套面向区域，整体性强、协同程度高的决策系统。系统的核心是决策中枢系统，中枢系统不是孤立的权威存在，而是由智库咨询系统负责区域决策的专业化和全局化、由信息决策系统负责提供技术支撑保障、由监督反馈系统负责总结检验，总体上为新一轮决策提供经验借鉴。

其三是执行机制。雄安新区的设立是在区域发展从竞争走向协同，自我集聚与交互集聚走向耦合、专业化和集群化成为主流的背景下提出的。雄安新区无论从近期还是从中长期的规划来看，规划执行的主体均涉及多个不同的行政单元，如省级、地市级、县级、乡镇级，而且涵盖了诸多部门、产业和自然村。这一由不同级别行政单元组成的复合网络，最终必然形成跨区域的规划执行网络。因而，小到雄安新区，大到京津冀区域和白洋淀流域，区域规划的实质不仅在于不同行政主体和部门的协同，也是通过多元主体合作，实现区域整体、地方政府、利益相关者、公民个体利益最优的过程。在区域性顶层设计和决策方案确定以后，需要按照既定程序组织实施，这一环节关系到整个系统的操作性、可行性和有效性。具体的任务会逐步分解至每个地区、部门和不同的主体，为了确保组织有力，实施到位：一是要建立起精干高效的组织机构，配备具有领导力、富有远见卓识、精于区域合作治理的领导者，充分发掘人力资源，确保人、财、物等资源的合理配置；二是在目标导向驱使下，对整体方案加以细化分解，明确任务指向，确定行动线路，操作流程，同时对实施过程加以整体性、全局性把握，防止不同部门在不同环节上的脱节或失衡；三是充分发挥执行环节的各个功能要素，保障功能的协调吻合并和组织的总体目标相一致，在使命达成的激励下，在积极舆论的支持下，以杰出的领导力、非凡的意志力、果断的执行力和卓越的创造力去达成既定的目标；四是打造区域规划的执行链，规划执行网络由多个灵活性的规划执行单元构成，这一由微观执行单元形成的规划协同执行链，是促进区域规划点面结合、协同互动的基础，也是实现区域内分工合作、产业集聚、利益共享的重要途径。

其四是利益补偿机制。利益补偿机制镶嵌于整个区域经济合作制度结构中，其本身就是一项系统性的、复杂的制度安排。① 完善这一机制的主要举措包括：一是直接补偿和间接补偿相结合。除了财政转移支付等直接补偿手段以外，更多地采用技术扶植、项目合作、平台搭建、人才交流、信息共享等方式缩小差距，实现共同发展。二是要综合运用行政性补偿和市场性补偿手段。除充分发挥行政机构在利益补偿过程中的权威之外，在具体补偿内容操作方面可引入非权威的第三方独立机构，把市场化补偿纳入到合作治理体系中来。基于多元利益补偿的复杂性，新的利益补偿手段，致力于克服行政性补偿手段的单一和僵化，以实现资源配置最优化为导向，通过市场机制的调节规避利益补偿带来的资源扭曲。三是完善利益补偿内容、界定补偿范围、确立补偿依据、划分补偿要素、明确补偿对象、划定补偿标准，形成补偿模式，进而建构起区域利益补偿的评估指标体系。

就京津冀区域环境治理而言，利益补偿机制缺失一直是制约该区域发展的一大短板。河北省作为京津的生态屏障和水源供应地，近年来承担了大量京津淘汰的落后产能，但经济发展水平和两地相比差距悬殊，因而区域内环境治理政策的强力推行只能让本已薄弱的河北省经济发展雪上加霜。同样，初步规划的雄安新区地处白洋淀流域核心地带，白洋淀处于华北平原低洼地带，淀区汇集了南、西、北三面呈扇形分布的界河、瀑河、漕河、府河、唐河、孝义河、潴龙河、萍河、拒马河九条入淀河流。② 这些河流沿途

---

① 李桢、刘名远：《区域经济合作利益补偿机制及其制度体系的构建》，《南京社会科学》2012 年第 8 期。
② 张东江、哈坚强、史洪飞：《白洋淀入淀流量变异程度分析》，《水资源保护》2014 年第 1 期。

经过多个县市、乡镇和行政村，途经的有些县市建设了拦截大坝和水闸，丰水期把白洋淀当作泄洪区，每当枯水期便发下水闸加以拦截，多次造成白洋淀水位急剧下降甚至干淀。此外，沿途污染企业的偷排偷放现象也是屡禁不止。这些都是雄安新区规划建设过程中必须统筹考虑的问题。如果这些问题得不到妥善解决，不仅会挫伤上游地区环境治理的积极性，而且有违环境正义的价值理念。因此，如何解决经济薄弱地区政府因环境保护而造成的损失问题，成为区域合作发展中必须解决的问题。雄安新区在建设过程中，需要有一定的前瞻性，要充分汲取京津冀协同发展过程中的经验教训，致力于从体制和机制角度化解区域内经济欠发达地区参与环境治理的顾虑，促进利益补偿机制走向制度化、规范化和常态化。

其五是绩效评价机制。一是把绿色指标纳入到绩效评估指标体系中来。要转变传统的政府绩效评估价值取向，建立起"政绩指标"和"绿色指标"相统一的绩效考核体系。区域内绿色评价指标体系应充分考虑自然资源、环境资源、社会资源等内容：自然资源指标可以具体细化为自然资源储量、储量变化率、自然资源开采率等；环境资源指标则要涵盖环境质量、环境成本与环境效益指标等。如白洋淀区域的环境质量指标可进一步细化为区域空气质量达标天数比率、湿地和植被破坏速度、未经处理的污染物排放量占总排放量的比重、水体污染程度和流域生物多样性等；社会资源指标是反映区域内有形资源、无形资源可持续发展及协调程度的指标。如绿色 GDP、人均绿色 GDP、绿色 GDP 占 GDP 的比重等。绿色指标核算体系的建立可以借鉴中科院可持续发展研究组提出的考核干部政绩的五大绿色标准：[①] 第一，原材料消耗程度，即万元产值的六大原材料消耗；第二，能源消耗强度，即万元产值的能源消耗；第三，水资源消耗强度，即万元产值的水资源消耗；第四，环境污染排放强度，即万元产值的三废排放量；第五，全社会劳动生产率。绿色指标核算体系的引入旨在引导区域发展由高投入、高消耗、低产出、高污染为特征的粗放型、数量型、速度型增长转向资源节约和生态环保型的增长。

---

① 程永正：《绿色 GDP 核算与节能减排》，《环境保护与循环经济》2010 年第 7 期。

　　二是绩效评估中要注重结果导向。区域政府绩效评估中的结果导向意味着这样的制度设计：在合作的治理框架之下，区域政府治理致力于共同价值、集体行动以及目标使命的最终达成，绩效优劣的标准取决于终极产品和最终社会效果的呈现，而不是传统行政管理实践所追求的"投入导向"。区域合作组织的绩效目标和使命不只是单个政府或部门自行制定的规则或政策，而是源于共同的目标使命，体现区域共同体的利益以及社会公众的意志。绩效评估力求通过对绩效目标的规定，优化激励结构，完善责任机制，促使合作主体为实现既定目标而努力。雄安新区设计和建设发展过程中应该引入结果导向的绩效评估机制：首先，要避免过度投入造成的消极影响。雄安新区建设作为重大战略布局的国家级新区，领导高度重视，组织保障有力，人、财、物等资源到位自然不成问题，但集中过度投入往往会对绩效评估产生两方面的消极影响，一方面有限资源的非优化配置导致资源配置的严重失衡和浪费，另一方面投入导向的绩效评估导致不同程度的行为扭曲和责任规避。出现重大问题时依据投入状况减轻问责，用投入掩盖责任，把坏事变成好事。① 其次，基于结果责任机制的建立。基于目标使命的结果的实现，需要管理上的授权，管理授权意味着责任机制的重大变化，上级不再热衷于规则和过程控制，而是根据绩效目标特别是期望效果实现状况进行激励和问责。② 绩效评估所倡导的授权和放松规制旨在创设一种新的公共责任机制。这一机制既要充分授权、放松规制，同时又谋求结果和既定目标的实现；既要提高治理主体的自主性和成就动机，又要保证其对公民、对组织负责，对结果负责；既要提高区域协同治理的效率，又要切实保证治理的质量。再次，推行以结果为导向的多元化评估机制，要保证指标设计和评估主体的多元化，拓宽制度化和非制度化的沟通途径，畅通理论界和实务界的交流渠道，在多元主体间建构起网络式的互动合作关系，通过新型的区域整合评估机制来获取整体的优势。

---

① 周志忍：《为政府绩效评估中的"结果导向"原则正名》，《学海》2017 年第 2 期。
② 柳天恩、武义青：《雄安新区产业高质量发展的内涵要求、重点难点与战略举措》，《西部论坛》2019 年第 4 期。

三、区域政府治理政策工具的精细化

政策工具的选择是一个复杂的过程，影响政策工具选择的因素主要有目标、工具自身的属性、工具选择的环境、组织路径等。[①] 我国现有的区域发展政策在指导区域整体发展、核定各地功能定位、协调区域政府间关系等方面发挥了重要作用，但在解决和协调区域中诸多微观具体的经济、社会、生态问题时较为乏力，凸显了我国区域政策工具的简单化和低效化。为改观这一状况，应该在充分借鉴发达国家区域政策工具架构经验的基础上，结合我国发展现状，促进政策工具向精细化迈进。

1.政策工具设计思路

一是要注重顶层设计。以区域整体利益实现为政策目标，将创新、协同、绿色、开放、共享五大发展要求贯穿到雄安新区政策工具选择的全过程，倒逼传统发展模式向新型治理模式转型，以低碳发展、循环发展、绿色发展理念引领生态宜居新城区的建设，通过协同创新、集成创新、原始创新推进创新驱动引领区的发展，以共生共享共荣的姿态建设协调发展示范区，站在国际视野的制高点上打造开放发展的先行区。二是强化系统设计。确保先进的发展理念和治理方略覆盖区域构成单元的整体系统。以样板、示范、引擎的标准为目标导向，确保不同政策工具对区域内的全覆盖，政策工具设计同时要突出重点、讲求时序、富有针对性和灵活性，根据区域内治理主体、不同行业的特点和能力，驱动自下而上的政策创新行动。三是要重视协同设计。发挥管制型、市场型、自愿型以及混合型政策工具的整体功能和协同效应。政策工具的设计过程中，要努力追求区域治理要素系统中治理理念、治理主体、治理结构、治理内容、治理绩效的耦合匹配与协同增效。

2.政策工具的选择

一是要优化管控型的政策工具，继续发挥其强制功能和规制优势，加强对区域内尤其是白洋淀流域高污染、高耗能、高排放行业的管控，加快落后产能淘汰的步伐，区域内采取严格的节能降耗、技术标准控制等低碳规制

---

① 陈振明：《政府工具导论》，北京大学出版社2009年版，第7页。

策略。二是强化激励型政策工具。作为引领区和示范区，新区建设不应单纯依赖国家的投入，应该考虑采用制度化、标准化、程序化的 PPP 运营模式，主动吸引私营资本参与到新区建设中来，通过公共资金和私营资金的有效结合，实现治理工具的有效激励和创新引领。这一模式的引入需要成立专门的专业化机构，确定公共基础设施建设等适当领域，出台基础设施项目投资回报补偿的可操作办法，积极拓宽 PPP 模式的融资渠道，除国家政策性银行贷款之外，放宽对各项基金的限制，盘活资本市场。这种市场化模式的运作，既能有效减低政府财政支出的成本，同时又能够显著提升新区投资运营的效率。三是创新自愿型政策工具。自愿型政策工具是指社会治理主体在区域发展过程中具有相对的独立性，以协同共生为目标，在自愿的基础上通过集体行动，通过多种策略和机制的组合而达成政策目标的手段。作为区域协同治理政策工具体系中的重要组成部分，自愿型政策工具具有不可或缺的辅助和补充功能，这一功能的有效发挥，需要考虑如何与其他工具协同生效，需要针对自愿型政策工具作用范围有限、主体作用发挥不到位、运用体系不健全等问题，有针对性地对工具加以细化完善。应该着力推进节能减排自愿协议在区域政府间和区域内企业与社会组织等主体两个层面的达成，推进政府节能减排信息的公开，培育和扶持第三方认证评估机构，让企业和社会组织主动为政府分担更多的社会责任，从自我约束、监督评估、智库支持等多个方面提升企业、公民和社会组织的参与度。通过这些政策工具的协同运用催生出雄安新区的新型区域治理模式：治理理念从零和到善治，治理基础从对立到合作，治理主体从单一到多元，治理的绩效从过程到结果，治理的范围从碎片到整体。

3. 正确处理新政策工具应用与传统治理模式的关系

长期以来，我国区域治理大多沿用管制型的政策工具。近年来，采用新政策工具的呼声不绝于耳。诚然，新政策工具在欧美发达国家得到了广泛应用，但就具体应用情况而言，管制型政策依然占据主导地位。保罗·R.伯特尼认为："尽管美国的政治家近年来对经济激励政策工具兴趣日增，同时也取得了一些进展，但市场导向的政策工具仍未成为美国政策的主体，大部分还处于管制政策的边缘。"① 可见，尽管美国市场体系健全完善，但市场激励型政策工具和自愿型政策工具应用情况并不理想，每种政策工具独立发挥作用的空间较小，从治理实践来看，效果也并不明显。因而，在雄安新区建设过程中，不能简单采取非理性的手段，用新政策工具替代管制型政策工具。区域内政策工具的选择并不是管控型政策工具与新政策工具之间非此即彼的关系，良好治理绩效的达成需要政策工具的综合运用，需要政策工具发挥协同效应。例如，自愿型政策工具的运用激发了社会组织的活力，催生了区域内公民参与意识的觉醒，促进了公民道德水平的提升，可以显著降低管制型和激励型政策工具的实施成本。而管制型政策工具的权威将会使激励型政策工具和自愿型政策工具的治理效果更加明显。激励型政策工具诱发创新效果，但需要辅之以命令型的政策管控。因此，区域治理政策工具的路径选择应秉承"渐进调适"的原则，坚持走政策组合、协同发展的道路，积极探索使用和发展新型政策工具，注重政策工具之间的协同效应，逐步建构起与新制度环境相匹配的新型政策工具治理体系。

---

① ［美］保罗·R. 伯特尼、［英］罗伯特·N. 史蒂文斯：《环境保护的公共政策》第二版，穆贤清、方志伟译，上海三联出版社 2004 年版，第 75 页。

附录　访谈提纲

一、雄安新区管委会调研

1. 调研对象

中共河北雄安新区工作委员会、雄安新区管理委员会党政办公室、改革发展局、规划建设局、公共服务局等局办相关领导。

2. 文献搜集任务

雄安新区发展政策文件（含区域规划、法律法规、红头文件等）。

3. 访谈任务

（1）对《河北雄安新区规划纲要》执行过程中遇到的问题及解决思路是什么？

（2）雄安新区目前运行的体系架构的情况：一室一部七局一集团各自职责功能、工作沟通方式是什么？

（3）雄安新区组织体制与运行机制的主要障碍有哪些？

（4）您觉得雄安新区未来整体性的治理架构应该是怎样的？是成为一级地方政府？还是仿效浦东新区、天津滨海新区架构模式？

（5）雄安新区政府间合作机制是如何运行的？（雄县、安新、容城之间联席会议机制？新增加的工作协同机制？）

（6）雄安新区政府层级之间合作机制存在哪些障碍或者亟待解决的问题？

（7）雄安新区地方政府之间政策的统一性、协调性如何？有无相互冲突的地方？分析一下原因何在？

（8）您对雄安新区未来发展的预期是怎样的？（可结合访谈对象，对上

述问题有所取舍或根据访谈内容追问）

二、新民居建设专题调研

1. 借鉴涿州撤村并乡经验，从考察借鉴的角度进行调研，核心是找到与雄安新区所辖三县可以对接借鉴的相关经验，为雄安新区保障房和新民居建设服务。

2. 调研雄安新区三县新民居情况，调研单位涉及财政局、住建局、乡镇等部门。

3. 进一步落地国家和雄安新区相关政策落实情况，新民居调研到典型的两个乡镇和2—3个村，既有乡镇政府也有村委会和农户，这个方面主要是针对新民居保障性住房而言。

4. 设计基本情况表格，分为多少个乡镇和村进行了撤并，有多少"空心村"，涉及多少村民，新民居建设推行情况，置换了多少土地，多少用于非农项目的土地，多少用于农业项目土地，恢复耕地面积情况，总体土地利用率情况，分析研究起来就有了数据支持，既要有汇总，还有分方向的表格，从表达上可能更有利。

5. 调研对象：雄县、安新、容城城乡规划局、国土局相关领导。

6. 文献搜集任务：《河北省农村新民居规划建设指导意见》和雄县、安新、容城人民政府《关于进一步推进和规范市区城中村改造的意见（试行）》及雄县、安新、容城《新民居建设指导意见》等政策文件（含法律法规、红头文件等）。

7. 访谈任务：

（1）雄安新区开展农村新民居规划建设的背景与政策目标。

（2）雄安新区开展新民居建设的基本规模情况。

（3）雄安新区新民居建设过程中"宜建则建，宜改则改"，建改的主要模式。

（4）雄安新区新民居建设的筹融资模式。

（5）雄安新区新民居建设过程中如何解决不平衡的问题？地方财政互助共济或转移支付机制是怎样的？效果如何？还有哪些问题？

（6）新民居建设过程中，如何做到征求村民意见和充分尊重村民意愿和选择？

（7）雄安新区新民居建设过程中如何解决土地转让或流转的问题？

（8）雄安新区新民居建设的成效如何？政府评价机制与民众满意度测评分别是怎样的？（是否有独立第三方评价？）

（9）您认为下一步应该如何进一步改进新民居建设工作？

三、生态环境整体性治理专题调研

1. 调研对象

雄安新区管委会生态环境局，雄县、安新、容城环保局相关领导。

2. 文献搜集任务

《雄安新区生态环境保护规划》《河北省生态环境建设规划》、联席会议纪要等相关资料。

3. 访谈任务

（1）雄安新区环境治理基本情况（区域面积、地形地貌、水体、气候、主要污染源、区域内产业结构等）。

（2）雄安新区（雄县、安新、容城三县）环境治理组织机构、运行机制是怎样的？（雄安新区生态环境局与雄县分局、安新分局等的关系是怎样的？与原有的环保局的关系怎样？）

（3）上述机构协同工作机制是怎样的？对于跨县域的环境治理议题是如何处理的？

（4）雄安新区或雄县、安新、容城三县协同治理环境问题过程中存在的问题是什么？原因是什么？如何解决？

（5）实施白洋淀生态修复，雄安新区各地方政府之间的共识如何？具体行动方案是什么？

（6）在区域大气污染领域，您如何评价京津冀区域协同治理的效果？经验和问题分别有哪些？

（7）雄县、安新、容城三县生态补偿有哪些具体举措？各种制度执行情况如何？

（8）雄县、安新、容城三县建立生态补偿资金筹措体系情况怎样？（资金来源及分配机制）

（9）雄安新区管委会与雄县、安新、容城政府之间政策的协调性如何？实际执行过程中存在什么问题？原因何在？您觉得应该如何解决这种问题？

（10）您认为未来在环境治理领域，雄安新区各级政府、各相关部门应该如何协调开展工作？

四、产业发展专题调研

1. 调研对象

雄安新区管委会改革发展局、规划建设局、生态环境局或安全监管局，雄县、安新、容城三县发改局、财政局相关领导。

2. 文献搜集任务

《河北省战略性新兴产业发展三年行动计划》《雄安新区战略性新兴产业发展三年行动计划》等相关资料。

3. 访谈任务

（1）雄安新区现有产业结构情况怎样？

（2）雄安新区所辖雄县、安新、容城三县现有产业结构及存在哪些主要问题？

（3）在完善产业空间布局方面，您觉得雄安新区所辖雄县、安新、容城三县内部产业结构应该如何进一步优化？

（4）雄安新区规划提出要发展高端高新产业，现在发展的措施有哪些？这些措施实施的难点何在？

（5）雄安新区在承接北京非首都功能转移过程中的机遇与挑战分别是什么？

（6）针对上述挑战与问题，应该采取哪些措施？

（7）在产业规划与发展过程中，您觉得雄安新区的治理体制机制方面存在什么问题？原因何在？

（8）雄安新区所辖雄县、安新、容城三县产业结构优化与发展的主要举措有哪些？落实到各级政府、各个部门或其他相关组织或主体身上的责任分别有哪些?

五、公共服务均等化发展专题调研

1. 调研对象

雄安新区管委会公共服务局,雄县、安新、容城社保局、民政局、财政局、教育局、文化体育局相关领导。

2. 文献搜集任务

国务院《"十三五"推进基本公共服务均等化规划》《河北省十三五推进基本公共服务均等化规划》《雄安新区推进基本公共服务均等化规划》统计年鉴等相关资料。

3. 访谈任务

(1)雄安新区管委会公共服务局的主要工作职责是什么?

(2)雄安新区或雄县、安心、容城及周边区域公共服务的基本情况怎样?(包括医疗、卫生、养老与社保、教育、广电、文体等具体数据)教育分为基础教育(幼儿教育、中小学)、高中教育、职业教育、高等教育分布情况;公办和民办各类学校招生情况;县级各类医院基本情况、乡镇卫生院基本情况、村级卫生室基本情况;社会保障体系建设情况,所辖三县城乡养老保险和医疗保险情况;城乡文化建设情况。以上各项财政支出总体情况,资金是否存在缺口?如何做到收支平衡?公共服务运行过程中存在什么问题,如何解决?

(3)雄安新区所辖三县的就业情况怎样?(就业人口、登记失业率、各次产业人数、最低工资及平均工资数据)

(4)河北省对雄安新区及三县公共服务支持情况怎样?县级公共服务发展水平在河北省、京津冀区域及全国区域内的排名情况怎样?

(5)雄安新区所辖三县公共服务财政资金投入规划基本情况怎样?

(6)雄安新区所辖三县公共服务均等化推进过程中的主要瓶颈或问题有哪些?

(7)2016年以来,雄安新区所辖三县公共服务均等化的举措主要有哪些?成效如何?

（8）雄安新区所辖三县公共服务工作协调机制有哪些？有无联席会议机制？

（9）雄安新区在承接北京非首都功能过程中如何抓住公共服务转移的机遇？可能存在的挑战有哪些？

（10）雄安新区所辖三县内参与社会服务的社会组织的发展情况是怎样的？典型案例有哪些？

调查问卷一　雄安新区整体性治理的绿色指标评价调查问卷

尊敬的专家：

您好！我们是雄安新区整体性治理研究小组。为了确定雄安新区整体性治理的绿色绩效指标的重要性程度，占用您宝贵的时间填写问卷。请您对问卷中两个指标的相对重要性加以比较，两者相比同样重要的为1，前者比后者稍重要的为3，明显重要的为5，强烈重要的为7，极端重要的为9，两者中间值为2，4，6，8；反之，后者比前者重要的则为倒数，请您选择相应的数值：（说明：我们将严格遵循保密原则，您所提供的全部信息将仅用于研究使用，敬请放心）

基本信息

您目前从事的职业：[单选题] *

○政府工作人员	○专家、学者✓	○其他＿＿＿＿＿＿＿

一级指标

为方便您的填写，现对相关指标做出说明：

P_1：生态环境。主要反映的是当地自然生态环境的情况，具体包括蓝绿空间比、森林耕地面积、水功能区情况和降水以及空气质量情况。

P_2：生活服务。生活服务反应雄安新区整体性治理下，人们生活的环境包括生活起步区的绿化、城市公园建设、服务半径的覆盖率、绿色建筑和供水等与人们息息相关的问题。

P_3：污染处理及利用。主要针对城市生活垃圾和污水的处理及利用。其中包含生活垃圾无害化处理率、城市生活垃圾回收资源利用率、污水收集处理率、污水资源化再生利用率4个二级指标。

P_4：经济发展。经济发展是通过具体的数字把绿色治理的结果直观地表现出来，包含的二级指标有人均地区生产总值、环境污染治理投资/GDP、科研技术服务从业人员数/年均人口数。

P_5：政策支撑。地方企业的主动性在绿色发展中发挥着重要的作用，但是更多的制约和推动作用来自于国家相关法律法规。包含绿色专项资金使用合规性、碳信息披露制度健全性、居民绿色环境满意度3个二级指标。

1. 您认为雄安新区整体性治理的绿色指标中，比较生态环境和生活服务的权重［单选题］（注：前者相对后者重要为整数，反之为分数，后续题目同此）：

○ 1	○ 2	○ 3	○ 4	○ 5 ✓	○ 6	○ 7	○ 8	○ 9
○ 1/2	○ 1/3	○ 1/4	○ 1/5	○ 1/6	○ 1/7	○ 1/8	○ 1/9	

2. 您认为雄安新区整体性治理的绿色指标中，比较生态环境和污染处理及利用的权重［单选题］：

○ 1	○ 2	○ 3 ✓	○ 4	○ 5	○ 6	○ 7	○ 8	○ 9
○ 1/2	○ 1/3	○ 1/4	○ 1/5	○ 1/6	○ 1/7	○ 1/8	○ 1/9	

3. 您认为雄安新区整体性治理的绿色指标中，比较生态环境和经济发展的权重［单选题］：

○ 1	○ 2	○ 3	○ 4	○ 5	○ 6	○ 7 ✓	○ 8	○ 9
○ 1/2	○ 1/3	○ 1/4	○ 1/5	○ 1/6	○ 1/7	○ 1/8	○ 1/9	

4. 您认为雄安新区整体性治理的绿色指标中，比较生态环境和政策支撑的权重［单选题］：

○ 1 ✓	○ 2	○ 3	○ 4	○ 5	○ 6	○ 7	○ 8	○ 9
○ 1/2	○ 1/3	○ 1/4	○ 1/5	○ 1/6	○ 1/7	○ 1/8	○ 1/9	

5. 您认为雄安新区整体性治理的绿色指标中，比较生活服务和污染处理及利用的权重 [单选题]：

○ 1	○ 2	○ 3	○ 4	○ 5	○ 6	○ 7	○ 8	○ 9
○ 1/2	○ 1/3 ✓	○ 1/4	○ 1/5	○ 1/6	○ 1/7	○ 1/8	○ 1/9	

6. 您认为雄安新区整体性治理的绿色指标中，比较生活服务和经济发展的权重 [单选题]：

○ 1	○ 2 ✓	○ 3	○ 4	○ 5	○ 6	○ 7	○ 8	○ 9
○ 1/2	○ 1/3	○ 1/4	○ 1/5	○ 1/6	○ 1/7	○ 1/8	○ 1/9	

7. 您认为雄安新区整体性治理的绿色指标中，比较生活服务和政策支撑的权重 [单选题]：

○ 1	○ 2	○ 3	○ 4	○ 5	○ 6	○ 7	○ 8	○ 9
○ 1/2	○ 1/3	○ 1/4 ✓	○ 1/5	○ 1/6	○ 1/7	○ 1/8	○ 1/9	

8. 您认为雄安新区整体性治理的绿色指标中，比较污染处理及利用和经济发展的权重 [单选题]：

○ 1 ✓	○ 2	○ 3	○ 4	○ 5	○ 6	○ 7	○ 8	○ 9
○ 1/2	○ 1/3	○ 1/4	○ 1/5	○ 1/6	○ 1/7	○ 1/8	○ 1/9	

9. 您认为雄安新区整体性治理的绿色指标中，比较污染处理及利用和政策支撑的权重 [单选题]：

○ 1	○ 2	○ 3	○ 4	○ 5 ✓	○ 6	○ 7	○ 8	○ 9
○ 1/2	○ 1/3	○ 1/4	○ 1/5	○ 1/6	○ 1/7	○ 1/8	○ 1/9	

10. 您认为雄安新区整体性治理的绿色指标中，比较经济发展和政策支

撑的权重 [单选题]:

○ 1	○ 2	○ 3	○ 4	○ 5	○ 6	○ 7	○ 8	○ 9
○ 1/2	○ 1/3	○ 1/4	○ 1/5 ✓	○ 1/6	○ 1/7	○ 1/8	○ 1/9	

二级指标

P_1: 生态环境

1.考察雄安新区整体性绿色指标的生态环境时，比较蓝绿空间比和森林覆盖率的重要性程度 [单选题]:

○ 1 ✓	○ 2	○ 3	○ 4	○ 5	○ 6	○ 7	○ 8	○ 9
○ 1/2	○ 1/3	○ 1/4	○ 1/5	○ 1/6	○ 1/7	○ 1/8	○ 1/9	

2.考察雄安新区整体性绿色指标的生态环境时，比较蓝绿空间比和耕地保护面积占新区总面积比例的重要性程度 [单选题]:

○ 1	○ 2	○ 3	○ 4	○ 5	○ 6 ✓	○ 7	○ 8	○ 9
○ 1/2	○ 1/3	○ 1/4	○ 1/5	○ 1/6	○ 1/7	○ 1/8	○ 1/9	

3.考察雄安新区整体性绿色指标的生态环境时，比较蓝绿空间比和永久基本农田保护面积占新区总面积比例的重要性程度 [单选题]:

○ 1	○ 2	○ 3	○ 4	○ 5	○ 6	○ 7	○ 8	○ 9
○ 1/2	○ 1/3	○ 1/4	○ 1/5 ✓	○ 1/6	○ 1/7	○ 1/8	○ 1/9	

4.考察雄安新区整体性绿色指标的生态环境时，比较蓝绿空间比和雨水年径流总量控制率的重要性程度 [单选题]:

○ 1	○ 2	○ 3 ✓	○ 4	○ 5	○ 6	○ 7	○ 8	○ 9
○ 1/2	○ 1/3	○ 1/4	○ 1/5	○ 1/6	○ 1/7	○ 1/8	○ 1/9	

5.考察雄安新区整体性绿色指标的生态环境时，比较蓝绿空间比和重要水功能区水质达标率的重要性程度 [单选题]:

○ 1 ✓	○ 2	○ 3	○ 4	○ 5	○ 6	○ 7	○ 8	○ 9
○ 1/2	○ 1/3	○ 1/4	○ 1/5	○ 1/6	○ 1/7	○ 1/8	○ 1/9	

6.考察雄安新区整体性绿色指标的生态环境时，比较蓝绿空间比和细颗粒物（PM2.5）年均浓度的重要性程度 [单选题]：

○ 1 ✓	○ 2	○ 3	○ 4	○ 5	○ 6	○ 7	○ 8	○ 9
○ 1/2	○ 1/3	○ 1/4	○ 1/5	○ 1/6	○ 1/7	○ 1/8	○ 1/9	

7.考察雄安新区整体性绿色指标的生态环境时，比较森林覆盖率和耕地保护面积占新区总面积比例的重要性程度 [单选题]：

○ 1	○ 2	○ 3 ✓	○ 4	○ 5	○ 6	○ 7	○ 8	○ 9
○ 1/2	○ 1/3	○ 1/4	○ 1/5	○ 1/6	○ 1/7	○ 1/8	○ 1/9	

8.考察雄安新区整体性绿色指标的生态环境时，比较森林覆盖率和永久基本农田保护面积占新区总面积比例的重要性程度 [单选题]：

○ 1	○ 2 ✓	○ 3	○ 4	○ 5	○ 6	○ 7	○ 8	○ 9
○ 1/2	○ 1/3	○ 1/4	○ 1/5	○ 1/6	○ 1/7	○ 1/8	○ 1/9	

9.考察雄安新区整体性绿色指标的生态环境时，比较森林覆盖率和雨水年径流总量控制率的重要性程度 [单选题]：

○ 1	○ 2	○ 3 ✓	○ 4	○ 5	○ 6	○ 7	○ 8	○ 9
○ 1/2	○ 1/3	○ 1/4	○ 1/5	○ 1/6	○ 1/7	○ 1/8	○ 1/9	

10.考察雄安新区整体性绿色指标的生态环境时，比较森林覆盖率和重要水功能区水质达标率的重要性程度 [单选题]：

○ 1 ✓	○ 2	○ 3	○ 4	○ 5	○ 6	○ 7	○ 8	○ 9
○ 1/2	○ 1/3	○ 1/4	○ 1/5	○ 1/6	○ 1/7	○ 1/8	○ 1/9	

11.考察雄安新区整体性绿色指标的生态环境时，比较森林覆盖率和细

颗粒物（PM2.5）年均浓度的重要性程度［单选题］：

○ 1	○ 2	○ 3	○ 4	○ 5	○ 6	○ 7	○ 8	○ 9
○ 1/2	○ 1/3	○ 1/4 ✓	○ 1/5	○ 1/6	○ 1/7	○ 1/8	○ 1/9	

12. 考察雄安新区整体性绿色指标的生态环境时，比较耕地保护面积占新区总面积比例和永久基本农田保护面积占新区总面积比例的重要性程度［单选题］：

○ 1	○ 2	○ 3	○ 4	○ 5	○ 6	○ 7	○ 8	○ 9
○ 1/2	○ 1/3	○ 1/4	○ 1/5 ✓	○ 1/6	○ 1/7	○ 1/8	○ 1/9	

13. 考察雄安新区整体性绿色指标的生态环境时，比较耕地保护面积占新区总面积比例和雨水年径流总量控制率的重要性程度［单选题］：

○ 1 ✓	○ 2	○ 3	○ 4	○ 5	○ 6	○ 7	○ 8	○ 9
○ 1/2	○ 1/3	○ 1/4	○ 1/5	○ 1/6	○ 1/7	○ 1/8	○ 1/9	

14. 考察雄安新区整体性绿色指标的生态环境时，比较耕地保护面积占新区总面积比例和重要水功能区水质达标率的重要性程度［单选题］：

○ 1	○ 2	○ 3	○ 4	○ 5	○ 6	○ 7	○ 8	○ 9
○ 1/2	○ 1/3	○ 1/4	○ 1/5 ✓	○ 1/6	○ 1/7	○ 1/8	○ 1/9	

15. 考察雄安新区整体性绿色指标的生态环境时，比较耕地保护面积占新区总面积比例和细颗粒物（PM2.5）年均浓度的重要性程度［单选题］：

○ 1	○ 2	○ 3	○ 4	○ 5	○ 6	○ 7	○ 8	○ 9
○ 1/2	○ 1/3	○ 1/4	○ 1/5	○ 1/6 ✓	○ 1/7	○ 1/8	○ 1/9	

16. 考察雄安新区整体性绿色指标的生态环境时，比较永久基本农田保护面积占新区总面积比例和雨水年径流总量控制率的重要性程度［单选题］：

○ 1	○ 2	○ 3	○ 4	○ 5	○ 6	○ 7	○ 8	○ 9
○ 1/2	○ 1/3 ✓	○ 1/4	○ 1/5	○ 1/6	○ 1/7	○ 1/8	○ 1/9	

17. 考察雄安新区整体性绿色指标的生态环境时，比较永久基本农田保护面积占新区总面积比例和重要水功能区水质达标率的重要性程度 [单选题]：

○ 1 ✓	○ 2	○ 3	○ 4	○ 5	○ 6	○ 7	○ 8	○ 9
○ 1/2	○ 1/3	○ 1/4	○ 1/5	○ 1/6	○ 1/7	○ 1/8	○ 1/9	

18. 考察雄安新区整体性绿色指标的生态环境时，比较永久基本农田保护面积占新区总面积比例和细颗粒物（PM2.5）年均浓度的重要性程度 [单选题]：

○ 1 ✓	○ 2	○ 3	○ 4	○ 5	○ 6	○ 7	○ 8	○ 9
○ 1/2	○ 1/3	○ 1/4	○ 1/5	○ 1/6	○ 1/7	○ 1/8	○ 1/9	

19. 考察雄安新区整体性绿色指标的生态环境时，比较雨水年径流总量控制率和重要水功能区水质达标率的重要性程度 [单选题]：

○ 1	○ 2	○ 3	○ 4	○ 5	○ 6	○ 7	○ 8	○ 9
○ 1/2	○ 1/3 ✓	○ 1/4	○ 1/5	○ 1/6	○ 1/7	○ 1/8	○ 1/9	

20. 考察雄安新区整体性绿色指标的生态环境时，比较雨水年径流总量控制率和细颗粒物（PM2.5）年均浓度的重要性程度 [单选题]：

○ 1	○ 2	○ 3	○ 4	○ 5	○ 6	○ 7	○ 8	○ 9
○ 1/2 ✓	○ 1/3	○ 1/4	○ 1/5	○ 1/6	○ 1/7	○ 1/8	○ 1/9	

21. 考察雄安新区整体性绿色指标的生态环境时，比较重要水功能区水质达标率和细颗粒物（PM2.5）年均浓度的重要性程度 [单选题]：

○ 1 ✓	○ 2	○ 3	○ 4	○ 5	○ 6	○ 7	○ 8	○ 9
○ 1/2	○ 1/3	○ 1/4	○ 1/5	○ 1/6	○ 1/7	○ 1/8	○ 1/9	

P_2：生活服务

1. 考察雄安新区整体性绿色指标的生活服务时，比较起步区城市绿化覆盖率和起步区人均城市公园面积的重要性程度 [单选题]：

○1	○2	○3 ✓	○4	○5	○6	○7	○8	○9
○1/2	○1/3	○1/4	○1/5	○1/6	○1/7	○1/8	○1/9	

2. 考察雄安新区整体性绿色指标的生活服务时，比较起步区城市绿化覆盖率和起步区公园 300 米服务半径覆盖率的重要性程度 [单选题]：

○1 ✓	○2	○3	○4	○5	○6	○7	○8	○9
○1/2	○1/3	○1/4	○1/5	○1/6	○1/7	○1/8	○1/9	

3. 考察雄安新区整体性绿色指标的生活服务时，比较起步区城市绿化覆盖率和起步区骨干绿道总长度的重要性程度 [单选题]：

○1	○2 ✓	○3	○4	○5	○6	○7	○8	○9
○1/2	○1/3	○1/4	○1/5	○1/6	○1/7	○1/8	○1/9	

4. 考察雄安新区整体性绿色指标的生活服务时，比较起步区城市绿化覆盖率和新建民用建筑的绿色建筑达标率的重要性程度 [单选题]：

○1 ✓	○2	○3	○4	○5	○6	○7	○8	○9
○1/2	○1/3	○1/4	○1/5	○1/6	○1/7	○1/8	○1/9	

5. 考察雄安新区整体性绿色指标的生活服务时，比较起步区城市绿化覆盖率和供水保障率的重要性程度 [单选题]：

○1	○2	○3	○4	○5 ✓	○6	○7	○8	○9
○1/2	○1/3	○1/4	○1/5	○1/6	○1/7	○1/8	○1/9	

6. 考察雄安新区整体性绿色指标的生活服务时，比较起步区人均城市公园面积和起步区公园 300 米服务半径覆盖率的重要性程度 [单选题]：

○1	○2	○3	○4	○5	○6	○7	○8	○9
○1/2	○1/3	○1/4	○1/5 ✓	○1/6	○1/7	○1/8	○1/9	

7.考察雄安新区整体性绿色指标的生活服务时，比较起步区人均城市公园面积和起步区骨干绿道总长度的重要性程度［单选题］：

○1 ✓	○2	○3	○4	○5	○6	○7	○8	○9
○1/2	○1/3	○1/4	○1/5	○1/6	○1/7	○1/8	○1/9	

8.考察雄安新区整体性绿色指标的生活服务时，比较起步区人均城市公园面积和新建民用建筑的绿色建筑达标率的重要性程度［单选题］：

○1	○2	○3	○4	○5	○6	○7	○8	○9
○1/2 ✓	○1/3	○1/4	○1/5	○1/6	○1/7	○1/8	○1/9	

9.考察雄安新区整体性绿色指标的生活服务时，比较起步区人均城市公园面积和供水保障率的重要性程度［单选题］：

○1	○2	○3 ✓	○4	○5	○6	○7	○8	○9
○1/2	○1/3	○1/4	○1/5	○1/6	○1/7	○1/8	○1/9	

10.考察雄安新区整体性绿色指标的生活服务时，比较起步区公园300米服务半径覆盖率和起步区骨干绿道总长度的重要性程度［单选题］：

○1 ✓	○2	○3	○4	○5	○6	○7	○8	○9
○1/2	○1/3	○1/4	○1/5	○1/6	○1/7	○1/8	○1/9	

11.考察雄安新区整体性绿色指标的生活服务时，比较起步区公园300米服务半径覆盖率和新建民用建筑的绿色建筑达标率的重要性程度［单选题］：

○1	○2	○3	○4	○5	○6	○7	○8	○9
○1/2 ✓	○1/3	○1/4	○1/5	○1/6	○1/7	○1/8	○1/9	

12.考察雄安新区整体性绿色指标的生活服务时，比较起步区公园300米服务半径覆盖率和供水保障率的重要性程度［单选题］：

○ 1	○ 2 ✓	○ 3	○ 4	○ 5	○ 6	○ 7	○ 8	○ 9
○ 1/2	○ 1/3	○ 1/4	○ 1/5	○ 1/6	○ 1/7	○ 1/8	○ 1/9	

13. 考察雄安新区整体性绿色指标的生活服务时，比较起步区骨干绿道总长度和新建民用建筑的绿色建筑达标率的重要性程度 [单选题]：

○ 1 ✓	○ 2	○ 3	○ 4	○ 5	○ 6	○ 7	○ 8	○ 9
○ 1/2	○ 1/3	○ 1/4	○ 1/5	○ 1/6	○ 1/7	○ 1/8	○ 1/9	

14. 考察雄安新区整体性绿色指标的生活服务时，比较起步区骨干绿道总长度和供水保障率的重要性程度 [单选题]：

○ 1	○ 2 ✓	○ 3	○ 4	○ 5	○ 6	○ 7	○ 8	○ 9
○ 1/2	○ 1/3	○ 1/4	○ 1/5	○ 1/6	○ 1/7	○ 1/8	○ 1/9	

15. 考察雄安新区整体性绿色指标的生活服务时，比较新建民用建筑的绿色建筑达标率和供水保障率的重要性程度 [单选题]：

○ 1	○ 2	○ 3 ✓	○ 4	○ 5	○ 6	○ 7	○ 8	○ 9
○ 1/2	○ 1/3	○ 1/4	○ 1/5	○ 1/6	○ 1/7	○ 1/8	○ 1/9	

P_3：污染处理及利用

1. 考察雄安新区整体性绿色指标的污染处理及利用时，比较生活垃圾无害化处理率和城市生活垃圾回收资源利用率的重要性程度 [单选题]：

○ 1 ✓	○ 2	○ 3	○ 4	○ 5	○ 6	○ 7	○ 8	○ 9
○ 1/2	○ 1/3	○ 1/4	○ 1/5	○ 1/6	○ 1/7	○ 1/8	○ 1/9	

2. 考察雄安新区整体性绿色指标的污染处理及利用时，比较生活垃圾无害化处理率和污水收集处理率的重要性程度 [单选题]：

○ 1 ✓	○ 2	○ 3	○ 4	○ 5	○ 6	○ 7	○ 8	○ 9
○ 1/2	○ 1/3	○ 1/4	○ 1/5	○ 1/6	○ 1/7	○ 1/8	○ 1/9	

3.考察雄安新区整体性绿色指标的污染处理及利用时，比较生活垃圾无害化处理率和污水资源化再生利用率的重要性程度［单选题］：

○ 1	○ 2	○ 3	○ 4	○ 5	○ 6	○ 7	○ 8	○ 9
○ 1/2	○ 1/3 ✓	○ 1/4	○ 1/5	○ 1/6	○ 1/7	○ 1/8	○ 1/9	

4.考察雄安新区整体性绿色指标的污染处理及利用时，比较城市生活垃圾回收资源利用率和污水收集处理率的重要性程度［单选题］：

○ 1	○ 2	○ 3	○ 4	○ 5	○ 6	○ 7	○ 8	○ 9
○ 1/2	○ 1/3	○ 1/4	○ 1/5 ✓	○ 1/6	○ 1/7	○ 1/8	○ 1/9	

5.考察雄安新区整体性绿色指标的污染处理及利用时，比较城市生活垃圾回收资源利用率和污水资源化再生利用率的重要性程度［单选题］：

○ 1	○ 2	○ 3	○ 4	○ 5	○ 6	○ 7	○ 8	○ 9
○ 1/2	○ 1/3 ✓	○ 1/4	○ 1/5	○ 1/6	○ 1/7	○ 1/8	○ 1/9	

6.考察雄安新区整体性绿色指标的污染处理及利用时，比较污水收集处理率和污水资源化再生利用率的重要性程度［单选题］：

○ 1 ✓	○ 2	○ 3	○ 4	○ 5	○ 6	○ 7	○ 8	○ 9
○ 1/2	○ 1/3	○ 1/4	○ 1/5	○ 1/6	○ 1/7	○ 1/8	○ 1/9	

P_4：经济发展

1.考察雄安新区整体性绿色指标的经济发展时，比较人均地区生产总值和环境污染治理投资/GDP 的重要性程度［单选题］：

○ 1	○ 2	○ 3	○ 4	○ 5	○ 6	○ 7	○ 8	○ 9
○ 1/2	○ 1/3	○ 1/4	○ 1/5	○ 1/6 ✓	○ 1/7	○ 1/8	○ 1/9	

2.考察雄安新区整体性绿色指标的经济发展时，比较人均地区生产总值和科研、技术服务从业人员数/年均人口数的重要性程度［单选题］：

○1	○2	○3	○4	○5	○6	○7	○8	○9
○1/2	○1/3 ✓	○1/4	○1/5	○1/6	○1/7	○1/8	○1/9	

3. 考察雄安新区整体性绿色指标的经济发展时，比较环境污染治理投资 /GDP 和科研、技术服务从业人员数 / 年均人口数的重要性程度 [单选题]：

○1 ✓	○2	○3	○4	○5	○6	○7	○8	○9
○1/2	○1/3	○1/4	○1/5	○1/6	○1/7	○1/8	○1/9	

P_5：政策支撑

1. 考察雄安新区整体性绿色指标的政策支撑时，比较绿色专项资金使用合规性和碳信息披露制度健全性的重要性程度 [单选题]：

○1	○2	○3	○4	○5	○6	○7	○8	○9
○1/2	○1/3	○1/4	○1/5	○1/6 ✓	○1/7	○1/8	○1/9	

2. 考察雄安新区整体性绿色指标的政策支撑时，比较绿色专项资金使用合规性和居民绿色环境满意度的重要性程度 [单选题]：

○1	○2	○3	○4	○5	○6	○7	○8	○9
○1/2	○1/3	○1/4	○1/5	○1/6 ✓	○1/7	○1/8	○1/9	

3. 考察雄安新区整体性绿色指标的经济发展时，比较碳信息披露制度健全性和居民绿色环境满意度的重要性程度 [单选题]：

○1	○2	○3	○4	○5	○6	○7	○8	○9
○1/2	○1/3	○1/4	○1/5 ✓	○1/6	○1/7	○1/8	○1/9	

调查问卷二　雄安新区绩效评估指标重要性调查

一、按重要性程度对下列一级指标和二级指标进行评分

1. 请根据重要性程度对下列一级指标进行评分（1—10）

政绩指标

绿色指标

2. 请根据重要性程度对下列政绩指标进行评分（1—10）

治理组织的布局规划

合作治理机制的构建

经济发展情况

民生改善情况

3. 请根据重要性程度对下列绿色指标进行评分（1—10）

原材料消耗程度

环境污染物排放强度

空气、水源、绿化保护强度

污染废物处理程度

二、按重要性程度对下列政绩指标进行评分

1. 请根据重要性程度对下列治理组织的布局规划指标进行评分（1—10）

治理组织的设立与完善度

治理主体部门的整合性

疏解非首都功能的有效性

网络信息平台搭建进程

治理、科研机构的聚集度

2. 请根据重要性程度对下列治理机制的构建指标进行评分（1—10）

协商机制构建程度

决策机制构建程度

执行机制构建程度

利益补偿机制构建程度

协调合作机制的运行成本

绩效评价机制构建程度

3. 请根据重要性程度对下列经济发展情况指标进行评分（1—10）

区域 GDP 增长率

区域内居民人均收入水平

非公经济占经济发展比重

第二三产业占 GDP 比重

社会劳动生产率

雄安新区财政收支情况

4. 请根据重要性程度对下列民生改善指标进行评分（1—10）

贫困人口比重

城镇新增就业人数

公共文化体育设施建设

城乡参加基本养老保险率

安全事故发生率

食品药品安全监管情况

三、按重要性程度对下列绿色指标进行评分

1. 请根据重要性程度对下列原材料消耗程度指标进行评分（1—10）

单位产值 GDP 能耗

人均能源消费量

万元产值六大原材料消耗量

水资源消耗强度

2. 请根据重要性程度对下列环境污染排放强度指标进行评分（1—10）

万元产值废水排放量

万元产值废气排放量

万元产值固体废弃物排放量

万元产值碳排放量

3. 请根据重要性程度对下列空气、水源、绿化保护强度指标进行评分（1—10）

城市环境控制质量优良率

地表水水质达标率

空气质量达标率

饮用水水源地水质达标率

土壤环境质量指数

人均公共绿地面积

生态环境质量公众满意度

4. 请根据重要性程度对下列污染废物处理程度指标进行评分（1—10）

城乡生活污水集中处理率

城乡生活垃圾无害化处理率

工业重复用水率

重点工业污染源稳定达标率

工业固体废弃物综合利用率

农村可再生资源利用指数

调查问卷三　公共服务动机与政府间协同行为关系调查问卷

尊敬的先生 / 女士：您好！非常感谢您抽出宝贵的时间参与本次调研。我是国家社会科学基金重大专项"京津冀协同发展背景下雄安新区整体性治理架构研究"项目课题组成员，现在做一个关于白洋淀区域水污染治理的公共服务动机与政府协同行为关系的调研，问卷调查所得出的一切数据仅作为研究使用，不对外公开，不涉及商业利益与您的隐私。以下每项内容为单选，请在您认为最符合您想法的选项下打对号即可。谢谢配合！

一、基本信息

1. 您的性别：

A. 男　B. 女

2. 您的年龄：

A.30 岁以下　B.30—40　C.40—50　D.50—60　E.60 以上

3. 工作年限：

A.1—10 年　B.10—20 年　C.20—30 年　D.30 年以上

4. 您的学历：

A. 大专及以下　B. 本科　C. 硕士　D. 博士

5. 工作单位：

A. 雄安新区管委会　B. 雄县　C. 安新县　D. 容城县

6. 您所在的单位属于哪一类部门：

A. 国土资源局、水利局、生态环境局、农业局、林业局

B. 政府办公室、发展改革局、住房和城乡建设局

C. 科技局、公安执法局、财政局、统计局

D. 人力资源社会保障局、交通运输局、文化和旅游局

E. 其他 _____

7. 行政级别：A. 局级　B. 处级　C. 科级　D. 其他 _____

8. 工资水平：

A.2000—3000 元　B.4000—5000 元

C.6000—7000 元　D.7000 元以上

9. 您是否参加过白洋淀区域水污染治理相关的工作（相关政策制定、实施、评估等内容）：A. 是　B. 否

10. 任现职年限：

A.1—5 年　B.6—10 年　C.11—15 年　D.16—20 年　E.20 年以上

二、公共服务动机测试

对以下所列的各个问题，如果用来描述您对白洋淀区域水污染治理的公共服务动机，您的认同程度有多大？1 表示"非常不同意"，2 表示"不同意"，3 表示"不一定"，4 表示"同意"，5 表示"非常同意"，请在您的认同点上打勾。

（一）参与政策制定的吸引力

1. 我需要政府解决白洋淀水污染问题　1　2　3　4　5

2. 我愿意和他人分享白洋淀水污染治理问题的公共政策

1　2　3　4　5

3. 我认为白洋淀水污染问题急需解决　1　2　3　4　5

4. 我很关心白洋淀水污染治理的公共政策制定　1　2　3　4　5

5. 我很了解政府颁布了哪些治理白洋淀水污染的政策　1　2　3　4　5

6. 我认为参与白洋淀水污染问题的治理很有意义　1　2　3　4　5

7. 我很愿意参与白洋淀水污染治理的政策制定　1　2　3　4　5

（二）对公共利益的认同

1. 我很关注影响百姓生活的公共事务　1　2　3　4　5

2. 我可以不求回报地服务社会 1 2 3 4 5

3. 作为一个公民，我有义务服务社会 1 2 3 4 5

4. 为社会服务能实现我的个人价值和社会价值 1 2 3 4 5

5. 我愿意尽己所能获得更好更大的公共利益 1 2 3 4 5

（三）同情心

1. 当别人痛苦时，我感同身受 1 2 3 4 5

2. 我十分关注白洋淀水污染问题 1 2 3 4 5

3. 我认为人与人之间应该相互关心 1 2 3 4 5

4. 政府颁布的白洋淀水污染治理政策我都很赞同 1 2 3 4 5

5. 我很关注水污染问题给百姓生活造成的负面影响 1 2 3 4 5

（四）自我牺牲

1. 我坚信职责高于个人 1 2 3 4 5

2. 实现社会价值比实现个人价值更有意义 1 2 3 4 5

3. 我们应该多服务社会而不是向社会索取 1 2 3 4 5

4. 我随时准备为公共利益牺牲自己 1 2 3 4 5

5. 即使个人遭受损失我也会帮助他人 1 2 3 4 5

（五）环境保护意识

1. 我很关注环境保护问题 1 2 3 4 5

2. 我在生活中有很强烈的环保意识和行为 1 2 3 4 5

3. 我愿意尽我所能改善白洋淀水污染问题 1 2 3 4 5

三、政府协同行为测试

在白洋淀区域（容城县、雄县、安新县、保定市、雄安新区管委会）各地方政府或机构协同治理水污染问题的背景下，对以下所列的各个问题，如果用来描述您所在的政府或机构对于水污染治理的协同行为，您的认同程度有多大？1表示"非常不同意"，2表示"不同意"，3表示"不一定"，4表示"同意"，5表示"非常同意"，请在您的认同点上打勾。

（一）协调行为

1. 在协同工作过程中我们了解自己的职责范围 1 2 3 4 5

2.我们认同多政府或机构合作的任务总目标　1　2　3　4　5

3.我们能够快速协调资源以适应环境变化　1　2　3　4　5

4.每个政府或机构都能够各司其职　1　2　3　4　5

5.我们能够保时保质地完成分内工作　1　2　3　4　5

（二）公开交流行为

1.政府或机构之间会持续分享信息以保持联络　1　2　3　4　5

2.各个政府或机构在讨论问题时可以直言不讳　1　2　3　4　5

3.总有一个政府或机构能够主导问题的解决　1　2　3　4　5

4.各个政府或机构之间能够沟通顺畅　1　2　3　4　5

5.政府能够认真考虑居民的观点和意见　1　2　3　4　5

6.白洋淀水污染治理过程中欢迎科学研究者的参与　1　2　3　4　5

7.主要领导人之间会定期举行会议或论坛来讨论和协商区域水污染问题和解决方案　1　2　3　4　5

（三）支持行为

1.政府或机构在水污染治理过程中能够从其他相关利益者（企业、专家、公众等）处获得支持和帮助　1　2　3　4　5

（1）财政支持　1　2　3　4　5

（2）技术支持（包括数据和专业知识）　1　2　3　4　5

（3）来自上级政府的政策支持　1　2　3　4　5

（4）其他 _____　1　2　3　4　5

2.其他政府或机构总能及时给予我们帮助　1　2　3　4　5

（1）财政支持　1　2　3　4　5

（2）技术支持（包括数据和专业知识）　1　2　3　4　5

（3）来自上层政府的政策支持　1　2　3　4　5

（4）其他 _____　1　2　3　4　5

3.政府和机构能够在某一问题上排除障碍达成共识　1　2　3　4　5

4.关键性的决策能够由相关政府或机构共同决定　1　2　3　4　5

（1）政府或机构能够在需要上采取联合行动　1　2　3　4　5

（2）存在指导方针来支持合作实践的开展　1　2　3　4　5

（3）政府在合作治理中存在有效的讨论、交流和共享学习机制
1　2　3　4　5

（4）存在一个政府或机构在水污染合作治理中扮演领导者角色
1　2　3　4　5

（5）水污染合作治理能够提高政府的环境意识　1　2　3　4　5

（6）水污染合作治理能够提高公众的环境意识　1　2　3　4　5

（四）信任行为

1.我相信其他政府会尽力完成各自分内工作　1　2　3　4　5

2.各个政府都是以实现白洋淀公共利益为目的的　1　2　3　4　5

3.我相信政府合作治理水污染问题会有更好的结果　1　2　3　4　5

4.政府或机构在合作治理过程中能够同时实现它们的个体利益和共享利益　1　2　3　4　5

关于雄安新区征迁过程中居民
安置问题的政策建议

【建议要点】雄安新区所辖雄县、容城、安新三县共有 29 个乡镇，557 个行政村。其中雄县辖 6 镇 3 乡 223 个行政村，总人口约 39.64 万人，容城县辖 5 镇 3 乡 127 个行政村，共 27.34 万人，安新县辖 9 镇 3 乡 207 个行政村，共 50.35 万人。伴随着雄安新区建设进入快车道，辖区范围内居民征迁范围广、影响大、任务重，征地总量和规模剧增，征迁过程中的居民安置问题尤其是失地农民安置补偿问题日益突出。雄安新区征迁过程中居民安置问题需要长久且稳定的政策制度作为安置的基本保障。健全征地拆迁补偿机制、建立再就业体系、用新产业引领就业，构建失地农民社会保障体系等举措成为当务之急。

一、雄安新区征迁安置过程中存在的问题

1. 现行失地居民补偿安置模式存在隐患。一方面补偿标准偏低，分配方式欠规范，补偿方案中农地的社保功能体现不够充分，一次性货币补偿难以解决失地农民的可持续发展问题；另一方面现有土地制度和政策层面存在缺陷，土地所有权主体虚置，引致土地产权模糊和所有权主体错位，无法从根本上屏蔽外来侵权。

2. 失地居民就业缺乏保障。失地居民不可避免地面临就业和产业转移等问题。然而当前国有企业和集体企业改革不断深化，企业用工制度逐步市场化，政府对失地居民就业安置渠道渐趋狭窄。此外失地居民普遍素质偏低，原有技能往往不适应就业转型的需要。未来雄安新区大量高新技术产业

对员工素质提出了更高要求，居民的胜任力存疑。失地又失业，当地居民存在被边缘化的隐忧。

3. 系统的创业培训政策缺失，居民缺乏创业能力。雄安新区建设伊始，尚无针对失地居民的系统培训政策。出台的政策大多停留在文件和口头层面，缺乏具体的行动方略。行政区划内各县现有培训技术技能简单，培训项目内容少，培训频率低，难以满足未来市场用工要求。同时由于部分地区征地补偿费用偏低，也在一定程度上降低了居民自主创业能力。大多数失地农民和征迁户主要从事重体力类行业，就业渠道相对单一。

4. 抗风险能力较差，社会保障政策不到位。雄安新区长期以农业为主，农民比重大。土地对农民具有劳动就业和社会保障的双重功能，目前低保、养老保险、医疗保险等社会保障体系虽已延伸至农村，但许多失地农民的生活、医疗保障水平依然很低。尽管新区建设初期专门划出了迁出居民的安置区，但征迁居民尤其是失地农民的可持续发展与社会保障问题不妥善解决的话，新区内两极分化的格局势必会影响雄安新区未来整体性发展。

5. 易引发社会矛盾。土地和淀泊是当地居民最基本的生产资料。随着被征收土地在城镇化建设中不断升值，经济效益与农民收益之间"西瓜与芝麻"的关系不断放大，容易造成失地居民心理失衡，极易引发群体性上访和公共危机事件。

二、国外征迁居民安置的经验借鉴

国外对征迁居民主要采用直接补偿、发展新产业、能力培训、福利政策等措施。

1. 直接补偿。土地征用补偿的方法，一般以现金补偿为准。除了提高和规范补偿标准，各国还想方设法拓宽补偿方式。如国家相应规定了一些例外的实物补偿，与现金补偿联合使用。除现金补偿以外，日本、德国还采取了替代土地补偿、拆迁代办和工程代办补偿等一系列措施。

2. 产业支持。由于失地居民难以适应新的生产技术，常常面临失业问题。针对这一现状，美国积极培育主导产业，解决失地农民就业问题。日本注重地方小都市综合功能的培育，以增加失地居民的就业机会。英国政府除了采取就地安置、对失地农民进行补偿以及协助社会保障机构维持失地农民基本生活外，还采取措施鼓励第三产业发展，吸纳剩余劳动力，为失地农民提供相关就业岗位。

3. 福利政策。英国、美国、日本、韩国等国家在征迁居民安置方面建立起了完善的社会保障体系。如征迁居民养老保障、医疗保障、居民最低生活保障、教育和培训保障、法律援助、社会保障基金等。政府、市场和社会共同发力确保保障资金充足，为安置工作解除后顾之忧。

4. 就业培训。发达国家非常重视征迁居民的教育和职业培训，努力增强居民再就业能力，通过就业换取保障。英国政府开办系列职业技能培训，接受过职业技能培训的征迁居民可以从事由政府安排的工作外也可以自由择业，从不同方面满足居民就业需求；美国征迁居民离开家乡到其他地区就业，只需将个人资料转到新住址所在地的相应机构，并向当地城市申请一个社会安全号码，就可以在当地居住或工作；日本政府推行了一套职业训练制度，为征迁居民提供各种学习机会，使其适应工作环境并获得劳动技能。

三、雄安新区征迁居民安置的对策建议

1. 完善货币安置，健全征地拆迁补偿机制

一是完善土地征用补偿机制，综合考虑自然条件、区位条件、环境条件，建立和完善农用地分等定级和农地价格评估体系。按不同地段、地类、人均耕地和经济发展水平等情况将土地划分成若干等级，每等级确定一个相对合理的基准地价，使土地补偿费尽可能接近真实的土地价值。二是合理分配补偿费。按照补偿费主要用于被征地居民后续发展的原则，土地补偿费、安置补助费、地上附着物及青苗补偿费应严格归其原所有人所有，并公开发放，不允许克扣、侵占、截留和挪用。三是加强土地补偿费监管。在明确征迁居民土地补偿金及其受益所有权的前提下，不断强化对乡镇、村组的监督管理，确保土地补偿费用到明处，用到实处，且努力做到公开、透明，让居民真正拥有知情权、监督权和管理权。

2、建立被安置人员的再就业体系

与雄安新区建设同步进行的应该尽快构建再就业培训和再就业服务体

系。要对征迁人员实行分层次的专业技能培训。针对未来雄安新区高层次技工方面的需求，政府可以根据征迁对象的文化水平来开展不同层次的职业培训。对一些知识水平较高的人员，可以进行一些技术含量较高的专业技能培训，组织他们进入相关岗位实地培训。对于知识文化水平较低的人员，可以进行一些以操作性为主的职业技能培训，帮助他们掌握就业所必需的基本职业技能，并为他们提供明确的就业信息，保障他们学有所用，顺利就业。新区应超前完善就业服务措施，创造有利于征迁人员就业的机制和环境。建立一支责任心强、业务能力高的职业指导队伍，加强对征迁人员的职业指导，帮助他们正确认识和评价自己，提高他们适应未来发展的就业能力，让他们感受到政府的关怀，增强就业信心。新区应大力扶植创业服务中心机构，负责对创业的管理与服务，营造有利于创业的良好环境。

3. 用新产业领航带动新就业

雄安新区征迁居民中有大量失地农民，想要有效促进失地农民再就业，就需要加速新产业的形成，为失地农民提供丰富的就业岗位。中小企业在资本积累阶段，可消化大量的农村劳动力，雄安新区可酌情发展一些劳动密集型绿色企业进而缓解征迁居民的就业压力。具体措施如下：一是可以依托地肥水美的区位优势，发展鲜切花、盆花、花种培育、花苗繁育、香精提炼等花卉产业，形成花海马拉松、应季花卉节、玫瑰音乐节、高颜值花海拍摄基地、婚礼及婚纱摄影基地等景点，完善花卉观光产业链。二是着力创新农业。依托高附加值、低污染、节能节水等特色农业，开展采摘、亲子、习农等活动，兼顾科普、旅游和宣传的功能。三是在村庄用地边缘发展文化创意和康养旅游产业。通过开展文化展示、主题农庄、农耕体验、康体养生、田野探幽、夜间经济等多种形态的体验活动，带动周边村镇产业转型。

4. 构建失地农民社会保障体系

解决雄安新区征迁过程中有失地农民的安置问题，需建立健全包括基本养老保险、基本医疗保险和最低生活保障在内的社会保障体系，尽快把失地农民纳入新区整体社会保障体系，建立起政府、集体、个人、用地单位的合理分担机制。明确规定各类征地主体无论是进行何种用途的土地征用，均应在土地收益中留出一块作为农民失地后的社会保障资金，并专户储存、专门机构管理。要引导农民在土地补偿中拿出部分资金，购买基本医疗和养老保险，有条件的集体经济组织出资补贴一点，政府从经营土地收益中拿出一点。最终按国家、集体、个人及市场征地主体"四个一点"的思路解决，将失去土地的农民转变为雄安城市居民，享受城市居民同等待遇。

参 考 文 献

一、中文参考文献

1. 论文

[1] 刘伟忠：《我国协同治理理论研究的现状与趋向》，《城市问题》2012 年第 5 期。

[2] 赵新峰：《京津冀协同发展背景下雄安新区新型合作治理架构探析》，《中国行政管理》2017 年第 10 期。

[3] 赵新峰：《德国低碳发展的"善治"实践及其启示》，《中国行政管理》2013 年第 12 期。

[4] 赵新峰、袁宗威：《京津冀区域政府间大气污染治理政策协调问题研究》，《中国行政管理》2014 年第 11 期。

[5] 赵新峰、袁宗威：《区域大气污染治理中的政策工具：我国的实践历程与优化选择》，《中国行政管理》2016 年第 7 期。

[6] 赵新峰、袁宗威：《我国区域政府间大气污染协同治理的制度基础与安排》，《阅江学刊》2017 年第 2 期。

[7] 赵新峰、袁宗威：《京津冀协同发展背景下雄安新区整体性治理的制度创新研究》，《行政论坛》2019 年第 3 期。

[8] 赵新峰、王浦劬：《京津冀协同发展背景下雄安新区治理理念的变革与重塑》，《行政论坛》2018 年第 2 期。

[9] 吴芸、赵新峰：《京津冀区域大气污染治理政策工具变迁研究——基于 2004—2017 年政策文本数据》，《中国行政管理》2018 年第 10 期。

[10] 张可云、蔡之兵：《京津冀协同发展历程、制约因素及未来方向》，《河北学刊》2014 年第 6 期。

[11] 魏娜、赵成根：《跨区域大气污染协同治理研究——以京津冀地区为例》，《河北学刊》2016 年第 1 期。

[12] 胡象明、唐波勇：《整体性治理：公共管理的新范式》，《华中师范大学学报》（人文社会科学版）2010 年第 1 期。

[13] Tom Christensen，Per Laegreid：《后新公共管理改革——作为一种新趋势的整体政府》，张丽娜等译，《中国行政管理》2006 年第 9 期。

[14] 高建华：《区域公共管理视域下的整体性治理：跨界治理的一个分析框架》，《中国行政管理》2010 年第 11 期。

[15] 崔晶：《区域地方政府跨界公共事务整体性治理模式研究：以京津冀都市圈为例》，《政治学研究》2012 年第 2 期。

[16] 崔晶：《京津冀都市圈地方政府协作治理的社会网络分析》，《公共管理与政策评论》2015 年第 3 期。

[17] 崔晶：《生态治理中的地方政府协作：自京津冀都市圈观察》，《改革》2013 年第 9 期。

[18] 崔晶：《水资源跨域治理中的多元主体关系研究——基于微山湖水域划分和山西通利渠水权之争的案例分析》，《华中师范大学学报》（人文社会科学版）2018 年第 2 期。

[19] 曾凡军：《论整体性治理的深层内核与碎片化问题的解决之道》，《学术论坛》2010 年第 10 期。

[20] 曾凡军：《整体性治理：一种压力型治理的超越与替代图式》，《江汉论坛》2013 年第 2 期。

[21] 曾凡军：《政治锦标赛体制下基层政府政策选择性执行及整体性治理救治》，《湖北行政学院学报》2013 年第 3 期。

[22] 曾凡军、定明捷：《迈向整体性治理的我国公共服务型财政研究》，《经济研究参考》2010 年第 65 期。

[23] 曾凡军、韦彬：《整体性治理：服务型政府的治理逻辑》，《广东行政学院学报》2010 年第 1 期。

[24] 吴祥恩、陈晓慧：《国际在线临场感研究的现状、热点及趋势——基于2000—2017年 WOS 核心数据库相关文献的知识图谱分析》，《中国电化教育》2018年第2期。

[25] 陈悦、陈超美、刘则渊、胡志刚、王贤文：《CiteSpace 知识图谱的方法论功能》，《科学学研究》2015年第2期。

[26] 陈玲：《"合作政府"：英国行政改革的新走向》，《东南学术》2002年第5期。

[27] 竺乾威：《从新公共管理到整体性治理》，《中国行政管理》2008年第10期。

[28] 刘敏、李兴保：《移动学习领域的可视化引文分析》，《电化教育研究》2012年第11期。

[29] 黄晓斌、张欢庆：《我国情报学高被引论文分析》，《情报科学》2018年第1期。

[30] 庄诗梦、王东波：《深度学习领域研究热点与前沿分析——基于 CiteSpace 的信息可视化分析》，《河北科技图苑》2018年第1期。

[31] 颜佳华、吕炜：《协商治理、协作治理、协同治理与合作治理概念及其关系辨析》，《湘潭大学学报》（哲学社会科学版）2015年第2期。

[32] 李荣娟、田仕兵：《整体性治理视角下的大部制改革完善探析》，《社会主义研究》2011年第3期。

[33] 罗重谱：《我国大部制改革的政策演进、实践探索与走向判断》，《改革》2013年第3期。

[34] 胡佳：《迈向整体性治理：政府改革的整体性策略及在中国的适用性》，《南京社会科学》2010年第5期。

[35] 胡佳：《整体性治理：地方公共服务改革的新趋向》，《国家行政学院学报》2009年第3期。

[36] 霍小军、朱琳、袁飙：《新形势下基于电子政务的地方政府整体治理模式初探》，《电子政务》2016年第3期。

[37] 谭学良：《整体性治理视角下的政府协同治理机制》，《学习与实践》2014年第4期。

[38] 张志勋、叶萍：《论我国食品安全的整体性治理》，《江西社会科学》2013年第10期。

[39] 韦彬：《整体性治理分析框架下的府际关系建构研究》，《学术论坛》2013年第 6 期。

[40] 何植民、陈齐铭：《精准扶贫的"碎片化"及其整合：整体性治理的视角》，《中国行政管理》2017 年第 10 期。

[41] 韩兆柱、卢冰：《京津冀雾霾治理中的府际合作机制研究——以整体性治理为视角》，《天津行政学院学报》2017 年第 4 期。

[42] 韩兆柱、单婷婷：《网络化治理、整体性治理和数字治理理论的比较研究》，《学习论坛》2015 年第 7 期。

[43] 杨志安、李国龙、杨植淞：《我国城市跨界公共危机与整体性治理——以京津冀地区为例》，《辽宁大学学报》（哲学社会科学版）2017 年第 6 期。

[44] 黄滔：《整体性治理制度化策略研究》，《行政与法》2010 年第 2 期。

[45] 叶璇：《整体性治理国内外研究综述》，《当代经济》2012 年第 6 期。

[46] 陈水生：《新公共管理的终结与数字时代治理的兴起》，《理论导刊》2009年第 4 期。

[47] 彭锦鹏：《全观型治理理论与制度化策略》，《台湾政治科学论丛》2006 年第 23 期。

[48] 崔会敏：《整体性治理对我国行政体制改革的启示》，《四川行政学院学报》2011 年第 1 期．

[49] 寇丹：《整体性治理：政府治理的新趋向》，《东北大学学报》2012 年第 3 期。

[50] 刘俊月、邓集文：《西方整体政府的构建路径及其借鉴》，《行政论坛》2011 年第 2 期。

[51] 鄞益奋：《网络治理：公共管理的新框架》，《公共管理学报》2007 年第 1 期。

[52] 曾维和：《西方"整体政府"改革：理论、实践及启示》，《公共管理学报》2008 年第 4 期。

[53] 肖立军：《明清京津冀协同发展探略》，《人民论坛》2015 年第 3 期。

[54] 薄文广、陈飞：《京津冀协同发展：挑战与困境》，《南开学报》（哲学社会科学版）2015 年第 1 期。

[55] 薄文广、周立群：《长三角区域一体化的经验借鉴及对京津冀协同发展的启示》，《城市》2014 年第 5 期。

[56] 丛屹、王焱：《协同发展、合作治理、困境摆脱与京津冀体制机制创新》，《改革》2014 年第 6 期。

[57] 刘亚平、刘琳琳：《中国区域政府合作的困境与展望》，《学术研究》2010 年第 12 期。

[58] 尹来盛、冯邦彦：《中美大都市区治理的比较研究》，《城市发展研究》2014 年第 1 期。

[59] 刘彩虹：《区域委员会：美国大都市区治理体制研究》，《中国行政管理》2005 年第 5 期。

[60] 张紧跟：《新区域主义：美国大都市区治理的新思路》，《中山大学学报》2010 年第 1 期。

[61] 姜立杰：《匹兹堡——成功的转型城市》，《前沿》2005 年第 6 期；

[62] 郭斌、雷晓康：《美国大都市区治理：演进、经验与启示》，《山西大学学报》2013 年第 5 期。

[63] 连玉明：《试论京津冀协同发展的顶层设计》，《中国特色社会主义研究》2014 年第 4 期。

[64] 祝尔娟：推进京津冀区域协同发展的思路与重点》，《经济与管理》2014 年第 3 期。

[65] 范恒山：《关于深化区域合作的若干思考》，《经济社会体制比较》2013 年第 4 期。

[66] 锁利铭：《面向府际协作的城市群治理：趋势、特征与未来取向》，《经济社会体制比较》2016 年第 6 期。

[67] 锁利铭：《跨省域城市群环境协作治理的行为与结构——基于“京津冀”与“长三角”的比较研究》，《学海》2017 年第 4 期。

[68] 锁利铭、许露萍：《基于地方政府联席会的中国城市群协作治理》，《复旦城市治理评论》2017 年第 1 期。

[69] 锁利铭、李雪：《区域治理研究中“商品（服务）特征”的应用与影响》，《天津社会科学》2018 年第 6 期。

[70] 锁利铭、廖臻：《京津冀协同发展中的府际联席会机制研究》，《行政论坛》2019 年第 3 期。

[71] 锁利铭、阚艳秋、涂易梅：《从"府际合作"走向"制度性集体行动"：协作性区域治理的研究述评》，《公共管理与政策评论》2018 年第 3 期。

[72] 杨龙、胡世文：《大都市区治理背景下的京津冀协同发展》，《中国行政管理》2015 年第 9 期。

[73] 孙兵：《京津冀协同发展区域管理创新研究》，《管理世界》2016 年第 7 期。

[74] 李勇军：《京津冀协同发展政策网络形成机制与结构研究》，《经济经纬》2018 年第 6 期。

[75] 曹海军、刘少博：《京津冀城市群治理中的协调机制与服务体系构建的关系研究》，《中国行政管理》2015 年第 9 期。

[76] 戴宏伟：《新型首都城市群建设与京津冀协同发展》，《前线》2018 年第 8 期。

[77] 卢文超：《区域协同发展下地方政府的有效合作意愿——以京津冀协同发展为例》，《甘肃社会科学》2018 年第 2 期。

[78] 中国经济周刊编辑部：《京津冀协同发展大事记》，《中国经济周刊》2014 年第 13 期。

[79] 谢延会、陈瑞莲：《中国地方政府议事协调机构设立和运作逻辑研究》，《学术研究》2014 年第 10 期。

[80] 周望：《议事协调机构改革之管见》，《中国机构改革与管理》2016 年第 2 期。

[81] 周望：《借力与自立：议事协调机构运行的双重逻辑》，《河南师范大学学报》（哲学社会科学版）2017 年第 5 期。

[82] 邢华：《我国区域合作治理困境与纵向嵌入式治理机制选择》，《政治学研究》2014 年第 5 期。

[83] 张成福：《走向发展和繁荣的制度基础：雄安新区政府治理的愿景》，《国家行政学院学报》2017 年第 6 期。

[84] [英] 格里·斯托克：《治理的微观基础：改进政府间关系的关键为何是心理学而不是经济学》，谭锐译，《公共行政评论》2010 年第 2 期。

[85] 袁年兴、姚建秀：《国家治理的微观基础：元身份的线索》，《河南社会科学》2017 年第 12 期。

[86] 张璋：《复合官僚制：中国政府治理的微观基础》，《公共管理与政策评论》2015 年第 4 期。

[87] 刘蓉、黄洪：《行为财政学研究评述》，《经济学动态》2010 年第 5 期。

[88] 梁竹苑、刘欢：《跨期选择的性质探索》，《心理科学进展》2011 年第 7 期。

[89] 陶希东：《跨界区域协调：内容，机制与政策研究——以三大跨省都市圈为例》，《上海经济研究》2010 年第 1 期。

[90] 陶希东：《美国空气污染跨界治理的特区制度及经验》，《环境保护》2012 年第 7 期。

[91] 杨立华、刘宏福：《绿色治理：建设美丽中国的必由之路》，《中国行政管理》2014 年第 11 期。

[92] 杨志军：《三观政治与合法性基础：一项关于运动式治理的思维框架解释》，《浙江社会科学》2016 年第 11 期。

[93] 潘铭：《浅谈雾霾对人体健康的影响》，《微量元素与健康研究》2013 年第 5 期。

[94] 徐小娟、刘子锐、高文康、王跃思、辛金元：《后奥运时期京津冀区域大气本底夏季污染变化》，《环境科学研究》2012 年第 9 期。

[95] 孙迪、王东梅：《雾霾对人体的危害及其护理对策》，《循证护理》2017 年第 1 期。

[96] 毛万磊：《环境治理的政策工具研究：分类、特性与选择》，《山东行政学院学报》2014 年第 4 期。

[97] 夏海勇：《透视"民工荒"——当前我国农村劳动力转移态势的人口经济学分析》，《市场与人口分析》2005 年第 4 期。

[98] 国家行政学院电子政务研究中心：《2017 年省级政府网上政务服务能力调查评估》，中国电子政务网。

[99] 蔡继明、程世勇：《中国的城市化：从空间到人口》，《当代财经》2011 年第 2 期。

[100] 张楠迪扬：《京津冀一体化视角下的雄安新区行政体制机制创新》，《国家行政学院学报》2017 年第 6 期。

[101] 易承志：《跨界公共事务、区域合作共治与整体性治理》：《学术月刊》

2017 年第 11 期。

[102] 李国平、王奕淇：《地方政府跨界水污染治理政策工具的公地悲剧理论与中国的实证》，《软科学》2016 年第 11 期。

[103] 张婷、王友云：《水污染治理政策工具的优化选择》，《开放导报》2017 年第 3 期。

[104] 赵凤仪、熊明辉：《我国跨区域水污染治理的困境及应对策略》，《南京社会科学》2017 年第 5 期。

[105] 任敏：《河长制：一个中国政府流域治理跨部门协同的样本研究》，《北京行政学院学报》2015 年第 3 期。

[106] Correia F.N. da Silva J.E.：《跨国水资源管理的框架》，《水土保持科技情报》2001 年第 4 期。

[107] 朱德米：《构建流域水污染防治的跨部门合作机制——以太湖流域为例》，《中国行政管理》2009 年第 4 期。

[108] 吴世忠：《内容分析方法论纲》，《情报资料工作》1991 年第 2 期。

[109] 李超显、黄健柏：《流域重金属污染治理政策工具选择的政策网络分析：以湘江流域为例》，《湘潭大学学报》（哲学社会科学版）2017 年第 6 期。

[110] 吴嘉琦：《中国水污染治理的政策工具选择研究》，黑龙江大学硕士学位论文，2013 年。

[111] 郭庆：《环境规制政策工具相对作用评价——以水污染治理为例》，《经济与管理评论》2014 年第 5 期。

[112] [澳] 欧文·E. 休斯：《公共管理导论》，《领导决策信息》2002 年第 15 期。

[113] 周志忍、蒋敏娟：《整体政府下的政策协同：理论与发达国家的当代实践》，《国家行政学院学报》2010 年第 6 期。

[114] 周志忍：《为政府绩效评估中的"结果导向"原则正名》，《学海》2017 年第 2 期。

[115] 佚名：《雄安新区印发〈河北雄安新区实行河湖长制工作方案〉》，《海河水利》2018 年第 5 期。

[116] 周黎安：《晋升博弈中政府官员的激励与合作——兼论我国地方保护主义和重复建设问题长期存在的原因》，《经济研究》2004 年第 6 期。

[117] 周黎安、陶婧：《官员晋升竞争与边界效应：以省区交界地带的经济发展为例》，《金融研究》2011 年第 3 期。

[118] 陈潭、刘兴云：《锦标赛体制、晋升博弈与地方剧场政治》，《公共管理学报》2011 年第 2 期。

[119] 林娜：《雄安新区白洋淀生态环境修复和治理》，《科技风》2019 年第 4 期。

[120] 金太军：《政策制定体制中的信息系统》，《中国行政管理》2001 年第 4 期。

[121] 李永忠：《论公共政策信息的特性、类型及作用》，《中国行政管理》2011 年第 7 期。

[122] 陈平、罗艳：《环境规制促进了我国碳排放公平性吗？——基于环境规制工具分类视角》，《云南财经大学学报》2019 年第 11 期。

[123] 孙迎春：《公共部门协作治理改革的新趋势：以美国国家海洋政策协同框架为例》，《中国行政管理》2011 年第 11 期。

[124] 司林波、王伟伟：《跨行政区生态环境协同治理信息资源共享机制构建——以京津冀地区为例》，《燕山大学学报》（哲学社会科学版）2020 年第 3 期。

[125] 俞可平：《全球治理引论》，《马克思主义与现实》2002 年第 1 期。

[126] 程厚德、李春：《善治视野下的国外低碳城市发展经验及启示》，《中国行政管理》2014 年第 11 期。

[127] 彭博：《英国低碳经济发展经验及其对我国的启示》，《经济研究参考》2013 年第 44 期。

[128] 杨圣勤、李彬：《德国发展低碳经济对我国的启示》，《对外经贸》2014 年第 6 期。

[129] 洪京一：《世界信息化发展报告：信息化推进世界主要都市圈及城市群发展研究（2014—2015)》，社会科学文献出版社 2015 年版。

[130] 单宝：《低碳城市的发展模式与实现途径》，《中国行政管理学会 2010 年会暨"政府管理创新"研讨会论文集》，2010 年。

[131] 林姚宇、吴佳明：《低碳城市的国际实践解析》，《国际城市规划》2010 年第 1 期。

[132] 李超骕、马振邦、郑憩、邵天然、曾辉：《中外低碳城市建设案例比较研究》，《城市发展研究》2011 年第 1 期。

[133] 傅华：《中国生态伦理学研究状况述评（上）》，《北京行政学院学报》2002 年第 1 期。

[134] 何树：《生态价值观与生态文明建设》，河北工业大学硕士学位论文，2013 年。

[135] 王志强：《论生态价值观》，《兰州大学学报》（社会科学版）1993 年第 1 期。

[136] 王妍：《生态价值观及其实践意义》，《南京工业大学学报》（社会科学版）2003 年第 4 期。

[137] 史艺军、周晶：《论中国共产党几代领导人的生态价值观》，《辽宁师范大学学报》（社会科学版）2009 年第 2 期。

[138] 张勇：《生态价值观与生态资本观：全面小康的生态文明建设观》，《中国井冈山干部学院学报》2017 年第 1 期。

[139] 侯鹏、王桥、申文明等：《生态系统综合评估研究进展：内涵、框架与挑战》，《地理研究》2015 年第 10 期。

[140] 封志明、杨艳昭、李鹏：《从自然资源核算到自然资源资产负债表编制》，《中国科学院院刊》2014 年第 4 期。

[141] 闫慧敏、封志明、杨艳昭、潘韬、江东、宋晓谕、马国霞、刘文新：《湖州／安吉：全国首张市／县自然资源资产负债表编制》，《资源科学》2017 年第 9 期。

[142] 傅伯杰、周国逸、白永飞等：《中国主要陆地生态系统服务功能与生态安全》，《地球科学进展》2009 年第 6 期。

[143] 胡鞍钢：《我国最缺生态资本和生态财富》，《理论学习》2015 年第 11 期。

[144] 解振华：《深入推进新时代生态环境管理体制改革》，《中国机构改革与管理》2018 年第 10 期。

[145] 姚毓春、范欣、张舒婷：《资源富集地区：资源禀赋与区域经济增长》，《管理世界》2014 年第 7 期。

[146] 王礼茂、郎一环：《中国资源安全研究的进展及问题》，《地理科学进展》2002 年第 21 期。

[147] 左伟、王桥、王文杰等：《区域生态安全评价指标与标准研究》，《地理学与国土研究》2002 年第 18 期。

[148] 傅伯杰：《面向全球可持续发展的地理学》，《科技导报》2018 年第 2 期。

[149] 刘耀彬、袁华锡：《中国的绿色发展：特征规律·框架方法·评价应用》，《吉首大学学报》（社会科学版）2019 年第 4 期。

[150] 周伟铎：《雄安新区低碳发展策略研究》，《建筑经济》2018 年第 3 期。

[151] 赵奥、郭景福、武春友：《中国绿色增长评价指标体系构建及实证测度研究》，《科技管理研究》2018 年第 16 期。

[152] 廖振民：《地方政府生态文明建设绩效评估机制创新》，《中共云南省委党校学报》2018 年第 6 期。

[153] 马少华、付毓卉：《改革开放以来广东绿色发展绩效评价》，《华南理工大学学报》（社会科学版）2018 年第 9 期。

[154] 王婷、朱磊：《基于 AHP 与 PCA 对雄安新区的影响研究》，《哈尔滨商业大学学报》（自然科学版）2018 年第 3 期。

[155] 韩瑞波：《整体性治理在国家治理中的适用性分析：一个文献综述》，《吉首大学学报》（社会科学版）2016 年第 6 期。

[156] 张书涛：《政府绩效评估的系统偏差与政策控制》，《行政论坛》2016 年第 4 期。

[157] 杜倩倩、于博、李宗洋：《北京市绿色发展指标体系设计与实证评价》，《安徽农业科学》2018 年第 29 期。

[158] 黄李辉、阮永平：《文献分析法在我国管理会计研究中的应用》，《财会通讯》2017 年第 4 期。

[159] 张冬梅：《德尔菲法的运用研究》，《情报理论与实践》2018 年第 3 期。

[160] 李睿华：《基于德尔菲法与层次分析法的外文图书资源采选模型》，《新世纪图书馆》2018 年第 1 期。

[161] 吴金霞：《基于层次分析法对我国科技服务业竞争力研究》，《现代商贸工业》2019 年第 4 期。

[162] 高培勇：《财税体制改革与国家治理现代化》，社会科学文献出版社 2014 年版，第 15 页。

[163] 田培杰：《协同治理概念考辨》，《上海大学学报》（社会科学版）2014 年第 1 期。

[164] 叶振宇：《雄安新区与京津冀的关系及合作途径》，《河北大学学报》（哲

学社会科学版）2017 年第 7 期。

[165] 刘姗：《浅议京津冀协同发展的战略选择与财政策略》，《经济研究参考》2014 年第 69 期。

[166] 杨志安：《邱国庆，区域环境协同治理中财政合作逻辑机理、制约因素及实现路径》，《财经论丛》2016 年第 6 期。

[167] 蒲蕊：《公共教育服务体制创新：治理的视角》，《教育研究》2011 年第 7 期。

[168] 刘争先：《国家建构视域下的教育失败与教育治理》，《四川师范大学学报》（社会科学版）2017 年第 2 期。

[169] 虞丽娟：《美国研究型大学人才培养体系的改革及启示》，《高等工程教育研究》2005 年第 2 期。

[170] 潘洪亮：《多元智能理论和"研究性学习"课程的开发》，《教育发展研究》2001 年第 9 期。

[171] 陈金芳、万作芳：《教育治理体系与治理能力现代化的几点思考》，《教育研究》2016 年第 10 期。

[172] 朱凌：《合作网络与绩效管理：公共管理实证研究中的应用及理论展望》，《公共管理与政策评论》2019 年第 1 期。

[173] 陈那波：《公共行政学研究方法应用前沿及其中国借鉴》，《公共行政评论》2015 年第 4 期。

[174] 刘波、王力立、姚引良：《整体性治理与网络治理的比较研究》，《经济社会体制比较》2011 年第 5 期。

[175] 蔡之兵：《雄安新区的战略意图、历史意义与成败关键》，《中国发展观察》2017 年第 8 期。

[176] 杨宏山：《雄安新区建设宜实行优质公共服务先行》，《北京行政学院学报》2017 年第 4 期。

[177] 张帆：《公共服务合作网络在实践中的利弊及其对策》，《华夏地理》2016 年第 1 期。

[178] 陈灿：《走向组织间合作网络的公共服务供给模式研究》，《公共管理求索》2008 年第 1 期。

[179] 马莉莉、张亚斌：《网络化时代的公共服务模块化供给机制》，《中国工业经济》2013 年第 9 期。

[180] 陈振明、耿旭：《中国公共服务质量改进的理论与实践进展》，《厦门大学学报》（哲学社会科学版）2016 年第 1 期。

[181] 陈钦春：《社会主义在当代治理模式中的定位与展望》，《中国行政评论》2000 年第 10 期。

[182] 谭英俊：《公共事务合作治理模式：反思与探索》，《贵州社会科学》2009 年第 3 期。

[183] 李国平、宋昌耀：《雄安新区高质量发展的战略选择》，《改革》2018 年第 4 期。

[184] 王瑞华：《合作网络治理理论的困境与启示》，《西南政法大学学报》2005 年第 4 期。

[185] 倪东生、张闫芳：《政府购买公共服务市场化中承接主体的激励机制》，《中国流通经济》2015 年第 4 期。

[186] 徐望：《公共数字文化建设要求下的智慧文化服务体系建设研究》，《电子政务》2018 年第 3 期。

[187] 韩保中：《全观型治理之研究》，《公共行政学报》2009 年第 31 期。

[188] 袁秀伟：《我国地方政府绩效评估的主要模式及创新路径》，《河南师范大学学报》（哲学社会科学版）2015 年第 5 期。

[189] 王玉明：《国外政府绩效评估模型的比较与借鉴》，《四川行政学院学报》2006 年第 6 期。

[190] 罗雅：《我国地方政府绩效考评存在的问题及其完善》，《剑南文学》2012 年第 9 期。

[191] 蔡立辉：《西方国家政府绩效评估的理念及其启示》，《清华大学学报》（哲学社会科学版）2003 年第 1 期。

[192] 曾令发：《整体型治理的行动逻辑》，《中国行政管理》2010 年第 1 期。

[193] 吴建南、杨宇谦、阎波：《政府绩效评价：指标设计与模式构建》，《西安交通大学学报》（社会科学版）2007 年第 5 期。

[194] 方昊：《人类命运共同体与自由人联合体的逻辑一致性》，《吉林大学社会

科学学报》2019 年第 3 期。

[195] 王峥、龚轶:《创新共同体:概念、框架与模式》,《科学学研究》2018 年第 1 期。

[196] 邓泳红、张其仔:《中国应对第四次工业革命的战略选择》,《中州学刊》2015 年第 6 期。

[197] 柳天恩、武义青:《雄安新区产业高质量发展的内涵要求、重点难点与战略举措》,《西部论坛》2019 年第 4 期。

[198] 杨爱平:《新时期粤港政府合作的理论思考——从博弈论的角度分析》,《广东行政学院学报》2002 年第 1 期。

[199] 王庆华、丰硕:《共生型网络:跨域合作治理的新框架》,《南开学报》2016 年第 11 期。

[200] 王庆华、丰硕、李志强:《共生型网络:跨域合作治理的新框架——基于亚洲区域合作视角》,《东北亚论坛》2016 年第 1 期。

[201] 王春娣:《论社会协商机制——以行业协会为视角》,《法学家》2005 年第 4 期。

[202] 景怀斌:《政府决策的制度——心理机制:一个理论框架》,《公共行政评论》2011 年第 3 期。

[203] 钱振明:《促进政府决策机制优化的制度安排》,《江苏社会科学》2007 年第 6 期。

[204] 李桢、刘名远:《区域经济合作利益补偿机制及其制度体系的构建》,《南京社会科学》2012 年第 8 期。

[205] 张东江、哈坚强、史洪飞:《白洋淀入淀流量变异程度分析》,《水资源保护》2014 年第 1 期。

[206] 程永正:《绿色 GDP 核算与节能减排》,《环境保护与循环经济》2010 年第 7 期。

[207] 刘珺田:《社会主义生态价值观略论》,海南师范大学硕士学位论文,2018 年。

[208] 冯布泽:《基于整体性治理的京津冀地区生态环境协同治理研究》,燕山大学硕士学位论文,2015 年。

[209] 谭学良：《我国县域公共就业服务的碎片化及其整体性治理——基于系统权变模型的理论与实证研究》，华中师范大学硕士学位论文，2014 年。

[210] 刘毅：《整体性治理视角下的县级政府社会管理体制创新研究》，华中师范大学博士学位论文，2014 年。

[211] 董聪娜：《基于整体性治理的京津冀大气环境治理机制研究》，燕山大学硕士学位论文，2016 年。

[212] 徐文江：《整体性治理视角下的城中湖污染治理问题研究》，华中师范大学硕士学位论文，2015 年。

[213] 赵茜：《论我国地方政府部门间关系的协调与整合——整体性治理理论视角》，首都经济贸易大学硕士学位论文，2013 年。

[214] 罗曼：《我国食品安全监管体制的碎片化困境与对策研究》，华中师范大学硕士学位论文，2012 年。

[215] 魏娜：《京津冀大气污染跨域协同治理研究》，北京大学博士学位论文，2016 年。

[216] 王颖：《邻避情境下政府治理的政策工具选择研究》，电子科技大学硕士学位论文，2016 年。

[217] 林鑫：《生态文明建设的自然与社会意义研究》，成都理工大学硕士学位论文，2015 年。

[218] 黄月华：《整体性治理视角下西江航运干线船间管理体制研究》，广西大学硕士学位论文，2015 年。

[219] 马虹：《基于 AHP 的公共文化服务绩效评价研究》，兰州大学管理学院硕士学位论文，2013 年。

[220] 王涵：《区域协同立法的"京津冀"尝试》，《民主与法制时报》2015 年 5 月 20 日。

[221] 祁梦竹、刘菲菲：《区域协同发展的内部协调机制不可或缺》，《北京日报》2014 年 7 月 4 日。

[222] 锁利铭：《府际联席会：城市群建设的有效协调机制》，《学习时报》2017 年 9 月 18 日。

[223] 锁利铭、马捷、陈斌：《在区域层面构建有效的网络治理体系》，《中国社

会科学报》2015 年 7 月 10 日。

[224] 宣晓伟：《地区分化持续，区域发展模式转型任重道远》，《中国经济时报》2017 年 1 月 24 日。

[225] 胡鞍钢、杭承政：《用"精准激励"激发"我要脱贫"》，《光明日报》2017 年 8 月 29 日。

[226] 谢文、李慧：《长三角，龙头如何舞起来》，《光明日报》2018 年 9 月 26 日。

[227]《中共中央国务院关于支持河北雄安新区全面深化改革和扩大开放的指导意见》，《人民日报》2019 年 1 月 25 日。

[228] 李昂：《日本推进绿色低碳城市建设的经验与启示》，《中国经济时报》2016 年 7 月 4 日。

[229] 陆小成：《世界级城市群的生态特征与演化规律》，《中国城市报》2017 年 10 月 2 日。

[230] 中共河北省委河北省人民政府：《河北雄安新区规划纲要》，《河北日报》2018 年 4 月 22 日。

[231]《中共中央　国务院关于对〈河北雄安新区规划纲要〉的批复》，《人民日报》2018 年 4 月 20 日。

[232] 李德国：《构建高质量公共服务体系的国外经验》，《福建日报》2018 年 6 月 25 日。

[233]《中共中央、国务院决定设立河北雄安新区》，《人民日报》2017 年 4 月 2 日。

[234]《京津冀协同发展领导小组办公室负责人　就京津冀协同发展有关问题答记者问》，《人民日报》2015 年 08 月 24 日。

[235]《深入推进京津冀协同发展取得新的更大成效》，《河北日报》2019 年 1 月 23 日。

[236] 顾梦琳：《去年京津冀 GDP 达 66474.5 亿元占全国 10.4%》2015 年 7 月 9 日，新浪网（http：//news：sina：com：cn/c/2015-07-09/083532089304：shtml？from＝wap）。

[237] 保定市统计局：《保定市 2019 年国民经济和社会发展统计公报》，2019 年，http：//www.bd.gov.cn/content-173-235300.html。

[238] 沧州市统计局：《沧州市 2019 年国民经济和社会发展统计公报》，2019 年，http：//www.tj.cangzhou.gov.cn/zwgk/tjgb/705230.shtml。

[239] 北京市统计局：《北京市 2019 年国民经济和社会发展统计公报》，2019 年，http：//tjj.beijing.gov.cn/tjsj_31433/tjgb_31445/ndgb_31446/202003/t20200302_1673343.html。

[240] 天津市统计局：《2019 年天津市国民经济和社会发展统计公报》，2019 年，http：//stats.tj.gov.cn/TJTJJ434/TJGB598/TJSTJGB33/202003/t20200313_2089152.html。

[241] 新华网：《京津冀协同发展实施以来累计打通"断头路"22 条段、1400 公里》，2017 年，http：//news.sina.com.cn/o/2017-12-28/doc-ifyqchnr6879683.shtml。

[242] 雄安新区官网：《白洋淀水质改善效果明显 2020 年上半年目标公布——白洋淀生态环境治理和修复情况报告》，2019 年，http：//www.xiongan.gov.cn/2019-01/08/c_1210032822.htm。

[243] 孟宪峰：《首届雄安国际健康论坛在廊坊举行》，2018 年 11 月 13 日，http：//www.hebei.gov.cn/hebei/11937442/10761139/14466349/index.html。

[244] 郝晓宁：《旅游与康养相结合 打造特色产品很重要》，2019 年 03 月 06 日，http：//health.people.com.cn/n1/2019/0306/c14739-30961174.html。

[245]《国务院关于河北雄安新区总体规划（2018—2035 年）的批复》（国函〔2018〕159 号），2019 年 01 月 02 日，http：//www.gov.cn/zhengce/content/2019-01/02/content_5354222.html。

[246]《关于大力推进康养产业发展的意见》，2018 年 10 月 13 日，http：//www.hebei.gov.cn/hebei/11937442/10761139/14430288/index.html。

[247]《河北省特色小镇规划布局方案》，2018 年 06 月 01 日，http：//www.ndrc.gov.cn/dffgwdt/201806/t20180601_888530.html。

[248]《河北雄安新区规划纲要》（全文），2018 年 04 月 21 日，http：//baijiahao.baidu.com/s？id＝1598363443479074434&wfr＝spider&for＝pc。

[249]《国家林业和草原局、民政部、国家卫生健康委员会、国家中医药管理局关于促进森林康养产业发展的意见》，2019 年 03 月 13 日，http：//www.forestry.gov.cn/main/4812/20190319/104115859893935.html。

[250]《〈河北雄安新区规划纲要〉（5）起步区空间布局示意图》，2018 年 04 月

21 日，http：//baijiahao.baidu.com/s？id＝1598359677026625736&wfr＝spider&for＝pc。

[251] 朱萍：《雄安新区承接高端医疗机构　助力医药产业转型升级》，2018 年 04 月 24 日，http：//finance.sina.com.cn/roll/2018-04-24/docifzqvvsa1386859.shtml。

[252]《中华人民共和国财政部令第 102 号——政府购买服务管理办法》，2020-01-03，http：//tfs.mof.gov.cn/caizhengbuling/202001/t20200122_3463449.html。

[253]《关于〈政府购买服务管理办法（征求意见稿）〉向社会公开征求意见的通知》，2018-06-26http：//tfs.mof.gov.cn/zhengwuxinxi/zhengcefabu/201806/t20180626_2939688.html。

[254] 黄滔：《整体性治理理论与相关理论的比较研究》，《福建论坛》（人文社会科学版）2014 年第 1 期。

[255] 韩兆柱、单婷婷：《基于整体性治理的京津冀府际关系协调模式研究》，《行政论坛》2014 年第 4 期。

[256] 史云贵、周荃：《整体性治理：梳理、反思与趋势》，《天津行政学院学报》2014 年第 5 期。

[257] 翁士洪：《整体性治理模式的兴起——整体性治理在英国政府治理中的理论与实践》，《上海行政学院学报》2010 年第 2 期。

[258] 韩兆柱、杨洋：《整体性治理理论研究及应用》，《教学与研究》2013 年第 6 期。

[259] 朱玉知：《整体性治理与分散性治理：公共治理的两种范式》，《行政论坛》2011 年第 3 期。

[260] 朱玉知：《替代还是互补：整体性治理与分散性治理——对公共治理转型的一种回应》，《甘肃行政学院学报》2011 年第 2 期。

[261] 崔会敏：《整体性治理：超越新公共管理的治理理论》，《辽宁行政学院学报》2011 年第 7 期。

[262] 韩兆柱、翟文康：《大数据时代背景下整体性治理理论应用研究》，《行政论坛》2015 年第 6 期。

[263] 邱国栋、马巧慧：《企业制度创新与技术创新的内生耦合——以韩国现代与中国吉利为样本的跨案例研究》，《中国软科学》2013 年第 12 期。

[264] 张紧跟：《区域公共管理制度创新分析：以珠江三角洲为例》，《政治学研究》2010 年第 3 期。

[265] 王欣、傅咏梅：《组织创新、制度创新与环境支撑——江苏区域创新体系研究》，《中国社会科学院研究生院学报》2010 年第 5 期。

[266] 杨英、秦浩明：《粤港澳深度融合制度创新的典型区域研究——横琴、前海、南沙制度创新比较》，《科技进步与对策》2014 年第 1 期。

[267] 陈瑞莲：《论区域公共管理的制度创新》，《中山大学学报》（社会科学版）2005 年第 5 期。

[268] 邓宇鹏：《论区域制度创新》，《财经理论与实践》2005 年第 2 期。

[269] 董皞：《"特区租管地"：一种区域合作法律制度创新模式》，《中国法学》2015 年第 1 期。

[270] 吕晓刚：《制度创新、路径依赖与区域经济增长》，《复旦学报》（社会科学版）2003 年第 6 期。

[271] 陶火生、宁启超：《环境治理中的政府领导责任探析》，《沈阳干部学刊》2011 年第 1 期。

[272] 闫文娟：《财政分权、政府竞争与环境治理投资》，《财贸研究》2012 年第 5 期。

[273] 李国平、张文彬：《地方政府环境保护激励模型设计——基于博弈和合谋的视角》，《中国地质大学学报》（社会科学版）2013 年第 6 期。

[274] 李金龙、游高端：《地方政府环境治理能力提升的路径依赖与创新》，《求实》2009 年第 3 期。

[275] 黄志刚：《国外环保投资的经验及对我国的启发》，《边疆经济与文化》2008 年第 7 期。

[276] 谢秋山、彭远春：《政府、企业和公民：中国环境治理的责任困境》，《天府新论》2013 年第 5 期。

[277] 谢海燕：《环境污染第三方治理实践及建议》，《宏观经济管理》2014 年第 12 期。

[278] 王琪、韩坤：《环境污染第三方治理中政企关系的协调》，《中州学刊》2015 年第 6 期。

[279] 万明国:《环境治理的适度公共投资决策分析》,《武汉理工大学学报》(信息与管理工程版) 2007 年第 8 期。

[280] 易波、张莉莉:《论地方环境治理的政府失灵及其矫正:环境公平的视角》,《法学杂志》2011 年第 9 期。

[281] 范俊玉:《我国环境治理中政府激励不足原因分析及应对举措》,《中州学刊》2011 年第 1 期。

[282] 何立胜、苏明:《企业环境保护责任与政府社会性规制的嵌入》,《河南师范大学学报》2011 年第 4 期。

[283] 贺立龙、陈中伟、张杰:《环境污染中的合谋与监管:一个博弈分析》,《青海社会科学》2009 年第 1 期。

[284] 冀丽静:《试论污水处理行业 PPP 模式的可行性与对策》,《商情》2015 年第 40 期。

[285] 侯小伏:《英国环境管理的公众参与及其对中国的启示》,《中国人口·资源与环境》2004 年第 5 期。

[286] 秦天宝:《程序正义:公众环境权益保障新理念——〈环境保护公众参与办法〉解读》,《环境保护》2015 年第 20 期。

[287] 薛澜、董秀海:《基于委托代理模型的环境治理公众参与研究》,《中国人口·资源与环境》2010 年第 10 期。

[288] 王宏斌:《制度创新视角下京津冀生态环境协同治理》,《河北学刊》2015 年第 5 期。

[289] 余敏江:《论区域生态环境协同治理的制度基础——基于社会学制度主义的分析视角》,《理论探讨》2013 年第 2 期。

[290] 余敏江:《区域生态环境协同治理的逻辑——基于社群主义视角的分析》,《社会科学》2015 年第 1 期。

[291] 黄斌欢、杨浩勃、姚茂华:《权力重构、社会生产与生态环境的协同治理》,《中国人口·资源与环境》2015 年第 2 期。

[292] 于水、帖明:《协同治理:推开城乡结合部生态环境治理的大门》,《环境保护》2012 年第 16 期。

[293] 王洪庆、朱荣林:《制度创新与区域经济一体化》,《经济问题探索》2004

年第 5 期。

[294] 周松兰：《区域经济发展与区域制度创新互动规律的探索——以佛山为例》，《开发研究》2004 年第 2 期。

[295] 文魁、徐则荣：《制度创新理论的生成与发展》，《当代经济研究》2013 年第 7 期。

[296] 谢庆奎：《中国政府的府际关系研究》，《北京大学学报》（哲学社会科学版）2000 年第 1 期。

[297] 张成福、李昊城、边晓慧：《跨域治理：模式、机制与困境》，《中国行政管理》2012 年第 3 期。

[298] 杨亚南：《政策网络视角下京津冀区域协同发展机制的研究》，《云南行政学院学报》2014 年第 4 期。

[299] 高桂林、陈云俊：《评析新〈大气污染防治法〉中的联防联控制度》，《环境保护》2015 年第 18 期。

[300] 周雪光：《制度是如何思维的?》，《读书》2001 年第 4 期。

[301] 王家庭、曹清峰：《京津冀区域生态协同治理：由政府行为与市场机制引申》，《改革》2014 年第 5 期。

[302] 崔晶：《区域大气污染协同治理视角下的府际事权划分问题研究》，《中国行政管理》2014 年第 9 期。

[303] 杨爱平、陈瑞莲：《从"行政区行政"到"区域公共管理"——政府治理形态嬗变的一种比较分析》，《江西社会科学》2004 年第 11 期。

[304] 王惠娜：《区域环境治理中的新政策工具》，《学术研究》2012 年第 1 期。

[305] 李成燕：《清代雍正年间的京东水利营田》，《中国经济史研究》2009 年第 2 期。

[306] 杜宽旗：《对区域环境污染管理政策工具选择的理论再思考》，《郑州航空工业管理学院学报》2006 年第 5 期。

[307] 程栋：《中国区域经济政策工具创新：理论与实践》，《贵州社会科学》2016 年第 4 期。

[308] [美] 塞缪尔·P. 亨廷顿，乔治·多明格斯：《政治发展》，《政治学手册精选》（下卷），商务印书馆 1996 年版。

[309] 曾冰、郑建锋、邱志萍：《环境政策工具对改善环境质量的作用研究——基 2001—2012 年中国省际面板数据的分析》，《上海经济研究》2016 年第 5 期。

[310] 黎黎：《我国环境治理的政策工具及其优化》，《江西社会科学》2014 年第 6 期。

[311] 任景明、徐鹤、李健等：《区域性战略环评的公众参与模式》，《环境保护》2013 年第 18 期。

[312] 王青斌：《论公众参与有效性的提高——以城市规划领域为例》，《政法论坛》2012 年第 4 期。

[313] 宋华：《环境管理工具动态调整研究》，《经济体制改革》2009 年第 3 期。

[314] 楚道文：《大气污染区域联合防治制度建构》，《政法论丛》2015 年第 5 期。

[315] 王清军：《区域大气污染治理体制：变革与发展》，《武汉大学学报》（哲学社会科版）2016 年第 1 期。

[316] 张世秋：《通过制度变革推进区域复合型大气污染的防控与管理》，《环境保护》2012 年第 6 期。

[317] 石佑启、陈咏梅：《论开放型决策模式下公众参与制度的完善》，《江苏社会科学》2013 年第 1 期。

[318] 王士如、郭倩：《政府决策中公众参与的制度思考》，《山西大学学报》（哲学社会科学版）2010 年第 5 期。

[319] 陈阳：《大众媒体、集体行动和当代中国的环境议题》，《国际新闻界》2010 年第 7 期。

[320] 江必新、李春燕：《公众参与趋势对行政法和行政法学的挑战》，《中国法学》2005 年第 6 期。

[321] 胡佳：《跨行政区环境治理中的地方政府协作研究》，复旦大学硕士学位论文，2011 年。

[322] 张可云：《设立雄安新区的逻辑和十大关键问题》，《区域经济评论》2017 年第 5 期。

2. 著作

[1] 习近平：《习近平谈治国理政》（第一卷），外文出版社 2018 年版。

[2] 《政府工作报告》，人民出版社 2019 年版。

[3] 潘家华：《习近平新时代中国特色社会主义思想学习丛书：生态文明建设的理论构建与实践探索》，中国社会科学出版社 2019 年版。

[4] 本书编写组：《河北雄安新区规划纲要》，人民出版社 2018 年版。

[5] 本书编写组：《河北雄安新区解读》，人民出版社 2017 年版。

[6] 陈群民：《打造有效政府——政府流程改进研究》，上海财经大学出版社 2012 年版。

[7] 卢现祥、张翼等：《低碳经济与制度安排》，北京大学出版社 2015 年版。

[8] 曾凡军：《基于整体性治理的政府组织协调机制研究》，武汉大学出版社 2013 年版。

[9] 竺乾威：《公共行政理论》，复旦大学出版社 2008 年版。

[10] 荣敬本等：《从压力型体制向民主合作体制的转变》，中央编译出版社 1998 年版。

[11] 蒋敏娟：《中国政府跨部门协同机制研究》，北京大学出版社 2016 年版。

[12] 国家统计局：《2018 中国统计年鉴》，中国统计出版社 2018 年版。

[13] 王浦劬、臧雷震：《治理理论与实践：经典议题研究新解》，中央编译出版社 2017 年版。

[14] 程恩富、胡乐明：《新制度经济学》，经济日报出版社 2005 年版。

[15] 黄文平：《环境保护体制改革研究》，人民出版社 2018 年版。

[16] 陈庆云：《公共政策分析》，北京大学出版社 2006 年版。

[17] 张成福、党秀云：《公共管理学》，中国人民大学出版社 2001 年版。

[18] 陈振明：《公共管理学》，中国人民大学出版社 2017 年版。

[19] 陈振明：《政府工具导论》，北京大学出版社 2009 年版。

[20] 陈振明：《政策科学——公共政策分析导论》（第 2 版），中国人民大学出版社 2003 年版。

[21] 陶学荣：《公共政策学》，东北财经大学出版社 2016 年版。

[22] 刘世闵、李志伟：《质性研究必备工具：Nvivo 之图解与应用》，经济日报出版社 2017 年版。

[23] 赵德余：《公共政策：共同体、工具与过程》，上海人民出版社 2011 年版。

[24] 张国庆：《公共政策分析》，复旦大学出版社 2005 年版。

[25] 赵德余：《公共政策：共同体、工具与过程》，上海人民出版社 2011 年版。

[26] 陈宜瑜、Beate J、傅伯杰：《中国生态系统服务与管理战略》，中国环境科学出版社 2011 年版。

[27] 雷明：《绿色投入产出核算——理论与应用》，北京大学出版社 2000 年版。

[28] 朱天飙：《比较政治经济学》，北京大学出版社 2005 年版。

[29] 钟志贤：《面向知识时代的教学设计框架——促进学习者发展》，中国社会科学出版社 2006 年版。

[30] 周三多等：《管理学——原理与方法》，复旦大学出版社 2006 年版。

[31] 中山大学旅游学院：《中国康养产业发展报告（2017)》，社会科学文献出版社 2018 年版。

[32] 陈那波：《公共管理研究方法详解——中国政府与政治研究实践指南》，格致出版社 2016 年版。

[33] 陈诚：《社区治理能力评估指标体系研究》，经济日报出版社 2017 年版。

[34] 史修松：《高技术产业集聚与区域创新效率研究》，中国财政经济出版社 2011 年版。

[35] 尤建新、陈强：《城市治理与科学发展》，上海交通大学出版社 2009 年版。

[36] 关玲永：《我国城市治理中公民参与研究》，吉林大学出版社 2009 年版。

[37] 聂国卿：《我国转型时期环境治理的经济分析》，中国经济出版社 2006 年版。

[38] 黄森：《区域环境治理》，中国环境科学出版社 2009 年版。

[39] 樊根耀：《生态环境治理的制度分析》，西北农林科技大学出版社 2003 年版。

[40] 庄贵阳、朱仙丽、赵行姝：《全球环境与气候治理》，浙江人民出版社 2009 年版。

[41] 邱君：《农业污染治理政策分析》，中国农业科学技术出版社 2008 年版。

[42] 陈瑞莲等：《珠江三角洲公共管理模式研究》，中国社会科学出版社 2004 年版。

[43] 陈瑞莲：《区域公共管理导论》，中国社会科学出版社 2006 年版。

[44] 陈瑞莲：《区域治理：国际比较的视角》，中央编译出版社 2013 年版。

[45] 高小平：《中国最后的状元相国——陆润庠》，苏州大学出版社 2014 年版。

[46] 戴烽：《公众参与——场域视野下的观察》，商务印书馆 2000 年版。

[47] 方世荣、邓佑文、谭冰霖：《参与式行政的政府与公众关系》，北京大学出版社 2013 年版。

[48] 王锡锌：《公众参与和行政过程——一个理念和制度分析的框架》，中国民主法制出版社 2007 年版。

[49] 房宁：《中国政治参与报告（2013）》，社会科学文献出版社 2013 年版。

[50] 陈芳：《公共服务中的公民参与》，中国社会科学出版社 2011 年版。

[51] 李图强：《现代公共行政中的公民参与》，经济管理出版社 2004 年版。

[52] 贾西津：《中国公民参与——案例与模式》，社会科学文献出版社 2008 年版。

[53] 蔡定剑：《公众参与：风险社会的制度建设》，法律出版社 2009 年版。

[54] 卢现祥、朱巧云：《新制度经济学》（第二版），北京大学出版社 2014 年版。

[55] 经济合作与发展组织：《环境管理中的经济手段》，张世秋等译，中国环境科学出版社 1996 年版。

[56] 张可云：《区域经济政策》，商务印书馆 2005 年版。

[57] 喻锋：《区域协同发展的治理之道：变革中的欧盟经验与实践》，人民出版社 2013 年版。

[58] 林水波、李长晏：《跨域治理》，台北五南国图书出版公司 2005 年版。

[59] 席涛：《从命令—控制到成本—收益分析》，中国社会科学出版社 2006 年版。

[60] 彭建交、王燕、刘邦凡：《经济一体化与京津冀协同》，中国人民大学出版社 2017 年版。

[61] 世界银行：《2002 年世界发展报告：建立市场机制》，中国财政经济出版社 2002 年版。

[62] ［世界银行］K·哈密尔顿等：《里约后五年——环境政策的创新》，张庆丰译，中国环境科学出版社 1998 年版。

[63] ［美］约瑟夫·E.斯蒂格利茨：《社会主义向何处——经济体制转型的理论与证据》，吉林人民出版社 2011 年版。

[64] [美] 埃莉诺·奥斯特罗姆、余逊达等：《公共事物的治理之道：集体行动制度的演进》，上海译文出版社 2012 年版。

[65] [美] 理查德·C.博克斯：《公民治理：引领 21 世纪的美国社区》，中国人民大学出版社 2005 年版。

[66] [美] 斯蒂芬·戈德史密斯等：《网络化治理——公共部门的新形态》，孙迎春译，北京大学出版社 2008 年版。

[67] [美] 普赖斯·D.：《小科学　大科学》，宋剑耕、戴振飞译，世界科学出版社 1982 年版。

[68] [美] 珍妮特·V.登哈特、[美] 罗伯特·B.登哈特：《新公共服务—服务而不是掌舵》，丁煌译，中国人民大学出版社 2010 年版。

[69] [美] 拉塞尔·M.林登：《无缝隙政府》，汪大海等译，中国人民大学出版社 2002 年版。

[70] [美] R.盖伊·彼得斯：《政府未来的治理模式》（中文修订版），中国人民大学出版社 2012 年版。

[71] [美] 德隆·阿西莫格鲁、[美] 詹姆斯·A.罗宾逊，：《国家为什么会失败》，李增刚译，湖南科学技术出版社 2005 年版。

[72] [美] 简·雅各布斯：《美国大城市的死与生》，金衡山译，译林出版社 2006 年版。

[73] [美] 威廉·伊斯特利：《经济增长的迷雾：经济学家的发展政策为何失败》，姜世明译，中信出版社 2016 年版。

[74] [美] 詹姆斯·C.斯科特：《国家的视角——那些试图改善人类状况的项目是如何失败的》，王晓毅译，上海三联书店 2016 年版第 169 页。

[75] [美] 托马斯·R.戴伊：《理解公共政策》，谢明译，中国人民大学出版社 2011 年版。

[76] [美] 罗伯特·希勒：《金融与好的社会》，束宇译，中信出版社 2012 年版。

[77] [美] 卡斯·桑斯坦：《简化：政府的未来》，陈丽芳译，中信出版社 2015 年版。

[78] [美] 埃莉诺·奥斯特罗姆：《公共事物的治理之道》，余逊达、陈旭东译，上海译文出版社 2012 年版。

［79］［美］弗兰西斯·福山：《信任——社会道德与繁荣的创造》，李宛蓉译，远方出版社 1998 年版。

［80］［美］丹尼尔·A.雷恩：《管理思想的演变》，李柱流等译，中国社会科学出版社 1997 年版。

［81］［美］理查德·D.宾厄姆等：《美国地方政府的管理：实践中的公共行政》，九州译，北京大学出版社 1997 年版。

［82］［美］詹姆斯·R.汤森，［美］布兰特利·沃马克：《中国政治》，顾速、董方译，江苏人民出版社 1995 年版，第 283 页。

［83］［美］道格拉斯·C.诺斯：《制度、制度变迁与经济绩效》，杭行译，上海三联出版社 2008 年版。

［84］［美］查尔斯·D.科尔斯塔德：《环境经济学》，傅晋华、彭超译.中国人民大学出版社 2011 年版。

［85］［美］B.盖伊·彼得斯，弗兰斯·K.M.冯尼斯潘：《公共政策工具：对公共管理工具的评价》，顾建光译，人民大学出版社 2007 年版。

［86］［美］萨瓦斯：《民营化与公私部门的伙伴关系》，周志忍等译，中国人民大学出版社 2002 年版。

［87］［美］彼得·圣吉：《第五项修炼：学习型组织的艺术与实践》，张成林译，中信出版集团出版社 2009 年版。

［88］［美］曼瑟尔·奥尔森：《集体行动的逻辑》，陈郁、郭宇峰、李崇新译，上海三联书店 1995 年版。

［89］［美］马丁·诺瓦克、罗杰·海菲尔德：《超级合作者》，龙志勇等译，浙江人民出版社 2013 年版。

［90］［美］理查德·D.宾厄姆：《美国地方政府的管理：实践中的公共行政》，北京大学出版社 1997 年版。

［91］［美］保罗·R.伯特尼、［英］罗伯特·N.史蒂文斯：《环境保护的公共政策：第二版》，穆贤清、方志伟译，上海三联出版社 2004 年版。

［92］［美］赫伯特·A.西蒙：《管理行为》，机械工业出版社 2013 年版。

［93］［美］尼古拉斯·亨利：《公共行政与公共事务》，华夏出版社 2002 年版。

［94］［美］道格拉斯·诺思：《经济史中的结构与变迁》，上海人民出版社 1991

年版。

　　[95]［美］道格拉斯·诺思，罗伯特·托马斯：《西方世界的兴起》，华夏出版社 1999 年版。

　　[96]［美］阿兰·斯密德：《制度与行为经济学》，中国人民大学出版社 2004年版。

　　[97]［美］赫伯特·A.西蒙：《管理行为》，机械工业出版社 2013 年版。

　　[98]［美］埃莉诺·奥斯特罗姆：《公共事物的治理之道》，上海三联书店 2000年版。

　　[99]［美］埃莉诺·奥斯特罗姆：《制度与环境》，中信出版社 2009 年版。

　　[100]［美］R.科斯、A.阿尔钦·D.诺斯：《财产权利与制度变迁——产权学派与新制度学派译文集》，上海三联书店 2005 年版。

　　[101]［美］威廉·诺德豪斯：《均衡问题：全球变暖的政策选择》，社会科学文献出版社 2011 年版。

　　[102]［美］爱德华·B.巴比尔：《低碳革命：全球绿色新政》，上海财经大学出版社 2011 年版。

　　[103]［美］迈克尔·麦金尼斯：《多中心体制与地方公共经济》，上海三联书店 2000 年版。

　　[104]［美］道格拉斯·诺斯：《经济史中的结构与变迁》，上海三联书店 1991年版。

　　[105]［美］道格拉斯·诺斯：《理解经济变迁过程》，中国人民大学出版社 2008年版。

　　[106]［英］哈维·阿姆斯特朗，吉姆·泰勒：《区域经济学与区域政策》（第三版），刘乃全等译，上海人民出版社 2007 年版。

　　[107]［英］巴里·菲尔德，［美］玛莎·菲尔德：《环境经济学》，北京大学出版社 2006 年版。

　　[108]［英］亚当·斯密：《国民财富的性质和原因的研究》（下卷），大力、王亚南译，商务印书馆 1974 年版。

　　[109]［英］杰夫·惠迪、萨莉·鲍尔、大卫·哈尔平：《教育中的放权与择校：学校、政府和市场》，马忠虎译，教育科学出版社 2003 年版。

[110][英] 安东尼·吉登斯:《现代性的后果》，田禾译，译林出版社 2000 年版。

[111][英] 吉登斯:《现代性的后果》，田未译，译林出版社 2011 年版。

[112][英] 乔治·马丁内斯－维斯奎泽、[加] 弗朗索瓦·瓦列恩考特:《区域发展的公共政策》，安虎森等译，经济科学出版社 2013 年版。

[113][法] 皮埃尔·卡默蓝:《破碎的民主·试论治理的革命》，高凌瀚译，三联书店 2005 年版。

[114][加] 迈克尔·豪利特，M.拉米什:《公共政策研究政策循环与政策子系统》，庞诗等译，三联书店 2006 年版。

[115][澳] 欧文·E.休斯:《公共管理学导论》，彭和平等译，中国人民大学出版社 2001 年版。

[116][澳] 欧文·E.休斯:《公共管理导论》，张成福、马子博等译，中国人民大学出版社 2015 年版。

[117][德] 康德:《康德论教育》，瞿菊农译，商务印书馆 1926 年版。

[118][德] 克劳斯·施瓦布:《第四次工业革命：转型的力量》，李菁译，中信出版社 2016 年版。

[119]《马克思思格斯选集》（第 1 卷），人民出版社 1995 年版。

[120][瑞] 托马斯·思德纳:《环境与自然资源管理的政策工具》，张蔚文、黄祖辉译，上海三联书店 2005 年版。

[121][日] 浦岛郁夫:《政治参与》，经济日报出版社 1989 年版。

[122][奥] 约瑟夫·熊彼特:《经济发展理论》，商务印书馆 2000 年版。

二、英文参考文献

1. 论文

[123] Chris Ansell，Alison Gash：Collaborative Governance in Theory and Practice，*Journal of Public Administration Research and Theory* 2008（4）.

[124] Emerson，K.，Nabatchi，T.，& Balogh，S.：An Integrative Framework for Collaborative Governance，*Journal of Public Administration Research and Theory* 2012（1）.

[125] John M. Bryso，Barbara C.Crosby：The Design and Implementation of Cross-Sector Collaborations：Propositions from the Literature，*Public Administration Review* 2006.

[126] Thomas A. BRYER：Explaining Responsiveness in Collaboration：Administrator and Citizen Role Perceptions，*Public administration review*：*PAR* 2009 (2).

[127] Alter，Catherine：An Exploratory Study of Conflict and Coordination in Interorganizational Service Delivery Systems，*Academy of Management Journal* 1990 (3).

[128] Patrick Dunleavy：*Digital Era Governance*：*IT Corporations*，*the State and E-Government*，*Oxford University Press* 2006.

[129] Patrick Dunleavy：New Public Management is Dead-Long Live the Digital Era Governance，*Journal of Public Administration Research and Theory* 2006 (3).

[130] Ling T：Delivering joined-up government in the UK：Dimensions，issues and problems，*Public Administration* 2002 (4).

[131] Christopher Pollit：Joined-up Government：a Survey，*Political Studies Review* 2003 (1).

[132] D.Gordon，L. Adelman，K. Ashworth，al：Poverty and Social Exclusion in Britain York：Joseph Rowntree Foundation，*Joseph Rowntree Foundation* 2010.

[133] Shergold P：Connecting Government：Whole of government responses to Australia's priority challenges，*Institute of Public Administration Australia* 2004.

[134] Perri 6：Viable institutions and scope for incoherence，The Value of Inconsistency，*Villa Margheritanr*，*nr Venice* 2004 (17).

[135] Perri 6：Joined-up government in the western world in comparative perspective：A preliminary literature review and exploration，*Journal of public Administration Research and Theory* 2004 (1).

[136] Backus M：e-Governance and developing countries，*International Institute for Communication & Development* 2001.

[137] Bingham，Lisa Blomgren：The Next Generation of Administrative Law：

Building the Legal Infrastructure for Collaborative Governance, *Wisconsin Low Review* 2010（10）.

［138］Feiock，R.C：Rational choice and regional governance，*Journal of Urban Affairs* 2007（1）.

［139］Feiock R.C：Metropolitan governance and institutional collective action，*Urban Affairs Review* 2009（3）.

［140］Feiock R.C，Steinacker A，Park H J：Institutional Collective Action and Economic Development Joint Ventures，*Public Administration Review* 2009（2）.

［141］Feiock R.C：The Institutional Collective Action Framework，*The Policy Studies Journal* 2013（3）.

［142］Hongtao Yi，Liming Suo，Ruowen Shen，Jiasheng Zhang，Anu Ramaswami and Feiock R C：Regional Governance and Institutional Collective Action for Environmental Sustainability，*Public Administration Review* 2018（4）.

［143］Olsen，M.L：The Logic of Collective Action：Public Goods and the Theory of Groups，*Harvard University Press* 1965.

［144］Coase，R.H：The Nature of Firm，*Economica* 1937（4）.

［145］Coase，R.H：The Problem Of Social Coat，*Journal of Law and Economics* 1960.

［146］Grindle M S：Good Enough Governance Revisited，*Development Policy Review* 2007（5）.

［147］Peter J. May and Ashley E. Jochim：Policy Regime Perspectives：Politicies，Politics，and Governing，*Policy Studies Journal* 2013（3）.

［148］Connick，S.，Innes，J.：Outcomes of Collaborative Water Policy Making：Applying Complexity Theory to Evaluation，*Journal of Environmental Planning and Management* 2003（2）.

［149］Kraan，D.J：The role of property rights in environmental protection. In Environmental Protection：Public or Private Choice，*Springer*；*Dordrecht* 1991.

［150］Bressers，H. T. A.，& O' Toole Jr，L. J：The Selection of Policy Instruments：A Network-based Perspective，*Journal of public policy* 1998（3）.

[151] Bolland，J. M.，& Wilson，J. V.：Three Faces of Coordination：A Model of Interorganizational Relations in Community-based Health and Human Services，*Health Services Research* 1994（3）.

[152] Bryson，J. M，Crosby，B. C.，& Stone，M. M，The Design and Implementation of Cross-Sector Collaborations：Propositions from the Literature，*Public Administration Review* 2006.

[153] Futrell，Robert：Technical Adversarialism and Participatory Collaboration in the U.S. Chemical Weapons Disposal Program，*Science，Technology & Human Values* 2003.

[154] Feiock，R. C.，& Scholz，J. T.（Eds.）：Self-organizing Federalism：Collaborative Mechanisms to Mitigate Institutional Collective Action Dilemmas，*Cambridge University Press* 2009.

[155] Crotty，P. M.：The New Federalism Game：Primacy Implementation of Environmental Policy，*Publius：The Journal of Federalism* 1987（2）.

[156] Barrie Needham：Choosing the Right Policy Instruments，an Investigation of Two Types of Instruments，Physical and Financial，and a study of Their Application to Local Problems of Unemployment，*Aldershot：Gower* 1982.

[157] Lindblom.C.E：Tinbergen on Policy-Making，*Journal of political economy* 1958（6）.

[158] Braun D：Lessons on the political coordination of knowledge and innovation policies，*Science & public policy* 2008（4）.

[159] Hyun-Kil Jo，Jin-Young Kim，Hye-Mi Park：Carbon Reduction and Planning Strategies for Urban Parks in Seoul，*Urban Forestry & Urban Greening* 2019（41）.

[160] Smith VK：Resource evaluation at the crossroads，*Resources* 1988.

[161] Costanza R，et al：The value of the world's ecosystem services and natural capital，*Nature* 1997.

[162] Daily GC，et al：Ecosystem services：Benefits supplied to human societies by natural ecosystems，*Issues in Ecology* 1997（2）.

[163] LANG T：An overview of four futures methodologies，*Manoa Journal* 1995

（7）.

[164] Burgess P M：Capacity Building and the Elements of Public Management，*Public Administration Review* 1975.

[165] O' Toole，L.J.，Jr：Treating networks seriously：Practical and research-based agenda in public administration，*Public Administration Review* 1997（1）.

[166] Provan，K. G.，J. E. Beagles，L. Mercken，& S. J：Leischow，：Awareness of evidence-based practices by organizations in a publicly funded smoking cessation network，*Journal of Public Administration Research and Theory* 2013（1）.

[167] Freeman，L. C.，D. Roeder，and R. R. Mulholland：Centrality in Social Networks：II. Experimental Results，*Social networks* 1979（2）.

[168] Marc Holzer，Etienne Charbonneau，Younhee Kim：Mapping the Terrain of Public Service Quality Improvement：Twenty-Five Years of Trends and Practices in the United States，*International Review of Administrative Science* 2009（3）.

[169] Marc Holzer，Kaifeng Yang：Performance Measurement and Improvement：An Assessment of the State of the Art，*International Review of Administrative Sciences* 2004（1）.

[170] Emanuel S. Savas：Privatization and Public-Private Partnerships，*Chatham House* 2004（1）.

[171] Dennis Epple Richard E. Romano：Ends against the middle：Determining public service provision when there are private alternatives，*Journal of public economics* 1996（3）.

[172] Ostrom，E：Multi-mode Measures：From Potholes to Police，*Public Productivity Rreview* 1976.

[173] Raab，J. and P. Kenis：Heading Toward a Society of Networks Empirical Developments and Theoretical Challenges，*Journal of Management Inquiry* 2009（3）.

[174] Provan K.G.，Milward B.H：A Preliminary Theory of Interorganizational Network Effectiveness：a Comparative Study of Four Community Mental Health Systems，*Administrative Science Quarterly* 1995（1）.

[175] John Calanni，William D. Leach，Chris Weible：Explaining Coordination

Networks in Collaborative Partnerships, *West Political Science Association Annual Conference* 2010.

[176] George A. Boyne: What is Public Service Improvement?, *Public Administration* 2003 (2).

[177] Sawhney M, Prandelli E: Communities of creation: Managing distributed innovation in turbulent markets, *California Management Review* 2000.

[178] Coakes E W, Smith P A C: Developing communities of innovation by identifying innovation champions, *The Learning Organization* 2007 (1).

[179] Miozzo.M, Desyllas.P: Innovation collaboration and appropriability by knowledge-intensive business services firms, *Research Policy* 2016 (7).

[180] Artificial Intelligence: The Return of the Machinery Question, *The Economist* 2016 (6).

[181] Carter, Becky: Using behavioral insights to address complex development challenges, (2017-11-10) [2019-1-17], https://www.gov.uk/dfid-research-outputs/using-behavioural-insights-to-address-complex-development-challenges.

[182] OECD: Rethinking Regional Development Policy-making (2018-4-6) [2019-1-17], https://dx.doi.org/10.1787/9789264293014-en.

[183] OECD: OECD Regions at a Glance 2016, (2016-6-16) [2019-1-17], http://dx.doi.org/10.1787/reg_glance-2016-en.

[184] Arild Underdal: Integrated marine policy: What? Why? How?, 1980, http://lin-kinghub.elsevier.com/retrieve/pii/0308597X80900512.

[185] ARCHIVE: Connecting Government: Whole of government responses to Australia's priority challenges, *Australian Public Service Commission*, http://www.apse.gov.au/mac/connecting government.Pdf: 13.

[186] Association of university research parks: The power of place: A national strategy for building America's communities of innovation 2008 年, http://www.aurp.net/assets/documents/The Power of Place.

[187] Michael A: Spheres of Governance: Comparative Studies of Cities in Multilevel Goverance Systems, *Publish*: *The Journal of Federalism* 2009 (1).

[188] Lele, Sharachchandra, Dubash, Navroz K, Dixit, Shantanu: A Structure for Environment Governance: A Perspective, *Economic and Political Weekly* 2010 (6).

[189] S.Gasparinetti, P.Solinas, S.Pugnetti; R.Fazio, J.P.Pekola: Environment-Governed Dynamics in Driven Quantum Systems, *Physical Review Letters* 2013 (15).

[190] Shou-Min Tsao, Guang-Zheng Chen: Environment, governance, controls, and radical innovation during institutional transitions, *Asia Pacific Journal of Management* 2012 (3).

[191] Hao Jiao, Chun Kwong Koo, Yu Cui: 《Legal environment, government effectiveness and firms' innovation in China: Examining the moderating influence of government ownership》, *Technological Forecasting and Social Change* 2015.

[192] Chen Guosheng, ZhangJianhui, Chen Chan: The Research on Restrictive Factors and Countermeasures of Environment Governance in Reservoir: An Experimental Study on Shanxi Hydraulic Project in Wenzhou, *Energy Procedia* 2011.

[193] Smith, Vanessa: Can ad agencies inspire? In an environment governed by regulation and the NHS, how creative can marketing be? Vanessa Smith Holburn finds out, *Pharma Times* 2005.

[194] Cumming, Graeme S: Scale-Sensitive Governance of the Environment, *Restoration Ecology* 2015 (2).

[195] Lorraine Moore: Governance, knowledge and the environment, *Environmental Politics* 2010 (4).

[196] Douglas W.Yu, Taal Levi, Glenn H. Shepard: Conservation in Low-Governance Environments, *Biotropica* 2010 (5).

[197] Goh, Daniel P.S: Governance, Politics and the Environment: A Singapore Study, *Pacific Affairs* 2009 (4).

[198] Wysocki, Jay: The Environment Has No Standing in Environmental Governance, *Organization & Environment* 2012 (1).

[199] Nick Harrop, Alan Gillies: Editorial: clinical governance, an environment for excellence, *British Journal of Clinical Governance* 2014.

[200] David Gibbs, Andy Jonas, Aidan While: Changing governance structures

and the environment: economy-environment relations at the local and regional scales, *Journal of Environmental Policy and Planning* 2002 (2).

[201] From staff: Air Control Squadron will be strengthened, *Spokesman Review, The* (*Spokane*) 2002.

[202] Giemulla, E: Air Control and Air Traffic Management in Germany, *ZLW-Zeitschrift fur Luft und Weltraumrecht* 2002.

[203] Priya: The Defense of Inhumanity: Air Control and the British Idea of Arabia, *The American Historical Review* 2006 (1).

[204] Ritchie IV, Robert F: Danger Close: Tactical Air Controllers in Afghanistan and Iraq-Steve Call, *Air power Journal* 2010 (4).

[205] Jae Ou Chae, Demidiouk, V., Yeulash, M., In Chul Choi, Tae Gyun Jung: Experimental study for indoor air control by plasma-catalyst hybrid system, *Plasma Science, IEEE Transactions on* 2004 (2).

[206] Fox, Stephen: Air Control Wing Receives Final Joint STARS Aircraft, *National Guard* 2005.

[207] Cheng-Che Hsu, Yao-Jhen Yang: The Increase of the Jet Size of an Atmospheric-Pressure Plasma Jet by Ambient Air Control, *Plasma Science, IEEE Transactions on* 2010 (3).

[208] Alireza Bahadori; Hari B.Vuthaluru: Estimation of energy conservation benefits in excess air controlled gas-fired systems, *Fuel Processing Technology* 2010 (10).

[209] Anthony Graftonand Jim Grossman: The Imperative of Public Participation, *Perspectives Online* 2011 (5).

[210] Simon French, Clare Bayley: Public participation: comparing approaches, *Journal of Risk Research* 2011 (2).

[211] Kleinschmit, Stephen W: The Role of Public Participation in Environmental Governance, *Public Administration Review* 2011 (2).

[212] Wesselink, Anna, Paavola, Jouni, Fritsch, Oliver, Renn, Ortwin: Rationales for public participation in environmental policy and governance: practitioners' perspectives, *Environment and Planning* 2011 (11).

[213] Joanna Cent，Małgorzata Grodzińska-Jurczak，Agata Pietrzyk-Kaszyńska：Emerging multilevel environmental governance-A case of public participation in Poland，*Journal for Nature Conservation* 2014（2）.

[214] Harriet Bulkeley：Down to Earth：local government and greenhouse policy in Australia，*Australian Geographer* 1999（3）.

[215] Agranoff R，McGuire M：A Jurisdiction-Based Model of Intergovernmental Management in U.S. Cities，*Publius the Journal of Federalism* 1998（4）.

[216] Mulford，C.L，Rogers D.L.：Definitions and Models. in Rogers，D.L.，Whetten，D.A. eds. Interorganizational Coordination：Theory，Research，and Implementation，*Ames：Iowa State University Press* 1982.

[217] Allan D.Wallis：The Third Wave：Current Trends in Regional Governance，*National Civic Review* 1994（2）.

[218] Merrifield J：A critical overview of the evolutionary approach to air pollution abatement policy，*Journal of Policy Analysis and Management* 1990（3）.

[219] Cha Y J：Evolutionary Environmental Policy：An Analysis of the US Air pollution Control Policy，*International Area Studies Review* 1997（1）.

[220] Cook B J：The Politics of Market-Based Environmental Regulation：Continuity and Change in Air Pollution Control Policy Conflict，*Social science quarterly* 2002（1）.

[221] Joseph V.Spadaro and Ari Rabl：Air pollution damage estimates：the cost per kilogram of Pollutant，*International Journal of Risk Assessment and Management* 2002（1）.

[222] Kamieniecki S，Ferrall M R：Intergovernmental relations and clean-air policy in Southern California，*Publius：The Journal of Federalism* 1991（3）.

[223] Lascoumes P，Le Gales P：Introduction：Understanding Public Policy Through its Instruments-From the Nature of Instruments to the Sociology of Public Policy Instrumentation，*Governance* 2007（1）.

[224] Chen. Z，J.N.Wang，G.X. Ma，et al：China tackles the health effects of air pollution，*The lancet* 2013.

[225] Donald R：Me Cubbin and Mark A. Delueehi. The Health Costs of Motor-Vehicle-Related Air pollution，*Journal of Transport Economics and policy* 1999（3）.

[226] Heinz Welsch：Environment and happiness：Valuation of air pollution using life satisfaction data，*Ecological Economics* 2006（4）.

[227] Bailey，David.，De Propris，Lisa.：EU Regional Policy，Enlargement and Governance：Issues for the next Reform of the Structural Funds，*Discussion Paper Series of Institute for Economic Development Policy* 2006.

[228] Bourne，A. K.：The Impact of European Integration on Regional Power，*Journal of Common Market Studies* 2003.

[229] Kohler-Koch，Beate. & Rittberger，Berthold.：The "Governance Turn" in EU Studies，*Journal of Common Market Studies* 2006.

[230] Bouvet，Flornce .：European Union Regional Policy：Allocation Determinants and Effects on Regional Economic Growth，Department of Economics，*University of California，Davis Job Market Paper*，2003.

[231] Princen，Sebastiaan.：Agenda-setting in the European Union：a theoretical exploration and agenda for research，*Joural of European Public policy* 2007（1）.

[232] Edwards，Daniel.：Averting Environmental Justice Claims? The Role of Environmental Management Systems，*Public Administration Review* 2010（3）.

[233] Lubell，Mark：Collaborative Environmental Institutions：All Talk and No Action?，*Journal of Policy Analysis and Management*，2004（3）.

[234] Weir，Margaret：Collaborative Governance and Civic Empowerment A Discussion of Investing in Democracy：Engaging Citizens in Collaborative Governance，*Perspectives on Politics* 2010（2）.

[235] Ansell Chris：Collaborative Governance in Theory and Practice，*Journal of Public Administration Research and Theory：J-PART* 2008（4）.

[236] Lubell，Mark：Collaborative Institutions in an Ecology of Games，*American Journal of Political Science* 2010（2）.

[237] Dowbor，Ladislau：Decentralization and Governance，*Latin American Perspectives* 1998（21）.

[238] Raymond, Leigh: Economic Growth as Environmental Policy? Reconsidering the Environmental Kuznets Curve, *Journal of Public Policy* 2004 (3).

[239] Cameron Hepburn: Environmental policy, government, and the market, *Oxford Review of Economic Policy* 2010 (2).

[240] Rob Imrie and Mike Raco: How New Is the New Local Governance? Lessons from the United Kingdom, *Transactions of the Institute of British Geographers*, 1999 (1).

[241] Michael McGuire: Intergovernmental Management: A View from the Bottom, *Public Administration Review* 2006 (5).

[242] G. J. Prescott, R. J. Lee, G. R. Cohen, R. A. Elton, A. J. Lee, F. G. R. Fowkesand R. M. Agius: Investigation of Factors Which Might Indicate Susceptibility to Particulate Air Pollution, *Occupational and Environmental Medicine* 2000 (1).

[243] William D. Leach, Neil W. Pelkey and Paul A. Sabatier: Stakeholder Partnerships as Collaborative Policymaking: Evaluation Criteria Applied to Watershed Management in California and Washington, *Journal of Policy Analysis and Management* 2002 (4).

[244] Christopher Miller and Christopher Wood: The adaptation of UK planning and pollution control policy, *he Town Planning Review* 2007 (5).

[245] Neil Gunningham: The New Collaborative Environmental Governance: The Localization of Regulation, *Journal of Law and Society*, 2009 (1). Economic Globalization and Ecological Localization: Socio-legal Perspectives, 2009.

[246] Shui-Yan Tang and Carlos Wing-Hung Lo: The Political Economy of Service Organization Reform in China: An Institutional Choice Analysis, *Journal of Public Administration Research and Theory: J-PART* 2009 (4).

[247] Tomas M. Koontz and Craig W. Thomas: What Do We Know and Need to Know about the Environmental Outcomes of Collaborative Management? *Public Administration Review*, 2006 (66).Special Issue: Collaborative Public Management, 2006.

[248] Christopher J. Koliba, Asim Zia and Russell M. Mills: Accountability in

Governance Networks: An Assessment of Public, Private, and Nonprofit Emergency Management Practices Following Hurricane Katrina, *Public Administration Review* 2011 (2).

[249] Megan Mullin and Dorothy M. Daley: Working with the State: Exploring Interagency Collaboration within a Federalist System, *Journal of Public Administration Research and Theory: J-PART* 2010 (4).

[250] John M, Bryson and Barbara C. Crosby: The Design and Implementation of Cross-Sector Collaborations: Propositions from the Literature, *Public Administration Review* 2006.

[251] Chris Ansell and Alison Gash: Collaborative Governance in Theory and Practice, *Public Adm Res Theory* 2008 (4).

[252] Lisa Blomgren Bingham: The Next Generation of Administrative Law: Building the Legal Infrastructure for Collaborative Governance, *Wisconsin Law Review* 2010 (10).

[253] Agranoff, Robert and Michael McGuire: Multinetwork Management: Collaboration and the Hollow State in Local Economic Development, *Public Administration Research and Theory* 1998 (8).

[254] Hudson, Bob, Brian Hardy, Melanie Henwood, and Gerald Wistow: In Pursuit of Inter-Agency Collaboration in the Public Sector: What Is the Contribution of Theory and Research?, *Public Management* 1999 (1).

[255] Roberts, Nancy C: Coping with Wicked Problems: The Case of Afghanistan, *In Learning from International Public Management Reform* 2001 (11).

[256] Bolland, John M .and Jan Wilso: Three Faces of Integrative Coordination: A Model of Interorganizational Relations in Community-Based Health and Human Services, *Health Services Research* 1994 (3).

[257] Gray, Barbara: Cross-Sectoral Partners: Collaborative Alliances among Business, Government, and Communities, In Creating Collaborative Advantage, Thousand Oaks, *CA: Sage Publications* 1996.

[258] Merrill-Sands, Deborah, and Bridgette Sheridan: Developing and Managing

Collaborative Alliances: Lessons from a Review of the Literature. Organizational Change Briefing Note 3, *Simmons Institute for Leadership and Change* 1996.

[259] Thomas A. Bryer: Explaining Responsiveness in Collaboration: Administrator and Citizen Role Perceptions, *Public Administration Review* 2009 (8).

[260] Yang, Kaifeng, and Sanjay K. Pandey: Public Responsiveness of Government Organizations: Testing a Preliminary Model, *Public Performance and Management Review* 2007 (2).

[261] Christine Oliver: Determinants of Interorganizational Relationships: Integration and Future Directions, *Academy of Management Review* 1990 (2).

[262] Sharfman, Mark P., Barbara Gray and Aimin Yan: The Context of Inter-organizational Collaboration in the Garment Industry: An Institutional Perspective, *Journal of Applied Behavioral Science* 1991 (2).

[263] Alter, Catherine: An Exploratory Study of Conflict and Coordination in Interorganizational Service Delivery Systems, *Academy of Management Journal* 1990 (3).

[264] Waddock, Sandra: Public-Private Partnership as Social Product and Process, *Research in Corporate Social Performance and Policy* 1986 (8).

[265] Denis O Gray: Cross-sector research collaboration in the USA: a national innovation system perspective, *Science and Public Policy* 2011 (2).

[266] Koontz, T. M., Thomas, C. W: What do we know and need to know about the environmental outcomes of collaborative management? , *Public Administration Review* 2006.

[267] Barringer, Bruce R., and Jeffrey S. Harrison: Walking a Tightrope: Creating Value through Interorganizational Relationships, *Journal of Management* 2000 (3).

[268] OECD: Building Policy Coherence, Tools and Tensions, *Public Management Occasional Papers* 1996 (12).

[269] OECD: Managing Across Levels of Government, *The Ministerial Symposium on the Future of Pubic Service of OECD* 1997.

[270] M.H.Nguyen, P.N.Van: Growth and Convergence in a Model with Renew

able and Nonrenewable Resources 2015-12-13，http：//www2.toulouse.inra.fr/lerna/travaux/cahiers.

2. 著作

[1] Perri 6，Diana Leat，Kimberly Seltzer and Gerry Stoker：*Towards Holistic Governance：The New Reform Agenda*，Palgrave 2002.

[2] Perri 6，Diana Leat，Kimberly Seltzer and Gerry Stoker：*Towards holistic governance：The new reform agenda*，Palgrave Press 2002.

[3] Perri Hicks：*Toward Holistic Governance：The New Reform Agenda*，Palgrave 2002.

[4] Perri 6，Diana Leat，Kimberly Seltzer and Gerry Stoker：*Governing in the round：Strategies for Holistic Government*，*Demos* 1999.

[5] Wildavsky A，Dirsmith M W：*The new politics of the budgetary process*，Peking University Press 2006.

[6] Ostrom，Elinor，Ahn，T.K：*Foundations of Social Capital：Cheltenham*，Edward Elgar 2003.

[7] Rutton，V.W：*Induced Innovation：Technology，Innovation and Development*，Baltimore：Johns Hopkins University Press 1978.

[8] C. Hood：*The Tools of Government*，Macmillan 1983.

[9] Jack Rabin：*Encyclopedia of Public Administration and Public Policy*，International Journal of Public Administration 2003.

[10] Lester M：Salamon and Odus V. Elliot：*Tool of Government：A Guide to the New Governance*，Oxford University Press 2002.

[11] Robert A.Dahl，Charles E.Lindblom：*Politics，Economics and Welfare*，University of Chicago Press 1953.

[12] E Meijers，D Stead：*Policy integration：what does it mean and how can it be achieved Amulti-disciplinary review*，Human dimensions of Global Environment Change：Greening of Policies-Interlinkages and Policy Integration 2004.

[13] Hilker L M：*A Comparative Analysis of Institutional Mechanisms to Promote Policy Coherence for Development*，OECD Policy Woricshop 2004.

［14］Kneese AV，Ayers RU，d'Arge RC：*Economics and the Environment：A Materials Balance Approach*，Resources for the Future 1972.

［15］Lange GM，Wodon Q，Carey K：*The Changing Wealth of Nations 2018：Building a Sustainable Future*，World Bank Publications 2018.

［16］Pearce D，Turner R：*Economics of natural resources and the environment*，Johns Hopkins University Press 1990.

［17］Bailey R G：*Ecosystem Geography*，Springer-Verlag Press 2009.

［18］HARALD A L，MURRAY T：*The delphi method：techniques and application*，Mass.：Addison-Wesley Pub.Co，Advanced Book Program 1975.

［19］Patrick Dunleavy：*Digital Era Governance：IT Corporations，the State and E-Government*，Oxford University Press 2006.

［20］Department of Trade and Industry（DTI）：*UK Energy White Paper：Our Energy Future-Creating a Low Carbon Economy*，TSO 2003.

［21］Beesley M. and Littlechild S. Privatization：*principles problems and priorities Lloyds bank review*，Reprinted in bishop et al 1983.

［22］Ulrich Beck：*Risk Society：Towards a New Modernity*，Sage 1993.

［23］See，B：*Guy Peters and Frans K.M van Nispen（eds），Public Policy Instruments*，Edward Elgar Publishing，1998.

［24］Emberson，L.，Ashmore，M.，Murray，F.：*Air pollution impacts on crops and forests：a global assessment*，Imperial College Press 2003.

［25］Rutton，V. W.：*Induced Innovation：Technology，Innovation and Development*，Johns Hopkins University Press 1978.

［26］David R. Wooley，Elizabeth M. Morss：*Clean Air Act Handbook：a Practical Guide to Compliance（17th edition）*，Thomson/West 2007.

［27］Joedan：*"New" Instruments of Environmental Governance? National Experiences and Prospects*，Frank Cass Publishers 2003.

［28］Holley Cameron：*Environmental regulation and governance*，ANU Press 2017.

后　记

　　长岁月久的奔波劳顿，一直渴望有个安置心灵的宁静之所来放缓脚步，找回初心，直击一下生活的本质。2016 年 7 月毅然放下繁琐的事务，卸下身心的疲惫，跨越重洋抵达波士顿哥伦比亚湾，开始了自己的超验主义实验，试图在三面环海的岛上，摒弃精神内耗，清理负面情绪，探究生活的另一种可能。梭罗在《瓦尔登湖》中这样讲述自己的生存之道：人生存的必需品应该主要考虑食物、住所、衣服和燃料这四大类。如果再配上几件工具，如一把刀、一柄斧头、一把铁锹和一辆手推车，就可以过日子了。对于好学之士，添一盏灯、一些文具，再加上几本书，便是一种奢侈和舒适了。访学生活开始不久，便抱着"朝圣者"的心态，来到距离市区 50 公里左右的瓦尔登湖畔，在那里汲取自然的养分滋补心灵，体验梭罗曾经的心路历程。自然中也许积淀着某种能量，当你的生命触及它并与之达成一致，自然力便逐渐转化为一种生命力。哲人先贤在林间湖畔的生活旨趣为我勾勒出新生活的愿景，苦心孤诣追求的东西淡然而去，取而代之的是对学术研究的再反思和对人生价值的再思考。置身曾经的诗和远方，干涸的躯体内仿佛注入了生命的活水。

　　以往步履匆匆没有时间停下来静心读书和思考，与流年作别后的我选择在湖光山色中补上这一课。除了校园、教室和图书馆，远足的湖畔、露营的帐篷、森林里的木屋、沙漠里的营地、沙滩上的咖啡馆、雪山上的民宿，都化作我诗意栖居的所在。甚至峡谷里的巨石，野餐的石凳，烧烤的木桌都成了我的书斋，"心闲临水知一乐，晓起入林寻鸟声"成为那段岁月的生动写照。我自信大胆地在天地间行走着，心灵变得更加充实，思想变得更加深邃，生活变得更加富有色彩。步入丛林，湖边搭起帐篷，点燃篝火与星空对话；爬上飞索，高空纵身跃下，勇敢的心在风中激荡；驾驶皮筏，山谷中从容飞渡，勃发出"独与天地精神相往来"的豪情。在人迹罕至的原始森林中与熊鹿相伴，在风起云涌的海岛上和鱼鸟共生，在大漠孤烟中欣赏长河落日，在壁立千仞的雪山上看云卷云舒，和打猎的朋友在冰天雪地里对酒当歌，与土著居民一道对猎物"庖丁解牛"。在天寒地冻、人迹罕至的原始森林里，勇敢挑战自己野外生存的技能。穿着过膝的长靴，我尝试着用干枯的树枝在允许的区域生火，学会了用烤制的香肠制作热狗，用融化的雪水烹制咖啡，用呼吸判断风向避免动物发现。还记得那次野外林中露营，黑熊刚走土狼又来光顾。深夜里突然狂风暴雨，浪漫"总被雨打风吹去"。那次峡谷中的探险漂流，牙床磕肿，牙齿松动，鲜血直流，干脆纵深一跃"到中流击水，浪遏飞舟"。西部戈壁沙漠看勇士斗牛，品位斯巴达的勇毅和血性。阿拉斯加观淘金博物馆，感受杰克伦敦笔下人与狼的搏斗。黄石公园露营的那段，在房车和帐篷中，洞察自然界固有的一切，探寻世界原本的规律，开始思考人与自然生命共同体的哲学命题。太平洋、北冰洋上漂泊的七天八夜，在飓风中穿越了奇险的冰川，在暴雨后欣赏了绝美的彩虹，鲸鱼护航，海鸥伴行，无论风平浪静，抑或电闪雷鸣，不管去向何方，心中总有一个瓦尔登湖——清澈而宁静。刻骨铭心的那次远足，未曾想暴雪越下越大，手机冻僵关机，归途中迷路。七个多小时深一脚浅一脚的漫长跋涉，才再度看到海湾的灯火。那一刻水瘦山寒，内心却一路盛装，行走中发现了不一样的世界，也发现了不一样的自己，走过的泥泞成为别人没有的风景！

　　访学期间，每天穿梭于哈佛大学、麻省理工、波士顿大学、波士顿学院、塔弗茨大学、东北大学、马萨诸塞州立大学之间，游走了上百所大学校园，参加过的上百场学术讲座至今让人回味和流连。在校园里穿梭，和你擦肩而过的很有可能就是一位学术大师，他们身上洋溢着活力和激情，充满了对学术的热爱，对学生的尊重，对真理的探求。学术生涯中有幸与这些颠沛造次、才华横溢的学术巨人站立在一起，有幸与他们坐而论道未尝不是一种幸福，其学术境界和人格魅力在传道解惑中自然而然释放出来，一次次把我的感受引领到高山仰止的境界。每次讲座论坛之后，都会选择一条河、一个湖、一座岛、一片林作为远足的目标，湖光山色的自然景观和异彩纷呈的人文景观缤纷了访学生活的色彩，根植下了依靠学术安身立命的希望。秉持着这种希望，我勇敢地登上哈佛大学、哥伦比亚大学的讲坛，充满自信地分享我的研究成果。旅程中，接到了受聘哈佛大学费正清中心协作研究员的邮件，庆祝的方式依然选择了远足。报到的第三天周末便背上行囊，从距离哈佛广场三站地的地铁红线起点 Alewife 出发，步行 5 个小时到达莱克星顿，在小镇上补充给养后，一鼓作气走到康科德，稍事休息后再次步行来到瓦尔登湖。躺在湖畔的沙滩上，夕阳下的我如同湖水般平和宁静，忘却了一天的疲惫，静静感受着行走跋涉的诗意与洒脱，体悟着天地间"新的、更广大的、更自由的规律"和"事务更高级的秩序"。如梭罗言：如果一个人充满自信地在他梦想的方向上前进，并努力过着他所想象到的那种生活，那么他就会遇见在平凡时刻里意料不到的成功。

行万里路的历程是快乐的，读万卷书的人生是丰盈的。读书写作伴随着我一路前行。旅途上，脚磨破了，腿摔肿了，脸晒黑了，牙撞掉了，但身体更强壮了，精力更充沛了，意志更坚定了，思想更深刻了。在超现实主义哲学家爱默生的故乡康科德，我化身行动主义的实践者，用行动去追求梦想，并尝试把创新意识和创造精神内化为一种信仰。在霍桑的家乡塞勒姆，在七个尖角阁的房子，我完成了从自我缺失到自我重建的蜕变，开始思考物理空间迷失后，如何重塑自身的精神空间和社会空间。在跋山涉水中，我完成了一本本经典著作的研读；在风餐露宿中，我完成了多篇文章和一部书稿的撰写；在天人合一的境界里，思想开始在高处源源不断汇聚成新的溪流。

旅程中，到访了新制度经济学鼻祖、芝加哥经济学派代表人物、诺贝尔经济学奖获得者科斯工作的芝加哥大学，在布斯商学院诺贝尔奖获得者照片墙前思绪万千，想起 2002 年第一次走上讲台，给学生讲科斯定理的情景，从事学术研究以来的若干文章深受其思想影响。归来的行囊中，多了《社会成本问题》《企业的性质》两本经典作为纪念，迄今也是研究生的必读书目。道格拉斯·诺斯是新经济史的先驱者和开拓者，因制度变迁理论获诺贝尔经济学奖。《经济史中的结构与变迁》最早为我们提供了关于产权的理论视角，成功建构起了由产权理论、国家理论、意识形态理论构成的制度变迁理论框架。追随着大师的足迹，先后到访了诺斯出生地坎布里奇、获得学士和博士学位的加州大学伯克利分校以及先生任经济学教授的华盛顿大学，在追随的旅程中去探究思想的源头，发掘理论创新的动力。"打从我立志要成为学者的那一天起，我就清楚地知道自己要走的方向。我一开始就探索是什么因素造就了经济的富庶或贫困，因为在我看来，只有做到了这点，接着才能谈如何改善经济的表现。探索经济表现的最初根源，可以说是一段漫长而充满意外的旅程，一路走来，这项持久不变的目标却一直指引、塑造了我的学术生涯。"旅途中还有幸到访诺贝尔经济学奖获得者埃莉诺·奥斯特罗姆获得学士学位的加州大学洛杉矶分校，走访了她获得博士学位的加州大学伯克利分校，参观了她创立了制度多样性中心的亚利桑那州立大学。在红色巨型岩石和树形仙人掌环绕的沙漠营地，重温了制度经济学和公共政策研究领域里的重要著作《公共事务的治理之道：集体行动制度的演进》。读硕士时从北京大学南门风入松书店购得上海三联出版社出版的中译本，距今已经 20 余载。奥斯特罗姆夫妇创立的政治理论与公共政策研究所推行 workshop 理念，倡导师生和实践者协同学习，共同研究，致力于实践性和理论性兼备的学术创新活动。他们和梭罗一样崇尚简朴生活，把毕生的积蓄和养老金都投入到了学术研究中。

在国家社会科学基金重大项目"京津冀协同发展背景下雄安新区整体性治理架构研究"文献梳理中，结合本土化实践对几位大师的研究做了系统梳理和解读：罗纳德·科斯认为要对政策效果的整体性加以分析，反对局部的以偏概全。对政策效果评价的正确方法是整体把握全局基础上，把被改变的政策效果进行比较分析。本书"政策篇"充分汲取了这一思想精华，建构了雄安新区整体性治理的政策工具协同分析框架；科斯提出的制度比较与选择理论的核心就是科斯定理，为不同层面上制度优劣的比较和选择提供了标准和分析方法，也为本书"制度篇"中制度的选择和评价提供了理论支撑。埃莉诺·奥斯特罗姆是科斯的追随者。她秉承科斯制度选择的分析路径，承认制度多样性，反对治理权的垄断，力求在政府干预和市场手段两种思路之间，解决公共治理问题的制度结构。结合他们的研究结论和实践，就白洋淀环境治理过程中的"公地悲剧"，本书提出了集体行动解决的路径，协同治理机制和整体性治理结构的设计成为研究的发力点。课题组还就相关议题汲取他们团队的经验组织了多次 workshop；道格拉斯·诺斯系统提出了"现实—信念—制度—组织—政策—结果—改变了的现实"的制度分析框架。深入分析了从"现实"到"改变了的现实"中的关键性因素，强调了制度安排和政策协同的重要性，为项目研究设计提供了重要的理论支点。

旅途上重温大师的经典，植根雄安新区实践，沿循"问题提出—价值理念—制度安排—组织架构—政策工具—目标达成—结果评价"的制度分析框架，在课题论证中着力探讨了如何通过内生化的制度创新安排实现政策工具变革优化的可行性路径。后续研究又致力于把制度的理论分析和历史分析相结合，把单个制度和整体制度分析相结合，把制度建构和绩效分析相结合，以制度安排和政策工具的协同考量为着力点，实现了制度分析和政策分析的有机结合。山水间同大师对话的日子，潜移默化中生发出一种对学术研究更深层次的认知与感悟，一种对抱定目标更加坚定的执着与追求。踽踽独行的路上，灿烂着一盏盏思想的灯火，让我一如投火的飞蛾，不断寻求着旅程中的下一个光点。

旅途上阅读与区域协同治理相关文献的过程中，发现华盛顿大学埃文斯公共政策和治理学院托马斯·克雷格教授的研究领域与自己高度契合，他发表在公共管理顶级杂志上的几篇文章在理论和方法上廓清了我的思路，解决了我的诸多困惑。于是大胆给克雷格教授写邮件，表达了希望他成为自己合作导师的愿望。两个月后，休假结束后的他打电话给我，期待就环境协同治理领域进行深度合作。交谈中得知他和夫人最大的爱好就是远足，他们的婚礼就是步行几十公里和旅友一起在山林中举行的。共同的爱好和共同的研究领域很快把我们维系在一起，就雄安新区所处白洋淀流域水污染治理的公共服务动机与政府协同行为关系问题，经过几轮探讨形成了研究设计。克雷格教授向我推荐了他好友的著作《协同治理机制》，我向他展示了著作的中文译本，介绍了协同治理机制框架在中国学界的应用。我也有幸在西部旅行中专程到访作者柯克·爱默生所在的亚利桑那大学。柯克·爱默生是亚利桑那大学政府与公共政策学院教授，美国公共行政科学院院士，在协同治理、机构间合作和冲突管理方面成果卓著，她和克雷格教授先后受邀北京大学讲学，我也有幸到场获得她亲笔签名的著作。在本书文献综述部分，重点对她的理论框架进行了本土化改进和阐释，其成果对京津冀区域协同治理以及雄安新区治理架构的相关研究影响颇深。一路上，我享受着并不寂寞的孤独，我把认知从山水间牵引到圣哲先贤的世界，在与自然和贤达对话中收获着饱满的人生感悟。

在朋友帮助下，我选择和瓦尔登湖面积相仿的翠湖边上安顿下来，湖边就是原始森林，绕湖一周需要一个小时。再度置身湖畔，再次步入林中，脚步变得更加轻盈，思想也愈发灵动。在野餐烧烤的木桌和石凳上，历时一个半月，完成了国家社科基金重大项目10万字的申报文本。那段时日，我把身临其境的湖泊与万里之遥的华北明珠白洋淀做了一次跨越时空的勾联。雄安新区位于白洋淀区域，该区域包括安新、雄县、容城、高阳、白沟新城管委会、白洋淀保护与开发管委会等多个行政单元。白洋淀自身由143个淀泊组成，雄安新区建设之前，360平方公里的水面分属于"两市四县"，白洋淀流域汇集了南界河、瀑河、漕河、府河、唐河、孝义河、潴龙河、萍河、拒马河九条入淀河流，号称"九龙入淀"，这些河流沿途经过多个县市、乡镇和行政村。雄安新区所处白洋淀区域碎片化的治理格局让我抱定决心，用学术表达的方式与之同频共振。旅途上与经典理论的对话，对整体性治理、协同治理、合作网络等理论的思考成为课题论证的理论之源。在鸟啼蛙鸣的林间，制度分析的理论框架逐步清晰，于波光潋滟的湖边，在制度安排和政策工具间寻找到了契合点。临湖栖居的日子，习惯了曾经讨厌的黄油奶酪，习惯了汉堡、沙拉、三明治，习惯了雨天不打伞，开始喜欢上咖啡的味道，喜欢上极简的生活方式。与松鼠、麋鹿和加拿大鹅相伴的日子丝毫没有感觉孤独和枯燥，我用眼睛和耳朵感知着周边的生命。那林海的涛声，那枝条的跃动，那荡漾的碧波，那鱼跃的轻盈，那呦呦的鹿鸣。看似闲云野鹤的日子，我尝试扎根最本真的生活，摄取知识的甘霖，汲取自然的养分，让每一天过得充实、简单、丰富，把一切与本真生活相背离的东西屏蔽掉，把一切与美好事务背道而驰的事务剥离掉，把所有困于心、烦于脑、乱于耳的思绪过滤掉，用最简约的方式去品味学术的要义，去诠释生活的真谛。

与山川湖泊为伴，与日月星辰为友的日子让我距离本真的生活距离更近了，能够驱策一个人不断向前向上的，是源于内心深处的一种力量。重大项目获批的消息传来，内心平静如同湖水，庆祝的方式选择了攀登。怀揣内心的蓬勃与丰富，抱定对美好执着的坚守，我爬上了海拔 4300 米的北美第二高峰瑞尼尔雪山，行走天地间，一种近乎英雄主义的孤身体验唤醒了沉睡已久的坚韧意念，锤炼出一颗强大的心脏。曾经的纠结和挣扎消解了，取而代之的是自然和思想已然融为一体。回想那段离群索居的时光，独处的心灵空间迸发出了强大的生命能量。伫立在雪山云端，思绪飞到了荷花绽放、芦苇荡漾、祥鸟云集的白洋淀湖畔，一座未来之城的雄安画卷扑面而来，仿佛一种无声的召唤。在旅途中重构起生活信念的我决定不再于异国他乡游走，于是乎把目标锁定在下一个瓦尔登湖——白洋淀湖畔的千年雄安，我学术生命中一个不可或缺的驿站！

　　四年过去了，如今呈现在面前的是近 40 个印张，60 多万字的书稿。立项以来项目团队在 *Environmental Management*、*Journal of Environmental Policy and Planning*、《中国行政管理》《公共行政评论》《复旦大学公共行政评论》《城市发展研究》《新视野》《国家治理研究》等期刊发表学术论文 35 篇，形成 25 个研究报告，多篇成果被《新华文摘》《人大报刊复印资料》《中国社会科学文摘》等全文转载，最终成果由 25 章构成，分为"机理篇""制度篇""政策篇"和"路径篇"四个部分。著作构建了雄安新区低碳发展评价指标体系、低碳发展的政绩评价标准体系、雄安新区绿色发展指标体系和绿色 GDP 评价指标体系，成果基于生态文明思想，构建了雄安新区整体性治理中的生态资源价值认知及核算体系，并围绕区域财政治理的逻辑机理，构建了雄安新区财政整体性治理体系。成果还基于合作网络视角，对雄安新区特色康养体系进行了协同构建，对雄安新区整体性治理绩效评价指标体系加以了建构，从网络集成、制度安排、政策工具、治理能力等方面形成了区域聚合性教育共同体的达成策略，并基于雄安新区建设发展进程中的协同创新困境，提出了雄安新区创新共同体治理体系的建构方略。著作行将付梓之际，万般滋味凝滞于键盘、心头。芦苇荡里的观点交锋，荷花淀边的思想碰撞，香山脚下咖啡厅中的雕刻时光，黄海明珠塔里的"面朝大海，春暖花开"，过往岁月万千思绪纷至沓来。在字里行间行走的途中，我抛却了眼前的苟且，旅程上的一行一言，一心一念凝成当下这部著作的一字一句，一行一卷。

感念生命中所有的遇见。四年来最多的感慨，源于携手和我走过燃情岁月的这支团队，源于和一群志同道合的同仁结成学术共同体，源于和这些有思想、有情怀、有温度的人成为一生的朋友，共同的学术追求把我们的思想紧紧维系在一起。一路走来，他们的智慧和友谊始终与我相伴，他们身上折射出来的学术才华令我深深赞叹，他们对研究任务的责任担当在我心灵深处投射下了无数温暖。能够结识这样一群出类拔萃的人乃人生一大幸事，太多优秀品质都能在他们身上得到生动体现。他们让诸多单打独斗难以完成的任务迎刃而解，让诸多的不可能成为可能，他们踏踏实实做人、勤勤恳恳做事、兢兢业业做事业的点点滴滴如今定格成鲜活的记忆，我们有充分的理由为携手走过的这段岁月骄傲和自豪。著作即将出版，合作告一段落，但友谊和信任凝成的共同体牢不可破，我们的合作也刚刚开始。

北京大学国家治理研究院院长王浦劬教授百忙中为本书作序。感谢学术道路上这位可亲可敬的师长，我学术道路上的标杆。访学期间，老师为我带来了最新出版的著作，我也有幸和老师一起来到瓦尔登湖畔。与大师同行的那段，成为我记忆中一个宁静的光点。徜徉在美丽的林间湖畔，汲取着谆谆教诲的浸润，也承受了深刻思想的濡染，这思想厚重了我的人生积淀，成为我学术道路上的动力源泉，尤其让我体味到一种大胸襟、大气魄、大智慧，让我明白了何为大先生，领悟了什么是大学问。在老师构筑的学术大山面前，仿佛抓住了一条智慧的锁链，感觉未来有说不清的崇山峻岭需要去超越，去登攀。这份沉甸甸的成果权且作为对老师期许的回馈，一份学术征途上中期考核的答卷。

北京大学政府管理学院院长燕继荣教授、四川大学公共管理学院党委书记姜晓萍教授、上海交通大学国际与公共事务学院院长吴建南教授对成果的肯定和赞誉给了我莫大的支持和鼓励。从他们身上，我学习到了研究问题的态度、探究问题的方法、钻研问题的精神。他们身上充满了知识分子的渊博、深刻、睿智、坦诚和无私，他们骨子里散发出来的对学术的热爱，对使命的担当，对社会的责任，丰富了我的认知，建构着我的心灵，给我以豁然开朗的光明感，他们的治学精神和人格魅力将辉映我未来的学术道路。

感谢人民出版社王萍老师和责任编辑的专业与敬业，他们的精益求精和一丝不苟成就了这部著作的顺利出版；感谢全国社会科学工作办公室的立项资助，让我得以把这份沉甸甸的学术成果呈现在读者面前；感谢新华社河北分公司总经理刘晓超，从新区建立那天起她就扎根雄安，为课题研究尽心竭力，成为项目组忠实的一员；感谢雄安新区所有朋友对项目的默默付出、无私奉献，无数次的深度访谈，数千份的调查问卷，都凝聚了你们对学术的尊重，对这份成果的希冀和期盼；感谢张欣蕊、冯婷婷、宫玉石、许娴晓、乔艺璇等硕士研究生为本书做出的贡献，真心期待你们走出校园后一路上美好相伴。

读过的书，走过的路，遇到的人，看过的风景，成就了一个背包客的人生格局。项目结题了，书稿完成了，著作出版了，思绪再度回到瓦尔登湖畔。诚如梭罗所言："我步入丛林，是因为我想从容不迫的生活，我希望活得深刻，并汲取生命中所有的精华，在学习中把握生命的要义。而不是，在我行将就木时，才发现自己从来没有活过。"

航行中，我喜欢伫立甲板，因为那里可以在风浪中眺望群山。远足时，我喜欢林间湖畔，因为那里我可以在沉思中看繁星点点。在对向往生活的沉浸式体验中，我验证了此前的假设——付出和收获呈正相关。

赵新峰于北京林栖园